2015

总第17期　NO.17

贵阳统计年鉴

GUIYANG STATISTICAL YEARBOOK

贵阳市统计局　　国家统计局贵阳调查队　编

Compiled by Guiyang Bureau of Statistics　NBS Survey Office in Guiyang

BIG DATA

©中国统计出版社 2015
版权所有。未经许可，本书的任何部分不得以任何方式在世界任何地区以任何文字翻印、拷贝、仿制或转载。

©2015 China Statistics Press
All rights reserved. No part of the publication may be reproduced or transmitted in any form or by any means, electronic or mechanical, including photocopying, recording, or any information storage and retrieval system, without written permission from the publisher.

图书在版编目（CIP）数据

贵阳统计年鉴. 2015 / 贵阳市统计局编. -- 北京 : 中国统计出版社, 2015.12
ISBN 978-7-5037-7635-9

Ⅰ. ①贵… Ⅱ. ①贵… Ⅲ. ①统计资料－贵阳市－2015－年鉴 Ⅳ. ①C832.731-54

中国版本图书馆 CIP 数据核字(2015)第 217050 号

贵阳统计年鉴-2015

作　　者/ 贵阳市统计局
责任编辑/ 陈越月
装帧设计/ 华健在线
出版发行/ 中国统计出版社
地　　址/ 北京市丰台区西三环南路甲 6 号　邮政编码/100073
电　　话/ 邮购（010）63376909　书店（010）68783171
网　　址/ http://csp.stats.gov.cn
印　　刷/ 广州市保诚印务有限公司
经　　销/ 新华书店
开　　本/ 890mm×1240mm　1/16
字　　数/ 938千字
印　　张/ 32.25印张
版　　别/ 2015 年 12 月第 1 版
版　　次/ 2015 年 12 月第 1 次印刷
定　　价/ 300.00 元

如有印装差错，由本社发行部调换。

贵阳市 2015 年 1% 人口抽样调查

1% Guiyang Population Sample Survey in 2015

省市县三级在云岩区开展贵州省 1% 人口抽样调查宣传活动

Census Offices (provincial, city and county) launched the Guizhou province's 1% publicity campaign of Population Sample Survey in Yunyan district

贵阳市 1% 人口抽样调查调查员宣誓

Guiyang officers of 1% Office of Population Sample Survey made a vow

贵阳市 1% 人口抽样调查办公室在观山湖区开展宣传活动

Guiyang 1% Office of Population Sample Survey launched publicity campaign in Guangshanhu district

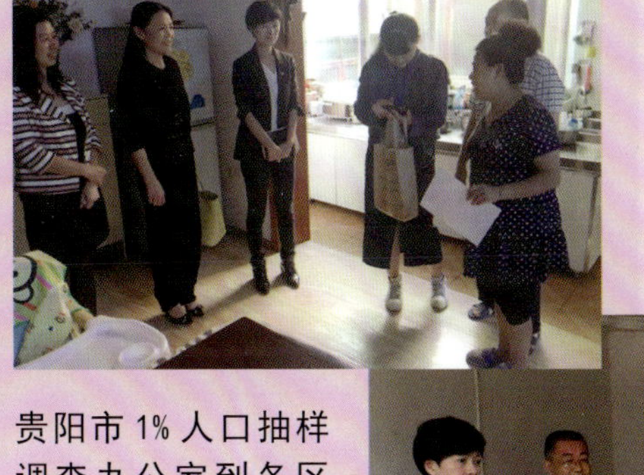

贵阳市 1% 人口抽样调查办公室到各区（市、县）指导摸底工作

Guiyang 1% Office of Population Sample Survey instructed census thoroughly in districts(cities, counties)

贵阳市 1% 人口抽样调查办公室到各区（市、县）指导入户登记工作

Guiyang 1% Office of Population Sample Survey instructed household registration survey in districts(cities, counties)

贵州省市州统计信息交流会

The information communication of Statistic Bureaus of all cities and prefectures of Guizhou

贵州省各市州统计局代表参观贵阳市大数据展示中心

Statistic Bureaus of all cities and prefectures of Guizhou visited Guiyang Big Data Center

贵州省各市州统计局代表参观贵阳市大数据交易所

Statistic Bureaus of all cities and prefectures of Guizhou visited Guiyang Big Data Exchange

贵阳市统计局领导赴开阳县宅吉乡保星村开展帮扶工作

Leaders of Guiyang Statistic Bureau went to Baoxing, Zhaiji Township, Kaiyang County for assistant work

市直机关女职工参加“第四届观山湖环湖健身跑”活动

Female Employees of departments directly under city government attended The Fourth Jogging Around Guanshanhu

2015 年贵州省统计局、贵阳市统计局迎春职工运动会

The employee sports meeting of Statistic Bureau of Guiyang and Guizhou welcomed Spring Festival in 2015

编 者 说 明

一、《贵阳统计年鉴—2015》是一部全面反映贵阳市国民经济和社会发展情况的资料性年刊，信息量大，综合性强。本书收录了 2014 年贵阳市经济和社会发展等各方面的统计数据以及改革开放以来的主要统计数据。

二、本年鉴内容包括：行政区划和自然资源；综合；人口与计划生育；从业人员及职工工资；固定资产投资；能源消费；工业；建筑业；农业；国内外贸易及旅游；交通、运输、邮电、城市公用事业；财政、税收、金融、证券、保险；城乡调查；科技、教育、文化、广播；卫生、体育、民政及其他；全国、全省及省会城市和副省级城市主要经济指标；主要年份资料。

三、本年鉴资料来源于统计年报、抽样调查和部门资料，部分统计指标的范围及统计口径变化在表下加有注释。

四、本年鉴部分数据合计数或相对数由于四舍五入而产生的计算误差均未作机械调整。

五、凡有以前出版的统计资料数据与本年鉴不一致的，均以本年鉴为准。

六、本年鉴县域经济中各区（市、县）资料有部分指标是区（市、县）属口径。

七、本年鉴表中的符号使用说明：“空格”表示该项数据不详或无数据，“#”表示其中数，“-”表示该项指标取消或无可比性，无法计算。

本年鉴在编辑过程中得到有关部门的大力支持和帮助，在此深表感谢！由于时间紧、信息量大和水平有限，书中难免存在不足之处，为了更好地满足社会各界的需要，希望广大读者提出宝贵意见和建议。

2015 年 11 月

Preface

Ⅰ. *Guiyang Statistical Yearbook 2015* (hereinafter Yearbook) is an annual statistical publication, which comprehensively reflects the economic and social development in Guiyang. It covers data of all aspects, such as economical and social development, of Guiyang in 2014 and key statistical data since the reform and opening-up of China.

Ⅱ. The Yearbook contains seventeen chapters: 1. Divisions of Administrative Areas and National Resources; 2. General Survey; 3. Population and Family Planning; 4. Employment and Wages; 5. Investment in Fixed Assets; 6. Energy Consumption; 7. Industry; 8. Construction; 9. Agriculture; 10. Domestic Trade, Foreign Trade and Tourism; 11.Traffic，Transportation, Postal and Telecommunication Services, Urban Public Utilities; 12. Government, Taxation, Banking, Securities and Insurance; 13. Urban and Rural Survey; 14. Science and Technology，Education , Culture and Broadcast; 15. Public Health, Sports, Civil Administration and Others; 16. Major Economic Indicators of China, Guizhou Province, Provincial Capital and Deputy Provincial Cities in China; 17. Major Indicators in Main Years.

Ⅲ. The major data sources of this publication are obtained from annual statistical reports, sample surveys and document of related departments. Some statistical data in this yearbook have been adjusted accordingly, and we have made footnotes to these indicators.

Ⅳ. Statistical discrepancies of some statistical total number and relative number due to rounding are not adjusted in this yearbook.

Ⅴ. In case of any discrepancy of data between previous yearbook and this one, data in this Yearbook shall prevail.

Ⅵ. Some indicators of districts (city, county) in the Yearbook have their own regional standards.

Ⅶ. Notations used in this yearbook："blank" indicates that data are not available or unknown；"#" indicates the major items of the table；"-" indicates the data are cancelled or not comparable, which are beyond number.

During the edition of this yearbook, we have won strong support from related departments, and we deeply thank for these all. Because of the massive information, limited time and our ability, some mistakes are unavoidable in the book. Any candid comments and criticism are welcome.

Nov. 2015

《贵阳统计年鉴－2015》编辑委员会

编委会顾问： 刘文新

编委会主任： 陈少荣

编委会副主任： 安九熊　刘本立　吴义宁　罗德亚　隆筑丰

编 委 委 员：（排名不分先后，按姓氏拼音排序）

陈　霏	蔡心红	戴传江	杜华智
丁　振	龚新民	高　杨	黄成虹
黄昌祥	林　刚	李　华	罗佳玲
李　瑞	李仕勇	梁耀辉	卢祝新
梅　俊	彭显华	石光明	孙华忠
帅　江	佘　龙	唐　矛	田茂书
田　平	唐显坤	唐兴伦	谭　筑
韦鸿宁	魏燕飞	向子琨	袁云龙
俞　洋	杨　宇	杨忠德	卓　飞
张海波	张海涛	邹　杰	周　进
曾明强	左章超		

Editorial Staff

Editor-in-chief: Luo Deya　Long Zhufeng

Deputy Editor-in-chief:

Wang Yuanzhi　Zhang Ying　Yao Menglan　Dong Xiaoxian　Wang Xiaowei

Tang Chunqing　Li Xuefei　Fan Hongmei　Chen Weidong

Directors of Editorial Department:

Yang Yun　Song Wei

Deputy Director of Editorial Department:

Chen Tiane

Editor-in-chief by Section:

Tu Yong　Yuan Mingliang　Wang Qiang　Liang Chuqian　Xiao Fei

Liu Ping　Xu Yong　Liang Chunmei　Shen Xiaoxi　Chen Shengquan

Tu Biao　Zhang Hua　Lu Haiyan　Yao Anhua　Tan Ping

Xiong Wudong　Ma Yanbin　Duan Jiang　Li Yaxiong　Chen Jiju

Yang Guangming　Zhang Huixia　Li Ling　Jiang Jingxin　Luo Qingling

Shen Rong　Guan Yi　Cui Di　Liu Yang　Su Jiangping

Zeng Jie　Xu Qiong　Hu Tingting　Zhong Zhiping

Editorial Staff:

Zhou Yuan　Liang Zubi　Pei Jun　Zhang Ping　Liu Xian

Wang Xiaoyan　Cen Qi　He Gang　Yang Min　Yang Chengwei

Fu Shanshan　Xiong Yan　Huang Qian　Linghu Changmin　Yao Yuan

He Jing　Yang Xingyan

Translator: Ma Wen　Huang Qun

Computer Typesetting: Gu Wenya

目　录

CONTENTS

五、固定资产投资

Investment in Fixed Assets

六、能源消费

Energy Consumption

七、工 业

Industry

八、建筑业

Construction

十一、交通、运输、邮电、城市公用事业

Traffic, Transportation, Postal and Telecommunication Services, Urban Public Utilities

十四、科技、教育、文化、广播

Science and Technology, Education , Culture and Radio

十五、卫生、体育、民政及其他

Public Health, Sports, Social Welfare and Others

十六、全国、全省及省会城市和副省级城市主要经济指标

Major Economic Indicators of China, Guizhou, Provincial Capitals and Deputy Provincial Cities in China

十七、主要年份指标

Major Indicators in Main Years

1

One

行政区划和自然资源

Divisions of Administrative Areas and Natural Resources

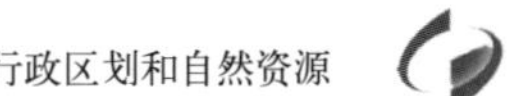

1-1 区、县(市)及乡(镇)、社区名称(2014年)
Name of Each District, County (City), Township (Town) Office and Community Office(2014)

区县(市)名称 District, County(City)	乡(镇) 社区办名称 Township (Town) Office and Community Office				
南明区 Nanming	新华社区服务中心 Xinhua	西湖社区服务中心 Xihu	大南社区服务中心 Danan	中南社区服务中心 Zhongnan	市府社区服务中心 Shifu
	河滨社区服务中心 Hebin	遵义社区服务中心 Zunyi	兴关社区服务中心 Xingguan	沙冲社区服务中心 Shachong	花果社区服务中心 Huaguo
	油榨社区服务中心 Youzha	中曹社区服务中心 Zhongcao	二戈社区服务中心 Erge	见龙社区服务中心 Jianlong	龙洞社区服务中心 Longdong
	太慈社区服务中心 Taici	沙南社区服务中心 Shanan	水口寺社区服务中心 Shuikousi	湘雅社区服务中心 Xiangya	小碧乡 Xiaobi
	永乐乡 Yongle	云关乡 Yunguan	后巢乡 Houchao		
云岩区 Yunyan	中华社区服务中心 Zhonghua	中环社区服务中心 Zhonghuan	中东社区服务中心 Zhongdong	东山社区服务中心 Dongshan	延中社区服务中心 Yanzhong
	北京路社区服务中心 Beijinglu	市西社区服务中心 Shixi	普陀社区服务中心 Putuo	贵乌社区服务中心 Guiwu	金狮社区服务中心 Jinshi
	中天社区服务中心 Zhongtian	黔东社区服务中心 Qiandong	栖霞社区服务中心 Xixia	威清社区服务中心 Weiqing	头桥社区服务中心 Touqiao
	金龙社区服务中心 Jinlong	三桥社区服务中心 Sanqiao	圣泉社区服务中心 Shengquan	宅吉社区服务中心 Zhaiji	省府社区服务中心 Shengfu
	金关社区服务中心 Jinguan	蔡关社区服务中心 Caiguan	金鸭社区服务中心 Jinya	荷塘社区服务中心 Hetang	普天社区服务中心 Putian
	金惠社区服务中心 Jinhui	黔灵镇 Qianlin			
花溪区 Huaxi	明珠社区服务中心 Mingzhu	阳光社区服务中心 Yangguang	贵筑社区服务中心 Guizhu	清溪社区服务中心 Qingxi	溪北社区服务中心 Xibei
	花孟社区服务中心 Huameng	黔江社区服务中心 Qianjiang	清浦社区服务中心 Qingpu	瑞华社区服务中心 Ruihua	兴隆社区服务中心 Xinglong
	黄河社区服务中心 Huanghe	三江社区服务中心 Sanjiang	平桥社区服务中心 Pingqiao	金竹社区服务中心 Jinzhu	金欣社区服务中心 Jinxin
	小孟社区服务中心 Xiaomeng	航天社区服务中心 Hangtian	航空社区服务中心 Hangkong	高坡苗族乡 Gaopo Miao Village	
	黔陶布依族苗族乡 Qiantao Bouyei and Miao Village		马铃布依族苗族乡 Maling Bouyei and Miao Village		
	孟关苗族布依族乡 Mengguan Miao and Bouyei Village		久安乡 Jiuan	燕楼镇 Yanlou	麦坪镇 Maiping
	青岩镇 Qingyan	石板镇 Shiban			
乌当区 Wudang	振新社区服务中心 Zhenxin	创新社区服务中心 Chuangxin	顺新社区服务中心 Shunxin	新天社区服务中心 Xintian	高新社区服务中心 Gaoxin
	新场镇 Xinchang	下坝镇 Xiaba	百宜镇 Baiyi	东风镇 Dongfeng	水田镇 Shuitian
	羊昌镇 Yangchang	新堡布依族乡 Xinpu Bouyei Village	偏坡布依族乡 Pianpo Bouyei Village		

注：2014年花溪区党武镇、湖潮苗族布依族乡划入贵安新区。

a) In 2014, Dangwu Town and Huchao Miao and Bouyei Village of Huaxi District were assigned to Guian District, Guizhou Province.

1-1 续表 (continued)

区县(市)名称 District, County(City)	乡(镇) 社区办名称 Township (Town) Office and Community Office
白云区 Baiyun	艳山红社区服务中心 Yanshanhong; 红云社区服务中心 Hongyun; 大山洞社区服务中心 Dashandong; 沙关社区服务中心 Shaguan; 铝兴社区服务中心 Lvxing; 都新社区服务中心 Duxin; 都拉布依族乡 Dula Bouyei Village; 牛场布依族乡 Niuchang Bouyei Village; 艳山红镇 Yanshanhong Town; 麦架镇 Maijia; 沙文镇 Shawen
观山湖区 Guanshanhu	金源社区服务中心 Jinyuan; 金岭社区服务中心 Jinling; 金麦社区服务中心 Jinmai; 新世界社区服务中心 Xinshijie; 世纪城社区服务中心 Shijicheng; 碧海社区服务中心 Bihai; 逸景社区服务中心 Yijing; 金华园社区服务中心 Jinhuayuan; 会展城社区服务中心 Huizhancheng; 金华镇 Jinhua; 朱昌镇 Zhuchang; 百花湖乡 Baihuahu
开阳县 Kaiyang	紫兴社区服务中心 Zixing; 南山社区服务中心 Nanshan; 毛云乡 Maoyun; 南龙乡 Nanlong; 龙水乡 Longshui; 米坪乡 Miping; 宅吉乡 Zhaiji; 高寨布依族苗族乡 Gaozhai Bouyei and Miao Village; 禾丰布依族苗族乡 Hefeng Bouyei and Miao Village; 南江布依族苗族乡 Nanjiang Bouyei and Miao Village; 城关镇 Chengguan; 双流镇 Shuangliu; 金中镇 Jinzhong; 冯三镇 Fengsan; 楠木渡镇 Nanmudu; 龙岗镇 Longgang; 永温镇 Yongwen; 花梨镇 Huali
息烽县 Xifeng	新华社区服务中心 Xinhua; 流长乡 Liuchang; 鹿窝乡 Luwo; 西山镇 Xishan; 石硐镇 Shidong; 养龙司镇 Yanglongsi; 永靖镇 Yongjing; 小寨坝镇 Xiaozhaiba; 温泉镇 Wenquan; 青山苗族乡 Qingshan; 九庄镇 Jiuzhuang
修文县 Xiuwen	龙岗社区服务中心 Longgang; 珍珠河社区服务中心 Zhenzhuhe; 谷堡乡 Gupu; 小箐乡 Xiaojing; 六屯镇 Liutun; 洒坪镇 Saping; 大石布依族乡 Dashi Bouyei Village; 龙场镇 Longchang; 扎佐镇 Zhazuo; 久长镇 Jiuchang; 六广镇 Liuguang; 六桶镇 Liutong
清镇市 Qingzhen	红新社区服务中心 Hongxin; 新岭社区服务中心 Xinling; 百花社区服务中心 Baihua; 巢凤社区服务中心 Chaofeng; 红塔社区服务中心 Hongta; 流长苗族乡 Liuchang Miao Village; 王庄布依族苗族乡 Wangzhuang Bouyei and Miao Village; 麦格苗族布依族乡 Maige Miao and Bouyei Village; 红枫湖镇 Hongfenghu; 犁倭镇 Liwo; 暗流镇 Anliu; 站街镇 Zhanjie; 新店镇 Xindian; 卫城镇 Weicheng

1-2 行政区划(2014年)
Administrative Divisions(2014)

单位：个 (unit)

区、县（市）名称	District, County(City)	乡 Township	#民族乡 Ethnic Township	镇 Town	社区委员会 Community Council	村民居委会 Village Committee	社区服务中心 Community Service Center	社区服务机构 Community Service Institution
贵阳市	**Guiyang**	**31**	**17**	**44**	**534**	**912**	**93**	**1936**
南明区	Nanming	4	1		146	29	19	226
云岩区	Yunyan			1	137	19	26	221
花溪区	Huaxi	5	4	4	54	122	18	225
乌当区	Wudang	2	2	6	26	74	5	141
白云区	Baiyun	2	2	3	32	56	6	103
观山湖区	Guanshanhu	1		2	59	49	9	124
开阳县	Kaiyang	8	3	8	17	108	2	214
息烽县	Xifeng	3	1	7	13	161	1	221
修文县	Xiuwen	3	1	7	12	113	2	172
清镇市	Qingzhen	3	3	6	38	181	5	289

注：社区服务机构包括：社区服务中心、社区服务站、社区养老机构、社区互助型养老机构、其他社区服务机构。

a) Community Service Institutions include service center, service station, retirement organization, mutual aid retirement organization and others.

1-3 分区、县（市）土地面积(2014年)
Areas of District, Country(City)(2014)

单位：平方公里 (sq.km)

区、县（市）名称	District, County(City)	面积 Area
贵阳市	**Guiyang**	**8043**
南明区	Nanming	209
云岩区	Yunyan	92
花溪区	Huaxi	964
乌当区	Wudang	683
白云区	Baiyun	270
观山湖区	Guanshanhu	308
开阳县	Kaiyang	2023
息烽县	Xifeng	1037
修文县	Xiuwen	1071
清镇市	Qingzhen	1387

注：土地面积数据来源于市国土局。

a) Data are from Guiyang Municipal Land and Resources Bureau.

1-4 气象情况(2014年)

指　　标		Item		年 Year	一　月 January	二　月 February
平均气温	(℃)	Average Temperature	(℃)	14.7	6.2	4.3
平均最高气温	(℃)	Average Highest Temperature	(℃)	18.9	10.8	7.7
平均最低气温	(℃)	Average Lowest Temperature	(℃)	12.1	3.2	2.1
极端最高气温	(℃)	Annual Highest Temperature	(℃)	32.1	20.7	22.2
极端最高气温出现日期	(日)	Date		7月23日	31	5
极端最低气温	(℃)	Annual Lowest Temperature	(℃)	-5.5	-2.3	-5.5
极端最低气温出现日期	(日)	Date		2月12日	14	12
总降水量	(mm)	Total Precipitation	(mm)	1561.9	16.8	37.7
一日降水量	(mm)	Daliy Precipitation	(mm)	201.7	6	19.5
最大降水量出现日期	(日)	Occurring Date of Maximum Daily Precipitation		7月16日	10	18
最长连续降水日数	(天)	Longest Continuous Rainy Days	(day)	13	4	5
最长连续无降水日数	(天)	Longest Continous Dry Days	(day)	12	7	4
雨	(天)	Rain	(day)	230	12	20
雾	(天)	Fog	(day)	61	8	12
露	(天)	Dew	(day)	123	8	6
雷　暴	(天)	Thunderstorm	(day)			
雪	(天)	Snow	(day)	10	1	6
结　冰	(天)	Freeze	(day)	17	5	10
霜	(天)	Frost	(day)	15	7	2
平均气压	(百　帕)	Average Atmospheric Pressure	(100 Pa)	877.7	881.7	877.9
平均相对湿度	(%)	Relative Humidity	(%)	83	74	86
平均总云量	(成)	Total Cloud Cover	(amount)	8.1	6.1	8.7
日照时数	(小　时)	Sunshine Hours	(hour)	956	92.1	32.3

Basic Statistics on Meteorology(2014)

三　月 March	四　月 April	五　月 May	六　月 June	七　月 July	八　月 August	九　月 September	十　月 October	十一月 November	十二月 December
10.3	16.4	18	21	23	22.7	21.4	17.3	10.6	5.3
15	20.9	22.6	24.8	27.7	27.5	25.6	21.9	13.2	9.1
7.8	13.5	15.1	18.9	20.2	19.6	18.6	14.1	8.8	2.7
25.7	29.7	29.1	29.2	32.1	31.9	31.2	25.1	21.5	16.7
19	18	13	1	23	8	13	30	29	30
2.1	8.2	10	16.5	18	15.9	12.8	11.2	4.4	-1.1
3	29	6	11	16	21	22	24	18	22
89	46.2	224.3	303.4	419	167.2	101.3	88.3	55.7	13
19.1	8.8	90	72.5	201.7	107.3	29.7	35.6	29.8	2.7
20	1	10	8	16	18	18	29	7	10
10	13	6	5	9	3	3	3	5	3
5	10	4	5	7	12	10	8	3	6
27	22	23	23	20	17	13	15	22	16
10	5	5	4	5		2	3	4	3
6	9	9	16	15	14	15	13	9	3
									3
									2
									6
878.4	876.4	874.6	872.1	873.2	874.5	876.5	881.1	881.1	884.3
86	83	83	88	84	79	81	81	89	77
8.7	7.9	9.1	9.6	8.1	7.6	7.1	6.4	9.2	8.1
54.9	96.4	46.9	17.4	121.4	138.9	142.8	132.7	22.5	57.7

1-5 自然资源(2014年)
Natural Resources(2014)

指标		Item		数量 Amount
土 地		**Land**		
国土面积	(平方公里)	Total Land Area	(sq.km)	8043
耕地面积	(千公顷)	Cultivated Land	(1000 hectares)	100.05
气 候		**Climate**		
平均温度	(℃)	Average Temperature	(℃)	14.7
极值高温	(℃)	Highest Temperature	(℃)	32.1
极值低温	(℃)	Lowest Temperature	(℃)	-5.5
年降水量	(毫 米)	Annual Precipitation	(mm)	1561.9
平均相对湿度	(%)	Average Relative Humidity	(%)	83.0
日照时数	(小 时)	Sunshine Hours	(hour)	956.0
森 林		**Forest**		
森林面积(管护面积)	(平方公里)	Forest Area(guarded)	(sq.km)	3633.33
森林覆盖率	(%)	Forest Coverage Rate	(%)	45.00
水 利		**Water Conservancy**		
地表水资源总量	(亿立方米)	Annual Average Surface Water Resources	(100 million cubicmeters)	58.10
地下水资源总量	(亿立方米)	Annual Average Underground Water Resources	(100 million cubicmeters)	14.40
河长10公里以上或流域面积大于20平方公里河流	(条)	Number of River over 10 Kilometres Long or with Drainage Area over 20 Square kilometers	(line)	98
多年平均径流量	(亿立方米)	Annual Runoff	(100 million cubicmeters)	45.15
水能理论蕴藏量	(万千瓦)	Hydroenergy Reserves in Theory	(10 000 kwh)	128.22
水能可开发量	(万千瓦)	Available Hydroenergy Resources	(10 000 kwh)	101.64
大中型水库总容量	(亿立方米)	Total Capacity of Large and Medium-sized Reservoirs	(100 million cubicmeters)	47.22
矿 产(保有储量)		**Ensured Reserves of Minerals**		
铝 土	(亿 吨)	Alumina	(100 million tons)	4.55
磷	(亿 吨)	Phosphorus	(100 million tons)	12.58
煤	(亿 吨)	Coal	(100 million tons)	17.65

注：1. 国土面积数据来源于市国土局；
2. 森林面积(管护面积)是指贵阳市天然林资源保护二期工程森林管护面积。

a) Data are from Guiyang Municipal Land and Resources Bureau;

b) Forest area (guarded) refers to areas of guarded forest in the second phase of the natural forest resources protection project of Guiyang.

主要统计指标解释

行政区划 指国家对行政区域的划分。根据宪法规定，我国的行政区域划分如下：(1)全国分为省、自治区、直辖市；(2)省、自治区分为自治州、县、自治县、市；(3)自治州分为县、自治县、市；(4)县、自治县分为乡、民族乡、镇；(5)直辖市和较大的市分为区、县；(6)国家在必要时设立的特别行政区。

气　候 指地球与大气之间长期能量交换与质量交换所形成的一种自然环境状态，它是多种因素综合作用的结果。气温、降水、湿度等气象要素的多年平均值是用来描述一个地区气候状况的主要参数，而各种气象要素某年、某月的平均值(或总量)则可以反映出该时期天气气候状况的重要特征。

自然资源 指人类可以直接从自然界获得，并用于生产和生活的物质资源。自然资源一般可以分成可再生资源和非再生资源两大类。可再生资源指在较短时间内可以再生、可以循环利用的资源，包括土地资源、水资源、气候资源、生物资源和海洋资源等。非再生资源指在使用后不能再生的资源，包括矿产资源和地热能源。

国　土 指中华人民共和国国家管辖下的领土、领海和领空。

耕地面积 指经过开垦用以种植农作物并经常进行耕耘的土地面积。包括种有作物的土地面积、休闲地、新开荒地和抛荒未满三年的土地面积。

森林面积 指由乔木树种构成，郁闭度 0.2 以上(含 0.2)的林地或冠幅宽度 10 米以上的林带的面积，即有林地面积。森林面积包括天然起源和人工起源的针叶林面积、阔叶林面积、针阔混交林面积和竹林面积，不包括灌木林地面积和疏林地面积。

森林覆盖率 指一个国家或地区森林面积占土地总面积的百分比。森林覆盖率是反映森林资源的丰富程度和生态平衡状况的重要指标。在计算森林覆盖率时，森林面积包括郁闭度 0.2 以上的乔木林地面积和竹林地面积，国家特别规定的灌木林地面积、农田林网以及四旁(村旁、路旁、水旁、宅旁)林木的覆盖面积。计算公式为：

森林覆盖率（%）=森林面积/土地总面积×100%

气　温 指空气的温度，我国一般以摄氏度(℃)为单位表示。气象观测的温度表是放在离地面约 1.5 米处通风良好的百叶箱里测量的，因此，通常说的气温指的是离地面 1.5 米处百叶箱中的温度。其统计计算方法为：

月平均气温是将全月各日的平均气温相加，除以该月的天数而得。

年平均气温是将 12 个月的月平均气温累加后除以 12 而得。

相对湿度 指空气中实际所含水蒸气密度和同温度下饱和水蒸气密度的百分比值。其统计方法与气温相同。

降水量 指从天空降落到地面的液态或固态(经融化后)水，未经蒸发、渗透、流失而在地面上积聚的深度。其统计计算方法为：

月降水量是将全月各日的降水量累加而得。

年降水量是将 12 个月的月降水量累加而得。

日照时数 指太阳实际照射地面的时间。其统计方法与降水量相同。

水资源 水在自然界中以固体、液体和气态三种聚集状态存在，分布于海洋、陆地(包括土壤)以及大气之中，通过水循环形成水资源。水资源包括经人类控制并直接可供灌溉、发电、给水、航运、养殖等用途的地表水和地下水，以及江河、湖泊、井、泉、潮汐、港湾和养殖水域等。水资源是发展国民经济不可缺少的重要自然资源。

地表水和地下水 陆地上的水因空间分布不同，分为地表水和地下水。地表水指分别存在于河流、湖泊、沼泽、冰川和冰盖等水体中水分的总称，又称陆地水。地下水指储存在地面以下饱和岩土孔隙、裂隙及溶洞中的水。

水资源总量 一定区域内的水资源总量指当地降水形成的地表和地下产水量，即地表径流量与降水入渗补给量之和，不包括过境水量。

矿产资源 矿产指由地质作用形成，富集于地壳中或出露于地表达到工农业利用要求的有用矿物。

Explanatory Notes on Main Statistical Indicators

Divisions of Administrative Areas refer to the division of administrative areas by the State. The relative laws stipulate that 1) the whole country is divided into provinces, autonomous regions and municipalities directly under the Central Government; 2) provinces and autonomous regions are further divided into autonomous prefectures, counties, autonomous counties and cities; 3) autonomous prefectures are further divided into counties, autonomous counties and cities; 4) counties and autonomous counties are further divided into townships, ethnic townships and towns; 5) municipalities directly under the Central Government and large cities are divided into districts and counties, 6) the State shall, when necessary, establish special administrative regions.

Climate refers to the natural environmental status formed by the long-term exchange of energy and mass between the earth and the atmosphere, and is the result of interaction of many factors. The average values across several years of meteorological factors such as temperature, rainfall and humidity are used as important parameters to describe the climate of a region, while the average values (or total values) of a given year or month of meteorological factors reflect the key characteristics of climate for that period of time.

Natural Resources refer to material resources that could be obtained from the nature by human being and used for production and living. Natural resources in general can be classified as renewable resources and non-renewable resources. Renewable resources refer to resources that could be renewed and recycled during a relatively short period of time, including land resource, water resource, climate resource, biology resource and marine resource. Non-renewable resources include resources that could not be renewed, such as minerals and geothermal resource.

Territory refers to territorial land, sea and air space under the administration of the People's Republic of China.

Area of Cultivated Land refers to area of land reclaimed for the regular cultivation of various farm crops, including crop-cover land, fallow, newly reclaimed land and land laid idle for less than 3 years.

Forest Area refers to wooded area, i.e. the area of forest where trees and bamboo grow with a canopy density above 0.2 (inclusive) or a crown width above 10 meters, including natural and planted coniferous forest, broad-leaved forest, mixed forest, and bamboo groves, but excluding shrubbery and open forest.

Forest Coverage Rate refers to the ratio of area of afforested land to total land area. It is a very important indicator that reflects the status of abundance of forest resource and balance of the ecosystem. Forest land includes the area of trees and bamboo growing with a canopy density above 0.2, the area of shrubby trees according to regulations of the government, the area of forest land inside farm land and the area of trees planted by the side of villages, farm houses and along roads and rivers. The formula for calculating forest coverage rate is as follows:

$$\text{Forestry coverage rate (\%)} = \frac{\text{Area of Afforested Land}}{\text{Area of Total Land}} \times 100\%$$

Temperature refers to the air temperature. China uses centigrade as the unit. The thermometry used for weather observation is put in a breezy shutter, which is 1.5 meters high from the ground. Therefore, the commonly used temperature refers to the temperature in the breezy shutter 1.5 meters away from the ground. The calculation method is as follows:

Monthly average temperature is the summation of average daily temperature of one month divided by the actual days of that particular month.

Annual average temperature is the summation of monthly average of a year divided by 12 months.

Relative Humidity refers to the ratio of actual water vapour pressure to the saturation water vapour density under the current temperature. The calculation method is the same as that of temperature.

Volume of Precipitation refers to the deepness of liquid state or solid state (thawed) water falling from the sky to the ground that has not been evaporated, infiltrated or run off. The calculation method is as follows:

Monthly precipitation is the summation of daily precipitation of a month.

Annual precipitation is the summation of 12 months precipitation of a year.

Sunshine Hours refer to the actual hours of sun irradiating the earth. The calculation method is the same as that of the precipitation.

Water Resource Water exists in the nature in solid, liquid and gaseous states, is distributed in the ocean, land (including earth) and air, and constitutes the water resource through the circulation of water. Water resource includes surface water and ground water that is controlled by the human being for irrigation, power-generation, water supply, navigation and cultivation. It also includes rivers, lakes, wells, springs, tides, gulf and water area for cultivation. Water resource as an important natural resource is indispensable for the development of the national economy.

Surface Water and Ground Water Water on earth can be divided into surface water and ground water according to its distribution. Surface water refers to different forms of water existing in rivers, lakes, swamps, glaciers, icecaps and so on. It is also called land water. Ground water refers to water deposited underground in crannies and holes of saturated rock soil and in water-eroded caves.

Total Water Resources refer to total volume of water resources measured as run-off for surface water from rainfall and recharge for groundwater in a given area, excluding transit water.

Mineral Resources refer to useful minerals that can be used for industrial or agricultural purposes enriched in lithosphere or on earth surface due to geological processes.

2

Two

综　合

General Survey

生 产 总 值

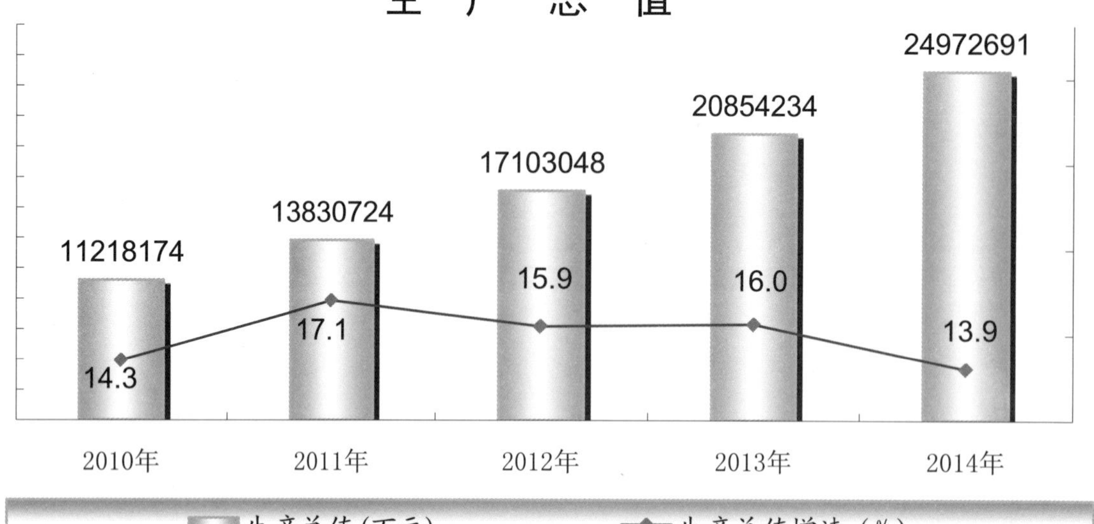
24972691
20854234
17103048
13830724
11218174
15.9
16.0
17.1
14.3
13.9
2010年
2011年
2012年
2013年
2014年
生产总值(万元)
生产总值增速（%）

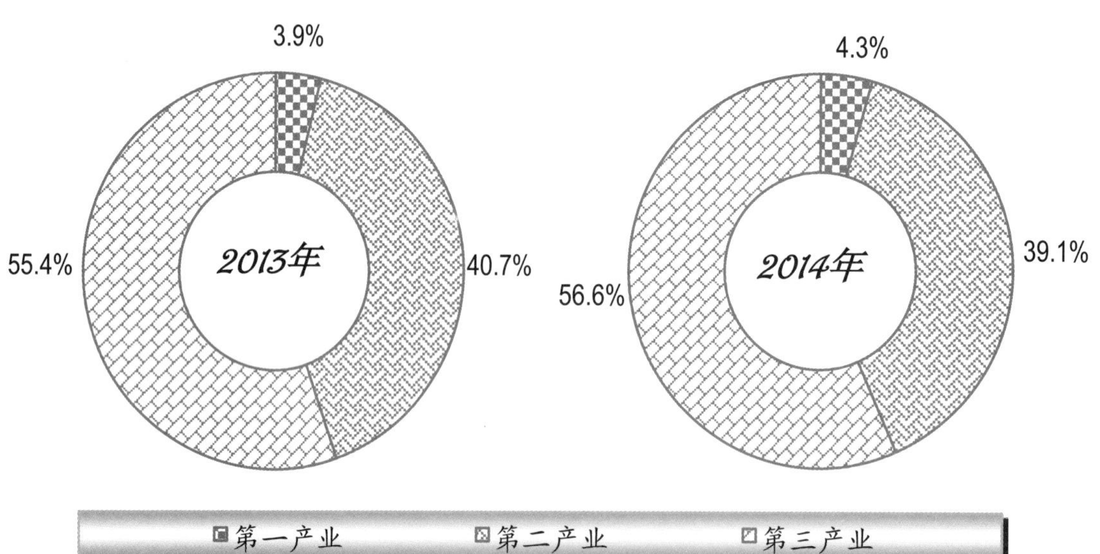
三 次 产 业 结 构
3.9%
55.4%
2013年
40.7%
4.3%
56.6%
2014年
39.1%
第一产业
第二产业
第三产业

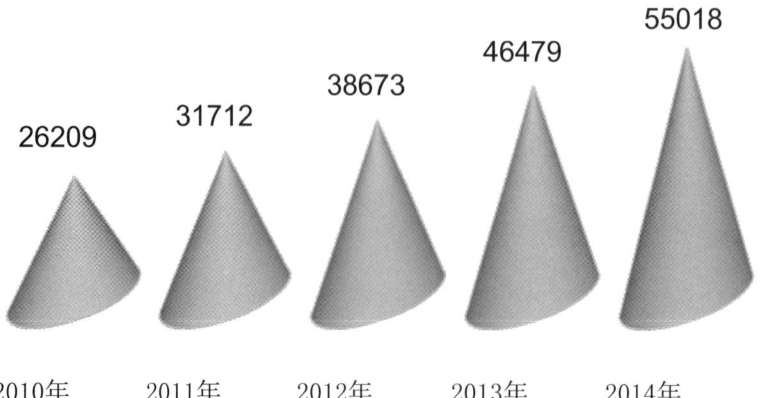
人 均 生 产 总 值(元)
55018
46479
38673
31712
26209
2010年
2011年
2012年
2013年
2014年

2-1 国民经济主要指标及增长速度
Main Indicators of National Economy and Growth Rate

指 标		Item		2014	2013	2014年比2013年增长(%) Growth Rate in 2014 over 2013 (%)
年末总人口(常住半年及以上)	(万 人)	Population at Year-end (half year and above)	(10 000 persons)	455.60	452.19	0.8
年平均人口(常住半年及以上)	(万 人)	Annual Average Population (half year and above)	(10 000 persons)	453.90	448.68	1.2
人口密度	(人/平方公里)	Population Density	(person/sq.km)	566.43	562.85	0.6
生产总值(现价)	(万 元)	GDP(current Price)	(10 000 yuan)	24972691	20854234	13.9
第一产业	(万 元)	Primary Industry	(10 000 yuan)	1080236	815234	6.6
第二产业	(万 元)	Secondary Industry	(10 000 yuan)	9765900	8486400	13.9
工 业	(万 元)	Industry	(10 000 yuan)	6780000	6083200	12.1
建筑业	(万 元)	Construction	(10 000 yuan)	2985900	2403200	19.3
第三产业	(万 元)	Tertiary Industry	(10 000 yuan)	14126555	11552600	14.3
人均生产总值	(元)	Per Capita GDP	(yuan)	55018	46479	12.6
全部工业总产值	(万 元)	Gross Output Value of Industry	(10 000 yuan)	23858812	22186052	11.7
#规模以上工业总产值(2000万元口径)	(万 元)	Gross Output Value of Enterprises Above Designated Size (caliber of 20 million yuan)	(10 000 yuan)	22291542	20143140	11.8
农林牧渔业总产值(当年价)	(万 元)	Gross Output Value of Agriculture, Forestry, Animal Husbandry and Fishery (current price)	(10 000 yuan)	1706832	1258807	6.8
全社会固定资产投资总额	(万 元)	Total Investment in Fixed Assets Across the Country	(10 000 yuan)	34894077	30303811	15.1
社会消费品零售总额	(万 元)	Total Retail Sales of Consumer Goods	(10 000 yuan)	9511218	8409565	13.1
建筑业总产值(当年价)	(万 元)	Gross Output Value of Construction (current price)	(10 000 yuan)	10986037	9776400	12.4
财政总收入	(万 元)	General Financial Revenue	(10 000 yuan)	6546894	5637621	16.1
#公共财政预算收入	(万 元)	Public Budgetary Revenue	(10 000 yuan)	3315962	2772077	19.6
#税收收入	(万 元)	Tax Revenue	(10 000 yuan)	2718543	2223354	22.3
财政总支出	(万 元)	Total Financial Expenditure	(10 000 yuan)	6248843	7750264	-19.4
#公共财政预算支出	(万 元)	Public Budgetary Expenditure	(10 000 yuan)	4486298	3936020	14.0
进出口总额	(万美元)	Total Value of Imports and Exports	(10 000 US dollars)	784221	631821	24.1
城乡居民储蓄存款余额	(万 元)	Saving Deposits of Urban and Rural Households	(10 000 yuan)	20105843	18271371	10.0
在岗职工平均工资	(元)	Average Wage of On-post Staff	(yuan)	59334	50817	16.8
城镇常住居民人均可支配收入	(元)	Per Capita Disposable Income of Urban Households	(yuan)	24961	22816	6.5
农村常住居民人均可支配收入	(元)	Per Capita Disposable Income of Rural households	(yuan)	10826	9606	10.0

注:本表绝对数为当年价格，增长速度按可比价格和可比口径计算；地方财政收入为40%所得税口径；城市居民人均可支配收入、农民人均纯收入为实际增长(已扣除物价因素)；在岗职工平均工资包含劳务派遣人员。

a) The absolute figure in this table is current year price and growth rate is calculated according to the comparable price and comparable caliber. Income taxes account for 40% in the local fiscal income. Figures of per capita disposable income of urban households and per capita net income of rural residents are actual growth. (price factors eliminated). The average wage of on-post staff includes the one of dispatched staffs.

2-2 国民经济主要指标比例关系

指标	Item	2001	2002
生产总值三次产业	**GDP of Three Industries**	**100**	**100**
第一产业	Primary Industry	8.10	7.70
第二产业	Secondary Industry	47.30	47.00
第三产业	Tertiary Industry	44.60	45.30
农林牧渔业增加值比例(现价)	**Added Value Proportion of Agriculture,Forestry, Animal Husbandry and Fishery(current price)**	**100**	**100**
农业	Agriculture	66.60	61.31
林业	Foresry	1.88	2.25
牧业	Animal Husbandry	29.92	32.85
渔业	Fishery	1.60	1.44
农林牧渔服务业	Services of Agriculture,Forestry,Animal Husbandry and Fishery		2.15
规模以上工业增加值中轻重工业比例	**Industrial Added Value Proportion of Light and Heavy Industry in the Enterprises Above Designated Size**	**100**	**100**
轻工业	Light Industry	40.90	41.00
重工业	Heavy Industry	59.10	59.00
规模以上工业增加值经济类型结构	**Economic Structure of Industrial Added Value in the Enterprises Above Designated Size**	**100**	**100**
国有企业	State-owned Enterprises	40.42	24.87
集体企业	Collective-owned Enterprises	4.21	4.13
股份合作企业	Joint—equity Cooperative Enterprises	0.44	0.38
联营企业	Joint Ownership Enterprises	0.20	0.61
有限责任公司	Limited Liability Companies	35.33	33.62
股份有限公司	Companies Limited by Shares	9.95	22.36
私营企业	Private Enterprises	6.38	11.28
其他企业	Other Enterprises		
港澳台投资企业	Enterprises with Funds from Hong Kong, Macao and Taiwan	1.48	1.51
外商投资企业	Enterprises with Foreign Investment	1.59	1.21

注：1. 生产总值2000－2004年为第一次经济普查调整数，2006－2008年为第二次经济普查调整数；
2. 农林牧渔业增加值2002年以后按新标准划分，2006年、2007年农业为第二次农业普查调整数，2010年按国家对粮食生产核实数作相应调整；
3. 2000-2011年规模以上工业增加值口径为年主营业务收入500万元及以上工业企业，2012年起为年主营业务收入2000万元及以上工业企业。

The Ratio between the Main Indicators of the National Economy

2003	2004	2005	2006	2007	2008	2009	2010	2011	2012	2013	2014
100	**100**	**100**	**100**	**100**	**100**	**100**	**100**	**100**	**100**	**100**	**100**
7.40	6.90	6.70	6.29	6.57	5.82	5.10	5.10	4.60	4.23	3.91	4.33
45.90	46.90	47.40	48.39	46.41	46.97	40.70	40.70	42.40	41.94	40.69	39.10
46.80	46.20	45.90	45.32	47.02	47.21	54.20	54.20	53.00	53.83	55.40	56.57
100	**100**	**100**	**100**	**100**	**100**	**100**	**100**	**100**	**100**	**100**	**100**
63.92	63.06	62.47	65.16	66.69	67.24	71.72	72.38	70.48	70.20	69.79	72.05
1.32	0.92	0.68	0.71	0.53	1.32	0.66	0.57	0.80	0.63	0.70	0.57
31.36	34.21	34.67	32.11	30.61	29.47	25.53	24.89	26.73	27.17	27.50	25.40
1.23	1.33	1.53	1.04	1.17	1.10	1.23	1.20	1.22	1.20	1.17	1.24
2.18	0.49	0.64	0.97	1.01	0.87	0.86	0.90	0.83	0.81	0.83	0.73
100	**100**	**100**	**100**	**100**	**100**	**100**	**100**	**100**	**100**	**100**	**100**
40.58	40.10	43.32	40.54	40.59	41.04	45.96	44.85	46.11	49.05	51.59	49.66
59.42	59.90	56.68	59.46	59.41	58.96	54.04	55.15	53.89	50.95	48.41	50.34
100	**100**	**100**	**100**	**100**	**100**	**100**	**100**	**100**	**100**	**100**	**100**
39.34	37.46	39.07	34.61	40.98	39.22	39.42	37.86	45.94	41.17	37.42	33.91
2.31	1.26	1.17	0.54	0.60	0.35	0.28	0.26	0.36	0.11	0.09	0.11
0.38	0.53	0.64	0.85	1.20	1.47	0.46	0.12	0.11	0.02	0.01	0.03
0.28	0.42	0.12	0.11	0.13	0.11	0.10	0.11	0.05	0.06	0.06	0.01
18.41	24.48	26.70	27.01	24.45	26.63	29.55	27.21	20.50	26.08	32.83	35.67
25.45	23.42	21.23	24.58	19.75	19.10	15.66	20.70	13.00	14.64	13.20	10.73
7.08	6.54	8.08	7.15	7.56	8.20	8.07	6.98	13.49	11.95	10.52	10.94
									0.00	0.09	0.11
0.92	1.29	0.89	1.05	1.18	1.36	2.50	2.96	2.19	1.59	1.04	1.82
5.82	4.61	2.10	4.09	4.14	3.57	3.95	3.81	4.36	4.39	4.73	4.54

a) GDPs of 2000-2004 are the adjusted figures of the First Economic Census; GDPs of 2006-2008 are the adjusted figures of the Second Economic Figures;

b) The added value of agriculture, forestry, animal husbandry and fishery is calculated according to the new cretiea since 2002, The data of agriculture in 2006-2007 comes from the second economic census, It has made an adjustment according to verification of food production in 2010;

c) The caliber of industrial added value of enterprises above the designated size over 2000-2011 refers to the industrial enterprises with annual main business income of 5 million yuan and above, since 2012 it refers to industrial enterprises with the main business income of 20 million yuan and above.

2-3 贵阳市主要经济指标占全省的比重
The Proportion of Main Economic Indicators of Guiyang to Guizhou Province

指标		Item		贵州 Guizhou Province		贵阳 Guiyang City		贵阳占全省比重(%) The Ratio of Guiyang(%)	
				2014	2013	2014	2013	2014	2013
土地面积	**(平方公里)**	**Area of Land**	**(sq.km)**	**176137**	**176137**	**8043**	**8043**	**4.57**	**4.57**
年末总人口（常住半年及以上）	**(万人)**	**Population at Year-end (half year and above)**	**(10 000 persons)**	**3508.04**	**3502.22**	**455.60**	**452.19**	**13.00**	**12.91**
生产总值	**(亿元)**	**GDP**	**(100 million yuan)**	**9251.01**	**8006.79**	**2497.27**	**2085.42**	**27.00**	**26.05**
第一产业	(亿元)	Primary Industry	(100 million yuan)	1275.45	1029.05	108.02	81.52	8.50	7.92
第二产业	(亿元)	Secondary Industry	(100 million yuan)	3847.06	3243.70	976.59	848.64	25.40	26.16
#工业	(亿元)	Industry	(100 million yuan)	3140.88	2686.52	678.00	608.32	21.60	22.64
第三产业	(亿元)	Tertiary Industry	(100 million yuan)	4128.50	3734.04	1412.66	1155.26	34.20	30.94
人均生产总值	(元)	Per Capita GDP	(yuan)	26393	23151	55018	46479	-	-
财政、金融		**Finance**							
财政总收入	(亿元)	General Financial Revenue	(100 million yuan)	2130.90	1918.23	654.69	563.76	30.72	29.39
#公共财政预算收入	(亿元)	Public Budgetary Revenue	(100 million yuan)	1366.67	1206.41	331.60	277.21	24.26	22.98
公共财政预算支出	(亿元)	Public Budgetary Expenditure	(100 million yuan)	3542.80	3082.66	448.65	393.60	12.66	12.77
金融机构人民币各项存款余额	(亿元)	Total Deposits of Financial Institutions	(100 million yuan)	15263.26	13265.01	6992.20	5742.09	45.80	43.29
#城乡居民储蓄存款余额	(亿元)	Saving Deposits of Urban and Rural Households	(100 million yuan)	6620.56	5919.05	2010.58	1827.14	30.40	30.87
金融机构人民币各项贷款余额	(亿元)	Loan Balance of Financial Institutions	(100 million yuan)	12368.30	10104.30	6560.51	4177.93	53.00	41.35
固定资产投资		**Investment in Fixed Assets**							
固定资产投资总额（500万元口径）	(亿元)	Total Investment in Fixed Assets (caliber of 5 millions)	(100 million yuan)	8778.40	7102.78	2336.06	1958.14	26.60	27.57
#工业	(亿元)	Industry	(100 million yuan)	2337.81	1950.07	462.44	448.59	19.80	23.00

注：固定资产投资中的工业投资不含工业园区基础设施投资。

a) Industrial investment in fixed assets investment excludes infrastructure investment of industrial parks.

2-3 续表 (continued)

指标		Item		贵州 Guizhou Province 2014	贵州 Guizhou Province 2013	贵阳 Guiyang City 2014	贵阳 Guiyang City 2013	贵阳占全省比重(%) The Ratio of Guiyang to Guizhou(%) 2014	贵阳占全省比重(%) The Ratio of Guiyang to Guizhou(%) 2013
国内外贸易		**Domestic and Foreign Trade**							
社会消费品零售总额	**(亿 元)**	**Total Retail Sales of Consumer Goods**	**(100 million yuan)**	**2579.53**	**2366.24**	**951.12**	**840.96**	**36.87**	**35.54**
进出口总额	**(万美元)**	**Total Value of Imports and Exports**	**(10 000 US dollars)**	**1081430**	**829009**	**784221**	**631821**	**72.52**	**76.21**
出 口	(万美元)	Imports	(10 000 US dollars)	939739	688598	727188	557909	77.38	81.02
进 口	(万美元)	Exports	(10 000 US dollars)	141691	140411	57033	73915	40.25	52.64
实际直接利用外资	**(万美元)**	**Total Amount of Foreign Direct Investment Actually Utilized**	**(10 000 US dollars)**	**206529**	**157415**	**76174**	**63000**	**36.88**	**40.02**
旅 游		**Tourism**							
海外旅游人数	(万人次)	Number of Overseas Visitors	(10 000 person-times)	85.50	77.70	14.59	13.42	17.07	17.27
国内旅游人数	(万人次)	Number of Domestic Visitors	(10 000 person-times)	32049.44	26683.58	7225.50	6009.08	22.54	22.52
旅游外汇收入	(万美元)	Foreign Exchange Earnings from International Tourism	(10 000 US dollars)	21700.00	20143.41	5661.94	5229.79	26.09	25.96
国内旅游收入	(亿 元)	Earnings from Domestic Tourism	(100 million yuan)	2882.66	2358.18	870.91	725.50	30.21	30.77
教育、文化、卫生		**Education, Culture and Health Care**							
专任教师数	(万 人)	Full-time Teachers	(10 000 persons)	45.41	43.07	6.48	6.27	14.27	14.56
在校学生数	(万 人)	Students Enrollment	(10 000 persons)	882.33	861.68	138.75	134.79	15.73	15.64
图书出版量	(万 册)	Number of Books Published	(10 000 copies)	6091	6279	6091	6279	100.0	100.0
杂志出版量	(万 册)	Number of Magazines Published	(10 000 copies)	1598	1575	1469	1522	91.93	96.63
报纸出版量	(亿 份)	Number of Newspapers Published	(100 million copies)	3.48	3.53	2.69	2.94	77.36	83.29
医 院、卫生院数	(个)	Number of Hospitals, Health Centers	(unit)	2512	2429	249	243	9.91	10.00
医院、卫生院床位数	(张)	Number of Beds of Hospitals, Health Centers	(bed)	175742	155848	25919	24729	14.11	15.90
医生数	(人)	Number of Doctors	(person)	57846	55877	13043	12719	22.57	22.76
城镇常住居民人均可支配收入	**(元)**	**Per Capita Disposable Income of Urban Households**	**(yuan)**	**22548**	**20667**	**24961**	**22816**	**-**	**-**
农村常住居民人均可支配收入	**(元)**	**Per Capita Disposable Income of Rural Households**	**(yuan)**	**6671**	**5434**	**10826**	**9606**	**-**	**-**

注：医生数指执业医生和执业助理医生。

a) The number of doctors refers to licensed doctors and assistant doctors.

2-4 全市基本情况
Basic Situation of Guiyang

指标名称		Item		2014		2013	
				全 市 The Whole City	市辖区 Municipal District	全 市 The Whole City	市辖区 Municipal District
行政区划、人口、劳动力及土地面积		**Divisions of Administrative Areas, Population, Labour and Land Area**					
行政区数	(个)	Number of Administrafive Districts	(unit)	6		6	
行政县数	(个)	Number of Countries	(unit)	3		3	
行政县级市数	(个)	Number of Cities at County Level	(unit)	1		1	
年末总人口(公安户籍)	(万 人)	Total Population at Year-end (Public Security Registration)	(10 000 persons)	382.91	230.71	379.09	227.86
#非农业人口	(万 人)	Non-agricultural Population	(10 000 persons)	189.14	163.77	187.43	162.29
年平均人口	(万 人)	Annual Average Polulation	(10 000 persons)	381.00	229.29	376.81	231.08
暂住人口(一个月以上)	(万 人)	Temporary Resident Population	(10 000 persons)	108.12	96.54	80.94	73.07
年出生人口(公安户籍)	(人)	Newly-born Population in the Year (Public Security Registration)	(person)	60265	34658	55474	30764
年死亡人口(公安户籍)	(人)	Death Population in the Year (Public Security Registration)	(person)	21318	11409	19291	10840
年末总户数(公安户籍)	(万 户)	Total Household at Year-end (Public Security Registration)	(10 000 households)	119.11	70.87	117.30	68.91
年末常住人口(常住半年及以上)	(万 人)	Permanent Residents at Year-end (half year and above)	(10 000 persons)	455.60	324.10	452.19	321.60
年平均常住人口(常住半年及以上)	(万 人)	Annual Average Permanent Residents(half year and above)	(10 000 persons)	453.90	322.85	448.68	318.24
年末单位从业人员数(城 镇)	(万 人)	Engaged Persons at Year-end (urban area)	(10 000 persons)	103.87	93.91	97.74	86.04
第一产业(农、林、牧、渔业)	(万 人)	Primary Industry(Agriculture,Forestry, Animal Husbandry and Fishery)	(10 000 persons)	0.18	0.07	0.21	0.13
第二产业	(万 人)	Secondary Industry	(10 000 persons)	53.97	49.64	52.56	46.44
第三产业	(万 人)	Tertiary Industry	(10 000 persons)	49.72	44.20	44.97	39.47
年末城镇登记失业人员数	(人)	Registrated Unemployment in Urban Area at Year-end	(person)	34673		32391	26908
行政区域土地面积	(平方公里)	Land Area in Administrative Area	(sq.km)	8043	2525	8034	2403
水资源总量	(万立方米)	Total Water Resource	(10 000 cu.m)	54.72		45.00	
综合经济		**General Economy**					
生产总值(当年价格)	**(万 元)**	**Gross Domestic Product (current price)**	**(10 000 yuan)**	**24972691**	**18687384**	**20854234**	**15913553**
第一产业增加值	(万 元)	Added Value of Primary Industry	(10 000 yuan)	1080236	374140	815234	284633
第二产业增加值	(万 元)	Added Value of Secondary Industry	(10 000 yuan)	9765900	6637836	8486400	5914588
第三产业增加值	(万 元)	Added Value of Tertiary Industry	(10 000 yuan)	14126555	11675408	11552600	9714332
人均生产总值(常住人口平均)	(元)	Per Capita GDP (permanent resident average)	(yuan)	55018	57882	46479	50006
生产总值增长率	(%)	Growth Rate of Gross Domestic Product	(%)	13.9	15.0	16.0	17.1
人均生产总值增长率	(%)	Growth Rate of Per Capita GDP	(%)	12.6		14.3	
人均生产总值(户籍人口平均)	(元)	Per Capita GDP(registered permanent residence average)	(yuan)	65545	81501	55011	69839
财政、金融、保险		**Government Finance, Banking and Insurance**					
公共财政预算收入	(万 元)	Public Budgetary Revenue	(10 000 yuan)	3315962	2955738	2772077	2454567
#各项税收	(万 元)	Taxes	(10 000 yuan)	2718543	2441822	2223354	1983768
#企业所得税	(万 元)	Corporate Income Tax	(10 000 yuan)	262593	245196	206038	186893
个人所得税	(万 元)	Individual Income Tax	(10 000 yuan)	89166	83171	81863	73121

注：由于2013年开展首次全国地理国情普查，全市及各区（市、县）行政区划面积有所变化。

a) After the First Census of National Geographical Conditions, the area of administrative division of Guiyang City and all districts(city, county) has some changes.

2-4 续表1 (continued)

指标名称		Item		2014 全市 The Whole City	2014 市辖区 Municipal District	2013 全市 The Whole City	2013 市辖区 Municipal District
公共财政预算支出	(万 元)	Public Bedgetary Expenditure	(10 000 yuan)	4486298	3562400	3936020	3135097
#一般性公共服务支出	(万 元)	Expenditure for General Public Services	(10 000 yuan)	784866	625313	752568	590017
科学技术支出	(万 元)	Expenditure for Science and Technology	(10 000 yuan)	123754	114329	93638	86045
教育支出	(万 元)	Expenditure for Education	(10 000 yuan)	804652	596483	710806	528344
文化体育与传媒支出	(万 元)	Expenditure for Culture,Sport and Media	(10 000 yuan)	82529	73063	66400	57755
社会保障和就业支出	(万 元)	Expenditure for Social Security and Employment Effort	(10 000 yuan)	319424	261965	271736	219932
医疗卫生支出	(万 元)	Expenditure for Medical and Health Care	(10 000 yuan)	332979	224169	265794	185265
城乡社区事务支出	(万 元)	Expenditure for Urban and Rural Community Affairs	(10 000 yuan)	341331	304860	293232	264970
交通运输支出	(万 元)	Expenditure for Transportation	(10 000 yuan)	71586	61380	81723	70253
节能环保支出	(万 元)	Expenditure for Environment Protection	(10 000 yuan)	163597	138041	124044	101340
年末金融机构各项存款余额(人民币)	(亿 元)	Deposits of Financial Institutions at Year-end (RMB)	(100 million yuan)	6992.20	6628.97	5742.09	5436.67
#城乡居民储蓄存款	(亿 元)	Saving Deposits of Urban and Rural Households	(100 million yuan)	2010.58	1795.99	1827.14	1642.05
年末金融机构各项贷款余额(人民币)	(亿 元)	Loans of Financial Institutions at Year-end	(100 million yuan)	6560.51	6272.56	4177.93	3944.51
保费收入	(万 元)	Premium	(10 000 yuan)	800005		695548	
财产险	(万 元)	Property Insurance	(10 000 yuan)	428223		348784	
人身险	(万 元)	Life Insurance	(10 000 yuan)	371782		346764	
赔款、给付	(万 元)	Payment of Claims	(10 000 yuan)	327836		263399	
财产险	(万 元)	Property Insurance	(10 000 yuan)	211551		164799	
人身险	(万 元)	Life Insurance	(10 000 yuan)	116285		98600	
农 业		**Agriculture**					
蔬菜及食用菌产量	(万 吨)	Output of Vegetables and Edible Mushrooms	(10 000 tons)	238.36		220.76	
园林水果产量	(万 吨)	Output of Garden Fruits	(10 000 tons)	15.29		13.56	
肉类总产量	(万 吨)	Output of Meat	(10 000 tons)	15.41		15.16	
奶类产量	(吨)	Output of Milk	(ton)	45753		45965	
水产品产量	(吨)	Output of Aquatic Products	(ton)	9708		9266	
工 业		**Industry**					
年销售收入2000万元及以上工业企业		Industrial Enterprises with Annual Sales Revenue 20 million yuan and above					
工业企业数	(个)	Number of Industrial Enterprises	(unit)	511		469	

2-4 续表2 (continued)

指标名称		Item		2014 全市 The Whole City	2014 市辖区 Municipal District	2013 全市 The Whole City	2013 市辖区 Municipal District
内资企业	(个)	Domestic-funded Enterprises	(unit)	472		436	
国有企业	(个)	State-owned Enterprises	(unit)	43		45	
私营企业	(个)	Private Enterprises	(unit)	99		86	
港、澳、台商投资企业	(个)	Enterprises with Funds from Hong Kong,Macao and Taiwan	(unit)	15		11	
外商投资企业	(个)	Enterprises with Foreign Investment	(unit)	24		22	
工业增加值	(亿 元)	Industrial Added Value	(100 million yuan)	636.06		552.35	
工业总产值	(亿 元)	Gross Industrial Output Value	(100 million yuan)	2229.15		2014.31	
内资企业	(亿 元)	Domestic-funded Enterprises	(100 million yuan)	2085.93		1885.46	
国有企业	(亿 元)	State-owned Enterprises	(100 million yuan)	455.45		332.10	
私营企业	(亿 元)	Private Enterprises	(100 million yuan)	267.15		263.58	
港、澳、台商投资企业	(亿 元)	Enterprises with Funds from Hong Kong,Macao and Taiwan	(100 million yuan)	43.75		26.56	
外商投资企业	(亿 元)	Enterprises with Foreign Investment	(100 million yuan)	99.47		102.30	
从业人员年平均人数	(万 人)	Avarage Annual Employed Persons	(10 000 persons)	18.90		18.48	
流动资产合计	(亿 元)	Total Current Assets	(100 million yuan)	1243.98		1016.44	
固定资产合计	(亿 元)	Total Fixed Assets	(100 million yuan)	831.28		740.23	
主营业务收入	(亿 元)	Revenue from Principal Business	(100 million yuan)	2190.74		1841.34	
主营业务成本	(亿 元)	Cost of Principal Business	(100 million yuan)	1620.25		1334.26	
主营业务税金及附加	(亿 元)	Tax and Extra Charges from Principle Business	(100 million yuan)	120.27		106.44	
本年应交增值税	(亿 元)	Value-added Tax Payable	(100 million yuan)	82.24		73.44	
利润总额	(亿 元)	Total Profits	(100 million yuan)	196.77		215.47	
交通运输、邮电通信、能源电力		**Transport,Postal and Telecommunication Services, Energy and Electric Power**					
铁路客运量	(万 人)	Passenger Traffic of Railways	(10 000 persons)	1575		1471	
铁路货运量	(万 吨)	Freight Traffic of Railways	(10 000 tons)	1402		1519	
民用车辆拥有量	(辆)	Possession of Civil Vehicles	(unit)	899435		795193	
#私人车辆拥有量	(辆)	Private Vehicles	(unit)	807531		690648	

2-4 续表3 (continued)

指标名称		Item		2014 全市 The Whole City	2014 市辖区 Municipal District	2013 全市 The Whole City	2013 市辖区 Municipal District
民用汽车拥有量	(辆)	Possession of Civil Vehicles	(unit)	754345		650167	
#私人汽车拥有量	(辆)	Possession of Private Vehicles	(unit)	634926		547098	
公路客运量(全社会)	(万 人)	Passenger Traffic of Highways (in the Whole City)	(10 000 persons)	69659		57872	
公路货运量(全社会)	(万 吨)	Freight Traffic of Highways (in the Whole City)	(10 000 tons)	25007		19750	
境内公路里程	(公 里)	Length of Highways	(km)	9710.00		9551.93	
#境内等级公路里程	(公 里)	Length of Class I to IV Highways	(km)	8862.00		8669.94	
#境内高速公路里程	(公 里)	Length of Expressways	(km)	304.00		303.84	
水运客运量(全社会)	(万 人)	Passenger Traffic of Waterways (in the Whole City)	(10 000 persons)	40.45		40.42	
水运货运量(全社会)	(万 吨)	Freight Traffic of Waterways (in the Whole City)	(10 000 tons)	3.75		4.06	
内河航道通航里程	(公 里)	Length of Navigable Inland Waterways	(km)	513		513	
#六级以上航道	(公 里)	Inland Waterways above Class VI	(km)	316		316	
民用航空货邮运量	(吨)	Freight Traffic of Civil Aviation	(ton)	82064		77425	
民用航空客运量	(万 人)	Passenger Traffic of Civil Aviation	(person)	1253		1047	
年末邮政局(所)数	(处)	Number of Postal Offices at Year-end	(unit)	185	128	184	127
邮政业务收入	(万 元)	Business Revenue of Postal Services	(10 000 yuan)	654163		629025	
电信业务收入	(万 元)	Business Revenue of Telecommunication Services	(10 000 yuan)	563391		560648	
固定电话用户年末用户数	(万 户)	Subscribers of Fixed Telephone at Year-end	(10 000 households)	102.90		101.89	
移动电话年末用户数	(万 户)	Subscribers of Mobile Telephone at Year-end	(10 000 households)	810.14		753.25	
#3G移动电话用户	(万 户)	3G Mobile Phone Subscribers	(10 000 households)	282.16		210.41	
互联网宽带接入用户数	(万 户)	Subscribers of Internet Broadband Access	(household)	105.44		93.63	
全年用电量	(亿千瓦时)	Electricity Consumption of the Whole Year	(100 million kwh)	232.25	157.63	225.81	174.51
#工业用电	(亿千瓦时)	Industrial Electricity Consumption	(100 million kwh)	155.26	93.39	157.97	99.41
城乡居民生活用电	(亿千瓦时)	Households Consumption of Electricity	(100 million kwh)	52.43	42.53	46.76	42.58
内外贸易、外经、旅游		**Foreign Trade,Economy and Tourism**					
限额以上批发零售贸易业商品销售总额	(万 元)	Total Sales Value of Enterprises above Designated Size of Wholesale and Retail Trades	(10 000 yuan)	18453268		15700677	15329222
社会消费品零售总额	(万 元)	Total Retail Sales of Consumer Goods	(10 000 yuan)	951218		8409565	6988460
限额以上批发零售贸易企业数(法人数)	(个)	Number of Enterprises above Designated Size of Wholesale and Retail Trades	(unit)	618		502	451
#零售业	(个)	Retail Trade	(unit)	357	295	288	253
限额以上批发零售贸易业企业财务		Finances of Enterprises above Designated Size of Wholesale and Retail Trades					
流动资产合计	(万 元)	Total Current Assets	(10 000 yuan)	8542297	8097568	5953074	5735083
固定资产合计	(万 元)	Total Fixed Assets	(10 000 yuan)	433230	392748	439894	429010

2–4 续表4 (continued)

指标名称		Item		2014 全市 The Whole City	2014 市辖区 Municipal District	2013 全市 The Whole City	2013 市辖区 Municipal District
主营业务收入	(万 元)	Revenue from Principal Business	(10 000 yuan)	16430407	15683166	14042615	13722242
主营业务成本	(万 元)	Cost of Principal Business	(10 000 yuan)	15287275	14605447	13017736	12728535
主营业务税金及附加	(万 元)	Tax and Extra Charges from Principal Business	(10 000 yuan)	102098	96831	92175	68128
本年应交增值税	(万 元)	Value-added Tax Payable	(10 000 yuan)	393402	376734	299761	298049
利润总额	(万 元)	Total Profits	(10 000 yuan)	173421	165356	306894	297846
进出口额(外贸数)	(万美元)	Total Value of Imports and Exports	(USD 10 000)	784221		631821	
进口额	(万美元)	Total Imports	(USD 10 000)	57033		73915	
出口额	(万美元)	Total Exports	(USD 10 000)	727188		557909	
外国和港澳台地区在华直接投资		Direct Investments from Foreign Countries,Hong Kong,Macao and Taiwai					
当年新签项目(合同)个数	(个)	New Contracts	(unit)	24	15	24	13
当年合同外资金额	(万美元)	Foreign Fund in New Contracts	(USD 10 000)	65994		30407	
当年实际直接利用外资金额	(万美元)	Total Amount of Foreign Investment Actually Utilized	(USD 10 000)	76174	65493	63000	54267
海外游客人数(含一日游游客)	(人)	Overseas Tourists (including one-day tour tourists)	(person)	145931		134223	
#外国人	(人)	Foreigners	(person)	69072		68038	
港、澳、台同胞	(人)	Chinese Compatriots from Hong Kong, Macao and Taiwai	(person)	76859		66185	
旅游(外汇)收入	(万美元)	Foreign Exchange Earnings from Tourism	(USD 10 000)	5661.94		5229.79	
星级饭店数	(个)	Number of Star-rated Hotels	(unit)	64		75	
固定资产投资		**Investment in Fixed Assets**					
全社会固定资产投资总额	(亿 元)	Total Investment in Fixed Assets in the Whole City	(10 000 yuan)	3489.41	3489.41	3030.38	2312.80
#房地产开发	(亿 元)	Real Estate Development	(10 000 yuan)	1017.60	984.47	983.09	949.19
#住 宅	(亿 元)	Residential Buildings	(10 000 yuan)	633.36	610.62	631.87	605.86
全年新增固定资产	(亿 元)	Newly Increased Fixed Assets in the Whole Year	(10 000 yuan)	2341.58	1353.34	2179.80	1471.64
本年施工住宅面积	(万平方米)	Floor Space under Construction This Year	(10 000 sq.m)	4990.78		4759.59	
本年竣工住宅面积	(万平方米)	Floor Space Completed This Year	(10 000 sq.m)	913.36		556.09	
房地产		Real Estate					
商品房屋销售面积	(万平方米)	Floor Space of Commercialized Buildings Sold	(10 000 sq.m)	948.11	871.04	1301.54	1180.13
#住 宅	(万平方米)	Residential Buildings	(10 000 sq.m)	800.32	737.56	1163.64	1052.94
#高档别墅公寓	(万平方米)	Villas,High-grade Apartments	(10 000 sq.m)	33.57	33.57	18.55	18.55
商品房屋销售额	(亿 元)	Total Sale of Commercialized Buildings	(100 million yuan)	530.87	521.57	650.46	606.66
#住 宅	(亿 元)	Residential Buildings	(100 million yuan)	391.27	385.35	519.25	486.23
#高档别墅公寓	(亿 元)	Villas,High-grade Apartments	(100 million yuan)	32.50	32.50	19.00	19.00
待售面积	(万平方米)	Floor Space of Commercialized Buildings for Sale	(10 000 sq.m)	261.26	247.16	258.34	232.14

2-4 续表5 (continued)

指标名称		Item		2014 全 市 The Whole City	2014 市辖区 Municipal District	2013 全 市 The Whole City	2013 市辖区 Municipal District
教育、科技、文化、卫生		**Education,Technology,Culture and Health Care**					
学校数		Number of Schools					
普通高等学校	(所)	Regular Institutions of Higher Education	(unit)	29	25	28	25
成人高等学校	(所)	Institutions of Higher Education for Adult	(unit)	2	2	2	2
中等职业教育(学校)	(所)	Secondary Vocational Education(Schools)	(unit)	66	60	71	63
普通中学	(所)	Regular Secondary Schools	(unit)	306	239	313	233
职业中学(初中)	(所)	Vocational Secondary Schools (Junior Secondary Schools)	(unit)	4		7	1
小 学	(所)	Primary Schools	(unit)	558	347	623	379
专任教师数		Full-time Teachers					
普通高等学校	(人)	Regular Institutions of Higher Education	(person)	16595	15826	14918	14459
成人高等学校	(人)	Institutions of Higher Education for Adult	(person)	318	318	314	314
中等职业教育(学校)	(人)	Secondary Vocational Education(Schools)	(person)	5121	4657	4576	4210
普通中学	(人)	Regular Secondary Schools	(person)	19914	15130	18949	13163
职业中学(初中)	(人)	Vocational Secondary Schools (Junior Secondary Schools)	(person)	94		153	26
小 学	(人)	Primary Schools	(person)	14730	9509	14201	9174
在校学生数		Number of Students Enrollment					
普通高等学校	(人)	Regular Institutions of Higher Education	(person)	359318	335822	325347	318314
成人高等学校	(人)	Institutions of Higher Education for Adult	(person)	9468	9468	8787	8787
中等职业教育(学校)	(人)	Secondary Vocational Education(Schools)	(person)	155995	138895	153476	134871
普通中学	(万 人)	Regular Secondary Schools	(10 000 persons)	25.52	18.93	25.78	16.60
#高 中	(万 人)	Senior Secondary School	(10 000 persons)	8.76	6.24	8.34	5.20
职业中学(初中)	(人)	Vocational Secondary Schools (Junior Secondary Schools)	(person)	974	495	1698	318
小 学	(万 人)	Primary Schools	(10 000 persons)	31.65	24.49	30.87	22.58
初中毕业生升学率	(%)	Promotion Rate from Junior Secondary Schools to Senior Secondary Schools	(%)	91.6		92.0	
专利申请受理量	(件)	Number of Patents Application Accepted	(case)	12630		7039	
专利申请授权量	(件)	Number of Patents Application Granted	(case)	3766		3531	
#发 明	(件)	Inventions	(case)	674		535	
剧场、影剧院数	(个)	Number of Theaters,Music Halls and Cinemas	(unit)	5	3	5	3
公共图书馆图书总藏量	(千册、件)	Total Collections of Public Libraries	(1000 copies)	3172	2919	2859	2666
医院、卫生院数	(个)	Number of Hospitals and Health Centers	(unit)	249	162	243	132

2-4 续表6 (continued)

指标名称		Item		2014 全市 The Whole City	2014 市辖区 Municipal District	2013 全市 The Whole City	2013 市辖区 Municipal District
医院、卫生院床位数	(张)	Number of Beds in Hospitals and Health Centers	(bed)	25919	20652	24729	20245
医生数	(人)	Number of Doctors	(person)	13043	10909	12719	10798
#医院、卫生院医生数	(人)	Number of Doctors in Hospital and Health Centers	(person)	9138		8722	
注册护士	(人)	Registered Nurse	(person)	15501	13110	14594	9777
#医院、卫生院注册护士	(人)	Registered Nurse in Hospital and Health Centers	(person)	12681		11733	
人民生活、社会保障		**People's Living Condition and Social Security**					
城镇居民人均住宅建筑面积	(平方米/人)	Per Capita Building Space of Urban Household	(sq.m/person)		34.70		30.97
农民人均住房面积	(平方米/人)	Per Capita Living Space of Rural Household	(sq.m/person)	50.61		45.67	
在岗职工平均人数	(万 人)	Average Number of On-post Staff	(10 000 persons)	91.60	82.52	88.71	58.58
在岗职工工资总额	(万 元)	Total Wage Bill of On-post Staff	(10 000 yuan)	5434671	4942690	4508238	4018111
在岗职工年平均工资	(元)	Annual Average Wage of On-post Staff	(yuan)	59334		50817	
城镇居民家庭总收入	(元)	Total Household Income	(yuan)		26823		24403
工资性收入	(元)	Income from Wages and Salaries	(yuan)		14709		17052
经营净收入	(元)	Net Business Income	(yuan)		2360		1616
财产性收入	(元)	Property Income	(yuan)		2391		501
转移性收入	(元)	Income from Transfer	(yuan)		5502		5233
城镇常住居民人均可支配收入	(元)	Annual Per Capita Disposable Income of Urban Households	(yuan)		24961		22816
最低10%户人均可支配收入	(元)	Lowest Annual Per Capita Disposable Income(first ten percent group)	(yuan)		13073		11237
最高10%户人均可支配收入	(元)	Highest Annual Per Capita Disposable Income(first ten percent group)	(yuan)		45163		43916
城镇常住居民人均消费支出	(元)	Per Capita Consumption Expenditure of Urban Permanent Residents	(yuan)		19501		16615
食品烟酒	(元)	Food, Tobacco and Wine	(yuan)		6176		5135
衣 着	(元)	Clothing	(yuan)		1533		1328
生活用品及服务	(元)	Daily Necessities and Service	(yuan)		1405		1122
医疗保健	(元)	Health Care and Medical Services	(yuan)		972		628
交通通信	(元)	Transport and Communications	(yuan)		2250		1783
教育文化娱乐	(元)	Education, Culture and Entertainment	(yuan)		2874		2163
居 住	(元)	Residence	(yuan)		3949		4173
其他用品和服务	(元)	Others	(yuan)		343		286
每百户城市居民家庭拥有:		Per 100 Rural Households Owned:					
家用汽车	(辆)	Automobile	(unit)		19		17
家用电脑	(台)	Computer	(set)		74		67
固定电话	(部)	Fixed Telephone	(set)		63		51

2–4 续表7 (continued)

指标名称		Item		2014 全 市 The Whole City	2014 市辖区 Municipal District	2013 全 市 The Whole City	2013 市辖区 Municipal District
移动电话	(部)	Mobile Telephone	(set)		202		204
电冰箱(柜)	(台)	Refrigerator	(set)		93		94
彩色电视机	(台)	Color TV Set	(set)		104		106
微波炉	(部)	Microwave	(set)		50		57
组合音响	(套)	Hi-Fi Stereo Component System	(set)		14		13
空调机	(台)	Air Condition	(set)		13		13
洗衣机	(台)	Washing Machine	(set)		97		98
居民消费价格指数(上年为100)	(%)	Consumer Price Index (100 last year)	(%)		102.7		103.2
农村常住居民人均可支配收入	(元)	Per Capita Disposable Income of Rural Households	(yuan)	10826		9606	
养老保险参保人数	(人)	Endowment Insurance Contributors	(person)	1460045	1319139	1343368	1225289
在职职工养老保险人数	(人)	Endowment Insurance for On-the-job Staff	(person)	1228648		1127379	
离退休养老保险人数	(人)	Retirement Endowment Insurance Contributors	(person)	231397		215989	
基本医疗保险参保人数	(人)	Basic Medical Care Insurance Contributors	(person)	1201993		1164079	
失业保险参保人数	(人)	Unemployment Insurance Contributors	(person)	612341		583632	
生育保险参保人数	(人)	Maternity Insurance Contributors	(person)	1028026		1009151	
工伤保险参保人数	(人)	Work Injury Insurance Contributors	(person)	787104		749211	
社会福利院数	(个)	Number of Social Welfare Homes	(unit)	142		129	
社会福利院床位数	(张)	Number of Beds in Social Welfare Institutes	(bed)	12884		10067	
居民最低生活保障线以下人数	(人)	Number of Persons under Minimun Living Standard	(person)	117289		130859	
城镇居民	(人)	Urban Households	(person)	64577		72752	
农村居民	(人)	Rural Households	(person)	52712		58107	
社会治安		**Social Security**					
交通事故件数	(件)	Number of Traffic Accidents	(case)	202		221	
交通事故死亡人数	(人)	Number of Deaths in Traffic Accidents	(person)	141		276	
交通事故损失额	(万 元)	Property Losses of Traffic Accidents	(10 000 yuan)	295		218	
火灾事故死亡人数	(人)	Number of Deaths in Fire Accidents	(person)	1		12	
火灾事故损失额	(万 元)	Economic Losses in Fire Accidents	(10 000 yuan)	5757		1355	
刑事案件立案数	(件)	Number of Criminal Cases Registered	(case)	7039		7118	
犯罪人数	(人)	Number of Offenders	(person)	6480		8820	

2–4 续表8 (continued)

指标名称		Item		2014		2013	
				全 市 The Whole City	市辖区 Municipal District	全 市 The Whole City	市辖区 Municipal District
市政公用事业		**Municipal Public Utilities**					
城市维护建设资金支出	(万　元)	Expenditure on Municipal Infrastructure	(10 000 yuan)		112460		18944
年末实有城市道路面积	(万平方米)	Area of Paved Roads(at year-end)	(10 000 sq.m)		2611		2584
排水管道长度	(公　里)	Length of City Sewage Pipes	(km)		3520		3517
供水综合生产能力	(万立方米/日)	Production Capacity of Tap Water Supply	(10 000 cu.m/day)		114.5		113.8
供水总量	(万立方米)	Total Volume of Tap Water Supply	(10 000 cu.m)		28156		26201
售水量	(万立方米)	Total Volume of Tap Water Sold	(10 000 cu.m)		21561		19996
#居民生活用水量	(万立方米)	Water Consumption for Residential Use	(10 000 cu.m)		12835		15740
用水人口	(万　人)	Number of Residents with Access to Tap Water	(10 000 persons)		307		246
煤气(人工天然气)供气总量	(万立方米)	Volume of Gas Supply coal gas(artificial natural gas)	(10 000 cu.m)		10296		18462
#家庭用量	(万立方米)	Households Consumption	(10 000 cu.m)		10235		9032
用天然气人口	(万　人)	Population with Access to Natural Gas	(10 000 persons)		237		91
液化石油气供气总量	(万　吨)	Volume of Liquefied Petroleum Gas Supply	(10 000 tons)		4.00		3.80
液化石油气销售气总量	(万　吨)	Volume of Liquefied Petroleum Gas Sold	(10 000 tons)		4.00		3.80
#家庭用量	(万　吨)	Households Consumption	(10 000 tons)		4.00		3.80
用液化气人口	(万　人)	Number of Residents with Access to Liquefied Petroleum Gas	(10 000 persons)		72		72
年末实有公共汽(电)车营运车辆数	(辆)	Number of Public Vehicles under Operation at Year-end	(unit)		2855	2800	2286
全年公共汽(电)车客运总量	(万人次)	Passengers Transported by Public Vehicles in the Whole year	(10 000 person-times)		62142	70247	64027
年末实有出租汽车数	(辆)	Actual Number of Taxies at Year-end	(unit)		7534	8543	6463
建成区园林绿地面积	(公　顷)	Garden Green Land of Completed Area	(hectare)		12783		12783
建成区公共绿地面积	(公　顷)	Public Green Land of Completed Area	(hectare)		3105		3105
建成区绿化覆盖面积	(公　顷)	Green Covered Area of Completed Area	(hectare)		13007		13007
环境保护		**Environment Protection**					
工业废水排放量	(万　吨)	Emission of Industrial Sewage	(10 000 tons)		2895		2262
工业二氧化硫排放量	(吨)	Emission of Industrial Surplur Dioxide	(ton)		70533		70603
工业固体废物综合利用率	(%)	Comprehensible Utilization Ratio of Industrial Solid Wastes	(%)		48.86		45.68
生活垃圾无害化处理率	(%)	Harmless Treatment Ratio of Household Refuse	(%)		97.59		95.43

2-5 生产总值
Gross Domestic Product

指　　标	Item	2014		2013		2014年比2013年增长(%) Growth Rate in 2014 over 2013 (%)
		绝对数(万 元) Absolute Figures (10 000 yuan)	构 成(%) Proportion (%)	绝对数(万 元) Absolute Figures (10 000 yuan)	构 成(%) Proportion (%)	
生产总值	**Gross Domestic Product**	**24972691**	**100.0**	**20854234**	**100.0**	**13.9**
第一产业	Primary Industry	1080236	4.3	815234	3.9	6.6
农、林、牧、渔业	Agriculture,Forestry,Animal Husbandry and Fishery	1072357	4.3	808437	3.9	6.6
农林牧渔服务业	Service of Agriculture,Forestry, Animal Husbandry and Fishery	7879	0.0	6797	0.0	10.8
第二产业	Secondary Industry	9765900	39.1	8486414	40.7	13.9
工　业	Industry	6780000	27.1	6083200	29.2	12.1
建筑业	Construction	2985900	12.0	2403200	11.5	19.3
第三产业	Tertiary Industry	14126555	56.6	11552600	55.4	14.3
交通运输、仓储和邮政业	Transportation,Storage and Post	2038895	8.2	1592400	7.6	17.3
信息传输、计算机服务和软件业	Information Transmission,Software Industry and Computer Services	1092038	4.4	877403	4.2	12.5
批发和零售业	Wholesale and Retail Trades	2226494	8.9	1895400	9.1	9.7
住宿和餐饮业	Hotels and Catering Services	1053252	4.2	855200	4.1	12.5
金融业	Financial Industry	2382466	9.5	1930500	9.3	18.2
房地产业	Real Estate	830076	3.3	764000	3.7	5.4
租赁和商务服务业	Leasing and Business Services	353569	1.4	354551	1.7	17.9
科学研究和技术服务业	Scientific Research,Technic Services and Geological Exploration	556971	2.2	273310	1.3	21.9
水利、环境和公共设施管理业	Management of Water Conservancy, Environment and Public Facilities	83335	0.3	258120	1.2	9.1
居民服务、修理和其他服务业	Services to Household, Repair and Other	332516	1.3	214318	1.0	14.1
教　育	Education	794023	3.2	608856	2.9	17.2
卫生和社会工作	Health and Social Work	441638	1.8	378113	1.8	18.8
文化、体育和娱乐业	Culture,Sports and Entertainment	439575	1.8	352528	1.7	5.6
公共管理和社会组织	Public Management and Social Organization	1501707	6.0	1197900	5.7	18.0
人均生产总值(元)	**Per Capita Gross Domestic Product (yuan)**	**55018**		**46479**		**12.6**

注：1. 表中绝对数按当年价格计算，增长速度按可比价格计算；
　　2. 表中人均生产总值按常住半年及以上平均总人口计算。

a) The absolute figures in this table are calculated at current prices,whereas the growth rates are calculated at comparable prices;

b) Per capita gross domestic product in this table is calculated according to average annual population who live in Guiyang for six months or above.

2-6 按行业划分的资本形成总额
Gross Capital Formation by Sector

单位：万元 (10 000 yuan)

指　标	Item	2014	构成(%) Proportion (%)	2013	构成(%) Proportion (%)
固定资本形成总额	**Gross Fixed Capital Formation**	**13659848**	**100.0**	**11323859**	**100.0**
第一产业	Primary Industry	150258	1.1	124562	**1.1**
农林牧渔业	Agriculture,Forestry, Animal Husbandry and Fishery	150258	1.1	124562	1.1
第二产业	Secondary Industry	5201670	38.1	4278154	37.8
采掘业	Mining	95619	0.7	90591	0.8
制造业	Manufacturing	2094054	15.3	1735948	15.3
电力、煤气及水的生产和供应业	Electric Power,Gas and Water Production and Supply	423455	3.1	339716	3.0
建筑业	Construction	2588541	18.9	2111900	18.6
第三产业	Tertiary Industry	8307920	60.8	6921143	61.1
交通运输、仓储和邮政业	Transportation,Storage and Post	2670500	19.5	1987337	17.5
信息传输、计算机服务和软件业	Information Transmission,Computer Service and Software Industry	1273098	9.3	1055384	9.3
批发与零售业	Wholesale and Retail Trades	417991	3.1	369158	3.3
住宿和餐饮业	Hotels and Catering Services	445584	3.3	403356	3.6
金融业	Financial Industry	840081	6.1	707741	6.2
房地产业	Real Estate	1442480	10.6	1309038	11.6
其它行业	Others	1218186	8.9	1089129	9.6
存货增加	**Changes in Inventories**	**1031662**	**100.0**	**858361**	**100.0**
第一产业	Primary Industry	9852	1.0	7940	0.9
农林牧渔业	Agriculture,Forestry, Animal Husbandry and Fishery	9852	1.0	7940	0.9
第二产业	Secondary Industry	845860	82.0	704028	82.0
工　业	Industry	418029	40.5	350383	40.8
建筑业	Construction	427830	41.5	353645	41.2
第三产业	Tertiary Industry	175950	17.1	146393	17.1
交通运输、仓储和邮政业	Transportation,Storage and Post	99865	9.7	75622	8.8
批发与零售业	Wholesale and Retail Trades	22800	2.2	27553	3.2
住宿和餐饮业	Hotels and Catering Services	15991	1.6	12189	1.4
其它行业	Others	37295	3.6	31030	3.6

2-7 最终消费
Final Consumption

单位：万元 (10 000 yuan)

指 标	Item	2014	构 成 (%) Proportion (%)	2013	构 成 (%) Proportion (%)
最终消费支出	**Final Consumption Expenditure**	**11394806**	**100.0**	**9634664**	**100.0**
居民消费支出	**Household Consumption Expenditure**	**10410864**	**91.4**	**8802711**	**91.4**
农村居民	**Consumption Composition for Rural Residents**	**727265**	**6.4**	**614926**	**6.4**
食品类支出	Food	366251	3.2	315826	3.3
衣着类支出	Clothing	51999	0.5	44582	0.5
居住类支出	Residence	29527	0.3	26811	0.3
家庭设备、用品及服务类支出	Household,Articles and Services	50909	0.4	39970	0.4
医疗保健类支出	Health Care and Medical Services	41818	0.4	25827	0.3
公共医疗消费支出	Public Medical Care	23272	0.2	31976	0.3
交通和通信类支出	Transport and Communications	37091	0.3	25212	0.3
文教娱乐用品及服务类支出	Education,Culture,Recreation and Relative Services	32727	0.3	39970	0.4
金融中介服务虚拟支出	Virtual Expenditure for Financial Agency Services	10182	0.1	2460	0.0
自有住房服务虚拟支出	Virtual Expenditure for Services for Private-owned Houses	13091	0.1	3075	0.0
其它商品和服务类支出	Others	70399	0.6	59217	0.6
城镇居民	**Consumption Composition for Urban Residents**	**9683599**	**85.0**	**8187785**	**85.0**
食品类支出	Food	4028377	35.4	3569874	37.1
衣着类支出	Clothing	716586	6.3	602621	6.3
居住类支出	Residence	920910	8.1	740995	7.7
家庭设备、用品及服务类支出	Household,Articles and Services	590700	5.2	401201	4.2
医疗保健类支出	Health Care and Medical Services	513231	4.5	393014	4.1
公共医疗消费支出	Public Medical Care	377660	3.3	245634	2.5
交通和通信类支出	Transport and Communications	784371	6.9	663211	6.9
文教娱乐用品及服务类支出	Education,Culture, Recreation and Relative Services	1036145	9.1	884281	9.2
金融中介服务虚拟支出	Virtual Expenditure for Financial Agency Services	367977	3.2	311136	3.2
自有住房服务虚拟支出	Virtual Expenditure for Services for Private-owned Houses	96836	0.8	81878	0.8
实物消费支出	In-kind Consumption	145254	1.3	122817	1.3
其它商品和服务类支出	Others	105551	0.9	171125	1.8
政府消费支出	**Government Consumption Expenditure**	**983941**	**8.6**	**831953**	**8.6**

2-8 按支出法计算的生产总值
Gross Domestic Product by Expenditure Approach

单位：万元 (10 000 yuan)

指　　标	Item	2014	2013	2014年比2013年增长(%) Growth Rate in 2014 over 2013 (%)
绝对数(万元)	**Absolute Figures**	**24972691**	**20854234**	**13.9**
按支出法计算的生产总值	Gross Domestic Product by Expenditure Approach	24972691	20854234	13.9
最终消费	Final Consumption Expenditure	11394806	9634664	9.5
居民消费	Household Consumption Expenditure	10410864	8802711	9.4
农村居民	Rural Household	727265	614926	10.1
城镇居民	Urban Household	9683599	8187785	9.3
政府消费	Government Consumption Expenditure	983941	831953	10.3
资本形成总额	Gross Capital Formation	14691510	12182220	17.4
固定资本形成总额	Gross Fixed Capital Formation	13659848	11323859	18.1
存货增加	Changes in Inventories	1031662	858361	8.0
货物和服务净出口	Net Export of Goods and Services	-1113624	-962650	
出　口	Export	1355126	1135238	
进　口	Import	2468750	2097888	

注：货物和服务净出口为负数或零时，无增长速度。
a) There is no growth rate when the export of goods and services is zero or negative.

2-9 各区(市、县)生产总值(2014年)
Gross Domestic Product of District(City, County) in Guiyang(2014)

区(市、县)名　称	District(City, County)	生产总值 Gross Domestic Product	第一产业 Primary Industry	第二产业 Secondary Industry	第三产业 Tertiary Industry	人均生产总值(元) Per Capita Gross Product (yuan)
绝对值(万元)	**Absolute Figures(10 000 yuan)**					
南明区	Nanming	5285111	33300	1173700	4078200	60970
云岩区	Yunyan	6159087	5200	1863000	4290900	62117
花溪区	Huaxi	3625211	148800	1968400	1508100	57351
乌当区	Wudang	1237302	115500	596600	525200	52992
白云区	Baiyun	1507504	46700	787200	673500	55285
观山湖区	Guanshanhu	1318739	24600	475600	818500	56871
开阳县	Kaiyang	1608888	230300	897100	481500	44260
息烽县	Xifeng	1284727	125600	680600	478500	58515
修文县	Xiuwen	1197824	160000	548500	489400	45981
清镇市	Qingzhen	2193868	190100	1001900	1001900	46990
增速(%)	**Growth Rate(%)**					
南明区	Nanming	15.5	6.0	16.9	15.1	14.1
云岩区	Yunyan	13.8	2.0	12.0	14.5	13.3
花溪区	Huaxi	14.8	6.6	14.3	16.3	13.7
乌当区	Wudang	16.4	6.7	17.0	18.0	14.6
白云区	Baiyun	17.3	6.9	17.6	17.5	15.9
观山湖区	Guanshanhu	15.4	6.0	14.3	16.6	10.0
开阳县	Kaiyang	16.3	6.9	18.1	17.4	15.5
息烽县	Xifeng	16.4	7.0	15.1	23.4	15.1
修文县	Xiuwen	17.5	6.8	18.3	19.8	15.9
清镇市	Qingzhen	14.3	6.7	15.5	14.5	13.0

注：1. 本表绝对值按当年价格计算，增长速度按可比价格计算；
2. 人均生产总值按常住半年及以上平均人口数计算。
a) The absolute figures in this table are calculated at current prices, whereas the growth rates are calculated at comparable prices;
b) Per capita gross domestic product in this table is calculated according to average annual population who live in Guiyang for six months or above.

2-10 非公有制经济增加值
Added Value of Non-public Sector of the Economy

单位：万元 (10 000 yuan)

指 标	Item	GDP总量 Total GDP		非公有制经济 Non-public Economy		
		2014	2013	2014	2013	增长(%) Growth Rate (%)
生产总值	**Gross Domestic Product**	**24972691**	**20854234**	**12799170**	**10457226**	**16.2**
第一产业	Primary Industry	1080236	815234	812865	630575	6.2
第二产业	Secondary Industry	9765900	8486400	4704760	3929747	19.5
工 业	Industry	6780000	6083200	3390964	2776489	23.0
建筑业	Construction	2985900	2403200	1313796	1153258	9.4
第三产业	Tertiary Industry	14126555	11552600	7281545	5896904	14.6
交通运输、仓储和邮政业	Transportation,Storage and Post	2038895	1592400	1355865	1038245	19.6
批发和零售业	Wholesale and Retail Trades	2226494	1895400	1783422	1484098	12.2
住宿和餐饮业	Hotels and Catering Services	1053252	855200	956353	773956	12.9
金融业	Financial Industry	2382466	1930500	240629	179537	28.4
房地产业	Real Estate	830076	764000	664061	611200	5.4
其他营利性服务业	Other For-profit Services	2217698	1798800	1527994	1228580	13.4
非营利性服务业	Nonprofit Services	3377674	2716300	753221	581288	22.4
按区县地域分	**By District,County,City**					
南 明 区	Nanming	5285111	4400727	2813584	2333564	18.5
云 岩 区	Yunyan	6159087	5155335	3165643	2603518	13.7
花 溪 区	Huaxi	3625211	2751558	1618962	1230480	22.4
乌 当 区	Wudang	1237302	990787	662797	524469	16.9
白 云 区	Baiyun	1507504	1220478	862838	651883	31.9
观山湖区	Guanshanhu	1318739	1070721	696454	565748	16.1
开 阳 县	Kaiyang	1608888	1260292	817777	614184	21.1
息 烽 县	Xifeng	1284727	1042954	652944	528449	10.9
修 文 县	Xiuwen	1197824	887306	824548	607728	16.4
清 镇 市	Qingzhen	2193868	1750129	1177649	926599	17.1

2-11 民族乡基本情况

民族乡镇名称	Township(Town)	行政区划面积（平方公里）Administrative Areas (km.sq)	村民委员会个数（个）Number of Village Committees (unit)
合 计	Total		
贵阳市南明区小碧布依族苗族乡	Xiaobi(Bouyei&Miao)Township,Nanming District,Guiyang City	66	12
贵阳市花溪区高坡苗族乡	Gaopo(Miao)Township,Huaxi District,Guiyang City	119	19
贵阳市花溪区马铃布依族苗族乡	Maling(Bouyei&Miao)Township,Huaxi District,Guiyang City	82	3
贵阳市花溪区孟关苗族布依族乡	Mengguan(Bouyei&Miao)Township,Huaxi District,Guiyang City	69	8
贵阳市花溪区黔陶布依族苗族乡	Qiantao(Bouyei&Miao)Township,Huaxi District,Guiyang City	74	7
贵阳市花溪区湖潮布依族苗族乡	Huchao(Bouyei&Miao)Township,Huaxi District,Guiyang City	84	13
贵阳市乌当区偏坡布依族乡	Pianpo(Bouyei)Township,Wudang District,Guiyang City	22	2
贵阳市乌当区新堡布依族乡	Xinbao(Bouyei)Township,Wudang District,Guiyang City	54	7
贵阳市白云区都拉布依族乡	Dula(Bouyei)Township,Baiyun District,Guiyang City	37	7
贵阳市白云区牛场布依族乡	Niuchang(Bouyei)Township,Baiyun District,Guiyang City	67	13
贵阳市清镇市麦格苗族布依族乡	Maige(Miao&Bouyei)Township,Qingzhen,Guiyang City	127	15
贵阳市清镇市王庄布依族苗族乡	Wangzhuang(Bouyei&Miao)Township,Qingzhen,Guiyang City	77	10
贵阳市清镇市流长苗族乡	Liuchang(Miao)Township,Qingzhen,Guiyang City	154	26
贵阳市息烽市青山苗族乡	Qingshan(Miao)Township,Xifeng,Guiyang City	49	5
贵阳市开阳县禾丰布依族苗族乡	Hefeng(Bouyei&Miao)Township,Kaiyang County,Guiyang City	83	7
贵阳市开阳县南江布依族苗族乡	Nanjiang(Bouyei&Miao)Township,Kaiyang Country,Guiyang City	120	6
贵阳市开阳县高寨苗族布依族乡	Gaozhai(Miao&Bouyei)Township,Kaiyang County,Guiyang City	177	8
贵阳市修文县大石布依族乡	Dashi(Bouyei)Township,Xiuwen County,Guiyang City	51	7

2-11 续表1

民族乡镇名称	Township(Town)
合 计	Total
贵阳市南明区小碧布依族苗族乡	Xiaobi(Bouyei&Miao)Township,Nanming District,Guiyang City
贵阳市花溪区高坡苗族乡	Gaopo(Miao)Township,Huaxi District,Guiyang City
贵阳市花溪区马铃布依族苗族乡	Maling(Bouyei&Miao)Township,Huaxi District,Guiyang City
贵阳市花溪区孟关苗族布依族乡	Mengguan(Bouyei&Miao)Township,Huaxi District,Guiyang City
贵阳市花溪区黔陶布依族苗族乡	Qiantao(Bouyei&Miao)Township,Huaxi District,Guiyang City
贵阳市花溪区湖潮布依族苗族乡	Huchao(Bouyei&Miao)Township,Huaxi District,Guiyang City
贵阳市乌当区偏坡布依族乡	Pianpo(Bouyei)Township,Wudang District,Guiyang City
贵阳市乌当区新堡布依族乡	Xinbao(Bouyei)Township,Wudang District,Guiyang City
贵阳市白云区都拉布依族乡	Dula(Bouyei)Township,Baiyun District,Guiyang City
贵阳市白云区牛场布依族乡	Niuchang(Bouyei)Township,Baiyun District,Guiyang City
贵阳市清镇市麦格苗族布依族乡	Maige(Miao&Bouyei)Township,Qingzhen,Guiyang City
贵阳市清镇市王庄布依族苗族乡	Wangzhuang(Bouyei&Miao)Township,Qingzhen,Guiyang City
贵阳市清镇市流长苗族乡	Liuchang(Miao)Township,Qingzhen,Guiyang City
贵阳市息烽市青山苗族乡	Qingshan(Miao)Township,Xifeng,Guiyang City
贵阳市开阳县禾丰布依族苗族乡	Hefeng(Bouyei&Miao)Township,Kaiyang County,Guiyang City
贵阳市开阳县南江布依族苗族乡	Nanjiang(Bouyei&Miao)Township,Kaiyang Country,Guiyang City
贵阳市开阳县高寨苗族布依族乡	Gaozhai(Miao&Bouyei)Township,Kaiyang County,Guiyang City
贵阳市修文县大石布依族乡	Dashi(Bouyei)Township,Xiuwen County,Guiyang City

Basic Statistics on Ethnic Community Township

已通公路的村(个) Villages with Access to Road (unit)	已通自来水的村(个) Villages with Access to Tap Water(unit)	已通电的村(个) Villages with Access to Electricity(unit)	已通电话的村(个) Villages with Access to Telephone(unit)	已通邮的村(个) Villages with Access to post (unit)	年末总人口(人) Total Population at Year-end (person)	少数民族(人) Minority (person)
12	12	12	12	12	17118	6599
19	19	19	19	19	23005	11502
3	3	3	3	3	9378	4970
8	8	8	8	8	19795	9502
7	7	7	7	7	10476	5019
13	13	13	13	13	24538	8803
2	2	2	2	2	1967	1813
7	7	7	7	7	5583	3118
7	7	7	7	7	9766	4604
13	13	13	13	13	13514	5219
15	15	15	15	15	24548	10808
10	10	10	10	10	22732	9054
26	26	26	26	26	50772	28207
5	5	5	5	5	7167	1773
7	7	7	7	7	16984	6127
6	6	6	6	6	20793	7181
8	8	8	8	8	26123	8770
7	7	7	7	7	13634	3693

(continued)

农林牧渔业总产值(万元) Gross Output Value of Agriculture, Forestry,Animal Husbandry and Fishery(10 000 yuan)	农作物总播种面积(亩) Total Sown Area (mu)	粮食播种面积(亩) Sown Area of Grain Crops (mu)	粮食产量(吨) Output of Grain (ton)	肉类总产量(吨) Output of Meat (ton)
26090	43455	4650	1738	1467
19699	52095	23850	8055	3034
15220	37320	11490	3375	1074
19588	30900	13245	4360	1193
26785	29940	6045	1952	1047
25913	27120	4830	1364	2250
3807	7905	3360	346	226
11923	28410	13200	3739	205
8608	10095	2355	867	924
28299	41235	16140	4747	973
17148	57120	28155	8127	1884
17159	69855	29580	5877	2056
26357	74460	38220	8683	2939
8915	32100	16770	4759	714
17261	47880	20370	5223	1613
17220	56595	28245	7156	2216
19046	63885	30360	7581	2881
12756	47385	18060	4006	1272

2-11 续表2

民族乡镇名称	Township(Town)	农民合作社个数(个) Number of Farmer Cooperatives(unit)	农民合作社成员数(户) Member of Farmer Cooperatives (household)
合　计	**Total**		
贵阳市南明区小碧布依族苗族乡	Xiaobi(Bouyei&Miao)Township,Nanming District,Guiyang City		
贵阳市花溪区高坡苗族乡	Gaopo(Miao)Township,Huaxi District,Guiyang City	4	76
贵阳市花溪区马铃布依族苗族乡	Maling(Bouyei&Miao)Township,Huaxi District,Guiyang City	10	214
贵阳市花溪区孟关苗族布依族乡	Mengguan(Bouyei&Miao)Township,Huaxi District,Guiyang City	1	15
贵阳市花溪区黔陶布依族苗族乡	Qiantao(Bouyei&Miao)Township,Huaxi District,Guiyang City	8	79
贵阳市花溪区湖潮布依族苗族乡	Huchao(Bouyei&Miao)Township,Huaxi District,Guiyang City	6	303
贵阳市乌当区偏坡布依族乡	Pianpo(Bouyei)Township,Wudang District,Guiyang City	2	20
贵阳市乌当区新堡布依族乡	Xinbao(Bouyei)Township,Wudang District,Guiyang City	4	350
贵阳市白云区都拉布依族乡	Dula(Bouyei)Township,Baiyun District,Guiyang City	1	362
贵阳市白云区牛场布依族乡	Niuchang(Bouyei)Township,Baiyun District,Guiyang City	19	478
贵阳市清镇市麦格苗族布依族乡	Maige(Miao&Bouyei)Township,Qingzhen,Guiyang City	12	123
贵阳市清镇市王庄布依族苗族乡	Wangzhuang(Bouyei&Miao)Township,Qingzhen,Guiyang City	11	235
贵阳市清镇市流长苗族乡	Liuchang(Miao)Township,Qingzhen,Guiyang City	8	75
贵阳市息烽市青山苗族乡	Qingshan(Miao)Township,Xifeng,Guiyang City	6	363
贵阳市开阳县禾丰布依族苗族乡	Hefeng(Bouyei&Miao)Township,Kaiyang County,Guiyang City	18	162
贵阳市开阳县南江布依族苗族乡	Nanjiang(Bouyei&Miao)Township,Kaiyang Country,Guiyang City	10	103
贵阳市开阳县高寨苗族布依族乡	Gaozhai(Miao&Bouyei)Township,Kaiyang County,Guiyang City	8	64
贵阳市修文县大石布依族乡	Dashi(Bouyei)Township,Xiuwen County,Guiyang City	4	41

2-11 续表3

民族乡镇名称	Township(Town)	教师数(人) Number Of Teachers (person)	图书馆(个) Library (unit)
合　计	**Total**		
贵阳市南明区小碧布依族苗族乡	Xiaobi(Bouyei&Miao)Township,Nanming District,Guiyang City	92	12
贵阳市花溪区高坡苗族乡	Gaopo(Miao)Township,Huaxi District,Guiyang City	152	1
贵阳市花溪区马铃布依族苗族乡	Maling(Bouyei&Miao)Township,Huaxi District,Guiyang City	34	1
贵阳市花溪区孟关苗族布依族乡	Mengguan(Bouyei&Miao)Township,Huaxi District,Guiyang City	191	1
贵阳市花溪区黔陶布依族苗族乡	Qiantao(Bouyei&Miao)Township,Huaxi District,Guiyang City	37	1
贵阳市花溪区湖潮布依族苗族乡	Huchao(Bouyei&Miao)Township,Huaxi District,Guiyang City	276	
贵阳市乌当区偏坡布依族乡	Pianpo(Bouyei)Township,Wudang District,Guiyang City	27	
贵阳市乌当区新堡布依族乡	Xinbao(Bouyei)Township,Wudang District,Guiyang City	56	1
贵阳市白云区都拉布依族乡	Dula(Bouyei)Township,Baiyun District,Guiyang City	66	1
贵阳市白云区牛场布依族乡	Niuchang(Bouyei)Township,Baiyun District,Guiyang City	64	4
贵阳市清镇市麦格苗族布依族乡	Maige(Miao&Bouyei)Township,Qingzhen,Guiyang City	122	
贵阳市清镇市王庄布依族苗族乡	Wangzhuang(Bouyei&Miao)Township,Qingzhen,Guiyang City	124	
贵阳市清镇市流长苗族乡	Liuchang(Miao)Township,Qingzhen,Guiyang City	289	
贵阳市息烽市青山苗族乡	Qingshan(Miao)Township,Xifeng,Guiyang City	50	1
贵阳市开阳县禾丰布依族苗族乡	Hefeng(Bouyei&Miao)Township,Kaiyang County,Guiyang City	70	
贵阳市开阳县南江布依族苗族乡	Nanjiang(Bouyei&Miao)Township,Kaiyang Country,Guiyang City	108	
贵阳市开阳县高寨苗族布依族乡	Gaozhai(Miao&Bouyei)Township,Kaiyang County,Guiyang City	99	
贵阳市修文县大石布依族乡	Dashi(Bouyei)Township,Xiuwen County,Guiyang City	78	

(continued)

农业技术服务机构个数(个) Number of Agricultural Technical Service Institutions(unit)	农业技术服务机构从业人员数(人) Persons engeged in Agricultural Technical Service Institutions(person)	公共财政收入(万元) Public Financial Income(10 000 yuan)	公共财政支出(万元) Public Financial Expenditure (10 000 yuan)	农村常住居民人均可支配收入(元) Per Capita Net Income of Rural Residents(yuan)	学校数(个) Total Schools (unit)	在校学生数(人) Students Enrollment (person)
1	5	15644	1659	12722	7	1100
1	2	1571	1245	8273	11	2384
1	5	1481	911	8874	3	365
1	6	17526	1613	11498	7	3081
1	4	1808	974	11176	1	538
1	4	8340.65	8458.44	13370	15	3635
1	6	16.89	547.72	11423	2	245
1	5	343.7	1418.16	11568	3	500
1	6	3073	2802	10379	4	824
1	13	526	1212	9631	3	778
1	10	1789	2213	8754	2	1544
1	9	558	1070	8726	4	1827
1	45	607	1963	8760	11	4476
1	9	1160	1243	9484	3	546
1	13	583	1350	8419	3	1354
1	13	750	2824	8564	7	1524
1	16	638	1785	7780	6	1747
3	11	66	981	7006	1	1757

(continued)

文化站(个) Cultural Stations (unit)	村文化活动室(个) Cultural Activity Room of Village(unit)	医院、卫生院(个) Hospitals and Health Centers (unit)			村卫生室(个) Village Clinics (unit)	
			医生数(人) Number of Doctors(person)	病床数(张) Number of Beds(set)		医生数(人) Number of Doctors(person)
1	12	1	9	10	13	13
1	19	1	5	10	16	16
1	3	1	3	6	5	5
1	8	2	15	60	6	6
1	7	1	4	6	8	10
1	13	1	2	11	13	13
1	2	1	3	4	1	1
1	7	1	5	5	6	6
1	7	1	6	16	7	7
1	13	1	30	20	13	13
1	15	1	14	22	18	22
1	10	1	17	18	13	13
1	26	1	14	36	33	33
1	5	1	9	20	5	7
1	6	1	9	20	11	11
1	6	1	5	10	16	21
1	8	1	4	10	23	31
1	7	1	3	7	7	10

主要统计指标解释

不变价格 指以同类产品某年的平均价格作为固定价格，用于计算各年的产品价值。按不变价格计算的产品价值消除了价格变动因素，不同时期对比可以反映生产的发展速度。新中国成立后，随着工农业产品价格水平的变化，国家统计局先后五次制定了全国统一的工业产品不变价格和农业产品不变价格。从1952年到1957年使用1952年工（农）业产品不变价格，从1957年到1970年使用1957年不变价格，从1971年到1980年使用1970年不变价格，从1981年到1990年使用1980年不变价格，从1991年到2000年使用1990年不变价格，从2001到2005年使用2000年不变价格，从2006到2010年使用2010年不变价格，从2011年开始使用2010年不变价格。

可比价格 指计算各种总量指标所采用的扣除了价格变动因素的价格，可进行不同时期总量指标的对比。按可比价格计算总量指标有两种方法：一种是直接用产品产量乘某一年的不变价格计算；另一种是用价格指数进行缩减。

企业（单位）登记注册类型 是以在工商行政管理机关登记注册的各类企业为划分对象，以工商行政管理部门对企业登记注册的类型为依据，将企业登记注册类型分为内资企业、港澳台商投资企业和外商投资企业三大类。内资企业包括国有企业、集体企业、股份合作企业、联营企业、有限责任公司、股份有限公司、私营公司和其他企业；港澳台商投资企业和外商投资企业分别包括合资经营企业、合作经营企业、独资经营企业和股份有限公司。对不在工商行政管理部门进行登记注册的行政机关、事业单位和社会团体，主要按其经费来源和管理方式进行划分。

国有企业 指企业全部资产归国家所有，并按《中华人民共和国企业法人登记管理条例》规定登记注册的非公司制的经济组织。不包括有限责任公司中的国有独资公司。

集体企业 指企业资产归集体所有，并按《中华人民共和国企业法人登记管理条例》规定登记注册的经济组织。

股份合作企业 指以合作制为基础，由企业职工共同出资入股，吸收一定比例的社会资产投资组建，实行自主经营，自负盈亏，共同劳动，民主管理，按劳分配与按股分红相结合的一种集体经济组织。

联营企业 指两个及两个以上相同或不同所有制性质的企业法人或事业单位法人，按自愿、平等、互利的原则，共同投资组成的经济组织。联营企业包括国有联营企业、集体联营企业、国有与集体联营企业和其他联营企业。

有限责任公司 指根据《中华人民共和国公司登记管理条例》规定登记注册，由两个以上、五十个以下的股东共同出资，每个股东以其所认缴的出资额对公司承担有限责任，公司以其全部资产对其债务承担责任的经济组织。有限责任公司包括国有独资公司以及其他有限责任公司。

股份有限公司 指根据《中华人民共和国公司登记管理条例》规定登记注册，其全部注册资本由等额股份构成并通过发行股票筹集资本，股东以其认购的股份对公司承担有限责任，公司以其全部资产对其债务承担责任的经济组织。

私营企业 指由自然人投资设立或由自然人控股，以雇佣劳动为基础的营利性经济组织。包括按照《公司法》、《合伙企业法》、《私营企业暂行条例》规定登记注册的私营有限责任公司、私营股份有限公司、私营合伙企业和私营独资企业。

其他内资企业 指上述企业之外的其他内资经济组织。

与港澳台商合资经营企业 指港澳台地区投资者与内地企业依照《中华人民共和国中外合资经营企业法》及有关法律的规定，按合同规定的比例投资设立、分享利润和分担风险的企业。

与港澳台商合作经营企业 指港澳台地区投资者与内地企业依照《中华人民共和国中外合作经营企业法》及有关法律的规定，依照合作合同的约定进行投资或提供条件设立、分配利润和分担风险的企业。

港澳台商独资经营企业 指依照《中华人民共和国外资企业法》及有关法律的规定，在内地由港澳台地区投资者全额投资设立的企业。

港澳台商投资股份有限公司 指根据国家有关规定，经外经贸部依法批准设立，其中港、澳、台商的股本占公司注册资本的比例达 25%以上的股份有限公司。凡其中港、澳、台商的股本占公司注册资本的比例小于 25%的，属于内资企业中的股份有限公司。

中外合资经营企业 指外国企业或外国人与中国内地企业依照《中华人民共和国中外合资经营企业法》及有关法律的规定，按合同规定的比例投资设立、分享利润和分担风险的企业。

中外合作经营企业 指外国企业或外国人与中国内地企业依照《中华人民共和国中外合作经营企业法》及有关法律的规定，依照合作合同的约定进行投资或提供条件设立、分配利润和分担风险的企业。

外资企业 指依照《中华人民共和国外资企业法》及有关法律的规定，在中国内地由外国投资者全额投资设立的企业。

外商投资股份有限公司 指根据国家有关规定，经外贸部依法批准设立，其中外资的股本占公司注册资本的比例达 25%以上的股份有限公司。凡其中外资股本占公司注册资本的比例小于 25%的，属于内资企业中的股份有限公司。

行政机关、事业单位和社会团体 参照企业登记注册类型，主要按其经费来源和管理方式划分。具体规定如下：

(1)行政机关：包括国家机关和政党机关，原则上均列为“国有”。但有特殊规定的，如供销社等，则列为“集体”。

(2)事业单位：包括经国家机构编制部门和有关业务主管部门批准成立的各类事业单位，不包括实行企业化管理的事业单位。事业单位的划分办法如下：

①由国家财政预算拨款或列入财政预算外资金管理以及经费主要来源于国有主管部门或国有上级单位的事业单位，列为“国有”。

②经费主要来源于集体单位的事业单位，列为“集体”。

③公民个人（或个人合伙）开办的事业单位，列为“私营”。

④上述以外的其他事业单位，如果其经费来源不明确，按管理方式进行归类。

(3)社会团体：包括经民政部门批准成立以及未纳入社会团体管理条例范围的工会、妇联等各类社会团体。社会团体的划分办法如下：

①未纳入民政部社会团体管理条例范围的工会、妇联、共青团、青联、工商联、科协、侨联等社会团体，国家拨款设立的基金会或基金管理组织以及经费主要来源于国有业务主管部门或国有上级单位的社会团体，列为“国有”。

②经费主要来源于集体单位的社会团体，列为“集体”。

③公民个人（或个人合伙）开办的社会团体，划为“私营”。

④上述以外的其他社会团体，如果其经费来源不明确，改按管理方式进行归类。

生产总值（GDP） 指一个国家（或地区）所有常住单位在一定时期内生产活动的最终成果。生产总值有三种表现形态，即价值形态、收入形态和产品形态。从价值形态看，它是所有常住单位在一定时期内生产的全部货物和服务价值超过同期中间投入的全部非固定资产货物和服务价值的差额，即所有常住单位的增加值之和；从收入形态看，它是所有常住单位在一定时期内创造并分配给常住单位和非常住单位的初次收入分配之和；从产品形态看，它是所有常住单位在一定时期内最终使用的货物和服务价值与货物和服务净出口价值之和。在实际核算中，生产总值有三种计算方法，即生产法、收入法和支出法。三种方法分别从不同的方面反映生产总值及其构成。

三大产业 是根据社会生产活动历史发展的顺序对产业结构的划分，产品直接取自自然界的部门称为第一产业，对初级产品进行再加工的部门称为第二产业，为生产和消费提供各种服务的部门称为第三产业。它是世界上较为通用的产业结构分类，但各国的划分不尽一致。

我国的三次产业划分是：

第一产业：农业（包括种植业、林业、牧业、渔业）和农林牧渔服务业。

第二产业：工业（包括采掘业，制造业，电力、煤气及水的生产和供应业）和建筑业。

第三产业：除第一、第二产业以外的其他各业。由于第三产业包括的行业多、范围广，根据我国的实际情况，第三产业可分为两大部分：一是流通部门，二是服务部门。

最终消费 指常住单位在一定时期内对于货物和服务的全部最终消费支出，也就是常住单位为满足物质、文化和精神生活的需要，从本国经济领土和国外购买的货物和服务的支出；不包括非常住单位在本国经济领土内的消费支出。最终消费分为居民消费和政府消费。

居民消费 指常住住户对货物和服务的全部最终消费支出。居民消费按市场价格计算，即按居民支付的购买者价格计算。购买者价格是购买者取得货物所支付的价格，包括购买者支付的运输和商业费用。居民消费除了直接以货币形式购买货物和服务的消费之外，还包括以其他方式获得的货物和服务的消费支出，即所谓的虚拟消费支出。居民虚拟消费支出包括以下几种类型：单位以实物报酬及实物转移的形式提供给劳动者的货物和服务；住户生产并由本住户消费了的货物和服务，其中的服务仅指住户的自有住房服务；金融机构提供的金融媒介服务；保险公司提供的保险服务。

政府消费 指政府部门为全社会提供公共服务的消费支出和免费或以较低价格向住户提供的货物和服务的净支出。前者等于政府服务的产出价值减去政府单位所获得的经营收入的价值，政府服务的产出价值等于它的经常性业务支出加上固定资产折旧；后者等于政府部门免费或以较低价格向住户提供的货物和服务的市场价值减去向住户收取的价值。

公路里程 指在一定时期内实际达到《公路工程[WTBZ 技术标准 JTJ01-88》规定的等级公路，并经公路主管部门正式验收交付使用的公路里程数。包括大中城市的郊区公路以及通过小城镇街道部分的公路里程和桥梁、渡口的长度，不包括大中城市的街道、厂矿、林区生产用道和农业生产用道的里程。两条或多条公路共同经由同一路段，只计算一次，不得重复计算里程长度。

非公有制经济

按国家统计局《关于统计上划分经济成分的规定》：公有经济包括国有经济和集体经济，非公有经济包括私有经济、港澳台经济和外商经济。

非公有制经济是从经济管理角度进行划分的一种经济形式，其基本特征主要表现在：从产权关系上看，具有产权主体多元化、产权明晰和利益分配明确等特征。非公有制经济多数为自筹资金、自由组合的经济实体，无论是个人投资、合伙投资或外商投资以及集体筹资创办的企业，其产权关系和利益关系都比较明确。

就本书而言，非公有制经济是对指除国有企业及国有控股企业以外的其他多种所有制经济的统称，包括个体工商户、私营企业、集体企业、港澳台投资企业和外商投资企业。

Explanatory Notes on Main Statistical Indicators

Constant Prices refer to the average price of a given product in a certain year which is used for evaluating the output value of similar products over time as a fixed-price. As the output value at constant prices removes the influence of price changes, the comparison among constant prices of different periods reflects the development speed of production over time. Since the foundation of the People's Republic of China in 1949, with the changes of industrial and agricultural products, National Bureau of Statistics of China has set nationally unified constant prices five times: the 1952 constant prices for the period from 1952 to 1957; the 1957 constant prices for the period from 1957 to 1970; the 1970 constant prices for the period from 1971 to 1980; the 1980 constant prices for the period from 1981 to 1990; the 1990 constant prices for the period from 1991 to 2000; the 2000 constant prices for the period from 2001 to 2005; the 2010 constant prices for the period from 2006 to 2010; and the 2010 constant prices has been adopted since 2011.

Comparable Prices refer to prices that have removed the influence of price changes in calculating aggregate indicators and they can be used to facilitate comparison of aggregate indicators of different periods. There are two methods for calculating aggregate indicators at comparable prices: first, to multiply output of products by their constant prices of a certain year; and second, to deflate price indices.

Registration Types of Enterprises (Units) refer to three kinds of classifications of enterprises, namely domestic-funded enterprises, enterprises with investment from Hong Kong, Macao and Taiwan as well as foreign-invested enterprises, in the light of the registration type of an enterprise at industry and business administrative departments. Domestic-funded enterprises include state-owned enterprises, collective-owned enterprises, cooperative enterprises, joint ownership enterprises, limited liability corporations, share-holding corporations Ltd., private enterprises and other enterprises. Enterprises with investment from Hong Kong, Macao and Taiwan and foreign-invested enterprises both consist of joint-venture enterprises, cooperative enterprises, enterprises with sole fund and share-holding corporations Ltd. For administrative organizations, public institutions and social organizations which are not requested to register at industrial and commercial administrative departments, they are classified mainly by their sources of funding and manners of management.

State-owned Enterprises refer to unincorporated economic units where the entire assets are owned by the State and which have been registered in accordance with *Regulations of the People's Republic of China for Controlling the Registration of Enterprises as Legal Persons.* State sole funded corporations classified into limited liability companies are not included.

Collective-owned Enterprises refer to economic units where the assets are owned collectively and which have been registered in accordance with *Regulations of the People's Republic of China for Controlling the Registration of Enterprises as Legal Persons.*

Joint-equity Cooperative Enterprises refer to collective economic units whose capitals come mainly from employees as their shares, with certain proportion of social capital and who is organized on the basis of independent operation, responsibility for their own profits and losses, shared labor, democratic management and a distribution system that integrates remuneration according to work with sharing profits according to contributions.

Joint Ownership Enterprises refer to economic units established by two or more corporate enterprises or institutional persons of the same or different ownerships, through joint investment on the basis of voluntary participation, equality, and mutual benefits, including State joint ownership enterprises, collective joint ownership enterprises, joint State-collective enterprises and other joint ownership enterprises.

Limited Liability Companies refer to economic units established with investment from 2 to 50 investors and registered in accordance with *Regulations of the People's Republic of China on the Administration of Company Registration*. Besides, each investor bears limited liabilities in accordance with the amount of money he funded and the corporation bears the liability to pay off its debts with its total assets. Included in this category are State sole funded corporations and other limited liability companies.

Companies Limited by Shares refer to economic units registered in accordance with *Regulations of the People's Republic of China on the Administration of Company Registration*, with total registered capital raised through issuing equal shares. Besides, each investor bears limited liabilities in accordance with his shares of investment in the corporation he funded and the corporation bears the liability to pay off its debts with its total assets.

Private Enterprises refer to profit-making economic units invested and established or controlled by natural persons hiring labors. Included in this category are private limited liability companies, private companies limited by shares, private partnership enterprises and private exclusively funded enterprises registered in accordance with the *Company Law*, *Partnership Enterprise Law* and *Interim Regulations on Private Enterprises*.

Other Domestic-funded Enterprises refer to domestic-funded economic units other than those mentioned above.

Joint-venture Enterprises with Funds from Hong Kong, Macao and Taiwan refer to enterprises established by investors from Hong Kong, Macao and Taiwan with enterprises in mainland China in accordance with *Law of the People's Republic of China on Chinese-foreign Equity Joint-ventures* and other relevant laws, where the proportions of investment and the sharing of profits and risks are stipulated under cooperative contracts.

Cooperative Enterprises with Funds from Hong Kong, Macao and Taiwan refer to enterprises established by investors from Hong Kong, Macao and Taiwan with enterprises in mainland China in accordance with *Law of the People's Republic of China on Chinese-foreign Equity Joint-ventures* and other relevant laws, where the proportions of investment or provision of facilities and the sharing of profits and risks are stipulated under cooperative contracts.

Enterprises with Sole Fund from Hong Kong, Macao and Taiwan refer to enterprises established in mainland China with exclusive investment from investors from Hong Kong, Macao and Taiwan in accordance with *Law of the People's Republic of China on Foreign-capital Enterprises* and other relevant laws.

Companies Limited by Shares with Funds from Hong Kong, Macao and Taiwan refer to companies limited by shares established in accordance with relevant regulations and with the approval from Ministry of Foreign Trade, where the share of investment from Hong Kong, Macao or Taiwan businessmen exceeds 25% of the total registered capital. In case the share of investment from Hong Kong, Macao or Taiwan is less than 25% of the total registered capital, the enterprise is to be classified as domestic-funded companies limited by shares.

Sino-foreign Equity Joint Enterprises refer to enterprises jointly established by foreign enterprises or foreigners with enterprises in mainland China in accordance with *Law of the People's Republic of China on Chinese-foreign Equity Joint-ventures* and other relevant laws, where the sharing of investment, profits and risks is stipulated under contract.

Sino-foreign Collective Operation Enterprises refer to enterprises jointly established by foreign enterprises or foreigners with enterprises in mainland China in accordance with *Law of the People's Republic of China on Chinese-foreign Equity Joint-ventures* and other relevant laws, where the proportions of investment or provision of facilities and the sharing of profits and risks are stipulated under cooperative contracts.

Foreign-funded Enterprises refer to enterprises established in mainland China with exclusive investment from foreign investors in accordance with *Law of the People's Republic of China on Foreign-capital Enterprises* and other relevant laws.

Companies Limited by Shares with Foreign Funds refer to companies limited by shares established in accordance with relevant regulations and with the approval from Ministry of Foreign Trade, where the share of investment from foreign investors exceeds 25% of the total registered capital. In case the share of investment from foreign investors is less than 25% of the total registered capital, the enterprise is to be classified as domestic-funded companies limited by shares.

Administrative Organizations, Public Institutions and Social Organizations are classified into following categories by source of funds and means of management taking reference of the registration types of enterprises:

(1) Administrative organizations: include state and party agencies, classified in principle as "state-owned". But there are exceptions, such as supply and marketing cooperatives which are classified as "collective".

(2) Public Institutions: include institutions of various types established with the approval from departments managing state executive establishments and relative competent departments for services but exclude public institutions adopting the management modes of enterprises. Public Institutions are further classified as follows:

(a) Public institutions whose expenditures come from state budget funds or are in the managing list of extra-budgetary funds and mainly from State-owned competent departments or superior units. Such institutions are classified as "State-owned".

(b) Public institutions whose expenditures mainly come from collective units. Such institutions are classified as "collective".

(c) Public institutions established by individuals or a group of citizens. Such institutions are classified as private.

(d) Public institutions other than those mentioned above whose expenditures are undefined. Such institutions are classified by the manner of management.

(3) Social organizations: include such organizations as labor unions and women's federations established with the approval from civil affairs departments and not covered by social organization management regulations. Social organizations as further classified as follows:

(a) Social organizations that are not covered by social organization management regulations of civil affairs departments such as trade unions, women's federations, communist youth leagues, youth associations, industrial and commerce associations, scientists associations, overseas Chinese associations, foundations and fund management organizations established with funds from the State and social organizations whose funds mainly come from State-owned competent departments or superior units. Such organizations are classified as State-owned.

(b) Social organizations whose expenditures mainly come from collective units. Such organizations are classified as collective-owned.

(c) Social organizations established by individual or a group of citizens. Such organizations are classified as private.

(d) Social organizations other than those mentioned above whose expenditures are undefined. Such organizations are classified by manner of management.

Gross Domestic Product (GDP) refers to the final products of all resident units in a country (or a region) during a certain period of time. Gross domestic product is expressed in three different forms, i. e. value, income, and products respectively. The form of value refers to the difference between the total value of all products as well as services produced by all resident units during a certain period of time and total value of intimidate input of materials and services of non-fixed assets or the summation of the added-value of all resident units; the form of income includes all the income created by all resident units and distributed primarily to all resident and non-resident units; the form of products refers to the total sum of the value of all final goods and services for final use by all resident units and the value of net exports of goods and services during a given period of time. In actual adjust accounts, gross domestic product is calculate with three approaches, i.e. production approach, income approach and expenditure approach, which reflect gross domestic product and its composition from different aspects.

Three Industries refer to three kinds of industry structures classified according to the historical sequences of social productive activities. Primary industry refers to extraction of natural resources; secondary industry involves processing of primary products; and tertiary industry provides services of various kinds for production and consumption. The above classification is universal although it varies to some extent form country to country.

Three industries in China comprises:

Primary industry: agriculture (include farming, forestry, animal husbandry and fishery) and services of farming, forestry, animal husbandry and fishery.

Secondary industry: industry (including mining and quarrying, manufacturing as well as production and supply of electricity, water and gas) and building industry.

Tertiary industry: all other industries not included in primary or secondary industries.

Due to the fact that tertiary industry involves a large variety of industries in China, it is divided into two sectors: circulation sector and service sector.

Final Consumption refers to the total expenditure of resident units on final consumption of goods and services in a certain period, namely the expenditure of the resident units for purchases of goods and services within domestic economic territory and from abroad to meet the requirements of material, cultural and spiritual life. It excludes the expenditure of non-resident units on consumption within domestic economic territory. The final consumption is classified into household consumption and government consumption.

Households Consumption refers to the total expenditure of resident households on the final consumption of goods and services. The household consumption is calculated at market prices, namely the purchaser's prices which the households pay; the purchasers' prices of goods are the prices the households pay when they obtain the goods, including delivery fees and commercial expenses paid by the households. In addition to the purchases of goods and services by the households directly with money, households purchase goods and services in other means, namely virtual expenditure. And virtual expenditure includes the following types: a) goods and services provided to the households by the units in the form of payment in kind and transfer in kind; b) goods and services produced and consumed by the households themselves, in which the services refer only to owners' self-owned dwelling services; c) services of financial intermediary provided by the financial institutions; d) insurance services provided by the insurance companies.

Government Consumption refers to the expenditure on the consumption of public services provided by government to the whole society and net expenditure on goods and services provided by government to the households at free charge or lower prices. The former equals to the value gained by using the output value of government services to minus the value of operating income obtained by the government departments and the output value of government services equals to the total sum of its regular operating expenditure and depreciation of fixed assets. The latter equals to the value gained by using the market value of the goods and services provided by the government for free or at low prices to the households to minus the value received by the government from the households.

Highway Mileage refers to the length of highways which are built in conformity with the standards stipulated in *Highway Engineering Standards [WTBZ technical Standards JTJ01-88]*, have been formally checked and accepted by competent departments of highways and put into use. The length of highways includes that of the suburb highways in large and medium-sized cities, highways passing through streets in small cities and towns, and also the length of bridges and ferries. It does not include the length of streets in big and medium-sized cities and highways built for production in factories, mines, forest areas and agricultural areas. If two or more highways pass through the same section of a highway, the length of the section is only calculated once and no duplication is allowed.

Non-public Sectors of Economy

In accordance with *Stipulations on Economic Sectors Used in Statistics* issued by National Bureau of Statistics of China, there are mainly two sectors: public economy, including state-owned economy and collective economy, as well as non-public economy, including private economy, economies manipulated by Hong Kong, Macao and Taiwan and foreign economy.

Non-public economy is a form of economy classified from the perspective of economic management. Its essential features reveal in property relations, namely, non-public economy has diverse property rights entities, clear property rights and clear-cut benefit distributions, etc. Because most entities of non-public economy raise

funds by themselves and combine freely, whether individually invested, jointly invested, foreign-invested or collectively invested enterprises, they have clear-cut property relations and benefit relationships.

When it comes to this book, non-public economy refers to other economies with different types of ownerships apart from state-owned enterprises and state holding enterprises, including individual businesses, private enterprises, collective enterprises, enterprises with investments from Hong Kong, Macao and Taiwan as well as foreign-invested enterprises.

3

Three

人口与计划生育

Population and Family Planning

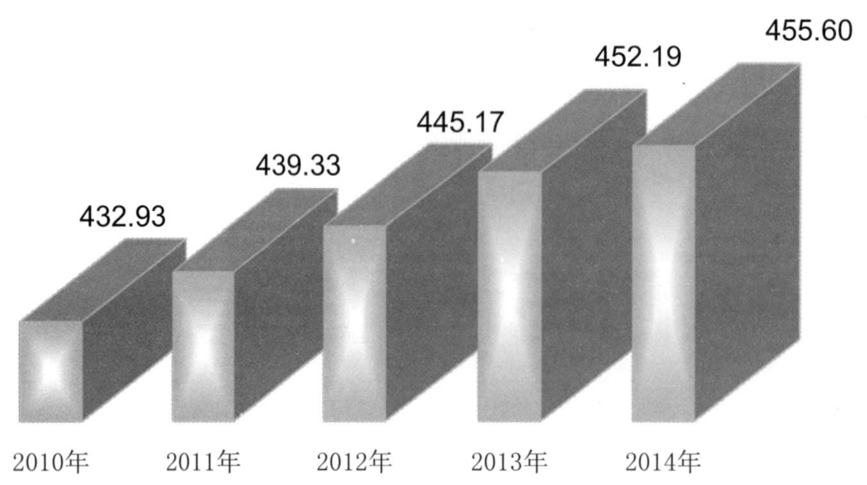
年末常住人口（万人）
432.93
439.33
445.17
452.19
455.60
2010年
2011年
2012年
2013年
2014年

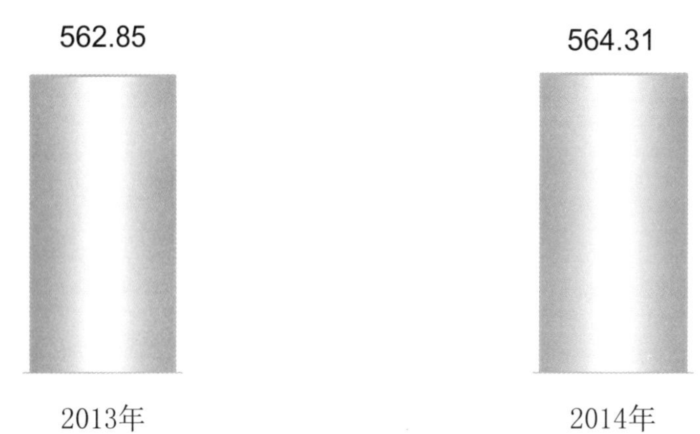
人口密度（人/平方公里）
562.85
564.31
2013年
2014年

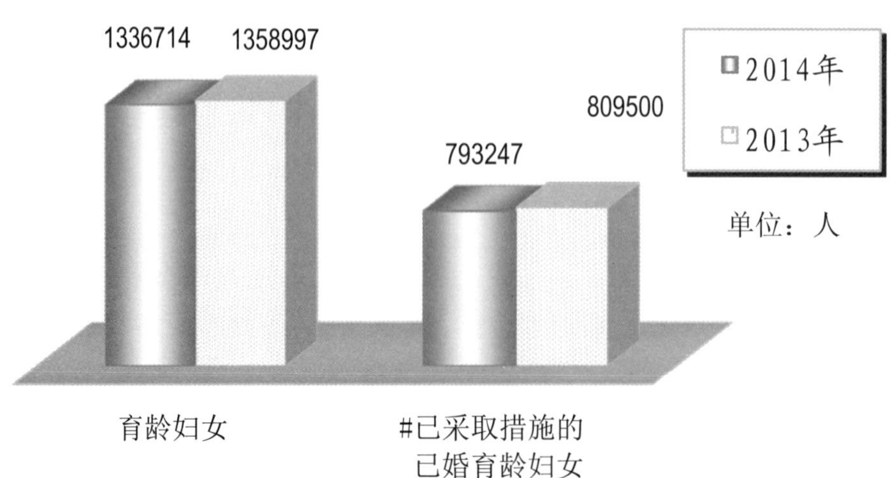
1336714
1358997
809500
793247
2014年
2013年
单位：人
育龄妇女
#已采取措施的
已婚育龄妇女

3-1 常住人口主要指标变动情况(半年口径)
Main Indicators on Permanent Resident Population(at least half a year)

指标	Item	2014		2013		2014年比2013年增长(%) Growth Rate in 2014 over 2013(%)
		人数(万人) Population (10 000 persons)	构成(%) Proportion (%)	人数(万人) Population (10 000 persons)	构成(%) Proportion (%)	
年平均人口	Annual Average Population	453.90		448.68		1.2
年末总人口	Total Population (at year-end)	455.60		452.19		0.8
按城镇、乡村分	**Grouped by Residence**					
市镇	Urban Population	333.5	73.20	326.03	72.10	2.3
乡村	Rural Population	122.10	26.80	126.16	27.90	-3.2
按性别分	**Grouped by Gender**					
男	Male	234.24	51.41	232.68	51.46	0.7
女	Female	221.36	48.59	219.51	48.54	0.8
性别比(以女性为100)	Sex Ratio(Female=100)	106		106		
人口出生率(‰)	Birth Rate(‰)	10.47		10.69		-0.22个千分点
人口死亡率(‰)	Death Rate(‰)	4.99		4.90		0.09个千分点
自然增长率(‰)	Natural Growth Rate(‰)	5.48		5.79		-0.31个千分点

3-2 常住人口增长情况(半年口径)(2014年)
Increase Indicators on Permanent Resident Population(at least half a year)(2014)

区、县(市)名称	District, County(City)	年末总人口(万人) Total Population at Year-end (10 000 persons)	年平均人口(万人) Annual Average Population (10 000 persons)	人口密度(人/平方公里) Population Density (person/sq.km)	出生率(‰) Birth Rate (‰)	死亡率(‰) Death Rate (‰)	人口自然增长率(‰) Natural Growth Rate (‰)
贵阳市	**Guiyang**	**455.60**	**453.90**	**564.31**	**10.47**	**4.99**	**5.48**
南明区	Nanming	87.07	86.68	4141.98	8.49	3.95	4.54
云岩区	Yunyan	99.21	99.15	10818.17	8.40	4.13	4.27
花溪区	Huaxi	63.34	63.21	655.61	11.09	5.07	6.02
乌当区	Wudang	23.47	23.35	341.75	12.15	5.18	6.97
白云区	Baiyun	27.35	27.27	1011.70	11.45	5.46	5.99
观山湖区	Guanshanhu	23.66	23.19	753.74	12.07	5.15	6.92
开阳县	Kaiyang	36.42	36.35	179.66	11.80	6.15	5.65
息烽县	Xifeng	22.01	21.96	211.82	12.73	6.11	6.62
修文县	Xiuwen	26.19	26.05	243.13	12.29	6.12	6.17
清镇市	Qingzhen	46.88	46.69	336.71	12.42	6.17	6.25

注:土地面积来源于国土资源局。

a) Data of land area come from Bureau of Natural Resources.

3-3 公安户籍人口变动情况 Household Registered Population

指标	Item	2014 人数(万人) Population (10 000 persons)	2014 构成(%) Proportion (%)	2013 人数(万人) Population (10 000 persons)	2013 构成(%) Proportion (%)	2014年比2013年增长(%) Growth Rate in 2014 over 2013(%)
年末总人口	**Total Population (at year-end)**	**382.91**	**100.0**	**379.09**	**100.0**	**1.0**
农业	Agricultural	193.77	50.6	191.66	50.6	1.1
非农业	Non-agricultural	189.14	49.4	187.43	49.4	0.9
按性别分	**Grouped by Gender**					
男	Male	194.44	50.8	192.78	50.9	0.9
女	Female	188.47	49.2	186.31	49.2	1.2
性别比(以女性为100)	Sex Ratio(Female=100)	1.03		1.03		-0.3
人口出生率(‰)	Birth Rate(‰)	15.74		14.63		1.11个千分点
人口死亡率(‰)	Death Rate(‰)	5.57		5.09		0.48个千分点
自然增长率(‰)	Natural Growth Rate(‰)	10.17		9.54		0.63个千分点

注:本表资料为公安户籍数。

a) Data in this table were registered permanent residence of the police station.

3-4 各区(市、县)户籍人口(2014年) Registered Population of Districts (City, County)(2014)

区、县(市)名称	District, County(City)	年末总人口(万人) Total Population at Year-end (10 000 persons)	非农业人口 Non-agricultural Population	农业人口 Agricultural Population	年平均人口(万人) Annual Average Population (10 000 persons)	人口密度(人/平方公里) Population Density (person/sq.km)
全市合计	**Total**	**382.91**	**189.14**	**193.77**	**381.00**	**473.69**
南明区	Nanming	56.56	50.54	6.02	56.29	2689.71
云岩区	Yunyan	62.82	58.02	4.80	62.86	6858.42
花溪区	Huaxi	49.29	23.50	25.79	49.16	509.87
乌当区	Wudang	20.13	8.05	12.09	19.94	291.86
白云区	Baiyun	19.71	11.88	7.82	19.61	727.54
观山湖区	Guanshanhu	22.20	11.79	10.41	21.43	696.43
开阳县	Kaiyang	44.40	7.06	37.34	44.29	218.92
息烽县	Xifeng	26.31	3.56	22.74	26.21	252.84
修文县	Xiuwen	30.84	4.08	26.76	30.70	286.52
清镇市	Qingzhen	50.65	10.66	39.99	50.52	364.34

注:本表资料为公安户籍数。

a) Data in this table were registered permanent residence of the police station.

3-5 市辖镇人口状况(2014年)
Statistics on Population in Towns under the Municipal Government(2014)

地 区	Item	总户数(户) Total Households (household)	总人口(人) Total Population(person)			平均每户人数 Average Family Size	性别比(女=100) Sex Ratio (Female =100)	非农业人口(人) Non-agricultural Population(person)		农业人口(人) Agricultural Population(person)	
			合计 Total	男 Male	女 Female			人数 Population	占总人口(%) Proportion (%)	人数 Population	占总人口(%) Proportion (%)
合 计	**Total**	**164892**	**580615**	**290560**	**290055**	**3.52**	**1.00**	**130633**	**22.5**	**449982**	**77.5**
云岩黔灵镇	**Qianling**	**20351**	**65281**	**31264**	**34017**	**3.21**	**0.92**	**34645**	**53.1**	**30636**	**46.9**
花溪区	**Huaxi District**	**12700**	**56820**	**28424**	**28396**	**4.47**	**1.00**	**6848**	**12.1**	**49972**	**87.9**
青岩镇	Qingyan	7671	32731	16299	16432	4.27	0.99	3119	9.5	29612	90.5
石板镇	Shiban	5029	24089	12125	11964	4.79	1.01	3729	15.5	20360	84.5
乌当区	**Wudang District**	**19159**	**59399**	**29387**	**30012**	**3.10**	**0.98**	**5516**	**9.3**	**53883**	**90.7**
东风镇	Dongfeng	8909	27298	13340	13958	3.06	0.96	4313	15.8	22985	84.2
水田镇	Shuitian	5261	16911	8380	8531	3.21	0.98	614	3.6	16297	96.4
羊昌镇	Yangchang	4989	15190	7667	7523	3.04	1.02	589	3.9	14601	96.1
白云区	**Baiyun District**	**20407**	**79804**	**39287**	**40517**	**3.91**	**0.97**	**23071**	**28.9**	**56733**	**71.1**
沙文镇	Shawen	6340	25912	12715	13197	4.09	0.96	4400	17.0	21512	83.0
麦架镇	Maijia	5650	28982	14522	14460	5.13	1.00	10538	36.4	18444	63.6
艳山红镇	Yanshanhong	8417	24910	12050	12860	2.96	0.94	8133	32.6	16777	67.4
观山湖区	**Guanshanhu District**	**20334**	**72730**	**36390**	**36340**	**3.58**	**1.00**	**23607**	**32.5**	**49123**	**67.5**
金华镇	Jinhua	13239	44963	22737	22226	3.40	1.02	18403	40.9	26560	59.1
朱昌镇	Zhuchang	7095	27767	13653	14114	3.91	0.97	5204	18.7	22563	81.3
清镇市	**Qingzhen**	**71941**	**246581**	**125808**	**120773**	**3.43**	**1.04**	**36946**	**15.0**	**209635**	**85.0**
红枫湖镇	Hongfenghu	14524	48385	24443	23942	3.33	1.02	13060	27.0	35325	73.0
站街镇	Zhanjie	25438	82743	41561	41182	3.25	1.01	15108	18.3	67635	81.7
卫城镇	Weicheng	17872	61894	32083	29811	3.46	1.08	4544	7.3	57350	92.7
新店镇	Xindian	14107	53559	27721	25838	3.80	1.07	4234	7.9	49325	92.1

注：本表数据来源于市公安局。
a) Data in this table come from Guiyang Bureau of Public Security.

3–6 县辖镇人口状况(2014年)
Statistics on Population in County-governed Towns(2014)

地 区	Item	总户数(户) Total Households (household)	总人口(人) Total Population(person)			平均每户人数 Average Family Size	性别比(女=100) Sex Ratio (Female =100)	非农业人口(人) Non-agricultural Population(person)		农业人口(人) Agricultural Population(person)	
			合计 Total	男 Male	女 Female			人数 Population	占总人口(%) Proportion (%)	人数 Population	占总人口(%) Proportion (%)
合 计	**Total**	**182674**	**550943**	**282416**	**268527**	**3.02**	**105.17**	**90169**	**16.4**	**460774**	**83.6**
开阳县	**Kaiyang**	**78945**	**227033**	**117454**	**109579**	**2.88**	**107.19**	**28165**	**12.4**	**198868**	**87.6**
城关镇	Chengguan	15303	45304	22634	22670	2.96	99.84	67	0.1	45237	99.9
双流镇	Shuangliu	13831	36794	18852	17942	2.66	105.07	4956	13.5	31838	86.5
金中镇	Jinzhong	8863	22170	11454	10716	2.50	106.89	13342	60.2	8828	39.8
冯三镇	Fengsan	12616	38740	20505	18235	3.07	112.45	2162	5.6	36578	94.4
楠木渡镇	Nanmudu	14234	43244	22866	20378	3.04	112.21	3509	8.1	39735	91.9
龙岗镇	Longgang	14098	40781	21143	19638	2.89	107.66	4129	10.1	36652	89.9
息烽县	**Xifeng**	**52819**	**140540**	**72417**	**68123**	**2.66**	**106.30**	**24663**	**17.5**	**115877**	**82.5**
永靖镇	Yongjing	20341	50913	25671	25242	2.50	101.70	13606	26.7	37307	73.3
小寨坝镇	Xiaozhaiba	14682	35513	17955	17558	2.42	102.26	5702	16.1	29811	83.9
温泉镇	Wenquan	7401	22220	11789	10431	3.00	113.02	3593	16.2	18627	83.8
九庄镇	Jiuzhuang	10395	31894	17002	14892	3.07	114.17	1762	5.5	30132	94.5
修文县	**Xiuwen**	**50910**	**183370**	**92545**	**90825**	**3.60**	**101.89**	**37341**	**20.4**	**146029**	**79.6**
龙场镇	Longchang	16448	76769	38151	38618	4.67	98.79	23516	30.6	53253	69.4
扎佐镇	Zhazuo	14506	43256	21539	21717	2.98	99.18	9927	22.9	33329	77.1
久长镇	Jiuchang	10789	34540	17533	17007	3.20	103.09	2738	7.9	31802	92.1
六广镇	Liuguang	9167	28805	15322	13483	3.14	113.64	1160	4.0	27645	96.0

注：本表数据来源于市公安局。
a) Data in this table come from Guiyang Bureau of Public Security.

3-7 出生及新婚情况(2014年)
Statistics on Birth and Marriage(2014)

单位：人 (person)

区、县（市）名称	District County(city)	年初以来累计出生人数 Births Since the Beginning of the Year									
		合计 Total					一孩 1st Birth				
		小计 Subtotal	计划内 Planned		计划外 Unplanned		小计 Subtotal	计划内 Planned		计划外 Unplanned	
			男 Male	女 Female	男 Male	女 Female		男 Male	女 Female	男 Male	女 Female
合计	**Total**	**34569**	**17658**	**16498**	**185**	**228**	**23591**	**11938**	**11560**	**48**	**45**
南明区	Nanming	4536	2322	2213	0	1	3671	1863	1807	0	1
云岩区	Yunyan	4744	2434	2308	1	1	3940	2012	1928	0	0
白云区	Baiyun	2149	1117	1026	2	4	1398	683	714	1	0
花溪区	Huaxi	4942	2507	2382	24	29	3421	1727	1674	9	11
乌当区	Wudang	2164	1119	1025	11	9	1469	765	702	1	1
观山湖区	Guanshanhu	3513	1807	1649	20	37	2621	1330	1286	2	3
开阳县	Kaiyang	3304	1668	1543	45	48	1888	958	917	6	7
息烽县	Xifeng	2046	1036	976	17	17	1180	599	573	6	2
修文县	Xiuwen	2720	1388	1269	22	41	1579	802	761	5	11
清镇市	Qingzhen	4451	2260	2107	43	41	2424	1199	1198	18	9

注：本表数据来源于市卫生计生委(下表同)。
a) Data in this table come from Guiyang Municipal Commission of Health and Family Planning(the same below).

3-7 续表 (continued)

单位：人 (person)

区、县（市）名称	District County(city)	年初以来累计出生人数 Births Since the Beginning of the Year										年初以来死亡人数 Deaths Since the Beginning of the Year
		二孩 2nd Birth					多孩 3rd Birth and Above					
		小计 Subtotal	计划内 Planned		计划外 Unplanned		小计 Subtotal	计划内 Planned		计划外 Unplanned		
			男 Male	女 Female	男 Male	女 Female		男 Male	女 Female	男 Male	女 Female	
合计	**Total**	**10849**	**5667**	**4872**	**134**	**176**	**129**	**53**	**66**	**3**	**7**	**20888**
南明区	Nanming	852	450	402	0	0	13	9	4	0	0	2692
云岩区	Yunyan	797	417	378	1	1	7	5	2	0	0	2786
白云区	Baiyun	743	431	307	1	4	8	3	5	0	0	1149
花溪区	Huaxi	1503	770	701	15	17	18	10	7	0	1	3496
乌当区	Wudang	686	353	315	10	8	9	1	8	0	0	1150
观山湖区	Guanshanhu	882	472	358	18	34	10	5	5	0	0	890
开阳县	Kaiyang	1395	704	612	39	40	21	6	14	0	1	2590
息烽县	Xifeng	856	436	394	11	15	10	1	9	0	0	1514
修文县	Xiuwen	1130	583	504	16	27	11	3	4	1	3	1812
清镇市	Qingzhen	2005	1051	901	23	30	22	10	8	2	2	2809

3–8 节育及领独生子女证情况(2014年)
Statistics on Contraception and Only-child Certificate Obtained(2014)

单位：人 (person)

地区	Region	育龄妇女 Number of Child-bearing Women	已婚育龄妇女 Number of Married Child-bearing Woman					采取措施的已婚育龄妇女人数 Number of Contraception Users		领独生子女证人数 Number of Only-child Certificate Obtained
			小计 Subtotal	无孩 No Child	一孩 1st Birth	二孩 2nd Birth	多孩 3rd Birth and Above		#男扎 Male Contraception	
合计	**Total**	**1336714**	**886848**	**43870**	**478786**	**282187**	**82005**	**793247**	**30995**	**4924**
南明区	Nanming	238609	156279	8436	97416	39567	10860	140060	6065	912
云岩区	Yunyan	264558	152175	8196	100774	35350	7855	138220	4934	717
白云区	Baiyun	89754	59865	2826	30776	19988	6275	52672	2453	259
花溪区	Huaxi	189429	127829	6285	69080	42479	9985	112426	4306	1210
乌当区	Wudang	69474	47369	3207	26466	14890	2806	41827	1094	279
观山湖区	Guanshanhu	128970	81948	5027	44820	25446	6655	71557	2187	413
开阳县	Kaiyang	100340	73079	2441	32304	28861	9473	67781	5750	321
息烽县	Xifeng	60482	46866	1844	21491	18219	5312	42445	1772	313
修文县	Xiuwen	71037	53127	2178	21195	22593	7161	46969	1036	216
清镇市	Qingzhen	124061	88311	3430	34464	34794	15623	79290	1398	284

主要统计指标解释

人口数 指一定时点、一定地区范围内的有生命的个人的总和。年度统计的年末人口数指每年12月31日24时的人口数。

市镇总人口和乡村总人口其定义有两种口径：

第一种口径（按行政建制）

市人口：市管辖区域内的全部口（含市辖镇，不含市辖区县）；

镇人口：县辖镇的全部人口（不含市辖镇）；

县人口：县辖乡人口。

第二种口径（按常住人口划分）

市人口：设区的市的区人口和不设区的市所辖的街道人口；

镇人口：不设区的市所辖镇的居民委员会人口和县辖镇的居民委员会人口；

县人口：除上述两种人口以外的全部人口。

常住人口 指全年经常在家或在家居住 6 个月以上，而且经济和生活与本户连成一体的人口。外出从业人员在外居住时间虽然在 6 个月以上，但收入主要带回家中，经济与本户连为一体，仍视为家庭常住人口；在家居住，生活和本户连成一体的国家职工、退休人员也为家庭常住人口。但是现役军人、中专及以上(走读生除外)的在校学生、以及常年在外(不包括探亲、看病等)且已有稳定的职业与居住场所的外出从业人员，不算家庭常住人口。常住人口包括：1. 住本户,户口在本乡、镇、街道的人（含户口在本户，外出不满半年的人）；2. 住本户半年以上，户口在外乡、镇、街道的人；3. 住本户不满半年，户口在外乡、镇、街道，离开户口登记地半年以上的人；4. 住本户，户口待定的人。

出生率(又称粗出生率) 指在一定时期内(通常为一年)平均每千人所出生的人数的比率，一般用千分率表示。计算公式为：

出生率＝年出生人数/年平均人数×1000‰

式中：出生人数指活产婴儿，即胎儿脱离母体时(不管怀孕月数)，有过呼吸或其他生命现象。

年平均人数指年初、年底人口数的平均数，也可用年中人口数代替。

死亡率(又称粗死亡率) 指在一定时期内(通常为一年)一定地区的死亡人数与同期平均人数(或期中人数)之比，一般用千分率表示。计算公式为：

死亡率＝年死亡人数/年平均人数×1000‰

人口自然增长率 指在一定时期内(通常为一年)人口自然增加数(出生人数减死亡人数)与该时期内平均人数(或期中人数)之比，一般用千分率表示。计算公式为：

人口自然增长率＝（本年出生人数－本年死亡人数）/年平均人数×1000‰

＝ 人口出生率－人口死亡率。

Explanatory Notes on Main Statistical Indicators

Total Population refers to the total number of people alive at a certain point of time within a given area. The annual statistics on total population at year-end is taken at 24, the 31st of December.

Urban Population and Rural Population the definition is determined according to two standards as follows:

The first standard — Administrative System

Urban Population includes total population of cities and population of towns under the jurisdiction of cities, excluding districts and counties under the jurisdiction of cities;

Population of County-administrated Towns includes total population of towns under the jurisdiction of counties, excluding population of towns under the jurisdiction of cities;

Population of Counties includes total population of townships under the jurisdiction of counties.

The second standard — Permanent Resident Population

Urban Population includes population living in districts under the jurisdiction of cities with sub-districts and population living in communities under the jurisdiction of cities without sub-districts;

Population of County-administrated Towns includes total number of residents living in towns under the jurisdiction of cities without sub-districts and total number of residents living in towns under the jurisdiction of counties;

Population of Counties includes total population except those mentioned above.

Permanent Resident Population refers to those people who live or stay at home more than 6 months in the whole year, and their economy and life become an organic with their own households. Labors working outside although live outside more than 6 months, yet with income mainly brought to home, as well as economy and household united, so they are also considered as permanent resident population; state employees and retirees living at home with economy and household united are also considered as permanent resident population. But serviceman, students in technical secondary schools (except day students) and labors working outside not staying at home (except visiting relatives or receiving medical treatment) with stable careers and places to live are not included into permanent resident population. Permanent Resident Population includes: 1.Those who live in their own households (as well as those living in their own households with less than half a year outside), with registered permanent residence belonging to their own village, town and committee. 2. Those who live in their own households more than half a year, with registered permanent residence belonging to other villages, towns and committees. 3. Those who has left the former registered place more than half a year and live in their own households less than half a year with registered permanent residence belonging to other villages, towns and committees. 4. Those who live in their own households, with registered permanent residence undetermined.

Birth Rate (or Rough Birth Rate) refers to the ratio of the number of births to the average population (or mid-period population) during a certain period of time (usually a year), expressed in ‰. Birth rate in the chapter refers to annual birth rate. The following formula is used:

Birth Rate= (Number of Births)/(Annual Average Population) ×1000‰

Number of births in the formula refers to live births, i.e. when a baby has breathed or showed any vital phenomena regardless of the length of pregnancy.

Annual average population is the average of the number of population at the beginning of the year and that at the end of the year. Sometimes it is substituted by the mid-year population.

Death Rate (or Rough Death Rate) refers to the ratio of the number of deaths to the average population (or mid-period population) during a certain period of time (usually a year), expressed in ‰. The following formula is used:

Death Rate= (Number of Deaths)/(Annual Average Population) ×1000‰

Natural Growth Rate of Population refers to the ratio of natural increase in population (number of births minus number of deaths) in a certain period of time (usually a year) to the average population (or mid-period population) of the same period, expressed in ‰. The following formula is applied:

Natural Growth Rate of Population = (Number of Births－Number of Deaths)/(Annual Average Population) ×1000‰ = Birth Rate－Death Rate

4

Four

从业人员及职工工资

Employment and Wages

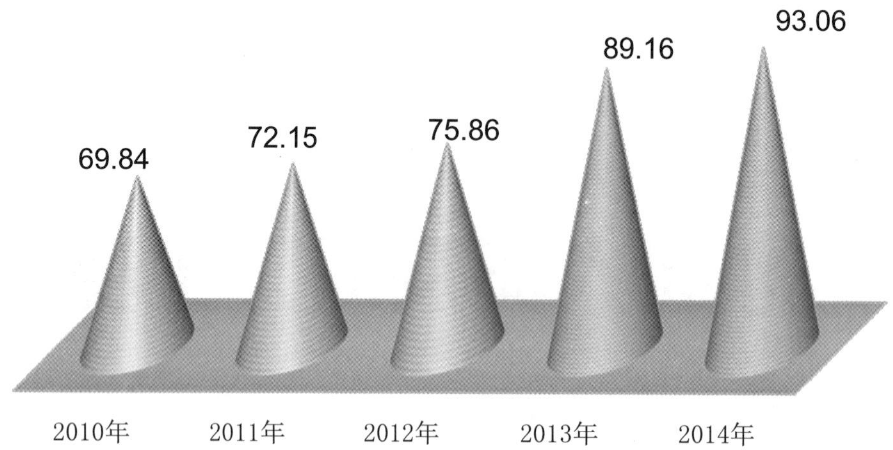
在岗职工年末人数（万人）
69.84
72.15
75.86
89.16
93.06
2010年
2011年
2012年
2013年
2014年

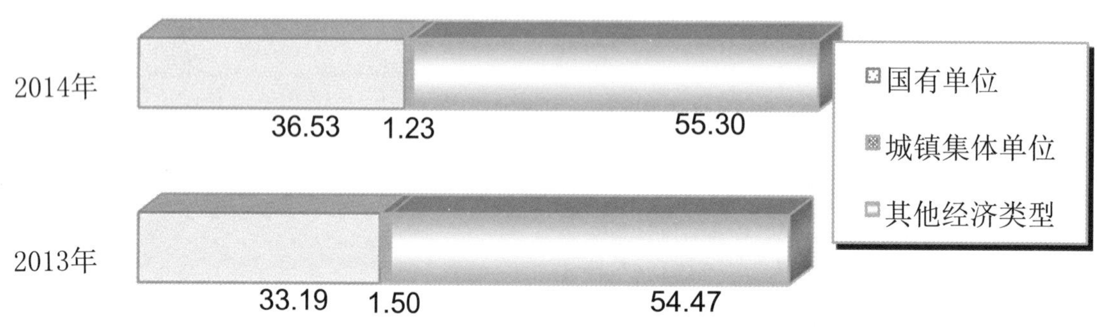
在岗职工人数（按经济类型分）（万人）
2014年
36.53
1.23
55.30
2013年
33.19
1.50
54.47
国有单位
城镇集体单位
其他经济类型

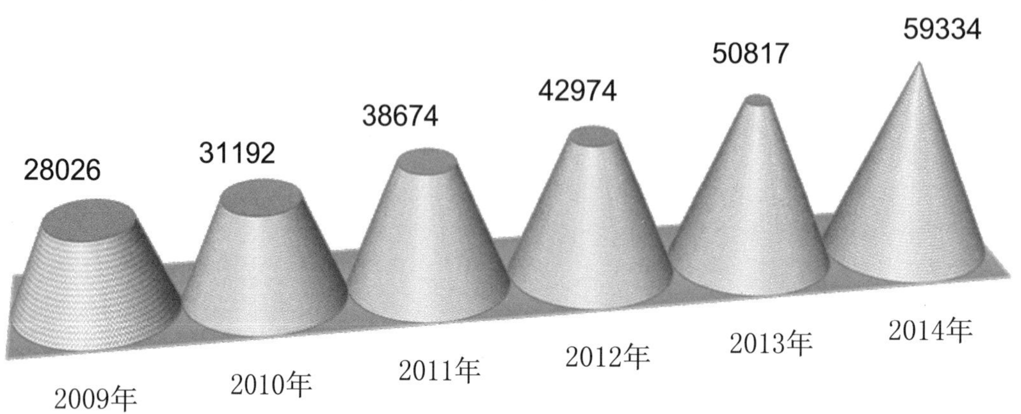
在岗职工平均工资（元）
28026
31192
38674
42974
50817
59334
2009年
2010年
2011年
2012年
2013年
2014年

4-1 按国民经济行业分组的从业人员人数(2014年)
Number of Employed Persons by Sector(2014)

单位：人 (person)

指标	Item	从业人员年末人数 Number of Employed Persons at Year-end			
		合计 Total	国有单位 State-owned Units	城镇集体单位 Urban Collective -owned Units	其他经济 Units of Other Types of Ownership
总计	**Total**	**1038654**	**417493**	**12752**	**608409**
按执行会计标准类别分组	**By Enterprises,Institutions and Agencies**				
企业	Enterprises	841426	229727	12263	599436
事业	Institutions	128453	128453		
机关	Agencies	55715	55715		
民间非营利组织	Non-profit Civil Organizations	2126	23	142	1961
其他	Other Organizations	10934	3575	347	7012
按国民经济行业分组	**By Sector**				
农、林、牧、渔业	Agriculture,Forestry, Animal Husbandry and Fishery	1792	856		936
采矿业	Mining	9580	456	112	9012
制造业	Manufacturing	171264	18693	2815	149756
电力、热力、燃气及水生产和供应业	Production and Supply of Electricity, Heating Power, Gas and Water	68481	61044	46	7391
建筑业	Construction	290336	87966	3376	198994
批发和零售业	Wholesale and Retail Trades	61380	3318	625	57437
交通运输、仓储和邮政业	Transport,Storage and Post	69635	36092	279	33264
住宿和餐饮业	Hotels and Catering Services	22082	3035	341	18706
信息传输、软件和信息技术服务业	Information Transmission, Software and Information Technology in services	15058	708	33	14317
金融业	Financial Industry	26327	4363	1014	20950
房地产业	Real Estate	42069	1735	671	39663
租赁和商务服务业	Leasing and Business Services	23770	2772	2313	18685
科学研究、技术服务业	Scientific Research and Technical Service	32014	16296	77	15641
水利、环境和公共设施管理业	Management of Water Conservancy, Environment and Public Facilities	6289	5309	13	967
居民服务、修理和其他服务业	Services to Household,Repair and Others	8653	2986	57	5610
教育	Education	68282	60823	642	6817
卫生和社会工作	Health and Social Service	36210	30645	234	5331
文化、体育和娱乐业	Culture,Sports and Entertainment	8870	4503		4367
公共管理、社会保障和社会组织	Public Management,Social Security and Social Organization	76562	75893	104	565

4-2 按国民经济行业分组的从业人员工资总额(2014年) Total Wage Bill of Employed Persons by Sector(2014)

单位：万元 (10 000 yuan)

指 标	Item	从业人员工资总额 Total Wage Bill of Employed Persons			
		合 计 Total	国有单位 State-owned Units	城镇集体单位 Urban Collective -owned Units	其他经济 Units of Other Types of Ownership
总 计	**Total**	**5890870**	**2586290**	**55077**	**3249503**
按执行会计标准类别分组	**By Enterprises, Institutions and Agencies**				
企 业	Enterprises	4688429	1444063	52872	3191494
事 业	Institutions	761177	761177		
机 关	Agencies	356794	356794		
民间非营利组织	Non-profit Civil Organizations	11106	90	851	10165
其 他	Other Organizations	73364	24166	1354	47845
按国民经济行业分组	**By Sector**				
农、林、牧、渔业	Agriculture,Forestry, Animal Husbandry and Fishery	5629	3278		2351
采矿业	Mining	42052	2754	464	38834
制造业	Manufacturing	891244	109534	9868	771842
电力、热力、燃气及水生产和供应业	Production and Supply of Electricity, Heating Power, Gas and Water	509579	460391	171	49017
建筑业	Construction	1360332	384626	12567	963139
批发和零售业	Wholesale and Retail Trades	281601	35277	2238	244087
交通运输、仓储和邮政业	Transport,Storage and Post	486381	285957	1087	199338
住宿和餐饮业	Hotels and Catering Services	82159	12581	1070	68508
信息传输、软件和信息技术服务业	Information Transmission, Software and Information Technology in services	122507	4156	95	118255
金融业	Financial Industry	373271	39217	13535	320519
房地产业	Real Estate	194725	5781	2121	186823
租赁和商务服务业	Leasing and Business Services	129169	16145	6769	106255
科学研究、技术服务业	Scientific Research and Technical Services	209835	131447	390	77998
水利、环境和公共设施管理业	Management of Water Conservancy, Environment and Public Facilities	26468	22002	35	4431
居民服务、修理和其他服务业	Services to Household,Repair and Others	28732	8685	143	19904
教 育	Education	416976	383473	3355	30148
卫生和社会工作	Health and Social Service	224308	198223	645	25440
文化、体育和娱乐业	Culture,Sports and Entertainment	45722	26450		19273
公共管理、社会保障和社会组织	Public Management,Social Security and Social Organization	460180	456315	523	3341

4-3 按国民经济行业分组的从业人员平均工资(2014年) Average Wage of Employed Persons by Sector(2014)

单位：元 (yuan)

指标	Item	从业人员平均工资 Average wage of Employed Persons			
		合计 Total	国有单位 State-owned Unit	城镇集体单位 Urban Collective -owned Units	其他经济类型 Units of Other Types of Ownership
总　计	**Total**	**57741**	**62484**	**43381**	**54740**
按执行会计标准类别分组	**By Enterprises, Institutions and Agencies**				
企　业	Enterprises	56838	63341	43313	54584
事　业	Institutions	59735	59735		
机　关	Agencies	64903	64903		
民间非营利组织	Non-profit Civil Organizations	52612	47526	59937	52128
其　他	Other Organizations	67666	68751	39006	68545
按国民经济行业分组	**By Sector**				
农、林、牧、渔业	Agriculture,Forestry, Animal Husbandry and Fishery	31769	38340		25641
采矿业	Mining	44434	60260	35723	43747
制造业	Manufacturing	51580	57150	34809	51188
电力、热力、燃气及水生产和供应业	Production and Supply of Electricity, Heating Power, Gas and Water	69883	70245	36319	66863
建筑业	Construction	49585	46955	36216	50970
批发和零售业	Wholesale and Retail Trades	47471	105905	35692	44088
交通运输、仓储和邮政业	Transportation,Storage and Post	69357	79791	38406	58618
住宿和餐饮业	Hotels and Catering Services	37254	41493	30226	36698
信息传输、软件和信息技术服务业	Information Transmission,Software and Information Technology in services	80916	58619	28879	82133
金融业	Financial Industry	146243	98412	139388	155834
房地产业	Real Estate	47359	32755	31652	48297
租赁和商务服务业	Leasing and Business Services	56124	58772	31470	58649
科学研究、技术服务业	Scientific Research and Technical Services	70916	81761	50688	58055
水利、环境和公共设施管理业	Management of Water Conservancy, Environment and Public Facilities	42066	41591	27000	44803
居民服务、修理和其他服务业	Services to Household,Repair and Others	33771	29980	25035	35838
教　育	Education	61665	63711	52501	44388
卫生和社会工作	Health and Social Service	62884	65476	27460	49293
文化、体育和娱乐业	Culture,Sports and Entertainment	51298	59304		43280
公共管理、社会保障和社会组织	Public Management,Social Security and Social Organization	60509	60529	50298	59668

4-4 按国民经济行业分组的在岗职工人数(2014年)
Number of On-Post Staff by Sector(2014)

单位：人 (person)

指标	Item	在岗职工年末人数 Number of On-Post Staff at Year-end			
		合计 Total	国有单位 State-owned Units	城镇集体单位 Urban Collective -owned Units	其他经济 Units of Other Types of Ownership
总计	**Total**	**930552**	**365307**	**12251**	**552994**
按执行会计标准类别分组	**By Enterprises,Institutions and Agencies**				
企业	Enterprises	745214	189356	11771	544087
事业	Institutions	120244	120244		
机关	Agencies	52367	52367		
民间非营利组织	Non-profit Civil Organizations	2112	23	142	1947
其他	Other Organizations	10615	3317	338	6960
按国民经济行业分组	**By Sector**				
农、林、牧、渔业	Agriculture,Forestry, Animal Husbandry and Fishery	1666	759		907
采矿业	Mining	9375	299	100	8976
制造业	Manufacturing	168002	17896	2698	147408
电力、热力、燃气及水生产和供应业	Production and Supply of Electricity, Heating Power, Gas and Water	58448	51057	46	7345
建筑业	Construction	217972	60884	3172	153916
批发和零售业	Wholesale and Retail Trades	60453	3256	604	56593
交通运输、仓储和邮政业	Transport,Storage and Post	66914	34848	255	31811
住宿和餐饮业	Hotels and Catering Services	21500	2939	341	18220
信息传输、软件和信息技术服务业	Information Transmission,Software and Information Technology in services	14781	691	33	14057
金融业	Financial Industry	25951	4338	1009	20604
房地产业	Real Estate	40767	1690	662	38415
租赁和商务服务业	Leasing and Business Services	23068	2590	2217	18261
科学研究、技术服务业	Scientific Research and Technical Service	29732	15761	77	13894
水利、环境和公共设施管理业	Management of Water Conservancy, Environment and Public Facilities	5366	4418	13	935
居民服务、修理和其他服务业	Services to Household,Repair and Others	7664	2333	55	5276
教育	Education	64852	57817	642	6393
卫生和社会工作	Health and Social Service	34151	28750	223	5178
文化、体育和娱乐业	Culture,Sports and Entertainment	8638	4386		4252
公共管理、社会保障和社会组织	Public Management,Social Security and Social Organization	71252	70595	104	553

4-5 按国民经济行业分组的在岗职工工资总额(2014年)
Total Wage Bill of On-Post Staff by Sector(2014)

单位：万元 (10 000 yuan)

指 标	Item	在岗职工工资总额 Total Wage Bill of On-Post Staff 合计 Total	国有单位 State-owned Units	城镇集体单位 Urban Collective -owned Units	其他经济 Units of Other Types of Ownership
总 计	**Total**	**5434671**	**2383933**	**54369**	**2996369**
按执行会计标准类别分组	**By Enterprises, Institutions and Agencies**				
企 业	Enterprises	4265623	1274940	52183	2938500
事 业	Institutions	737053	737053		
机 关	Agencies	348146	348146		
民间非营利组织	Non-profit Civil Organizations	11080	90	851	10139
其 他	Other Organizations	72769	23703	1335	47731
按国民经济行业分组	**By Sector**				
农、林、牧、渔业	Agriculture,Forestry, Animal Husbandry and Fishery	5395	3093		2303
采矿业	Mining	41763	2667	428	38669
制造业	Manufacturing	880047	108323	9657	762067
电力、热力、燃气及水生产和供应业	Production and Supply of Electricity, Heating Power, Gas and Water	476746	427690	171	48885
建筑业	Construction	1020517	259685	12282	748549
批发和零售业	Wholesale and Retail Trades	277417	35041	2212	240165
交通运输、仓储和邮政业	Transport,Storage and Post	475104	279192	1044	194868
住宿和餐饮业	Hotels and Catering Services	80451	12156	1070	67225
信息传输、软件和信息技术服务业	Information Transmission, Software and Information Technology in services	121571	4115	95	117361
金融业	Financial Industry	367016	39141	13523	314352
房地产业	Real Estate	189864	5612	2097	182155
租赁和商务服务业	Leasing and Business Services	126523	15607	6735	104181
科学研究、技术服务业	Scientific Research and Technical Services	204866	129076	390	75399
水利、环境和公共设施管理业	Management of Water Conservancy, Environment and Public Facilities	24286	19959	35	4292
居民服务、修理和其他服务业	Services to Household,Repair and Others	27036	7689	139	19209
教 育	Education	408274	375716	3355	29204
卫生和社会工作	Health and Social Service	214769	189000	613	25156
文化、体育和娱乐业	Culture,Sports and Entertainment	45031	26015		19016
公共管理、社会保障和社会组织	Public Management,Social Security and Social Organization	447994	444158	523	3313

4-6 按国民经济行业分组的在岗职工平均工资(2014年)
Average Wage of On-Post Staff by Sector(2014)

单位：元 (yuan)

指标	Item	在岗职工平均工资 Average wage of On-Post Staff			
		合计 Total	国有单位 State-owned Unit	城镇集体单位 Urban Collective -owned Units	其他经济类型 Units of Other Types of Ownership
总计	**Total**	**59334**	**65838**	**44612**	**55317**
按执行会计标准类别分组	**By Enterprises, Institutions and Agencies**				
企业	Enterprises	58242	67859	44574	55151
事业	Institutions	61768	61768		
机关	Agencies	67465	67465		
民间非营利组织	Non-profit Civil Organizations	52837	47526	59937	52369
其他	Other Organizations	69113	72664	39497	68886
按国民经济行业分组	**By Sector**				
农、林、牧、渔业	Agriculture,Forestry, Animal Husbandry and Fishery	32778	40801		25930
采矿业	Mining	45534	87727	36263	44193
制造业	Manufacturing	51959	59048	35516	51384
电力、热力、燃气及水生产和供应业	Production and Supply of Electricity, Heating Power, Gas and Water	78057	79572	36319	67141
建筑业	Construction	49199	45595	37687	50848
批发和零售业	Wholesale and Retail Trades	48000	107191	36495	44541
交通运输、仓储和邮政业	Transportation,Storage and Post	70482	80717	40313	59849
住宿和餐饮业	Hotels and Catering Services	37536	41445	30226	37047
信息传输、软件和信息技术服务业	Information Transmission,Software and Information Technology in services	81839	59633	28879	83046
金融业	Financial Industry	146053	98841	140134	155589
房地产业	Real Estate	47618	32627	31720	48586
租赁和商务服务业	Leasing and Business Services	56834	60751	32775	59066
科学研究、技术服务业	Scientific Research and Technical Services	72434	83194	50688	59412
水利、环境和公共设施管理业	Management of Water Conservancy, Environment and Public Facilities	45234	45371	27000	44853
居民服务、修理和其他服务业	Services to Household,Repair and Others	35800	33751	25291	36806
教育	Education	63537	65631	52501	45831
卫生和社会工作	Health and Social Service	63830	66535	27489	50132
文化、体育和娱乐业	Culture,Sports and Entertainment	51861	59845		43856
公共管理、社会保障和社会组织	Public Management,Social Security and Social Organization	63355	63397	50298	60458

注：包含劳务派遣人员。

a) The table includes average wage of dispatched workers.

4-7　按国民经济行业分组的其他从业人员人数及报酬(2014年)
Number and Wage of Other Employed Persons by Sector(2014)

指　　标	Item	其他从业人员(人) Number of Other Employed Persons (Person)	其他从业人员工资总额(万　元) Total Wage of Other Employed Persons (10 000 yuan)
总　计	**Total**	**108102**	**456199**
按执行会计标准类别分组	**By Enterprises,Institutions and Agencies**		
企　业	Enterprises	96212	422807
事　业	Institutions	8209	24123
机　关	Agencies	3348	8648
民间非营利组织	Non-profit Civil Organizations	14	26
其　他	Other Organizations	319	595
按国民经济行业分组	**By Sector**		
农、林、牧、渔业	Agriculture,Forestry,Animal Husbandry and Fishery	126	234
采矿业	Mining	205	289
制造业	Manufacturing	3262	11197
电力、热力、燃气及水生产和供应业	Production and Supply of Electricity, Heating Power, Gas and Water	10033	32833
建筑业	Construction	72364	339815
批发和零售业	Wholesale and Retail Trades	927	4184
交通运输、仓储和邮政业	Transportation,Storage and Post	2721	11278
住宿和餐饮业	Hotels and Catering Services	582	1708
信息传输、软件和信息技术服务业	Information Transmission,Software and Information Technology in services	277	935
金融业	Financial Industry	376	6255
房地产业	Real Estate	1302	4861
租赁和商务服务业	Leasing and Business Services	702	2645
科学研究、技术服务业	Scientific Research and Technical Services	2282	4969
水利、环境和公共设施管理业	Management of Water Conservancy, Environment and Public Facilities	923	2182
居民服务、修理和其他服务业	Services to Household,Repair and Others	989	1696
教　育	Education	3430	8701
卫生和社会工作	Health and Social Service	2059	9539
文化、体育和娱乐业	Culture,Sports and Entertainment	232	692
公共管理、社会保障和社会组织	Public Management,Social Security and Social Organization	5310	12186

4-8 私营企业基本情况(2014年)
Number of Engaged Persons in Private Enterprises(2014)

指 标	Total	户数(户) Number of Household (unit)	城镇 Urban Area	乡村 Rural Area	雇工人数(人) Number of Engaged Persons (persons)	城镇 Urban Area	乡村 Rural Area
总 计	**Total**	**93713**	**47307**	**46406**	**375018**	**254888**	**120130**
按国民经济行业分组	**By Sector**						
农、林、牧、渔业	Agriculture,Forestry, Animal Husbandry and Fishery	3712	708	3004	13798	4159	9639
采矿业	Mining	231	45	186	780	249	531
制造业	Manufacturing	4381	2066	2315	26950	11759	15191
电力、燃气及水的生产和供应业	Production and Supply of Electricity, Gas and Water	67	23	44	199	114	85
建筑业	Construction	6593	3006	3587	29397	16419	12978
交通运输、仓储和邮政业	Transportation,Storage and Post	1732	783	949	5897	4248	1649
信息传输、信息技术服务和软件业	Information Transmission, Information Technology Services and Software Industry	4243	1583	2660	13478	8155	5323
批发和零售业	Wholesale and Retail Trades	30453	16447	14006	160815	132122	28693
住宿和餐饮业	Hotels and Catering Services	12590	8878	3712	9404	4745	4659
金融业	Financial Industry	610	306	304	2579	1527	1052
房地产业	Real Estate	3088	1435	1653	11248	8044	3204
租赁和商务服务业	Leasing and Business Services	16019	7488	8531	61248	39838	21410
科学研究、技术服务业	Scientific Research and Technical Services	3870	1145	2725	14453	5963	8490
水利、环境和公共设施管理业	Management of Water Conservancy, Environment and Public Facilities	557	245	312	2154	1277	877
居民服务修理和其他服务业	Services to Household and Others	4492	2570	1922	18452	13314	5138
教 育	Education	123	56	67	412	249	163
卫生和社会工作	Health and Social Welfare	150	78	72	490	393	97
文化、体育和娱乐业	Culture,Sports and Entertainment	652	359	293	2503	1810	693
其他行业	Others	150	86	64	761	503	258

注：本表资料来源于市工商局(下表同)。
a) Data in this table come from Guiyang Bureau of Commerce and Industry(the same below).

4-9 个体工商业基本情况(2014年)
Number of Engaged Persons in Self-employed Individuals(2014)

指　　标	Item	户数(户) Number of Household (unit)	城镇 Urban Area	乡村 Rural Area	从业人员(人) Number of Engaged Persons (persons)	城镇 Urban Area	乡村 Rural Area
总　　计	**Total**	**201144**	**101169**	**99975**	**393323**	**204590**	**188733**
按国民经济行业分组	**By Sector**						
农、林、牧、渔业	Agriculture,Forestry, Animal Husbandry and Fishery	3682	236	3446	11224	842	10382
采矿业	Mining	307	42	265	1320	228	1092
制造业	Manufacturing	6005	2401	3604	16893	7393	9500
电力、燃气及水的生产和供应业	Production and Supply of Electricity, Gas and Water	8	1	7	12	2	10
建筑业	Construction	329	180	149	924	421	503
交通运输、仓储和邮政业	Transportation,Storage and Post	4988	2574	2414	9076	5485	3591
信息传输、信息技术服务和软件业	Information Transmission, Information Technology Services and Software Industry	857	415	442	1575	708	867
批发和零售业	Wholesale and Retail Trades	139203	72704	66499	226426	123827	102599
住宿和餐饮业	Hotels and Catering Services	21859	10886	10973	67395	35980	31415
金融业	Financial Industry	4		4	7		7
房地产业	Real Estate	103	65	38	352	141	211
租赁和商务服务业	Leasing and Business Services	2552	1031	1521	5669	2142	3527
科学研究、技术服务业	Scientific Research and Technical Services	93	25	68	185	53	132
水利、环境和公共设施管理业	Management of Water Conservancy, Environment and Public Facilities	5	2	3	18	8	10
居民服务修理和其他服务业	Services to Household and Others	19397	9572	9825	45980	23424	22556
教　育	Education	42	23	19	108	66	42
卫生和社会工作	Health and Social Welfare	832	570	262	2261	1497	764
文化、体育和娱乐业	Culture,Sports and Entertainment	877	442	435	3895	2373	1522
其他行业	Others	1		1	3		3

主要统计指标解释

从业人员 指在16周岁及以上，从事一定社会劳动并取得劳动报酬或经营收入的人员。这一指标反映了一定时期内全部劳动力资源的实际利用情况，是研究我国基本国情国力的重要指标。

单位从业人员 指在各级国家机关、政党机关、社会团体及企业、事业单位中工作，取得工资或其他形式的劳动报酬的全部人员。包括在岗职工、再就业的离退休人员、民办教师以及在各单位中工作的外方人员和港澳台方人员、兼职人员、借用的外单位人员和第二职业者。不包括离开本单位仍保留劳动关系的职工。各单位的就业人员反映了各单位实际参加生产或工作的全部劳动力。

国有单位 指资产归国家所有的经济组织。包括按《中华人民共和国企业法人登记管理条例》规定登记注册的非公司制的经济组织，以及中央、地方各级国家机关、事业单位和社会团体。

集体单位 指生产资料归集体所有，并按《中华人民共和国企业法人登记管理条例》规定登记注册的经济组织。

其他单位 包括股份合作单位、联营单位、有限责任公司、股份有限公司、港澳台商投资单位以及外商投资单位等其他登记注册类型单位。

在岗职工 指在本单位工作并由单位支付工资的人员，以及有工作岗位，但由于学习、病伤产假等原因暂未工作，仍由单位支付工资的人员。

工资总额 指各单位在一定时期内直接支付给本单位全部就业人员的劳动报酬总额。工资总额的计算原则应以直接支付给就业人员的全部劳动报酬为根据。各单位支付给就业人员的劳动报酬以及其他根据有关规定支付的工资，不论是计入成本的还是不计入成本的，不论是按国家规定列入计征奖金税项目的，还是未列入计征奖金税项目的，不论是以货币形式支付的还是以实物形式支付的，均包括在工资总额内。

平均工资 指企业、事业、机关单位的就业人员在一定时期内平均每人所得的货币工资额。它表明一定时期职工工资收入的高低程度，是反映就业人员工资水平的主要指标。计算公式为:

平均工资=报告期实际支付的全部就业人员工资总额/报告期全部就业人员平均人数

Explanatory Notes on Main Statistical Indicators

Employed Persons refer to persons aged 16 and over who are engaged in gainful employment and thus receive remuneration payment or earn business income. This indicator reflects the actual utilization of total labour force during a certain period of time and is often used for the research on China's economic situation and national power.

Persons Employed in Various Units refer to all the persons working in government agencies of various levels, party organizations, social organizations, enterprises and institutions, and receiving wages or other forms of payment. They include fully-employed staff and workers, re-employed retirees, teachers in schools run by the local people, foreigners and Chinese compatriots from Hong Kong, Macao, and Taiwan working in various units, part-time employees, employees of other units working temporarily at current posts, and employees holding the second job, but exclude staff and workers who have left their working units while keeping their labour contract (employment relation) unchanged. This indicator reflects the total number of laborers actually engaged in production or other operations in various units.

State-owned Units refer to economic units whose assets are owned by the state, including non-corporation units registered according to *Regulations of the People's Republic of China for Controlling the Registration of Enterprises as Legal Persons*, state organs, institutions and social organizations at the central-level and local levels.

Collective-owned Units refer to economic units registered according to *Regulations of the People's Republic of China for Controlling Registration of Enterprises as Legal Persons* where the means of production are collectively owned.

Units of Other Types of Ownership refer to units registered with other types of ownership, including cooperative units, joint ownership units, limited liability corporations, share holding corporations, units funded by entrepreneurs from Hong Kong, Macao, and Taiwan, and foreign- funded units.

On-Post Staff refer to persons who work in working units and working units would pay wages for them. Persons who have their work posts but are temporarily absent from work for reasons of study or on sick, injury or maternal leave and still receive wages from their working units are also included.

Total Wages Bill refers to the total remuneration payment to staff and workers in various units during a certain period of time. The calculation of total wages is based on the total remuneration payment to the staff and workers. Therefore, total wage bill, whether or not included in cost and national bonus tax,whether or not paid in money or in kind, shall be included in the calculation of total wage.

Average Wage refers to the average per capita wage in money terms during a certain period of time for employed persons. It shows the general level of wage income of staff and worker during a certain period of time, one major indicator to reflect the wage level. It is calculated as follows:

$$\text{Average Wage} = \frac{\text{Total Wage Bill of Staff and Workers at Reference Time}}{\text{Average Number of Staff and Workers at Reference Time}}$$

5

Five

固定资产投资

Investment in Fixed Assets

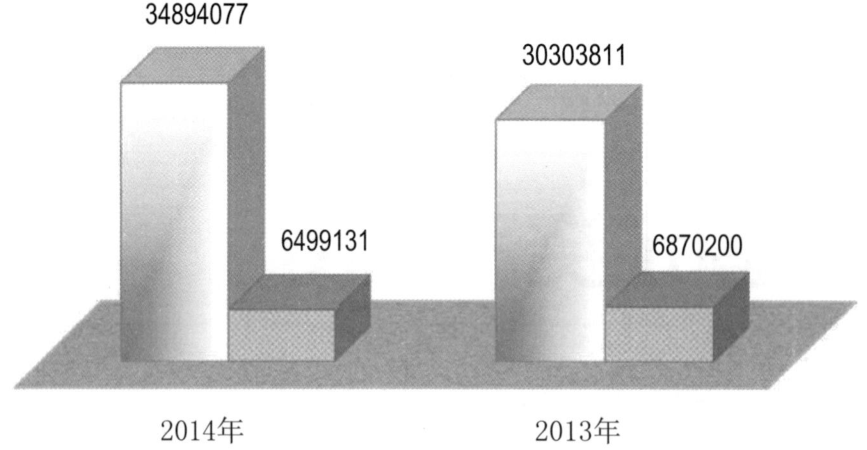
全社会固定资产投资总额（万元）
#住　宅（万元）
34894077
6499131
30303811
6870200
2014年
2013年

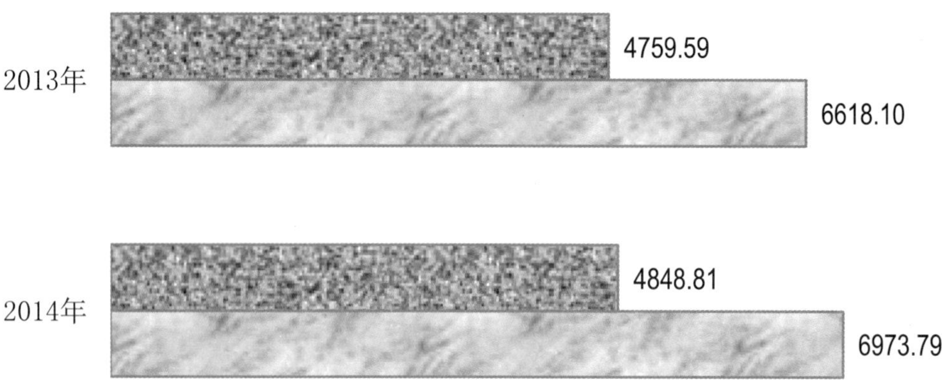
#商品住宅（万平方米）
商品房屋建筑施工面积（万平方米）
2013年
4759.59
6618.10
2014年
4848.81
6973.79

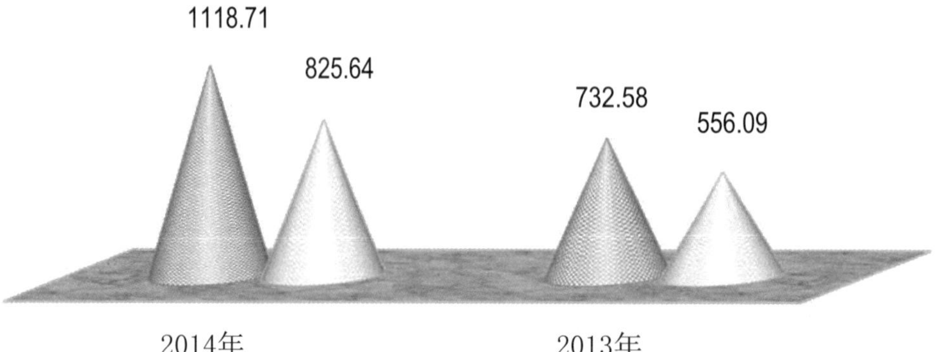
商品房屋建筑竣工面积（万平方米）
#商品住宅（万平方米）
1118.71
825.64
732.58
556.09
2014年
2013年

5-1 全社会固定资产投资
Total Investment in Fixed Assets in the Whole City

指　　标	Item	2014 投资额(万元) Amount of Investment (10 000 yuan)	2014 构成(%) Proportion (%)	2013 投资额(万元) Amount of Investment (10 000 yuan)	2013 构成(%) Proportion (%)	2014年比2013年增长(%) Growth Rate in 2014 over 2013 (%)
投资总额	**Total Investment**	**34894077**	**100.0**	**30303811**	**100.0**	**15.1**
#住　宅	Residential Buildings	6499131	18.6	6870200	22.7	-5.4
按隶属关系分	**By Jurisdiction of Management**					
中　央	Central Investment	2061142	5.9	2248120	7.4	-8.3
地　方	Local Investment	32832935	94.1	28055691	92.6	17.0
按登记注册类型分	**By Status of Registration**					
内　资	Domestic Funded Enterprises	34163521	97.9	29470029	97.2	15.9
#国　有	State-owned Enterprises	11329729	32.5	9377801	30.9	20.8
集　体	Collective-owned Enterprises	80637	0.2	203219	0.7	-60.3
股份合作	Joint-equity Cooperative Enterprises	16460	0.0	39176	0.1	-58.0
集体联营企业	Collective Joint Ownership Enterprises	5604	0.0	229385	0.8	-97.6
国有与集体联营	Joint State-collective Enterprises	8957	0.0			
其他联营	Other Joint Ownership Enterprises			5000	0.0	-100.0
国有独资公司	State Sole Funded Corporations	2067473	5.9	1995564	6.6	3.6
其他有限责任公司	Other Limited Liailities Companies	13449988	38.5	12532419	41.4	7.3
股份有限公司	Companies Limited by Shares	1195543	3.4	738483	2.4	61.9
私营个体	Individual Owned Enterprises	5690924	16.3	3818413	12.6	49.0
其　他	Others	387830	1.1	607708	2.0	-36.2
港澳台投资	Enterprises with Funds from Hong Kong, Macao and Taiwan	515339	1.5	581657	1.9	-11.4
#合资经营	Joint-venture Enterprises	287862	0.8	250673	0.8	14.8
合作经营	Cooperative Business Operation	27700	0.1	450	0.0	60.6倍
独　资	Solely Funded Enterprises	199777	0.6	325534	1.1	-38.6
股份有限	Companies Limited by Shares			5000	0.0	-100.0
外商投资	Enterprises with Foreign Investment	145593	0.4	174986	0.6	-16.8
#合资经营	Joint-venture Enterprises	20974	0.1	41100	0.1	-49.0
合作经营	Cooperative Business Operation	25873	0.1	18807	0.1	37.6
独　资	Solely Funded Enterprises	58147	0.2	56248	0.2	3.4
股份有限	Companies Limited by Shares	40599	0.1	58831	0.2	-31.0
按产业分	**Grouped by Three Strata of Industry**					
第一产业	Primary Industry	1485125	4.3	1289244	4.3	15.2
第二产业	Secondary Industry	7812493	22.4	7771183	25.6	0.5
第三产业	Tertiary Industry	25596459	73.4	21243384	70.1	20.5
按管理类别分	**By Management**					
#建设项目	Construction Project	24718035	70.8	20472941	67.6	20.7
房地产开发	Real Estate Development	10176042	29.2	9830870	32.4	3.5
按城乡分	**Grouped by Urban and Rural Areas**					
城　镇	Urban Area	34217605	98.1	29039492	95.8	17.8
农　村	Rural Area	676472	1.9	1264319	4.2	-46.5
按构成分	**Grouped by Structure**					
建筑工程	Construction	26942681	77.2	21636801	71.4	24.5
安装工程	Installation	853961	2.4	1074357	3.5	-20.5
设备工器具购置	Purchase of Equipment and Instruments	1715094	4.9	2072873	6.8	-17.3
其他费用	Others	5382341	15.4	5519780	18.2	-2.5
本年新增固定资产(万元)	**Newly Increased Fixed Assets (10 000 yuan)**	**23415799**	**67.1**	**21798000**	**71.9**	**7.4**
固定资产交付使用率(%)	Rate of Projects of Fixed Assets Completed and Put into Use(%)	67.11		71.93		
房屋建设面积(平方米)	**Floor Space of Buildings(sq.m)**					
施工面积	Floor Space under Construction	90873108	100.0	91035567	100.0	-0.2
#住　宅	Residential Buildings	49907816	54.9	52022503	57.1	-4.1
竣工面积	Floor Space Completed	23406894	100.0	20586639	100.0	13.7
#住　宅	Residential Buildings	9133588	39.0	8024138	39.0	13.8

5-2 全社会固定资产投资(按国有和非国有经济分)
Total Investment in Fixed Assets in the Whole City (Grouped by State-owned Economy and Non-state-owned Economy)

指标	Item	2014		2013		2014年比2013年增长(%) Growth Rate in 2014 over 2013(%)	
		国有经济 State-owned Economy	非国有经济 Non-State-owned Economy	国有经济 State-owned Economy	非国有经济 Non-State-owned Economy	国有经济 State-owned Economy	非国有经济 Non-State-owned Economy
投资额(万元)	**Total Investment(10 000 yuan)**	**14013025**	**20881052**	**11865968**	**18437843**	**18.1**	**13.3**
按产业分	Grouped by Three Strata of Industry						
第一产业	Primary Industry	597443	887682	515701	773543	15.9	14.8
第二产业	Secondary Industry	1838106	5974387	2082199	5688984	-11.7	5.0
第三产业	Tertiary Industry	11577476	14018983	9268068	11975316	24.9	17.1
按构成分	Grouped by Structure						
建筑工程	Construction	10982900	15959781	8899683	12737118	23.4	25.3
安装工程	Installation	210818	643143	449907	624450	-53.1	3.0
设备、工器具购置	Purchase of Equipment and Instruments	565351	1149743	656972	1415901	-13.9	-18.8
其他费用	Others	2478683	2903658	1859406	3660374	33.3	-20.7
本年资金来源小计(万元)	**Source of Funds for Investment (10 000 yuan)**	**14814729**	**20857032**	**11949455**	**19193171**	**24.0**	**8.7**
国家预算内资金	State Budget	948071	15735	1040209	39560	-8.9	-60.2
国内贷款	Domestic Loans	4134502	1388946	2661626	1532477	55.3	-9.4
债　券	Bond	607122		169503		2.6倍	
利用外资	Foreign Investment	27896	39720	40100	480	-30.4	81.8倍
自筹投资	Self-raised Funds	8330213	12266336	6523162	10845697	27.7	13.1
其他投资	Others	766925	7146295	1514855	6774957	-49.4	5.5
新增固定资产(万元)	**Newly Increased Fixed Assets (10 000 yuan)**	**10321055**	**13094744**	**11523084**	**10274916**	**-10.4**	**27.4**
房屋建筑面积(平方米)	**Floor Space of Buildings (sq.m)**						
施工面积	Floor Space under Construction	9498282	81374826	8681730	82353837	9.4	-1.2
#住　宅	Residential Buildings	2533632	47374184	8431664	43590839	-70.0	8.7
竣工面积	Floor Space Completed	3465078	19941816	2330303	18256336	48.7	9.2
#住　宅	Residential Buildings	922827	8210761	1392777	6631361	-33.7	23.8

注:本表按控股情况划分。
a) Figures in this table were grouped by share-holding conditions.

5-3 全社会固定资产投资资金来源情况
Sources of Fund for Investment in Fixed Assets in the Whole City

指　　标	Item	2014		2013		2014年比2013年增长(%) Growth Rate in 2014 over 2013 (%)
		投资额(万　元) Amount of Investment (10 000 yuan)	构　成(%) Proportion (%)	投资额(万　元) Amount of Investment (10 000 yuan)	构　成(%) Proportion (%)	
全年资金来源合计	**Total Source of Funds This Year**	**38615544**	**100.00**	**34696772**	**100.00**	**11.3**
上年末结余资金	**Surplus Fund from the Year-end of Preceding Year**	**2943783**	**7.62**	**3554146**	**10.24**	**-17.2**
本年资金来源小计	**Subtotal of Source of Funds This Year**	**35671761**	**92.38**	**31142626**	**89.76**	**14.5**
国家预算内资金	State Budget	963806	2.50	1079769	3.11	-10.7
国内贷款	Domestic Loans	5523448	14.30	4194103	12.09	31.7
债　券	Bond	607122	1.57	169503	0.49	2.6倍
利用外资	Foreign Investment Utilization	67616	0.18	40580	0.12	66.6
#外商直接投资	Direct Foreign Investment	39720	0.10	40480	0.12	-1.9
自筹资金	Self-raised Funds	20596549	53.34	17368859	50.06	18.6
#企事业单位自筹	Funds Raised by Enterprises and Instititions	5643198	14.61	5581542	16.09	1.1
其他资金来源	Others	7913220	20.49	8289812	23.89	-4.5
本年各项应付款合计	**Total Payment**	**5074383**	**100.00**	**5979686**	**100.00**	**-15.1**
#工程款	Projects Funds	3143755	61.95	3976061	66.49	-20.9

5-4 按国民经济行业分组的全社会固定资产投资
Total Investment in Fixed Assets in the Whole City by Sector

指　　标	Item	2014 投资额(万　元) Amount of Investment (10 000 yuan)	2014 构　成(%) Proportion (%)	2013 投资额(万　元) Amount of Investment (10 000 yuan)	2013 构　成(%) Proportion (%)	2014年比2013年增长(%) Growth Rate in 2014 over 2013 (%)
总　计	**Total**	**34894077**	**100.0**	**30303811**	**100.0**	**15.1**
农、林、牧、渔业	**Agriculture,Forestry,Animal Husbandry and Fishery**	**1485125**	**4.3**	**1289244**	**4.3**	**15.2**
农　业	Agriculture	826483	2.4	788134	2.6	4.9
林　业	Forestry	167816	0.5	121011	0.4	38.7
畜牧业	Animal Husbandry	318816	0.9	227993	0.8	39.8
渔　业	Fishery	73877	0.2	39692	0.1	86.1
农、林、牧、渔服务业	Service of Agriculture,Forestry, Animal Husbandry and Fishery	98133	0.3	112414	0.4	-12.7
采矿业	**Mining**	**1273415**	**3.6**	**1087570**	**3.6**	**17.1**
煤炭开采和洗选业	Coal Mining and Dressing	297610	0.9	298707	1.0	-0.4
石油和天然气开采业	Petroleum and Natural Gas Mining					
黑色金属矿采选业	Ferrous Metal Ores Mining and Dressing	4500	0.0	9260	0.0	-51.4
有色金属矿采选业	Non-ferrous Metal Ores Mining and Dressing	164388	0.5	101298	0.3	62.3
非金属矿采选业	Non-metal Minerals Mining and Dressing	799662	2.3	666806	2.2	19.9
开采辅助活动	Mining Support Activities	7255	0.0			
其他开采业	Others					
制造业	**Manufacturing**	**5823560**	**16.7**	**5623010**	**18.6**	**3.6**
农副食品加工业	Processing of Food from Agricutural Products	273171	0.8	234825	0.8	16.3
食品制造业	Manufacture of Foods	266520	0.8	129004	0.4	1.1倍
酒、饮料和精制茶制造业	Manufacture of Liquor,Beverages and Refined Tea	238567	0.7	232457	0.8	2.6
烟草制品业	Manufacture of Tobacco	9900	0.0	16172	0.1	-38.8
纺织业	Manufacture of Textile	33475	0.1	480	0.0	68.7倍
纺织服装和服饰业	Manufacture of Textile, Wearing Apparel and Accessories	30	0.0	5296	0.0	-99.4
皮革、毛皮、羽毛(绒)及其制品业	Manufacture of Leather,Furs,Feather and Related Products	14000	0.0	2280	0.0	5.1倍
木材加工及木、竹、藤、棕、草制	Processing of Timer,Manufacture of Wood, Bamboo,Rattan,Palm,and Straw Products	57831	0.2	57526	0.2	0.5
家具制造业	Manufacture of Furniture	127267	0.4	39648	0.1	2.2倍
造纸及纸制品业	Manufacture of Paper and Paper Products	107986	0.3	53880	0.2	1.0倍
印刷业和记录媒介的复制	Printing and Reproductionn of Recording Media	99114	0.3	71745	0.2	38.1
文教体育用品制造业	Manufacture of Articles for Culture, Education and Sport Activities	12120	0.0	44901	0.1	-73.0
石油加工、炼焦及核燃料加工业	Processing of Petroleum,Coking and Processing of Nuclear Fuel	24060	0.1	7500	0.0	2.2倍
化学原料及化学制品制造业	Manufacture of Raw Chemical Materials and Chemical Products	695269	2.0	666360	2.2	4.3

5-4 续表1 (continued)

指 标	Item	2014 投资额(万 元) Amount of Investment (10 000 yuan)	2014 构 成(%) Proportion (%)	2013 投资额(万 元) Amount of Investment (10 000 yuan)	2013 构 成(%) Proportion (%)	2014年比2013年增长(%) Growth Rate in 2014 over 2013 (%)
医药制造业	Manufacture of Medicines	332591	1.0	410801	1.4	-19.0
化学纤维制造业	Manufacture of Chemical Fibres					
橡胶和塑料制品业	Manufacture of Plastics and Rubber	330161	0.9	290784	1.0	13.5
非金属矿物制品业	Manufacture of Non-metallic Mineral Products	1241203	3.6	1220315	4.0	1.7
黑色金属冶炼和压延加工业	Smelting and Pressing of Ferrous Metals	82358	0.2	152778	0.5	-46.1
有色金属冶炼和压延加工业	Smelting and Pressing of Non-ferrous Metals	199113	0.6	207951	0.7	-4.3
金属制品业	Manufacture of Metal Products	370330	1.1	320655	1.1	15.5
通用设备制造业	Manufacture of General Purpose Machinery	230969	0.7	221746	0.7	4.2
专用设备制造业	Manufacture of Special Purpose Machinery	205821	0.6	305741	1.0	-32.7
汽车制造业	Manufacture of Automobiles	178747	0.5	257083	0.8	-30.5
铁路、船舶、航空航天等制造业	Manufacture of Railway,Watercraft, Aviation,Aerospace and Other Transport Equipment	167136	0.5	184924	0.6	-9.6
电气机械及器材制造业	Manufacture of Electrical Machinery and Equipment	278753	0.8	318889	1.1	-12.6
计算机、通信和其他电子设备制造业	Manufacture of Computers, Communication and Other Electronic Equipment	171231	0.5	67027	0.2	1.6倍
仪器仪表制造业	Manufacture of Measuring Instruments and Machinery	20955	0.1	34958	0.1	-40.1
其他制造业	Other Manufacturing	19556	0.1	15439	0.1	26.7
废弃资源综合利用业	Utilization of Waste Resources	34450	0.1	50595	0.2	-31.9
金属制品、机械和设备修理业	Repair Service of Metal Products, Machinery and Equipment	876	0.0	1250	0.0	-29.9
电力、热力、燃气及水的生产和供应业	**Production and Supply of Electricity,Heat,Gas and Water**	**651552**	**1.9**	**959738**	**3.2**	**-32.1**
电力、热力的生产和供应业	Production and Supply of Electricity and Heat	245903	0.7	630403	2.1	-61.0
燃气生产和供应业	Production and Supply of Gas	68689	0.2	39770	0.1	72.7
水的生产和供应业	Production and Supply of Water	336960	1.0	289565	1.0	16.4
建筑业	**Construction**	**63966**	**0.2**	**100865**	**0.3**	**-36.6**
房屋建筑业	Construction of Buildings	35267	0.1	1120	0.0	30.5倍
土木工程建筑业	Civil Engineering	7230	0.0	55462	0.2	-87.0
建筑安装业	Building Installation	16027	0.0	9680	0.0	65.6
建筑装饰和其他建筑业	Building Decoration and Others	5442	0.0	34603	0.1	-84.3
批发和零售业	**Wholesale and Retail Trades**	**879493**	**2.5**	**680626**	**2.2**	**29.2**
批发业	Wholesale Trade	586779	1.7	200693	0.7	1.9倍
零售业	Retail Trade	292714	0.8	479933	1.6	-39.0

5-4 续表2 (continued)

指 标	Item	2014 投资额(万 元) Amount of Investment (10 000 yuan)	2014 构 成(%) Proportion (%)	2013 投资额(万 元) Amount of Investment (10 000 yuan)	2013 构 成(%) Proportion (%)	2014年比2013年增长(%) Growth Rate in 2014 over 2013 (%)
交通运输、仓储和邮政业	**Transport,Storage and Post**	**3270363**	**9.4**	**1576725**	**5.2**	**1.1倍**
铁路运输业	Railway Transport	982698	2.8	408894	1.3	1.4倍
道路运输业	Road Transport	1519354	4.4	727259	2.4	1.1倍
水上运输业	Water Transport	3350	0.0	28480	0.1	-88.2
航空运输业	Air Transport	65030	0.2	21549	0.1	2.0倍
管道运输业	Pipeline Transport	44911	0.1	22536	0.1	99.3
装卸搬运和运输代理业	Loading,Unloading and Forwarding Agency	149474	0.4	118864	0.4	25.8
仓储业	Storage	505026	1.4	249143	0.8	1.0倍
邮政业	Post	520	0.0			
住宿和餐饮业	**Hotels and Catering Services**	**333620**	**1.0**	**270505**	**0.9**	**23.3**
住宿业	Hotels	247414	0.7	136587	0.5	81.1
餐饮业	Catering Services	86206	0.2	133918	0.4	-35.6
信息传输、软件和信息技术服务业	**Information Transmision,Software and Information Technology**	**223902**	**0.6**	**210077**	**0.7**	**6.6**
电信、广播电视和卫星传输服务业	Telecommunication,Radio,Television and Satellite Transmission Service	139958	0.4	135991	0.4	2.9
互联网和相关服务业	Internet and Related Services	669	0.0	8050	0.0	-91.7
软件和信息技术服务业	Software and Information Technology	83275	0.2	66036	0.2	26.1
金融业	**Financial Intermediation**	**48578**	**0.1**	**27279**	**0.1**	**78.1**
货币金融业	Monetary and Financial Industry	33775	0.1	15968	0.1	1.1倍
资本市场业	Capital Markets	14803	0.0	3811	0.0	2.9倍
保险业	Insurance					
其他金融业	Others			7500	0.0	
房地产业	**Real Estate Industry**	**12190527**	**34.9**	**11415435**	**37.7**	**6.8**
房地产业	Real Estate	12190527	34.9	1584565	5.2	6.7倍
租赁和商务服务业	**Leasing and Business Services**	**200809**	**0.6**	**159198**	**0.5**	**26.1**
租赁业	Leasing	23966	0.1	39961	0.1	-40.0
商务服务业	Business Services	176843	0.5	119237	0.4	48.3
科学研究和技术服务业	**Scientific Research and Technical Services**	**278253**	**0.8**	**226002**	**0.7**	**23.1**
研究与试验发展	Research and Experimental Development	93475	0.3	150974	0.5	-38.1
专业技术服务业	Professional Technical Services	116058	0.3	56285	0.2	1.1倍
科技交流和推广服务业	Services of Science and Technique Exchange and Popularization	68720	0.2	18743	0.1	2.7倍

5-4 续表3 (continued)

指 标	Item	2014 投资额(万元) Amount of Investment (10 000 yuan)	2014 构成(%) Proportion (%)	2013 投资额(万元) Amount of Investment (10 000 yuan)	2013 构成(%) Proportion (%)	2014年比2013年增长(%) Growth Rate in 2014 over 2013 (%)
水利、环境和公共设施管理业	**Management of Water Conservancy, Environment and Public Facilities**	**6831098**	**19.6**	**5157435**	**17.0**	**32.5**
水利管理业	Management of Water Conservancy	641063	1.8	432937	1.4	48.1
生态保护和环境治理业	Ecological Protection and Environmental Treatment	126130	0.4	158502	0.5	-20.4
公共设施管理业	Public Facilities Management	6063905	17.4	4565996	15.1	32.8
居民服务和其他服务业	**Services to Households and Other Services**	**140613**	**0.4**	**119690**	**0.4**	**17.5**
居民服务业	Services to Households	65624	0.2	59516	0.2	10.3
机动车、电子产品和日用产品修理业	Motor Vehicle,Electronic and Household Products Repair	65589	0.2	31850	0.1	1.1倍
其他服务业	Others	9400	0.0	28324	0.1	-66.8
教 育	**Education**	**744213**	**2.1**	**684925**	**2.3**	**8.7**
教 育	Education	744213	2.1	684925	2.3	8.7
卫生和社会工作	**Health and Social Service**	**107696**	**0.3**	**209356**	**0.7**	**-48.6**
卫 生	Health	89636	0.3	165617	0.5	-45.9
社会工作	Social Service	18060	0.1	43739	0.1	-58.7
文化、体育和娱乐业	**Culture,Sports and Entertainment**	**217433**	**0.6**	**261748**	**0.9**	**-16.9**
新闻和出版业	Journalism and Publishing Industry			7595	0.0	
广播、电视、电影和影视录音制作业	Radio, Television,Motion Picture and Vodeotape Programme Production Services	1398	0.0	450	0.0	2.1倍
文化艺术业	Culture and Art	186494	0.5	217757	0.7	-14.4
体 育	Sports	28883	0.1	8913	0.0	2.2倍
娱乐业	Entertainment	658	0.0	27033	0.1	-97.6
公共管理和社会组织	**Public Management and Social Organizations**	**129861**	**0.4**	**244383**	**0.8**	**-46.9**
中国共产党机关	Organs of the Communist Party of China					
国家机构	Government Agencies	118777	0.3	171768	0.6	-30.9
人民政协和民主党派	PPCC and Democratic Parties			980	0.0	
社会保障	Social Security			5173	0.0	
群众团体、社会团体和其他成员组织	Mass Organizations, Social Organizations and Other Membership Organizations			5227	0.0	
基层群众自治组织	Grassroots Self-Governing Organizations	11084	0.0	61235	0.2	-81.9
国际组织	**International Organization**					
国际组织	International Organization					

5-5 固定资产投资
Investment in Fixed Assets in Urban Area

指标	Item	2014 投资额(万元) Amount of Investment (10 000 yuan)	2014 构成(%) Proportion (%)	2013 投资额(万元) Amount of Investment (10 000 yuan)	2013 构成(%) Proportion (%)	2014年比2013年增长(%) Growth Rate in 2014 over 2013 (%)
总计	**Total**	**29963847**	**100.0**	**26706421**	**100.0**	**12.2**
按隶属关系分	**By Jurisdiction of Management**					
中央	Central Investment	1982451	6.6	2172010	8.1	-8.7
地方	Local Investment	27981396	93.4	24534411	91.9	14.0
按登记注册类型分	**By Registration Status**					
内资	Domestic Funded Enterprises	29306694	97.8	25947353	97.2	12.9
#国有	State-owned Enterprises	8721475	29.1	7127258	26.7	22.4
集体	Collective-owned Enterprises	30551	0.1	121764	0.5	-74.9
股份合作	Joint-equity Cooperative Enterprises	14400	0.0	37035	0.1	-61.1
集体联营企业	Collective Joint Ownership Enterprises			175611	0.7	
国有与集体联营	Joint State-collective Enterprises	8957	0.0			
其他联营	Other Joint Ownership Enterprises					
国有独资公司	State Sole Funded Corporations	2028527	6.8	1958262	7.3	3.6
其他有限责任公司	Other Limited Liability Companies	12439194	41.5	12117945	45.4	2.7
股份有限公司	Companies Limited by Shares	1039212	3.5	697057	2.6	49.1
私营个体	Private Enterprises	4822109	16.1	3348265	12.5	44.0
其他	Others	269153	0.9	425528	1.6	-36.7
港澳台投资	Enterprises with Funds from Hong Kong,Macao and Taiwan	515339	1.7	581207	2.2	-11.3
#合资经营	Joint-venture Enterprises	287862	1.0	250673	0.9	14.8
合作经营	Cooperative Business Operation	27700	0.1			
独资	Solely Funded Enterprises	199777	0.7	325534	1.2	-38.6
股份有限	Companies Limited by Shares			5000	0.0	-100.0
外商投资	Forign Funded Enterprises	74930	0.3	116489	0.4	-35.7
#合资经营	Joint-venture Enterprises	20974	0.1	41100	0.2	-49.0
独资	Solely Funded Enterprises	20516	0.1	39806	0.1	-48.5
股份有限	Companies Limited by Shares	7567	0.0	18566	0.1	-59.2
按构成分	**Grouped by Structure**					
建筑工程	Construction	22975471	76.7	18410393	68.9	24.8
安装工程	Installation	759721	2.5	906671	3.4	-16.2
设备工器具购置	Purchase of Equipment and Instrument	1406142	4.7	1771736	6.6	-20.6
其他费用	Others	4822513	16.1	5093780	19.1	-5.3
按建设性质分	**By Type of Construction**					
#新建	New Construction	15301111	51.1	12134233	45.4	26.1
扩建	Expansion	1684722	5.6	2037264	7.6	-17.3
改建和技术改造	Reconstruction and Technical Transformation	2581871	8.6	2467794	9.2	4.6
按管理类别分	**By Type of Management**					
建设项目	Construction Projects	19787805	66.0	16875551	63.2	17.3
房地产开发	Real Estate Development	10176042	34.0	9830870	36.8	3.5
本年新增固定资产	**Newly Increased Fixed Assets**	18475889	61.7	18252215	68.3	1.2
固定资产交付使用率	Rate of Projects of Fixed Assets Completed and Put into Use	61.66		68.34		-9.8
房屋建设面积(平方米)	**Floor Space of Buildings (sq.m)**					
施工面积	Floor Space under Construction	87517879	100.0	87573130	100.0	-0.1
#住宅	Residential Buildings	49659337	56.7	51545616	58.9	-3.7
竣工面积	Floor Space Completed	20430972	100.0	17335321	100.0	17.9
#住宅	Residential Buildings	8890251	43.5	7594403	43.8	17.1

注:1. 固定资产投资是指计划总投资50万元以上项目数据;
2. 表中按建设性质分不含房地产投资。

a) Investment in fixed assets refers to projects with total planned investment of 500 thousand yuan and above;
b) Investment types of construction in this table exclude investment in real estate.

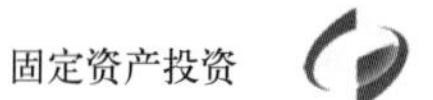

5-6 固定资产投资资金来源情况
Sources of Funds for Investment in Fixed Assets

单位：万元 (10 000 yuan)

指　　标	Item	2014	2013	2014年比2013年增长(%) Growth Rate in 2014 over 2013 (%)
全年资金来源合计	**Total Source of Funds This Year**	**34078797**	**31398227**	**8.5**
上年末结余资金	**Surplus Fund from the Year-end of Preceding Year**	**2906903**	**3505706**	**-17.1**
本年资金来源小计	**Subtotal of Source of Funds This Year**	**31171894**	**27892521**	**11.8**
国家预算内资金	State Budget	649050	702893	-7.7
国内贷款	Domestic Loans	5414461	4160620	30.1
债　券	Bond	607122	168036	2.6倍
利用外资	Foreign Investment	59156	40000	47.9
#外商直接投资	Direct Foreign Investment Utilization	31260	40000	-21.9
自筹资金	Self-raised Funds	16822201	14777681	13.8
#企事业单位自筹	Funds Raised by Enterprises and Instititions	4456777	4985346	-10.6
其他资金来源	Others	7619904	8043291	-5.3
本年各项应付款合计	**Total**	**4556835**	**5584958**	**-18.4**
#工程款	Projects Funds	2730625	3630533	-24.8

5-7 按国民经济行业分组的固定资产投资
Total Investment in Fixed Assets in Urban Area by Sector

指 标	Item	2014		2013		2014年比2013年增长(%) Growth Rate in 2014 over 2013 (%)
		投资额(万元) Amount of Investment (10 000 yuan)	构 成(%) Proportion (%)	投资额(万元) Amount of Investment (10 000 yuan)	构 成(%) Proportion (%)	
总 计	**Total**	**29963847**	**100.0**	**26706421**	**100.0**	**12.2**
农、林、牧、渔业	**Agriculture, Forestry,Animal Husbandry and Fishery**	**481726**	**1.6**	**415094**	**1.6**	**16.1**
农 业	Agriculture	286419	1.0	289578	1.1	-1.1
林 业	Forestry	70032	0.2	57859	0.2	21.0
畜牧业	Animal Husbandry	64214	0.2	33607	0.1	91.1
渔 业	Fishery	34550	0.1	14120	0.1	1.4倍
农、林、牧、渔服务业	Service of Agriculture,Forestry, Animal Husbandry and Fishery	26511	0.1	19930	0.1	33.0
采矿业	**Mining**	**1273415**	**4.2**	**1084153**	**4.1**	**17.5**
煤炭开采和洗选业	Coal Mining and Dressing	297610	1.0	298510	1.1	-0.3
石油和天然气开采业	Petroleum and Natural Gas Mining					
黑色金属矿采选业	Ferrous Metals Ores Mining and Dressing	4500	0.0	9260	0.0	-51.4
有色金属矿采选业	Non-ferrous Metals Ores Mining and Dressing	164388	0.5	99908	0.4	64.5
非金属矿采选业	Non-metal Minerals Mining and Dressing	799662	2.7	664976	2.5	20.3
开采辅助活动	Mining Support Activities	7255	0.0			
其他开采业	Others			11499	0.0	
制造业	**Manufacturing**	**5823560**	**19.4**	**5596153**	**21.0**	**4.1**
农副食品加工业	Processing of Foods from Agricultural Products	273171	0.9	233385	0.9	17.0
食品制造业	Manufacture of Foods	266520	0.9	126208	0.5	1.1倍
酒、饮料和精制茶制造业	Manufacture of Liquor, Beverages and Refined Tea	238567	0.8	231268	0.9	3.2
烟草制品业	Manufacture of Tobacco	9900	0.0	16172	0.1	-38.8
纺织业	Manufacture of Textiles	33475	0.1	480	0.0	68.7倍
纺织服装和服饰业	Manufacture of Textile Wearing Apparel and Accessories	30	0.0	4996	0.0	-99.4
皮革、毛皮、羽毛(绒)及其制品业	Manufacture of Leather,Furs,Feather and Related Products	14000	0.0	2280	0.0	5.1倍
木材加工及木、竹、藤、棕、草制	Processing of Timer,Manufactur of Wood,Bamboo,Rattan,Palm, and Straw Products	57831	0.2	57253	0.2	1.0
家具制造业	Manufacture of Furniture	127267	0.4	39648	0.1	2.2倍
造纸及纸制品业	Manufacture of Paper and Paper Products	107986	0.4	53150	0.2	1.0倍
印刷业和记录媒介的复制	Printing and Reproduction of Recording Media	99114	0.3	70342	0.3	40.9
文教体育用品制造业	Manufacture of Articles for Culture, Education and Sport Activities	12120	0.0	43642	0.2	-72.2
石油加工、炼焦及核燃料加工业	Petroleum Processing, Coking and Nuclear Fuel Processing	24060	0.1	7500	0.0	2.2倍

5-7 续表1 (continued)

指　　标	Item	2014 投资额(万元) Amount of Investment (10 000yuan)	2014 构成(%) Proportion (%)	2013 投资额(万元) Amount of Investment (10 000yuan)	2013 构成(%) Proportion (%)	2014年比2013年增长(%) Growth Rate in 2014 over 2013 (%)
化学原料及化学制品制造业	Manufacture of Raw Chemical Materials and Chemical Products	695269	2.3	664275	2.5	4.7
医药制造业	Manufacture of Medicines	332591	1.1	410229	1.5	-18.9
化学纤维制造业	Manufacture of Chemical Fibers					
橡胶和塑料制品业	Manufacture of Rubber and Plastics	330161	1.1	290784	1.1	13.5
非金属矿制品业	Manufacture of Non-metallic Mineral Products	1241203	4.1	1214599	4.5	2.2
黑色金属冶炼和压延加工业	Smelting and Pressing of Ferrous Metals	82358	0.3	152778	0.6	-46.1
有色金属冶炼和压延加工业	Smelting and Pressing of Non-ferrous Metals	199113	0.7	207951	0.8	-4.3
金属制品业	Manufacture of Metal Products	370330	1.2	319312	1.2	16.0
通用设备制造业	Manufacture of General Purpose Machinery	230969	0.8	220011	0.8	5.0
专用设备制造业	Manufacture of Special Purpose Machinery	205821	0.7	304471	1.1	-32.4
汽车制造业	Manufacture of Automobiles	178747	0.6	256435	1.0	-30.3
铁路、船舶、航空航天等制造业	Manufacture of Railway, Watercraft,Aviation,Aerospace and Other Transport Equipment	167136	0.6	184484	0.7	-9.4
电气机械及器材制造业	Manufacture of Electrical Machinery and Equipment	278753	0.9	317936	1.2	-12.3
计算机、通信和其他电子设备制造业	Manufacture of Computers, Communication and Other Electronic Equipment	171231	0.6	65322	0.2	1.6倍
仪器仪表制造业	Manufacture of Measuring Instruments and Machinery	20955	0.1	34958	0.1	-40.1
其他制造业	Other Manufacturing	19556	0.1	14439	0.1	35.4
废弃资源综合利用业	Utilization of Waste Resources	34450	0.1	50595	0.2	-31.9
金属制品、机械和设备修理业	Repair Service of Metal Products, Machinery and Equipment	876	0.0	1250	0.0	-29.9
电力、热力、燃气及水的生产和供应业	**Production and Supply of Electricity,Heat,Gas and Water**	**651552**	**2.2**	**955424**	**3.6**	**-31.8**
电力、热力的生产和供应业	Production and Supply of Electricity and Heat	245903	0.8	629634	2.4	-60.9
燃气生产和供应业	Production and Supply of Gas	68689	0.2	39550	0.1	73.7
水的生产和供应业	Production and Supply of Water	336960	1.1	286240	1.1	17.7
建筑业	**Construction**	**55177**	**0.2**	**46141**	**0.2**	**19.6**
房屋建筑业	Construction of Buildings	35267	0.1			
土木工程建筑业	Civil Engineering			18192	0.1	
建筑安装业	Building Installation	14918	0.0	9680	0.0	54.1
建筑装饰和其他建筑业	Building Decoration and Others	4992	0.0	18269	0.1	-72.7
批发和零售业	**Wholesale and Retail Trades**	**308888**	**1.0**	**556473**	**2.1**	**-44.5**
批发业	Wholesale Trade	207047	0.7	152882	0.6	35.4
零售业	Retail Trade	101841	0.3	403591	1.5	-74.8

5-7 续表2 (continued)

指标	Item	2014 投资额(万元) Amount of Investment (10 000 yuan)	2014 构成(%) Proportion (%)	2013 投资额(万元) Amount of Investment (10 000 yuan)	2013 构成(%) Proportion (%)	2014年比2013年增长(%) Growth Rate in 2014 over 2013 (%)
交通运输、仓储和邮政业	**Transport,Storage and Post**	**3034528**	**10.1**	**1489495**	**5.6**	**1.0倍**
铁路运输业	Railway Transport	976438	3.3	408894	1.5	1.4倍
道路运输业	Road Transport	1398171	4.7	682451	2.6	1.0倍
水上运输业	Water Transport	2550	0.0	22010	0.1	-88.4
航空运输业	Air Transport	60038	0.2	21549	0.1	1.8倍
管道运输业	Pipeline Transport	34764	0.1	22536	0.1	54.3
装卸搬运和运输代理业	Loading,Unloading and Forwarding Agency	128419	0.4	117214	0.4	9.6
仓储业	Storage	434148	1.4	214841	0.8	1.0倍
邮政业	Post					
住宿和餐饮业	**Hotels and Catering Services**	**186730**	**0.6**	**176337**	**0.7**	**5.9**
住宿业	Hotels	147180	0.5	98646	0.4	49.2
餐饮业	Catering Services	39550	0.1	77691	0.3	-49.1
信息传输、软件和信息技术服务业	**Information Transmission,Software and Information Technology**	**107313**	**0.4**	**95655**	**0.4**	**12.2**
电信、广播电视和卫星传输服务业	Telecommunication,Radio,Television and Satellite Transmission Service	71255	0.2	69880	0.3	2.0
互联网和相关服务业	Internet and Related Service					
软件和信息技术服务业	Software and Information Technology	36058	0.1	25775	0.1	39.9
金融业	**Financial Sector**	**36682**	**0.1**	**7500**	**0.0**	**3.9倍**
货币金融业	Monetary and Financial Industry	26882	0.1			
资本市场业	Capital Markets	9800	0.0			
保险业	Insurance					
其他金融业	Others			7500	0.0	
房地产业	**Real Estate Industry**	**11886106**	**39.7**	**11184942**	**41.9**	**6.3**
房地产业	Real Estate	11886106	39.7	1354072	5.1	7.8倍
租赁和商务服务业	**Leasing and Business Services**	**105475**	**0.4**	**115041**	**0.4**	**-8.3**
租赁业	Leasing			14452	0.1	
商务服务业	Business Services	105475	0.4	100589	0.4	4.9
科学研究和技术服务业	**Scientific Research,Technical Services**	**165078**	**0.6**	**191070**	**0.7**	**-13.6**
研究与试验发展	Research and Experimental Development	75476	0.3	146840	0.5	-48.6
专业技术服务业	Professional Technical Services	50443	0.2	30859	0.1	63.5
科技交流和推广服务业	Services of Science and Technique Exchange and Popularization	39159	0.1	13371	0.1	1.9倍

5-7 续表3 (continued)

指　　标	Item	2014 投资额(万 元) Amount of Investment (10 000 yuan)	2014 构 成(%) Proportion (%)	2013 投资额(万 元) Amount of Investment (10 000 yuan)	2013 构 成(%) Proportion (%)	2014年比2013年增长(%) Growth Rate in 2014 over 2013 (%)
水利、环境和公共设施管理业	**Management of Water Conservancy, Environment and Public Facilities**	**4851146**	**16.2**	**3713323**	**13.9**	**30.6**
水利管理业	Management of Water Conservancy	241932	0.8	212756	0.8	13.7
生态保护和环境治理业	Ecological Protection and Environmental Treatment	75838	0.3	121233	0.5	-37.4
公共设施管理业	Public Facilities Management	4533376	15.1	3379334	12.7	34.1
居民服务和其他服务业	**Services to Households and Other Services**	**71324**	**0.2**	**74880**	**0.3**	**-4.7**
居民服务业	Services to Households	35643	0.1	35423	0.1	0.6
机动车、电子产品和日用产品修理业	Motor Vehicle,Electronic and Household Products Repair	26281	0.1	13820	0.1	90.2
其他服务业	Others	9400	0.0	25637	0.1	-63.3
教　育	**Education**	**634788**	**2.1**	**563180**	**2.1**	**12.7**
教　育	Education	634788	2.1	563180	2.1	12.7
卫生和社会工作	**Health and Social Service**	**77783**	**0.3**	**120218**	**0.5**	**-35.3**
卫　生	Health	65077	0.2	103584	0.4	-37.2
社会工作	Social Service	12706	0.0	16634	0.1	-23.6
文化、体育和娱乐业	**Culture,Sports and Entertainment**	**144793**	**0.5**	**178887**	**0.7**	**-19.1**
新闻和出版业	Press and Publishing Industry			7595	0.0	
广播、电视、电影和影视录音制作业	Radio,Television,Motion Picture and Vodeotape Programme Production Services					
文化艺术业	Culture and Art	125710	0.4	167992	0.6	-25.2
体　育	Sports	19083	0.1	1360	0.0	13.0倍
娱乐业	Entertainment			1940	0.0	-100.0
公共管理和社会组织	**Public Management and Social Organizations**	**67783**	**0.2**	**142455**	**0.5**	**-52.4**
中国共产党机关	Organs of the Communist Party of China					
国家机构	Government Agencies	67783	0.2	103889	0.4	-34.8
人民政协和民主党派	PPCC and Democratic Parties					
社会保障	Social Security					
群众团体、社会团体和其他成员组织	Mass Organizations,Social Orgnizations and Other Membership Organizations					
基层群众自治组织	Grassroots Self-Governing Organizations			38566	0.1	
国际组织	**International Organization**					
国际组织	International Organization					

5–8 建设项目投资
Investment in Construction Projects

指标	Item	2014 投资额（万元）Amount of Investment (10 000 yuan)	2014 构成（%）Proportion (%)	2013 投资额（万元）Amount of Investment (10 000 yuan)	2013 构成（%）Proportion (%)	2014年比2013年增长（%）Growth Rate in 2014 over 2013 (%)
投资总额	**Total Investment**	**24718035**	**100.0**	**20472941**	**100.0**	**20.7**
按隶属关系分	**By Jurisdiction of Management**					
中　央	Central Investment	1493582	6.0	1383793	6.8	7.9
省	Provincial Investment	2215215	9.0	1105195	5.4	1.0倍
市	Municipal Investment	1834288	7.4	899191	4.4	1.0倍
县	Prefectural Investment	7839577	31.7	6062906	29.6	29.3
其　他	Others	11335373	45.9	11021856	53.8	2.8
按登记注册类型分	**By Status of Registration**					
内　资	Domestic Funded Enterprises	24430397	98.8	20163000	98.5	21.2
#国　有	State-owned Enterprises	11300214	45.7	8809376	43.0	28.3
集　体	Collective-owned Enterprises	80637	0.3	203219	1.0	-60.3
股份合作	Joint-equity Cooperative Enterprises	16460	0.1	39176	0.2	-58.0
国有联营	State Joint Ownership Enterprises					
集体联营	Collective Joint Ownership Enterprises			229385	1.1	
国有独资公司	State Sole Funded Enterprises	1817777	7.4	1836441	9.0	-1.0
其他有限责任公司	Other Limited Liailities Companies	4914249	19.9	4815669	23.5	2.0
股份有限公司	Companies Limited by Shares	1184033	4.8	674433	3.3	75.6
私营个体	Private Enterprises	4789850	19.4	3021065	14.8	58.5
其　他	Others	382240	1.5	606375	3.0	-37.0
港澳台商投资	Enterprises with Funds from Hong Kong, Macao and Taiwan	95844	0.4	91458	0.4	4.8
#合资经营	Joint-venture Enterprises	92033	0.4	22848	0.1	3.0倍
独　资	Solely Funded Enterprises	3811	0.0	63160	0.3	-94.0
外商投资	Foreign Funded Enterprises	122170	0.5	141344	0.7	-13.6
#合资经营	Joint-venture Enterprises	20974	0.1	41100	0.2	-49.0
独　资	Solely Funded Enterprises	58097	0.2	39623	0.2	46.6
按产业分	**Grouped by Strata of Industry**					
第一产业	Primary Industry	1485125	6.0	1289244	6.3	15.2
第二产业	Secondary Industry	7812493	31.6	7771183	38.0	0.5
第三产业	Tertiary Industry	15420417	62.4	11412514	55.7	35.1
按构成分	**Grouped by Structure**					
建筑工程	Construction	18968453	76.7	14934716	72.9	27.0
安装工程	Installation	480334	1.9	856804	4.2	-43.9
设备工器具购置	Purchase of Equipment and Instruments	1671829	6.8	1978345	9.7	-15.5
其他费用	Others	3597419	14.6	2703076	13.2	33.1
按建设性质分	**By Type of Construction**					
#新　建	New Construction	19265434	77.9	14800840	72.3	30.2
扩　建	Expansion	2325614	9.4	2587197	12.6	-10.1
改建和技术改造	Reconstruction and Technical Transformation	2845454	11.5	2773491	13.5	2.6
新增固定资产	Newly Increased Fixed Assets	20132173	81.4	19537507	95.4	3.0

5-9　按国民经济行业分组的建设项目投资
Total Investment in Construction Projects by Sector

指　　标	Item	2014 投资额（万 元）Amount of Investment (10 000 yuan)	2014 构 成 (%) Proportion (%)	2013 投资额（万 元）Amount of Investment (10 000 yuan)	2013 构 成 (%) Proportion (%)	2014年比2013年增长 (%) Growth Rate in 2014 over 2013 (%)
总　计	**Total**	**24718035**	**100.0**	**20472941**	**100.0**	**20.7**
农、林、牧、渔业	**Agriculture,Forestry,Animal Husbandry and Fishery**	**1485125**	**6.0**	**1289244**	**6.3**	**15.2**
农　业	Agriculture	826483	3.3	788134	3.8	4.9
林　业	Forestry	167816	0.7	121011	0.6	38.7
畜牧业	Animal Husbandry	318816	1.3	227993	1.1	39.8
渔　业	Fishery	73877	0.3	39692	0.2	86.1
农、林、牧、渔服务业	Service of Agriculture,Forestry, Animal Husbandry and Fishery	98133	0.4	112414	0.5	-12.7
采矿业	**Mining**	**1273415**	**5.2**	**1087570**	**5.3**	**17.1**
煤炭开采和洗选业	Coal Mining and Dressing	297610	1.2	298707	1.5	-0.4
石油和天然气开采业	Petroleum and Natural Gas Mining					
黑色金属矿采选业	Ferrous Metals Ores Mining and Dressing	4500	0.0	9260	0.0	-51.4
有色金属矿采选业	Non-ferrous Metals Ores Mining and Dressing	164388	0.7	101298	0.5	62.3
非金属矿采选业	Non-metal Minerals Mining and Dressing	799662	3.2	666806	3.3	19.9
开采辅助活动	Mining Support Activities	7255	0.0			
其他开采业	Others					
制造业	**Manufacturing**	**5823560**	**23.6**	**5623010**	**27.5**	**3.6**
农副食品加工业	Processing of Foods from Agricultural Products	273171	1.1	234825	1.1	16.3
食品制造业	Manufacture of Foods	266520	1.1	129004	0.6	1.1倍
酒、饮料和精制茶制造业	Manufacture of Liquor, Beverages and Refined Tea	238567	1.0	232457	1.1	2.6
烟草制品业	Manufacture of Tobacco	9900	0.0	16172	0.1	-38.8
纺织业	Manufacture of Textile	33475	0.1	480	0.0	68.7倍
纺织服装和服饰业	Manufacture of Textile Wearing Apparel and Accessories	30	0.0	5296	0.0	-99.4
皮革、毛皮、羽毛(绒)及其制品业	Manufacture of Leather,Furs, Feather and Related Products	14000	0.1	2280	0.0	5.1倍
木材加工及木、竹、藤、棕、草制	Processing of Timer,Manufactur of Wood,Bamboo,Rattan,Palm, and Straw Products	57831	0.2	57526	0.3	0.5
家具制造业	Manufacture of Furniture	127267	0.5	39648	0.2	2.2倍
造纸及纸制品业	Manufacture of Paper and Paper Products	107986	0.4	53880	0.3	1.0倍
印刷业和记录媒介的复制	Printing and Reproduction of Recording Media	99114	0.4	71745	0.4	38.1
文教体育用品制造业	Manufacture of Articles for Culture, Education and Sports Activities	12120	0.0	44901	0.2	-73.0
石油加工、炼焦及核燃料加工业	Petroleum Processing,Coking and Nuclear Fuel Processing	24060	0.1	7500	0.0	2.2倍

5-9 续表1 (continued)

指标	Item	2014 投资额(万元) Amount of Investment (10 000 yuan)	2014 构成(%) Proportion (%)	2013 投资额(万元) Amount of Investment (10 000 yuan)	2013 构成(%) Proportion (%)	2014年比2013年增长(%) Growth Rate in 2014 over 2013 (%)
化学原料及化学制品制造业	Manufacture of Raw Chemical Materials and Chemical Products	695269	2.8	666360	3.3	4.3
医药制造业	Manufacture of Medicines	332591	1.3	410801	2.0	-19.0
化学纤维制造业	Manufacture of Chemical Fibers					
橡胶和塑料制品业	Manufacture of Plastics and Rubber	330161	1.3	290784	1.4	13.5
非金属矿制品业	Manufacture of Non-metallic Mineral Products	1241203	5.0	1220315	6.0	1.7
黑色金属冶炼和压延加工业	Smelting and Pressing of Ferrous Metals	82358	0.3	152778	0.7	-46.1
有色金属冶炼和压延加工业	Smelting and Pressing of Non-ferrous Metals	199113	0.8	207951	1.0	-4.3
金属制品业	Manufacture of Metal Products	370330	1.5	320655	1.6	15.5
通用设备制造业	Manufacture of General Purpose Machinery	230969	0.9	221746	1.1	4.2
专用设备制造业	Manufacture of Special Purpose Machinery	205821	0.8	305741	1.5	-32.7
汽车制造业	Manufacture of Automobiles	178747	0.7	257083	1.3	-30.5
铁路、船舶、航空航天等制造业	Manufacture of Railway,Watercraft, Aviation,Aerospace and Other Transport Equipment	167136	0.7	184924	0.9	-9.6
电气机械及器材制造业	Manufacture of Electrical Machinery and Equipment	278753	1.1	318889	1.6	-12.6
计算机、通信和其他电子设备制造业	Manufacture of Computers, Communication and Other Electronic Equipment	171231	0.7	67027	0.3	155.5
仪器仪表制造业	Manufacture of Measuring Instruments and Machinery	20955	0.1	34958	0.2	-40.1
其他制造业	Other Manufacturing	19556	0.1	15439	0.1	26.7
废弃资源综合利用业	Utilization of Waste Resources	34450	0.1	50595	0.2	-31.9
金属制品、机械和设备修理业	Repair Service of Metal Products, Machinery and Equipment	876	0.0	1250	0.0	-29.9
电力、热力、燃气及水的生产和供应业	**Production and Supply of Electricity,Heat,Gas and Water**	**651552**	**2.6**	**959738**	**4.7**	**-32.1**
电力、热力的生产和供应业	Production and Supply of Electricity and Heat	245903	1.0	630403	3.1	-61.0
燃气生产和供应业	Production and Supply of Gas	68689	0.3	39770	0.2	72.7
水的生产和供应业	Production and Supply of Water	336960	1.4	289565	1.4	16.4
建筑业	**Construction**	**63966**	**0.3**	**100865**	**0.5**	**-36.6**
房屋建筑业	Construction of Buildings	35267	0.1	1120	0.0	30.5倍
土木工程建筑业	Civil Engineering	7230	0.0	55462	0.3	-87.0
建筑安装业	Building Installation	16027	0.1	9680	0.0	65.6
建筑装饰和其他建筑业	Building Decoration and Others	5442	0.0	34603	0.2	-84.3
批发和零售业	**Wholesale and Retail Trade**	**879493**	**3.6**	**680626**	**3.3**	**29.2**
批发业	Wholesale Trade	586779	2.4	200693	1.0	1.9倍
零售业	Retail Trade	292714	1.2	479933	2.3	-39.0

5–9 续表2 (continued)

指 标	Item	2014 投资额(万 元) Amount of Investment (10 000yuan)	2014 构 成(%) Proportion (%)	2013 投资额(万 元) Amount of Investment (10 000yuan)	2013 构 成(%) Proportion (%)	2014年比2013年增长(%) Growth Rate in 2014 over 2013 (%)
交通运输、仓储和邮政业	**Transport,Storage and Post**	**3270363**	**13.2**	**1576725**	**7.7**	**1.1倍**
铁路运输业	Railway Transport	982698	4.0	408894	2.0	1.4倍
道路运输业	Road Transport	1519354	6.1	727259	3.6	1.1倍
水上运输业	Water Transport	3350	0.0	28480	0.1	-88.2
航空运输业	Air Transport	65030	0.3	21549	0.1	2.0倍
管道运输业	Pipeline Transport	44911	0.2	22536	0.1	99.3
装卸搬运和运输代理业	Loading,Unloading and Forwarding Agency	149474	0.6	118864	0.6	25.8
仓储业	Storage	505026	2.0	249143	1.2	1.0倍
邮政业	Posts	520	0.0			
住宿和餐饮业	**Hotels and Catering Services**	**333620**	**1.3**	**270505**	**1.3**	**23.3**
住宿业	Hotels	247414	1.0	136587	0.7	81.1
餐饮业	Catering Services	86206	0.3	133918	0.7	-35.6
信息传输、软件和信息技术服务业	**Information Transmission,Software and Information Technology**	**223902**	**0.9**	**210077**	**1.0**	**6.6**
电信、广播电视和卫星传输服务业	Telecommunication,Radio,Television and Satellite Transmission Service	139958	0.6	135991	0.7	2.9
互联网和相关服务业	Internet and Related Service	669	0.0	8050	0.0	-91.7
软件和信息技术服务业	Software and Information Technology	83275	0.3	66036	0.3	26.1
金融业	**Financial Intermediation**	**48578**	**0.2**	**27279**	**0.1**	**78.1**
货币金融业	Monetary and Financial Industry	33775	0.1	15968	0.1	1.1倍
资本市场业	Capital Markets	14803	0.1	3811	0.0	2.9倍
保险业	Insurance					
其他金融业	Others			7500	0.0	
房地产业	**Real Estate Industry**	**2014485**	**8.1**	**1584565**	**7.7**	**27.1**
房地产业	Real Estate	2014485	8.1	1584565	7.7	27.1
租赁和商务服务业	**Leasing and Business Services**	**200809**	**0.8**	**159198**	**0.8**	**26.1**
租赁业	Leasing	23966	0.1	39961	0.2	-40.0
商务服务业	Business Services	176843	0.7	119237	0.6	48.3
科学研究和技术服务业	**Scientific Research and Technical Services**	**278253**	**1.1**	**226002**	**1.1**	**23.1**
研究与试验发展	Research and Development	93475	0.4	150974	0.7	-38.1
专业技术服务业	Professional Technical Services	116058	0.5	56285	0.3	1.1倍
科技交流和推广服务业	Services of Science and Technique Exchange and Popularization	68720	0.3	18743	0.1	2.7倍

5-9 续表3 (continued)

指　　标	Item	2014 投资额(万元) Amount of Investment (10 000 yuan)	2014 构成(%) Proportion (%)	2013 投资额(万元) Amount of Investment (10 000 yuan)	2013 构成(%) Proportion (%)	2014年比2013年增长(%) Growth Rate in 2014 over 2013 (%)
水利、环境和公共设施管理业	**Management of Water Conservancy, Environment and Public Facilities**	**6831098**	**27.6**	**5157435**	**25.2**	**32.5**
水利管理业	Management of Water Conservancy	641063	2.6	432937	2.1	48.1
生态保护和环境治理业	Ecological Protection and Environmental Treatment	126130	0.5	158502	0.8	-20.4
公共设施管理业	Public Facilities Management	6063905	24.5	4565996	22.3	32.8
居民服务和其他服务业	**Services to Households and Other Services**	**140613**	**0.6**	**119690**	**0.6**	**17.5**
居民服务业	Services to Households	65624	0.3	59516	0.3	10.3
机动车、电子产品和日用产品修理业	Motor Vehicle,Electronic and Household Products Repair	65589	0.3	31850	0.2	1.1倍
其他服务业	Others	9400	0.0	28324	0.1	-66.8
教　育	**Education**	**744213**	**3.0**	**684925**	**3.3**	**8.7**
教　育	Education	744213	3.0	684925	3.3	8.7
卫生和社会工作	**Health and Social Service**	**107696**	**0.4**	**209356**	**1.0**	**-48.6**
卫　生	Health	89636	0.4	165617	0.8	-45.9
社会工作	Social Service	18060	0.1	43739	0.2	-58.7
文化、体育和娱乐业	**Culture,Sports and Entertainment**	**217433**	**0.9**	**261748**	**1.3**	**-16.9**
新闻和出版业	Press and Publishing industry			7595	0.0	
广播、电视、电影和影视录音制作业	Radio, Television,Motion Picture and Vodeotape Programme Production Services	1398	0.0	450	0.0	2.1倍
文化艺术业	Culture and Art	186494	0.8	217757	1.1	-14.4
体　育	Sport	28883	0.1	8913	0.0	2.2倍
娱乐业	Entertainment	658	0.0	27033	0.1	-97.6
公共管理和社会组织	**Public Management and Social Organizations**	**129861**	**0.5**	**244383**	**1.2**	**-46.9**
中国共产党机关	Organs of the Communist Party of China					
国家机构	Government Agencies	118777	0.5	171768	0.8	-30.9
人民政协和民主党派	PPCC and Democratic Parties			980	0.0	
社会保障	Social Security			5173	0.0	
群众团体、社会团体和其他成员组织	Mass Organizations,Social Orgnizations and Other Membership Organizations			5227	0.0	
基层群众自治组织	Grassroots Self-Govering Organizations	11084	0.0	61235	0.3	-81.9
国际组织	**International Organization**					
国际组织	International Organization					

5-10 建设项目施工、投产项目个数和房屋建筑面积
Number of Construction Projects under Construction, Put into Use and Floor Space of Buildings

指　　标		Item		2014	2013	2014年比2013年增长(%) Growth Rate in 2014 over 2013(%)
项目个数		**Number of Projects**				
施工项目个数	(个)	Number of Projects under Construction	(unit)	3113	4483	-30.6
#本年新开工	(个)	Number of Projects Started in Current Year	(unit)	2443	3877	-37.0
投产项目个数	(个)	Number of Projects Put into Use	(unit)	2581	3852	-33.0
房屋建筑面积		**Floor Space of Buildings**				
施工面积	(平方米)	Floor Space under Construction	(sq.m)	21135227	24854602	-15.0
#住　宅	(平方米)	Residential Buildings	(sq.m)	1419762	4426601	-67.9
竣工面积	(平方米)	Floor Space Completed	(sq.m)	12219779	13260815	-7.9
#住　宅	(平方米)	Residential Buildings	(sq.m)	877159	2463254	-64.4

5-11 建设项目新增主要生产能力(或工程效益)(2014年)
Newly Increased Production Capacity (or Project Benefit) of Construction Project(2014)

生产能力(或效益)名称		Item		新增能力效益 The Newly Increased Production Capacity Efficiency
原煤开采	(万吨/年)	Coal Mining	(10 000 tons/year)	95
洗煤	(万吨/年)	Coal Washing	(10 000 tons/year)	80
铁矿开采	(万吨/年)	Iron Ore Mining	(10 000 tons/year)	29
铝加工	(吨/年)	Aluminum Processing	(ton/year)	50000
输电线路长度	(11万伏及以上)(公 里)	Length of Transmission Line	(110000v and above) (kilometer)	222.57
塑料树脂及共聚物	(吨/年)	Plasitc Resin and Copolymer	(ton/year)	41175
合成橡胶	(吨/年)	Synthetic Rubber	(ton/year)	150
轮胎外胎	(万条/年)	Tyre Cover	(1000 units/year)	22
电视机	(万部/年)	Television	(1000 units/year)	100
白　酒	(万吨/年)	Distilled Spirit	(10 000 tons/year)	1.3
新建独立公路隧道	(延长米)	New Independent Road Tunnel	(meter)	2700
新建独立公路隧道	(处)	New Independent Road Tunnel	(unit)	1
新（扩）建港口码头	(万吨)	New (Expansion) Wharf	(1000 tons)	12
新（扩）建港口码头	(标准集装箱)	New (Expansion) Wharf	(TEU)	12
新（扩）建港口码头	(个)	New (Expansion) Wharf	(unit)	1
新（扩）建公路客、货运站	(个)	New (Expansion) Passenger and Freight Station	(unit)	3
新（扩）建公路客、货运站	(平方米)	New (Expansion) Passenger and Freight Station	(square meter)	55518
城市污水处理能力	(万吨/日)	Disposal Capacity of City Sewage	(10 000 tons/year)	9.5

5-12 房地产开发投资主要指标
Main Indicators of Enterprises for Real Estate Development

指　　标	Item	2014	2013	2014年比2013年的增长(%) Growth Rate of 2014 over 2013(%)
企业个数(个)	**Number of Enterprises(unit)**	**822**	**798**	**3.0**
土地开发及购置(平方米)	**Land Developing and Purchase (sq.m)**			
待开发土地面积	Land Space Pending Development	4275362	6585051	-35.1
本年土地购置面积	Land Space Purchased This Year	1103540	4245910	-74.0
本年完成投资额(万元)	**Investment Completed This Year(10 000 yuan)**	**10176042**	**9830870**	**3.5**
#配套工程投资	Supporting Projects		32038	
按工程用途分:	**Engineering Application**			
住　宅	Residental Buildings	6333588	6318707	0.2
#90平方米以下	Below 90 Square Meters	2200534	2458847	-10.5
140平方米以上	Above 140 Square Meters	1423340	1268862	12.2
办公楼	Office Buildings	1158806	1024220	13.1
商业营业用房	Houses for Business Use	1566343	1384693	13.1
其　他	Others	1117305	1103250	1.3
按构成分:	**Grouped by Structure of Investment**			
建筑工程	Construction	7974228	6702085	19.0
安装工程	Installation	373627	217553	71.7
设备工器具购置	Purchase of Equipment and Instruments	43265	94528	-54.2
其　他	Others	1784922	2816704	-36.6
资金来源小计(万元)	**Sources of Funds(10 000 yuan)**	**10423755**	**10534765**	**-1.1**
#国内贷款	Domestic Loans	1211471	1241793	-2.4
利用外资	Foreign Investment	30530		
自筹资金	Self-raised Funds	2415437	2519413	-4.1
其他资金	Others	6766317	6773559	-0.1
本年新增固定资产(万元)	**Newly Increased Fixed Assets This Year (10 000 yuan)**	**3283626**	**2260493**	**45.3**
房屋建筑面积(平方米)	**Floor Space of Buildings(square meters)**			
施工面积	Floor Space under Construction	69737881	66180965	4.9
住　宅	Residental Buildings	48488054	47595902	1.9
#90平方米以下	Below 90 Square Meters	15330511	15460224	-0.8
140平方米以上	Above 140 Square Meters	7144052	7387227	-3.3
办公楼	Office Buildings	4661436	3606544	29.2
商业营业用房	Houses for Business Use	6692554	6427781	4.1
其　他	Others	9895837	8550738	15.7
本年新开工面积	Floor Space Started This Year	11693086	19068302	-38.7
住　宅	Residental Buildings	6461393	14450677	-55.3

5-12 续表 (continued)

指　　标	Item	2014	2013	2014年比2013年的增长(%) Growth Rate of 2014 over 2013(%)
#90平方米以下	Below 90 Square Meters	1337271	4216749	-68.3
140平方米以上	Above 140 Square Meters	1000925	2010556	-50.2
办公楼	Office Buildings	1288367	1215295	6.0
商业营业用房	Houses for Business Use	1257904	1318801	-4.6
其　他	Others	2685422	2083529	28.9
商品房屋竣工面积(平方米)	**Floor Space of Commercialized Buildings Completed(square meters)**	**11187115**	**7325824**	**52.7**
住　宅	Residental Buildings	8256429	5560884	48.5
#90平方米以下	Below 90 Square Meters	1669780	1245188	34.1
140平方米以上	Above 140 Square Meters	1962286	851128	1.3倍
办公楼	Office Buildings	471553	189991	1.5倍
商业营业用房	Houses for Business Use	650515	678050	-4.1
其　他	Others	1808618	896899	1.0倍
商品房销售面积(平方米)	**Floor Space of Commercialized Buildings Sold(square meters)**	**9481140**	**13015442**	**-27.2**
住　宅	Residental Buildings	8003227	11636447	-31.2
#90平方米以下	Below 90 Square Meters	2230552	4220463	-47.1
140平方米以上	Above 140 Square Meters	958616	1487030	-35.5
办公楼	Office Buildings	611951	875915	-30.1
商业营业用房	Houses for Business Use	716265	403704	77.4
其　他	Others	149697	99376	50.6
商品房销售额(万元)	**Total Sale of Commercialized Buildings(10 thousand yuan)**	**5308664**	**6504622**	**-18.4**
住　宅	Residental Buildings	3912615	5192520	-24.6
#90平方米以下	Below 90 Square Meters	1004746	1802339	-44.3
140平方米以上	Above 140 Square Meters	591941	788102	-24.9
办公楼	Office Buildings	469829	664767	-29.3
商业营业用房	Houses for Business Use	855300	594142	44.0
其　他	Others	70920	53193	33.3
商品房待售面积(平方米)	**Floor Space of Commercialized Buildings Sold(square meters)**	**2612610**	**2583427**	**1.1**
住　宅	Residental Buildings	1321013	1672866	-21.0
#90平方米以下	Below 90 Square Meters	108366	253773	-57.3
140平方米以上	Above 140 Square Meters	273896	503881	-45.6
办公楼	Office Buildings	423814	86263	3.9倍
商业营业用房	Houses for Business Use	374805	442330	-15.3
其　他	Others	492978	381968	29.1

5-13 按各种分组的房地产开发企业指标完成情况(2014年)

单位：万元、平方米

指标	Item	企业数(个) Number of Enterprises (unit)	计划总投资 Total Investment Planned	自开始建设累计完成投资 Accumulative Investment Actually Completed Since Starting of Construction up to the End of This Year
总计	**Total**	**822**	**59867161**	**38665128**
按登记注册类型分组	**By Status of Registration**			
内资企业	Domestic Funded Enterprises	785	56347400	36150401
国有企业	State-owned Enterprises	15	637847	126010
集体企业	Collective-owned Enterprises	2		
股份合作企业	Joint-equity Cooperative Enterprises			
国有联营企业	State Joint Ownership Enterprises			
集体联营企业	Collective Joint Ownership Enterprises			
国有与集体联营企业	Joint State-collective Enterprises			
其他联营企业	Other Joint Ownership Enterprises			
国有独资公司	State Sole Funded Corporations	19	1081043	869259
其他有限责任公司	Other Limited Liability Companies	576	45535668	31895549
股份有限公司	Companies Limited by Shares	11	468583	471520
私营独资企业	Private-Solely Funded Enterprises		6500	31485
私营合伙企业	Private Partnership Enterprises			
私营有限责任公司	Private Limited Liability Companies	144	8101928	2476686
私营股份有限公司	Private Companies Limited by Shares	18	492331	265802
其他企业	Other Enterprises		23500	14090
港澳台商投资企业	Enterprises with Funds from Hong Kong,Macao and Taiwan	29	3291466	2327615
与港澳台商合资经营企业	Joint-venture Enterprises	18	786300	880416
与港澳台商合资合作经营企业	Cooperative Enterprises	1	81700	27700
港澳台商独资经营企业	Enterprises with Sole Fund	10	2423466	1419499
港澳台商投资股份有限公司	Companies Limited by Shares			
其他港澳台投资	Others			
外商投资企业	Enterprises with Foreign Investment	8	228295	187112
中外合资经营企业	Chinese-foreign Equity Joint Ventures	4	17240	17640
中外合作经营企业	Chinese-foreign Cooperative Enterprises	2	207455	166618
外资企业	Foreign-Funded Enterprises	2	3600	2854
外商投资股份有限公司	Companies Limited by Shares			
其他外商投资	Others			
按控股情况分	**By Share Holding**			
国有控股	State-holding Enterprises	97	10967372	6818152
集体控股	Collective-Holding Enterprises	9	112350	101754
私人控股	Private Enterprises	601	42088061	26795334
港澳台商控股	Hong Kong, Macao and Taiwan Holding Enterprises	26	3241466	2332011
外商控股	Foreign Holding Enterprises	5	211055	169472
其　他	Others	84	3246857	2448405
按资质等级分	**By Grade**			
一　级	First Grade	4	488059	592361
二　级	Second Grade	61	20796335	17841496
三　级	Third Grade	144	4602246	4048345
四　级	Fourth Grade	198	4972531	3721340
暂　定	Provisional	349	25712368	11309707
其　他	Others	66	3295622	1151879
按隶属关系分	**By Administrative Relationship**			
中　央	Central	14	4245994	2265073
省(自治区、直辖市)	Provinces(Autonomous Region, Municipality)	33	987050	857254
地区(州、盟、省辖市)	Region(Prefecture, League, Provincial Cities)	41	3689789	2734771
县(区、市、旗)	County(District, City, Banner)	36	1989873	869274
街　道	Street	1	2500	1500
镇	Town	1	112350	101754
乡	Countryside			
居委会	Neighborhood Committee			
村委会	Village Committee			
其　他	Others	696	48839605	31835502

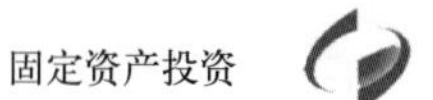

Actually Completed Investment of Enterprises in Real Estate by Groups(2014)

(10 000 yuan;sq.m)

本 年 完成投资 Investment Completed This Year		按构成分 By Composition of Funds					
	#配套工程投资 Supporting Projects Investment	#建筑工程 Construction	安装工程 Installation	设备工器具购置 Purchase of Equipment and Instruments	其他费用 Other Expenses	#旧建筑物购置费 Old Buildings Purchase Expenses	土地购置费 Land Purchase Expenses
10176042		**7974228**	**373627**	**43265**	**1784922**	**100643**	**548772**
9733124		7598211	345644	43123	1746146	95870	539022
29515		28459	884		172	49	
249696		207685	1092		40919	32404	1685
8535739		6639473	308760	39174	1548332	59963	455823
11510		10698	668		144		
950		950					
804469		655791	24540	3109	121029	3454	48936
95655		51305	9700	840	33810		30838
5590		3850			1740		1740
419495		352624	27983	142	38746	4773	9750
195829		156557	27760	32	11480	4773	
27700		9200			18500		9750
195966		186867	223	110	8766		
23423		23393			30		
23373		23373					
50		20			30		
1588297		1101865	16805	8847	460780	45674	216884
2820		2670	50	100			
7485982		5986762	299476	31587	1168157	27258	266123
431459		356856	30772	142	43689	4773	9750
23423		23393			30		
644061		502682	26524	2589	112266	22938	56015
77422		59808	448		17166		
5127747		4312469	152895	7849	654534	50428	2975
657650		516303	40018	7462	93867	25323	13603
528870		399278	49036	5022	75534	25	25842
3312763		2324566	86711	19985	881501	21438	467898
471590		361804	44519	2947	62320	3429	38454
567560		310735		45	256780		162644
186804		169828	95	145	16736		13181
643578		495815	14323	8093	125347	32453	47580
356550		275356	27580	4131	49483		31061
2820		2670	50	100			
8418730		6719824	331579	30751	1336576	68190	294306

5-13 续表1

单位：万元、平方米

指　　标	Item	按工程用途分：住　宅 By Engineering Application: Residential Buildings	#90平方米以下住房 Residential Buildings below 90 Square Meters	140平方米以上住房 Residential Buildings above 140 Square Meters	别　墅、高档公寓 Villas, High-grade Apartments
总　　计	**Total**	**6333588**	**2200534**	**1423340**	**263787**
按登记注册类型分组	**By Status of Registration**				
内资企业	Domestic Funded Enterprises	5978292	2165320	1254554	171402
国有企业	State-owned Enterprises	28128	1281	1821	
集体企业	Collective-owned Enterprises				
股份合作企业	Joint-equity Cooperative Enterprises				
国有联营企业	State Joint Ownership Enterprises				
集体联营企业	Collective Joint Ownership Enterprises				
国有与集体联营企业	Joint State-collective Enterprises				
其他联营企业	Other Joint Ownership Enterprises				
国有独资公司	State Sole Funded Corporations	125939	60230	113	
其他有限责任公司	Other Limited Liability Companies	5204531	1946470	1140885	94538
股份有限公司	Companies Limited by Shares	10230	2620	4159	5228
私营独资企业	Private-Solely Funded Enterprises	770	520	247	
私营合伙企业	Private Partnership Enterprises				
私营有限责任公司	Private Limited Liability Corporations	551749	133938	107264	71636
私营股份有限公司	Private Companies Limited by Shares	53555	20261	65	
其他企业	Other Enterprises	3390			
港澳台商投资企业	Enterprises with Funds from Hong Kong, Macao and Taiwan	334473	16141	167036	92385
与港澳台商合资经营企业	Joint-venture Enterprises	183118	6129	159000	89538
与港澳台商合资合作经营企业	Cooperative Enterprises				
港澳台商独资经营企业	Enterprises with Sole Fund	151355	10012	8036	2847
港澳台商投资股份有限公司	Companies Limited by Shares				
其他港澳台投资	Others				
外商投资企业	Enterprises with Foreign Investment	20823	19073	1750	
中外合资经营企业	Chinese-foreign Equity Joint Ventures				
中外合作经营企业	Chinese-foreign Cooperative Enterprises	20803	19053	1750	
外资企业	Foreign-Funded Enterprises	20	20		
外商投资股份有限公司	Companies Limited by Shares				
其他外商投资	Others				
按控股情况分	**By Share Holding**				
国有控股	State-holding Enterprises	992717	193727	244605	54900
集体控股	Collective-Holding Enterprises	2300	301	254	
私人控股	Private Enterprises	4493884	1887994	1002512	104462
港澳台商控股	Hong Kong, Macao and Taiwan Holding Enterprises	334473	16141	167036	92385
外商控股	Foreign Holding Enterprises	20823	19073	1750	
其　他	Others	489391	83298	7183	12040
按资质等级分	**By Grade**				
一　级	First Grade	39422	10137	6371	3714
二　级	Second Grade	3284119	1535702	790038	5652
三　级	Third Grade	509086	141481	63310	9403
四　级	Fourth Grade	241545	95588	44516	1314
暂　定	Provisional	2066419	396219	507063	243636
其　他	Others	192997	21407	12042	68
按隶属关系分	**By Administrative Relationship**				
中　央	Central	407588	62711	184614	9028
省(自治区、直辖市)	Provinces(Autonomous Region, Municipality)	123654	22690	1656	
地区(州、盟、省辖市)	Region(Prefecture, League, Provincial Cities)	375706	88989	56955	45872
县(区、市、旗)	County(District, City, Banner)	206359	34713	11526	6649
街　道	Street				
镇	Town	2300	301	254	
乡	Countryside				
居委会	Neighborhood Committee				
村委会	Village Committee				
其　他	Others	5217981	1991130	1168335	202238

(continued)

(10 000 yuan;sq.m)

办公楼 Office Buildings	商业营业用房 Houses for Business Use	其他 Others	新增固定资产 Newly Increased Fixed Assets	待开发土地面积 Land Space Pending Development	本年购置土地面积 Total Area of Land Purchased This Year	本年土地成交价款 Land Transaction Price This Year
1158806	**1566343**	**1117305**	**3283626**	**4275362**	**1103540**	**222110**
1134737	1536469	1083626	2871803	914553	3114186	1103540
	432	955	12076	8541		
59416	24137	40204	44478	72669	347763	
1046406	1375680	909122	2379058	658592	2572093	770603
50	729	501	210900	28555		
	90	90				
20504	113522	118694	192277	141066	194330	322297
8361	20579	13160	33014	4230		
	1300	900		900		10640
24069	27274	33679	391369	18258	1161176	
3369	1688	7654	570	2543		
20700	5000	2000		4000		
	20586	24025	390799	11715	1161176	
	2600		20454	570		
			17600			
	2570			570		
	30		2854			
87425	171579	336576	812792	189656	1614270	106193
		520				
1015124	1313871	663103	1938533	574346	1476003	825870
31090	27274	38622	391369	16758	1161176	
	2600		2854	570		
25167	51019	78484	138078	152051	23913	171477
11304	8094	18602	193924	19770		
536184	1049967	257477	790646	171235	1282345	3208
9654	58647	80263	533762	71022	369948	10640
190053	40647	56625	1111219	64401	73152	124229
239554	367647	639143	643958	528627	2447754	965463
172057	41341	65195	10117	78326	102163	
	38147	121825	440535	72623	522749	102985
9001	12746	41403	184634	15353	140133	32749
36804	97390	133678	99302	154554		
60684	31916	57591	51763	68181	19373	188277
		520				
1052317	1386144	762288	2507392	622670	3593107	779529

5-13 续表2

单位：万元、平方米

指标	Item	本年资金来源合计 Total Fund This Year	国内贷款 Domestic Loans	利用外资 Foreign Investment Utilization	自筹资金 Self-raising Funds	其他资金 Other Funds
总计	**Total**	**10423755**	**1211471**	**30530**	**2415437**	**6766317**
按登记注册类型分组	**By Status of Registration**					
内资企业	Domestic Funded Enterprises	9933284	1146971		2266926	6519387
国有企业	State-owned Enterprises	38228	2800		5969	29459
集体企业	Collective-owned Enterprises					
股份合作企业	Joint-equity Cooperative Enterprises					
国有联营企业	State Joint Ownership Enterprises					
集体联营企业	Collective Joint Ownership Enterprises					
国有与集体联营企业	Joint State-collective Enterprises					
其他联营企业	Other Joint Ownership Enterprises					
国有独资公司	State Sole Funded Corporations	68182	30000		90191	11826
其他有限责任公司	Other Limited Liability Companies	8348375	969872		1629579	6025502
股份有限公司	Companies Limited by Shares	134445			39934	49319
私营独资企业	Private-Solely Funded Enterprises	147024				4357
私营合伙企业	Private Partnership Enterprises					
私营有限责任公司	Private Limited Liability Companies	674053	107572		429106	321729
私营股份有限公司	Private Companies Limited by Shares	67213	36727		68107	75645
其他企业	Other Enterprises	2233			4040	1550
港澳台商投资企业	Enterprises with Funds from Hong Kong, Macao and Taiwan	378780	64500	30530	148501	215963
与港澳台商合资经营企业	Joint-venture Enterprises	221339	51500		114276	73021
与港澳台商合资合作经营企业	Cooperative Enterprises				29155	
港澳台商独资经营企业	Enterprises with Sole Fund	157441	13000	30530	5070	142942
港澳台商投资股份有限公司	Companies Limited by Shares					
其他港澳台投资	Others					
外商投资企业	Enterprises with Foreign Investment	42970			10	30967
中外合资经营企业	Chinese-foreign Equity Joint Ventures	800				
中外合作经营企业	Chinese-foreign Cooperative Enterprises	25771				30967
外资企业	Foreign-Funded Enterprises	16399			10	
外商投资股份有限公司	Companies Limited by Shares					
其他外商投资	Others					
按控股情况分	**By Share Holding**					
国有控股	State-holding Enterprises	2079078	420880		733273	1007323
集体控股	Collective-Holding Enterprises	6213			2750	763
私人控股	Private Enterprises	7446259	659328		1326629	5115174
港澳台商控股	Hong Kong, Macao and Taiwan Holding Enterprises	375779	64500	30530	152401	223160
外商控股	Foreign Holding Enterprises	42970			10	30967
其他	Others	584466	66763		200374	388930
按资质等级分	**By Grade**					
一级	First Grade	199371	23690		38536	171981
二级	Second Grade	5180818	397060	30530	347669	4123498
三级	Third Grade	696709	59433		181975	544211
四级	Fourth Grade	879955	73399		246762	419640
暂定	Provisional	3157570	647889		1485990	1192661
其他	Others	420342	10000		114505	314326
按隶属关系分	**By Administrative Relationship**					
中央	Central	1010177	120200		328869	360592
省(自治区、直辖市)	Provinces(Autonomous Region, Municipality)	207012	34280		105795	49145
地区(州、盟、省辖市)	Region(Prefecture, League, Provincial Cities)	456934	131030		153760	239106
县(区、市、旗)	County(District, City, Banner)	667362	21405		120555	166404
街道	Street	17				17
镇	Town	7122			2750	495
乡	Countryside					
居委会	Neighborhood Committee					
村委会	Village Committee					
其他	Others	8186141	904556	30530	1703708	5950558

(continued)

(10 000 yuan;sq.m)

本年各项应付款 Total Account Payable This Year	#工程款 Project Funds	房屋施工面积 Total Floor Space of Buildings under Construction	住宅 Residential Buildings	#90平方米及以下住房 Residential Buildings below 90 Square Meters	144平方米以上住房 Residential Buildings above 144 Square Meters	办公楼 Office Buildings	商业营业用房 Houses for Business Use	其他 Others
1811916	**933381**	**69737881**	**48488054**	**15330511**	**7144052**	**4661436**	**6692554**	**9895837**
1785353	914553	66567640	46169203	14976754	6725125	4527443	6418129	9452865
8541	8541	504124	431813	73280	96880	2634	21571	48106
112348	72669	1943720	1056310	620363	21105	210922	205756	470732
1356609	658592	54906193	38395632	12995485	5910446	4020224	5167735	7322602
31403	28555	932091	705110	33919	153343	42651	99586	84744
271322	141066	7349814	5002960	1118638	533796	165040	828772	1353042
4230	4230	896248	548628	135069	9555	85972	88709	172939
900	900	35450	28750				6000	700
25843	18258	2391891	1568494	201513	362639	133993	248315	441089
10128	2543	744491	547535	86881	246274	84056	52515	60385
4000	4000	59957				49937	3728	6292
11715	11715	1587443	1020959	114632	116365		192072	374412
720	570	778350	750357	152244	56288		26110	1883
		36393	14573		6080		19937	1883
720	570	731664	730294	151359	50208		1370	
		10293	5490	885			4803	
334663	189656	11239708	7121335	1812474	1149593	565258	1093468	2459647
		80151	29721	5737	2514			50430
1270311	574346	51259356	35966264	12109458	5133809	3737230	4947999	6607863
22843	16758	2295349	1432669	173913	362639	171297	249102	442281
720	570	741957	735784	152244	50208		6173	
183379	152051	4121360	3202281	1076685	445289	187651	395812	335616
23804	19770	1160206	671077	122143	186261	132130	143413	213586
579003	171235	28322741	20362947	7985009	3089406	1484888	2803730	3671176
125785	71022	8549628	6852381	1591578	1126126	252785	613656	830806
117830	64401	8305082	6036021	1702573	1264478	537791	471614	1259656
879553	528627	19955351	12561530	3653540	1260725	1663393	2293021	3437407
85941	78326	3444873	2004098	275668	217056	590449	367120	483206
151704	72623	3235939	2159387	494102	428451		457091	619461
15353	15353	2339429	1656686	303499	320875	55256	130105	497382
154859	154554	2875841	1834536	557425	259704	201733	318518	521054
143897	68181	2632000	1675840	224092	145716	154268	222799	579093
		80151	29721	5737	2514			50430
1346103	622670	58574521	41131884	13745656	5986792	4250179	5564041	7628417

5-13 续表3

单位：万元、平方米

指　　标	Item	#新开工面　积 Floor Space Started This Year	住　宅 Residential Buildings	#90平方米及以下住房 Residential Buildings below 90 Square Meters	144平方米以上住房 Residential Buildings above 144 Square Meters	办公楼 Office Buildings
总　　计	**Total**	**11693086**	**6461393**	**1337271**	**1000925**	**1288367**
按登记注册类型分组	**By Status of Registration**					
内资企业	Domestic Funded Enterprises	11048979	6074923	1288144	968174	1213871
国有企业	State-owned Enterprises	143210	131913		32603	
集体企业	Collective-owned Enterprises					
股份合作企业	Joint-equity Cooperative Enterprises					
国有联营企业	State Joint Ownership Enterprises					
集体联营企业	Collective Joint Ownership Enterprises					
国有与集体联营企业	Joint State-collective Enterprises					
其他联营企业	Other Joint Ownership Enterprises					
国有独资公司	State Sole Funded Corporations	254424	56335	44002		112391
其他有限责任公司	Other Limited Liability Companies	7606483	3923841	890447	625053	943262
股份有限公司	Companies Limited by Shares					
私营独资企业	Private-Solely Funded Enterprises					
私营合伙企业	Private Partnership Enterprises					
私营有限责任公司	Private Limited Liability Companies	2557359	1706330	277867	310518	89406
私营股份有限公司	Private Companies Limited by Shares	452053	227754	75828		68812
其他企业	Other Enterprises	35450	28750			
港澳台商投资企业	Enterprises with Funds from Hong Kong, Macao and Taiwan	644107	386470	49127	32751	74496
与港澳台商合资经营企业	Joint-venture Enterprises	95564	58959			24559
与港澳台商合资合作经营企业	Cooperative Enterprises	59957				49937
港澳台商独资经营企业	Enterprises with Sole Fund	488586	327511	49127	32751	
港澳台商投资股份有限公司	Companies Limited by Shares					
其他港澳台投资	Others					
外商投资企业	Enterprises with Foreign Investment					
中外合资经营企业	Chinese-foreign Equity Joint Ventures					
中外合作经营企业	Chinese-foreign Cooperative Enterprises					
外资企业	Foreign-Funded Enterprises					
外商投资股份有限公司	Companies Limited by Shares					
其他外商投资	Others					
按控股情况分	**By Share Holding**					
国有控股	State-holding Enterprises	1886232	1187718	219999	317941	142255
集体控股	Collective-Holding Enterprises					
私人控股	Private Enterprises	8404037	4319316	804473	618536	1032444
港澳台商控股	Hong Kong, Macao and Taiwan Holding Enterprises	644107	386470	49127	32751	74496
外商控股	Foreign Holding Enterprises					
其　他	Others	758710	567889	263672	31697	39172
按资质等级分	**By Grade**					
一　级	First Grade	70000	55000	9900	2683	
二　级	Second Grade	3807889	1418711	170303	208505	485199
三　级	Third Grade	1261595	988269	181488	182490	41890
四　级	Fourth Grade	866941	636118	174960	14456	49641
暂　定	Provisional	5382141	3238944	789934	589709	611218
其　他	Others	304520	124351	10686	3082	100419
按隶属关系分	**By Administrative Relationship**					
中　央	Central	637181	567734	95187	218298	
省(自治区、直辖市)	Provinces(Autonomous Region, Municipality)	439964	275422	65275	32603	53243
地区(州、盟、省辖市)	Region(Prefecture, League, Provincial Cities)	679964	533011	36687	67040	30268
县(区、市、旗)	County(District, City, Banner)	650434	446815	78398	22249	15909
街　道	Street					
镇	Town					
乡	Countryside					
居委会	Neighborhood Committee					
村委会	Village Committee					
其　他	Others	9285543	4638411	1061724	660735	1188947

(continued)

(10 000 yuan;sq.m)

商业营业用房 Houses for Business Use	其他 Others	竣工面积 Floor Space of Buildings Completed	住宅 Residential Buildings	#90平方米及以下住房 Residential Buildings below 90 Square Meters	144平方米以上住房 Residential Buildings above 144 Square Meters	办公楼 Office Buildings	商业营业用房 Houses for Business Use	其他 Others
1257904	**2685422**	**11187115**	**8256429**	**1669780**	**1962286**	**471553**	**650515**	**1808618**
1183673	2576512	10347120	7723013	1616955	1904026	465779	550540	1607788
	11297	60906	47315	17171		1163	4337	8091
63304	22394	48839	38421	17149	358		1598	8820
713273	2026107	8875029	6530815	1379377	1689857	428370	464021	1451823
		534916	412839	29964	137672	36246	54060	31771
347406	414217	651712	541923	154576	67929		19902	89887
53690	101797	175718	151700	18718	8210		6622	17396
6000	700							
74231	108910	793309	513353	51940	52180	5774	75235	198947
6942	5104	5774				5774		
3728	6292							
63561	97514	787535	513353	51940	52180		75235	198947
		46686	20063	885	6080		24740	1883
		36393	14573		6080		19937	1883
		10293	5490	885			4803	
326503	229756	2723088	2000837	351686	365632	92045	171166	459040
744367	2307910	6855264	5030306	1093507	1497079	373734	343400	1107824
74231	108910	793309	513353	51940	52180	5774	75235	198947
		10293	5490	885			4803	
112803	38846	805161	706443	171762	47395		55911	42807
	15000	460800	338723	26590	132526	36246	54060	31771
366920	1537059	2715547	1855184	164115	676057	24091	256090	580182
112048	119388	1974646	1573884	245058	159267	59312	89274	252176
79455	101727	4315557	3544874	1112020	905172	87050	78743	604890
652579	879400	1694665	917864	121997	63364	264854	172348	339599
46902	32848	25900	25900		25900			
8288	61159	1142370	1012349	269710	59234		5872	124149
46542	64757	916196	656989	21341	263300	1163	74170	183874
60825	55860	315759	92958	26912	14662	90882	69684	62235
59937	127773	232249	174959	15028	33771	132	17056	40102
1082312	2375873	8580541	6319174	1336789	1591319	379376	483733	1398258

5-13 续表4

单位：万元、平方米

指 标	Item	商品房销售面积 Floor Space of Commercialized Buildings Sold	住宅 Residential Buildings	#90平方米及以下住房 Residential Buildings below 90 Square Meters	144平方米以上住房 Residential Buildings above 144 Square Meters
总 计	**Total**	**9481140**	**8003227**	**2230552**	**958616**
按登记注册类型分组	**By Status of Registration**				
内资企业	Domestic Funded Enterprises	9108834	7688583	2183597	910822
国有企业	State-owned Enterprises	53266	50921	1652	7932
集体企业	Collective-owned Enterprises				
股份合作企业	Joint-equity Cooperative Enterprises				
国有联营企业	State Joint Ownership Enterprises				
集体联营企业	Collective Joint Ownership Enterprises				
国有与集体联营企业	Joint State-collective Enterprises				
其他联营企业	Other Joint Ownership Enterprises				
国有独资公司	State Sole Funded Corporations	40830	40081	10316	3695
其他有限责任公司	Other Limited Liability Companies	7377939	6067407	1897706	729654
股份有限公司	Companies Limited by Shares	71036	43897	3898	35979
私营独资企业	Private-Solely Funded Enterprises				
私营合伙企业	Private Partnership Enterprises				
私营有限责任公司	Private Limited Liability Companies	1331894	1259224	224958	129951
私营股份有限公司	Private Companies Limited by Shares	195322	188506	45067	3611
其他企业	Other Enterprises	38547	38547		
港澳台商投资企业	Enterprises with Funds from Hong Kong,Macao and Taiwan	309408	255363	26081	47647
与港澳台商合资经营企业	Joint-venture Enterprises	84277	68864	2875	29359
与港澳台商合资合作经营企业	Cooperative Enterprises				
港澳台商独资经营企业	Enterprises with Sole Fund	225131	186499	23206	18288
港澳台商投资股份有限公司	Companies Limited by Shares				
其他港澳台投资	Others				
外商投资企业	Enterprises with Foreign Investment	62898	59281	20874	147
中外合资经营企业	Chinese-foreign Equity Joint Ventures				
中外合作经营企业	Chinese-foreign Cooperative Enterprises	62898	59281	20874	147
外资企业	Foreign-Funded Enterprises				
外商投资股份有限公司	Companies Limited by Shares				
其他外商投资	Others				
按控股情况分	**By Share Holding**				
国有控股	State-holding Enterprises	1514359	1282378	266930	179264
集体控股	Collective-Holding Enterprises	1279	965	965	
私人控股	Private Enterprises	6675472	5625060	1696829	683458
港澳台商控股	Hong Kong, Macao and Taiwan Holding Enterprises	311463	255363	26081	47647
外商控股	Foreign Holding Enterprises	62898	59281	20874	147
其 他	Others	915669	780180	218873	48100
按资质等级分	**By Grade**				
一 级	First Grade	79157	50193	420	36510
二 级	Second Grade	3869455	3217285	1057870	414358
三 级	Third Grade	1152717	1071379	214801	154246
四 级	Fourth Grade	729160	579715	134920	92582
暂 定	Provisional	3108827	2761967	760632	242075
其 他	Others	541824	322688	61909	18845
按隶属关系分	**By Administrative Relationship**				
中 央	Central	557336	531822	80160	106192
省(自治区、直辖市)	Provinces(Autonomous Region, Municipality)	217657	193219	25029	16308
地区(州、盟、省辖市)	Region(Prefecture, League, Provincial Cities)	456584	410801	61844	42007
县(区、市、旗)	County(District, City, Banner)	317710	294348	143012	10030
街 道	Street				
镇	Town	1279	965	965	
乡	Countryside				
居委会	Neighborhood Committee				
村委会	Village Committee				
其 他	Others	7930574	6572072	1919542	784079

(continued)

(10 000 yuan;sq.m)

办公楼 Office Buildings	商业营业用房 Houses for Business Use	其他 Others	商品房销售额(万元) Total Sale of Commercialized Buildings Sold (10 000 yuan)	住宅 Residential Buildings	#90平方米及以下住房 Residential Buildings below 90 Square Meters	144平方米以上住房 Residential Buildings above 144 Square Meters	办公楼 Office Buildings	商业营业用房 Houses for Business Use	其他 Others
611951	**716265**	**149697**	**5308664**	**3912615**	**1004746**	**591941**	**469829**	**855300**	**70920**
306872	597663	135389	5061210	3717984	984620	544207	456691	820703	65832
			20486	18688	575	2967		1798	
		749	21583	21304	6098	1901			279
87512	580854	114608	4151278	2911696	864221	431949	444013	747653	47916
24514		2509	36207	22197	1642	18711		13331	679
194846	10255	17523	725777	641609	92754	87288	9873	57337	16958
	6554		90777	87388	19330	1391	2805	584	
			15102	15102					
28793	14288	13465	217538	169122	12277	47670	13138	30440	4838
28793	12088		75878	60834	2652	39275	11038	4006	
	2200	13465	141660	108288	9625	8395	2100	26434	4838
		843	29916	25509	7849	64		4157	250
		843	29916	25509	7849	64		4157	250
79281	9263	8880	930435	694183	128891	106792	7584	225940	2728
		314	632	495	495				137
227591	547011	105676	3600208	2631414	746154	415673	429630	483573	55591
28793	17226	13465	221483	169122	12277	47670	15753	31770	4838
		843	29916	25509	7849	64		4157	250
	38451	20519	525990	391892	109080	21742	16862	109860	7376
23348		4334	41524	27070	249	20565		13331	1123
23576	260244	39189	2136056	1496596	485455	236896	193180	425609	20671
5924	19857	21014	585556	502951	85368	97005	14677	60740	7188
401	33572	23124	354836	241301	56585	45705	28636	79462	5437
278260	112565	62036	1819610	1490135	348156	182206	76752	216222	36501
4156	185713		371082	154562	28933	9564	156584	59936	
47932		1825	328551	309096	40120	66590		19011	444
304		6862	95362	71367	10226	6749		21801	2194
31045	5502		291874	234353	30408	23794	4421	53100	
	2938	302	155727	125964	65275	5109	2615	26998	150
		314	632	495	495				137
256384	603511	140394	4436518	3171340	858222	489699	462793	734390	67995

5-13 续表5

单位：万元、平方米

指标	Item	待售面积(平方米) For sale Floor Space (sq.m)	住宅 Residential Buildings
总计	**Total**	**2612610**	**1321013**
按登记注册类型分组	**By Status of Registration**		
内资企业	Domestic Funded Enterprises	2311917	1249978
国有企业	State-owned Enterprises	16414	3303
集体企业	Collective-owned Enterprises		
股份合作企业	Joint-equity Cooperative Enterprises		
国有联营企业	State Joint Ownership Enterprises		
集体联营企业	Collective Joint Ownership Enterprises		
国有与集体联营企业	Joint State-collective Enterprises		
其他联营企业	Other Joint Ownership Enterprises		
国有独资公司	State Sole Funded Corporations	13864	5223
其他有限责任公司	Other Limited Liability Companies	1924943	975622
股份有限公司	Companies Limited by Shares	51594	42250
私营独资企业	Private-Solely Funded Enterprises	10690	
私营合伙企业	Private Partnership Enterprises		
私营有限责任公司	Private Limited Liability Companies	270115	203839
私营股份有限公司	Private Companies Limited by Shares	19367	14811
其他企业	Other Enterprises	4930	4930
港澳台商投资企业	Enterprises with Funds from Hong Kong,Macao and Taiwan	295159	68399
与港澳台商合资经营企业	Joint-venture Enterprises	34867	
与港澳台商合资合作经营企业	Cooperative Enterprises		
港澳台商独资经营企业	Enterprises with Sole Fund	260292	68399
港澳台商投资股份有限公司	Companies Limited by Shares		
其他港澳台投资	Others		
外商投资企业	Enterprises with Foreign Investment	5534	2636
中外合资经营企业	Chinese-foreign Equity Joint Ventures	5534	2636
中外合作经营企业	Chinese-foreign Cooperative Enterprises		
外资企业	Foreign-Funded Enterprises		
外商投资股份有限公司	Companies Limited by Shares		
其他外商投资	Others		
按控股情况分	**By Share Holding**		
国有控股	State-holding Enterprises	545092	305807
集体控股	Collective-Holding Enterprises	1837	
私人控股	Private Enterprises	1511620	819481
港澳台商控股	Hong Kong, Macao and Taiwan Holding Enterprises	286279	68399
外商控股	Foreign Holding Enterprises		
其他	Others	267782	127326
按资质等级分	**By Grade**		
一级	First Grade	18144	15779
二级	Second Grade	636502	333173
三级	Third Grade	612704	379520
四级	Fourth Grade	432493	87232
暂定	Provisional	887890	480575
其他	Others	24877	24734
按隶属关系分	**By Administrative Relationship**		
中央	Central	216467	192616
省(自治区、直辖市)	Provinces(Autonomous Region, Municipality)	120739	91056
地区(州、盟、省辖市)	Region(Prefecture, League, Provincial Cities)	137095	9722
县(区、市、旗)	County(District, City, Banner)	11191	1771
街道	Street		
镇	Town	8997	
乡	Countryside		
居委会	Neighborhood Committee		
村委会	Village Committee		
其他	Others	2118121	1025848

(continued)

(10 000 yuan;sq.m)

#90平方米及以下住房 Residential Buildings below 90 Square Meters	144平方米以上住房 Residential Buildings above 144 Square Meters	办公楼 Office Buildings	商业营业用　房 Houses for Business Use	其　他 Others
108366	**273896**	**423814**	**374805**	**492978**
100663	230998	416370	292323	353246
			7780	5331
	4226			8641
80298	177391	410025	238531	300765
4590	12100	1000	7984	360
		5345	5345	
10747	30596		30455	35821
4858	1925		2228	2328
170	4760			
7703	41624	7444	81467	137849
		7444	23639	3784
7703	41624		57828	134065
	1274		1015	1883
	1274		1015	1883
8840	37481	125841	73175	40269
				1837
69575	176069	274502	146197	271440
7703	41624	7444	72587	137849
22248	18722	16027	82846	41583
4000	11029	1000	1005	360
23280	41673	7444	102910	192975
47963	111950	45374	99562	88248
8297	43522	114822	64788	165651
24826	40988	255174	106397	45744
	24734		143	
7392	4867		23851	
1123	27146		7574	22109
2034	4275	102079	19963	5331
			9420	
				8997
97817	237608	321735	313997	456541

5-14 按各种分组的房地产开发企业财务状况情况(2014年)

单位：万元

指标	Item	企业数(个) Number of Enterprises (unit)	年初存货 Stock (at Year-begin)	流动资产 Circulating Funds	应收账款 Account Receivable
总计	**Total**	**822**	**14952929**	**34315674**	**1170288**
按登记注册类型分组	**By Status of Registration**				
内资企业	Domestic Funded Enterprises	785	14107404	32149738	1156616
国有企业	State-owned Enterprises	15	77649	192078	4905
集体企业	Collective-owned Enterprises	2	1855	2163	3
股份合作企业	Joint-equity Cooperative Enterprises				
国有联营企业	State Joint Ownership Enterprises				
集体联营企业	Collective Joint Ownership Enterprises				
国有与集体联营企业	Joint State-collective Enterprises				
其他联营企业	Other Joint Ownership Enterprises				
国有独资公司	State Sole Funded Corporations	19	673942	1769663	284609
其他有限责任公司	Other Limited Liability Companies	576	11852374	26498107	736924
股份有限公司	Companies Limited by Shares	11	293640	787527	13527
私营独资企业	Private-solely Funded Enterprises				
私营合伙企业	Private Partnership Enterprises				
私营有限责任公司	Private Limited Liability Companies	144	1099619	2582132	81707
私营股份有限公司	Private Companies Limited by Shares	18	108325	318069	34941
其他企业	Other Enterprises				
港澳台商投资企业	Enterprises with Funds from Hong Kong, Macao and Taiwan	29	593616	1748475	12117
与港澳台商合资经营企业	Joint-venture Enterprises	18	195383	995340	11269
与港澳台商合资合作经营企业	Cooperative Enterprises	1	12749	27709	
港澳台商独资经营企业	Enterprises with Sole Fund	10	385483	725427	848
港澳台商投资股份有限公司	Companies Limited by Shares				
其他港澳台投资	Others				
外商投资企业	Enterprises with Foreign Investment	8	251910	417461	1556
中外合资经营企业	Chinese-foreign Equity Joint Ventures	4	182484	225078	1524
中外合作经营企业	Chinese-foreign Cooperative Enterprises	2	69426	187139	13
外资企业	Foreign-Funded Enterprises	2		5244	19
外商投资股份有限公司	Companies Limited by Shares				
其他外商投资	Others				
按控股情况分	**By Share Holding**				
国有控股	State-holding Enterprises	97	3786472	7928629	376145
集体控股	Collective-Holding Enterprises	9	19665	79331	2654
私人控股	Private Enterprises	601	9008812	21474518	753639
港澳台商控股	Hong Kong,Macao and Taiwan Holding Enterprises	26	547829	1688840	10823
外商控股	Foreign Holding Enterprises	5	70356	199665	475
其　他	Others	84	1519796	2944692	26552
按隶属关系分	**By Administrative Relationship**				
中　央	Central	4	425645	933046	17753
省(自治区、直辖市)	Provinces(Autonomous Region, Municipality)	61	5881838	12697133	547417
地区(州、盟、省辖市)	Region(Prefecture, League, Provincial Cities)	144	1989454	4248814	147143
县(区、市、旗)	County(District, City, Banner)	198	2047228	3939706	142743
街　道	Street	349	4139493	10871278	273354
镇	Town	66	469271	1625696	41879
乡	Countryside				
居委会	Neighborhood Committee	14	1287078	2629274	7289
村委会	Village Commitee	33	411350	854574	50588
其　他	Others	41	1290244	2887453	277919
按资质等级分	**By Grade**	36	518606	1262757	26092
一　级	First Grade	1	2256	3109	
二　级	Second Grade	1	16292	68622	4
三　级	Third Grade				
四　级	Fourth Grade				
暂　定	Provisional				
其　他	Others	696	11427103	26609886	808398

Financial Indicators of Enterprises in Real Estate by Groups(2014)

(10 000 yuan)

#存货 Stock	固定资产 Fixed Assets	固定资产原价 Original Fixed Assets	累计折旧 Total Depreciation	#本年折旧 Depreciation This Year	在建工程 Under Construction	资产 Assets	流动负债 liquid Liabilities	#应付账款 Account Payable
20376405	**918671**	**901967**	**174439**	**32536**	**684782**	**39054565**	**28642773**	**2216582**
19255077	839058	804357	156438	27458	684762	36731653	27059336	2179545
85170	4768	8139	3431	312	24490	214365	192958	19460
1913	197	385	188	10		2559	1829	521
1029395	431980	337643	2802	1170	136274	3013376	935430	43198
16111531	320941	388059	118191	19267	366638	28522759	22503817	1735046
314326	3080	8347	5291	2829	17311	1893750	1087394	186333
1526962	76618	59655	25616	3669	119029	2744494	2071520	168222
185780	1474	2131	919	200	21020	340351	266390	26765
830010	79007	95840	16836	4858		1893713	1168021	29745
241799	54762	66787	12028	3778		1091007	822990	17300
		4	4			27713	20401	0
588211	24245	29050	4805	1080		774994	324630	12445
291319	605	1770	1165	220	20	429198	415416	7292
203401	438	1208	770	103	20	234624	213460	1100
87918	108	399	291	24		187250	198542	2891
	60	163	103	93		7325	3414	3302
5103734	453528	367670	16188	3704	183098	9528560	6150918	577347
19270	6849	8618	1963	196		188604	127571	12945
12502576	343016	381414	123561	20448	486822	24139475	18681647	1444431
794615	78810	95069	16262	4854		1824695	1100814	25887
88826	275	694	419	117	20	202012	208166	6260
1867384	36195	48503	16046	3218	14842	3171219	2373658	149713
461351	5944	9893	5372	2955	2529	2091753	1210168	208008
8126395	110263	142497	42965	5810	17326	14042868	10989915	581442
2322259	108375	132424	42455	8370	156385	4590902	3614165	219679
2370990	81950	112250	46172	7078	141313	4579334	3470969	302536
6366674	600747	486245	30142	7660	328850	11992596	8018878	782891
728735	11393	18658	7332	662	38379	1757111	1338678	122027
1855206	2297	3994	1722	638	17311	2670034	1989618	144824
612994	11611	13088	6248	690	39720	961937	773099	93614
1689756	25449	33757	8336	2232	27231	3866729	1858230	170551
767369	11384	14108	3383	703	2839	1303422	1101610	148681
2294		1	1			3109	3599	649
15926	4323	4323				173564	122414	10932
15432859	863608	832697	154750	28273	597681	30075769	22794202	1647331

5-14 续表1

单位：万元

指　　标	Item	非流动负债 Non-liquid Liabilities	负　债 Liabilities	所有者权益 Owners Equity	#实收资本 Total Capital Held
总　　计	**Total**	**4201487**	**32844260**	**6210305**	**3910281**
按登记注册类型分组	**By Status of Registration**				
内资企业	Domestic Funded Enterprises	3867892	30927229	5804425	3492669
国有企业	State-owned Enterprises	12593	205551	8815	18384
集体企业	Collective-owned Enterprises	80	1909	650	758
股份合作企业	Joint-equity Cooperative Enterprises				
国有联营企业	State Joint Ownership Enterprises				
集体联营企业	Collective Joint Ownership Enterprises				
国有与集体联营企业	Joint State-collective Enterprises				
其他联营企业	Other Joint Ownership Enterprises				
国有独资公司	State Sole Funded Corporations	318227	1253658	1759719	280240
其他有限责任公司	Other Limited Liability Companies	3138458	25642274	2880484	2605531
股份有限公司	Companies Limited by Shares	94321	1181714	712036	227272
私营独资企业	Private-Solely Funded Enterprises				
私营合伙企业	Private Partnership Enterprises				
私营有限责任公司	Private Limited Liability Companies	270174	2341693	402800	315966
私营股份有限公司	Private Companies Limited by Shares	34040	300430	39921	44518
其他企业	Other Enterprises				
港澳台商投资企业	Enterprises with Funds from Hong Kong,Macao and Taiwan	327285	1495305	398408	392086
与港澳台商合资经营企业	Joint-venture Enterprises	168548	991538	99469	82565
与港澳台商合资合作经营企业	Cooperative Enterprises		20401	7311	8000
港澳台商独资经营企业	Enterprises with Sole Fund	158736	483366	291628	301521
港澳台商投资股份有限公司	Companies Limited by Shares				
其他港澳台投资	Others				
外商投资企业	Enterprises with Foreign Investment	6311	421726	7472	25527
中外合资经营企业	Chinese-foreign Equity Joint Ventures	2000	215460	19165	20142
中外合作经营企业	Chinese-foreign Cooperative Enterprises	1680	200222	-12973	3200
外资企业	Foreign-Funded Enterprises	2631	6044	1280	2184
外商投资股份有限公司	Companies Limited by Shares				
其他外商投资	Others				
按控股情况分	**By Share Holding**				
国有控股	State-holding Enterprises	1185583	7336502	2192058	651362
集体控股	Collective-Holding Enterprises	80	127651	60953	50732
私人控股	Private Enterprises	2381681	21063327	3076148	2446005
港澳台商控股	Hong Kong,Macao and Taiwan Holding Enterprises	327285	1428098	396597	377976
外商控股	Foreign Holding Enterprises	4311	212476	-10464	6679
其　他	Others	302548	2676206	495013	377528
按隶属关系分	**By Administrative Relationship**				
中　央	Central	181732	1391900	699854	208708
省(自治区、直辖市)	Provinces(Autonomous Region, Municipality)	856497	11846412	2196456	972650
地区(州、盟、省辖市)	Region(Prefecture, League, Provincial Cities)	485775	4099940	490962	491219
县(区、市、旗)	County(District, City, Banner)	559964	4030933	548401	486730
街　道	Street	1877133	9896011	2096586	1587057
镇	Town	240387	1579065	178046	163916
乡	Countryside				
居委会	Neighborhood Committee	512982	2502600	167435	103655
村委会	Village Commitee	83712	856811	105126	104507
其　他	Others	461884	2320114	1546615	367126
按资质等级分	**By Grade**	81016	1182626	120796	128292
一　级	First Grade		3599	-490	
二　级	Second Grade		122414	51150	43710
三　级	Third Grade				
四　级	Fourth Grade				
暂　定	Provisional				
其　他	Others	3061895	25856097	4219673	3162991

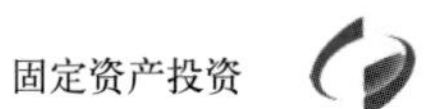

(continued)

(10 000 yuan)

营业收入 Total Revenue	主营业务收入 Revenue from Principle Business	土地转让收入 Land Transferred	商品房屋销售收入 Commercialized Buildings Sold	房屋出租收入 Houses Leased	其他收入 Others	营业成本 Business Cost	主营业务成本 Cost of Principle Business
2871388	**2841494**	**196**	**2747373**	**49902**	**44023**	**2127609**	**2102288**
2692578	2662765	196	2574216	45259	43094	1997459	1972441
12237	11309		7245	667	3396	8660	8402
136	136		41	95		17	17
107530	105595		90090	60	15446	88866	87622
2269541	2251582	174	2188980	38332	24096	1685342	1671961
28150	28137		28080	58		22710	22710
255352	246498	22	240776	5542	157	175297	165162
19634	19509		19003	506		16567	16567
169024	168944		164868	3172	904	124831	124529
6233	6153		2587	2675	891	3535	3233
162791	162791		162282	496	13	121296	121296
9785	9785		8289	1471	25	5319	5319
1609	1609		475	1109	25		
7814	7814		7814			5319	5319
363	363			363			
701072	694020		657254	10935	25831	562670	560338
1828	1822		1184	638		962	910
1578838	1556235	196	1518030	30648	7361	1133483	1112578
168879	168799		164868	3027	904	124824	124521
8202	8202		7814	363	25	5319	5319
412569	412417		398223	4293	9901	300352	298622
78243	75895		71039	3197	1659	60817	60682
1161396	1158707		1134718	16405	7584	830726	829672
526711	522774		492689	10505	19581	364090	362307
336929	323773	61	309556	12018	2139	262015	248869
758435	751016	135	736588	6622	7671	602155	592951
9674	9328		2782	1157	5389	7807	7807
286146	284712		281583	2927	202	215877	215642
73855	72396		65637	1195	5564	47350	47297
265764	262325		242812	8211	11301	241246	240644
101511	101510		98408	42	3060	74483	73696
755	749		749			632	580
2143357	2119801	196	2058183	37527	23896	1548021	1524430

5-14　续表2

单位：万元

指　　标	Item	营业税金及附加 Taxes and Other Charges on Business	主营业务税金及附加 Taxes and Other Charges on Principle Business	其他业务利润 Other Profits
总　　计	**Total**	**236865**	**229367**	**10825**
按登记注册类型分组	**By Status of Registration**			
内资企业	Domestic Funded Enterprises	219258	211760	10829
国有企业	State-owned Enterprises	877	831	168
集体企业	Collective-owned Enterprises	23	23	
股份合作企业	Joint-equity Cooperative Enterprises			
国有联营企业	State Joint Ownership Enterprises			
集体联营企业	Collective Joint Ownership Enterprises			
国有与集体联营企业	Joint State-collective Enterprises			
其他联营企业	Other Joint Ownership Enterprises			
国有独资公司	State Sole Funded Corporations	6873	6716	376
其他有限责任公司	Other Limited Liability Companies	185595	180702	9301
股份有限公司	Companies Limited by Shares	3499	3499	-167
私营独资企业	Private-Solely Funded Enterprises			
私营合伙企业	Private Partnership Enterprises			
私营有限责任公司	Private Limited Liability Companies	20093	18931	1071
私营股份有限公司	Private Companies Limited by Shares	2298	1060	80
其他企业	Other Enterprises			
港澳台商投资企业	Enterprises with Funds from Hong Kong,Macao and Taiwan	16131	16130	-63
与港澳台商合资经营企业	Joint-venture Enterprises	659	658	-63
与港澳台商合资合作经营企业	Cooperative Enterprises			
港澳台商独资经营企业	Enterprises with Sole Fund	15472	15472	
港澳台商投资股份有限公司	Companies Limited by Shares			
其他港澳台投资	Others			
外商投资企业	Enterprises with Foreign Investment	1476	1476	60
中外合资经营企业	Chinese-foreign Equity Joint Ventures	38	38	60
中外合作经营企业	Chinese-foreign Cooperative Enterprises	1374	1374	
外资企业	Foreign-Funded Enterprises	65	65	
外商投资股份有限公司	Companies Limited by Shares			
其他外商投资	Others			
按控股情况分	**By Share Holding**			
国有控股	State-holding Enterprises	48125	44625	2658
集体控股	Collective-Holding Enterprises	141	141	
私人控股	Private Enterprises	138966	135372	8062
港澳台商控股	Hong Kong,Macao and Taiwan Holding Enterprises	16008	16008	-63
外商控股	Foreign Holding Enterprises	1438	1438	
其　他	Others	32186	31782	168
按隶属关系分	**By Administrative Relationship**			
中　央	Central	8614	8507	1561
省(自治区、直辖市)	Provinces(Autonomous Region, Municipality)	98105	93311	355
地区(州、盟、省辖市)	Region(Prefecture, League, Provincial Cities)	43636	43614	4107
县(区、市、旗)	County(District, City, Banner)	26829	26370	4346
街　道	Street	59108	57007	215
镇	Town	573	557	241
乡	Countryside			
居委会	Neighborhood Committee	23559	23424	
村委会	Village Commitee	7368	7302	325
其　他	Others	14241	10958	1939
按资质等级分	**By Grade**	6461	6461	53
一　级	First Grade	0		
二　级	Second Grade	52	52	
三　级	Third Grade			
四　级	Fourth Grade			
暂　定	Provisional			
其　他	Others	185184	181170	8508

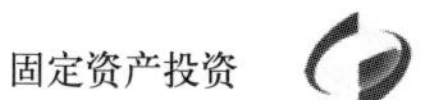

(continued)

(10 000 yuan)

销售费用 Sales Expenses	管理费用 Management Expenses	#税金 Taxes	财务费用 Financial Expenses	利息收入 Interest Income	利息支出 Interest Expenses	资产减值损失 Loss from Assets Devaluation	公允价值变动收益 The Profit and Losses on the Changes in Fair Value
213837	**207200**	**11056**	**91177**	**6638**	**73082**	**-7037**	**151**
204116	191720	9649	78875	6373	62956	-7037	151
60	4273	79	-48	67	-3		68
	105	23					
3040	5699	363	-100	201	90	16	
180021	137477	8096	62040	5343	57899	-7275	83
1911	12422	10	9781	18	170	208	
16484	28422	1008	3820	738	3850	13	
2600	3324	71	3383	7	951		
8305	13845	1407	11715	241	9525		
3602	9105	77	10229	157	8426		
26	134		0				
4677	4606	1330	1485	84	1099		
1416	1636	0	587	24	602		
85	595	0	246	21	267		
1331	924		5	3			
	117		336		336		
39848	38841	2337	26141	2351	28002	-8602	71
68	533	23	-14	28	0		
146808	136084	4956	47308	2547	28819	1545	80
8156	13387	1407	10429	276	8277		
1331	1065	0	341	3	336		
17626	17291	2333	6973	1434	7649	19	
3396	15689	1157	17810	83	8206	255	
92197	48558	2138	20609	1835	20429	1920	535
23531	37079	2759	19950	1519	20508	18	-256
14609	33911	1245	6546	602	2543	-675	
72073	65360	3774	23875	2457	20110	-9114	-128
8032	6602	-18	2387	143	1286	559	
17798	4537	141	-129	593	365	-8493	
2705	9540	203	2720	178	2871	196	71
9780	19661	1786	26309	763	25428	-294	
5179	6965	1077	2418	294	2485	4	
34	35						
68	170		14				
178273	166293	7850	59845	4809	41934	1550	80

5-14 续表3

单位：万元

指标	Item	投资收益 Investment Profits
总计	**Total**	**150392**
按登记注册类型分组	**By Status of Registration**	
内资企业	Domestic Funded Enterprises	152407
国有企业	State-owned Enterprises	18
集体企业	Collective-owned Enterprises	
股份合作企业	Joint-equity Cooperative Enterprises	
国有联营企业	State Joint Ownership Enterprises	
集体联营企业	Collective Joint Ownership Enterprises	
国有与集体联营企业	Joint State-collective Enterprises	
其他联营企业	Other Joint Ownership Enterprises	
国有独资公司	State Sole Funded Corporations	8866
其他有限责任公司	Other Limited Liability Companies	13894
股份有限公司	Companies Limited by Shares	120919
私营独资企业	Private-Solely Funded Enterprises	
私营合伙企业	Private Partnership Enterprises	
私营有限责任公司	Private Limited Liability Companies	8584
私营股份有限公司	Private Companies Limited by Shares	126
其他企业	Other Enterprises	
港澳台商投资企业	Enterprises with Funds from Hong Kong,Macao and Taiwan	-2015
与港澳台商合资经营企业	Joint-venture Enterprises	-2015
与港澳台商合资合作经营企业	Cooperative Enterprises	
港澳台商独资经营企业	Enterprises with Sole Fund	
港澳台商投资股份有限公司	Companies Limited by Shares	
其他港澳台投资	Others	
外商投资企业	Enterprises with Foreign Investment	
中外合资经营企业	Chinese-foreign Equity Joint Ventures	
中外合作经营企业	Chinese-foreign Cooperative Enterprises	
外资企业	Foreign-Funded Enterprises	
外商投资股份有限公司	Companies Limited by Shares	
其他外商投资	Others	
按控股情况分	**By Share Holding**	
国有控股	State-holding Enterprises	12852
集体控股	Collective-Holding Enterprises	
私人控股	Private Enterprises	139630
港澳台商控股	Hong Kong,Macao and Taiwan Holding Enterprises	-2015
外商控股	Foreign Holding Enterprises	
其　他	Others	-76
按隶属关系分	**By Administrative Relationship**	
中　央	Central	124572
省(自治区、直辖市)	Provinces(Autonomous Region, Municipality)	20052
地区(州、盟、省辖市)	Region(Prefecture, League, Provincial Cities)	139
县(区、市、旗)	County(District, City, Banner)	1327
街　道	Street	-1379
镇	Town	5681
乡	Countryside	
居委会	Neighborhood Committee	396
村委会	Village Commitee	-80
其　他	Others	12478
按资质等级分	**By Grade**	77
一　级	First Grade	
二　级	Second Grade	
三　级	Third Grade	
四　级	Fourth Grade	
暂　定	Provisional	
其　他	Others	137521

(continued)

(10 000 yuan)

营业利润 Operating Profits	营业外收入 Non-operating Income	补贴收入 Allowance Income	营业外支出 Non-operating Expenditure	利润总额 Total Profits	应交所得税 Income Tax Payable	本年应付工资（贷方累计发生额） Total Wages and Salaries Payable This Year(Accumulated Amount of Credit)
153399	**66373**	**13440**	**24751**	**195785**	**70724**	**159427**
161493	65618	13386	23543	204358	70109	151886
-1131	719		394	-806	-23	2632
-9				-9		26
12403	1516	1464	275	13644	903	5189
38040	21970	3132	20389	40290	65783	116363
98386	31935	3	156	130165	2762	2371
22192	2871	2220	2138	23044	370	24315
-8388	6607	6567	191	-1971	314	991
-7508	693	0	796	-7637	616	6582
-22599	339		630	-22915	607	4034
-160				-160		203
15251	354	0	167	15439	8	2345
-586	62	54	412	-936		960
704	54	54	3	756		324
-1135	8		409	-1537		556
-155				-155		80
7480	5696	3890	2126	11007	14728	47645
115	15		182	-52	18	386
114437	59453	9493	18090	156639	42691	91420
-5629	693	0	796	-5758	616	6463
-1290	8		409	-1692		648
38286	508	57	3147	35641	12672	12866
96236	32322		79	128479	3006	4649
89887	14541	2864	10261	94168	38622	47252
20662	7904	6601	5701	23136	11368	27947
4750	4999	516	795	9379	3963	18071
-48085	5721	3435	7798	-50094	14808	56259
-10051	886	25	117	-9283	-1042	5250
37180	850	500	151	37879	6002	11156
4021	1442	1400	450	5012	1105	12641
-30109	3093	1990	1659	-28718	7511	12733
8457	132		213	8377	2208	4259
-69			0	-69	14	89
-180	15		83	-248		310
134098	60841	9550	22196	173551	53884	118238

5-15 基础设施建设投资额
Investment in Infrastructure Construction

单位：万元 (10 000 yuan)

指　　标	Item	2014	2013	2014年比2013年的增长率(%) Growth Rate of 2014 over 2013 (%)
合　计	**Total**	**10976915**	**7903975**	**38.9**
电力、燃气及水的生产和供应业	Production and Supply of Electricity, Gas and Water	651552	959738	-32.1
#电力、热力的生产和供应业	Production and Supply of Electricity and Heat	245903	630403	-61.0
燃气生产和供应业	Production and Supply of Gas	68689	39770	72.7
水的生产和供应业	Production and Supply of Water	336960	289565	16.4
交通运输、仓储和邮政业	Transport,Storage and Post	3270363	1576725	1.1倍
#道路运输业	Road Transport	1519354	727259	1.1倍
仓储业	Storage	505026	249143	1.0倍
邮政业	Post	520		
电信和其他信息传输服务业	Telecommunications and Other Information Transmission Services	223902	210077	6.6
水利、环境和公共设施管理业	Management of Water Conservancy, Environment and Public Facilities	6831098	5157435	32.5
#水利管理业	Management of Water Conservancy	641063	432937	48.1
环境管理业	Environmental Management	126130	158502	-20.4
公共设施管理业	Management of Public Facilities	6063905	4565996	32.8

主 要 统 计 指 标 解 释

全社会固定资产投资 以货币形式表现的在一定时期内全社会建造和购置固定资产的工作量以及与此有关的费用的总称。该指标是反映固定资产投资规模、结构和发展速度的综合性指标，又是观察工程进度和考核投资效果的重要依据。

固定资产投资 指各种登记注册类型的企业、事业、行政单位及个体户进行的计划总投资 50 万元及 50 万元以上的建设项目投资和房地产开发项目投资。

房地产开发投资 指房地产开发公司、商品房建设公司及其他房地产开发法人单位和附属于其他法人单位实际从事房地产开发或经营的活动单位统一开发的包括统代建、拆迁还建的住宅、厂房、仓库、饭店、宾馆、度假村、写字楼、办公楼等房屋建筑物和配套的服务设施，土地开发工程（如道路、给水、排水、供电、供热、通讯、平整场地等基础设施工程）的投资；不包括单纯的土地交易活动。

施工项目 指报告期内曾进行建筑或安装工程施工活动的建设项目，包括报告期内新开工项目、报告期以前开工跨入报告期继续施工的项目以及报告期施过工并在报告期内全部建成投产或停缓建的项目。

新增生产能力 指通过固定资产投资活动而增加的设计能力或工程效益，它是用实物形态表示的固定资产投资的成果。新增生产能力的计算，是以能独立发挥生产能力或工程效益的单项工程(或项目)为对象。当单项工程(或项目)建成，经有关部门鉴定合格，正式移交投入生产，即可计算新增生产能力。

住　宅 指专供居住的房屋，包括别墅、公寓、职工家属宿舍和集体宿舍（包括职工单身宿舍和学生宿舍）等。但不包括住宅楼中作为人防用、不住人的地下室等。

房屋建筑面积 指从房屋外墙线算起的各层平面面积的总和，包括可供使用的有效面积和房屋结构(如柱、墙)占用的面积。多层建筑按各层（包括地下室）面积总和计算。

住宅建筑面积 指施工和竣工房屋建筑面积中供居住用的施工和竣工房屋建筑面积。

施工面积 指报告期内施工的全部房屋建筑面积。包括本期新开工的面积、上期跨入本期继续施工的房屋面积、上期停缓建在本期恢复施工的房屋面积、本期竣工的房屋面积及本期施工后又停缓建的房屋面积。

竣工面积 指在报告期内房屋建筑按照设计要求已全部完工，达到住人和使用条件，经验收鉴定合格，正式移交使用单位的建筑面积。

商品房销售面积 指报告期内出售商品房屋的合同总面积（即双方签署的正式买卖合同中所确定的建筑面积）。由现房销售建筑面积和期房销售建筑面积两部分组成。

商品房销售额 指报告期内出售商品房屋的合同总价款（即双方签署的正式买卖合同中所确定的合同总价）。该指标与商品房销售面积同口径，由现房销售额和期房销售额两部分组成。

房屋建筑面积竣工率 指一定时期内房屋竣工面积占同期房屋施工面积的比率。

新增固定资产 指通过投资活动所形成的新的固定资产价值，包括已经建成投入生产或交付使用的工程价值和达到固定资产标准的设备、工具、器具的价值及有关应摊入的费用。它是以价值形式表示的固定资产投资成果的综合性指标，可以综合反映不同时期、不同部门、不同地区的固定资产投资成果。

建设项目投产率 指一定时期内全部建成投入生产项目个数与同期正式施工项目个数的比率。它是从项目建设速度的角度反映投资效果的指标。

固定资产交付使用率 指一定时期新增固定资产与同期完成投资额的比率。它是反映各个时期固定资产动用速度，衡量建设过程中投资效果的一个综合性指标。

Explanatory Notes on Main Statistical Indicators

Total Investment in Fixed Assets in the Whole Society refers to the social construction and workload involved in purchases of fixed assets, manifested in the form of money, as well as related fees during the given period. It is a comprehensive indicator which reflects the scale, structure and development speed of the investment in fixed assets, providing an important basis for evaluating the progress of construction projects and results of investment.

Investments in Fixed Assets refer to investments in construction projects and real estate development projects involving a total planned (or required) investment of 500,000 yuan and over by enterprises of various ownerships, public institutions and administrative units as well as self-employed individuals.

Investments in Real Estate Development refer to investments in housing construction such as residential buildings, factory buildings, warehouses, hotels, guesthouses, holiday villages, office buildings uniformly conducted by the real estate development companies, commercial buildings construction companies and other real estate development legal entities and units, affiliated to other legal entities, engaging in the development or management of real estate, investments in the complementary service facilities and investments in land development projects such as infrastructure projects in terms of roads, water supply, water drainage, power supply, heating, telecommunications, land leveling and other projects of infrastructure. But it excludes pure land trading activities.

Projects under Construction refer to those engineering construction activities having been conducted or preceded during the reference period, including newly started projects in the reference period, projects started before but were still under construction in the reference period, projects completed and put into operation as well as those suspend or postponed during the reference period.

The Newly Increased Production Capacity refers to the increase of designed capacity and project efficiency gained through investments in fixed assets, and the accomplishments of investments in fixed assets are manifested in substantial form. The calculation of newly increased production capacity is based on individual project which operates independently and efficiently. When an individual project is completed, through related departments check, and officially put into production, it can be counted as newly increased production capacity.

Residential Housing refers to houses especially for living, including villa, apartment, staff dormitory, group dormitory (including single dormitory for staff and student's dormitory); it excludes basement for civil air defence and not for living in the residential housing.

Floor Space of Buildings refers to total floor space in each story of buildings calculated from the outside line of building walls, including both usable space and the space occupied by constructions like pillars or walls. And the floor space of multi-story buildings covers the total floor space of each story (including the basement).

Floor. Space of Residential Buildings refers to the floor space of the residential buildings under construction and completed among the total space of buildings under construction and completed.

Floor Space under Construction refers to the floor space of all the buildings in the reference period, including floor space of newly started buildings during the reference period, floor space of construction started in the pervious period but were still under construction in the reference period, floor space of construction suspended or postponed in the previous period and resumed in the reference period, floor space of construction completed in the reference period as well as floor space of construction conducted and then suspended or postponed in the reference period.

Floor Space Completed refers to the floor space of all buildings completed in the reference period. And it is the floor space of buildings being checked, proved qualified of accommodating people and coming up to the designed standards and have been officially put into use.

Area of Commercial Housing Sales refers to gross area of commercial housing sales according to the contract in the reference period (that is floor space of building officially signed according to agreement of purchase and sale). It constitutes floor space of completed housing and floor space of future housing.

Commercial Housing Sales refers to total contract price of commercial housing sales in the reference period (that is total contract price officially signed by both sides according to agreement of purchase and sale). This indicator is calculated by the same standard to the area of commercial housing sales. It constitutes sales of completed housing and sales of future housing.

Completion Rate of Floor Space of Buildings refers to the ratio of the floor space of buildings completed in a certain period of time to the floor space of buildings under construction in the same period.

Newly Increased Fixed Assets refers to the newly increased value of fixed assets gained through investment activities, including the value of projects completed and put into production or service and the value as well as relevant expenses of equipments, tools, and vessels reaching the standards of fixed assets. It is a comprehensive indicator which uses form of value to reflect achievements of investments in fixed assets in different periods, different sectors, and different regions.

Rate of Construction Projects Put into Production refers to the ratio of the number of construction projects completed and put into production in a certain period of time to the number of projects under construction in the same period. It reflects the investment efficiency from the perspective of the speed of projects construction.

Rate of Projects of Fixed Assets Put into Service refers to the ratio of the newly increased fixed assets to the total investments in the same period. It is a comprehensive indicator reflecting the speed of the employment of fixed assets in each period and it is used to evaluate the investment efficiency during the process of construction.

6

Six

能源消费

Energy Consumption

规模以上工业企业能源消费总量
（吨标准煤）（等价值）

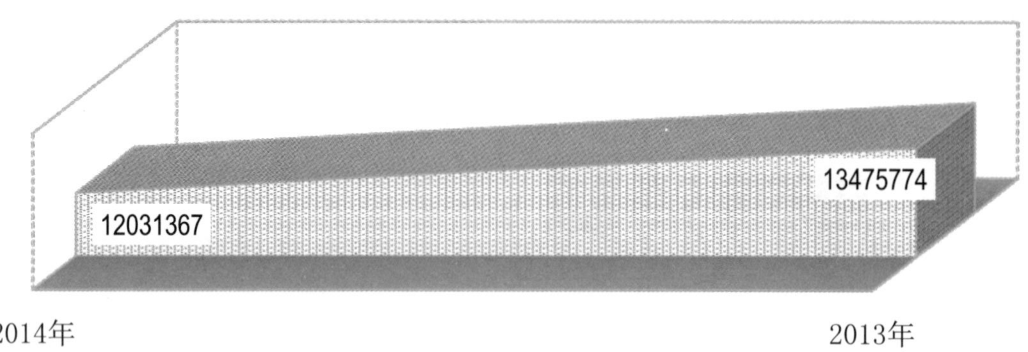

规模以上工业企业万元产值能源消费量
（吨标准煤/万元）（等当量）

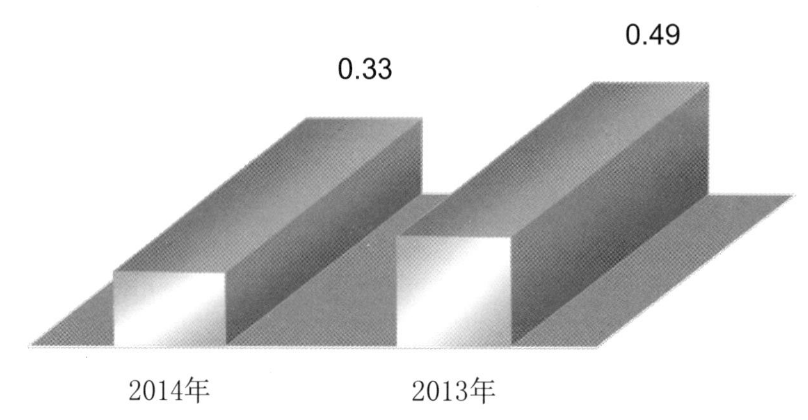

规模以上工业企业电力消费量（万千瓦时）

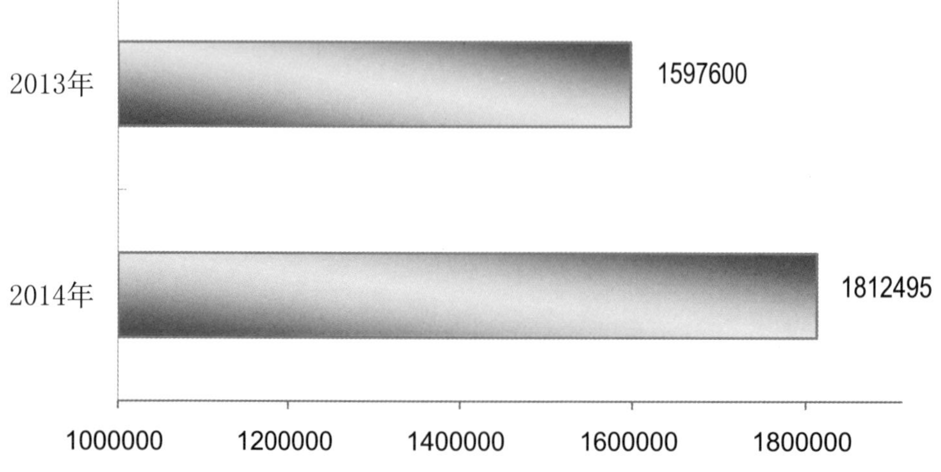

6-1 全社会单位GDP能耗
Energy Consumption Per GDP of Guiyang

单位：吨标准煤/万元 (tons of SCE per 10 000 yuan)

区、县(市)名称	District County(City)	2013	2012	2013年比2012年增长(%) Growth Rate in 2013 over 2012(%)
贵阳市	**Guiyang**	**1.2903**	**1.3531**	**-4.64**
南明区	Nanming	1.3042	1.3667	-4.57
云岩区	Yunyan	0.3595	0.3767	-4.58
花溪区	Huaxi	0.5656	0.5927	-4.57
乌当区	Wudang	0.6206	0.6512	-4.70
白云区	Baiyun	4.7948	5.2881	-9.33
观山湖区	Guanshanhu	0.9260	0.9704	-4.58
开阳县	Kaiyang	1.6692	1.7533	-4.80
息烽县	Xifeng	1.1549	1.2119	-4.70
修文县	Xiuwen	1.2532	1.3163	-4.79
清镇市	Qingzhen	5.7690	6.1513	-6.21

注：花溪区为新行政区域统计口径。
a) The data of Huaxi are calculated as new administration.

6-2 能源生产、消费总量及构成
Total Energy Prodcuction and Consumption and Composition

单位：吨标准煤 (tons of SCE)

指标	Item	2013	2012
绝对数	**Absolute Number**		
一次能源生产总量	Total Production of Primary Energy	3998185	3588905
原煤	Raw Coal	2564982	1138841
电力	Electric Power	2971817	2386521
能源终端消费总量	Final Consumption of Energy	22384272	20671730
#煤炭	Coal	5810711	4517786
焦炭	Coke	406413	1280460
石油	Oil	5708207	6154514
气类	Gases	400522	194302
电力	Electricity	7630775	7967357
构成(%)	**Composition(%)**		
一次能源生产总量	Total Production of Primary Energy	100.0	100.0
原煤	Raw coal	64.2	31.7
水电	Hydropower	74.3	66.5
能源终端消费总量	Final Consumption of Energy	559.9	576.0
#煤炭	Coal	145.3	125.9
焦炭	Coke	10.2	35.7
石油	Oil	142.8	171.5
气类	Gases	10.0	5.4
电力	Electricity	190.9	222.0

注：1. 煤炭包含原煤、洗精煤、其他洗煤和煤制品；
2. 石油包含汽油、煤油、柴油、燃料油、液化石油气和其他石油制品；
3. 2012年气类包含焦炉煤气、其他煤气和液化天然气；2013年气类包含天然气和液化天然气；
4. 电力、热力按等价热值折算。

a) Coal here includes raw coal, cleaned coal, other washed coal and coal products;
b) Oil includes gasoline, kerosene, diesel oil, fuel oil, liquefied petroleum gas and other petroleum products;
c) Gases include coke oven gas, other coal gas and liquefied natural gas; In 2013, gases include only natural gas and liquefied natural gas;
d) Electric power and heating power are calculated on the basis of equal caloric value.

6–3　综合能源平衡表
Overall Energy Balance Sheet

单位：吨标准煤　　(tons of SCE)

指　　标	Item	2013	2012
可供消费的能源总量	**Total Energy Available for Consumption**	**22701014**	**20530979**
一次能源生产量	Output of Primary Energy	5804563	3588905
市外调入	Inflow from Other Cities	16629132	17468687
调出市外(减)	Outflow from Guiyang(-)		
年初年末库存差额	Stock Changes in the Year	-633818	-526612
能源消费总量	**Total Energy Consumption**	**22701014**	**20530979**
在总量中	Consumption by Sector		
农、林、牧、渔业	Agriculture,Forestry,Animal Husbandry and Fishery	142111	522075
工　业	Industry	13633045	10976231
建筑业	Construction	2687998	106128
交通运输、仓储和邮政业	Transport,Storage and Post	1004808	1323720
批发、零售业和住宿、餐饮业	Wholesale and Retail Trades,Hotels and Catering Services	195777	865799
其　他	Other Sectors	1288348	3347535
生活消费	Household Consumption	3432184	3389491
在总量中	Consumption by Usage		
终端消费	End-use Consumption	22384272	20671730
#工　业	Industry	13633045	11116982
加工转换损失量	Energy Losses During the Process of Energy Conversion	-5605	-485884
#炼　焦	Coking	788086	-41008
损失量	Energy Losses	322347	345133
平衡差额	**Balance**		

注：电力、热力按等价热值折算。
a) Electric power and heating power are calculated on the basis of equal caloric value.

6–4　煤炭平衡表
Coal Balance Sheet

单位：吨　　(ton)

指　　标	Item	2013	2012
可供量	**Total Energy Available for Consumption**	**12738064**	**8682652**
生产量	Output	3030032	1390518
调出市外(减)	Outflow from Guiyang(-)		
年初年末库存差额	Stock Changes in the Year	405207	-667529
消费量	**Total Energy Consumption**	**12738064**	**8682652**
在消费量中	Consumption by Sector		
农、林、牧、渔业	Agriculture,Forestry,Animal Husbandry and Fishery	20480	266850
工　业	Industry	11739772	7051024
建筑业	Construction	55052	17367
交通运输、仓储和邮政业	Transport,Storage and Post	142	9493
批发、零售业和住宿、餐饮业	Wholesale and Retail Trades,Hotels and Catering Services	1932	63344
其　他	Other Sectors	175	72379
生活消费	Household Consumption	920511	1202194
在消费量中	Consumption by Sector		
终端消费	End-use Consumption	9518408	6145317
#工　业	Industry	8520116	4513689
用于加工转换	Coal Consumption During the Process of energy conversion	3092554	2403272
#发　电	Power Generation	1851943	1008585
炼　焦	Coking	1237529	1386958
损失量	Energy Losses	127102	134063
平衡差额	**Balance**		

6-5 电力平衡表
Electricity Balance Sheet

单位：万千瓦时 (10 000 kwh)

指　　标	Item	2013	2012
可供量	**Total Energy Available for Consumption**	**2507963**	**2553782**
生产量	Output	948282	996601
火　电	Thermal Power	439752	480265
水　电	Hydropower	508530	516336
调出市外(减)	Outflow from Guiyang(-)		
消费量	**Total Energy Consumption**	**2507963**	**2553782**
在消费量中	Consumption by Sector		
农、林、牧、渔业	Agriculture,Forestry,Animal Husbandry and Fishery	6286	81010
工　业	Industry	1829630	1832307
建筑业	Construction	22967	17945
交通运输、仓储和邮政业	Transport,Storage and Post	47262	45925
批发、零售业和住宿、餐饮业	Wholesale and Retail Trades,Hotels and Catering Services	38861	37222
其　他	Other Sectors	95119	84170
生活消费	Household Consumption	467838	455203
在消费量中	Consumption by Usage		
终端消费	End-use Consumption	2434917	2474863
#工　业	Industry	1756584	1753388
输配电损失量	Losses in Transmission and Distribution	73046	78919

6-6 能源生产消费弹性系数
Elasticity Ratio of Energy Production and Consumption

指　　标	Item	2013	2012
生产总值比上年增长(%)	Growth Rate of Gross Domestic Product(GDP)over Preceding Year(%)	16.00	15.90
能源生产比上年增长(%)	Growth Rate of Energy Production over Preceding Year(%)	-15.69	7.13
能源消费总量比上年增长(%)	Growth Rate of Energy Consumption over Preceding Year(%)	10.61	10.74
电力生产比上年增长(%)	Growth Rate of Electricity Production over Preceding Year(%)	6.28	31.34
电力消费比上年增长(%)	Growth Rate of Electricity Consumption over Preceding Year(%)	2.90	-2.38
能源生产弹性系数	Elasticity Ratio of Energy Production		
能源消费弹性系数	Elasticity Ratio of Energy Consumption	0.66	0.68
电力生产弹性系数	Elasticity Ratio of Electricity Production	0.39	1.97
电力消费弹性系数	Elasticity Ratio of Electricity Consumption	0.18	-0.15

注：生产总值增长速度按可比价格计算。
a) The growth rate of GDP is calculated at comparable prices.

6-7 分行业能源消费总量
Total Energy Consumption by Sector

单位：吨标准煤 (tons of SCE)

行　　业	Sectors	2013	2012
消费合计	**Total Consumption**	**22701014**	**20530979**
农、林、牧、渔业	**Agriculture,Forestry,Animal Husbandry and Fishery**	**215562**	**289786**
工　业	**Industry**	**12180500**	**10270070**
采矿业	**Mining**	**59000**	**51462**
#煤炭开采和洗选业	Mining and Washing of Coal	44500	47335
非金属矿采选业	Mining and Processing of Non-metal Ores	10700	4127
制造业	**Manufacturing**	**10344900**	**8959487**
农副食品加工业	Farm and Sideline Products Processing Industry	35000	31785
食品制造业	Manufacture of Food	27700	30576
酒、饮料和精制茶制造业	Manufacture of Alcohol,Beverages and Tea	74600	52702
烟草制品业	Manufacture of Tobacco	43100	78612
纺织业	Manufacture of Textile	800	967
纺织服装、服饰业	Manufacture of Textile,Wearing Apparel and Finery		2388
木材加工及木、竹、藤、棕、草制品业	Processing of Timber Manufacture of Wood,Bamboo,Rattan, Palm and Straw Products	2600	1066
家具制造业	Manufacture of Furniture	2800	1274
造纸和纸制品业	Manufacture of Paper and Paper Products	5000	4404
印刷业和记录媒介复制	Printing and Reproduction of Recording Media	9600	4318
文教、工美、体育和娱乐用品制造业	Manufacture of Articles for Culture and Education, Industry and Arts, Sport and Entertainment		
化学原料及化学制品制造业	Manufacture of Raw Chemical Materials and Chemical Products	3879300	3066135
医药制造业	Manufacture of Medicine	51400	41073
橡胶和塑料制品业	Manufacture of Rubber and Plastics	270000	204539
非金属矿物制品业	Manufacture of Non-metallic Mineral Products	1037500	1423218
黑色金属冶炼和压延加工业	Smelting and Pressing of Ferrous Metals	903400	838839
有色金属冶炼和压延加工业	Smelting and Pressing of Non-ferrous Metals	3748200	3033957
金属制品业	Manufacture of Metal Products	34200	14126
通用设备制造业	Manufacture of General Purpose Machinery	11200	12710
专用设备制造业	Manufacture of Special Purpose Machinery	24000	4887
汽车制造业	Manufacture of Automobiles	40100	26317
铁路、船舶、航空、航天和其他运输设备制造业	Manufacture of Railway,Watercraft,Aviation, Aerospace and Other Transport Equipment	50500	30634
电气机械和器材制造业	Manufacture of Electrical Machinery and Equipment	19900	9981
计算机、通信和其他电子设备制造业	Manufacture of Computers,Communication Equipment and Other Electronic Equipment	26800	14458
仪器仪表制造业	Manufacture of Measuring Instruments and Machinery	4400	2013
其他制造业	Other Manufacturing	17600	6284
电力、燃气及水的生产和供应业	**Electric Power,Gas and Water Production and Supply**	**1776600**	**1259122**
电力、热力的生产和供应业	Production and Supply of Electric Power and Heating Power	1461100	836010
燃气生产和供应业	Production and Supply of Gas	274400	402087
水的生产和供应业	Production and Supply of Water	41100	21025
建筑业	**Construction**	**131056**	**106118**
交通运输、仓储和邮政业	**Transport,Storage and Post**	**1368967**	**1196649**
批发、零售业和住宿、餐饮业	**Wholesale and Retail Trades,Hotels and Catering Services**	**195777**	**865799**
其他行业	**Others**	**3491733**	**3162465**
城乡居民生活	**Household Consumption of Urban and Rural Residents**	**3560773**	**3320059**

6-8 生活能源消费量
Energy Consumption for Households

能源品种		Type of Energy		2013		2012	
				全 市 Whole City	#市 区 Urban Area	全 市 Whole City	#市 区 Urban Area
生活能源消费量	**（吨标准煤）**	**Household Consumption**	**(tons of SCE)**	**3432184**	**2500406**	**3389491**	**2360593**
煤 炭	（吨）	Coal	(ton)	920511	343046	1202194	428440
型 煤	（吨）	Moulded Coal	(ton)	8723	8723	9993	9993
人工煤气	（万立方米）	Manufactured Gas	(10 000 cu.m)	27548	27548	10397	10397
汽 油	（吨）	Gasoline	(ton)	416516	333637	371516	293637
柴 油	（吨）	Diesel Oil	(ton)	195958	122911	180958	112911
液化石油气	（吨）	Liquefied Petroleum Gas	(ton)	46302	37742	45002	36742
电 力	（万千瓦时）	Electricity	(10 000 kwh)	467838	393615	455203	383896

6-9 规模以上工业企业用水
Water Consumption in Industrial Enterprises above Designated Size

单位：万立方米 (10 000 cu.m)

指 标	Item	2014	2013	2014年比2013年增长(%) Growth Rate in 2014 over 2013(%)
合 计	**Total**	**36051**	**36418**	**-1.01**
#地表水	Surface Water	30522	29668	2.88
地下水	Groundwater	2238	2196	1.90
自来水	Tap Water	3033	2715	11.72
其他水	Others	257	1838	-85.99
工业重复用水量	Industrial Reused Water	161161	136026	18.48
工业用水量	Industrial Water	197213	172444	14.36

注：规模以上工业企业为2000万元口径（下同）。
a) Industrial enterprises above designated size refer to enterprises with main business income above 20 million yuan and the same below.

6-10 规模以上工业企业能源消费情况
Energy Consumption in Industrial Enterprises above Designated Size

指标		Item		能源消费合计 Total Energy Consumption			#工业生产消费 Industrial Productive Consumption		
				2014	2013	2014年比2013年增长(%) Growth Rate in 2014 over 2013 (%)	2014	2013	2014年比2013年增长(%) Growth Rate in 2014 over 2013 (%)
原煤	(吨)	Coal	(ton)	6459552	6618392	-2.4	6443613	6601096	-2.4
#无烟煤	(吨)	Anthracite	(ton)	2508226	2161914	16.0	2508151	2161914	16.0
炼焦烟煤	(吨)	Byerlyte	(ton)	13448	12428	8.2	13448	12428	8.2
一般烟煤	(吨)	Bituminous Coal	(ton)	3937878	4444050	-11.4	3922014	4426755	-11.4
洗精煤	(吨)	Cleaned Coal	(ton)	1168664	1723499	-32.2	1168202	1723031	-32.2
其它洗煤	(吨)	Other Washed Coal	(ton)	1893	7207		1893	7207	
煤制品	(吨)	Coal Products	(ton)	5043	26623	-81.1	4929	26438	-81.4
焦炭	(吨)	Coke	(ton)	376777	418379	-9.9	376589	418379	-10.0
其它焦化产品	(吨)	Other Coking Products	(ton)	13646	27140	-49.7	13646	27140	-49.7
焦炉煤气	(万立方米)	Coke-oven Gas	(10 000 cu.m)	18075	29249	-38.2	18075	29248	-38.2
发生炉煤气	(万立方米)	Producer Gas	(10 000 cu.m)	6617	6442	2.7	6617	6442	2.7
液化天然气	(吨)	Liquefied Natural Gas	(ton)	7957	8862	-10.2	7717	8624	-10.5
汽油	(吨)	Gasoline	(ton)	14461	14925	-3.1	12115	12115	0.0
煤油	(吨)	Kerosene	(ton)	721	430	67.6	720	430	67.6
柴油	(吨)	Diesel Oil	(ton)	47666	49750	-4.2	42316	45649	-7.3
燃料油	(吨)	Fuel Oil	(ton)	256	5035	-94.9	256	5035	-94.9
液化石油气	(吨)	Liquefied Petroleum Gas	(ton)	4377	4793	-8.7	4357	4786	-9.0
其它石油制品	(吨)	Other Petroleum Products	(ton)	12	737	-98.3	12	737	-98.3
热力	(百万千焦)	Heating power	(million kilo-joule)	756925	939910	-19.5	756925	939910	-19.5
电力	(万千瓦时)	Electricity	(10 000 kwh)	1597600	1764052	-9.4	1587786	1752728	-9.4
余热余压	(百万千焦)	By-product Heat and Pressure	(million kilo-joule)	7307781	7559197	-3.3	7307781	7559197	-3.3
其它燃料	(吨标准煤)	Other Fuels	(ton of SCE)						
能源合计(等当量)	(吨标准煤)	Energy Total (equal equivalent)	(ton of SCE)	8939052	10115431	-11.6	8904399	10080402	-11.7
能源合计(等价值)	(吨标准煤)	Energy Total (equivalent value)	(ton of SCE)	12031367	13475774	-10.7	11977717	13419173	-10.7

注：能源合计中等当量是指电力折标系数为1. 229，能源合计等价值是指电力折标系数为3. 1646。

a) In energy total, equal equivalent refers to 1.229 of the coefficient for the conversion of electric power into the standard coal equivalent; equivalent value refers to 3.1646 of the coefficient for the conversion of electric power into the standard coal equivalent.

6-11 规模以上工业企业能源购进、消费情况(2014年)
Purchases and Consumption of Energy in Industrial Enterprises above Designated Size(2014)

指标		Item		购进量 Purchases		消费量 Consumption			
				实物量 Amount	金额(万元) Sum (10 000 yuan)	合计 Total	工业生产消费 Industrial Productive Consumption	#用于原材料 Raw Materials	非工业生产消费 Non-industrial Productive Consumption
原煤	(吨)	Raw Coal	(ton)	6696402	39645	6459552	6443613	1850882	15939
#无烟煤	(吨)	Anthracite	(ton)	2573537	16785	2508226	2508151	1523006	75
一般烟煤	(吨)	Bituminous Coal	(ton)	4109075	22709	3937878	3922014	314500	15864
洗精煤	(吨)	Cleaned Coal	(ton)	1118334	11806	1168664	1168202	7528	463
其它洗煤	(吨)	Other Washed Coals	(ton)	1774	15	1893	1893		
煤制品	(吨)	Coal Products	(ton)	4863	62	5043	4929		114
焦炭	(吨)	Coke	(ton)	364361	4837	376777	376589	41213	188
其它焦化产品	(吨)	Other Coking Products	(ton)	13679	344	13646	13646	13523	
焦炉煤气	(吨)	Coke-oven Gas	(ton)	18075	1944	18075	18075		1
发生炉煤气	(万立方米)	Producer Gas	(10 000 cu.m)	6617	410	6617	6617		
天然气(气态)	(万立方米)	Natural Gas(gaseous)	(10 000 cu.m)	11415	2742	11416	11412		4
液化天然气(液态)	(吨)	Liquefied Natural Gas(liquid)	(ton)	7957	510	7957	7717		241
汽油	(万立方米)	Gasoline	(10 000 cu.m)	13825	1219	14461	12115	60	2347
煤油	(万立方米)	Kerosene	(10 000 cu.m)	716	61	721	720		
柴油	(万立方米)	Diesel Oil	(10 000 cu.m)	47934	3741	47666	42316	1897	5350
燃料油	(吨)	Fuel Oil	(ton)	256	9	256	256		
液化石油气	(吨)	Liquefied Petroleum Gas	(ton)	4370	280	4377	4357	10	20
炼厂干气	(吨)	Refinery Dry Gas	(ton)						
溶剂油	(吨)	Prime City Naphtha	(ton)	91	8	88	88		
石油焦	(吨)	Petroleum Coke	(ton)	136357	1627	145028	145028		
石油沥青	(吨)	Petroleum Pitch	(ton)						
其它石油制品	(吨)	Other Petroleum Products	(ton)	12	3	12	12		
热力	(百万千焦)	Heating power	(million kilo-joule)	734471	1172	756925	756925		
电力	(万千瓦时)	Electricity	(10 000 kwh)	1812495	81950	1597600	1587786		9814
煤矸石用于燃料	(吨)	Coal Gangue Used as Fuel	(ton)						
城市垃圾用于燃料	(吨)	Municipal Refuse Used as Fuel	(ton)						
生物质废料用于燃料	(吨)	Biomass Refuse Used as Fuel	(ton)	687	7	687	687		
余热余压	(百万千焦)	By-product Heat and Pressure	(million kilo-joule)			7307781	7307781		
其它燃料	(吨标准煤)	Other Fuels	(ton of SCE)	89	1	32	32		
能源合计(等当量)	(吨标准煤)	Energy Total (equal equivalent)	(ton of SCE)			8939052	8904399		34653
能源合计(等价值)	(吨标准煤)	Energy Total (equivalent value)	(ton of SCE)			12031367	11977717		53650

注：能源合计等当量是指电力折标系数为1. 229，等价值是指电力折标系数为3. 1646。

a) In energy total, equal equivalent refers to 1.229 of the coefficient for the conversion of electric power into the standard coal equivalent; equivalent value refers to 3.1646 of the coefficient for the conversion of electric power into the standard coal equivalent.

6–12 规模以上工业企业分行业产值能耗(2014年)

指 标	Item	综合能源消费量(吨标准煤) Comprehensive Energy Consumption (tons of SCE)
总 计	**Total**	**7469095**
采矿业	**Mining**	**27022**
煤炭开采和洗选业	Mining and Washing of Coal	18256
非金属矿采选业	Mining and Processing of Non-mental Ores	6680
制造业	**Manufacturing**	**6326585**
农副食品加工业	Farm and Sideline Products Processing Industry	27034
食品制造业	Manufacture of Food	26378
酒、饮料和精制茶制造业	Manufacture of Alcohol,Beverages and Tea	47602
烟草制品业	Manufacture of Tobacco	25639
纺织业	Manufacture of Textile	416
纺织服装、服饰业	Manufacture of Textile Wearing Apparel and Finery	8
木材加工及木、竹、藤、棕、草制品业	Processing of Timber,Manufacture of Wood,Bamboo, Rattan,Palm,and Straw Products	788
家具制造业	Manufacture of Furniture	1337
造纸和纸制品业	Manufacture of Paper and Paper Products	10148
印刷业和记录媒介复制	Printing and Reproduction of Recording Media	4243
文教、工美、体育和娱乐用品制造业	Manufacture of Articles for Culture and Education, Industry and Arts, Sport and Entertainment	
化学原料及化学制品制造业	Manufacture of Raw Chemical Materials and Chemical Products	2802372
医药制造业	Manufacture of Medicine	37070
橡胶和塑料制品业	Manufacture of Rubber and Plastics	148554
非金属矿物制品业	Manufacture of Non-metallic Mineral Products	1151713
黑色金属冶炼和压延加工业	Smelting and Pressing of Ferrous Metals	504798
有色金属冶炼和压延加工业	Smelting and Pressing of Non-ferrous Metals	1399777
金属制品业	Manufacture of Metal Products	17768
通用设备制造业	Manufacture of General Purpose Machinery	5322
专用设备制造业	Manufacture of Special Purpose Machinery	2794
汽车制造业	Manufacture of Automobiles	72082
铁路、船舶、航空、航天和其他运输设备制造业	Manufacture of Railway,Watercraft,Aviation, Aerospace and Other Transport Equipment	7571
电气机械和器材制造业	Manufacture of Electrical Machinery and Equipment	9577
计算机、通信和其他电子设备制造业	Manufacture of Computers,Communication Equipment and Other Electronic Equipment	1304
仪器仪表制造业	Manufacture of Measuring Instruments and Machinery	1958
其他制造业	Other Manufacturing	4422
电力、燃气及水的生产和供应业	**Electric Power,Gas and Water Production and Supply**	**1115487**
电力、热力的生产和供应业	Production and Supply of Electric Power and Heating Power	921554
燃气生产和供应业	Production and Supply of Gas	172147
水的生产和供应业	Production and Supply of Water	21786

注：等当量是指电力折标系数为1.229，等价值是指电力折标系数为3.1646。

Major Energy Consumption of Output Value in Industrial Enterprises above Designated Size by Sector(2014)

按等当量计算 Based on the Equal Equivalent		按等价值计算 Based on the Equivalent Value		
产值单耗（吨标准煤/万元） Production Value Per Unit Consumption (tons of SCE/10 000 yuan)	万元增加值综合能耗（吨标准煤/万元） Comprehensive Energy Consumption per 10 000 yuan of added Value (tons of SCE/10 000 yuan)	综合能源消费量（吨标准煤） Comprehensive Energy Consumption (tons of SCE)	万元总产值综合能耗（吨标准煤/万元） Comprehensive Energy Consumption per 10 000 yuan Gross Production Value (tons of SCE/10 000 yuan)	万元增加值综合能耗（吨标准煤/万元） Comprehensive Energy Consumption per 10 000 yuan of Added Value (tons of SCE/10 000 yuan)
0.33	**1.21**	**10561410**	**0.47**	**1.71**
0.03	**0.08**	**57481**	**0.07**	**0.16**
0.14	0.33	40154	0.30	0.72
0.01	0.02	14799	0.02	0.05
0.32	**1.17**	**9054070**	**0.46**	**1.67**
0.04	0.40	35759	0.05	0.52
0.04	0.14	32773	0.05	0.18
0.08	0.12	84741	0.13	0.22
0.01	0.02	39225	0.02	0.03
0.04	0.34	1020	0.11	0.83
0.00	0.00	20	0.00	0.01
0.25	1.04	2163	0.69	2.85
0.03	0.11	3442	0.08	0.29
0.07	0.22	14032	0.09	0.30
0.02	0.05	9478	0.05	0.12
0.89	4.23	3806473	1.21	5.75
0.02	0.07	57295	0.03	0.11
0.09	0.64	228254	0.14	0.98
0.66	3.33	1515708	0.87	4.38
0.74	5.99	763928	1.13	9.06
1.10	4.57	2228959	1.76	7.28
0.03	0.14	38728	0.07	0.31
0.01	0.03	10083	0.01	0.06
0.01	0.04	6239	0.02	0.10
0.12	0.58	100880	0.17	0.81
0.02	0.07	16509	0.04	0.15
0.01	0.12	23783	0.03	0.29
0.00	0.01	3291	0.00	0.03
0.02	0.07	4867	0.05	0.18
0.04	0.13	4639	0.04	0.14
0.55	**2.62**	**1449859**	**0.71**	**3.40**
0.50	2.51	1202667	0.66	3.27
1.49	21.33	191402	1.65	23.71
0.23	0.43	55790	0.59	1.11

a) In total energy, equal equivalent refers to 1.229 of the coefficient for the conversion of electric power into the standard coal equivalent; equivalent value refers to 3.1646 of the coefficient for the conversion of electric power into the standard coal equivalent.

6-13 规模以上工业企业分行业万元产值能源消费量(2014年)

指　　标	Item	工业生产能源消费量(吨标准煤) Energy Consumption of Industrial Production (ton of SCE)
总　　计	**Total**	**0.3328**
采矿业	**Mining**	**0.0306**
煤炭开采和洗选业	Mining and Washing of Coal	0.1351
非金属矿采选业	Mining and Processing of Non-mental Ores	0.0097
制造业	**Manufacturing**	**0.3240**
农副食品加工业	Farm and Sideline Products Processing Industry	0.0386
食品制造业	Manufacture of Food	0.0425
饮料制造业	Manufacture of Beverages	0.0756
烟草制品业	Manufacture of Tobacco	0.0135
纺织业	Manufacture of Textile	0.0445
纺织服装、鞋、帽制造业	Manufacture of Textile Wearing Apparel,Footware and Caps	0.0008
木材加工及木、竹、藤、棕、草制品业	Processing of Timber,Manufacture of Wood,Bamboo,Rattan, Palm,and Straw Products	0.2497
家具制造业	Manufacture of Furniture	0.0327
造纸及纸制品业	Manufacture of Paper and Paper Products	0.0670
印刷业和记录媒介的复制	Printing,Reproduction of Recording Media	0.0222
文教体育用品制造业	Manufacture of Articles For Culture,Education and Sports Activities	
化学原料及化学制品制造业	Manufacture of Raw Chemical Materials and Chemical Products	0.8924
医药制造业	Manufacture of Medicine	0.0173
橡胶和塑料制品业	Manufacture of Rubber and Plastics	0.0906
非金属矿物制品业	Manufacture of Non-metallic Mineral Products	0.6635
黑色金属冶炼及压延加工业	Smelting and Pressing of Ferrous Metals	0.7440
有色金属冶炼及压延加工业	Smelting and Pressing of Non-ferrous Metals	1.1038
金属制品业	Manufacture of Metal Products	0.0324
通用设备制造业	Manufacture of General Purpose Machinery	0.0075
专用设备制造业	Manufacture of Special Purpose Machinery	0.0085
汽车制造业	Manufacture of Automobiles	0.1198
铁路、船舶、航空、航天和其他运输设备制造业	Manufacture of Railway, Watercraft, Aviation, Aerospace and other Transport Equipment	0.0179
电气机械和器材制造业	Manufacture of Electrical Machinery and Equipment	0.0132
计算机、通信和其他电子设备制造业	Manufacture of Communication Equipment, Computers and Other Electronic Equipment	0.0015
仪器仪表制造业	Manufacture of Measuring Instruments and Machinery	0.0216
其他制造业	Other Manufacturing	0.0355
电力、燃气及水的生产和供应业	**Electric Power,Gas and Water Production and Supply**	**0.5483**
电力、热力的生产和供应业	Production and Supply of Electric Power and Heat Power	0.5050
燃气生产和供应业	Production and Supply of Gas	1.4866
水的生产和供应业	Production and Supply of Water	0.2320

注：工业生产能源消费量按等当量计算。

Energy Consumption of Per 10 000 yuan Output Value in Industrial Enterprises above Designated Size by Sector(2014)

万元工业总产值消费量 Energy Consumption per10 000yuan of Industrial Gross Product				
电 量 (千瓦时) Electricity (kwh)	煤 炭 (吨) Coal (ton)	焦 炭 (吨) Coke (ton)	汽 柴 煤 油 (吨) Gasoline,Diesel Oil and Kerosene (ton)	用水量 (立方米) Water (cu.m)
711.9175	**0.3402**	**0.0168**	**0.0028**	**16.0650**
178.2778	**0.0089**		**0.0034**	**1.2069**
837.4626	0.0441		0.0095	7.5178
61.1426			0.0015	0.0579
721.7534	**0.2570**	**0.0193**	**0.0027**	**4.0170**
64.3799	0.0125	0.0031	0.0010	2.0107
53.2626	0.0234	0.0156	0.0014	2.1249
304.5711	0.0367		0.0017	6.5691
36.9083	0.0069		0.0004	0.8454
333.8648			0.0024	0.2461
6.3755				0.0495
2249.9208				6.1142
265.7515				1.6466
132.4662	0.0552		0.0060	3.7635
141.6979			0.0025	1.1495
1652.0155	0.8115	0.0186	0.0045	13.7397
48.7316	0.0107		0.0005	1.1143
251.1152	0.0911		0.0012	1.9686
1083.4212	0.7221	0.0000	0.0122	3.4222
1973.2257	0.0850	0.4513	0.0009	1.9630
3378.1002	0.6916		0.0019	7.4061
197.2604	0.0010		0.0020	0.8201
34.7123	0.0000		0.0027	1.3414
54.0093		0.0001	0.0016	1.3122
247.2737	0.0001		0.0008	0.3351
109.4297		0.0005	0.0012	1.4836
100.9434			0.0006	0.2429
12.1486			0.0001	0.2938
165.8704			0.0022	1.8813
8.9805	0.1702		0.0000	0.1668
849.0459	**1.2830**		**0.0039**	**138.1193**
795.8307	1.0077		0.0041	5.7328
859.0520	6.6617		0.0030	16.4165
1870.9942			0.0018	2861.2694

a) Energy consumption of industrial production is calculated on equal equivalent.

6-14 规模以上工业企业分行业万元增加值能源消费量(2014年)

指　　标	Item	工业生产能源消费量(吨标准煤) Energy Consumption of Industrial Production (ton of SCE)
总　计	**Total**	**1.2077**
采矿业	**Mining**	**0.0769**
煤炭开采和洗选业	Mining and Washing of Coal	0.3270
非金属矿采选业	Mining and Processing of Non-mental Ores	0.0245
制造业	**Manufacturing**	**1.1700**
农副食品加工业	Farm and Sideline Products Processing Industry	0.3959
食品制造业	Manufacture of Food	0.1440
饮料制造业	Manufacture of Beverages	0.1248
烟草制品业	Manufacture of Tobacco	0.0165
纺织业	Manufacture of Textile	0.3377
纺织服装、鞋、帽制造业	Manufacture of Textile Wearing Apparel,Footware and Caps	0.0034
木材加工及木、竹、藤、棕、草制品业	Manufacture of Timber,Manufacture of Wood,Bamboo,Rattan, Palm,and Straw Products	1.0395
家具制造业	Manufacture of Furniture	0.1136
造纸及纸制品业	Manufacture of Paper and Paper Products	0.2167
印刷业和记录媒介的复制	Printing,Reproduction of Recording Media	0.0544
文教体育用品制造业	Manufacture of Articles For Culture,Education and Sports Activities	
化学原料及化学制品制造业	Manufacture of Raw Chemical Materials and Chemical Products	4.2316
医药制造业	Manufacture of Medicine	0.0684
橡胶和塑料制品业	Manufacture of Rubber and Plastics	0.6351
非金属矿物制品业	Manufacture of Non-metallic Mineral Products	3.3260
黑色金属冶炼及压延加工业	Smelting and Pressing of Ferrous Metals	5.9876
有色金属冶炼及压延加工业	Smelting and Pressing of Non-ferrous Metals	4.5709
金属制品业	Manufacture of Metal Products	0.1444
通用设备制造业	Manufacture of General Purpose Machinery	0.0336
专用设备制造业	Manufacture of Special Purpose Machinery	0.0428
汽车制造业	Manufacture of Automobiles	0.5762
铁路、船舶、航空、航天和其他运输设备制造业	Manufacture of Railway, Watercraft, Aviation, Aerospace and other Transport Equipment	0.0695
电气机械和器材制造业	Manufacture of Electrical Machinery and Equipment	0.1183
计算机、通信和其他电子设备制造业	Manufacture of Communication Equipment, Computers and Other Electronic Equipment	0.0102
仪器仪表制造业	Manufacture of Measuring Instruments and Machinery	0.0722
其他制造业	Other Manufacturing	0.1344
电力、燃气及水的生产和供应业	**Electric Power,Gas and Water Production and Supply**	**2.6186**
电力、热力的生产和供应业	Production and Supply of Electric Power and Heat Power	2.5076
燃气生产和供应业	Production and Supply of Gas	21.3288
水的生产和供应业	Production and Supply of Water	0.4323

注：工业生产能源消费量按等当量计算。

Energy Consumption of Per 10 000 yuan Added Value in Industrial Enterprises above Designated Size by Sector(2014)

万元工业增加值消费量 Energy Consumption per10 000 yuan of Industrial Added Value				
电　量 (千瓦时) Electricity (kwh)	煤　炭 (吨) Coal (ton)	焦　炭 (吨) Coke (ton)	汽柴煤油 (吨) Gasoline,Diesel Oil and Kerosene (ton)	用水量 (立方米) Water (cu.m)
2583.1380	**1.2345**	**0.0609**	**0.0102**	**58.2907**
448.0256	**0.0224**		**0.0085**	**3.0330**
2026.7736	0.1068		0.0229	18.1942
153.5174			0.0039	0.1453
2605.8483	**0.9278**	**0.0697**	**0.0096**	**14.5033**
660.0683	0.1278	0.0314	0.0102	20.6151
180.3335	0.0791	0.0527	0.0047	7.1945
503.2164	0.0607		0.0029	10.8535
45.0722	0.0085		0.0005	1.0324
2534.9366			0.0179	1.8687
29.1442				0.2263
9367.0535				25.4550
924.7163				5.7296
428.5150	0.1785		0.0194	12.1747
346.8018			0.0062	2.8133
7833.1885	3.8478	0.0883	0.0212	65.1480
192.8043	0.0423		0.0021	4.4085
1760.4560	0.6385		0.0086	13.8008
5430.7747	3.6195	0.0002	0.0612	17.1541
15879.3952	0.6837	3.6321	0.0070	15.7969
13988.6102	2.8638		0.0078	30.6683
879.7796	0.0047		0.0088	3.6576
155.2210	0.0000		0.0119	5.9981
272.6902		0.0004	0.0081	6.6252
1189.2392	0.0007		0.0038	1.6115
424.2324		0.0020	0.0047	5.7516
906.5240			0.0058	2.1813
80.2851			0.0007	1.9414
554.7253			0.0075	6.2915
34.0442	0.6453		0.0001	0.6322
4055.3277	**6.1280**		**0.0189**	**659.7041**
3951.8366	5.0039		0.0204	28.4672
12325.0239	95.5768		0.0435	235.5317
3485.6527			0.0033	5330.5304

a) Energy Consumption of Industrial Production is calculated on equal equivalent.

6–15 规模以上工业企业分品种分行业工业生产能源消费(2014年)

指　标	Item	工业生产能源消费量(吨标准煤) Energe Consumption for Industrial Production (ton of SCE)	煤　炭(吨) Coal (ton)	原　煤 Coal
总　计	**Total**	**7469095**	**14094703**	**6459552**
采矿业	**Mining**	**27022**	**13821**	**5964**
煤炭开采和洗选业	Mining and Washing of Coal	18256	11928	5964
非金属矿采选业	Ming and Processing of Non-mental of Ores	6680		
制造业	**Manufacturing**	**6326585**	**9631519**	**4614611**
农副食品加工业	Farm and Sideline Products Processing Industry	27034	17460	8730
食品制造业	Manufacture of Food	26378	28996	14498
饮料制造业	Manufacture of Beverages	47602	38272	15140
烟草制品业	Manufacture of Tobacco	25639	21367	8162
纺织业	Manufacture of Textile	416		
纺织服装、鞋、帽制造业	Manufacture of Textile Wearing Apparel ,Footware and Caps	8		
木材加工及木、竹、藤、棕、草制品业	Manufacture of Timber,Manufacture of Wood,Bamboo,Rattan, Palm,and Straw Products	788		
家具制造业	Manufacture of Furniture	1337		
造纸及纸制品业	Manufacture of Paper and Paper Products	10148	16713	8357
印刷业和记录媒介的复制	Printing, Reproductionn of Recording Media	4243		
文教体育用品制造业	Manufacture of Articles for Culture,Education and Sport Activities			
化学原料及化学制品制造业	Manufacture of Raw Chemical Materials and Chemical Products	2802372	4998547	2450359
医药制造业	Manufacture of Medicine	37070	45853	22927
橡胶和塑料制品业	Manufacture of Rubber and Plastics	148554	298663	149331
非金属矿物制品业	Manufacture of Non-metallic Mineral Products	1151713	2506646	1253323
黑色金属冶炼及压延加工业	Smelting and Pressing of Ferrous Metals	504798	115281	57640
有色金属冶炼及压延加工业	Smelting and Pressing of Non-ferrous Metals	1399777	1472828	595821
金属制品业	Manufacture of Metal Products	17768	1147	574
通用设备制造业	Manufacture of General Purpose Machinery	5322	2	1
专用设备制造业	Manufacture of Special Purpose Machinery	2794		
汽车制造业	Manufacture of Automobiles	72082	171	85
铁路、船舶、航空、航天和其他运输设备制造业	Manufacture of Railway, Watercraft, Aviation, Aerospace and other Transport Equipment	7571		
电气机械和器材制造业	Manufacture of Electrical Machinery and Equipment	9577		
计算机、通信和其他电子设备制造业	Manufacture of Communication Equipment, Computers and Other Electronic Equipment	1304		
仪器仪表制造业	Manufacture of Measuring Instruments and Machinery	1958		
其他制造业	Other Manufacturing	4422	32210	10981
电力、燃气及水的生产和供应业	**Electric Power, Gas and Water Production and Supply**	**1115487**	**4449364**	**1838977**
电力、热力的生产和供应业	Production and Supply of Electric Power and Heat Power	921554	3677953	1838977
燃气生产和供应业	Production and Supply of Gas	172147	771410	
水的生产和供应业	Production and Supply of Water	21786		

注：工业生产能源合计按等当量计算。

Energe Consumption of Industrial Enterprises above Designated Size by Sector and Type(2014)

#无烟煤 Anthracite	一般烟煤 Bituminous Coal	洗精煤 Cleaned Coal	其他洗煤 Other Washed Coal	煤制品 Coal Products	焦炭（吨） Coke (ton)	其他焦化产品（吨） Other Coking Products (ton)	焦炉煤气（万立方米） Coke Oven Gas (10 000 cu.m)	发生炉煤气（万立方米） Producer Gas (10 000 cu.m)	液化天然气（吨） Liquefied Natural Gas (ton)	汽油（吨） Gasoline (ton)	煤油（吨） Kerosene (ton)
2508226	**3937878**	**1168664**	**1893**	**5043**	**376777**	**13646**	**18075**	**6617**	**7957**	**14461**	**721**
5964			**1893**							**399**	**73**
5964										105	
										21	
2502262	**2098901**	**397254**		**5043**	**376777**	**13646**	**283**	**178**	**7957**	**10374**	**648**
32	8626				2145		37			404	
568	13930				9655			49		202	
2651	12489	7991							551	1041	
	8162			5043			1		5688	318	1
										12	
	8357						82			41	
							21		10	334	1
1913467	523516	97829			58445	13523	58			1400	
3430	19497						26	129	50	717	12
	149331									1660	
545921	707402				70		60			901	37
20029	37611				306217				1314	46	
15953	579869	281185				123			345	298	174
210	363									621	3
	1									689	398
					29					247	
	85									258	16
					217					241	4
										256	
										73	
										186	
	10981	10249									
	1838977	**771410**					**17792**	**6439**		**3689**	
	1838977									3318	
		771410					17792	6439		233	
										137	

a) Energe consumption for production purpose is calculated at its equal equivalence.

6-15 续表

指　　标	Item	柴　油 (吨) Diesel Oil (ton)	燃料油 (吨) Fuel Oil (ton)	液　化 石油气 (吨) Liquefied Petroleum Gas (ton)	其他石 油制品 (吨) Other Oil Products (ton)	热　力 (百万千焦) Heating power (million kilo-joule)
总　　计	**Total**	**47666**	**256**	**4377**	**12**	**756925**
采矿业	**Mining**	**2500**				
煤炭开采和洗选业	Mining and Washing of Coal	1175				
非金属矿采选业	Ming and Processing of Non-mental of Ores	1037				
制造业	**Manufacturing**	**40823**	**256**	**4377**	**12**	**119366**
农副食品加工业	Farm and Sideline Products Processing Industry	295		4		
食品制造业	Manufacture of Food	652		10		
饮料制造业	Manufacture of Beverages	49		13		
烟草制品业	Manufacture of Tobacco	469				
纺织业	Manufacture of Textile	10				
纺织服装、鞋、帽制造业	Manufacture of Textile Wearing Apparel,Footware and Caps					
木材加工及木、竹、藤、棕、草制品业	Manufacture of Timber,Manufacture of Wood,Bamboo, Rattan,Palm,and Straw Products					
家具制造业	Manufacture of Furniture					
造纸及纸制品业	Manufacture of Paper and Paper Products	866				26401
印刷业和记录媒介的复制	Printing,Reproduction of Recording Media	150				
文教体育用品制造业	Manufacture of Articles for Culture,Education and Sport Activities					
化学原料及化学制品制造业	Manufacture of Raw Chemical Materials and Chemical Products	12618		3845		22455
医药制造业	Manufacture of Medicine	427				70510
橡胶和塑料制品业	Manufacture of Rubber and Plastics	341				
非金属矿物制品业	Manufacture of Non-metallic Mineral Products	20249				
黑色金属冶炼及压延加工业	Smelting and Pressing of Ferrous Metals	544				
有色金属冶炼及压延加工业	Smelting and Pressing of Non-ferrous Metals	1911	256	212		
金属制品业	Manufacture of Metal Products	454				
通用设备制造业	Manufacture of General Purpose Machinery	795			1	
专用设备制造业	Manufacture of Special Purpose Machinery	280				
汽车制造业	Manufacture of Automobiles	197			12	
铁路、船舶、航空、航天和其他运输设备制造业	Manufacture of Railway, Watercraft, Aviation, Aerospace and other Transport Equipment	266		293		
电气机械和器材制造业	Manufacture of Electrical Machinery and Equipment	211				
计算机、通信和其他电子设备制造业	Manufacture of Communication Equipment, Computers and Other Electronic Equipment	20				
仪器仪表制造业	Manufacture of Measuring Instruments and Machinery	18				
其他制造业	Other Manufacturing	2				
电力、燃气及水的生产和供应业	**Electric Power,Gas and Water Production and Supply**	**4343**				**637560**
电力、热力的生产和供应业	Production and Supply of Electric Power and Heat Power	4197				
燃气生产和供应业	Production and Supply of Gas	118				637560
水的生产和供应业	Production and Supply of Water	29				

(continued)

电　力（万千瓦时）Electricity Comsumption (10 000cu.m)	余热余压（百万千焦）By-product Heat and Pressure (Million kilo-joule)	工业取水量（万立方米）Industrial Water Pemand (10 000cu.m)					重复用水（万立方米）Water Reused (10 000 cu.m)	用水总量（万立方米）Water Used (10 000 cu.m)	废水排放量（万立方米）Waste Water (10 000 cu.m)
			#地表水 Surface Water	地下水 Groundwater	自来水 Tap Water	其他水 Others			
1597600	**7307781**	**36051**	**30522**	**2238**	**3033**	**257**	**161161**	**9786**	**19579**
15736		**107**	**2**	**49**	**8**	**47**	**4**	**107**	
11313		102	2	47	5	47	4	102	
4194		4		1	2			4	
1409116	**7307781**	**7843**	**4715**	**502**	**2416**	**210**	**96437**	**7642**	
4508		141	6	3	132			141	
3304		132			132		4	132	
19187		414	39	5	370		422	317	
7019		161		6	155		1600	161	
312									
6									
710		2		2				2	
1088		7			7			7	
2007		57	48		9		179	57	
2705		22			22			22	
518754	2921137	4314	3739	352	222	1	76652	4314	
10449		239		27	212		28	239	
41176	218561	323	227		96		5918	284	
188053	2666222	594	346	51	188	9	2118	529	
133875		133	73	15	43	2	2864	133	
428385	1501862	939	194		550	195	6223	939	
10829		45		5	39		39	45	
2460		95	1	33	61		6	95	
1780		43	24		20		14	43	
14878		20		3	17		3	20	
4618		63			63		237	63	
7339		18			15	2	4	18	
1027		25			25		22	25	
1503		17	5		13			17	
112		2			2			2	
172748		**28102**	**25805**	**1688**	**609**		**64721**	**2038**	**19579**
145233		1046	915		131		60438	1046	
9948		190	186		4		3980	173	
17568		26866	24704	1688	474		302	818	19579

6-16 工业企业分行业能源消费情况(2014年)

指　　标	Item	企业生产量 Output of Enterprises 工业总产值(万元) Gross Industrial Output Value (10 000 yuan)
总　计	**Total**	**22440803**
采矿业	**Mining**	**882682**
非金属矿采选业	Ming and Processing of Non-mental of Ores	685989
制造业	**Manufacturing**	**19523507**
农副食品加工业	Farm and Sideline Products Processing Industry	700156
食品制造业	Manufacture of Foods	620302
酒、饮料和精致茶制造业	Manufacture of Alcohol,Beverages and Tea	629981
烟草制品业	Manufacture of Tobacco	1901808
化学原料及化学制品制造	Manufacture of Raw Chemical Materials and Chemical Products	3140129
橡胶和塑料制品业	Manufacture of Rubber and Plastics	1639708
非金属矿物制品业	Manufacture of Non-metallic Mineral Products	1735731
黑色金属冶炼及压延加工业	Smelting and Pressing of Ferrous Metals	678460
有色金属冶炼及压延加工业	Smelting and Pressing of Non-ferrous Metals	1268124
通用设备制造业	Manufacture of General Purpose Machinery	708607
汽车制造业	Manufacture of Automobile Industry	601679
铁路、船舶、航空、航天和其他运输设备制造业	Manufacture of Railway,Watercraft,Aviation,Aerospace and Other Transport Equipment	422011
电力、燃气及水的生产和供应业	**Electric Power, Gas and Water Production and Supply**	**2034614**
电力、热力的生产和供应	Production and Supply of Electric Power and Heat Power	1824922
燃气生产和供应业	Production and Supply of Gas	115798
水的生产和供应业	Production and Supply of Water	93894

注：1. 2000万元口径指年主营业务收入2000万元及以上的工业法人单位或有能源加工转换的企业；
2. 等当量是指电力折标系数为1.229，等价值是指电力折标系数为4.04。

Energy Consumption of Industrial Enterprises above Designated Size by sector (2014)

按等价值计算 Equivalent Value		按等当量计算 Equal Equivalent			
综合能源消费量（吨标准煤）Comprehensive Energy Consumption (ton of SCE)	产值单耗（吨标准煤/万元）Production Value per Unit Consumption (ton of SCE/10 000yuan)	综合能源消费量（吨标准煤）Comprehensive Energy Consumption (ton of SCE)	工业生产能源消费量（吨标准煤）Energy Consumption for Industrial Production (ton of SCE)	电量（万千瓦时）Electricity Consumption (10 000 kwh)	万元总产值综合能耗（吨标准煤/万元）Comprehensive Energy Consumption of Per 10 000 Output Value (ton of SCE/10 000 yuan)
10561410	**0.47**	**7469095**	**8904399**	**1597600**	**0.33**
57481	**0.07**	**27022**	**27022**	**15736**	**0.03**
14799	0.02	6680	6680	4194	0.01
9054070	**0.46**	**6326585**	**6625102**	**1409116**	**0.32**
35759	0.05	27034	27034	4508	0.04
32773	0.05	26378	26378	3304	0.04
84741	0.13	47602	47602	19187	0.08
39225	0.02	25639	25639	7019	0.01
3806473	1.21	2802372	2895520	518754	0.89
228254	0.14	148554	158109	41176	0.09
1515708	0.87	1151713	1268088	188053	0.66
763928	1.13	504798	504798	133875	0.74
2228959	1.76	1399777	1466429	428385	1.10
10083	0.01	5322	5322	2460	0.01
100880	0.17	72082	72082	14878	0.12
16509	0.04	7571	7571	4618	0.02
1449859	**0.71**	**1115487**	**2252275**	**172748**	**0.55**
1202667	0.66	921554	1384901	145233	0.50
191402	1.65	172147	845588	9948	1.49
55790	0.59	21786	21786	17568	0.23

a) The enterprises in the table only refers to those with their income of major business over 20 million yuan and above each year;

b) Equal equivalent refers to 1.229 of the coefficient for the conversion of electric power into the standard coal equivalent; equivalent value refers to 4.04 of the coefficient for the conversion of electric power into the standard coal equivalent.

主要统计指标解释

能源生产总量 指一定时期内全市一次能源生产量的总和。一次能源生产量包括原煤，原油，天然气，水电、核能及其他动力能(如风能、地热能等)发电量，不包括低热值燃料生产量、生物质能、太阳能等的利用和由一次能源加工转换而成的二次能源产量。

能源消费总量 指一定时期内全市产业类（包括第一、二、三次产业和城乡）和物质生产部门、非物质生产部门和生活消费的各种能源的总和。能源消费总量包括原煤和原油及其制品、天然气、电力，不包括低热值燃料、生物质能和太阳能等的利用。能源消费总量分为终端能源消费量、能源加工转换损失量和损失量三部分。

(1)终端能源消费量：指一定时期内全市生产和生活消费的各种能源在扣除了用于加工转换二次能源消费量和损失量以后的数量。

(2)能源加工转换损失量：指一定时期内全市投入加工转换的各种能源数量之和与产出各种能源产品之和的差额，是观察能源在加工转换过程中损失量变化的指标。

(3)能源损失量：指一定时期内能源在输送、分配、储存过程中发生的损失和由客观原因造成的各种损失量，不包括各种气体能源放空、放散量。

能源生产弹性系数 是研究能源生产增长速度与国民经济增长速度之间关系的指标。计算公式为：

能源生产弹性系数＝能源生产总量年平均增长速度/国民经济年平均增长速度

电力生产弹性系数 是研究电力生产增长速度与国民经济增长速度之间关系的指标。一般来说，电力的发展应当快于国民经济的发展，也就是说电力应超前发展。计算公式为：

电力生产弹性系数＝电力生产量年平均增长速度/国民经济年平均增长速度

能源消费弹性系数 是反映能源消费增长速度与国民经济增长速度之间比例关系的指标。计算公式为：

能源消费弹性系数＝能源消费量年平均增长速度/国民经济年平均增长速度

电力消费弹性系数 反映电力消费增长速度与国民经济增长速度之间比例关系的指标。计算公式为：

电力消费弹性系数＝电力消费量年平均增长速度/国民经济年平均增长速度

能源加工转换效率 指一定时期内能源经过加工、转换后，产出的各种能源产品的数量与同期内投入加工转换的各种能源数量的比率。它是观察能源加工转换装置和生产工艺先进与落后、管理水平高低等的重要指标。计算公式为：

能源加工转换效率＝能源加工、转换产出量/能源加工、转换投入量×100%

工业生产能源消费 指工业企业为进行工业生产活动所消费的能源。主要包括：（1）用于本企业产品生产、工业性作业的能源。包括用原料、材料、燃料、动力；作为能源加工转换企业，还包括用作加工转换的能源（这部分能源不能理解为用作原材料）。（2）产品生产过程中作为辅助材料使用的能源。（3）生产工艺过程使用的能源。（4）新技术研究、新产品试制、科学试验使用的能源。（5）为了工业生产活动而在进行的各种修理过程中使用的能源。（6）生产区内的劳动保护用能等。

能源加工、转换消费 指为了特定的用途，将一种能源（一般为一次能源），经过一定的工艺，加工或转换成另一种能源（二次能源）。能源的加工与转换，既有联系，又有区别。

能源加工 是能源物理形态的变化，比如用蒸馏的方式将原油炼制成汽油、煤油、柴油等石油制品；用筛选、水洗的方式将原煤洗选成洗煤；以焦化的方式将煤炭高温干馏成焦碳；以气化的方式将煤炭气化成煤气，等等。这些方法在加工前后能源均未发生质的变化。

能源转换 是能源形态以及物质化学形态的变化，比如经过一定的工艺过程，将煤炭、重油等转换成电力和热力，将热能转换为机械能，将机械能转换为电能，将电能转换为热能等；又比如，经过裂化，将重质石油转换成轻质石油（转换前、后的物质具有不同的化学结构和化学性质）。

综合能源消费量 指报告期内工业企业在工业生产活动中实际消费的各种能源的总和。计算综合能源消费量时，需要先将使用的各种能源折算成标准燃料后再进行计算。根据生产活动的性质，综合能源消费量在不同的企业有不同的计算方法。(1) 非能源加工转换转换企业综合能源消费量，就是企业工业生产消费的各种一次能源和二次能源的总和，即：综合能源消费量=工业生产消费的能源合计。(2) 能源加工转换企业综合能源消费量，是企业工业生产消费的各种一次能源和二次能源扣除加工转换产出的二次能源后的实际能源消费量。计算公式：综合能源消费量=工业生产消费量的能源合计-能源加工转换产出合计。

取水总量 指工业企业从各种水源提取的，并用于工业生产活动的水量总和，包括地表水、地下水、自来水、由管道供应的未经过达标处理的水、经城市污水处理厂处理后回用的中水、海水，以及企业从市场购得的其他水或水的产品（如纯净水、矿泉水、蒸汽、热水、地热水等）。取水总量包括主要工业生产用水、辅助生产（包括机修、运输、空压站等）用水和附属生产（包括厂内绿化、职工食堂，非营业的浴室及保健站、厕所等）用水；不包括非工业生产单位的用水，如厂内居民家庭用水和企业附属幼儿园、学校、对外营业的浴室、游泳池等的用水量。

重复用水量 指在工业企业内部，对生产和生活排放的废水直接或经过处理后回收再利用的水量，不包括企业从城市污水处理厂购买的中水。企业废水在报告期每重复利用一次，计算一次重复用水量。

重复用水量的计算原则：(1) 开放原则。即水的循环在开放系统进行。循环一次计算一次。封闭式循环系统的循环水不计算重复用水量。(2)“源头”计算原则。对循环水来说，使用后的水，又回流到系统的取水源头，流经源头一次，计算一次。循环系统中的中间环节用水不得计算重复用水量。(3) 异地原则。对于非循环系统，根据不同工艺对不同水质的要求，在一个地方（工艺）使用过的水，在另一个地方（工艺）中进行使用，使用一次，计算一次。在同一个地方（容器）多次使用的水，不得计算重复用水量。(4) 经过进化处理后的水重复再用，在任何情况下都按照重复用水计算。

Explanatory Notes on Main Statistical Indicators

Total Energy Production refers to the total production of primary energy by all energy producing enterprises in the city in a given period of time. The production of primary energy includes that of coal, crude oil, natural gas, hydro-power and electricity generated by nuclear energy and other means such as wind power and geothermal power. However, it does not include the production of fuels of low calorific value, bio-energy, solar energy and secondary energy converted from primary energy.

Total Energy Consumption refers to the total consumption of energy of industries(including the first, the second and tertiary industries) by the production sectors, non-production sectors and the households in the whole city in a given peri1od of time. Total energy consumption includes that of coal, crude oil and their products, natural gas and electricity. However, it does not include the consumption of fuel of low calorific value, bio-energy and solar energy. Total energy consumption can be divided into three parts: end-use energy consumption, loss during the process of energy conversion, and energy loss.

(l)End-use Energy Consumption refers to the total energy consumption by the production sectors and the households in the whole city in a given period of time minus the consumption during the conversation of primary energy into secondary energy and the loss in the process of energy conversation.

(2)Loss During the Process of Energy Conversation refers to the total input of various kinds of energy for conversation, minus the total output of various kinds of energy in the whole city in a given period of time. It is an indicator to show the loss that occurs during the process of energy conversation.

(3)Energy Loss refers to the total of the loss of energy during the course of energy transport, distribution and storage and the loss caused by any objective reason in a given period of time. The loss of various kinds of gas due to gas discharges and stocking is not included.

Elasticity Ratio of Energy Production is an indicator to show the relationship between the growth rate of production and the growth rate of the national economy. The formula is:

$$\text{Elasticity Ratio of Energy Production} = \frac{\text{Average Annual Growth Rate of Energy Production}}{\text{Average Annual Growth Rate of National Economy}}$$

Elasticity Ratio of Electricity Production is an indicator to show the relationship between the growth rate of electricity production and the growth rate of the national economy. Generally speaking, the growth rate of electricity production should be higher than that of the national economy. Its formular is:

$$\text{Elasticity Ratio of Electricity Production} = \frac{\text{Average Annual Growth Rate of Electricity Production}}{\text{Average Annual Growth Rate of National Economy}}$$

Elasticity Ratio of Energy Consumption is an indicator to show the relationship between the growth rate of energy consumption and the growth rate of the national economy. The formula is:

$$\text{Elasticity Ratio of Energy Consumption} = \frac{\text{Average Annual Growth Rate of Energy Consumption}}{\text{Average Annual Growth Rate of National Economy}}$$

Elasticity Ratio of Electricity Consumption is an indicator to show the relationship between the growth rate of electricity consumption and the growth rate of the national economy. The formula is:

$$\text{Elasticity Ratio of Electricity Consumption} = \frac{\text{Average Annual Growth Rate of Electricity Consumption}}{\text{Average Annual Growth Rate of National Economy}}$$

Efficiency of Energy Processing and Conversion refers to the ratio of the total output of energy products of various kinds after processing and conversion to the total input of energy of various kinds for processing and conversion in the same reference period. It is an important indicator to show the current conditions of energy processing and conversion equipment, production technique and management. The formula is:

$$\text{Efficiency of Energy Processing \& Conversion} = \frac{\text{Output of Energy After Processing \& Conversion}}{\text{Input of Energy for Processing \& Conversion}} \times 100\%$$

Consumption of Industrial Production refers to the energy cost for industrial production, including:

1. Energy cost for products and industrial operation, including raw material, material, fuel and motive power; as an energy process and conversion enterprise, it also includes the energy uses for processing and conversion(the energy here cannot be treated as raw material;
2. Energy used as accessory materials in production;
3. Technical energy consumed in production technological process;
4. Energy consumed in new-tech research, new product trial, scientific research;
5. Energy consumed for various maintenance for industrial production;
6. Energy consumed for labor protection in production area.

Energy Processing and Conversion Consumption refers to the process of processing and converting of primary energy into secondary energy for designed purpose. There are both connections and differences between processing and converting.

Energy Precessing refers to the changes of physical form changes. For example, refining crude oil into oil products like gasoline, kerosene and diesel oil by distillation; screening and washing cole into washed coal; coking coal into coke by high-temperature retorting. Gasifying coal into coal gas; Energies don't have qualitative changes during those processes.

Energy Converting refers to the changes of energy forms and chemical forms, for example, during a craft art process, conversing coal and heavy oil into electricity and heat, converting heat into mechanical energy, converting mechanical energy into electricity, converting electricity into heat; another example, converting heavy crude oil into light crude oil by cracking(the energies before and after converting have different chemical construction and chemical property).

Comprehensive Energy Consumption refers to total consumption of energies during industries and enterprises production activities in report period. When calculating comprehensive energy consumption, energies should be converted into standard fuels. Comprehensive energy consumption in different enterprises gets different calculation method due to their different production ways. (1) The comprehensive energy consumption of non-energy processing and converting enterprises refers to the summation of primary energy and secondary energy consumed by industries and enterprises, that is, comprehensive energy consumption = the summation of energies during industrial production. (2)The comprehensive energy consumption of energy processing and converting enterprises refers to the real comprehensive energy consumption (which means primary energy and secondary energy deducting secondary energy produced by processing and converting) consumed by industries and enterprises, The formula is: comprehensive energy consumption = the summation of energies during industrial production - total energy processing and converting production.

Total Water withdrawal refers to total water amount that the industries and enterprises withdraw from all kinds water resources, and take them into production activities, includes surface water, underground water, tap water, water supplied by pipelines without standard treatment, reclaimed water and seawater after being treated by the sewage treatment works, water and water products purchased by enterprises from market(like pure water, mineral water, steam water, hot water, geothermal water). Total water withdrawal includes water mainly used in industrial production, water used insubsidiary production(includes machine maintenance, transportation, air-compress station) and water used in auxiliary production(includes greening, staff dining hall, non-business bath room, health station and wash rooms), excludes water consumed by non-industrial production units, such as water consumed by households, kindergartens, schools bathrooms in operation, swimming pools of industries or enterprises.

Reused Water refers to the daily waste water reused directly or reused after treatment in industries and enterprises, excluding reclaimed water bought from sewage treatment works. Each time the industrial waste water during report period reused counts for one water reusing. Principles for calculating water reusing: (1) Open principle, according to which water recycled in an open system, and counted only once after one circulation; water recycled in closed system are not calculated as reused water; (2) calculating the "source", used water flow back to the head once, counted once. Water used in intermediate links are not calculated in reused water; (3) changing places, in non-recycle system, according to different water quality requirement, water used in one place(one water processing step) reuses in another places (another processing step) once, counted once; water used in only one place many time are not calculated in reused water; (4) water reused after purification treatment are calculated into reused water at any time.

7

Seven

工　业

Industry

□全部工业增加值
■#规模以上工业企业增加值（2000万元口径）

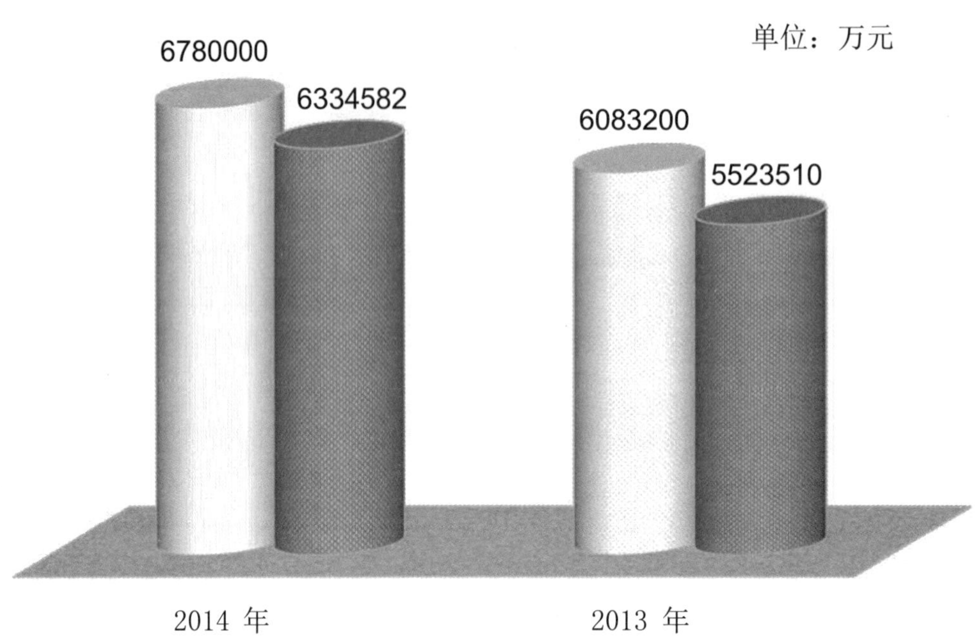

规模以上工业企业增加值(2000万元口径)

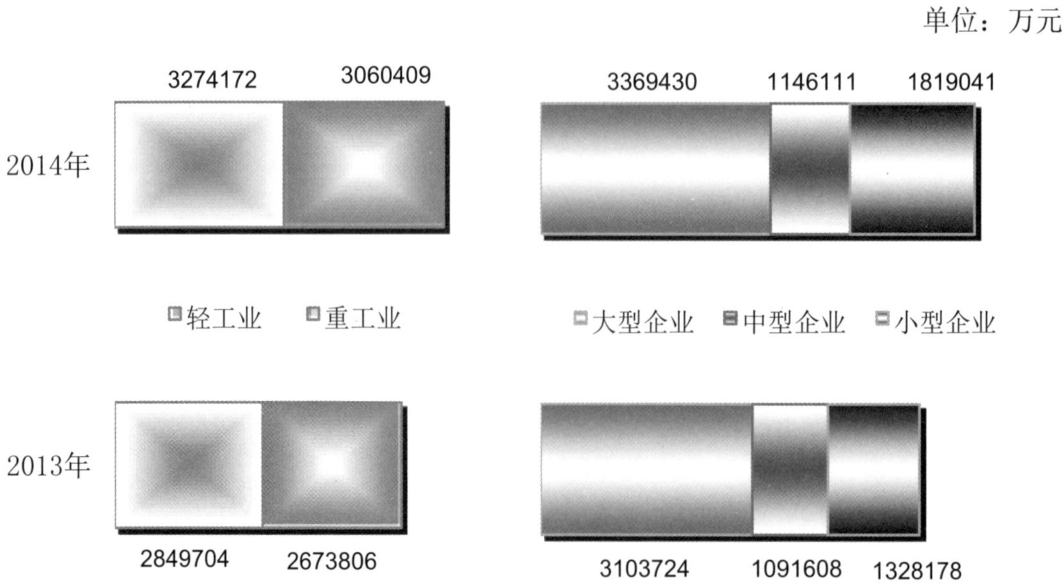

7-1 规模以上工业企业数(历年)
Number of Industrial Enterprises above Designated Size(over Years)

单位：个 (unit)

指标	Item	2005	2006	2007	2008	2009	2010	2011	2012	2013	2014
规模以上工业	**Number of Industrial Enterprises above Designated Size**	**689**	**601**	**507**	**520**	**550**	**603**	**703**	**401**	**469**	**511**
#亏损企业	Unprofitable Enterprises	322	240	162	157	158	168	180	89	94	95
#国有控股企业	State Holding Enterprises	314	196	148	147	138	150	143	126	133	129
#农村工业	Rural Industries	16	16	15	13	11	11	16	10	8	5
#非公有制工业	Non-public Industries	304	310	291	317	360	400	501	253	324	367
#高技术	High-tech Industries			92	90	91	94	99	73	76	81
按支柱、特色行业分	**By Pillar and Characteristic Industries**										
能源、优势原材料为主的支柱产业	Pillar Industries of Energy and Raw Materials	106	96	91	89	98	119	118	79	89	95
电	Electricity	16	14	12	13	14	14	9	8	7	7
煤	Coal	3	3	3	3		7	13	8	12	14
煤化工	Coal Chemical Industry	12	12	15	18	22	15	7	12	18	16
磷及磷化工	Phosphorus and Its Chemical Industry	53	47	47	41	44	34	31	20	22	26
铁合金	Iron Alloy	10	9	8	9	9	10	9	7	7	7
烟酒为主的传统支柱产业	Traditional Pillar Industries of Tobacco and Liquor	12	6	4	4	5	5	5	6	7	8
酒	Liquor	9	4	2	2	3	3	3	3	4	5
烟	Tobacco	3	2	2	2	2	2	2	3	3	3
六大特色支柱产业	Six Special Pillar Industries							251	240	268	290
磷煤化工	Phosphorus and Coal Chemical Industry							34	32	28	28
铝及铝化工	Aluminum and Its Chemical Industry	12	11	10	10	9	39	47	31	35	39
特色食品	Characteristic Food	63	47	45	43	49	55	66	44	53	63
烟草制品	Tobacco Products	3	2	2	2	2	2	2	3	3	3
现代医药	Modern Medicine							49	35	36	39
装备制造业	Equipment Manufacturing Industry	157	137	113	126	140	147	183	95	113	118
按登记注册类型分	**By Status of Registration**										
内资企业	Domestic-funded Enterprises	635	544	460	470	499	555	657	367	436	472
国有企业	State-owned Enterprises	218	130	83	76	66	68	69	50	45	43
集体企业	Collective-owned Enterprises	57	44	27	22	20	22	24	4	4	4
股份合作企业	Joint-equity Cooperative Enterprises	16	15	11	12	9	8	6	2	1	1
联营企业	Joint Ownership Enterprises	4	3	1	3	2	3	3	2	1	1
有限责任公司	Limited Liability Companies	202	215	196	227	255	288	290	202	267	293
股份有限公司	Companies Limited by Shares	27	28	25	22	26	31	29	27	31	30
私营企业	Private Enterprises	111	109	117	108	121	135	236	80	86	99
其他企业	Others									1	1
港、澳、台商投资企业	Enterprises with Funds from Hong Kong, Macao and Taiwan	25	24	20	23	23	21	21	14	11	15
外商投资企业	Enterprises with Foreign Investment	29	33	27	27	28	27	25	20	22	24
按经济组织类型分	**By Types of Economic Organization**										
独资企业	Solely Funded Enterprises	232	211	148	140	132	143	153	79	70	74
合作、合伙企业	Cooperative and Partnership Enterprises	26	26	20	24	24	28	31	14	12	12
股份有限公司	Companies Limited by Shares	36	36	34	35	45	46	47	38	37	37
有限责任公司	Limited Liability Companies	304	328	305	321	349	386	471	270	350	388
按轻重工业分	**By Light & Heavy Industries**										
轻工业	Light Industry	257	217	179	178	180	195	217	122	138	156
重工业	Heavy Industry	432	384	328	342	370	408	486	279	331	355

注：规模以上工业企业2011年之前是年主营业务收入500万元及以上的工业企业，2012年（含2012年）以后是年主营业务收入2000万元及以上的工业企业。

a) Before 2011, industrial enterprises above designated size refer to enterprises with an annual main business income of 5 million yuan or above; 20 million yuan or above since 2012, including 2012.

7–2 工业增加值(历年)

单位：万元

指　　标	Item	2005	2006
全部工业增加值	**Total**	**2083302**	**2459447**
规模以上工业	**Industrial Enterprises above Designated Size**	**1918003**	**2289128**
#亏损企业	Unprofitable Enterprises	222902	214735
#国有控股企业	State Holding Enterprises	1326146	1454809
#农村工业	Rural Industries	6437	10541
#非公有制工业	Non-public Industries	555687	725287
#高技术工业	High-tech Industries	314301	409478
按支柱、特色行业分	**By Pillar and Characteristic Industries**		
能源、优势原材料为主的支柱产业	Pillar Industry of Energy and Raw Materials	728614	871569
电	Electricity	196025	222422
煤	Coal	14003	17606
煤化工	Coal Chemical Industry	41173	45321
铝及铝加工	Aluminum and Its Processing Industry	240352	325287
磷及磷化工	Phosphorus and Its Chemical Industry	215562	229144
铁合金	Iron Alloy	21499	31789
烟酒为主的传统支柱产业	Traditional Pillar Industries on Tobacco and Liquor	460597	456805
酒	Liquor	6962	5294
烟	Tobacco	453635	451511
六大特色支柱产业	Six Special Pillar Industries		
磷煤化工	Phosphorus and Coal Chemical Industry		
铝及铝化工	Aluminum and Its Chemical Industry	240352	325287
特色食品	Characteristic Food	155982	86985
烟草制品	Tobacco Products	453635	451511
现代医药	Modern Medicine		
装备制造业	Equipment Manufacturing Industry	199233	261235
按登记注册类型分	**By Status of Registration**		
内资企业	Domestic-funded Enterprises	1860490	2171421
国有企业	State-owned Enterprises	749279	792237
集体企业	Collective-owned Enterprises	22384	12434
股份合作企业	Joint-equity Cooperative Enterprises	12215	19515
联营企业	Joint Ownership Enterprises	2209	2453
有限责任公司	Limited Liability Companies	512123	618392
股份有限公司	Companies Limited by Shares	407245	562714
私营企业	Private Enterprises	155034	163676
其他企业	Others		
港、澳、台商投资企业	Enterprises with Funds from Hong Kong,Macao and Taiwan	17159	24086
外商投资企业	Enterprises with Foreign Investment	40353	93622
按经济组织类型分	**By Types of Economic Organization**		
独资企业	Solely Funded Enterprises	804163	853077
合作、合伙企业	Cooperative and Partnership Enterprises	17544	24964
股份有限公司	Companies Limited by Shares	420701	573053
有限责任公司	Limited Liability Companies	675595	838035
按轻重工业分	**By Light & Heavy Industries**		
轻工业	Light Industry	830877	928046
重工业	Heavy Industry	1087126	1361083
规模以下工业	**Industrial Enterprises below Designated Size**	**165299**	**170319**

注：规模以上工业企业2011年之前是年主营业务收入500万元及以上的工业企业，2012年（含2012年）以后是年主营业务收入2000万元及以上的工业企业。

Added Value of All Industrial Enterprises(over Years)

(10 000 yuan)

2007	2008	2009	2010	2011	2012	2013	2014	2014年比 2013年增长(%) Growth Rate in 2014 over 2013(%)
2628537	**3007181**	**3066794**	**3460670**	**3987064**	**5347289**	**6083200**	**6780000**	**12.1**
2427007	**2791288**	**2905012**	**3298719**	**3782150**	**4556811**	**5523510**	**6334582**	**12.2**
168777	380834	414873	313433	350110	394694	459863	553003	18.8
1647349	1952701	187795	2174735	2462192	3128151	3507339	3721355	3.6
11035	11818	12442	11741	14775	61092	37974	10043	-74.7
702443	766411	947348	1069078	1230080	1355954	1961089	2542714	27.0
424423	441116	594094	694393	531753	659543	874825	943772	4.8
920167	1005861	772476	879803	844257	1101870	1073979	1173378	11.7
278081	284778	330761	324345	64149	86080	57636	77164	31.0
19562	33949	9668	14015	72195	54112	64840	66170	2.9
70977	38268	18202	49976	38799	57947	78218	52306	-31.0
270765	312464	105055	224948	177354	331422	289788	395118	35.8
251386	329144	302638	241391	466478	608102	635216	605540	-0.1
49773	40357	14405	25128	29267	14520	13121	43251	218.6
507908	633216	663344	771657	1059995	1468970	1809109	1881300	0.5
5191	6849	15095	21706	66575	50446	98909	149809	47.7
502716	626366	648249	749952	993420	1418524	1710200	1731491	-2.3
				2709523	3598755	4308613	4726725	7.5
				496353	666049	639776	569792	-6.6
270765	312464	102788	224948	175963	331422	289788	395118	35.8
94649	98398	5534	105419	232401	259005	415744	578521	34.0
502716	626366	648249	749952	989729	1418524	1710200	1731491	-2.3
				283468	367059	448999	611821	31.5
336129	352244	351572	529150	531609	556696	804107	839982	2.3
2297856	3653811	2717572	3075388	3534447	4284253	5204883	5931843	11.6
994540	1094681	1145047	1248808	1737357	1875881	2067111	2260512	5.6
14605	9795	8216	8661	13635	5046	5028	30605	528.1
29221	41072	13453	3954	4171	733	782	1105	37.1
3164	2936	2990	3464	1884	2647	3193	714	-78.1
593460	743184	858485	897642	775270	1188539	1813512	2259356	22.9
479405	533120	455037	682732	491832	666950	729168	679476	-8.6
183461	229023	234343	230127	510299	544456	581075	692920	18.8
						5014	7155	41.5
28637	37918	72604	97500	82838	72410	57280	115458	92.9
100514	99560	114836	125831	164865	200148	261347	287280	6.7
1080208	1153537	1233792	1358302	1900628	2031686	2193711	2454339	8.3
40105	53335	43616	37545	73047	46953	43375	59308	45.6
495634	587568	530956	736563	550967	724393	758400	776070	0.2
811061	996849	1096650	1166309	1257509	1753778	2528025	3044863	18.7
985155	1145664	1335222	1479524	1743922	2235093	2849704	3274172	10.8
1441852	1645624	1569790	1819195	2038228	2321717	2673806	3060409	13.7
201530	**215893**	**161782**	**161951**	**204914**	**790478**	**559690**	**445418**	**11.4**

a) Before 2011, industrial enterprises above designated size refer to enterprises with an annual main business income of 5 million yuan or above; 20 million yuan or above since 2012, including 2012.

7-3 工业总产值(历年)

单位：万元

指　　标	Item	2005	2006
全部工业总产值	**Total**	**6316848**	**7272237**
规模以上工业	**Industrial Enterprises above Designated Size**	**5740645**	**6696494**
#亏损企业	Unprofitable Enterprises	1153977	870555
#国有控股企业	State Holding Enterprises	3829864	3914935
#农村工业	Rural Industries	22610	34081
#非公有制工业	Non-public Industries	1773150	2335688
#高技术工业	High-tech Industries	961764	1067348
按支柱、特色行业分	**By Pillar and Characteristic Industries**		
能源、优势原材料为主的支柱产业	Pillar Industry of Energy and Raw Materials	2337372	2903337
电	Electricity	756995	891639
煤	Coal	40119	43948
煤化工	Coal Chemical Industry	210341	236688
铝及铝加工	Aluminum and Its Processing Industry	563700	827352
磷及磷化工	Phosphorus and Its Chemical Industry	655699	761104
铁合金	Iron Alloy	110519	142607
烟酒为主的传统支柱产业	Traditional Pillar Industries of Tobacco and Liquor	683334	669759
酒	Liquor	16881	16833
烟	Tobacco	666453	652926
六大特色支柱产业	Six Special Pillar Industries		
磷煤化工	Phosphorus and Coal Chemical Industry		
铝及铝化工	Aluminum and Its Chemical Industry	563700	827352
特色食品	Characteristic Food	219449	345442
烟草制品	Tobacco Products	556169	652926
现代医药	Modern Medicine		
装备制造业	Equipment Manufacturing Industry	904875	980371
按登记注册类型分	**By Status of Registration**		
内资企业	Domestic-funded Enterprises	5447421	6296029
国有企业	State-owned Enterprises	1811987	1963818
集体企业	Collective-owned Enterprises	82350	54531
股份合作企业	Joint-equity Cooperative Enterprises	49794	69313
联营企业	Joint Ownership Enterprises	10322	11104
有限责任公司	Limited Liability Corporations	1786737	2108072
股份有限公司	Companies Limited by Shares	1247146	1554714
私营企业	Private Enterprises	459085	534477
其他企业	Others		
港、澳、台商投资企业	Enterprises with Funds from Hong Kong,Macao and Taiwan	69974	89526
外商投资企业	Foreign-funded Enterprises	31822	310946

注：规模以上工业企业2011年之前是年主营业务收入500万元及以上的工业企业，2012年（含2012年）以后是年主营业务收入2000万元及以上的工业企业。

Gross Output Value of Industry (over Years)

(10 000 yuan)

2007	2008	2009	2010	2011	2012	2013	2014	2014年比 2013年增长(%) Growth Rate in 2014 over 2013(%)
8248691	**9376997**	**9556756**	**11170653**	**15281979**	**18883384**	**22186052**	**23858812**	**11.7**
7559236	**8667178**	**8967496**	**10583479**	**14662863**	**15934771**	**20143140**	**22291542**	**11.8**
687550	1559019	2032355	1669678	1921426	2355165	3004198	2661869	-9.5
4961370	5653418	5568527	6826601	8834873	10009794	10316211	11378451	11.5
35931	45407	52194	48073	84831	261059	245626	100290	-59.5
2292378	2736088	3120416	3531377	5357776	5634541	9600513	10650166	11.9
1141901	1206143	1556973	1793079	2187669	2520645	3302252	3654209	11.2
3281153	3597264	3298784	3921382	3911648	4762994	5453451	5395644	3.8
1017783	1073877	1156867	1263433	165588	208216	219551	274025	25.6
49221	72696	25482	40784	160184	163760	226628	142905	-34.2
314912	380952	306719	414142	271862	444800	578329	448407	-19.7
942789	720727	597303	890227	1065903	1470364	1458606	1521836	7.3
801405	1167236	1067486	1167313	2031816	2408888	2947668	2898953	5.3
207225	263185	170993	145483	225134	223808	249296	252422	0.6
717318	891078	935353	1142136	1440898	1814580	2255215	2294682	1.1
11753	18879	34515	48447	81999	99030	185876	280899	51.6
705566	872199	900838	1093689	1358899	1715550	2069339	2013783	-3.4
				9174781	10768487	13867711	14770715	8.2
				2276526	2853688	3262240	3144044	2.7
942789	720727	597303	890227	1060399	1470364	1458606	1521836	7.3
445589	465573	526757	377342	906757	968649	1639134	2011278	21.4
705566	842659	669325	181714	1358899	1715550	2069339	2013783	-3.4
				1055808	1235723	1864713	1983184	5.6
1167720	1328275	1544539	1694571	2516392	2524514	3573678	4096590	15.6
7110368	8186898	8359273	9885539	13656614	14959517	18854597	20859327	11.9
2482745	2528181	2558660	2969558	4896761	3783654	3320968	4554531	36.2
58318	46824	37318	41830	86648	24961	43823	43380	4.9
93366	150674	47812	17110	23318	8865	10899	9955	-8.9
11074	14115	10578	12907	13277	13896	9077	5503	-39.0
2097522	2787153	3210810	3633194	3805210	5659592	9067389	10260056	15.2
1748923	1825254	1762969	2322075	2753123	3261488	3725824	3281248	-11.6
618420	834688	731127	888864	2078278	2207062	2635784	2671466	3.8
						40833	33189	-17.2
114085	169408	243830	245754	355905	286279	265572	437522	62.6
334783	310871	364393	452186	650344	688975	1022971	994693	-2.7

a) Before 2011, industrial enterprises above designated size refer to enterprises with an annual main business income of 5 million yuan or above; 20 million yuan or above since 2012, including 2012.

7-3 续表

单位：万元

指　　标	Item	2005	2006
按经济组织类型分	**By Types of Economic Organization**		
独资企业	Solely Funded Enterprises	2022061	2193923
合作、合伙企业	Cooperative and Partnership Enterprises	69996	94147
股份有限公司	Companies Limited by Shares	1292412	1593106
有限责任公司	Limited Liability Companies	2356176	2815319
按轻重工业分	**By Light & Heavy Industries**		
轻工业	Light Industry	1783270	1910089
重工业	Heavy Industry	3957375	4786406
按企业规模分	**By Size of Enterprises**		
大型企业	Large Enterprises	2118966	2504986
中型企业	Medium-sized Enterprises	2318695	2581602
小型企业	Small Enterprises	1302984	1609907
微型企业	Micro-sized Enterprises		
按企业主营收入分	**By Revenue from Principal Business**		
年收入在40亿元以上	Annual Income Above 4 billion yuan	1178740	1403667
年收入在20—40亿元	Annual Income Between 2 billion and 4 billion yuan	534916	1340591
年收入在10—20亿元	Annual Income Between 1 billion and 2 billion yuan	632682	201071
年收入在5—10亿元	Annual Income Between 0.5 billion and 1 billion yuan	688961	677854
年收入在1—5亿元	Annual Income Between 0.1 billion and 0.5 billion yuan	1467164	1757088
年收入在3000万元—1亿元	Annual Income Between 30 million and 0.1 billion yuan	730683	815409
年收入在1000万元—3000万元	Annual Income Between 10 million and 30 million yuan	372052	382010
年收入在1000万元以下	Annual Income Below 10 million yuan	135447	1188204
按区县地域分	**By District (county or city)**		
南明区	Nanming	703403	816272
云岩区	Yunyan	1561631	1720216
花溪区	Huaxi	206543	234357
乌当区	Wudang	602618	606837
白云区	Baiyun	883509	1153357
小河区	Xiaohe	419264	514719
开阳县	Kaiyang	323682	389998
息烽县	Xifeng	409162	502805
修文县	Xiuwen	126114	187852
清镇市	Qingzhen	488801	547938
外地县	Others	15917	22084
规模以下工业	**Industrial Enterprises below Designated Size**	**576203**	**575743**

注：1、市供电局由南明区搬迁到云岩区；开阳县不含开磷集团数据(仅含开磷集团的矿肥公司数据)；息烽县含开磷集团下属4户企业，因此，4区(县)数据波动较大。

2、规模以上工业企业2011年之前是年主营业务收入500万元及以上的工业企业，2012年（含2012年）以后是年主营业务收入2000万元及以上的工业企业。

(continued)

(10 000 yuan)

2007	2008	2009	2010	2011	2012	2013	2014	2014年比2013年增长(%) Growth Rate in 2014 over 2013(%)
2777009	2747801	2829324	3342572	5556659	4315046	3944212	5241772	32.3
132555	197642	130660	133041	252589	211041	209825	148190	-25.1
1812440	1981678	2001265	2529236	3020222	3481949	3826684	3522752	-7.7
2837233	3740056	4006246	4578630	5833393	7926736	12162420	13378828	11.9
2086884	2502421	2866480	3337003	4475231	4912009	6912842	7394216	6.1
5472352	6164757	6101016	7246475	10187631	11022762	13230298	14897326	14.8
3190261	3605188	3582084	4710415	8070810	9222967	8652773	9486069	11.1
2678440	3015956	3040865	3289106	2542979	3041156	5138065	4926736	-3.4
1690535	2046034	2344547	2584048	3883085	3646969	6246017	7755273	25.1
				165989	23680	106285	123465	18.4
2865128	3183871	3186051	3896877	5846834	6748095	6173849	6514000	7.2
227638		320375	510587	1004866	831304	1540033	2506717	63.7
345867	1107995	635424	104284	452196	1071078	2242527	2405113	8.7
1078927	652331	814423	818594	1733665	2106679	3207798	3648281	14.7
1818661	2565093	2640471	2845644	3639277	3926958	5550477	5851163	6.3
803373	755910	919646	1026203	1364142	1066931	1248806	1229124	-1.9
340402	326469	385510	338327	498123	163056	169817	135435	-20.6
79240	75509	65595	98963	123760	20670	9834	1711	-82.8
1251814	1364181	1271511	1547971	1998405	728009	844308	2167740	166.0
1563709	1816922	1982567	2378666	1438489	2583977	1857193	3027620	61.8
265559	316590	372520	432302	732297	3799142	5493006	5525799	0.9
623034	721003	828343	965718	1461615	1085607	1138073	1777786	53.4
1302600	1101983	1077920	1333803	1820471	2338175	3139779	3242220	4.9
602364	833819	1016728	1066011	2703918	313629	611953	640904	5.1
493647	840598	699602	850894	1602473	1818028	2692441	1502503	-41.3
437800	447834	513753	559055	803649	1063826	1305432	1216785	-2.9
272514	335556	400549	504616	800438	1063151	1636772	1870008	14.7
715272	850595	774411	905308	1256265	1087120	1424183	1320175	-7.1
30924	38097	29591	319136	44844	54109			
689455	**709819**	**589260**	**587174**	**619116**	**2948613**	**2042912**	**1567270**	**11.0**

a) Guiyang Power Supply Bureau moved from Nanming district to Yunyan district. Figures of Kaiyang just included figures from Mine and Fertilizer Companies subordinated to Guizhou Kailin(Growp)Co. , Ltd. However, figures of Xifeng included figures from 4 enterprises subordinated to Guizhou Kailin (Growp)Co. , Ltd.So, data of the four areas had a great change.

b) Before 2011, industrial enterprises above designated size refer to enterprises with an annual main business income of 5 million yuan or above; 20 million yuan or above since 2012, including 2012.

7–4 产业园区情况
Basic Statistics on Industrial Parks

单位：个、万元 (unit:10 000 yuan)

指　　标	Item	2014	2013	2014年比2013年增长(%) Growth Rate in 2014 over 2013(%)
规模以上增加值	**Added Value of Enterprises above Designated Size**			
贵阳市产业园区	Industrial Parks	5231007	4654014	10.3
南明临空经济区产业园	Nanming Airport Economic Zone	199412	10092	1793.2
云岩产业园	Yunyan Industrial Park	124027	120216	-0.2
花溪产业园	Huaxi Industrial Park	93375	78291	16.1
小河—孟关装备制造业生态工业园	Xiaohe—Mengguan Equipment Manufacturing Industry Eco-Industrial Park	2181157	2125251	-0.3
乌当医药食品新型产业园	Wudang Food and Drug New Industrial Park	339509	326294	-0.9
白云铝及铝加工工业基地	Baiyun Aluminum and Aluminum Processing Industrial Base	692476	541621	26.6
麦架—沙文高新技术产业园	Maijia-Shawen High-tech Industrial Park	192461	100190	87.3
观山湖电子商务和现代制造业产业园	Guanshanhu Electronic Commerce and Modern Manufacturing Industrial Park	10258	5713	74.8
开阳磷煤化工生态工业示范基地	Kaiyang Phosphorus and Coal Chemical Ecological Industries Demonstration Base	568523	554844	6.2
息烽磷煤化工生态工业基地	Xifeng Phosphorus and Coal Chemical Ecological Industries Base	217362	295012	-25.2
修文产业园	Xiuwen Industrial Park	365013	262560	35.0
清镇经开区	Qingzhen Economic Development Zone	247433	233931	3.3
规模以上总产值	**Total Output Value of Enterprises above Designated Size**			
贵阳市产业园区	Industrial Parks	17745469	16355226	10.1
南明临空经济区产业园	Nanming Airport Economic Zone	634842	75925	723.7
云岩产业园	Yunyan Industrial Park	311297	316244	-2.6
花溪产业园	Huaxi Industrial Park	458985	555150	-15.8
小河—孟关装备制造业生态工业园	Xiaohe-Mengguan Equipment Manufacturing Industry Eco-Industrial Park	4658138	4493379	3.9
乌当医药食品新型产业园	Wudang Food and Drug New Industrial Park	1323549	875906	48.6
白云铝及铝加工工业基地	Baiyun Aluminum and Aluminum Processing Industrial Base	2680355	2621520	4.0
麦架—沙文高新技术产业园	Maijia-Shawen High-tech Industrial Park	542688	546082	0.1
观山湖电子商务和现代制造业产业园	Guanshanhu Electronic Commerce and Modern Manufacturing Industrial Park	108502	95460	13.8
开阳磷煤化工生态工业示范基地	Kaiyang Phosphorus and Coal Chemical Ecological Industries Demonstration Base	2858903	2692441	12.3
息烽磷煤化工生态工业基地	Xifeng Phosphorus and Coal Chemical Ecological Industries Base	1203337	1286968	-2.6
修文产业园	Xiuwen Industrial Park	1749970	1486891	18.1
清镇经开区	Qingzhen Economic Development Zone	1214904	1309260	-7.0

7-5 规模以上工业分行业总产值
Gross Output Value of Industrial Enterprises above Designated Size by Sector

单位：万元 (10 000 yuan)

指 标	Item	2014	2013	2014年比2013年增长(%) Growth Rate in 2014 over 2013 (%)
总 计	**Total**	**22291542**	**20143140**	**11.8**
按工业行业分	**By Sector**			
采矿业	**Mining**	**499634**	**444447**	**22.8**
煤炭开采和洗选业	Mining and Washing of Coal	126599	213784	-37.8
有色金属矿采选业	Non-ferrous Metals Mining and Dressing	63451	37865	66.7
非金属矿采选业	Mining and Processing of Non-mental Ores	309585	192799	81.3
制造业	**Manufacturing**	**19647861**	**18720162**	**6.1**
农副食品加工业	Farm and Sideline Products Processing	739930	641299	14.5
食品制造业	Food Manufacturing	625973	529193	15.4
酒、饮料和精制茶制造业	Manufacture of Liquor,Beverages and Refined Tea	645375	468642	37.7
烟草制品业	Manufacture of Tobacco	2013783	2069339	-3.4
纺织业	Manufacture of Textile		7898	
纺织服装、服饰业	Manufacture of Textiles and Garments	9668	61014	-84.3
皮革、毛皮、羽毛及其制品和制鞋业	Manufacture of Leather,Fur,Feather and Related Products and Footwear	125417	146719	-14.9
木材加工及木、竹、藤、棕、草制品业	Wood Processing and Manufacture of Wood,Bamboo,Rattan, Palm,and Straw Products	3219	4543	-28.8
家具制造业	Manufacture of Furniture	42189	41015	2.2
造纸和纸制品业	Manufacture of Paper and Paper Products	149708	75434	98.3
印刷业和记录媒介复制业	Printing and Reproduction of Recording Media	214752	157246	32.8
文教、工美、体育和娱乐用品制造业	Manufacture of Articles for Culture,Education,Industrial Arts, Sports and Recreation			
化学原料和化学制品制造业	Manufacture of Raw Chemical Materials and Chemical Products	3098143	3454165	-5.1
医药制造业	Manufacture of Medicines	2176567	2036238	6.1
橡胶和塑料制品业	Manufacture of Rubber and Plastics	1661141	1577952	5.1
非金属矿物制品业	Manufacture of Non-metallic Mineral Products	1687943	1354713	24.2
黑色金属冶炼和压延加工业	Smelting and Calendering of Ferrous Metals	709953	764440	-3.7
有色金属冶炼和压延加工业	Smelting and Calendering of Non-ferrous Metals	1394295	1448588	-0.9
金属制品业	Manufacture of Metal Products	387003	368191	6.3
通用设备制造业	Manufacture of General Purpose Machinery	340854	191272	79.4
专用设备制造业	Manufacture of Special Purpose Machinery	347730	347086	-1.3
汽车制造业	Manufacture of Automobiles	883458	746108	16.2

7-5 续表 (continued)

单位：万元 (10 000 yuan)

指 标	Item	2014	2013	2014年比2013年增长(%) Growth Rate in 2014 over 2013(%)
铁路、船舶、航空航天和其他运输设备制造业	Manufacture of Railway,Watercraft,Aviation,Aerospace and Other Transport Equipment	627879	618492	10.1
电气机械和器材制造业	Manufacture of Electrical Machinery and Equipment	766796	668150	15.5
计算机、通信和其他电子设备制造业	Manufacture of Computers, Communication Equipment and Other Electronic Equipment	787826	661102	17.5
仪器、仪表制造业	Manufacture of Measuring Instruments	99132	105062	-3.3
其他制造业	Others	109127	176261	-38.4
电力、燃气及水的生产和供应业	**Production and Supply of Electric Power,Gas and Water**	**2144047**	**978531**	**115.8**
电力、热力的生产和供应业	Production and Supply of Electric Power and Heating Power	1871600	620151	198.2
燃气生产和供应业	Production and Supply of Gas	195897	295927	-37.0
水的生产和供应业	Production and Supply of Water	76550	62454	21.1
按支柱、特色行业分	**By Pillar and Characteristic Industries**			
能源、优势原材料为主的支柱产业	Pillar Industries of Energy and Raw Materials	5395644	5453451	3.8
电	Electricity	274025	219551	25.6
煤	Coal	142905	226628	-34.2
煤化工	Coal Chemical Industry	448407	578329	-19.7
铝及铝加工	Aluminum and Its Processing Industry	1521836	1458606	7.3
磷及磷化工	Phosphorus and Its Chemical Industry	2898953	2947668	5.3
铁合金	Iron Alloy	252422	249296	0.6
烟酒为主的传统支柱产业	Traditional Pillar Industries of Tobacco and Liquor	2294682	2255215	1.1
酒	Liquor	280899	185876	51.6
烟	Tobacco	2013783	2069339	-3.4
六大特色支柱产业	Six Special Pillar Industries	14770715	13867711	8.2
磷煤化工	Phosphorus and Coal Chemical Industry	3144044	3262240	2.7
铝及铝化工	Aluminum and Its Chemical Industry	1521836	1458606	7.3
特色食品	Characteristic Food	2011278	1639134	21.4
烟草制品	Tobacco Products	2013783	2069339	-3.4
现代医药	Modern Medicine	1983184	1864713	5.6
装备制造业	Equipment Manufacturing Industry	4096590	3573678	15.6

注：1. 工业总产值按当年价格计算；
2. 增长速度按价格指数紧缩后的可比价格计算。

a) Gross output value of industrial enterprises is calculated at the current price.
b) The growth rate is calculated at the comparable price after the decrease of price index.

7-6 规模以上工业主要经济指标变动情况
The Variation of Main Economic Indicators in Industrial Enterprises above Designated Size

单位：万元 (10 000 yuan)

指 标	Item	总 计 Total		#国有及国有控股 State-owned and State-holding Enterprises	
		2014	2014年比2013年增长(%) Growth Rate in 2014 over 2013(%)	2014	2014年比2013年增长(%) Growth Rate in 2014 over 2013(%)
企业单位数(个)	Number of Enterprises(unit)	511	9.0	129	-3.0
#亏损企业数(个)	Number of Unprofitable Enterprises(unit)	95	1.1	34	3.0
工业总产值(当年价格)	Gross Industrial Output Value(current price)	22291542	11.8	11378451	11.5
工业销售产值(当年价格)	Industrial Sales Value(current price)	20574976	10.7	10406225	9.7
#出口交货值	Delivery Value of Export	615430	8.2	559105	23.8
工业增加值(收入法)	Industrial Added Value(income approach)	6334582	12.2	3721355	3.6
资产合计	Total Assets	26303737	21.0	18233963	15.7
流动资产合计	Total Current Assets	12439839	22.4	7990735	22.3
#应收账款净额	Net Receivables	2500503	21.9	1511697	23.9
存 货	Inventory	3227838	16.1	2396643	19.2
#产成品	Finished Goods	1239843	0.7	817289	-6.7
固定资产小计	Total Fixed Assets	8312793	12.3	6370092	8.3
固定资产原价	Original Value of Fixed Assets	11521707	22.2	9220554	21.1
累计折旧	Accumulated Depreciation	3817165	16.0	3204912	15.1
年末固定资产净值余额	Net Value of Fixed Assets at the Year-end	7704542	25.6	6015642	24.5
负债合计	Total Liabilities	17230612	18.0	12716388	14.1
流动负债合计	Total Current Liabilities	11772397	20.5	7978642	15.2
#应付帐款	Accounts Payable	2130217	0.0	1459696	-3.9
非流动负债合计	Total Non-current Liabilities	3547884	-1.2	3218807	3.9
所有者权益合计	Total Owners' Equity	8819772	20.6	5411992	12.5
#实收资本	Paid-up Capital	4386288	17.7	2921999	14.6
国家资本	State Capital	1350874	-18.0	1339456	-16.7
集体资本	Collective Capital	62939	-13.0	21516	-59.0
法人资本	Corporate Capital	1892234	32.6	1218391	38.9
个人资本	Personal Capital	719942	37.4	237548	122.4
港澳台资本	Capital from Hong Kong,Macao and Taiwan	74496	-62.5	4061	-97.7
外商资本	Foreign Capital	248104	-19.1	65527	-63.3
主营业务收入	Revenue from Principal Business	21907414	19.0	12200322	13.3
主营业务成本	Cost of Principal Business	16202544	21.4	8601041	16.9
主营业务税金及附加	Tax and Extra Charges of Principal Business	1202720	13.0	1106396	9.9
其他业务利润	Others	38088	-34.0	28663	-42.3
销售费用	Selling Expenses	1076095	25.5	315690	24.0
管理费用	Management Expenses	1056906	18.4	698003	18.6
#税 金	Taxes	39606	9.0	23373	6.7
财务费用	Financial Expenses	394667	23.8	296657	20.6
#利息支出	Interest Expenses	338728	11.0	258507	909.7
营业利润	Operating Profits	2070107	3.6	1261797	-2.5
投资收益	Investment Income	54819	0.8	40075	-13.5
补贴收入	Income from Subsidies	79434	-27.5	55813	-29.8
利润总额	Total Profits	2169960	0.7	1330265	-6.6
所得税费用	Income Tax Expense	224921	18.3	122020	8.2
亏损企业亏损总额	Total Losses	243064	13.6	215037	31.6
利税总额	Total Taxes and Profits	4195054	5.9	2921349	-0.1
本年应交增值税	Value Added Tax Payable	822374	12.0	484689	-2.2
本年进项税额	Input VAT				
本年销项税额	Output VAT				
工业中间投入合计	Total Intermediate Industrial Input	15544766	17.0	7520785	14.5
全部从业人员年平均人数(人)	Annual Average Employed Persons (person)	189010	2.3	117653	0.4

7-6 续表

单位：万元

指　　标	Item	#高技术工业 High-tech Industries 2014	2014年比2013年增长(%) Growth Rate in 2014 over 2013(%)
企业单位数(个)	Number of Enterprises(unit)	137	80.3
#亏损企业数(个)	Number of Unprofitable Enterprises(unit)	28	211.1
工业总产值(当年价格)	Gross Industrial Output Value (current price)	6759166	11.2
工业销售产值(当年价格)	Industrial Sales Value (current price)	6207324	116.1
#出口交货值	Delivery Value of Export	336199	787.4
工业增加值(收入法)	Industrial Added Value(income approach)	943772	4.8
资产合计	Total Assets	10755520	303.9
流动资产合计	Total Current Assets	4971103	168.8
#应收账款净额	Net Receivables	826810	50.6
存　货	Inventory	1214346	212.5
#产成品	Finished Goods	569666	69.5
固定资产小计	Total Fixed Assets	4111025	666.5
固定资产原价	Original Value of Fixed Assets	5342024	681.2
累计折旧	Accumulated Depreciation	1498488	389.9
年末固定资产净值余额	Net Value of Fixed Assets at the Year-end	537946	42.3
负债合计	Total Liabilities	8227185	503.9
流动负债合计	Total Current Liabilities	5753211	418.5
#应付帐款	Accounts Payable	731075	89.9
非流动负债合计	Total Non-current Liabilities	1975525	533.0
所有者权益合计	Total Owners' Equity	1917097	34.6
#实收资本	Paid-up Capital	681294	23.0
国家资本	State Capital	157931	15.2
集体资本	Collective Capital	11353	140.4
法人资本	Corporate Capital	280217	-20.9
个人资本	Personal Capital	161279	32.9
港澳台资本	Capital from Hong Kong,Macao and Taiwan	5210	-96.2
外商资本	Foreign Capital	32803	-73.6
主营业务收入	Revenue from Principal Business	3186831	32.0
主营业务成本	Cost of Principal Business	1920590	45.9
主营业务税金及附加	Tax and Extra Charges of Principal Business	27772	10.2
其他业务利润	Others	5439	33.9
销售费用	Selling Expenses	644130	32.5
管理费用	Management Expenses	255142	31.0
#税　金	Taxes	5916	29.9
财务费用	Financial Expenses	27774	0.2
#利息支出	Interest Expenses	26577	0.5
营业利润	Operating Profits	308224	31.2
投资收益	Investment Income	1312	-84.0
补贴收入	Income from Subsidies	13126	-51.4
利润总额	Total Profits	332416	11.5
所得税费用	Income Tax Expense	50076	37.9
亏损企业亏损总额	Total Losses	2556	-64.2
利税总额	Total Taxes and Profits	501138	9.1
本年应交增值税	Value Added Tax Payable	140750	6.3
本年进项税额	Input VAT		
本年销项税额	Output VAT		
工业中间投入合计	Total Intermediate Industrial Input	2496671	4.4
全部从业人员年平均人数(人)	Annual Average Employed Persons (person)	40395	15.7

(continued)

(10 000 yuan)

#非公有制工业 Non-public Industries		#大中型工业 Large and Medium-sized Industrial Enterprises		#装备制造业 Equipment Manufacturing Industry	
2014	2014年比2013年增长(%) Growth Rate in 2014 over 2013(%)	2014	2014年比2013年增长(%) Growth Rate in 2014 over 2013(%)	2014	2014年比2013年增长(%) Growth Rate in 2014 over 2013(%)
367	13.3	116	-1.7	118	2.7
58		21	-4.5	15	16.7
10650166	11.9	14412805	5.7	4096590	15.6
9932791	11.6	13237293	4.7	3782191	306.2
56325	-49.5	549829	9.1	90941	517.0
2542714	27.0	4515541	5.2	839982	2.3
7932869	34.8	20497001	18.1	4493449	500.4
4349156	21.0	9357749	19.7	3007008	305.5
961131	17.3	1686064	24.1	917528	131.0
803941	5.8	2668577	17.0	695563	348.4
402074	14.2	940278	13.9	322069	114.1
1915275	28.4	6778114	17.2	866209	791.2
2256841	26.7	9273893	28.8	1374740	833.1
590567	18.5	2940673	19.3	581727	551.8
1666274	29.9	6333220	33.7	793014	1067.0
4432724	30.4	13738673	17.5	2602938	536.4
3719988	32.5	8908555	16.2	2238666	404.9
646511	7.2	1566132	4.0	632101	125.3
324679	-33.6	3314380	7.4	302797	571.4
3352376	35.8	6581470	16.4	1817796	357.0
1444439	23.5	2843265	12.2	933808	264.3
9768	-74.8	1189870	12.0	334346	233.8
38766	111.8	28951	389.2	19742	867.3
662697	21.4	1048094	-2.9	277269	174.8
477998	14.8	406335	52.6	206644	180.5
70435	177.6	10902	24.0	4401	-93.7
182576	42.6	121914	-6.4	57706	-28.9
9489058	27.2	15092202	13.1	3720834	402.8
7421158	27.6	10515429	14.4	3100604	340.6
90662	61.5	1136231	10.9	14267	6334.8
9148	17.5	26452	-51.8	11789	139.8
746576	24.3	758769	18.1	145020	590.6
349709	16.7	757392	15.5	293845	228.5
15938	10.7	27360	4.2	7816	356.2
96983	34.3	319775	27.0	28954	995.2
79181	28.2	278546	9.7	24982	922.1
798435	19.3	1660631	-2.4	154525	1552.6
14643	85.5	50224	12.5	13058	290.6
23214	-22.5	65244	-9.7	13753	77.4
829118	18.9	1738010	-2.5	193339	850.9
101144	34.1	180465	18.3	26410	697.1
26138	-47.1	197778	20.2	8017	1804.2
1250651	25.2	3499451	3.4	284778	1142.8
329662	40.1	623560	8.3	76586	633.6
7843169	19.5	9700181	15.4	3123529	238.8
68552	5.1	144872	-1.2	53388	203.5

7-7 规模以上工业综合经济效益指标(2014年)

单位：万元

指　　标	Item	总资产贡献率(%) Ratio of Profits, Taxes and Interests to Average Assets(%)	资产负债率(%) Ratio of Debts to Assets(%)
总　计	**Total**	**18.88**	**65.51**
#亏损企业	Unprofitable Enterprises	-1.18	81.56
#国有控股企业	State Holding Enterprises	18.71	69.74
#农村工业	Rural Industries	4.11	72.41
#非公有制工业	Non-public Industries	19.25	55.88
#高技术	High-tech	16.96	45.61
按登记注册类型分	**By Status of Registration**		
内资企业	Domestic-funded Enterprises	18.80	66.14
国有企业	State-owned Enterprises	56.36	56.62
集体企业	Collective-owned Enterprises	4.74	74.74
股份合作企业	Joint-equity Cooperative Enterprises	3.25	68.05
联营企业	Joint Ownership Enterprises	45.55	51.64
有限责任公司	Limited Liability Companies	8.72	71.14
股份有限公司	Companies Limited by Shares	7.79	57.92
私营企业	Private Enterprises	23.02	69.78
其他企业	Others	2.80	79.84
港、澳、台商投资企业	Enterprises with Funds from Hong Kong,Macao and Taiwan	23.22	65.36
外商投资企业	Enterprises with Foreign Investment	19.17	50.92
按经济组织类型分	**By Types of Economic Organization**		
独资企业	Solely Funded Enterprises	52.07	56.16
合作、合伙企业	Cooporative and Partnership Enterprises	29.20	56.04
股份有限公司	Companies Limited by Shares	8.65	57.79
有限责任公司	Limited Liability Companies	10.57	70.54
按轻重工业分	**By Light & Heavy Industries**		
轻工业	Light Industry	47.13	38.09
重工业	Heavy Industry	11.23	72.95
按企业规模分	**By Size of Enterprises**		
大型企业	Large Enterprises	23.83	67.12
中型企业	Medium-sized Enterprises	11.07	66.80
小型企业	Small Enterprises	15.26	60.95
微型企业	Micro-sized Enterprises	3.45	31.45
按企业主营业务收入分	**By Revenue from Principal Business**		
年收入在40亿元以上	Annual Income Above 4 billion yuan	65.32	74.10
年收入在20—40亿元	Annual Income Between 2 billion and 4 billion yuan	36.22	57.03
年收入在10—20亿元	Annual Income Between 1 billion and 2 billion yuan	21.65	63.18
年收入在5—10亿元	Annual Income Between 0.5 billion and 1 billion yuan	16.43	61.16
年收入在1—5亿元	Annual Income Between 0.1 billion and 0.5 billion yuan	20.85	61.61
年收入在3000万元—1亿元	Annual Income Between 30 million and 0.1 billion yuan	8.36	66.26
年收入在1000万元—3000万元	Annual Income Between 10 million and 30 million yuan	4.00	56.70
年收入在1000万元以下	Annual Income Below 10 million yuan	-2.30	97.05

Overall Indicators on Economic Benefits of Industrial Enterprises above Designated Size(2014)

(10 000 yuan)

流动资产周转率(次/年) Turnover Rate of Current Assets(times/year)	成本费用利润率(%) Ratio of Profits to Total Industrial Costs(%)	全员劳动生产率(元/人·年) Labor Productivity (yuan/ person /year)	产品销售率(%) Sales Rate of Industrial Products (%)	资本保值增值率(%) Capital Maintenance and Appreciation Rate(%)	工业综合经济效益指数(%) Composite Index of Industrial Economic Benefits(%)
3.15	**11.59**	**335145**	**92.30**	**120.62**	**338.06**
2.13	-8.78	144921	95.05	92.50	105.09
3.05	13.43	316299	91.46	112.45	329.86
3.31	1.33	135893	50.22	30.49	143.78
4.36	9.64	370918	93.26	135.83	356.54
2.43	11.66	233636	88.85	134.63	258.60
3.53	11.35	335218	92.50	119.50	340.54
4.00	55.69	882323	98.31	128.55	878.03
0.02	0.18	371422	92.21	141.62	270.19
0.02	1.44	133120	93.03	103.63	125.93
	2.18	27992	99.74	83.92	100.98
3.08	4.88	248371	93.55	117.72	246.17
2.60	3.78	164152	78.46	113.90	173.92
5.33	10.46	391083	95.87	118.21	392.74
0.12	0.34	753198	83.75	148.92	499.33
1.42	16.52	322239	93.45	258.27	355.18
0.79	15.01	339094	87.67	116.79	318.89
3.85	45.83	755484	96.98	132.65	758.00
4.64	6.56	299084	93.10	222.92	326.91
2.19	4.44	177254	80.07	116.81	181.93
1.86	6.41	274914	93.68	116.20	258.01
1.36	16.98	666091	92.60	124.54	563.17
2.40	9.70	218827	92.15	118.22	241.85
1.26	17.25	340646	90.98	109.87	347.52
1.63	7.93	249377	93.50	135.16	250.15
4.36	6.85	407128	92.65	132.84	374.70
1.43	2.87	878512	123.40	193.05	603.68
2.26	23.13	731147	88.87	101.30	659.25
3.35	10.10	312942	94.64	219.48	343.57
1.73	8.11	240450	94.84	79.32	252.17
1.51	6.77	215528	95.60	135.27	232.17
1.87	7.13	279711	92.33	146.90	281.84
1.34	0.74	192063	88.20	88.24	175.65
0.65	0.17	144192	92.52	285.35	149.47
0.06	-14.71	4299	1951.47	4.71	210.86

7-7 续表1

单位：万元

指　　标	Item	总资产贡献率(%) Ratio of Profits, Taxes and Interests to Average Assets(%)	资产负债率(%) Ratio of Liabilities to Assets(%)
按支柱、特色行业分	**By Pillar and Characteristic Industries**		
能源、优势原材料为主的支柱产业	Pillar Industries of Energy and Raw Materials	5.33	79.04
电	Electricity	11.40	92.54
煤	Coal	1.03	39.82
煤化工	Coal Chemical Industry	-2.71	58.90
铝及铝加工	Aluminum and Its Processing Industry	2.39	81.31
磷及磷化工	Phosphorus and Its Chemical Industry	7.98	80.86
铁合金	Iron Alloy	2.57	126.98
烟酒为主的传统支柱产业	Traditional Pillar Industries of Tobacco and Liquor	89.63	27.28
酒	Liquor	40.81	62.53
烟	Tobacco	96.11	22.77
六大特色支柱产业	Six Special Pillar Industries	19.06	63.10
磷煤化工	Phosphorus and Coal Chemical Industry	5.68	82.14
铝及铝化工	Aluminum and Its Chemical Industry	2.39	81.31
特色食品	Characteristic Food	39.30	53.45
烟草制品	Tobacco Products	96.11	22.77
现代医药	Modern Medicine	26.43	37.89
装备制造业	Equipment Manufacturing Industry	7.83	57.93
按区县地域分	**By District (County or City)**		
南明区	Nanming	10.65	71.16
云岩区	Yunyan	55.31	67.76
花溪区	Huaxi	74.22	50.76
乌当区	Wudang	19.53	53.09
白云区	Baiyun	26.44	66.98
观山湖区	Guanshanhu	6.63	68.90
开阳县	Kaiyang	19.67	69.86
息烽县	Xifeng	27.88	35.56
修文县	Xiuwen	41.19	63.49
清镇市	Qingzhen	13.25	95.22
外地县	Others		
按工业行业分	**By Sector**		
采矿业	**Mining**	**17.80**	**40.22**
煤炭开采和洗选业	Mining and Washing of Coal	1.22	39.41
有色金属矿采选业	Non-ferrous Metals Mining and Dressing	20.35	57.70
非金属矿采选业	Ming and Processing of Non-mental Ores	121.66	39.98

(continued)

(10 000 yuan)

流动资产周转率(次/年) Turnover Rate of Current Assets(times/year)	成本费用利润率(%) Ratio of Profits to Total Industrial Costs(%)	全员劳动生产率 (元/人·年) Labor Productivity (yuan/ person /year)	产品销售率(%) Sales Rate of Industrial Products (%)	资本保值增值率(%) Capital Maintenance and Appreciation Rate(%)	工业综合经济效益指数(%) Composite Index of Industrial Economic Benefits(%)
3.13	0.94	243515	94.36	122.08	223.32
3.82	17.29	337549	100.90	71.26	345.75
0.26	-7.61	79579	111.11	481.79	102.54
0.50	-13.57	49210	103.08	761.69	96.05
1.84	-3.23	302055	90.13	88.61	221.36
3.46	3.39	294925	93.86	88.77	264.90
0.07	-2.24	261021	103.06	158.63	180.34
1.34	33.29	3271826	98.95	115.27	2251.07
0.75	27.55	1249448	91.46	90.56	950.08
2.38	34.71	3804639	100.00	117.26	2597.23
3.45	7.30	378653	92.90	117.78	351.83
1.13	1.57	253083	94.26	98.23	208.03
0.95	-3.23	302055	90.13	88.61	212.51
0.80	16.76	424758	93.32	131.27	402.82
1.33	34.71	3804639	100.00	117.26	2586.86
1.90	16.92	346131	86.40	136.65	351.89
2.24	5.41	157335	92.33	126.22	175.98
1.96	3.30	234878	90.89	161.19	228.54
1.81	76.94	269875	81.05	172.56	577.44
1.68	11.84	535131	93.58	99.28	494.74
2.13	6.83	258286	89.68	219.30	266.62
2.83	6.50	364919	95.05	95.71	338.83
1.37	-0.75	146236	96.10	127.80	146.16
1.13	3.18	336361	96.12	42.73	276.78
3.33	11.23	427717	97.02	284.22	416.79
3.40	8.72	322554	95.23	130.27	349.31
1.63	1.40	188269	97.15	83.14	175.97
1.56	**9.74**	**195980**	**98.98**	**343.42**	**250.05**
0.83	-8.14	60234	115.95	499.61	97.71
3.19	3.05	839732	87.86	120.43	602.70
2.55	26.03	723703	94.32	132.80	728.90

7-7 续表2

单位：万元

指标	Item	总资产贡献率(%) Ratio of Profits, Taxes and Interests to Average Assets(%)
制造业	**Manufacturing**	**30.92**
农副食品加工业	Farm and Sideline Products Processing	55.02
食品制造业	Food Manufacturing	60.57
酒、饮料和精制茶制造业	Manufacture of Liquor,Beverages and Refined Tea	91.84
烟草制品业	Manufacture of Tobacco	180.74
纺织业	Manufacture of Textile	
纺织服装、服饰业	Manufacture of Textiles and Garments	32.30
皮革、毛皮、羽毛及其制品和制鞋业	Manufacture of Leather,Fur,Feather and Related Products and Footwear	40.75
木材加工及木、竹、藤、棕、草制品业	Wood Processing and Manufacture of Wood,Bamboo,Rattan, Palm,and Straw Products	-26.12
家具制造业	Manufacture of Furniture	41.46
造纸和纸制品业	Manufacture of Paper and Paper Products	54.05
印刷业和记录媒介复制业	Printing and Reproduction of Recording Media	50.30
文教、工美、体育和娱乐用品制造业	Manufacture of Articles for Culture,Education,Industrial Arts, Sports and Recreation	
化学原料和化学制品制造业	Manufacture of Raw Chemical Materials and Chemical Products	9.45
医药制造业	Manufacture of Medicines	43.51
橡胶和塑料制品业	Manufacture of Rubber and Plastics	16.52
非金属矿物制品业	Manufacture of Non-metallic Mineral Products	25.65
黑色金属冶炼和压延加工业	Smelting and Calendering of Ferrous Metals	2.53
有色金属冶炼和压延加工业	Smelting and Calendering of Non-ferrous Metals	9.27
金属制品业	Manufacture of Metal Products	11.55
通用设备制造业	Manufacture of General Purpose Machinery	9.13
专用设备制造业	Manufacture of Special Purpose Machinery	10.20
汽车制造业	Manufacture of Automobiles	21.06
铁路、船舶、航空航天和其他运输设备制造业	Manufacture of Railway,Watercraft,Aviation,Aerospace and Other Transport Equipment	12.52
电气机械和器材制造业	Manufacture of Electrical Machinery and Equipment	9.60
计算机、通信和其他电子设备制造业	Manufacture of Computers, Communication Equipment and Other Electronic Equipment	21.26
仪器、仪表制造业	Manufacture of Measuring Instruments	12.13
其他制造业	Others	0.64
电力、燃气及水的生产和供应业	**Production and Supply of Electric Power,Gas and Water**	**64.88**
电力、热力的生产和供应业	Production and Supply of Electric Power and Heating Power	100.01
燃气生产和供应业	Production and Supply of Gas	-5.81
水的生产和供应业	Production and Supply of Water	5.59

(continued)

(10 000 yuan)

资产负债率(%) Ratio of Liabilities to Assets(%)	流动资产周转率(次/年) Turnover Rate of Current Assets(times/year)	成本费用利润率(%) Ratio of Profits to Total Industrial Costs(%)	全员劳动生产率(元/人·年) Labor Productivity (yuan/ person /year)	产品销售率(%) Sales Rate of Industrial Products(%)	资本保值增值率(%) Capital Maintenance and Appreciation Rate(%)	工业综合经济效益指数(%) Composite Index of Industrial Economic Benefits(%)
63.60	**1.84**	**7.04**	**340046**	**91.35**	**113.61**	**323.93**
46.23	4.74	5.50	211140	86.85	126.51	285.84
55.16	2.04	22.26	338088	99.24	133.96	408.30
55.12	3.97	26.40	901965	95.01	131.31	818.80
22.77	1.85	34.71	3804639	100.00	117.26	2686.99
34.01	0.93	1.60	117271	100.00	13.60	137.83
30.84	3.72	4.78	177850	93.28	114.35	236.06
473.18	2.05	-27.11	57718	102.69	110.97	-159.63
55.77	1.50	17.50	159027	86.32	158.46	256.49
52.87	6.16	7.14	286814	95.75	114.21	350.39
33.54	1.85	24.76	448491	97.67	111.52	468.02
82.70	1.93	1.69	210661	94.55	82.55	192.63
40.07	1.80	15.72	337986	85.81	136.09	360.47
63.13	1.53	5.29	178913	66.79	141.81	201.05
75.06	2.58	5.33	376850	98.01	103.67	337.30
55.29	1.09	-0.74	149223	98.61	105.56	128.64
79.54	2.73	-0.24	359497	91.66	89.38	284.77
62.99	1.43	3.68	144773	94.43	106.03	166.72
53.65	1.25	6.70	111310	87.72	435.02	185.21
59.19	1.07	4.30	435319	89.40	111.35	329.01
51.58	2.26	4.74	176379	95.16	87.72	195.30
60.07	0.93	8.22	95870	93.56	113.12	152.10
82.27	1.28	3.04	356035	88.23	105.22	281.91
34.42	1.93	7.36	129148	93.60	151.57	181.78
63.03	0.70	5.44	178740	90.40	100.49	186.08
54.61	0.88	-1.16	149946	83.94	98.39	120.34
87.81	**4.78**	**86.70**	**395258**	**99.47**	**129.26**	**721.03**
95.04	13.61	129.54	665700	100.13	78.10	1164.17
92.82	1.42	-8.90	15985	99.31	709.13	93.80
60.04	0.56	20.27	229793	83.77	152.20	271.21

7-7 续表3

单位：万元

指　　标	Item	总资产周转(倍) Total Assets Turnover (time)	流动比率(倍) Current Ratio (time)
总　　计	**Total**	**83.29**	**105.67**
#亏损企业	Unprofitable Enterprises	47.25	79.50
#国有控股企业	State Holding Enterprises	66.91	100.15
#农村工业	Rural Industries	129.70	99.35
#非公有制工业	Non-public Industries	119.62	116.91
#高技术	High-tech	89.51	162.76
按登记注册类型分	**By Status of Registration**		
内资企业	Domestic-funded Enterprises	83.42	106.62
国有企业	State-owned Enterprises	90.25	201.81
集体企业	Collective-owned Enterprises	128.17	122.59
股份合作企业	Joint-equity Cooperative Enterprises	89.47	111.12
联营企业	Joint Ownership Enterprises	522.40	32.23
有限责任公司	Limited Liability Companies	78.06	90.24
股份有限公司	Companies Limited by Shares	68.27	121.79
私营企业	Private Enterprises	143.88	100.18
其他企业	Others	71.39	92.03
港、澳、台商投资企业	Enterprises with Funds from Hong Kong,Macao and Taiwan	71.54	72.30
外商投资企业	Enterprises with Foreign Investment	85.69	104.95
按经济组织类型分	**By Types of Economic Organization**		
独资企业	Solely Funded Enterprises	90.29	181.85
合作、合伙企业	Cooperative and Partnership Enterprises	130.66	105.48
股份有限公司	Companies Limited by Shares	71.31	123.24
有限责任公司	Limited Liability Companies	83.76	89.90
按轻重工业分	**By Light & Heavy Industries**		
轻工业	Light Industry	120.14	179.11
重工业	Heavy Industry	73.28	91.54
按企业规模分	**By Size of Enterprises**		
大型企业	Large Enterprises	74.02	108.49
中型企业	Medium-sized Enterprises	72.73	97.37
小型企业	Small Enterprises	118.56	106.70
微型企业	Micro-sized Enterprises	75.30	180.43
按企业主营业务收入分	**By Revenue from Principal Business**		
年收入在40亿元以上	Annual Income Above 4 billion yuan	89.25	90.54
年收入在20—40亿元	Annual Income Between 2 billion and 4 billion yuan	123.17	156.07
年收入在10—20亿元	Annual Income Between 1 billion and 2 billion yuan	85.14	137.09
年收入在 5—10亿元	Annual Income Between 0.5 billion and 1 billion yuan	64.25	118.85
年收入在 1—5亿元	Annual Income Between 0.1 billion and 0.5 billion yuan	83.40	94.39
年收入在3000万元—1亿元	Annual Income Between 30 million and 0.1 billion yuan	69.12	105.42
年收入在1000万元—3000万元	Annual Income Between 10 million and 30 million yuan	35.34	123.86
年收入在1000万元以下	Annual Income Below 10 million yuan	9.45	112.49

(continued)

(10 000 yuan)

总资产利润率(%) Ratio of Profits to Total Assets(%)	资金利税率(%) Profit-tax Rate of Capital(%)	主营收入利税率(%) Profit-tax of Sales Revenue(%)	百元固定资产实现工业增加值(元) Industrial Added Value per 100 yuan of Fixed Assets(yuan)	百元固定资产实现利税额(元) Profits and Taxes per 100 yuan of Fixed Assets(yuan)
8.25	**20.82**	**19.15**	**82.22**	**54.45**
-4.62	-3.96	-6.47	26.96	-7.84
7.30	20.86	23.94	61.86	48.56
1.68	9.34	5.31	271.70	92.91
10.45	20.79	13.18	152.60	75.06
9.34	17.80	15.73	175.44	93.16
8.09	20.75	19.11	81.14	53.93
24.56	80.13	58.92	226.97	250.17
0.22	3.57	2.56	1743.79	60.90
1.27	3.89	3.10	360.84	93.76
11.14	50.73	9.71	65.96	60.86
3.63	7.84	7.93	49.04	19.04
2.52	7.57	8.67	60.35	21.36
13.47	22.69	13.35	119.87	57.18
0.24	2.07	2.20	654.90	64.34
10.06	24.24	19.84	151.61	93.83
11.20	21.36	19.74	90.49	57.05
22.40	71.18	53.42	219.88	230.59
7.41	28.38	18.39	184.47	84.75
3.07	8.49	9.31	67.16	24.33
5.03	10.01	9.43	56.38	24.31
14.75	52.22	35.41	278.92	203.55
6.49	11.60	11.91	46.86	27.65
9.82	27.62	28.10	82.06	72.46
5.37	10.66	11.64	51.46	23.53
7.59	16.04	10.31	138.44	53.73
2.10	3.67	4.61	47.24	6.39
14.29	40.04	34.90	86.48	89.85
11.41	22.67	14.34	103.57	57.67
6.49	11.02	10.75	46.91	24.66
4.11	9.17	11.11	61.57	28.05
5.54	13.02	10.85	104.66	39.74
0.51	3.98	4.55	113.24	13.40
0.06	2.07	4.28	100.18	8.83
-1.59	-0.48	-12.54	1.45	-0.77

7-7 续表4

单位：万元

指　　标	Item	总资产周转(倍) Total Assets Turnover (time)
按支柱、特色行业分	**By Pillar and Characteristic Industries**	
能源、优势原材料为主的支柱产业	Pillar Industries of Energy and Raw Materials	70.16
电	Electricity	27.47
煤	Coal	16.85
煤化工	Coal Chemical Industry	28.74
铝及铝加工	Aluminum and Its Processing Industry	58.90
磷及磷化工	Phosphorus and Its Chemical Industry	93.15
铁合金	Iron Alloy	362.05
烟酒为主的传统支柱产业	Traditional Pillar Industries of Tobacco and Liquor	118.15
酒	Liquor	110.73
烟	Tobacco	119.10
六大特色支柱产业	Six Special Pillar Industries	91.57
磷煤化工	Phosphorus and Coal Chemical Industry	87.23
铝及铝化工	Aluminum and Its Chemical Industry	58.90
特色食品	Characteristic Food	172.54
烟草制品	Tobacco Products	119.10
现代医药	Modern Medicine	96.17
装备制造业	Manufacture of Equipments	82.81
贵阳市产业园区	**Industrial Parks of Guiyang City**	
南明临空经济区产业园	Nanming Airport Economic Zone	121.02
云岩产业园	Yunyan Industrial Park	54.09
花溪产业园	Huaxi Industrial Park	156.26
小河—孟关装备制造业生态工业园	Xiaohe-Mengguan Equipment Manufacturing Industry Eco-Industrial Park	102.42
乌当医药食品新型产业园	Wudang Food and Drug New Industrial Park	106.19
白云铝及铝加工工业基地	Baiyun Aluminum and Aluminum Processing Industrial Base	108.71
麦架—沙文高新技术产业园	Maijia-Shawen High-tech Industrial Park	55.49
观山湖电子商务和现代制造业产业园	Guanshanhu Electronic Commerce and Modern Manufacturing Industrial Park	389.02
开阳磷煤化工生态工业示范基地	Kaiyang Phosphorus and Coal Chemical Ecological Industries Demonstration Base	78.42
息烽磷煤化工生态工业基地	Xifeng Phosphorus and Coal Chemical Ecological Industries Base	108.06
修文产业园	Xiuwen Industrial Park	157.11
清镇经开区	Qingzhen Economic Development Zone	51.48
按区县地域分	**By District (County or City)**	
南明区	Nanming	64.02
云岩区	Yunyan	55.10
花溪区	Huaxi	106.74
乌当区	Wudang	93.70
白云区	Baiyun	112.72
观山湖区	Guanshanhu	63.79
开阳县	Kaiyang	90.84
息烽县	Xifeng	108.81
修文县	Xiuwen	138.15
清镇市	Qingzhen	53.27

(continued)

(10 000 yuan)

流动比率(倍) Current Ratio(time)	总资产利润率(%) Ratio of Profits to Total Assets(%)	资金利税率(%) Profit-tax Rate of Capital(%)	主营收入利税率(%) Profit-tax of Sales Revenue(%)	百元固定资产实现工业增加值(元) Industrial Added Value per 100 yuan of Fixed Assets(yuan)	百元固定资产实现利税额(元) Profits and Taxes per 100 yuan of Fixed Assets(yuan)
67.53	0.65	3.65	4.19	25.97	6.32
20.95	4.15	9.14	24.80	11.56	10.04
85.35	-1.35	-0.04	-0.11	49.24	-0.14
74.39	-4.47	-6.07	-12.54	10.83	-11.38
77.70	-2.00	0.82	1.08	34.91	1.31
68.32	2.99	6.00	5.77	27.24	11.61
60.02	-8.74	0.82	0.21	324.61	4.15
254.93	15.81	94.83	71.81	469.39	403.81
91.19	22.91	47.10	35.14	239.98	135.03
309.37	14.90	100.42	76.17	511.72	453.40
110.66	5.79	19.65	18.08	89.08	51.98
67.64	1.32	3.83	3.93	22.14	7.17
77.70	-2.00	0.82	1.08	34.91	1.31
124.65	24.65	40.65	20.30	200.14	126.06
309.37	14.90	100.42	76.17	511.72	453.40
170.13	13.78	31.67	22.68	339.13	208.16
134.32	4.30	7.49	7.65	105.92	35.91
160.48	24.24	38.16	27.27	450.26	312.92
148.61	9.21	30.69	32.88	262.12	208.96
215.80	10.31	16.97	8.77	269.08	95.58
158.11	9.27	45.79	39.61	282.37	222.63
170.12	6.15	11.95	8.98	194.92	56.26
108.31	5.37	13.59	9.75	72.93	26.88
95.60	4.50	8.67	10.34	213.67	55.10
95.12	12.28	33.46	8.23	329.86	218.53
69.62	0.88	3.70	4.08	21.96	6.87
120.67	10.95	23.79	11.81	136.09	86.35
100.98	11.12	24.93	12.24	148.83	78.62
59.78	-1.40	0.69	1.12	22.22	1.15
84.45	2.01	4.49	6.03	25.60	9.98
124.79	24.13	51.45	48.60	95.38	168.89
157.60	9.11	41.80	34.45	258.75	196.17
129.15	6.03	12.70	9.80	217.11	58.88
112.79	6.99	15.44	10.77	83.24	32.38
95.47	-0.48	2.62	3.16	89.07	10.36
103.41	2.75	10.36	8.43	50.09	19.61
120.48	10.95	23.87	11.80	138.48	86.60
76.51	11.02	23.15	13.51	89.88	51.53
56.34	0.74	3.79	5.95	24.06	6.13

7-7 续表5

单位：万元

指　　标	Item	总资产周转率(倍) Total Assets Turnover(time)
按工业行业分	**By Sector**	
采矿业	**Mining**	**41.84**
煤炭开采和洗选业	Mining and Washing of Coal	16.16
有色金属矿采选业	Non-ferrous Metals Mining and Dressing	115.82
非金属矿采选业	Mining and Processing of Non-mental Ores	181.37
制造业	**Manufacturing**	**88.76**
农副食品加工业	Farm and Sideline Products Processing	327.80
食品制造业	Food Manufacturing	123.43
酒、饮料和精制茶制造业	Manufacture of Liquor,Beverages and Refined Tea	150.72
烟草制品业	Manufacture of Tobacco	119.10
纺织业	Manufacture of Textile	
纺织服装、服饰业	Manufacture of Textiles and Garments	291.91
皮革、毛皮、羽毛及其制品和制鞋业	Manufacture of Leather,Fur,Feather and Related Products and Footwear	280.54
木材加工及木、竹、藤、棕、草制品业	Wood Processing and Manufacture of Wood, Bamboo,Rattan,Palm and Straw Products	106.47
家具制造业	Manufacture of Furniture	93.72
造纸和纸制品业	Manufacture of Paper and Paper Products	340.84
印刷业和记录媒介复制业	Printing and Reproduction of Recording Media	99.28
文教、工美、体育和娱乐用品制造业	Manufacture of Articles for Culture,Education, Industrial Arts, Sports and Rcreation	
化学原料和化学制品制造业	Manufacture of Raw Chemical Materials and Chemical Products	74.46
医药制造业	Manufacture of Medicines	98.25
橡胶和塑料制品业	Manufacture of Rubber and Plastics	78.88
非金属矿物制品业	Manufacture of Non-metallic Mineral Products	121.07
黑色金属冶炼和压延加工业	Smelting and Calendering of Ferrous Metals	63.39
有色金属冶炼和压延加工业	Smelting and Calendering of Non-ferrous Metals	61.76
金属制品业	Manufacture of Metal Products	80.18
通用设备制造业	Manufacture of General Purpose Machinery	49.92
专用设备制造业	Manufacture of Special Purpose Machinery	63.86
汽车制造业	Manufacture of Automobiles	125.25
铁路、船舶、航空航天和其他运输设备制造业	Manufacture of Railway,Watercraft,Aviation,Aerospace and Other Transport Equipment	53.94
电气机械和器材制造业	Manufacture of Electrical Machinery and Equipment	93.27
计算机、通信和其他电子设备制造业	Manufacture of Computers, Communication Equipment and Other Electronic Equipment	117.72
仪器、仪表制造业	Manufacture of Measuring Instruments	52.15
其他制造业	Others	53.23
电力、燃气及水的生产和供应业	**Production and Supply of Electric Power,Gas and Water**	**60.94**
电力、热力的生产和供应业	Production and Supply of Electric Power and Heating Power	78.98
燃气生产和供应业	Production and Supply of Gas	50.48
水的生产和供应业	Production and Supply of Water	9.87

(continued)

(10 000 yuan)

流动比率(倍) Current Ratio (time)	总资产利润率(%) Ratio of Profits to Total Assets(%)	资金利税率(%) Profit-tax Rate of Capital(%)	主营收入利税率(%) Profit-tax of Sales Revenue(%)	百元固定资产实现工业增加值(元) Industrial Added Value per 100 yuan of Fixed Assets(yuan)	百元固定资产实现利税额(元) Profits and Taxes per 100 yuan of Fixed Assets(yuan)
99.72	**3.47**	**17.12**	**19.61**	**130.93**	**62.18**
83.65	-1.39	-0.09	-0.23	38.76	-0.28
48.76	3.22	27.16	8.35	563.79	116.13
227.10	34.28	65.37	32.96	585.23	412.01
111.71	**5.53**	**17.17**	**16.02**	**87.25**	**47.46**
159.74	17.21	29.26	8.02	183.96	96.87
146.23	22.31	34.42	24.02	220.86	148.21
90.77	30.95	53.77	30.11	193.42	123.22
309.37	14.90	100.42	76.17	511.72	453.40
209.34	4.54	37.89	5.40	406.16	96.23
459.42	12.76	22.12	7.13	233.76	128.11
21.77	-36.88	-31.31	-28.40	52.27	-62.53
168.72	15.31	30.18	22.15	971.68	860.20
167.97	22.67	27.48	7.48	310.73	112.87
198.36	19.71	27.11	25.09	167.81	78.29
73.86	1.22	3.09	3.54	20.61	6.15
159.98	13.24	29.98	21.35	311.28	184.18
109.66	3.96	7.53	8.22	62.00	22.64
87.14	6.12	12.50	8.97	94.76	30.87
110.78	-0.48	1.21	1.25	90.86	7.61
79.12	-0.15	3.59	4.52	33.33	5.38
107.81	2.86	5.16	5.71	65.26	15.03
99.93	3.20	8.38	8.94	163.82	62.85
133.99	2.60	5.59	7.18	133.60	19.72
146.14	5.77	11.09	7.89	111.04	38.35
133.91	4.27	6.18	9.69	67.99	24.78
112.15	2.75	4.44	4.57	335.82	86.08
255.75	8.11	11.48	9.03	80.33	57.31
122.83	2.83	6.33	9.89	256.80	65.51
184.91	-0.67	-0.42	-0.71	66.56	-1.30
44.55	**28.59**	**69.09**	**50.27**	**40.81**	**100.08**
36.98	44.83	121.10	60.57	51.13	142.92
47.76	-4.98	-8.81	-9.55	4.15	-20.76
49.26	1.89	4.33	22.77	23.83	8.31

7–8 规模以上工业企业主要经济指标(2014年)

单位：万元

指 标	Item	企业数(个) Number of Enterprises(unit)	#亏损企业 Unprofitable Enterprises
总 计	**Total**	**511**	**95**
#亏损企业	Unprofitable Enterprises	95	95
#国有控股企业	State Holding Enterprises	129	34
#农村工业	Rural Industries	5	1
#非公有制工业	Non-public Industries	367	58
#高技术	High-tech	81	5
按登记注册类型分	**By Status of Registration**		
内资企业	**Domestic-funded Enterprises**	**472**	**85**
国有企业	State-owned Enterprises	43	11
中央企业	Central Enterprises	24	6
地方企业	Local Enterprises	19	5
集体企业	Collective-owned Enterprises	4	2
股份合作企业	Joint-equity Cooperative Enterprises	1	
联营企业	Joint Ownership Enterprises	1	
集体联营企业	Collective Joint Ownership Enterprises	1	
有限责任公司	Limited Liability Companies	293	44
国有独资公司	Sole State-funded Corporations	24	4
其他有限责任公司	Others	269	40
股份有限公司	Companies Limited by Shares	30	5
私营企业	Private Enterprises	99	23
私营独资企业	Private Sole Funded Companies	11	2
私营合作企业	Private Cooperative Enterprises	9	2
私营有限责任公司	Private Limited Liability Companies	72	19
私营股份有限公司	Private Companies Limited by Shares	7	
其他企业	Others	1	
港、澳、台商投资企业	**Enterprises with Funds from Hong Kong,Macao and Taiwan**	**15**	**4**
合资经营企业(港或澳、台资)	Joint-venture Enterprises	11	4
港澳台商独资经营企业	Solely Funded Enterprises	4	
外商投资企业	**Foreign-funded Enterprises**	**24**	**6**
中外合资经营企业	Sino-foreign Equity Joint Ventures	12	1
外资企业	Foreign–funded Enterprises	12	5
按经济组织类型分	**By Types of Economic Organization**		
独资企业	Solely Funded Enterprises	74	20
合作、合伙企业	Cooperative and Partnership Enterprises	12	2
股份有限公司	Companies Limited by Shares	37	5
有限责任公司	Limited Liability Corporations	388	68
按轻重工业分	**By Light & Heavy Industries**		
轻工业	Light Industry	156	12
重工业	Heavy Industry	355	83
按企业规模分	**By Size of Enterprises**		
大型企业	Large Enterprises	35	6
中型企业	Medium-sized Enterprises	81	15
小型企业	Small Enterprises	363	69
微型企业	Micro-sized Enterprises	32	5

Main Economic Indicators of Industrial Enterprises above Designated Size(2014)

(10 000 yuan)

全部从业人员年平均人数(人) Annual Average Employed Persons (person)	工业总产值(当年价格) Gross Industrial Output Value (current price)	工业增加值(当年价格) Industrial Added Value (current price)	工业销售产值(当年价格) Industrial Sales Value (current price)	#出口交货值 Delivery Value of Export	资产总计 Total Assets	流动资产合计 Total Current Assets	负债合计 Total Liabilities	流动负债合计 Total Current Liabilities
189010	**22291542**	**6334582**	**20574976**	**615430**	**26303737**	**12439839**	**17230612**	**11772397**
38159	2661869	553003	2530081	8152	5262403	2010540	4292263	2529013
117653	11378451	3721355	10406225	559105	18233963	7990735	12716388	7978642
739	100290	10043	50371		49896	33069	36128	33287
68552	10650166	2542714	9932791	56325	7932869	4349156	4432724	3719988
40395	3654209	943772	3246610	50743	3560165	2277725	1623951	1399458
176955	**20859327**	**5931843**	**19294096**	**578407**	**24729202**	**11690742**	**16356164**	**10964561**
25620	4554531	2260512	4477607	20483	4685817	2113600	2653251	1047344
17958	4013649	2091530	3960875	15162	3570223	1560898	2282836	735302
7662	540883	168982	516731	5321	1115595	552702	370415	312042
824	43380	30605	40000		32576	28170	24346	22980
83	9955	1105	9261		10351	7078	7044	6370
255	5503	714	5488		1298	216	670	670
255	5503	714	5488		1298	216	670	670
90967	10260056	2259356	9598400	339706	14170753	6578564	10081039	7289941
27113	908226	254162	900090	14099	3132265	1459451	2152929	1528189
63854	9351830	2005194	8698310	325607	11038488	5119114	7928110	5761752
41393	3281248	679476	2574469	214125	4062598	2051786	2353054	1684637
17718	2671466	692920	2561075	4094	1720984	878391	1200970	876829
912	75711	39402	71126		61876	34262	41842	36856
1550	99544	50334	95423		56938	23621	20052	17703
12866	2254707	506589	2148420	4094	1430642	716645	1045340	757787
2390	241504	96594	246106		171527	103862	93736	64483
95	33189	7155	27795		44825	32937	35789	35789
3583	**437522**	**115458**	**408852**	**9492**	**503547**	**218685**	**329106**	**302451**
2845	343017	103847	329234		474283	194786	314988	288634
738	94505	11611	79618	9492	29264	23899	14117	13817
8472	**994693**	**287280**	**872028**	**27530**	**1070988**	**530413**	**545343**	**505384**
4079	521049	175071	456854	20746	544035	230562	282105	251760
4393	473644	112209	415174	6784	526953	299851	263238	253625
32487	5241772	2454339	5083525	36760	5336486	2499782	2996794	1374621
1983	148190	59308	137968		113413	63852	63556	60533
43783	3522752	776070	2820575	214125	4234126	2155648	2446791	1749121
110757	13378828	3044863	12532908	364545	16619713	7720557	11723471	8588122
49155	7394216	3274172	6847061	13586	5616060	3401855	2139189	1899291
139855	14897326	3060409	13727915	601844	20687676	9037984	15091424	9873105
98913	9486069	3369430	8630701	525756	14307556	6668543	9603930	6146816
45959	4926736	1146111	4606592	24073	6189445	2689206	4134743	2761739
43670	7755273	1777926	7185332	51379	5646509	3017775	3441547	2828197
468	123465	41114	152350	14222	160227	64315	50392	35645

7-8　续表1

单位：万元

指　　标	Item	企业数（个）Number of Enterprises (unit)
按企业主营业务收入分	**By Revenue from Principal Business**	
年收入在40亿元以上	Annual Income Above 4 billion yuan	6
年收入在20—40亿元	Annual Income Between 2 billion and 4 billion yuan	10
年收入在10—20亿元	Annual Income Between 1 billion and 2 billion yuan	18
年收入在5—10亿元	Annual Income Between 0.5 billion and 1 billion yuan	50
年收入在1—5亿元	Annual Income Between 0.1 billion and 0.5 billion yuan	214
年收入在3000万元—1亿元	Annual Income Between 30 million and 0.1 billion yuan	154
年收入在1000万元—3000万元	Annual Income Between 10 million and 30 million yuan	38
年收入在1000万元以下	Annual Income Below 10 million yuan	21
按支柱、特色行业分	**By Pillar and Characteristic Industries**	
能源、优势原材料为主的支柱产业	Pillar Industry of Energy and Raw Materials	95
电	Electricity	7
煤	Coal	14
煤化工	Coal Chemical Industry	16
铝及铝加工	Aluminum and Its Processing Industry	39
磷及磷化工	Phosphorus and Its Chemical Industry	26
铁合金	Iron Alloy	7
烟酒为主的传统支柱产业	Traditional Pillar Industries of Tobacco and Liquor	8
酒	Liquor	5
烟	Tobacco	3
六大特色支柱产业	Six Special Pillar Industries	290
磷煤化工	Phosphorus and Coal Chemical Industry	28
铝及铝化工	Aluminum and Its Chemical Industry	39
特色食品	Characteristic Food	63
烟草制品	Tobacco Products	3
现代医药	Modern Medicine	39
装备制造业	Equipment Manufacturing Industry	118
贵阳市产业园区	**Industrial Parks of Guiyang City**	
南明临空经济区产业园	Nanming Airport Economic Zone	19
云岩产业园	Yunyan Industrial Park	4
花溪产业园	Huaxi Industrial Park	14
小河—孟关装备制造业生态工业园	Xiaohe-Mengguan Equipment Manufacturing Industry Eco-Industrial Park	51
乌当医药食品新型产业园	Wudang Food and Drug New Industrial Park	43
白云铝及铝加工工业基地	Baiyun Aluminum and Aluminum Processing Industrial Base	53
麦架—沙文高新技术产业园	Maijia-Shawen High-tech Industrial Park	26
观山湖电子商务和现代制造业产业园	Guanshanhu Electronic Commerce and Modern Manufacturing Industrial Park	2
开阳磷煤化工生态工业示范基地	Kaiyang Phosphorus and Coal Chemical Ecological Industries Demonstration Base	40
息烽磷煤化工生态工业基地	Xifeng Phosphorus and Coal Chemical Ecological Industries Base	24
修文产业园	Xiuwen Industrial Park	56
清镇经开区	Qingzhen Economic Development Zone	53

(continued)

(10 000 yuan)

#亏损企业 Unprofitable Enterprises	全部从业人员年平均人数（人） Annual Average Employed Persons (person)	工业总产值（当年价格） Gross Industrial Output Value (current price)	工业增加值（当年价格） Industrial Added Value (current price)	工业销售产值（当年价格） Industrial Sales Value (current price)	#出口交货值 Delivery Value of Export	资产总计 Total Assets	流动资产合计 Total Current Assets	负债合计 Total Liabilities	流动负债合计 Total Current Liabilities
1	34177	6514000	2498842	5788976	479380	8334609	3594049	6176346	3969744
1	20575	2506717	643877	2372264	7669	2028965	959846	1157182	615027
2	20130	2405113	484027	2280995	12985	2779448	1276493	1756179	931118
8	39769	3648281	857133	3487634	12520	5469276	2865609	3345115	2411144
35	51680	5851163	1445546	5402361	71378	6063402	2834260	3735444	3002863
33	18881	1229124	362634	1084055	30832	1365418	756829	904684	717910
12	2923	135435	42147	125302	666	245879	137216	139415	110780
3	875	1711	376	33390		16740	15537	16247	13812
32	48185	5395644	1173378	5091497	311072	9707944	3297912	7673407	4883578
1	2286	274025	77164	276492		983712	65084	910297	310709
6	8315	142905	66170	158782		988254	285492	393551	334496
8	10629	448407	52306	462226		1525908	423008	898813	568643
14	13081	1521836	395118	1371575	14680	2326699	677022	1891838	871339
4	20532	2898953	605540	2721058	296392	4799671	2078712	3881095	3042770
5	1657	252422	43251	260147		71954	54085	91364	90117
	5750	2294682	1881300	2270683		1907683	1305977	520429	512281
	1199	280899	149809	256900		216638	116545	135458	127808
	4551	2013783	1731491	2013783		1691045	1189432	384971	384473
41	124830	14770715	4726725	13721793	406107	16656119	8728564	10509620	7888053
7	22514	3144044	569792	2963733	296392	5382567	2242538	4421360	3315494
14	13081	1521836	395118	1371575	14680	2326699	677022	1891838	871339
4	13620	2011278	578521	1877003	4094	1040333	607323	556109	487221
	4551	2013783	1731491	2013783		1691045	1189432	384971	384473
1	17676	1983184	611821	1713510		1722026	1005241	652404	590860
15	53388	4096590	839982	3782191	90941	4493449	3007008	2602938	2238666
2	5186	634842	199412	566215	3978	419893	318880	209846	198708
	4375	311297	124027	282754		555896	274868	214203	184958
2	2357	458985	93375	377872		241962	160713	119384	74473
7	36893	4658138	2181157	4370764	45849	4238988	2983137	2118057	1886714
2	15611	1323549	339509	1174028	30441	1027329	645851	465354	379650
14	19945	2680355	692476	2540299	33819	2408892	928612	1647982	857395
3	5715	542688	192461	511128	7552	865132	482194	572193	504363
	252	108502	10258	96731		21237	17202	18098	18084
7	22092	2858903	568523	2670604	290746	5561024	2214931	4515591	3181244
4	5032	1203337	217362	1167107	5762	1081057	420002	382903	348070
8	10893	1749970	365013	1673390	3469	1002544	528116	581892	522998
22	14364	1214904	247433	1177573	460	2232511	739626	2145385	1237325

7-8　续表2

单位：万元

指　　　　标	Item	企业数(个) Number of Enterprises (unit)
按区县地域分	**By District(County or City)**	
南明区	Nanming	38
云岩区	Yunyan	29
花溪区	Huaxi	81
乌当区	Wudang	64
白云区	Baiyun	85
观山湖区	Guanshanhu	28
开阳县	Kaiyang	39
息烽县	Xifeng	25
修文县	Xiuwen	64
清镇市	Qingzhen	58
外地县	Others	
按工业行业分	**By Sector**	
采矿业	**Mining**	**26**
煤炭开采和洗选业	Mining and Washing of Coal	13
有色金属矿采选业	Non-ferrous Metals Mining and Dressing	3
非金属矿采选业	Mining and Processing of Non-mental Ores	10
制造业	**Manufacturing**	**460**
农副食品加工业	Farm and Sideline Products Processing	29
食品制造业	Food Manufacturing	21
酒、饮料和精制茶制造业	Manufacture of Liquor,Beverages and Refined Tea	13
烟草制品业	Manufacture of Tobacco	3
纺织业	Manufacture of Textile	
纺织服装、服饰业	Manufacture of Textiles and Garments	2
皮革、毛皮、羽毛及其制品和制鞋业	Manufacture of Leather,Fur,Feather and Related Products and Footwear	1
木材加工及木、竹、藤、棕、草制品业	Wood Processing and Manufacture of Wood,Bamboo,Rattan,Palm, and Straw Products	1
家具制造业	Manufacture of Furniture	2
造纸和纸制品业	Manufacture of Paper and Paper Products	9
印刷业和记录媒介复制业	Printing and Reproduction of Recording Media	11
文教、工美、体育和娱乐用品制造业	Manufacture of Articles for Culture,Education,Industrial Arts, Sports and Recreation	
化学原料和化学制品制造业	Manufacture of Raw Chemical Materials and Chemical Products	34
医药制造业	Manufacture of Medicines	44
橡胶和塑料制品业	Manufacture of Rubber and Plastics	28
非金属矿物制品业	Manufacture of Non-metallic Mineral Products	97
黑色金属冶炼和压延加工业	Smelting and Calendering of Ferrous Metals	19
有色金属冶炼和压延加工业	Smelting and Calendering of Non-ferrous Metals	18
金属制品业	Manufacture of Metal Products	20
通用设备制造业	Manufacture of General Purpose Machinery	19
专用设备制造业	Manufacture of Special Purpose Machinery	16
汽车制造业	Manufacture of Automobile	13
铁路、船舶、航空航天和其他运输设备制造业	Manufacture of Railway,Watercraft,Aviation,Aerospace and Other Transport Equipment	15
电气机械和器材制造业	Manufacture of Electrical Machinery and Equipment	20
计算机、通信和其他电子设备制造业	Manufacture of Computers, Communication Equipment and Other Electronic Equipment	15
仪器、仪表制造业	Manufacture of Measuring Instruments	7
其他制造业	Others	3
电力、燃气及水的生产和供应业	**Production and Supply of Electric Power,Gas and Water**	**25**
电力、热力的生产和供应业	Production and Supply of Electric Power and Heating Power	13
燃气生产和供应业	Production and Supply of Gas	6
水的生产和供应业	Production and Supply of Water	6

(continued)

(10 000 yuan)

#亏损企业 Unprofitable Enterprises	全部从业人员年平均人数(人) Annual Average Employed Persons (person)	工业总产值(当年价格) Gross Industrial Output Value (current price)	工业增加值(当年价格) Industrial Added Value (current price)	工业销售产值(当年价格) Industrial Sales Value (current price)	#出口交货值 Delivery Value of Export	资产总计 Total Assets	流动资产合计 Total Current Assets	负债合计 Total Liabilities	流动负债合计 Total Current Liabilities
10	24688	2167740	579866	1970247	294724	5853711	2769926	4165619	3279906
3	23492	3027620	633991	2453860	188917	4191950	1517092	2840610	1215726
9	44110	5525799	2360463	5170929	46783	4866043	3368720	2470062	2137483
4	20415	1777786	527292	1594232	30765	1557841	883015	827032	683708
21	24030	3242220	876899	3081656	37134	2809845	1155767	1881940	1024734
5	10653	640904	155785	615927	7417	898148	518188	618785	542792
7	8485	1502503	285402	1444276		1459567	508055	1019621	491293
4	5208	1216785	222755	1180555	5762	1084949	422755	385766	350892
10	12385	1870008	399484	1780785	3469	1227259	545105	779206	712417
22	15544	1320175	292646	1282510	460	2354423	751215	2241970	1333446
7	**10307**	**499634**	**201997**	**494548**		**1169524**	**406087**	**470355**	**407233**
6	8244	126599	49657	146794		969188	275207	381962	329014
1	262	63451	22001	55750		46830	12785	27019	26218
	1801	309585	130339	292005		153507	118095	61374	52001
85	**168586**	**19647861**	**5732702**	**17947682**	**615430**	**21932483**	**11594212**	**13948736**	**10378609**
2	4653	739930	98244	642612	116	196906	123389	91034	77246
	5826	625973	196970	621219	3978	445761	294775	245899	201588
2	3141	645375	283307	613171		397667	189159	219176	208387
	4551	2013783	1731491	2013783		1691045	1189432	384971	384473
	181	9668	2123	9668		3188	805	1084	384
	1660	125417	29523	116988		80855	60509	24936	13171
1	136	3219	785	3306		3105	1497	14691	6876
	568	42189	9033	36416		38517	25564	21480	15152
1	1000	149708	28681	143352		40884	28684	21616	17077
1	2120	214752	95080	209758		178073	106978	59728	53932
11	26322	3098143	554501	2929150	298396	6274906	2671840	5189268	3617377
2	19196	2176567	648797	1867702		1829889	1072066	733178	670120
10	13815	1661141	247169	1109512	188769	1392295	799112	878998	728694
22	11307	1687943	426105	1654295	17996	1277679	661310	959066	758923
9	7068	709953	105470	700104		1117098	612445	617655	552834
8	10188	1394295	366256	1277996		2120429	550743	1686501	696084
3	6660	387003	96419	365443	18446	484959	283044	305469	262540
3	5571	340854	62011	299001	4388	532904	246076	285880	246260
3	2952	347730	128506	310863	9305	413536	243331	244789	181599
	10858	883458	191512	840721	6212	669759	423954	345460	290109
1	15729	627879	150793	587446	43117	1051978	666989	631950	498082
3	3150	766796	112151	676540	9492	674518	613558	554904	547068
2	7863	787826	101549	737426	14764	681254	504747	234518	197357
	1800	99132	32173	89611	450	159146	117176	100307	95395
1	2271	109127	34053	91599		176132	107031	96179	57883
3	**10117**	**2144047**	**399883**	**2132746**		**3201730**	**439540**	**2811522**	**986554**
2	5325	1871600	354485	1874067		2070979	124882	1968195	337707
1	3027	195897	4839	194550		501569	157953	465581	330726
	1765	76550	40559	64129		629182	156705	377746	318122

7-8 续表3

单位：万元

指　　标	Item	#应付账款 Accounts Payable	非流动负债 Non-current Liabilities
总　　计	**Total**	**2130217**	**3547884**
#亏损企业	Unprofitable Enterprises	476668	1662336
#国有控股企业	State Holding Enterprises	1459696	3218807
#农村工业	Rural Industries	16581	674
#非公有制工业	Non-public Industries	646511	324679
#高技术	High-tech	333237	223790
按登记注册类型分	**By Status of Registration**		
内资企业	**Domestic-funded Enterprises**	**2008813**	**3492294**
国有企业	State-owned Enterprises	378664	563434
中央企业	Central Enterprises	297314	511334
地方企业	Local Enterprises	81351	52100
集体企业	Cllective-owned Enterprises	5085	
股份合作企业	Joint-equity Cooperative Enterprises	4916	674
联营企业	Joint Owership Enterprises		
集体联营企业	State Joint Ownership Enterprises		
有限责任公司	Limited Liability Companies	1067416	2326218
国有独资公司	State Sole Funded Corporations	184873	471011
其他有限责任公司	Others	882543	1855207
股份有限公司	Companies Limited by Shares	389153	544229
私营企业	Private Enterprises	161626	57739
私营独资企业	Private Sole Funded Corporations	5682	1675
私营合作企业	Private Cooperative Enterprises	5657	234
私营有限责任公司	Private Limited Liability Companies	142006	26652
私营股份有限公司	Private Companies Limited by Shares	8280	29179
其他企业	Others	1952	
港、澳、台商投资企业	**Enterprises with Funds from Hong Kong,Macao and Taiwan**	**25086**	**25923**
合资经营企业(港或澳、台资)	Joint-venture Enterprises	21357	25623
港澳台商独资经营企业	Solely Funded Enterprises	3729	300
外商投资企业	**Foreign-funded Enterprises**	**96318**	**29667**
中外合资经营企业	Sino-foreign Equity Joint Ventures	61388	20836
外资企业	Foreign–funded Enterprises	34929	8831
按经济组织类型分	**By Types of Economic Organization**		
独资企业	Solely Funded Enterprises	428090	574239
合作、合伙企业	Corperative and Partnership Enterprises	12526	908
股份有限公司	Cooperative Limited by Shares	397433	573408
有限责任公司	Limited Liability Companies	1292167	2399328
按轻重工业分	**By Light & Heavy Industries**		
轻工业	Light Industry	485633	220953
重工业	Heavy Industry	1644584	3326931
按企业规模分	**By Size of Enterprises**		
大型企业	Large Enterprises	1045261	2269833
中型企业	Medium-sized Enterprises	520872	1044547
小型企业	Small Enterprises	551532	223513
微型企业	Micro-sized Enterprises	12553	9991

(continued)

(10 000 yuan)

所有者权益合计 Total Owners' Equity	主营业务收入 Revenue from Principal Business	主营业务成本 Cost of Principal Business	营业税金及附加 Business Taxes and Surcharges	利润总额 Total Profits	亏损企业亏损总额 Total Losses	利税总额 Total Profits and Taxes
8819772	**21907414**	**16202544**	**1202720**	**2169960**	**243064**	**4195054**
950278	2486748	2417809	10964	-243064	243064	-160877
5411992	12200322	8601041	1106396	1330265	215037	2921349
13391	64714	52633	338	837	125	3434
3352376	9489058	7421158	91872	829118	26138	1250651
1917097	3186831	1920590	27972	332416	2556	501138
8129149	**20629403**	**15304138**	**1187681**	**1999374**	**235390**	**3942463**
2035297	4228819	1732805	1045257	1150695	50686	2491550
1287417	3717147	1326761	1042002	1109550	47942	2419796
747879	511673	406043	3256	41145	2744	71755
8230	41752	39656	109	73	981	1069
3307	9261	6557	21	131		287
628	6782	5923	142	145		659
628	6782	5923	142	145		659
3906601	11061150	9456354	104477	514181	118756	877207
975078	1002518	772236	8812	73191	40716	120159
2931523	10058633	8684118	95665	440990	78039	757048
1646368	2773438	2116364	15601	102294	55311	240474
519683	2476199	1917600	21664	231747	9657	330515
16027	63864	55906	1660	2205	590	4512
36886	100146	70499	8004	8023	121	25600
388999	2066402	1708667	8950	193969	8946	259770
77771	245787	82529	3051	27549		40634
9035	32001	28880	410	108		703
174348	**360249**	**253088**	**6063**	**50646**	**1739**	**71455**
159201	284482	194577	5696	46512	1739	64609
15147	75767	58511	367	4134		6846
516276	**917763**	**645317**	**8976**	**119940**	**5935**	**181135**
252552	509404	374754	2371	81785	154	111238
263724	408359	270563	6605	38155	5781	69897
2338424	4818561	2157441	1053997	1195263	58037	2573874
49857	148190	111858	8576	8407	121	27248
1724139	3019226	2198893	18652	129843	55311	281108
4707352	13921438	11734352	121494	836447	129594	1312824
3449722	6747238	3753676	1090473	828331	5390	2389403
5370051	15160176	12448868	112247	1341629	237673	1805651
4598013	10590409	7008063	1103601	1405492	99551	2975427
1983457	4501793	3507367	34280	332518	98227	524024
2131438	6694569	5579048	64172	428587	41958	690042
106864	120644	108067	667	3363	3327	5561

7-8 续表4

单位：万元

指　　标	Item	#应付账款 Accounts Payable
按企业主营业务收入分	**By Revenue from Principal Business**	
年收入在40亿元以上	Annual Income Above 4 billion yuan	578102
年收入在20—40亿元	Annual Income Between 2 billion and 4 billion yuan	137135
年收入在10—20亿元	Annual Income Between 1 billion and 2 billion yuan	207743
年收入在 5—10亿元	Annual Income Between 0.5 billion and 1 billion yuan	471557
年收入在 1—5亿元	Annual Income Between 0.1 billion and 0.5 billion yuan	558572
年收入在3000万元—1亿元	Annual Income Between 30 million and 0.1 billion yuan	156481
年收入在1000万元—3000万元	Annual Income Between 10 million and 30 million yuan	18677
年收入在1000万元以下	Annua! Income Below 10 million yuan	1951
按支柱、特色行业分	**By Pillar and Characteristic Industries**	
能源、优势原材料为主的支柱产业	Pillar Industries of Energy and Raw Materials	662728
电	Electricity	27093
煤	Coal	30172
煤化工	Coal Chemical Industry	138980
铝及铝加工	Aluminium and Its Processing Industry	130309
磷及磷化工	Phosphorus and Its Chemical Industry	335513
铁合金	Iron Alloy	30832
烟酒为主的传统支柱产业	Traditional Pillar Industries of Tobacco and Liquor	196406
酒	Liquor	13037
烟	Tobacco	183369
六大特色支柱产业	Six Special Pillar Industries	1573105
磷煤化工	Phosphorus and Coal Chemical Industry	444180
铝及铝化工	Aluminum and Its Chemical Industry	130309
特色食品	Characteristic Food	92653
烟草制品	Tobacco Products	183369
现代医药	Modern Medicine	90494
装备制造业	Equipment Manufacturing Industry	632101
贵阳市产业园区	**Industrial Parks of Guiyang City**	
南明临空经济区产业园	Nanming Airport Economic Zone	42948
云岩产业园	Yunyan Industrial Park	22629
花溪产业园	Huaxi Industrial Park	17430
小河—孟关装备制造业生态工业园	Xiaohe-Mengguan Equipment Manufacturing Industry Eco-Industrial Park	639794
乌当医药食品新型产业园	Wudang Food and Drug New Industrial Park	86399
白云铝及铝加工工业基地	Baiyun Aluminum and Aluminum Processing Industrial Base	190974
麦架—沙文高新技术产业园	Maijia-Shawen High-tech Industrial Park	54073
观山湖电子商务和现代制造业产业园	Guanshanhu Electronic Commerce and Modern Manufacturing Industrial Park	2343
开阳磷煤化工生态工业示范基地	Kaiyang Phosphorus and Coal Chemical Ecological Industries Demonstration Base	358464
息烽磷煤化工生态工业基地	Xifeng Phosphorus and Coal Chemical Ecological Industries Base	78400
修文产业园	Xiuwen Industrial Park	75318
清镇经开区	Qingzhen Economic Development Zone	262631

(continued)

(10 000 yuan)

非流动负债 Non-current Liabilities	所有者权益合计 Total Owners' Equity	主营业务收入 Revenue from Principal Business	主营业务成本 Cost of Principal Business	营业税金及附加 Business Taxes and Surcharges	利润总额 Total Profits	亏损企业亏损总额 Total Losses	利税总额 Total Profits and Taxes
1175844	2054143	7438682	4670581	1078808	1190734	5549	2596232
542156	871783	2499096	1941720	13996	231489	40537	358490
824641	997344	2366333	1813961	9840	180399	50205	254434
488096	2060371	3513959	2858825	32459	224838	61951	390528
412262	2284763	5057048	4051594	56893	335662	51957	548935
84992	444446	943815	792177	9667	6954	30931	42918
18191	106430	86900	72396	1037	151	1665	3716
1704	493	1582	1291	19	-266	269	-198
2298358	1911207	6810760	6149167	72689	63140	171667	285420
372548	73415	270212	191059	2212	40821	28706	67007
56680	588848	166538	136584	5788	-13388	17386	-184
327794	621240	438479	439703	5813	-68196	72194	-54966
770491	425962	1370482	1290397	6285	-46540	57968	14803
826277	810000	4471078	3964181	57580	143343	5996	258023
1248	-19410	260509	263827	799	-6288	6803	553
7758	1387253	2253888	724243	1055795	301663		1618447
7260	81179	239877	161274	18119	49636		84293
498	1306074	2014011	562969	1037676	252027		1534154
2287508	5933119	15251706	11358837	1163020	963924	129492	2758137
1097391	852631	4695359	4242090	57137	71300	61643	184462
770491	425962	1370482	1290397	6285	-46540	57968	14803
55169	479164	1794985	1405528	24571	256454	1803	364395
498	1306074	2014011	562969	1037676	252027		1534154
61161	1051493	1656036	757249	22498	237344	61	375546
302797	1817796	3720834	3100604	14853	193339	8017	284778
5808	208034	508158	354284	3737	101777	126	138586
28855	341694	300699	69852	8027	51190		98875
2776	118605	378081	327880	1216	24945	310	33170
228591	2047407	4341772	2487311	1045445	392932	7101	1719746
76506	561291	1090969	735909	5467	63189	2019	97999
785570	735894	2618748	2319142	15183	129421	53564	255226
61430	292939	480041	297648	4552	38970	1522	49633
14	3139	82618	77932	4	2608		6796
1101416	932803	4360954	3925762	60663	49008	29128	177971
18479	674166	1168188	962224	4012	118390	4614	137914
43399	420028	1575082	1241498	18574	111479	6838	192821
574308	83858	1149230	1016166	5174	-31310	111512	12854

7–8 续表5

单位：万元

指标	Item	#应付账款 Accounts Payable
按区县地域分	**By District(County or City)**	
南明区	Nanming	359222
云岩区	Yunyan	132096
花溪区	Huaxi	697567
乌当区	Wudang	97084
白云区	Baiyun	221548
观山湖区	Guanshanhu	112337
开阳县	Kaiyang	89751
息烽县	Xifeng	78433
修文县	Xiuwen	76914
清镇市	Qingzhen	265264
外地县	Others	
按工业行业分	**By Sector**	
采矿业	**Mining**	**36665**
煤炭开采和洗选业	Mining and Washing of Coal	28472
有色金属矿采选业	Non-ferrous Metals Mining and Dressing	207
非金属矿采选业	Mining and Processing of Non-mental Ores	7986
制造业	**Manufacturing**	**1973372**
农副食品加工业	Farm and Sideline Products Processing	20587
食品制造业	Food Manufacturing	22537
酒、饮料和精制茶制造业	Manufacture of Liquor,Beverages and Refined Tea	49529
烟草制品业	Manufacture of Tobacco	183369
纺织业	Manufacture of Textile	
纺织服装、服饰业	Manufacture of Textiles and Garments	111
皮革、毛皮、羽毛及其制品和制鞋业	Manufacture of Leather,Fur,Feather and Related Products and Footwear	3935
木材加工及木、竹、藤、棕、草制品业	Wood Processing and Manufacture of Wood,Bamboo,Rattan,Palm, and Straw Products	203
家具制造业	Manufacture of Furniture	1787
造纸和纸制品业	Manufacture of Paper and Paper Products	7616
印刷业和记录媒介复制业	Printing and Reproduction of Recording Media	17441
文教、工美、体育和娱乐用品制造业	Manufacture of Articles for Culture,Education,Industrial Arts, Sports and Recreation	
化学原料和化学制品制造业	Manufacture of Raw Chemical Materials and Chemical Products	421182
医药制造业	Manufacture of Medicines	93811
橡胶和塑料制品业	Manufacture of Rubber and Plastics	93639
非金属矿物制品业	Manufacture of Non-metallic Mineral Products	164487
黑色金属冶炼和压延加工业	Smelting and Calendering of Ferrous Metals	90264
有色金属冶炼和压延加工业	Smelting and Calendering of Non-ferrous Metals	114354
金属制品业	Manufacture of Metal Products	93908
通用设备制造业	Manufacture of General Purpose Machinery	69882
专用设备制造业	Manufacture of Special Purpose Machinery	57483
汽车制造业	Manufacture of Automobile	119405
铁路、船舶、航空航天和其他运输设备制造业	Manufacture of Railway,Watercraft,Aviation, Aerospace and Other Transport Equipment	157395
电气机械和器材制造业	Manufacture of Electrical Machinery and Equipment	45279
计算机、通信和其他电子设备制造业	Manufacture of Computers, Communication Equipment and Other Electronic Equipment	83240
仪器、仪表制造业	Manufacture of Measuring Instruments	29446
其他制造业	Others	32485
电力、燃气及水的生产和供应业	**Production and Supply of Electric Power,Gas and Water**	**120180**
电力、热力的生产和供应业	Production and Supply of Electric Power and Heating Power	27747
燃气生产和供应业	Production and Supply of Gas	79116
水的生产和供应业	Production and Supply of Water	13317

(continued)

(10 000 yuan)

非流动负债 Non-current Liability	所有者权益合计 Total Owners' Equity	主营业务收入 Revenue from Principal Business	主营业务成本 Cost of Principal Business	营业税金及附加 Business Taxes and Surcharges	利润总额 Total Profits	亏损企业亏损总额 Total Losses	利税总额 Total Profits and Taxes
878862	1581958	3747521	3279696	40375	117733	4765	225999
433947	1351371	2309719	961336	19641	1011362	1220	1122540
264510	2318580	5194234	3234366	1049760	443114	7411	1789617
127451	725590	1459658	942605	10755	94014	1889	142992
836592	902889	3167351	2768658	18285	196327	57738	341107
74434	276488	572908	493909	5475	-4289	17826	18126
295397	431436	1325869	1147608	26361	40125	29128	111711
18519	675195	1180510	973711	4037	118768	4614	139302
43399	447082	1695519	1330250	21805	135288	6959	229046
574773	109185	1254125	1070407	6225	17518	111512	74614
53252	**694948**	**489282**	**350592**	**25941**	**40638**	**17788**	**95930**
50572	583282	156631	127286	5777	-13492	17386	-362
800	19747	54239	46962	2658	1507	401	4532
1880	91919	278411	176345	17506	52623		91761
2927605	**7734616**	**19467130**	**14905146**	**1170893**	**1213918**	**163138**	**3118408**
2438	105494	645453	580966	1325	33896	857	51733
42656	195307	550185	397229	4101	99468		132175
10076	178363	599347	427334	19145	123089	946	180487
498	1306074	2014011	562969	1037676	252027		1534154
700	2104	9307	7996	118	145		503
11765	55919	226829	207122	628	10315		16180
7816	-11586	3306	3096	24	-1145	1145	-939
6328	17037	36099	26112	157	5898		7996
2159	19168	139347	122841	382	9269	9	10418
4196	117606	176795	121299	1696	35103	10	44361
1331649	963997	4672569	4191604	44949	76621	66057	165580
62676	1077520	1797789	836872	23212	242220	581	383879
149976	507801	1098307	902353	6849	55145	3770	90250
129096	308722	1546851	1332936	10418	78165	15177	138827
59230	494812	708151	683131	2333	-5346	9690	8832
746706	426322	1309675	1217955	2801	-3244	54089	59152
35392	179342	388839	337537	3358	13846	4330	22210
31058	249016	266004	226464	932	17027	328	23792
17257	157746	264072	207203	1083	10746	320	18966
55132	260548	838860	720813	2682	38613		66146
133867	420093	567476	444017	1942	44898	284	54968
6885	119587	629121	565003	2032	18562	1064	28749
36851	446736	801996	635973	2263	55277	1691	72447
4901	58850	82990	62609	656	4500		8208
38296	78041	93757	83712	131	-1175	2792	-665
567027	**390208**	**1951003**	**946806**	**5886**	**915405**	**62138**	**980715**
372548	102784	1635744	662360	5274	928485	28830	990758
134854	35989	253169	247347	191	-24955	33308	-24183
59624	251435	62090	37099	421	11875		14140

7-9 规模以上国有及国有控股工业企业主要经济指标(2014年)

单位：万元

指标	Item	企业数(个) Number of Enterprises (unit)	#亏损企业 Unprofitable Enterprises	工业总产值(当年价格) Gross Industrial Output Value (current price)
总计	**Total**	**129**	**34**	**11378451**
#亏损企业	Unprofitable Enterprises	34	34	1754740
#高技术	High-tech	25	2	1382554
按轻重工业分	**By Light & Heavy Industries**			
轻工业	Light Industry	20	2	2829566
重工业	Heavy Industry	109	32	8548885
按企业规模分	**By Size of Enterprises**			
大型企业	Large Enterprises	27	6	7858585
中型企业	Medium-sized Enterprises	40	10	2169500
小型企业	Small Enterprises	53	18	1343149
微型企业	Micro-sized Enterprises	9		7217
按企业主营业务收入分	**By Revenue from Principal Business**			
年收入在40亿元以上	Annual Income Above 4 billion yuan			
年收入在20—40亿元	Annual Income Between 2 billion and 4 billion yuan	1	1	269743
年收入在10—20亿元	Annual Income Between 1 billion and 2 billion yuan	1		1311923
年收入在5—10亿元	Annual Income Between 0.5 billion and 1 billion yuan	8	3	503972
年收入在1—5亿元	Annual Income Between 0.1 billion and 0.5 billion yuan	25	7	766398
年收入在3000万元—1亿元	Annual Income Between 30 million and 0.1 billion yuan	20	6	180659
年收入在1000万元—3000万元	Annual Income Between 10 million and 30 million yuan	5	3	12928
年收入在1000万元以下	Annual Income Below 10 million yuan	69	14	8332829
贵阳市产业园区	**Industrial Parks of Guiyang City**			
南明临空经济区产业园	Nanming Airport Economic Zone			
云岩产业园	Yunyan Industrial Park	1		25420
花溪产业园	Huaxi Industrial Park	1	1	757
小河—孟关装备制造业生态工业园	Xiaohe-Mengguan Equipment Manufacturing Industry Eco-Industrial Park	24	4	3714595
乌当医药食品新型产业园	Wudang Food and Drug New Industrial Park	17	1	495548
白云铝及铝加工工业基地	Baiyun Aluminum and Aluminum Processing Industrial Base	12	4	1103761
麦架—沙文高新技术产业园	Maijia-Shawen High-tech Industrial Park	7	1	123348
观山湖电子商务和现代制造业产业园	Guanshanhu Electronic Commerce and Modern Manufacturing Industrial Park			
开阳磷煤化工生态工业示范基地	Kaiyang Phosphorus and Coal Chemical Ecological Industries Demonstration Base	8	4	1854439
息烽磷煤化工生态工业基地	Xifeng Phosphorus and Coal Chemical Ecological Industries Base	4	2	99868
修文产业园	Xiuwen Industrial Park	4	1	184220
清镇经开区	Qingzhen Economic Development Zone	13	8	504299

Main Economic Indicators of State-owned or State-holding Industrial Enterprises above Designated Size(2014)

(10 000 yuan)

工业增加值(当年价格) Industrial Added Value (current price)	工业销售产值(当年价格) Industrial Sales Value (current price)	资产总计 Total Assets	流动资产合计 Total Current Assets	负债合计 Total Liabilities	流动负债合计 Total Current Liabilities	主营业务收入 Revenue from Principal Business	利润总额 Total Profits	亏损企业亏损总额 Total Losses	利税总额 Total Profits and Taxes	全部从业人员年平均人数(人) Annual Average Employed Persons (person)
3721355	**10406225**	**18233963**	**7990735**	**12716388**	**7978642**	**12200322**	**1330265**	**215037**	**2921349**	**117653**
381142	1665084	4529252	1605024	3754962	2026058	1678179	-215037	215037	-149162	30350
243576	1275934	1590320	1123587	806663	654972	1336698	85272	1124	111050	19638
1887040	2745101	2496196	1577062	769711	680311	2851566	287376	2832	1588690	13551
1834315	7661124	15737767	6413673	11946677	7298331	9348756	1042888	212205	1332660	104102
2924415	7081414	13022774	5848901	9030189	5611593	9063059	1193621	99551	2661953	82597
446673	2020812	3301292	1376341	2456766	1441331	1957216	57126	93933	117302	25926
348369	1296708	1860957	742543	1207313	913139	1172200	79200	21552	141722	9095
1898	7291	48940	22950	22120	12579	7848	318		372	35
75857	236622	634514	127725	554167	96918	229778	-40537	40537	-32262	2803
240468	1311923	1030758	35214	1030758		1080321	886801		909676	1898
164706	473044	1012353	636802	549944	391185	637248	31847	8524	45233	11376
181047	725282	1606330	660699	1285711	886944	670647	70925	26344	100107	13331
84664	166626	293159	142847	165991	137806	135864	1340	5733	7064	2734
4962	12520	72704	31840	39459	24803	13541	794	130	1631	476
2969651	7480210	13584145	6355608	9090359	6440987	9432923	379095	133770	1889900	85035
2938	22984	31230	29011	19458	17009	19601	703		1210	435
209	757	9039	5542	12346	12187	575	-255	255	-229	203
2030674	3572351	3285162	2212505	1432897	1219786	3621150	331295	6593	1640459	31863
131067	448937	598399	384772	237205	188874	438326	37175	840	48833	7810
318672	989151	1921270	654449	1399217	638549	1038234	-21256	49705	33478	15428
27028	114052	215383	147167	127408	103016	110617	8716	284	9836	1688
328989	1710772	4877648	1871736	4171557	2886490	3452039	-13136	27014	53857	15907
29371	97838	91083	34604	92689	78244	87051	12696	3709	15323	1281
39027	184012	107139	24567	72493	71527	182509	7479	298	21133	870
89584	512066	1354265	439800	1391349	747895	532436	-50216	105141	-25899	8043

7–9 续表1

单位：万元

指　　标	Item	企业数(个) Number of Enterprises (unit)	#亏损企业 Unprofitable Enterprises	工业总产值(当年价格) Gross Industrial Output Value (current price)
按区县地域分	**By District(County or City)**			
南明区	Nanming	11	3	1501295
云岩区	Yunyan	11	2	2595148
花溪区	Huaxi	30	5	3898082
乌当区	Wudang	19	2	589247
白云区	Baiyun	20	4	1255285
观山湖区	Guanshanhu	6	3	124980
开阳县	Kaiyang	7	4	498039
息烽县	Xifeng	4	2	99868
修文县	Xiuwen	5	1	231850
清镇市	Qingzhen	16	8	584659
外地县	Others			
按支柱、特色行业分	**By Pillar and Characteristic Industries**			
能源、优势原材料为主的支柱产业	Pillar Industry of Energy and Raw Materials	23	13	2999182
电	Electricity	7	1	274025
煤	Coal	2	1	42967
煤化工	Coal Chemical Industry	4	3	348470
铝及铝加工	Aluminum and Its Processing Industry	4	4	768995
磷及磷化工	Phosphorus and Its Chemical Industry	6	3	1553718
铁合金	Iron Alloy	2	2	53974
烟酒为主的传统支柱产业	Traditional Pillar Industries of Tobacco and Liquor	3		2013783
酒	Liquor			
烟	Tobacco	3		2013783
六大特色支柱产业	Six Special Pillar Industries	68	17	7041026
磷煤化工	Phosphorus and Coal Chemical Industry	7	5	1797963
铝及铝化工	Aluminum and Its Chemical Industry	4	4	768995
特色食品	Characteristic Food	4		81053
烟草制品	Tobacco Products	3		2013783
现代医药	Modern Medicine			
装备制造业	Equipment Manufacturing Industry	50	8	2379232
按登记注册类型分	**By Status of Registration**			
内资企业	**Domestic-funded Enterprises**	**128**	**34**	**11330200**
国有企业	State-owned Enterprises	43	11	4554531
中央企业	Central Enterprises	24	6	4013649
省地县属	Local Enterprises	19	5	540883
有限责任公司	Limited Liability Companiess	72	19	4274595
国有独资公司	State Sole Funded Corporations	24	4	908226
其他有限责任公司	Others	48	15	3366369
股份有限公司	Companies Limited by Shares	13	4	2501073

(continued)

(10 000 yuan)

工业增加值(当年价格) Industrial Added Value (current price)	工业销售产值(当年价格) Industrial Sales Value (current price)	资产总计 Total Assets	流动资产合计 Total Current Assets	负债合计 Total Liabilities	流动负债合计 Total Current Liabilitiess	主营业务收入 Revenue from Principal Business	利润总额 Total Profits	亏损企业亏损总额 Total Losses	利税总额 Total Profits and Taxes	全部从业人员年平均人数(人) Annual Average Employed Persons(peson)
373466	1372857	5401133	2429212	3928403	3059326	3209575	17827	2715	88125	18360
461569	2052840	3403188	1134102	2555621	964989	1891086	940777	1210	994961	16814
2073264	3741156	3610727	2400754	1638035	1393849	3896380	345060	6848	1662540	35384
151967	550084	659795	417196	274215	224409	521007	37968	964	51659	9510
351453	1134662	2094158	760100	1521716	731799	1190449	-12605	49705	44971	17012
48870	148586	445581	184553	293981	237765	145254	-14943	17433	-6267	7160
45868	484443	776191	164860	675587	196539	416954	-22019	27014	-12403	2300
29371	97838	91083	34604	92689	78244	87051	12696	3709	15323	1281
56670	231642	288751	24616	254104	253138	230120	28150	298	48024	974
128856	592117	1463357	440739	1482037	838584	612445	-2645	105141	34417	8858
668746	2792155	7623021	2506600	6513517	4016170	4587296	-60998	158618	77399	35643
77164	276492	983712	65084	910297	310709	270212	40821	28706	67007	2286
20981	70951	313895	90833	231728	181196	70951	-15837	15837	-8588	6087
7117	374396	851549	228350	736990	415344	342892	-70644	70644	-63371	8401
247723	665142	1564423	431389	1232117	472556	716357	-49637	49637	-7746	9215
327495	1411561	4191564	1759490	3583239	2766790	3175218	22579	5514	84165	15124
9248	64565	31774	22287	50874	50771	82617	-4117	4117	-2656	617
1731491	2013783	1691045	1189432	384971	384473	2014011	252027		1534154	4551
1731491	2013783	1691045	1189432	384971	384473	2014011	252027		1534154	4551
2807584	6634658	11167566	5497388	7375460	5257278	8451662	287296	116011	1727591	75372
291408	1653040	4711414	1881521	4079509	2995520	3397325	-48625	60322	11341	17009
247723	665142	1564423	431389	1232117	472556	716357	-49637	49637	-7746	9215
18962	88630	59127	33952	38317	34542	71636	998		1664	1608
1731491	2013783	1691045	1189432	384971	384473	2014011	252027		1534154	4551
518000	2214063	3141557	1961095	1640545	1370188	2252334	132533	6052	188177	42989
3697394	**10369237**	**17975319**	**7948526**	**12603419**	**7882364**	**12166712**	**1323783**	**215037**	**2913199**	**116499**
2260512	4477607	4685817	2113600	2653251	1047344	4228819	1150695	50686	2491550	25620
2091530	3960875	3570223	1560898	2282836	735302	3717147	1109550	47942	2419796	17958
168982	516731	1115595	552702	370415	312042	511673	41145	2744	71755	7662
971897	4053382	10202950	4236656	7992847	5442445	5898491	132175	109273	295722	57105
254162	900090	3132265	1459451	2152929	1528189	1002518	73191	40716	120159	27113
717735	3153292	7070685	2777205	5839918	3914256	4895974	58984	68556	175563	29992
464986	1838248	3086552	1598270	1957321	1392575	2039402	40913	55078	125928	33774

7-9 续表2

单位：万元

指　　标	Item	企业数（个） Number of Enterprises (unit)	#亏损企业 Unprofitable Enterprises	工业总产值（当年价格） Gross Industrial Output Value (current price)
外商投资企业	**Enterprises with Foreign Investment**	**1**		**48252**
中外合资经营企业	Sino-foreign Equity Joint Ventures	1		48252
按工业行业分	**By Sector**			
采矿业	**Mining**	**3**	**1**	**104224**
煤炭开采和洗选业	Mining and Washing of Coal	2	1	42967
非金属矿采选业	Mining and Processing of Non-mental Ores	1		61257
制造业	**Manufacturing**	**105**	**30**	**9186312**
农副食品加工业	Farm and Sideline Products Processing	3		22752
食品制造业	Food Manufacturing	1		58301
烟草制品业	Manufacture of Tobacco	3		2013783
纺织业	Manufacture of Textile			
纺织服装、服饰业	Manufacture of Textiles and Garments	1		
皮革、毛皮、羽毛及其制品和制鞋业	Manufacture of Leather,Fur,Feather and Related Products and Footwear	1		125417
木材加工和木、竹、藤、棕、草制品业	Wood Processing and Manufacture of Wood,Bamboo,Rattan, Palm,and Straw Products	1	1	3219
家具制造业	Manufacture of Furniture	1		35007
印刷业和记录媒介复制业	Printing and Reproduction of Recording Media	1		9994
化学原料和化学制品制造业	Manufacture of Raw Chemical Materials and Chemical Products	16	8	1927675
医药制造业	Manufacture of Medicines	1		106550
橡胶和塑料制品业	Manufacture of Rubber and Plastics	3	2	1075336
非金属矿物制品业	Manufacture of Non-metallic Mineral Products	12	4	375462
黑色金属冶炼和压延加工业	Smelting and Calendering of Ferrous Metals	3	3	118784
有色金属冶炼和压延加工业	Smelting and Calendering of Non-ferrous Metals	3	3	751707
金属制品业	Manufacture of Metal Products	10	2	243857
通用设备制造业	Manufacture of General Purpose Machinery	8	2	168677
专用设备制造业	Manufacture of Special Purpose Machinery	5	2	58216
汽车制造业	Manufacture of Automobiles	3		592617
铁路、船舶、航空航天和其他运输设备制造业	Manufacture of Railway,Watercraft,Aviation,Aerospace and Other Transport Equipment	13	1	614614
电气机械和器材制造业	Manufacture of Electrical Machinery and Equipment	1		5723
计算机、通信和其他电子设备制造业	Manufacture of Computers, Communication Equipment and Other Electronic Equipment	10	1	728995
仪器、仪表制造业	Manufacture of Measuring Instrument	3		56807
其他制造业	Others	2	1	92821
电力、燃气及水的生产和供应业	**Production and Supply of Electric Power,Gas and Water**	**21**	**3**	**2087916**
电力、热力的生产和供应业	Production and Supply of Electric Power and Heating Power	13	2	1871600
燃气生产和供应业	Production and Supply of Gas	3	1	153598
水的生产和供应业	Production and Supply of Water	5		62718

(continued)

(10 000 yuan)

工业增加值(当年价格) Industrial Added Value (current price)	工业销售产值(当年价格) Industrial Sales Value (current price)	资产总计 Total Assets	流动资产合计 Total Current Assets	负债合计 Total Liabilities	流动负债合计 Total Current Liabilities	主营业务收入 Revenue from Principal Business	利润总额 Total Profits	亏损企业亏损总额 Total Losses	利税总额 Total Profits and Taxes	全部从业人员年平均人数(人) Annual Average Employed Persons(person)
23961	**36989**	**258645**	**42209**	**112969**	**96278**	**33609**	**6482**		**8150**	**1154**
23961	36989	258645	42209	112969	96278	33609	6482		8150	1154
43204	**132917**	**331699**	**106319**	**240720**	**186614**	**120785**	**560**	**15837**	**9453**	**6516**
20981	70951	313895	90833	231728	181196	70951	-15837	15837	-8588	6087
22222	61966	17804	15485	8991	5418	49834	16396		18041	429
3289094	**8196603**	**14999315**	**7532484**	**9898502**	**7005706**	**10186851**	**417308**	**137062**	**1934839**	**101423**
2916	22881	7692	6802	6410	4111	24353	81		90	151
16046	65749	51435	27150	31907	30431	47284	917		1574	1457
1731491	2013783	1691045	1189432	384971	384473	2014011	252027		1534154	4551
29523	116988	80855	60509	24936	13171	226829	10315		16180	1660
785	3306	3105	1497	14691	6876	3306	-1145	1145	-939	136
7059	29483	32296	20399	17702	11374	29483	5884		7863	466
4641	12022	23207	20759	17374	17374	12159	140		516	650
366679	1777621	5759279	2418951	4916275	3357275	3535733	-12002	65292	61214	21836
26992	86481	16474	13019	4390	4390	86481	3972		6235	150
142490	546014	1028228	582193	661522	541429	555540	19486	1710	45695	8939
135255	367319	539162	204820	419711	340630	371922	51920	5562	75867	3371
29617	130899	848776	474351	454971	403975	170406	-5646	5646	-2660	4107
243590	650709	1513199	398351	1148130	412088	699374	-48864	48864	-7486	8056
64870	234142	397898	237316	267112	231624	256781	11211	4299	18412	5703
41121	141827	488448	214567	260002	227664	118155	14527	313	17792	4085
42088	51588	121512	43080	70911	61421	25169	46	316	1946	790
134371	553411	449143	295892	210791	168257	555715	18904		34060	8885
147618	576477	1036753	658037	623331	490298	555669	43980	284	53895	15578
1550	5439	22572	14694	12165	12165	5259	26		259	320
85860	683569	636652	481617	205968	174848	769173	51555	840	66929	7244
16991	47285	94517	72305	60642	59434	40201	1252		4086	1088
17540	79612	157066	96746	84590	52402	83850	-1279	2792	-844	2200
389057	**2076705**	**2902950**	**351932**	**2577167**	**786322**	**1892686**	**912397**	**62138**	**977057**	**9714**
354485	1874067	2070979	124882	1968195	337707	1635744	928485	28830	990758	5325
3322	152341	468746	148325	447005	324798	208869	-25892	33308	-25770	2845
31250	50297	363225	78726	161967	123817	48073	9804		12069	1544

7-10 规模以上外商投资和港澳台商投资工业企业主要经济指标(2014年)

单位：万元

指 标	Item	企业数(个) Number of Enterprises (unit)	#亏损企业 Unprofitable Enterprises	工业总产值(当年价格) Gross Industrial Output Value (current price)
总 计	**Tatal**	**39**	**10**	**1432215**
#亏损企业	Unprofitable Enterprises	10	10	113348
#国有控股企业	State Holding Enterprises	1		48252
#农村工业	Rural Enterprises	1		48506
#非公有制工业	Non-public Industries	38	10	1383963
#高技术	High-tech Industries	11	1	424820
按登记注册类型分	**By Status of Registration**			
港、澳、台商投资企业	Enterprises with Funds from Hong Kong,Macao and Taiwan	15	4	437522
合资经营企业(港或澳、台资)	Joint-venture Enterprises (Funds from Hong Kong, Macao and Taiwan)	11	4	343017
港澳台商投资股份有限公司	Enterprises with Sole Funds from Hong Kong, Macao and Taiwan	4		94505
外商投资企业	Foreign-funded Enterprises	24	6	994693
中外合资经营企业	Sino-foreign Equity Joint Ventures	12	1	521049
外资企业	Overseas-funded Enterprises	12	5	473644
按轻重工业分	**By Light &Light Industries**			
轻工业	Light Industry	22	3	979954
重工业	Heavy Industry	17	7	452261
按企业规模分	**By Size of Enterprises**			
大型企业	Large Enterprises	2		203338
中型企业	Medium-sized Enterprises	5		497363
小型企业	Small Enterprises	28	8	689929
微型企业	Micro-sized Enterprises	4	2	41586
六大特色支柱产业	Six Special Pillar Industries	26	5	1069814
磷煤化工	Phosphorus and Coal Chemical Industry	1		28843
铝及铝化工	Aluminum and Its Chemical Industry	3	2	35999
特色食品	Characteristic Food	8	2	427775
烟草制品	Tobacco Products			
现代医药	Modern Medicine	7		386994
装备制造业	Equipment Manufacturing Industry	7	1	190203
按主营业务收入分	**By Annual Revenue of Major Business**			
年收入在20—40亿元	Between 2 and 4 Billion Yuan			
年收入在10—20亿元	Between 1 and 2 Billion Yuan			
年收入在5—10亿元	Between 0.5 and 1 Billion Yuan			
年收入在1—5亿元	Between 0.1 and 0.5 Billion Yuan	4	2	75363
年收入在3000万元—1亿元	Between 30 and 100 Million Yuan	10	4	84802
年收入在1000万元—3000万元	Between 10 and 30 Million Yuan	1		2001

Main Economic Indicators of Industrial Enterprises with Hong Kong, Macao, Taiwan and Foreign Funds(2014)

(10 000 yuan)

工业增加值(当年价格) Industrial Added Value (current price)	工业销售产值(当年价格) Industrial Sales Value (current price)	资产总计 Total Assets	流动资产合计 Total Current Assets	负债合计 Total Liabilities	流动负债合计 Total Current Liabilities	主营业务收入 Revenue from Principal Business	利润总额 Total Profits	亏损企业亏损总额 Total Losses	利税总额 Total Profits and Taxes	全部从业人员年平均人数(人) Annual Average Employed Persons (person)
402738	**1280880**	**1574535**	**749097**	**874448**	**807836**	**1278012**	**170586**	**7673**	**252590**	**12055**
16161	114453	91222	38334	55880	52331	111866	-7673	7673	-6486	877
23961	36989	258645	42209	112969	96278	33609	6482		8150	1154
1441	4915	5163	3532	3052	3052	28365	465		469	179
378778	1243891	1315890	706888	761479	711558	1244402	164104	7673	244440	10901
118371	339031	343271	195061	179079	172053	299634	45144	851	80742	4333
115458	408852	503547	218685	329106	302451	360249	50646	1739	71455	3583
103847	329234	474283	194786	314988	288634	284482	46512	1739	64609	2845
11611	79618	29264	23899	14117	13817	75767	4134		6846	738
287280	872028	1070988	530413	545343	505384	917763	119940	5935	181135	8472
175071	456854	544035	230562	282105	251760	509404	81785	154	111238	4079
112209	415174	526953	299851	263238	253625	408359	38155	5781	69897	4393
312016	836831	862277	372989	415742	390489	833386	155396	1095	222201	7743
90723	444048	712258	376109	458706	417346	444626	15190	6578	30390	4312
83016	194005	281217	227962	142128	136055	182119	27243		50240	4177
175837	485632	416196	116794	199100	179517	493789	92975		127128	3610
137028	557270	799797	385240	525109	487315	558404	51427	4484	75345	4050
6858	43973	77324	19102	8111	4949	43700	-1058	3189	-123	218
292030	937439	843071	508379	446202	424602	963200	125360	5270	193484	8059
4878	28952	69824	13242	5063	4787	28952	1440		1688	11
5959	38194	16518	14261	9141	4879	38196	-2642	3333	-1968	250
136540	384031	198277	91138	111623	110466	447383	80100	1086	105663	1557
110713	308726	314905	179435	161758	155884	268227	44265		78675	3855
33941	177535	243548	210303	158618	148585	180443	2198	851	9427	2386
13826	75259	97383	31672	19960	16858	75337	1340	524	1718	324
19781	79184	76123	42617	36608	28794	79646	-2578	5215	1462	1010
546	2001	2099	1028	584	584	2001	26		194	38

7-10 续表

单位：万元

指标	Item	企业数（个）Number of Enterprises (unit)	#亏损企业 Unprofitable Enterprises	工业总产值（当年价格）Gross Industrial Output Value (current price)
贵阳市产业园区	**Industrial Parks of Guiyang City**			
南明临空经济区产业园	Nanming Airport Economic Zone	2		113530
云岩产业园	Yunyan Industrial Park	1		23695
花溪产业园	Huaxi Industrial Park	1		48506
小河—孟关装备制造业生态工业园	Xiaohe-Mengguan Equipment Manufacturing Industry Eco-Industrial Park	4		144256
乌当医药食品新型产业园	Wudang Food and Drug New Industrial Park	4	1	41323
白云铝及铝加工工业基地	Baiyun Aluminum and Aluminum Processing Industrial Base	8	2	424526
麦架—沙文高新技术产业园	Maijia-Shawen High-tech Industrial Park	2		23547
观山湖电子商务和现代制造业产业园	Guanshanhu Electronic Commerce and Modern Manufacturing Industrial Park			
开阳磷煤化工生态工业示范基地	Kaiyang Phosphorus and Coal Chemical Ecological Industries Demonstration Base	2		76733
息烽磷煤化工生态工业基地	Xifeng Phosphorus and Coal Chemical Ecological Industries Base	1	1	11997
修文产业园	Xiuwen Industrial Park	5	3	243199
清镇经开区	Qingzhen Economic Development Zone	1		52739
按区县地域分	**By District(county or city)**			
南明区	Nanming	2		113530
云岩区	Yunyan	5	1	99128
花溪区	Huaxi	5		192762
乌当区	Wudang	5	1	55155
白云区	Baiyun	10	4	448924
观山湖区	Guanshanhu	1		9714
开阳县	Kaiyang	2		76733
息烽县	Xifeng	1	1	11997
修文县	Xiuwen	5	3	243199
清镇市	Qingzhen	3		181073
制造业	**Manufacturing**	**37**	**10**	**1370131**
农副食品加工业	Farm and Sideline Products Processing	3	1	108393
酒、饮料和精制茶制造业	Manufacture of Liquor,Beverages and Refined Tea	1		11026
造纸和纸制品业	Manufacture of Paper and Paper Products	4	1	308356
印刷业和记录媒介的复制业	Printing and Reproduction of Recording Media	2	1	6182
化学原料和化学制品制造业	Manufacture of Raw Chemical Materials and Chemical Products	2		82081
医药制造业	Manufacture of Medicines	2		46299
橡胶和塑料制品业	Manufacture of Rubber and Plastics	8		406173
非金属矿物制品业	Manufacture of Non-metallic Mineral Products	4	3	169298
有色金属冶炼和压延加工业	Smelting and Calendering of Non-ferrous Metals	4	3	42121
专用设备制造业	Manufacture of Special Purpose Machinery	1		68172
汽车制造业	Manufacture of Automobiles	1		5511
铁路、船舶、航空航天和其他运输设备制造业	Manufacture of Railway,Watercraft,Aviation,Aerospace and Other Transport Equipment	1		9714
电气机械和器材制造业	Manufacture of Electrical Machinery and Equipment	2		97873
计算机、通信和其他电子设备制造业	Manufacture of Computers, Communication Equipment and Other Electronic Equipment	1	1	5313
仪器、仪表制造业	Manufacture of Measuring Instruments	1		3620
电力、燃气及水的生产和供应业	**Electric Power of Gas and Water Production and Supply**	**2**		**62084**
水的生产和供应业	Production and Supply of Water	2		62084

(continued)

(10 000 yuan)

工业增加值(当年价格) Industrial Added Value (current price)	工业销售产值(当年价格) Industrial Sales Value (current price)	资产总计 Total Assets	流动资产合计 Total Current Assets	负债合计 Total Liabilities	流动负债合计 Total Current Liabilities	主营业务收入 Revenue from Principal Business	利润总额 Total Profits	亏损企业亏损总额 Total Losses	利税总额 Total Profits and Taxes	全部从业人员年平均人数(人) Annual Average Employed Persons (person)
19398	59014	72983	37138	36672	36372	49328	8219		15356	376
16699	23478	68074	53317	46305	45915	33348	9340		14717	321
1441	4915	5163	3532	3052	3052	28365	465		469	179
48932	135522	199189	163163	117981	114301	116429	19724		27737	2114
9013	32142	20471	13630	12441	11288	32068	294	851	1871	515
122440	416800	187735	105811	101053	87582	443892	71496	805	94654	1173
11556	21250	277604	83503	221693	200219	23290	2749		2862	339
6072	76846	72558	14847	7527	7251	76846	1740		1989	101
727	11867	7914	1738	4983	4727	11866	-370	370	-352	91
88571	236272	207119	131663	82779	75343	204858	29673	4049	55415	3384
5814	42191	72509	18739	62540	62251	42191	2204		3555	213
19398	59014	72983	37138	36672	36372	49328	8219		15356	376
52705	86889	351312	114030	165712	147899	90705	21316	9	30381	1866
50373	140437	204352	166695	121033	117353	144795	20189		28206	2293
18322	45974	286428	91610	228220	205593	46085	2365	851	3941	736
126043	440616	212181	119384	119119	105648	468290	69907	2394	93400	1462
2247	7417	11647	5524	5914	5914	9273	679		792	118
6072	76846	72558	14847	7527	7251	76846	1740		1989	101
727	11867	7914	1738	4983	4727	11866	-370	370	-352	91
88571	236272	207119	131663	82779	75343	204858	29673	4049	55415	3384
38281	175548	148042	66471	102490	101736	175966	16869		23463	1628
369469	**1230059**	**1049933**	**628909**	**545700**	**517253**	**1230385**	**162034**	**7673**	**242369**	**10680**
3362	64675	15811	6875	10499	10243	88125	396	370	418	360
4174	11026	9277	7275	3091	2626	11026	424		533	150
129004	308329	173189	76989	98032	97597	348231	79280	716	104712	1047
1765	5812	6822	5226	3647	2916	5616	259	9	588	121
34184	77827	67754	44129	20429	20429	55089	22962		27187	495
8528	44621	92528	19472	13636	8113	44621	2009		3847	169
113347	322681	324257	184868	166481	159806	281621	45301		80256	4018
33121	173397	85896	49419	50570	50502	170874	12869	1371	18089	1560
8043	44156	30853	24354	20697	16436	44739	-3665	4356	-2686	374
21382	62627	137985	123547	98609	94929	62744	1369		6512	1388
1427	6187	4699	3347	1140	1140	6660	336		607	103
2247	7417	11647	5524	5914	5914	9273	679		792	118
6108	92371	81849	73216	46271	40271	93026	651		1822	580
1235	5313	4425	3864	3048	2705	5203	-851	851	-575	27
1542	3620	2942	806	3637	3627	3538	15		269	170
33269	**50821**	**524602**	**120189**	**328749**	**290582**	**47626**	**8552**		**10221**	**1375**
33269	50821	524602	120189	328749	290582	47626	8552		10221	1375

7-11 规模以上大中型工业企业主要经济指标(2014年)

单位：万元

指 标	Item	企业数(个) Number of Enterprises (unit)	#亏损企业 Unprofitable Enterprises	工业总产值(当年价格) Gross Industrial Output Value (current price)	工业增加值(当年价格) Industrial Added Value (current price)
总 计	**Total**	**116**	**21**	**14412805**	**4515541**
#亏损企业	Unprofitable Enterprises	21	21	1654633	308890
#国有控股企业	State Holding Enterprises	67	16	10028085	3371088
#农村工业	Rural Industry				
#非公有制工业	Non-public Industries	47	4	4370240	1139857
#高技术	High-tech	33	2	2362826	682410
按登记注册类型分	**By Status of Registration**				
内资企业	**Domestic-funded Enterprises**	**109**	**21**	**13712104**	**4256688**
国有企业	State-owned Enterprises	21	3	4216884	2147894
中央企业	Central Enterprises	14	3	3900588	2072001
地方企业	Local Enterprises	7		316296	75894
集体企业	Collective-owned Enterprises	1		9270	3473
有限责任公司	Limited Liability Companies	62	13	5329567	1186350
国有独资公司	State Sole Funded Corporations	14	3	757094	202555
其他有限责任公司	Others	48	10	4572473	983795
股份有限公司	Companies Limited by Shares	15	3	2890850	595598
私营企业	Private Enterprises	10	2	1265533	323373
私营有限责任公司	Private Limited Liability Companies	8	2	1094364	238821
私营股份有限公司	Private Companies Limited by Shares	2		171169	84551
港、澳、台商投资企业	**Enterprises with Funds from Hong Kong, Macao and Taiwan**	**3**		**197147**	**50231**
合资经营企业(港或澳、台资)	Joint-venture Enterprises	2		187655	48012
港澳台商独资经营企业	Solely Funded Enterprises	1		9492	2219
外商投资企业	**Enterprises with Foreign Funds Investment**	**4**		**503553**	**208622**
中外合资经营企业	Sino-foreign Equity Joint Ventures	3		368388	146988
外资企业	Foreign-funded Enterprises	1		135166	61634
按经济组织类型分	**By Types of Economic Organization**				
独资企业	Sole Proprietorships	24	3	4370812	2215220
合作、合伙企业	Cooperative and Partnership Enterprises				
股份有限公司	Companies Limited by Shares	17	3	3062019	680150
有限责任公司	Limited Liability Companies	75	15	6979974	1620171
按轻重工业分	**By Light & Heay Industries**				
轻工业	Light Industry	34	2	4802528	2576353
重工业	Heavy Industry	82	19	9610277	1939188
按企业规模分	**By Size of Enterprises**				
大型企业	Large Enterprises	35	6	9486069	3369430
中型企业	Medium-sized enterprises	81	15	4926736	1146111

Main Economic Indicators of Large and Middle-sized Industrial Enterprises above Designated Size(2014)

(10 000 yuan)

工业销售产值(当年价格) Industrial Sales Value (current price)	资产总计 Total Assets	流动资产合计 Total Current Assets	负债合计 Total Liabilities	流动负债合计 Total Current Liabilities	主营业务收入 Revenue from Principal Business	利润总额 Total Profits	亏损企业亏损总额 Total Losses	利税总额 Total Profits and Taxes	全部从业人员年平均人数(人) Annual Average Employed Persons (person)
13237293	**20497001**	**9357749**	**13738673**	**8908555**	**15092202**	**1738010**	**197778**	**3499451**	**144872**
1546949	4364107	1521860	3569513	1870034	1593190	-197778	197778	-134978	29608
9102226	16324066	7225242	11486955	7052924	11020274	1250746	193485	2779256	108523
4121762	4156792	2118742	2241837	1845796	4056345	487195	3385	718873	35629
2127257	2620779	1698747	1162648	965575	2221653	260584	1359	385035	34170
12557656	**19799587**	**9012993**	**13397445**	**8592983**	**14416294**	**1617792**	**197778**	**3322082**	**137085**
4138516	4048327	1739974	2497934	917885	3878849	1143133	44168	2459525	22893
3843161	3467758	1482320	2206380	668283	3600761	1112236	44168	2420080	16771
295355	580569	257655	291554	249602	278088	30897		39445	6122
7850	6811	6422	1778	1778	9110	977		1595	350
4961202	10845458	4825011	7845557	5487706	6883713	232721	98425	443228	66877
750089	2744336	1396702	1821416	1206290	852502	9061	40658	37437	25658
4211113	8101122	3428309	6024141	4281415	6031211	223660	57767	405791	41219
2221845	3800128	1922590	2218994	1611999	2451690	93645	52289	224574	38536
1228244	1098863	518995	833183	573616	1192932	147315	2896	193160	8429
1053795	977239	438201	770724	524311	1018752	125082	2896	159942	6654
174449	121625	80795	62459	49305	174180	22233		33219	1775
196711	**93109**	**60461**	**54863**	**51970**	**178215**	**22381**		**34979**	**1947**
187219	86586	55043	54269	51377	168148	22088		34623	1549
9492	6523	5418	594	594	10068	292		357	398
482926	**604304**	**284295**	**286366**	**263601**	**497693**	**97837**		**142389**	**5840**
351548	461072	179880	242847	222475	378317	71963		98660	3051
131379	143232	104415	43519	41126	119376	25874		43729	2789
4287237	4204893	1856230	2543824	961382	4017402	1170277	44168	2505205	26430
2396294	3921753	2003385	2281453	1661304	2625869	115879	52289	257793	40311
6553763	12370355	5498134	8913396	6285868	8448930	451854	101321	736453	78131
4566372	3614409	2250251	1373826	1232013	4616286	634831	3311	2093260	35456
8670921	16882592	7107498	12364847	7676542	10475916	1103179	194467	1406191	109416
8630701	14307556	6668543	9603930	6146816	10590409	1405492	99551	2975427	98913
4606592	6189445	2689206	4134743	2761739	4501793	332518	98227	524024	45959

7-11 续表1

单位：万元

指标	Item	企业数(个) Number of Enterprises (unit)	#亏损企业 Unprofitable Enterprises	工业总产值(当年价格) Gross Industrial Output Value (current price)
按主营业务收入分	**By Annual Revenue of Major Business**			
年收入在40亿元以上	Annual Income Above 4 billion yuan			
年收入在20—40亿元	Annual Income Between 2 billion and 4 billion yuan	1	1	269743
年收入在10—20亿元	Annual Income Between 1 billion and 2 billion yuan	1		1311923
年收入在5—10亿元	Annual Income Between 0.5 billion and 1 billion yuan	9	2	630914
年收入在1—5亿元	Annual Income Between 0.1 billion and 0.5 billion yuan	14	2	434872
年收入在3000万元—1亿元	Annual Income Between 30 million and 100 million yuan	3	1	26927
年收入在1000万元—3000万元	Annual Income Between 10 million and 30 million yuan	1		233245
按支柱、特色行业分组	**By Pillar and Characteristic Industries**			
能源、优势原材料为主的新兴支柱产业	Emerging Pillar Industries of Energy and Raw Materials	21	11	3852703
电	Electricity	2	1	129590
煤	Coal	2	1	74160
煤及煤化工	Coal and Its Chemical Industry	4	3	379662
铝及铝加工	Aluminum and Its Chemical Industry	6	5	960838
磷及磷化工	Phosphor and Its Chemical Industry	8	2	2305793
铁合金	Iron Alloy	1		76822
烟酒为主的传统支柱产业	Traditional Pillar Industries of Tabacco and Liquor	3		2034461
酒	Liquor	1		87432
烟	Tobacco	2		1947029
六大特色支柱产业	Six Special Pillar Industries	79	12	10049524
磷煤化工	Phosphorus and Coal Chemical Industries	9	4	2550038
铝及铝化工	Aluminum and Its Chemical Industry	6	5	960838
特色食品	Characteristic Food	9		854675
烟草制品	Tobacco Products	2		1947029
现代医药	Modern Medicine	12		1292335
装备制造业	Equipment Manufacturing Industry	41	3	2444609
贵阳市产业园区	**Industrial Parks of Guiyang City**			
南明临空经济区产业园	Nanming Airport Economic Zone	2		367782
云岩产业园	Yunyan Industrial Park	2		258665
花溪产业园	Huaxi Industrial Park	2		185835
小河—孟关装备制造业生态工业园	Xiaohe-Mengguan Equipment Manufacturing Industry Eco-Industrial Park	20	1	3589038
乌当医药食品新型产业园	Wudang Food and Drug New Industrial Park	15	1	916551
白云铝及铝加工工业基地	Baiyun Aluminum and Aluminum Processing Industrial Base	14	4	1624399
麦架—沙文高新技术产业园	Maijia-Shawen High-tech Industrial Park	7		248170
观山湖电子商务和现代制造业产业园	Guanshanhu Electronic Commerce and Modern Manufacturing Industrial Park			
开阳磷煤化工生态工业示范基地	Kaiyang Phosphorus and Coal Chemical Ecological Industries Demonstration Base	9	3	2057346
息烽磷煤化工生态工业基地	Xifeng Phosphorus and Coal Chemical Ecological Industries Base	5	1	690523
修文产业园	Xiuwen Industrial Park	8	1	618114
清镇经开区	Qingzhen Economic Development Zone	9	6	554731

(continued)

(10 000 yuan)

工业增加值(当年价格) Industrial Added Value (current price)	工业销售产值(当年价格) Industrial Sales Value (current price)	资产总计 Total Assets	流动资产合计 Total Current Assets	负债合计 Total Liabilities	流动负债合计 Total Current Liabilities	主营业务收入 Revenue from Principal Business	利润总额 Total Profits	亏损企业亏损总额 Total Losses	利税总额 Total Profits and Taxes	全部从业人员年平均人数(人) Annual Average Employed Persons (person)
75857	236622	634514	127725	554167	96918	229778	-40537	40537	-32262	2803
240468	1311923	1030758	35214	1030758		1080321	886801		909676	1898
179192	588495	1130003	681267	585023	419368	734244	37284	5570	53650	11846
94489	403621	840252	541435	521393	366554	388386	19395	14272	27821	11559
13161	26998	48009	33724	29461	26488	24963	573	908	2011	1444
96498	208213	431733	173111	134473	108067	221062	37748		76343	3486
761104	3613642	8378134	2833972	6679983	4165640	5435569	-42106	153088	93747	38690
23660	132056	461799	52660	409771	37222	129281	-21819	28706	-16654	1179
28628	102143	831678	208617	299423	248890	101819	-14520	15837	-6241	6400
14764	405588	1369333	346133	804685	483038	373760	-69328	70644	-61024	8714
278770	840089	2071187	526479	1729650	727415	888112	-47036	52014	2580	10433
430747	2159080	4468993	1903795	3729775	2911863	3967587	95643	1724	165844	17884
13163	76830	6823	4906	6102	6102	76830	433		3002	480
1694382	2029673	1297077	940912	403674	403176	2025838	250751		1535789	4634
27192	82644	58908	4694	22893	22893	82644	9039		22863	336
1667190	1947029	1238169	936217	380782	380283	1943194	241712		1512926	4298
3639189	9440219	13313999	6680910	8848521	6424868	11350330	727701	111134	2355734	101292
394660	2400559	4988844	2025826	4226046	3140593	4189694	24439	56532	93020	19769
278770	840089	2071187	526479	1729650	727415	888112	-47036	52014	2580	10433
298746	844851	543722	311045	274292	250025	810052	168472		231575	7978
1667190	1947029	1238169	936217	380782	380283	1943194	241712		1512926	4298
478600	1144471	1093979	647724	390082	340667	1112368	185827		289797	14500
521222	2263221	3378099	2233620	1847670	1585885	2406911	154286	2588	225836	44314
135441	367782	248780	216156	113163	113163	343238	90748		116562	3635
99436	231198	462963	202122	153931	125076	240663	38451		77552	3921
48976	145539	97622	71791	34881	33163	145539	21601		28506	933
1999664	3431214	3513629	2506880	1679596	1466321	3590921	335897	2792	1647142	32536
225004	824054	808230	508893	348474	278114	786730	51406	840	78514	13061
537482	1490364	2148521	729542	1488692	715822	1576528	116533	49705	225748	17059
101604	246551	280204	192880	151681	127151	241838	29938		35999	3279
348413	1916831	4851565	1949429	4067680	2978807	3688001	4040	23224	78455	18148
121337	680714	724679	232646	191179	181588	681029	75813	531	81930	2775
141503	592461	545684	253811	298591	267241	549097	46760	2377	83239	5469
101851	542250	1670284	473859	1706155	828230	534551	-42034	100030	-13986	8567

7-11 续表2

单位：万元

指 标	Item	企业数（个）Number of Enterprises (unit)	#亏损企业 Unprofitable Enterprises	工业总产值（当年价格）Gross Industrial Output Value (current price)
按区县地域分	**By District(County or City)**			
南明区	Nanming	5	2	1794201
云岩区	Yunyan	11		2858571
花溪区	Huaxi	27	1	4060510
乌当区	Wudang	18	1	1128335
白云区	Baiyun	18	4	1691331
观山湖区	Guanshanhu	5	2	179217
开阳县	Kaiyang	8	3	700947
息烽县	Xifeng	5	1	690523
修文县	Xiuwen	8	1	618114
清镇市	Qingzhen City	11	6	691056
外地县	Others			
按工业行业大类分	**By Sector**			
采矿业	**Mining**	**4**	**1**	**165864**
煤炭开采和洗选业	Mining and Washing of Coal	2	1	74160
非金属矿采选业	Mining and Processing of Non-mental Ores	2		91704
制造业	**Manufacturing**	**105**	**18**	**12497957**
农副食品加工业	Farm and Sideline Products Processing	2		96373
食品制造业	Food Manufacturing	4		400463
酒、饮料和精制茶制造业	Manufacture of Liquor,Beverages and Refined Tea	3		357840
烟草制品业	Manufacture of Tobacco	2		1947029
纺织服装、服饰业	Manufacture of Textiles and Garments			
皮革、毛皮、羽毛及其制品和制鞋业	Manufacture of Leather,Fur,Feather and Related Products and Footwear	1		125417
家具制造业	Manufacture of Furniture	1		35007
印刷业和记录媒介的复制业	Printing and Reproduction of Recording Media	2		45182
化学原料和化学制品制造业	Manufacture of Raw Chemical Materials and Chemical Products	12	5	2632464
医药制造业	Manufacture of Medicines	13	1	1324453
橡胶和塑料制品业	Manufacture of Rubber and Plastics	5	1	1321576
非金属矿物制品业	Manufacture of Non-metallic Mineral Products	7	2	372369
黑色金属冶炼和压延加工业	Smelting and Calendering of Ferrous Metals	4	1	330699
有色金属冶炼和压延加工业	Smelting and Calendering of Non-ferrous Metals	5	4	943549
金属制品业	Manufacture of Metal Products	5	1	111100
通用设备制造业	Manufacture of General Purpose Machinery	3		118925
专用设备制造业	Manufacture of Special Purpose Machinery	2		76284
汽车制造业	Manufacture of Automobile	6		812238
铁路、船舶、航空航天和其他运输设备制造业	Manufacture of Railway,Watercraft,Aviation,Aerospace and Other Transport Equipments	12		588020
电气机械和器材制造业	Manufacture of Electrical Machinery and Equipments	4	1	191384
计算机、通信和其他电子设备制造业	Manufacture of Computers, Communication Equipment and Other Electronic Equipment	7	1	507604
仪器、仪表制造业	Manufacture of Measuring Instruments	3		67160
其他制造业	Others	2	1	92821
电力、燃气及水的生产和供应业	**Production and Supply of Electric Power,Gas and Water**	**7**	**2**	**1748984**
电力、热力的生产和供应业	Production and Supply of Electric Power and Heating Power	4	1	1549483
燃气生产和供应业	Production and Supply of Gas	2	1	151249
水的生产和供应业	Production and Supply of Water	1		48252

(continued)

(10 000 yuan)

工业增加值(当年价格) Industrial Added Value (current price)	工业销售产值(当年价格) Industrial Sales Value (current price)	资产总计 Total Assets	流动资产合计 Total Current Assets	负债合计 Total Liabilities	流动负债合计 Total Current Liabilities	主营业务收入 Revenue from Principal Business	利润总额 Total Profits	亏损企业亏损总额 Total Losses	利税总额 Total Profits and Taxes	全部从业人员年平均人数(人) Annual Average Employed Persons(person)
440054	1665900	5176571	2382439	4021333	3164374	3472584	97194	2438	182545	21102
576531	2291836	3876346	1319935	2680362	1063833	2142466	990151		1086090	20683
2100084	3845407	3996336	2804605	1927073	1687327	4106221	369468	2792	1698863	37764
313701	1033167	945993	598917	422784	346364	971996	71267	840	103169	15820
556916	1552709	2251277	793435	1563651	777562	1646935	124035	49705	235563	18310
53432	201307	474526	214353	318437	265782	192948	-10929	15844	927	7988
65292	690502	750108	242554	571710	288856	652916	-4843	23224	12195	4541
121337	680714	724679	232646	191179	181588	681029	75813	531	81930	2775
141503	592461	545684	253811	298591	267241	549097	46760	2377	83239	5469
146693	683290	1755482	515055	1743553	865628	676009	-20907	100030	14931	10420
59321	**194557**	**867000**	**238524**	**319958**	**264053**	**183674**	**5389**	**15837**	**17013**	**7139**
28628	102143	831678	208617	299423	248890	101819	-14520	15837	-6241	6400
30693	92413	35322	29907	20536	15162	81855	19909		23254	739
4154739	**11303806**	**17395196**	**8834743**	**11408004**	**8175997**	**13351753**	**886161**	**119928**	**2603863**	**130296**
24686	80329	59745	36874	12636	11644	82671	7241		11691	2251
140007	413974	321537	235213	187850	166574	346402	86724		110376	4091
134053	350547	162440	38958	73806	71807	380979	74507		109508	1636
1667190	1947029	1238169	936217	380782	380283	1943194	241712		1512926	4298
29523	116988	80855	60509	24936	13171	226829	10315		16180	1660
7059	29483	32296	20399	17702	11374	29483	5884		7863	466
23845	46686	78428	43319	22556	22546	47157	10533		14053	1043
456907	2476578	5994681	2533112	5036491	3477874	4273671	57460	59948	135530	23913
483024	1171934	1121683	657047	415407	365992	1138510	185308	520	289429	15225
189852	788881	1199529	677787	761195	618060	792371	35582	531	67563	11042
122136	366516	502395	206186	351509	257340	358808	56799	780	85241	3582
56704	320410	979180	528347	487548	429654	341864	991	1529	9287	4885
274638	825655	2019963	493441	1645663	666946	871129	-46263	51241	2840	9274
46403	103947	282728	159812	187091	158727	136473	11878	840	18047	4575
28864	103466	364679	143262	150130	125383	92248	13033		15672	3223
24700	69437	167571	138204	125070	119073	68946	1403		7005	1846
173071	771359	643719	405954	335210	280754	769833	37180		63807	10253
141116	553498	1006951	633492	596617	466594	532504	44265		53652	15439
21266	167775	295360	280268	272924	272811	169368	6389	908	11989	1466
70719	462065	588493	441160	182557	152422	614904	43201	840	56369	6652
21437	57639	97730	68438	55735	54564	50561	3298		5681	1276
17540	79612	157066	96746	84590	52402	83850	-1279	2792	-844	2200
301482	**1738931**	**2234805**	**284482**	**2010711**	**468506**	**1556774**	**846459**	**62014**	**878575**	**7437**
274283	1551949	1514117	95197	1451550	48244	1317989	865878	28706	896234	3472
3238	149993	462043	147076	446191	323984	205175	-25901	33308	-25809	2811
23961	36989	258645	42209	112969	96278	33609	6482		8150	1154

7-12 规模以上工业企业主要产品产销情况(2014年) Statistics on Output and Sales of Major Products of Industrial Enterprises above Designated Size(2014)

产品名称		Item		生产量 Output	销售量 Sales Volume	企业自用及其他 For Their Own or Other Use	产销率(%) Sales-output Ratio(%)
磷矿石(折含五氧化二磷30%)	(吨)	Phosphorus Ore (include 30% phosphorus pentoxide)	(ton)	17269664	11585357	6157733	102.7
配合饲料	(吨)	Formula Feed	(ton)	265434	275537	7169	106.5
混合饲料	(吨)	Compound Diet	(ton)	109565	112256	284	102.7
精制食用植物油	(吨)	Refined Edible Vegetable Oil	(ton)	109565	112256	284	102.5
乳制品	(吨)	Dairy Products	(ton)	75762	74606		98.5
白酒(折65度.商品量)	(千升)	White Liquor (65 degree/commodity amount)	(kiloliter)	2675	2339	180	94.1
啤酒	(千升)	Beer	(kiloliter)	287300	270616	207	94.3
软饮料	(吨)	Soft Drink	(ton)	2015822	2590752	4562	128.7
卷烟	(万支)	Cigarettes	(10 000 pieces)	12917778	12447444	16339	96.5
服装	(万件)	Costume		150	150		100.2
人造板	(立方米)	Wood-based Panel		30227	31932		105.6
硫酸(折100%)	(吨)	Sulfuric Acid(100%)	(ton)	4578425	62411	4569025	101.2
碳化钙(电石,折300升/千克)	(吨)	Calcium Carbide (300 litres per kilogram)	(ton)		2100		
合成氨(无水氨)	(吨)	Synthetic Ammonia (anhydrous ammonia)	(ton)	565373	564993		99.9
农用氮、磷、钾化学肥料总计(折纯)	(吨)	Chemical Fertilizers (covert to pure)	(ton)	3241215	3246658	111825	103.6
氮肥(折含N100%)	(吨)	Nitrogen Fertilizers (include 100% N)	(ton)	956359	898964	69216	101.2
磷肥(折五氧化二磷100%)	(吨)	Phosphate Fertilizers (include 100% phosphorus pentoxide)	(ton)	2253976	2342989	42609	105.8
初级形态的塑料	(吨)	Primary Plastics	(ton)	53501	54098		101.1
机制纸及纸板	(吨)	Machine-made Paper and Paperboard	(ton)	66782	66458	200	99.8
橡胶轮胎外胎	(吨)	Rubber Cover Tyre	(tire)	5445667	5320480		97.7
塑料制品	(吨)	Plastic Products	(ton)	402699	412188	5	102.4
#塑料薄膜	(吨)	Plastic Film	(ton)	3048	3048		100.0
纯苯	(吨)	Purified Petroleum Benzin	(ton)	1135	1145		100.9
水泥	(吨)	Cement	(ton)	12921070	12895612	129	99.8

7-12 续表 (continued)

产品名称		Item		生产量 Output	销售量 Sales Volume	企业自用及其他 For Their Own or Other Use	产销率(%) Sales-output Ratio(%)
生　铁	(吨)	Pig Iron	(ton)	323429	316461	10235	101.0
粗　钢	(吨)	Crude Steel	(ton)	530514	372783	170000	102.3
钢　材	(吨)	Rolled Steel	(ton)	621161	626423	282	100.9
#钢　筋	(吨)	Reinforcing Steel Bar	(ton)	457880	460411		100.6
铁合金	(吨)	Iron Alloy	(ton)	336265	319980	3714	96.3
氧化铝	(吨)	Aluminum Oxide	(ton)	1910884	1893461	6407	99.4
原　铝(电解铝)	(吨)	Virgin Aluminum (Electrolytic Aluminum)	(ton)	234141	223891	300	95.8
铝　材	(吨)	Aluminium Material	(ton)	50270	47194	0	93.9
金属切削机床	(台)	Metal-cutting Machine Tool	(set)	758	450		59.4
数控金属切削机床	(台)	Digital Metal-cutting Machine Tool	(set)	94	74		78.7
发电机组(发电设备)	(千瓦)	Generating Set (Generating Plant)	(kw)	174000	148500		85.3
交流电动机	(千瓦)	Alternating-current Motor	(kw)	303091	297298		98.1
电子计算机整机	(台)	Complete Electronic Computer	(set)	30418	8961	10	29.5
移动通信手持机	(台)	Mobile Communication Handset	(set)	65361	65361		100.0
彩色电视机	(台)	Color Television Sets	(set)	1156847	1156847		100.0
集成电路	(万　块)	Integrated Circuits	(10 000 units)	1992	706		35.4

7-13　规模以上高技术工业企业主要经济指标(2014年)

单位：万元

指　　标	Item	企业数(个) Number of Enterprises (unit)	#亏损企业 Unprofitable Enterprises
总　　计	**Tatol**	**81**	**5**
#亏损企业	**Unprofitable Enterprises**	**5**	**5**
#国有控股企业	State Holding Enterprises	25	2
#农村工业	Rural Industries	1	
#非公有制工业	Non-public Industries	53	3
按登记注册类型分	**By Status of Registration**		
内资企业	**Domestic-funded Enterprises**	**70**	**4**
#国有企业	State-owned Enterprises	12	2
有限责任公司	Limited Liability Companies	40	
股份有限公司	Companies Limited by Shares	8	
私营企业	Private Enterprises	10	2
港、澳、台商投资企业	**Enterprises with Funds from Hong Kong,Macao and Taiwan**	**6**	**1**
外商投资企业	**Enterprises with Foreign Investment**	**5**	
按轻重工业分	**By Light & Heavy Industries**		
轻工业	Light Industry	48	2
重工业	Heavy Industry	33	3
按企业规模分	**By Size of Enterprises**		
大型企业	Large Enterprises	10	
中型企业	Medium-sized Enterprises	23	2
小型企业	Small Enterprises	46	3
微型企业	Micro-sized Enterprises	2	
按企业主营业务收入分	**By Annual Revenue of Major Business**		
年收入在20—40亿元	Annual Income Between 2 billion and 4 billion yuan		
年收入在10—20亿元	Annual Income Between 1 billion and 2 billion yuan		
年收入在 5—10亿元	Annual Income Between 0.5 billion and 1 billion yuan	5	
年收入在 1—5亿元	Annual Income Between 0.1 billion and 0.5 billion yuan	16	1
年收入在3000万元—1亿元	Annual Income Between 30 million and 100 million yuan	14	2
年收入在1000万元—3000万元	Annual Income Between 10 million and 30 million yuan	10	
年收入在1000万元以下	Annual Income Below 10 million yuan	36	2
按支柱、特色行业分组	**By Pillar and Characteristic Industries**		
六大特色支柱产业	Six Special Pillar Industries	76	4
磷煤化工	Phosphorus and Coal Chemical Industries		
铝及铝化工	Aluminum and Its Chemical Industry		
特色食品	Characteristic Food		
烟草制品	Tobacco Products		
现代医药	Modern Medicine	39	1
装备制造业	Equipment Manufacturing Industry	37	3
贵阳市产业园区	**Industrial Parks of Guiyang City**		
南明临空经济区产业园	Nanming Airport Economic Zone	3	
云岩产业园	Yunyan Industrial Park	2	
花溪产业园	Huaxi Industrial Park	1	
小河—孟关装备制造业生态工业园	Xiaohe-Mengguan Equipment Manufacturing Industry Eco-Industrial Park	12	
乌当医药食品新型产业园	Wudang Food and Drug New Industrial Park	22	2
白云铝及铝加工工业基地	Baiyun Aluminum and Aluminum Processing Industrial Base	4	
麦架—沙文高新技术产业园	Maijia-Shawen High-tech Industrial Park	10	1
观山湖电子商务和现代制造业产业园	Guanshanhu Electronic Commerce and Modern Manufacturing Industrial Park		
开阳磷煤化工生态工业示范基地	Kaiyang Phosphorus and Coal Chemical Ecological Industries Demonstration Base		
息烽磷煤化工生态工业基地	Xifeng Phosphorus and Coal Chemical Ecological Industries Base	2	
修文产业园	Xiuwen Industrial Park	14	1
清镇经开区	Qingzhen Economic Development Zone	6	1

Main Economic Indicators of High-tech Industrial Enterprises above Designated Size(2014)

(10 000 yuan)

全部从业人员年平均人数(人) Annual Average Employed Persons (person)	工业总产值(当年价格) Gross Industrial Output Value (current price)	工业增加值(当年价格) Industrial Added Value (current price)	工业销售产值(当年价格) Industrial Sales Value (current price)	#出口交货值 Delivery Value of Export	资产总计 Total Assets	流动资产合计 Total Current Assets	负债合计 Total Liabilities	流动负债合计 Total Current Liabilities
40395	**3654209**	**943772**	**3246610**	**50743**	**3560165**	**2277725**	**1623951**	**1399458**
1746	**98197**	**16421**	**84899**	**760**	**106836**	**72131**	**77822**	**74004**
19638	1382554	243576	1275934	43324	1590320	1123587	806663	654972
227	8231	2245	7588		9922	6694	7094	7094
20241	2182761	685738	1893142	7419	1934097	1127468	801497	732309
36062	**3229389**	**825401**	**2907579**	**43326**	**3216894**	**2082664**	**1444872**	**1227405**
6187	334007	78478	319661	14494	483811	347872	212558	180659
17868	1964844	442575	1745747	14101	1556884	1056695	794749	677943
8706	587109	185758	521544	14731	917333	514458	290644	240134
3301	343429	118590	320627		258865	163639	146921	128670
879	**145174**	**35388**	**115642**		**57866**	**44286**	**37273**	**32938**
3454	**279646**	**82983**	**223390**	**7417**	**285405**	**150775**	**141807**	**139115**
20135	2572709	714913	2224485		1952863	1165508	786622	722914
20260	1081500	228859	1022126	50743	1607302	1112217	837329	676545
19354	943966	301510	857317	24723	1538505	935729	668138	521989
14816	1418860	380900	1269940	4883	1082274	763017	494509	443586
6209	1289371	260698	1117342	21136	937293	576908	459858	432437
16	2012	664	2012	2	2093	2070	1446	1446
9225	351911	87728	331403	10262	806472	544174	418688	303921
8423	521708	142709	490703	18895	586838	421213	278125	245760
1709	122657	34780	104884	21136	218663	113143	82996	79851
4443	307460	116706	266906	2	513639	228508	182904	156135
16595	2350473	561849	2052715	449	1434553	970687	661239	613791
38875	3460826	906795	3092418	50743	3452303	2210900	1543176	1320198
17676	1983184	611821	1713510		1722026	1005241	652404	590860
21199	1477642	294975	1378909	50743	1730277	1205659	890772	729338
475	124546	20416	67484		86215	40754	42155	40155
3619	262182	104390	236292		456592	192540	148440	122034
383	75254	31987	46016		69874	50714	17226	15509
12059	922455	130542	851552	27618	1061473	740166	538197	413889
11010	917533	233477	810925	14944	596119	430335	266027	233715
2549	150481	81486	132201	764	211649	144140	114595	108190
3278	303634	116452	292778	7417	275421	193502	140664	125425
435	200958	29663	186902		183174	124831	40030	34010
4663	519443	166411	478629		341913	244128	150920	142318
1334	128061	15403	102912		145103	57401	116243	115222

7-13 续表1

单位：万元

指标	Item	企业数（个）Number of Enterprises (unit)	#亏损企业 Unprofitable Enterprises
按区县地域分	**By District(County or City)**		
南明区	Nanming	3	
云岩区	Yunyan	5	
花溪区	Huaxi	13	
乌当区	Wudang	25	2
白云区	Baiyun	6	
观山湖区	Guanshanhu	7	1
开阳县	Kaiyang		
息烽县	Xifeng	2	
修文县	Xiuwen	14	1
清镇市	Qingzhen	6	1
按国民经济行业分类	**By National Economic Sectors**		
医药制造业	Manufacture of Medicines	44	2
化学药品制造	Manufacture of Chemical Medicines	3	1
化学药品制剂制造	Manufacture of Chemicals Used in Medicine Production	3	1
中药饮片加工	Herbal Pieces Processing	1	
中成药生产	Manufacture of Chinese Patent Medicine	37	1
生物药品制造	Manufacture of Biological Medicines	1	
卫生材料及医药用品制造	Manufacture of Hygienic Materials and Medical Supplies	2	
航空、航天器及设备制造	Manufacture of Aircrafts, Space Vehicles and Related Equipment	12	1
飞机制造	Manufacture of Airplanes	10	1
航空、航天相关设备制造	Manufacture of Aerospace Equipment	2	
电子及通信设备制造业	Manufacture of Electronics and Communication Equipment	15	2
锂离子电池制造	Manufacture of Lithium Ion Batteries	1	
通信设备制造	Manufacture of Communication Equipment	3	1
通信系统设备制造	Manufacture of Communication System Device	1	
通信终端设备制造	Manufacture of Communication Terminal Equipment	2	1
视听设备制造	Manufacture of Audio and Visual Equipment	1	
电视机制造	Manufacture of Television Sets	1	
电子器材制造	Manufacture of Electronic Equipment	5	1
真空器件制造	Manufacture of Vacuum Devices	1	1
半导体分立器件制造	Manufacture of Discrete Semiconductor Devices	2	
集成电路制造	Manufacture of Integrated Circuits	2	
电子元件制造	Manufacture of Electronic Components	5	
电子元件及组件制造	Manufacture of Electronic Components and Building Bricks	5	
计算机及办公设备制造	Manufacture of Computers and Office Equipment	1	
计算机整机制造	Manufacture of Whole Sets of Computers	1	
医疗仪器设备及仪器仪表制造业	Manufacture of Medical Devices and Measuring Instruments	9	
医疗仪器设备及器械制造	Manufacture of Medical Equipment and Instrument	2	
假肢、人工器官及植（介）入器械制造	Manufacture of Artificial Limb, Organs and Implantable Device	1	
其他医疗设备及器械制造	Others	1	
仪器仪表制造	Manufacture of Measuring Instruments	7	
工业自动控制系统装置制造	Manufacture of Devices Used in Industrial Automatic Control Systems	3	
环境监测专用仪器仪表制造	Manufacture of Dedicated Measuring Instruments for Environmental Monitoring	1	
其他专用仪器制造	Manufacture of Dedicated Measuring Instruments	1	
光学仪器制造	Manufacture of Optical Instruments	2	

(continued)

(10 000 yuan)

全部从业人员年平均人数(人) Annual Average Employed Persons (person)	工业总产值(当年价格) Gross Industrial Output Value (current price)	工业增加值(当年价格) Industrial Added Value (current price)	工业销售产值(当年价格) Industrial Sales Value (current price)	#出口交货值 Delivery Value of Export	资产总计 Total Asset	流动资产合计 Total Current Assets	负债合计 Total Liabilities	流动负债合计 Total Current Liabilities
475	124546	20416	67484		86215	40754	42155	40155
4106	292298	112603	263276		580311	246748	195888	169333
12442	997709	162530	897567	27618	1131347	790881	555423	429397
12019	1059923	306150	953627	14944	678520	491452	302948	266727
2835	164717	86923	145385	764	233418	152350	129528	120429
2086	166554	43673	150827	7417	180164	129181	90817	81865
435	200958	29663	186902		183174	124831	40030	34010
4663	519443	166411	478629		341913	244128	150920	142318
1334	128061	15403	102912		145103	57401	116243	115222
19196	2176567	648797	1867702		1829889	1072066	733178	670120
1121	142978	32444	117759		72469	41513	54467	54467
1121	142978	32444	117759		72469	41513	54467	54467
99	11016	1018	8470		13232	3615	5483	3783
17194	1896913	578816	1659024		1638920	950912	629695	571568
383	75254	31987	46016		69874	50714	17226	15509
399	50405	4532	36433		35394	25311	26307	24792
11274	499917	115980	466016	35529	854324	562171	541577	422215
9461	407168	94528	375217	35529	662341	420651	459280	350023
1813	92749	21452	90799		191982	141520	82297	72192
8008	827026	110503	772970	14764	694647	518012	245613	208452
165	53277	12959	49593		15453	14261	12140	12140
175	13736	3192	14639	5376	9755	8508	4685	4343
148	8423	1958	9326	5376	5329	4645	1638	1638
27	5313	1235	5313		4425	3864	3048	2705
677	305376	20843	270927		87422	71876	39073	38423
677	305376	20843	270927		87422	71876	39073	38423
2317	299169	23366	288983	9118	142963	108121	56848	48968
787	26921	2282	24733	760	40363	31143	18756	18490
1086	59281	7901	52073	15	59771	41166	16319	9690
444	212968	13183	212178	8343	42830	35813	21774	20789
4674	155469	50142	148828	270	439053	315246	132866	104577
4674	155469	50142	148828	270	439053	315246	132866	104577
20	14078	4005	14049		2061	996	1046	1046
20	14078	4005	14049		2061	996	1046	1046
1897	136622	64486	125873	450	179246	124480	102537	97626
97	37490	32313	36262		20099	7305	2231	2231
62	7855	2303	6628		16377	4252	1677	1677
35	29635	30010	29635		3722	3052	554	554
1800	99132	32173	89611	450	159146	117176	100307	95395
354	28352	9194	28352	2	58474	47932	40934	37204
237	26239	9610	26239		38722	31055	24210	24210
403	18121	5609	14100		36954	24914	21391	20220
806	26420	7759	20920	449	24996	13275	13771	13761

7-13 续表2

单位：万元

指　　标	Item	非流动负债 Non-current Liability	所有者权益合计 Total Owners' Equity
总　　计	**Tatol**	**223790**	**1917097**
#亏损企业	**Unprofitable Enterprises**	**3818**	**27952**
#国有控股企业	State Holding Enterprises	151691	783720
#农村工业	Rural Industries		2828
#非公有制工业	Non-public Industries	68485	1113419
按登记注册类型分	**By Status of Registration**		
内资企业	**Domestic-funded Enterprises**	**217156**	**1752895**
#国有企业	State-owned Enterprises	31898	271254
有限责任公司	Limited Liability Companies	116496	738787
股份有限公司	Companies Limited by Shares	50510	626753
私营企业	Private Enterprises	18251	116101
港、澳、台商投资企业	**Enterprises with Funds from Hong Kong, Macao and Taiwan**	**4335**	**20594**
外商投资企业	**Enterprises with Foreign Investment**	**2300**	**143608**
按轻重工业分	**By Light & Heavy Industries**		
轻工业	Light Industry	63326	1147050
重工业	Heavy Industry	160464	770047
按企业规模分	**By Size of Enterprises**		
大型企业	Large Enterprises	146057	870431
中型企业	Medium-sized enterprises	50923	586703
小型企业	Small Enterprises	26810	459316
微型企业	Micro-sized Enterprises		647
按企业主营业务收入分	**By Annual Revenue of Major Business**		
年收入在20—40亿元	Annual Income Between 2 billion and 4 billion yuan		
年收入在10—20亿元	Annual Income Between 1 billion and 2 billion yuan		
年收入在 5—10亿元	Annual Income Between 0.5 billion and 1 billion yuan	114767	387785
年收入在 1—5亿元	Annual Income Between 0.1 billion and 0.5 billion yuan	32364	308777
年收入在3000万元—1亿元	Annual Income Between 30 million and 100 million yuan	3145	140873
年收入在1000万元—3000万元	Annual Income Between 10 million and 30 million yuan	26770	330735
年收入在1000万元以下	Annual Income Below 10 million yuan	46744	748928
按支柱、特色行业分组	**By Pillar and Characteristic Industries**		
六大特色支柱产业	Six Special Pillar Industries	222275	1891070
磷煤化工	Phosphorus and Coal Chemical Industries		
铝及铝化工	Aluminum and Its Chemical Industry		
特色食品	Characteristic Food		
烟草制品	Tobacco Products		
现代医药	Modern Medicine	61161	1051493
装备制造业	Equipment Manufacturing Industry	161114	839577
贵阳市产业园区	**Industrial Parks of Guiyang City**		
南明临空经济区产业园	Nanming Airport Economic Zone	2000	44060
云岩产业园	Yunyan Industrial Park	26406	308152
花溪产业园	Huaxi Industrial Park	1717	52648
小河—孟关装备制造业生态工业园	Xiaohe-Mengguan Equipment Manufacturing Industry Eco-Industrial Park	124308	528558
乌当医药食品新型产业园	Wudang Food and Drug New Industrial Park	32302	330101
白云铝及铝加工工业基地	Baiyun Aluminum and Aluminum Processing Industrial Base	6405	97053
麦架—沙文高新技术产业园	Maijia-Shawen High-tech Industrial Park	14929	134757
观山湖电子商务和现代制造业产业园	Guanshanhu Electronic Commerce and Modern Manufacturing Industrial Park		
开阳磷煤化工生态工业示范基地	Kaiyang Phosphorus and Coal Chemical Ecological Industries Demonstration Base		

(continued)

(10 000 yuan)

主营业务收入 Revenue from Principal Business	主营业务成本 Cost of Principal Business	营业税金及附加 Business Taxes and Surcharges	利润总额 Total Profits	亏损企业亏损总额 Total Losses	利税总额 Total Profits and Taxes
3186831	**1920590**	**27972**	**332416**	**2556**	**501138**
83472	**73301**	**292**	**-2556**	**2556**	**-97**
1336698	1012726	4559	85272	1124	111050
7558	2086	138	343		1558
1785969	860842	20987	243171	1432	380633
2887197	**1783936**	**20290**	**287273**	**1705**	**420396**
313253	228052	804	26368	1124	31787
1585350	1137737	9313	155462		214939
679700	307443	6463	75809		124573
308895	110704	3710	29633	581	49098
91734	**48404**	**4966**	**11668**	**851**	**23037**
207900	**88250**	**2716**	**33476**		**57705**
2132884	1116813	24180	250366	581	398061
1053948	803777	3792	82050	1975	103077
985377	513364	8759	116257		189107
1236276	747808	12087	144328	1359	195928
963167	657611	7119	71816	1197	116060
2012	1807	6	16		43
468624	342763	974	40370		47965
435776	303456	3138	34971	840	48785
105365	70754	682	3227	912	7753
269059	40706	4776	43058		87949
1908008	1162911	18403	210791	804	308687
3045078	1840967	27257	327540	2036	492805
1656036	757249	22498	237344	61	375546
1389042	1083718	4759	90197	1975	117259
57798	15969	815	8401		15788
247749	32045	4495	41146		82948
46016	12981	360	21565		25525
924221	727890	3216	66034		83333
758908	472793	3710	39939	1691	70505
142048	63676	1064	51367		63145
267321	123330	3609	28497	284	36381

7-13 续表3

单位：万元

指　　标	Item	非流动负债 Non-current Liability
息烽磷煤化工生态工业基地	Xifeng Phosphorus and Coal Chemical Ecological Industries Base	6019
修文产业园	Xiuwen Industrial Park	8508
清镇经开区	Qingzhen Economic Development Zone	731
按区县地域分	**By District(County or City)**	
南明区	Nanming	2000
云岩区	Yunyan	26555
花溪区	Huaxi	126025
乌当区	Wudang	36210
白云区	Baiyun	8789
观山湖区	Guanshanhu	8952
开阳县	Kaiyang	
息烽县	Xifeng	6019
修文县	Xiuwen	8508
清镇市	Qingzhen	731
按国民经济行业分类：	**By National Economic Sectors**	
医药制造业	Manufacture of Medicines	62676
化学药品制造	Manufacture of Chemical Medicines	
化学药品制剂制造	Manufacture of Chemicals Used in Medicine Production	
中药饮片加工	Herbal Pieces Processing	1700
中成药生产	Manufacture of Chinese Patent Medicine	57744
生物药品制造	Manufacture of Biological Medicines	1717
卫生材料及医药用品制造	Manufacture of Hygienic Materials and Medical Supplies	1515
航空、航天器及设备制造	Manufacture of Aircrafts, Space Vehicles and Related Equipment	119362
飞机制造	Manufacture of Airplanes	109257
航空、航天相关设备制造	Manufacture of Aerospace Equipment	10105
电子及通信设备制造业	Manufacture of Electronics and Communication Equipment	36851
锂离子电池制造	Manufacture of Lithium Ion Batteries	
通信设备制造	Manufacture of Communication Equipment	343
通信系统设备制造	Manufacture of Communication System Device	
通信终端设备制造	Manufacture of Communication Terminal Equipment	343
视听设备制造	Manufacture of Audio and Visual Equipment	650
电视机制造	Manufacture of Television Sets	650
电子器材制造	Manufacture of Electronic Equipment	7880
真空器件制造	Manufacture of Vacuum Devices	266
半导体分立器件制造	Manufacture of Discrete Semiconductor Devices	6629
集成电路制造	Manufacture of Integrated Circuits	985
电子元件制造	Manufacture of Electronic Components	27978
电子元件及组件制造	Manufacture of Electronic Components and Building Bricks	27978
计算机及办公设备制造	Manufacture of Computers and Office Equipment	
计算机整机制造	Manufacture of Whole Sets of Computers	
医疗仪器设备及仪器仪表制造业	Manufacture of Medical Devices and Measuring Instruments	4901
医疗仪器设备及器械制造	Manufacture of Medical Equipment and Instrument	
假肢、人工器官及植（介）入器械制造	Manufacture of Artificial Limb, Organs and Implantable Device	
其他医疗设备及器械制造	Others	
仪器仪表制造	Manufacture of Measuring Instruments	4901
工业自动控制系统装置制造	Manufacture of Devices Used in Industrial Automatic Control Systems	3731
环境监测专用仪器仪表制造	Manufacture of Dedicated Measuring Instruments for Environmental Monitoring	
其他专用仪器制造	Manufacture of Dedicated Measuring Instruments	1171
光学仪器制造	Manufacture of Optical Instruments	

(continued)

(10 000 yuan)

所有者权益合计 Total Owners' Equity	主营业务收入 Revenue from Principal Business	主营业务成本 Cost of Principal Business	营业税金及附加 Business Taxes and Surcharges	利润总额 Total Profits	亏损企业亏损总额 Total Losses	利税总额 Total Profits and Taxes
119810	187124	143546	299	20868		24415
190993	433436	239395	9660	50338	61	89219
27787	91340	74938	300	2618	520	5035
44060	57798	15969	815	8401		15788
384423	272703	43475	4870	42209		86510
581206	970237	740871	3576	87599		108858
375582	893593	489853	5897	59135	1691	93815
103890	153015	71029	1197	54862		67838
89347	127587	101515	1357	6387	284	9659
119810	187124	143546	299	20868		24415
190993	433436	239395	9660	50338	61	89219
27787	91340	74938	300	2618	520	5035
1077520	1797789	836872	23212	242220	581	383879
16941	116299	59874	614	3492	520	6172
16941	116299	59874	614	3492	520	6172
7749	8470	7476	27	182		432
991096	1601550	736792	22112	215596	61	349589
52648	46016	12981	360	21565		25525
9086	25455	19749	101	1384		2162
312811	450116	347399	1775	29172	284	34591
203125	364388	288719	1657	15462	284	20534
109685	85728	58680	118	13710		14057
449034	810321	643416	2302	55392	1691	73270
3313	16451	14545	44	373		1087
5069	13665	11703	57	-638	851	-192
3692	8462	6600	21	213		383
1378	5203	5103	36	-851	851	-575
48349	281153	242204	902	6898		12169
48349	281153	242204	902	6898		12169
86115	209329	181302	507	10564	840	14592
21607	24551	19577	158	-840	840	635
43452	38971	25744	98	3263		3779
21056	145807	135981	251	8141		10178
306188	289723	193662	793	38196		45614
306188	289723	193662	793	38196		45614
1015	8126	7102	5	257		264
1015	8126	7102	5	257		264
76718	120480	85801	677	5375		9134
17869	37490	23192	22	876		926
14700	7855	6628	3	64		83
3169	29635	16565	19	812		842
58850	82990	62609	656	4500		8208
17540	28891	20196	245	1186		2258
14511	26239	21995	184	2064		2428
15563	17036	11343	108	123		1142
11235	10824	9076	119	1126		2380

7-14 规模以上工业增加值及构成
Components and Added Value of Industrial Enterprises above Designated Size

单位：万元 (10 000 yuan)

指标	Item	2014	2013	2014年比2013年增长(%) Growth Rate in 2014 over 2013 (%)	工业增加值率(%) Industrial Added Value Rate(%)
总计	**Total**	**6334582**	**5523510**	**12.2**	**28.4**
#高技术	High-tech	943772	874825	4.8	25.8
按企业规模分	**By Size of Enterprises**				
大型企业	Large Enterprises	3369430	3103724	6.2	35.5
中型企业	Medium-sized Enterprises	1146111	1091608	2.5	23.3
小型企业	Small Enterprises	1777926	1168082	49.1	22.9
微型企业	Micro-sized Enterprises	41114	160096	-74.9	33.3
按企业主营业务收入分	**By Revenue from Principal Business**				
年收入在40亿元以上	Annual Income Above 4 billion yuan	2498842	2434816	0.5	38.4
年收入在20—40亿元	Annual Income Between 2 billion and 4 billion yuan	643877	385200	63.0	25.7
年收入在10—20亿元	Annual Income Between 1 billion and 2 billion yuan	484027	433630	9.1	20.1
年收入在5—10亿元	Annual Income Between 0.5 billion and 1 billion yuan	857133	691327	20.9	23.5
年收入在1—5亿元	Annual Income Between 0.1 billion and 0.5 billion yuan	1445546	1254668	13.4	24.7
年收入在3000万元—1亿元	Annual Income Between 30 million and 0.1 billion yuan	362634	284061	23.5	29.5
年收入在1000万元—3000万元	Annual Income Between 10 million and 30 million yuan	42147	37220	9.9	31.1
年收入在1000万元以下	Annual Income Below 10 million yuan	376	2588	-86.0	22.0
按支柱、特色行业分	**By Pillar and Characteristic Industries**				
能源、优势原材料为主的支柱产业	Pillar Industry of Energy and Raw Materials	1173378	1073979	11.7	21.8
电	Electricity	77164	57636	31.0	28.2
煤	Coal	66170	64840	2.9	46.3
煤化工	Coal Chemical Industry	52306	78218	-31.0	11.7
铝及铝加工	Aluminum and Its Processing Industry	395118	289788	35.8	26.0
磷及磷化工	Phosphorus and Its Chemical Industry	605540	635216	-0.1	20.9
铁合金	Iron Alloy	43251	13121	218.6	17.1
烟酒为主的传统支柱产业	Traditional Pillar Industries of Tobacco and Liquor	1881300	1809109	0.5	82.0
酒	Liquor	149809	98909	47.7	53.3
烟	Tobacco	1731491	1710200	-2.3	86.0
六大特色支柱产业	Six Special Pillar Industries	4726725	4308613	7.5	32.0
磷煤化工	Phosphorus and Coal Chemical Industry	569792	639776	-6.6	18.1
铝及铝化工	Aluminum and Its Chemical Industry	395118	289788	35.8	26.0
特色食品	Characteristic Food	578521	415744	34.0	28.8
烟草制品	Tobacco Products	1731491	1710200	-2.3	86.0
现代医药	Modern Medicine	611821	448999	31.5	30.9
装备制造业	Equipment Manufacturing Industry	839982	804107	2.3	20.5

7-14 续表1 (continued)

单位：万元 (10 000 yuan)

指 标	Item	2014	2013	2014年比2013年增长(%) Growth Rate in 2014 over 2013 (%)	工 业 增加值率(%) Industrial Added Value Rate (%)
按区县地域分	**By District(County or City)**				
南明区	Nanming	579866	266510	115.6	26.8
云岩区	Yunyan	633991	382163	59.9	20.9
花溪区	Huaxi	2360463	2317982	-1.1	42.7
乌当区	Wudang	527292	416005	21.0	29.7
白云区	Baiyun	876899	641304	35.0	27.1
观山湖区	Guanshanhu	155785	104035	47.1	24.3
开阳县	Kaiyang	285402	554844	-46.6	19.0
息烽县	Xifeng	222755	301121	-24.9	18.3
修文县	Xiuwen	399484	292577	32.7	21.4
清镇市	Qingzhen	292646	246969	15.7	22.2
按工业行业分	**By Sector**				
采矿业	**Mining**	**201997**	**142240**	**51.3**	**40.4**
煤炭开采和洗选业	Mining and Washing of Coal	49657	60926	-16.7	39.2
有色金属矿采选业	Non-ferrous Metals Mining and Dressing	22001	13397	58.9	34.7
非金属矿采选业	Mining and Processing of Non-mental Ores	130339	67917	110.8	42.1
制造业	**Manufacturing**	**5732702**	**5219960**	**7.2**	**29.2**
农副食品加工业	Farm and Sideline Products Processing	98244	70547	33.8	13.3
食品制造业	Food Manufacturing	196970	145990	28.2	31.5
酒、饮料和精制茶制造业	Manufacture of Liquor,Beverages and Refined Tea	283307	199207	38.3	43.9
烟草制品业	Manufacture of Tobacco	1731491	1710200	-2.3	86.0
纺织业	Manufacture of Textile				
纺织服装、服饰业	Manufacture of Textiles and Garments	2123	8363	-75.5	22.0
皮革、毛皮、羽毛及其制品和制鞋业	Manufacture of Leather,Fur,Feather and Related Products and Footware	29523	29983	-4.6	23.5
木材加工及木、竹、藤、棕、草制品业	Wood Processing and Manufacture of Wood, Bamboo,Rattan,Palm,and Straw Products	785	1071	-28.4	24.4
家具制造业	Manufacture of Furniture	9033	11221	-22.3	21.4
造纸和纸制品业	Manufacture of Paper and Paper Products	28681	20472	36.3	19.2

7-14 续表2 (continued)

指　　标	Item	2014	2013	2014年比2013年增长(%) Growth Rate in 2014 over 2013 (%)	工　业增加值率(%) Industrial Added Value Rate (%)
印刷业和记录媒介复制业	Printing and Reproduction of Recording Media	95080	60200	49.4	44.3
文教、工美、体育和娱乐用品制造业	Manufacture of Articles for Culture,Education, Industrial Arts,Sports and Recreation				
化学原料和化学制品制造业	Manufacture of Raw Chemical Materials and Chemical Products	554501	715139	-20.6	17.9
医药制造业	Manufacture of Medicines	648797	483891	29.4	29.8
橡胶和塑料制品业	Manufacture of Rubber and Plastics	247169	243072	-1.5	14.9
非金属矿物制品业	Manufacture of Non-metallic Mineral Products	426105	290904	42.8	25.2
黑色金属冶炼和压延加工业	Smelting and Calendering of Ferrous Metals	105470	64900	65.3	14.9
有色金属冶炼和压延加工业	Smelting and Calendering of Non-ferrous Metals	366256	310245	17.8	26.3
金属制品业	Manufacture of Metal Products	96419	66549	42.5	24.9
通用设备制造业	Manufacture of General Purpose Machinery	62011	63059	-4.3	18.2
专用设备制造业	Manufacture of Special Purpose Machinery	128506	62077	98.4	37.0
汽车制造业	Manufacture of Automobiles	191512	157294	17.6	21.7
铁路、船舶、航空航天和其他运输设备制造业	Manufacture of Railway,Watercraft,Aviation, Aerospace and Other Transport Equipment	150793	166465	-4.5	24.0
电气机械和器材制造业	Manufacture of Electrical Machinery and Equipment	112151	57921	89.3	14.6
计算机、通信和其他电子设备制造业	Manufacture of Computers, Communication Equipment and Other Electronic Equipment	101549	216120	-57.1	12.9
仪器、仪表制造业	Manufacture of Measuring Instruments	32173	30669	4.6	32.5
其他制造业	Others	34053	34045	-3.1	31.2
电力、燃气及水的生产和供应业	**Production and Supply of Electric Power, Gas and Water**	**399883**	**161310**	**138.4**	**18.7**
电力、热力的生产和供应业	Production and Supply of Electric Power and Heating Power	354485	124805	173.4	18.9
燃气生产和供应业	Production and Supply of Gas	4839	10583	-57.7	2.5
水的生产和供应业	Production and Supply of Water	40559	25922	50.3	53.0

注：1. 工业增加值按当年价格计算；
2. 增长速度按价格指数紧缩后的可比价格计算。

a) Industrial Added Value are calculated at current prices.
b) Growth rates are calculated at comparable prices after the tightening of price indexes.

主要统计指标解释

工　业　指从事自然资源的开采，对采掘品和农产品进行加工和再加工的物质生产部门。具体包括：(1)对自然资源的开采，如采矿、晒盐等(但不包括禽兽捕猎和水产捕捞)；(2)对农副产品的加工、再加工，如粮油加工、食品加工、缫丝、纺织、制革等；(3)对采掘品的加工、再加工，如炼铁、炼钢、化工生产、石油加工、机器制造、木材加工等，以及电力、自来水、煤气的生产和供应等；(4)对工业品的修理、翻新，如机器设备的修理、交通运输工具(包括小卧车)的修理等。

工业统计调查单位为独立核算法人工业企业。

独立核算法人工业企业　指从事工业生产经营活动的单位。独立核算法人工业企业应同时具备以下条件：①依法成立，有自己的名称、组织机构和场所，能够承担民事责任；②独立拥有和使用资产，承担负债，有权与其他单位签订合同；③独立核算盈亏，并能够编制资产负债表。

国有及国有控股企业　指国有企业加上国有控股企业。国有企业(即原全民所有制工业或国营工业)指企业全部资产归国家所有，并按《中华人民共和国企业法人登记管理条例》规定登记注册的非公司制的经济组织。包括国有企业、国有独资公司和国有联营企业。1957 年以前的公私合营和私营工业，后均改造为国营工业，1992 年改为国有工业，这部分工业的资料不单独分列时，均包括在国有企业内。国有控股企业是对混合所有制经济的企业进行的“国有控股”分类。它是指这些企业的全部资产中国有资产(股份)相对其他所有者中的任何一个所有者占资(股)最多的企业。该分组反映了国有经济控股情况。

轻工业　指主要提供生活消费品和制作手工工具的工业。按其所使用的原料不同，可分为两大类：(1)以农产品为原料的轻工业，是指直接或间接以农产品为基本原料的轻工业。主要包括食品制造、饮料制造、烟草加工、纺织、缝纫、皮革和毛皮制作、造纸以及印刷等工业；(2)以非农产品为原料的轻工业，是指以工业品为原料的轻工业。主要包括文教体育用品、化学药品制造、合成纤维制造、日用玻璃制品、日用金属制品、手工工具制造、医疗器械制造、文化和办公用机械制造等工业。

重工业　指为国民经济各部门提供物质技术基础的主要生产资料的工业。按其生产性质和产品用途，可以分为下列三类：(1)采掘(伐)工业，是指对自然资源的开采，包括石油开采、煤炭开采、金属矿开采、非金属矿开采等工业；(2)原材料工业，指向国民经济各部门提供基本材料、动力和燃料的工业。包括金属冶炼及加工、炼焦及焦炭、化学、化工原料、水泥、人造板以及电力、石油和煤炭加工等工业；(3)加工工业，是指对工业原材料进行再加工制造的工业。包括装备国民经济各部门的机械设备制造工业、金属结构、水泥制品等工业，以及为农业提供的生产资料如化肥、农药等工业。

工业总产值

(1)定义：工业总产值是以货币形式表现的，工业企业在一定时期内生产的工业最终产品或提供工业性劳务活动的总价值量。它反映一定时间内工业生产的总规模和总水平。

(2)计算原则：

工业生产的原则　即凡是企业在报告期生产的经检验合格的产品，不管是否在报告期销售，均包括在内。

最终产品的原则　即凡是计入工业总产值的产品，必须是本企业生产的经检验合格的，不需要再进行任何加工的最终产品。如果企业有中间产品(半成品)对外销售，则对外销售的中间产品应视为企业的最终产品。

工厂法原则　即工业总产值是以工业企业作为基本计算(核算)单位，即按企业的最终产品计算工业总产值。按这种方法计算的工业总产值，不允许同一产品价值在企业内部重复计算，不能把企业内部各个车间(分厂)生产的成果相加，但允许企业间的重复计算。

(3)内容及计算方法：包括三项内容：即本期生产成品价值、对外加工费收入、在制品半成品期末期初差额价值三部分。

本期生产成品价值　指企业本期生产，并在报告期内不再进行加工，经检验、包装入库的全部工业成品(半产品)价值合计，包括企业生产的自制设备及提供给本企业在建工程、其他非工业部门和福利部门等单位使用的成品价值。本期生产成品价值为按自备原材料生产的产品的数量乘以本期不含增值税(销项税额)

的产品实际销售平均单价计算；会计核算中按成本价格转帐的自制设备和自产自用的成品，按成本价格计算生产成品价值。生产成品价值中不包括用定货者来料加工的成品(半产品)价值。

对外加工费收入 指企业在报告期内完成的对外承接的工业品加工(包括用定货者来料加工产品)的加工费收入和对外工业修理作业所取得的加工费收入。对外加工费收入按不含增值税(销项税额)的价格计算，可根据会计“产品销售收入”科目的有关资料取得。

对于本企业对内非工业部门提供的加工修理、设备安装的劳务收入，如果企业会计核算基础较好，能取得这部分资料，而且这部分价值所占比重较大，应包括在对外加工费收入中。

自制半成品在制品期末期初差额价值 指企业报告期在制品期末减期初的差额价值，本指标一般可以从会计核算资料中取得。如果会计产品成本核算中不计算半成品、在制品的成本，则总产值中也不包括这部分价值，反之则包括。

(4)工业总产值计算的几种具体规定：

①凡自备原材料（包括自备零部件）生产，不论其加工繁简程度如何，一律按全价，即包括自备原材料的价值，计算工业总产值。

②凡来料加工，加工企业只收取加工费，则加工企业一律按财务上结算的加工费计算工业总产值，即不包括定货者来料的价值。一般分两种情况：a、工业企业之间的来料加工，加工企业（即承包单位）按财务上结算的加工费计算工业总产值；委托加工的企业（即发包单位）按全价计算工业总产值。b、工业企业与非工业企业之间的来料加工，当工业企业作为加工企业时一律按加工费计算工业总产值。

工业增加值 指工业企业在报告期内以货币表现的工业生产活动的最终成果。

工业增加值有两种计算方法：一是生产法，即工业总产出减去工业中间投入加上应交增值税；二是收入法，即从收入的角度出发，根据生产要素在生产过程中应得到的收入份额计算，具体构成项目有固定资产折旧、劳动者报酬、生产税净额、营业盈余，这种方法也称要素分配法。本年鉴中的工业增加值是以生产法计算的。

生产法工业增加值的计算方法为：

工业增加值=工业总产出-工业中间投入+应交增值税

(1)工业总产出 指工业企业在一定时期内工业生产活动的总成果。工业总产出包括：成品生产价值，对外加工费收入，自制半成品、在产品期末期初差额价值。1995年后用新规定计算的工业总产值代替。

(2)工业中间投入 指工业企业在工业生产活动中消耗的外购物质产品和对外支付的服务费用。服务费用包括支付给物质生产部门(工业、农业、批发零售贸易业、建筑业、运输邮电业)的服务费用和支付给非物质生产部门(如保险、金融、文化教育、科学研究、医疗卫生、行政管理等)的服务费用。工业中间投入的确定须遵循以下原则：必须从外部购入的，并已计入工业总产出的产品和服务价值；必须是本期投入生产，并一次性消耗掉(包括本期摊销的低值易耗品等)的产品和服务价值。

工业中间投入包括直接材料费用、制造费用中的工业中间投入、管理费用中的工业中间投入、销售费用中的工业中间投入和利息支出五部分。

现行调查方案工业增加值及增加值率均采用收入法计算。

收入法工业增加值=本年折旧+劳动者报酬+生产税净额+营业盈余

（1）固定资产折旧 是一定时期内工业企业为弥补固定资产损耗，按照核定的固定资产折旧率提取的折旧额，反映固定资产在当期生产中转移价值。

（2）劳动者报酬 是指工业企业的劳动者因从事生产活动所获得的全部报酬，包括劳动者获得的各种形式的工资、奖金和津贴，既包括货币形式的，也包括实物形式的，还包括劳动者所享受的公费医疗和医药卫生费、上下班交通补贴、单位交付的社会保险费、住房公积金等。

（3）生产税净额是指工业企业的生产税减生产补贴后的余额。

（4）营业盈余是指工业企业创造的增加值扣除劳动者报酬、生产税净额和固定资产折旧后的余额。

资产总计 指企业拥有或控制的能以货币计量的经济资源，包括各种财产、债权和其他权利。资产按流动性分为流动资产、长期投资、固定资产、无形资产、递延资产和其他资产。该指标根据企业会计“资产负债表”中“资产总计”项目的期末数增列。

负债合计 指企业过去的交易或者事项形成的，预期会导致经济利益流出企业的现时义务。

所有者权益合计 指企业资产扣除负债后，由所有者享有的剩余权益。包括实收资本、资本公积、盈余公积、未分配利润等。

主营业务收入 指企业确认的销售商品、提供劳务等主营业务的收入。

主营业务成本 指企业经营主要业务所发生的成本总额。

主营业务税金及附加 指企业经营主要业务应负担的营业税、消费税、城市维护建设税、教育费附加等。

利润总额 指企业生产经营活动的最终成果，是企业在一定时期内实现的盈亏相抵后的利润总额(亏损以“-”号表示)，它等于营业利润加上补贴收入加上投资收益加上营业外净收入再加上以前年度损益调整。

本年应交增值税 指企业在报告期内应交纳的增值税额。它等于本年销项税额加上出口退税加上进项税额转出数减去本年进项税额。小规模纳税企业直接按全年计税销售额乘以征收率计算取得。

年末从业人员平均人数 从业人员是指在企业工作并取得劳动报酬的全部人员数。包括在岗职工、再就业的离退休人员、民办教师及在企业工作的外方人员和港澳台方人员、兼职人员、借用的外单位人员和第二职业者。不包括离开本单位但仍保留劳动关系的职工。

总资产贡献率 反映企业全部资产的获利能力，是企业经营业绩和管理水平的集中体现，是评价和考核企业盈利能力的核心指标。

计算公式为：

总资产贡献率（%）=（利润总额+税金总额+利息支出）/平均资金总额×100%

公式中：税金总额为产品销售税金及附加与应交增值税之和；平均资产总额为期初期末资产之和的算术平均值。

资产负债率 该指标既反映企业经营风险的大小，也反映企业利用债权人提供的资金从事经营活动的能力。

计算公式为：

资产负债率（%）=负债总额/资产总额×100%

资产与负债均为报告期期末数。

流动资产周转次数 指一定时期内流动资产完成的周转次数，反映投入工业企业流动资金的周转速度。

计算公式为：

流动资产周转次数=产品销售收入/全部流动资产平均余额

公式中：全部流动资产平均余额为期初和期末的流动资产之和的算术平均值。

成本费用利润率 反映企业投入的生产成本及费用的经济效益，同时也反映企业降低成本所取得的经济效益。

计算公式为：

成本费用利润（%）=利润总额/成本费用总额×100%

公式中：成本费用总额为产品销售成本、销售费用、管理费用、财务费用之和。

全员劳动生产率 指根据产品的价值量指标计算的平均每一个从业人员在单位时间内的产品生产量。是考核企业经济活动的重要指标，是企业生产技术水平、经营管理水平、职工技术熟练程度和劳动积极性的综合表现。目前我国的全员劳动生产率是将工业企业的工业增加值除以同一时期全部从业人员的平均人数来计算的。计算公式为：

全员劳动生产率=工业增加值/全部从业人员平均人数

高技术工业 是指国民经济行业中 R&D 投入强度相对较高的制造业行业，包括医药制造、航空、航天器及设备制造，电子及通讯设备制造，计算机及办公设备制造，医疗仪器设备及仪器仪表制造，信息化产品制造等 6 大类。

Explanatory Notes on Main Statistical Indicators

Industry refers to the material production sector which engages in exploitation of natural resources as well as processing and reprocessing of extractive and agricultural products, including (1) exploitation of natural resources such as mining and evaporating brine in the sun to make salt (excluding hunting and fishing); (2) processing and reprocessing of farm and sideline products such as cereals and oils processing, food processing, silk reeling, spinning and weaving, textile processing as well as leather making; (3) processing and reprocessing of mining products such as iron smelting, steelmaking, chemicals manufacturing, petroleum processing, machine building and timber processing as well as production and supply of electricity, water and gas; (4) maintenance and renovation of industrial products such as maintenance of machinery and means of transportation (including small-sized sleeping cars).

In industrial statistics surveys, the units of investigation are industrial enterprises with independent accounting systems.

Industrial Enterprises with Independent Accounting Systems refer to enterprises engaging in industrial production and operating activities and they simultaneously meet the following requirements: (1) being enterprises established by law, owing exclusive names, organizations and sites and being capable of bearing civil liabilities; (2) possessing and utilizing assets independently, assuming liabilities, and having the right to sign contracts with other units; (3) being financially independent and capable of compiling balance sheets.

State-owned and State-holding Enterprises refer to state-owned enterprises plus State-holding enterprises. State-owned enterprises (originally known as State-run enterprises with ownership by the whole society or state-operated industry) refer to non-corporate economic entities registered in accordance with the *Regulation of the People's Republic of China on the Management of Registration of Legal Enterprises* and their total assets are owned by the State. Included in this category are State-owned enterprises, State-funded corporations and State-owned joint ownership enterprises. Joint State-private industries and private industries, which existed before 1957, were transformed into state-run industries since 1957 and into State-owned industries after 1992. Statistics on those enterprises are included in the state-owned industries when they are not filed separately. State-holding enterprises are classified as one branch of enterprises with mixed ownership under the title of state-owned holding and they referring to enterprises where the proportion of state assets (or shares of the state) is larger than any other single share holder of the same enterprises. This sub-classification illustrates the state's control over state-owned economy.

Light Industry refers to the industry that produces consumer goods and hand tools. It consists of two categories, depending on the raw materials used:

(1) Industries using farm products as raw materials. They are branches of light industry which directly or indirectly use farm products as basic raw materials, including the manufacture of food and beverages, tobacco processing, spinning and weaving, sewing, fur and leather manufacturing, paper making, printing, etc.

(2) Industries using non-farm products as raw materials. These are branches of light industry which use manufactured goods as raw materials, including manufacture of cultural, educational and sports articles, chemicals, synthetic fiber, glass products for daily use, metal products for daily use, hand tools, medical apparatus and instruments as well as manufacture of cultural and clerical machinery.

Heavy Industry refers to the industry, producing main capital goods, which provides a material and technological foundation for various sectors of the national economy. And it falls into three categories according to the feature of production and the usage of products:

(1) Extractive industry or logging industry refers to the industry that extracts natural resources such as extraction of petroleum, coal, metal and non-metal ores etc.

(2) Raw materials industry refers to the industry that provides various sectors of the national economy with basic materials, power, and fuels. Included in this category are smelting and calendaring of metals, coking and coke chemistry, chemical industry and chemical raw materials, cement and artificial boards as well as other industries like power industry, petroleum refining and coal processing.

(3) Manufacturing industry refers to the industry that reprocesses industrial raw materials, including mechanical equipments manufacturing industry which equips sectors of the national economy, industries of metal structure and cement products, industries providing means of production for agriculture such as chemical fertilizers and pesticides.

Gross Industrial Output Value

(1) **Definition** Gross Industrial Output Value refers to the total value of industrial products sold or industrial services provided in monetary terms in the given period. It reflects the overall scale and aggregate level of industrial production in the given period.

(2) **Principles of calculation:**

Principle of Calculating Industrial Products refers to all products, if produced by enterprises and verified to meet designated standards during the reference period, whether they are sold or not during the reference period their value shall be added to gross industrial output value.

Principle of Checking Final Products refers to all products that are included in the calculation of gross industrial output value are final products of enterprises which have been verified to meet designated standards and required no further processing. If an enterprise has intermediate (semi-finished) products to sell, these intermediate products shall be considered as the final products of the enterprise.

Principle of Factory Approach refers to industrial enterprise shall be used as the basic accounting unit in calculating the gross industrial output value. By this approach, value of the same product shall not be double counted and the output value of different workshops (branch factories) shall not be added together. However, this approach does not exclude the possibility of double counting among enterprises.

(3) **Content and Calculating Method** Three parts are included: value of current finished products, income from outward processing as well as the change of value in semi-finished and finished products between the end and the beginning of the reference period.

Value of Current Finished Products refers to the total value of all finished (semi-finished) industrial products, including the value of self-made equipments as well as the value of products provided for the same enterprise's projects under construction and for other non-industrial or welfare units. And those products are produced during the reference period that are verified to meet designated standards, without the need for further processing, packed and put into the warehouse of enterprises. Value of current finished products is calculated at the product of average actual selling unit prices of products sold during the reference period, excluding value-added tax (substituted money on value-added tax), and the quantity of products produced with own materials during the reference period. Own-produced equipments and products produced for own usage is valued at cost prices as in the case of enterprise accounting. Value of current finished products does not include the value of finished products (semi-finished products) that are produced using the materials from the clients who make the orders.

Income from Outward Processing refers to income from contracted processing of industrial products (including processing of industrial products using materials from clients) and income from industrial repairing work provided to other units. Income from outward processing can be calculated at statistics titled "sales revenue" from relative accounting information, if not calculated at prices excluding value-added tax (substituted money on value-added tax).

For income from services such as processing, repairing and installation of equipment provided to non-industrial units within the enterprise, if the accounting information of the enterprise is good enough and accessible and the value of such services account for a major proportion in the gross industrial output value, it shall also be included in the income from outward processing.

Change of Value in Finished and Semi-finished Products between the End and the Beginning of the Reference Period refers to the gap of value in finished and semi-finished products between the end and the beginning of the reference period, whose indicators generally can be obtained from accounting records of enterprises. If enterprise accounting excludes the cost of semi-finished products and products being processed, then the value of those products shall not be included in the gross industrial output value, or otherwise.

(4) Stipulations on the Calculating of Gross Industrial Output Value

First, all products produced with own raw materials, including components and parts, are to be calculated at full price, whether the procedure of production is complicated or not. Namely, in the process of calculating gross industrial output value, the value of raw materials used shall be included.

Second, for outward processing, processing enterprises only take processing charges and gross industrial output value of these enterprises shall be calculated at processing charges recorded in settled accounts. Namely, the value of materials provided by clients shall be added to gross industrial output value of these enterprises. Generally speaking, there are two cases: a) outward processing among industrial enterprises. In this case, processing industries (contractor units) shall calculate gross industrial output value at processing charges recorded in settled accounts but enterprises (consignors) entrust the task of manufacturing consignment shall calculate gross industrial output value at full price; b) outward processing between industrial enterprises and non-industrial enterprises. In this case, industrial enterprises serving as processing enterprises shall only calculate gross industrial output value at processing charges.

Industrial Added Value refers to the final results of industrial production of industrial enterprises in monetary terms during the reference period. Specifically, there are two approaches of calculating industrial added value. The first one is production approach. With this approach, the added value shall be the result after gross industrial output value minus intermediate input and then plus value-added tax. The second one is income approach. With this approach, from the perspective of incomes, the added value shall be calculated at the revenue shares of production factors used in the course of production, including depreciation of fixed assets, remunerations of laborers, net production tax, and operating surplus. Thus this approach is also called method of faltor distribution. Industry added value in this Yearbook is calculated with production approach, also called the approach of production factors, as follows:

Industrial added value = gross industrial output - industrial intermediate input + value-added tax

(1) Gross industrial output refers to the total achievements of industrial production during a given period. Gross industrial output includes value of finished products, income from outward processing, and change of value in self-made semi-finished products and products being processed between the end and the beginning of the reference period. Since 1995, it was substituted by the gross industrial output value calculated with new rules.

(2) Industrial intermediate input refers to purchased material products consumed during the industrial production of enterprises and services fees. Fees paid for services include fees paid for the services provided by material production sectors (industry, agriculture, wholesale and retail trades, construction, transport, post and telecommunications) and by non-material production sectors (insurance, banking, culture, education, scientific research, health and medical care, public administration, etc.). The determination of industrial intermediate input shall adhere to the following principles: a) goods and services shall be purchased and their value shall be added to the gross industrial output; b) goods and services purchased shall be put into production during the reference period and wholly consumed once (include low value consumables amortized during the reference period).

Industrial intermediate input includes 5 components, namely direct material cost, industrial intermediate input in manufacturing expenses, industrial intermediate input in administrative expenses industrial intermediate input in marketing expenses and interest expenses.

At present, industrial added value and its growth rate are both calculated with income approach.

Industrial added value = depreciation in current year + laborers' remuneration + net taxes on production+ operating surplus

(1) **Depreciation of Fixed Assets** refers to amount of depreciation which is extracted according to approved fixed assets depreciation rate for the purpose of making up the wear and tear of fixed assets during a given period and it reflects the value added during the process of transferring fixed assets in the reference period.

(2) **Laborers' Remuneration** refers to all the payments laborers gained from production activities, including all kinds of wages, bonuses and allowances, in monetary or substantial form. Still, it includes such expenses as state expenses for medical services, medical care expenses, traffic subsidies, social insurance expenses paid by enterprises and housing accumulation fund.

(3) **Net Taxes on Production** refer to the results gained by using industrial enterprises' production taxes to subtract production subsidies.

(4) **Operating Surplus** refers to the results gained by using industrial enterprises' added value to subtract laborers' remuneration, net taxes on production and depreciation of fixed assets.

Total Assets refer to all economic resources, in monetary terms, owned or controlled by enterprises, including properties, creditors' equity and other economic rights of all forms. According to liquidity of assets, total assets can be classified into current assets, long-term investment, fixed assets, intangible assets and deferred assets and other assets. Data on this indicator can be obtained from the year-end figures of total assets in enterprises' balance sheets.

Total Liability refers to current obligations which are formed in past trades or other activities and expected to bring about losses of economical interests.

Total Owners' Equity refers to the residual equity gained by using enterprise assets to subtract liabilities. It includes paid-in capital, capital reserves, surplus reserves, undistributed profits, etc.

Revenue from Principal Business refers to the income confirmed from the principal businesses such as selling products and providing labor services.

Cost of Principal Business refers to the total cost occurred in the principal business of the enterprise.

Tax and Extra Charges on Principal Business refers to the sale tax, consumption tax, urban maintenance, construction tax and education expenses shouldered by the enterprise from its principal business.

Total Profits refer to the final achievements of production and operating activities of enterprises. It is the profits gained by using total profits to deduct losses (loss is represented by "-") or the total sum of operating profits, subsidize revenue, investment earnings, non-operating revenue and allocations of previous years' profits and losses.

Value-added Tax Payable in the Current Year refers to the amount of the value-added tax which should be paid by the enterprises during the reference period. It is the amount gained by using the sum of value-added tax on sales, export rebates and transferred tax on purchases of the current year to minus the tax on purchases of the current year. Value-added tax payable of small-size enterprises is gained by using the taxable sales of the year to multiply the tax rate.

Average Annual Number of Employed Persons at the Year-end refers to all those who are employed in enterprises and receive remunerations there, including on-post staff, retirees who are re-employed, teachers of local-run schools, staff (work in enterprises) from abroad, Hong Kong, Macao and Taiwan, part-time employees, employees of other units temporarily working in the enterprises as well as persons with second jobs but excluding former employees who left their original enterprises with their employment records still being kept by the enterprises.

Ration of Profits, Taxes and Interests to Average Assets reflects the profit-making capability of all assets of enterprises and is a key indicator manifesting enterprises' operating performance and management level and evaluating the profit-making potential of enterprises. The design formula is as follows:

$$\text{Ratio of Profits, Taxes and Interests to Average Assets (\%)} = \frac{\text{total profits} + \text{total taxes} + \text{interest payment}}{\text{average assets}} \times 100\%$$

In the above formula, total taxes is the sum of tax and extra charges on the sales of products and value-added tax payable; and average assets is the arithmetic mean value between total assets at the beginning of a given period and total assets at the end of the same period.

Ratio of Debts to Assets reflects both the operation risk and the capability of the enterprise in making use of the capital from the creditors. The design formula is as follows:

Ratio of Debts to Assets (%) = (total debts / total assets) × 100%

Both assets and debts are figures at the end of the reference period.

Times of Turnover of Current Assets refers to the number of turnover of current assets in a given period, which reflects the speed of the turnover of current assets of industrial enterprises. The design formula is as follows:

Times of turnover of current assets = sales revenue / average balance of total current assets

In the above formula, average balance of total current assets refers to the arithmetic mean value between the sum of current assets at the beginning and at the end of the reference period.

Ratio of Profits to Total Industrial Costs refers to the ratio of profits realized in a given period to the total costs in the same period, which reflects the economic efficiency achieved by reducing cost. The design formula is as follows:

Ratio of profits to total industrial cost (%) = (total profits / total costs)×100%

Total costs in the above formula are the sum of cost of products sold, marketing expenses, administrative expense and financial cost.

Overall Labor Productivity refers to the value of products produced by an employed person in unit time and the value is calculated according to indicators of output value. It is an important indicator of economic activities of enterprises and at the same time an integrate manifestation of enterprises' level of production, technology, operation and management as well as staff's technical proficiency and labor enthusiasm. At present, industrial added value and average number of employed persons of industrial enterprises in a given period are used to calculate the overall labor productivity. The design formula is as follows:

Overall labor productivity = industrial added value / average number of employed persons

Hi-tech Industry refers to the manufacturing industry with high R&D devotion intensity in the national economy, including 6 categories: pharmaceutical manufacturing; aviation, spacecraft and equipment manufacturing; electronic and communication equipment manufacturing; computer and office equipment manufacturing; medical instrument and apparatus manufacturing and information product manufacturing.

8

Eight

建筑业

Construction

建筑业总产值（亿元）

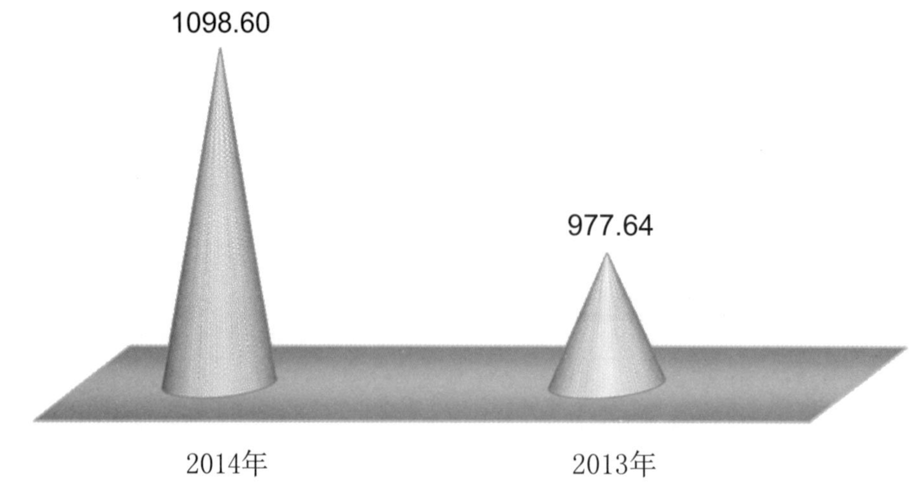
1098.60
977.64
2014年
2013年

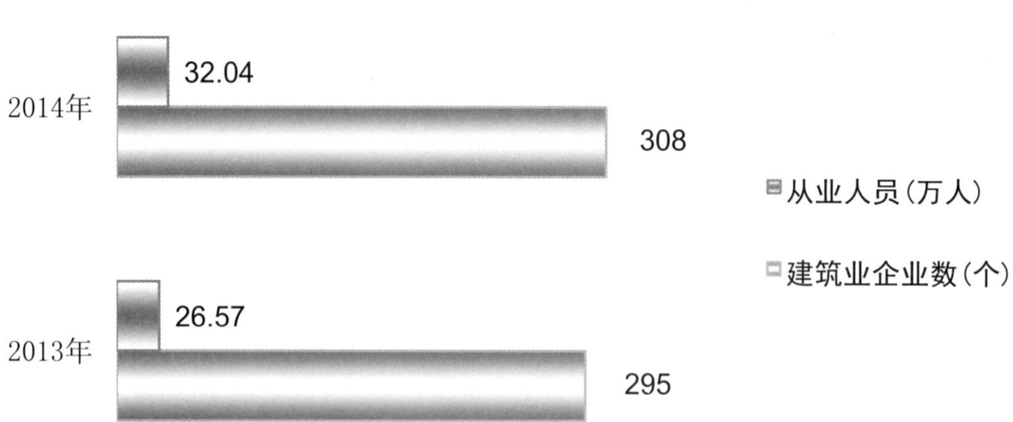
2014年
32.04
308
从业人员(万人)
建筑业企业数(个)
2013年
26.57
295

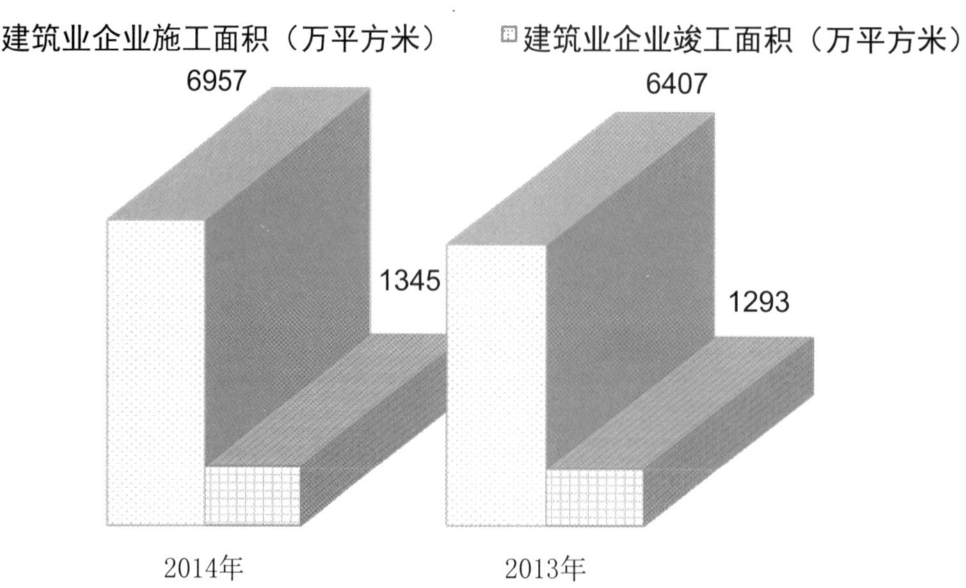
建筑业企业施工面积（万平方米）
建筑业企业竣工面积（万平方米）
6957
1345
6407
1293
2014年
2013年

8-1 总承包及专业承包建筑业企业主要经济指标
Main Economic Indicator on Construction Enterprises of General and Professional Contractors

指　　标		Item		2014	2013	2014年比2013年增长(%) Growth Rate in 2014 over 2013(%)
从业人员	(万 人)	Number of Employed Persons	(10 000 persons)	32.04	26.57	20.6
自有固定资产原价	(亿 元)	Fixed Assets (original value)	(100 million yuan)	74.04	63.97	15.7
自有固定资产净价	(亿 元)	Fixed Assets (net value)	(100 million yuan)	38.85	33.59	15.7
建筑业总产值	(亿 元)	Gross Output Value of Construction	(100 million yuan)	1098.6	977.64	12.4
施工面积	(万平方米)	Floor Space of Buildings Under Construction	(10 000sq.m)	6957.02	6406.58	8.6
竣工面积	(万平方米)	Floor Space of Buildings Completed	(10 000sq.m)	1345.24	1292.63	4.1
利润总额	(亿 元)	Total Profits	(100 million yuan)	16.27	13.89	17.1
劳动生产率	(元/人)	Overall Labor Productivity	(yuan/person)	342896	389707	-12.0
产值利润率	(%)	Ratio of Profit to Gross Output Value	(%)	1.5	1.4	7.1
产值利税率	(%)	Ratio of Pre-tax Profit to Gross Output Value	(%)	5.1	5.5	-7.3

8-2 总承包及专业承包建筑企业生产情况(2014年)

单位：个、万元

指　　标	Item	建筑业企业个数 Number of Construction Enterprises	#有工作量的建筑业企业 Enterprises Having Project	#亏损企业 Losing Enterprises
总　计	**Total**	**308**	**264**	**53**
#国有及国有控股企业	State-owned and State-controlled Construction Enterprises	67	63	9
按登记注册类型分	**By Status of Registration**			
内资企业	Domestic Funded	308	264	53
国有企业	State-owned Enterprises	22	19	6
集体企业	Collective-owned Enterprises	22	13	2
股份合作企业	Cooperative Enterprises			
联营企业	Joint Ownership Enterprises	1	1	
有限责任公司	Limited Liability Corporations	177	156	29
股份有限公司	Share-holding Corporations Ltd.	14	14	4
私营企业	Private Enterprises	72	61	12
按国民经济行业分	**By Sector**			
房屋和土木工程建筑业	Building and Civil Engineering	170	146	30
房屋工程建筑	House Building	113	92	20
土木工程建筑	Civil Engineering	57	54	10
建筑安装业	Construction Installation	57	53	5
建筑装饰和其他建筑业	Construction Decoration and Others	81	65	18
建筑装饰业	Construction Decoration	47	36	12
工程准备活动	Project Preparation	18	16	4
提供施工设备服务	Construction Equipment Providing	2		
其他未列明建筑业	Others not listed	14	13	2
按隶属关系分	**By Administrative Division**			
中　央	Central Government	18	16	2
省(自治区、直辖市)	Provinces(Autonomous Regions and Municipalities)	58	50	8
地区(州、盟、省辖市)	Prefecture(Autonomous Prefecture,League,Provincially Administered Municipality)	36	30	5
县(区、市、旗)	Counties(Districts,Cities at County Level,Banner)	15	11	2
街　道	Street Communities	2	2	
乡	Towns	2	2	
其　他	Others	177	153	36
按企业资质等级分	**By Qualification Grade**			
施工总承包	Construction of General Contractors	170	145	32
特　级	Special Grade	4	4	
一　级	First Grade	32	31	2
二　级	Second Grade	58	54	12
三级及以下	Third Grade and Below	76	56	18
专业承包	Speciality Contractors	138	119	21
一　级	First Grade	11	10	1
二　级	Second Grade	55	47	7
三级及以下	Third Grade and Below	72	62	13
按营业状态分	**By Operation Status**			
营　业	In Business or Operating	297	261	52
停业(歇业)	Closed	9	2	
筹　建	In Preparation			
当年关闭	Closed in This Year			
按控股情况分	**By Share-holding**			
国有控股	State-owned and State-controlled Enterprises	67	63	9
集体控股	Collective Share-holding Enterprises	41	30	7
私人控股	Private Share-holding Enterprises	182	157	37
港澳台商控股	Hong Kong, Macao and Taiwan Share-holding Enterprises			
其　他	Others	18	14	

Main Indicators on Construction Enterprises of General and Professional Contractors(2014)

(unit;10 000 yuan)

合同情况 Contracts Signed by Construction Enterprises		承包工程完成情况 Completion of Contracted Projects				建筑业总产值 Total Output Value		
#签订的合同额 Value from Signed Contracts	#本年新签合同额 Value from New Contracts Signed in This Year	直接从建设单位承揽工程完成的产值 Completed Output Value of Projects Contracted Directly from Investors	自行完成施工产值 Own-completed Output Value	分包出去工程的产值 Output Value of Out-sourced Projects	从建设单位以外承揽工程完成的产值 Completed Output Value of Projects Contracted from Non-investors		#装饰装修产值 Output Value of Decoration	#在外省完成的产值 Output Value of Construction Fulfilled Outside of Guizhou Province
32170522	**15271594**	**10897647**	**10871902**	**25745**	**114099**	**10986000**	**174692**	**2052220**
30066049	13999763	9758799	9741020	17780	95379	9836399	107911	2031063
32170522	15271594	10897647	10871902	25745	114099	10986000	174692	2052220
2383973	1757121	1086288	1068862	17426	89223	1158085	9592	176243
79899	49054	64900	64900		4000	68900	6950	
150	110	400	400			400		
25094864	11629134	8251460	8245162	6299	20670	8265832	119471	1531936
3988917	1423181	1159273	1159273			1159273	10933	330470
622720	412993	335326	333305	2021	206	333511	27747	13572
27856248	12224952	9056073	9036247	19826	99582	9135829	61632	1587146
12859538	7009637	4892475	4890475	2000	93426	4983901	50348	1088036
14996710	5215315	4163598	4145772	17826	6156	4151928	11284	499110
3528889	2484618	1340883	1340512	370	12967	1353479	7785	456249
785386	562024	500691	495142	5549	1550	496692	105275	8826
441063	285745	193948	193900	49	16	193916	104833	8826
308591	247756	275533	270033	5500	1488	271521	33	
35732	28523	31209	31209		46	31255	409	
11756112	4150908	3379491	3362065	17426	6156	3368221	11564	1036502
18206222	9664003	6206775	6201775	5000	89269	6291044	103919	994595
619266	395192	311827	311827		13030	324857	6016	7510
171249	118388	120532	120179	354	4000	124179	410	
7220	2530	5683	5683			5683		
1168	718	1143	1143			1143		
1409287	939856	872194	869229	2966	1644	870873	52783	13614
31320125	14666071	10302657	10283232	19426	99582	10382814	67119	2024655
8183455	3880816	2255872	2255872			2255872		499303
20980070	9551905	6948404	6930978	17426	95379	7026357	46667	1525309
1565573	807606	751138	749138	2000		749138	10142	
591028	425743	347243	347243		4203	351446	10310	42
850397	605523	594989	588670	6319	14517	603187	107573	27566
420131	350484	333422	333422			333422	80918	20022
215775	155235	154791	149791	5000	46	149836	20602	
214491	99805	106776	105457	1319	14471	119928	6053	7544
32169142	15271556	10896279	10870534	25745	114086	10984619	174674	2052220
1368	38	1368	1368			1368	5	
30066049	13999763	9758799	9741020	17780	95379	9836399	107911	2031063
186395	123640	160445	160445		4000	164445	7823	
1532711	934310	778812	770846	7966	14690	785536	58213	21157
385369	213881	199591	199591		30	199621	744	

8-2 续表1

单位：万元、万平方米

指　　标	Item	建筑工程产值 Output Value of Construction	安装工程产值 Output Value of Installation	其他产值 Others
总　计	**Total**	**9562610**	**853665**	**569725**
#国有及国有控股企业	State-owned and State-controlled Construction Enterprises	8632044	698520	505835
按登记注册类型分	**By Status of Registration**			
内资企业	Domestic Funded	9562610	853665	569725
国有企业	State-owned Enterprises	668181	237675	252229
集体企业	Collective-owned Enterprises	66489	1048	1363
股份合作企业	Cooperative Enterprises			
联营企业	Joint Ownership Enterprises	400		
有限责任公司	Limited Liability Corporations	7448661	562450	254720
股份有限公司	Share-holding Corporations Ltd.	1105168	10760	43346
私营企业	Private Enterprises	273712	41732	18067
按国民经济行业分	**By Sector**			
房屋和土木工程建筑业	Building and Civil Engineering	8480703	322694	332433
房屋工程建筑	House Building	4606333	109259	268309
土木工程建筑	Civil Engineering	3874369	213434	64125
建筑安装业	Construction Installation	690202	514033	149244
建筑装饰和其他建筑业	Construction Decoration and Others	391706	16938	88048
建筑装饰业	Construction Decoration	149069	13279	31567
工程准备活动	Project Preparation	242541		28980
提供施工设备服务	Construction Equipment Providing			
其他未列明建筑业	Others not listed	95	3659	27501
按隶属关系分	**By Administrative Division**			
中　央	Central Government	2889161	415870	63190
省(自治区、直辖市)	Provinces(Autonomous Regions and Municipalities)	5571144	269110	450789
地区(州、盟、省辖市)	Prefecture(Autonomous Prefecture,League, Provincially Administered Municipality)	292453	21197	11207
县(区、市、旗)	Counties(Districts,Cities at County Level,Banner)	89424	34754	
街　道	Street Communities	2578	3105	
乡	Towns	1143		
其　他	Others	716706	109629	44539
按企业资质等级分	**By Qualification Grade**			
施工总承包	Construction of General Contractors	9218426	694877	469510
特　级	Special Grade	2070216	119766	65890
一　级	First Grade	6127402	521734	377222
二　级	Second Grade	700778	31902	16459
三级及以下	Third Grade and Below	320031	21475	9941
专业承包	Speciality Contractors	344184	158788	100215
一　级	First Grade	261765	20485	51172
二　级	Second Grade	38292	64941	46603
三级及以下	Third Grade and Below	44127	73362	2440
按营业状态分	**By Operation Status**			
营　业	In Business or Operating	9562605	853665	568349
停业(歇业)	Closed	5		1363
筹　建	In Preparation			
当年关闭	Closed in This Year			
按控股情况分	**By Share-holding**			
国有控股	State-owned and State-controlled Enterprises	8632044	698520	505835
集体控股	Collective Share-holding Enterprises	137858	24800	1787
私人控股	Private Share-holding Enterprises	607511	116182	61843
港澳台商控股	Hong Kong, Macao and Taiwan Share-holding Enterprises			
其　他	Others	185197	14163	260

(continued)

(10 000 yuan;10 000 sq.m)

竣工产值 Output Value of Buildings Completed	房屋建筑施工面积 Floor Space under Construction	#本年新开工面积 Newly Started Buildings This Year	#实行投标承包面积 Contracted Area Under Tendering	房屋建筑竣工面积 Floor Space of Building Completed	#住宅房屋 Residential Building	商业及服务用房屋 Business Building	办公用房屋 Office Building	科研、教育、医疗用房屋 Scientific Research Educational and Medical Buildings
3700460	**6957**	**2194**	**6505**	**1345**	**955**	**41**	**67**	**135**
3143398	6231	1849	6109	1101	763	37	49	124
3700460	6957	2194	6505	1345	955	41	67	135
630374	1061	322	1002	188	119	11	3	23
40590	30	16	11	12	9		1	
600	1	1	1	1	1			
2391583	4613	1547	4513	922	636	23	63	99
415988	831	140	784	107	81	7		13
221326	421	168	195	115	108			0
3317683	6538	2098	6101	1257	887	41	62	129
2850561	6382	2063	5979	1207	854	35	62	129
467122	156	34	122	50	32	6		
312059	418	97	405	88	68		5	5
70719								
51600								
6785								
12335								
1383389	1621	268	1586	370	297	16	4	36
1810844	4673	1628	4571	759	493	22	45	90
40090	106	33	61	17	10	2	1	2
62765	66	57	48	44	30	2	9	1
3105								
956	1		0	1	1			
399312	489	208	238	154	124	1	7	6
3540103	6954	2191	6502	1344	955	41	67	135
296817	576	287	568	87	64	3	8	
2782669	5805	1635	5599	1057	764	25	40	126
305776	429	157	261	121	76	13	7	3
154841	143	111	74	80	51	0	12	6
160357	3	3	3	1				
57602	3	3	3	1				
74398								
28357								
3699080	6957	2194	6505	1345	955	41	67	135
1368								
3143398	6231	1849	6109	1101	763	37	49	124
109636	114	79	92	58	37		11	5
336378	547	221	252	158	128	4	7	4
111049	66	46	53	28	26			1

8-2 续表2

单位：万平方米；万元

指　标	Item	文化、体育、娱乐用房屋 Buildings for Culture, Sports and Entertainment	厂房及建筑物 Workshop	仓　库 Storehouse
总　计	**Total**	**3**	**121**	
#国有及国有控股企业	State-owned and State-controlled Construction Enterprises	3	104	
按登记注册类型分组	**By Status of Registration**			
内资企业	Domestic Funded	3	121	
国有企业	State-owned Enterprises	1	31	
集体企业	Collective-owned Enterprises			
股份合作企业	Cooperative Enterprises			
联营企业	Joint Ownership Enterprises			
有限责任公司	Limited Liability Corporations	2	84	
股份有限公司	Share-holding Corporations Ltd.			
私营企业	Private Enterprises		6	
按国民经济行业分组	**By Sector**			
房屋和土木工程建筑业	Building and Civil Engineering	3	112	
房屋工程建筑	House Building	3	100	
土木工程建筑	Civil Engineering		11	
建筑安装业	Construction Installation		9	
建筑装饰和其他建筑业	Construction Decoration and Others			
建筑装饰业	Construction Decoration			
工程准备活动	Project Preparation			
提供施工设备服务	Construction Equipment Providing			
其他未列明建筑业	Others not listed			
按隶属关系分组	**By Administrative Division**			
中　央	Central Government		11	
省(自治区、直辖市)	Provinces(Autonomous Regions and Municipalities)	3	92	
地区(州、盟、省辖市)	Prefecture(Autonomous Prefecture,League,Provincially Administered Municipality)		3	
县(区、市、旗)	Counties(Districts,Cities at County Level,Banner)			
街　道	Street Communities			
乡	Towns			
其　他	Others		14	
按企业资质等级分组	**By Qualification Grade**			
施工总承包	Construction of General Contractors	3	120	
特　级	Special Grade		11	
一　级	First Grade	3	84	
二　级	Second Grade		17	
三级及以下	Third Grade and Below		8	
专业承包	Speciality Contractors		1	
一　级	First Grade		1	
二　级	Second Grade			
三级及以下	Third Grade and Below			
按营业状态分	**By Operation Status**			
营　业	In Business or Operating	3	121	
停业(歇业)	Closed			
筹　建	In Preparation			
当年关闭	Closed in This Year			
按控股情况分	**By Share-holding**			
国有控股	State-owned and State-controlled Enterprises	3	104	
集体控股	Collective Share-holding Enterprises		3	
私人控股	Private Share-holding Enterprises		13	
港澳台商控股	Hong Kong, Macao and Taiwan Share-holding Enterprises			
其　他	Others		1	

(continued)

(10 000 sq.m;10 000 yuan)

竣工房屋价值 Value of Buildings Completed	#住宅房屋 Residential Buildings	商业及服务用房屋 Business Buildings	办公用房屋 Office Buildings	科研、教育、医疗用房屋 Scientific Research, Educational and Medical Buildings	文化、体育、娱乐用房屋 Buildings for Culture,Sports and Entertainment	厂房及建筑物 Workshop	仓库 Storehouse
2178056	**1409432**	**82905**	**130932**	**235115**	**12125**	**183878**	**652**
1879222	1158903	78012	116286	222562	11873	170906	448
2178056	1409432	82905	130932	235115	12125	183878	652
251871	137029	27356	6136	26178	2153	53020	
15085	11397		1314			280	157
600	600						
1453570	909175	40587	123383	172314	9972	122626	495
283546	186729	14421		36336			
173384	164503	541	100	287		7952	
2067522	1327936	78979	123120	227398	12125	174296	652
1959275	1264218	58358	123120	227398	12125	150388	652
108247	63718	20621				23908	
110027	80990	3926	7812	7717		9582	
507	507						
507	507						
765091	567833	39872	8333	79085		23908	
1148934	623974	38140	107952	145137	12113	146998	448
23037	13195	2657	1768	3129		1818	
35239	23674	1536	7435	750		220	157
438	378					60	
205317	180379	701	5444	7014	12	10874	47
2176442	1409432	82905	130932	235115	12125	182264	652
109987	80121	3400	16440			10026	
1833836	1177481	58252	97390	224222	12113	152103	448
155760	105484	21220	6146	4215		10243	47
76860	46347	34	10957	6679	12	9892	157
1614						1614	
1366						1366	
248						248	
2178056	1409432	82905	130932	235115	12125	183878	652
1879222	1158903	78012	116286	222562	11873	170906	448
52952	32659		9962	5400		2698	157
210066	184810	4860	4651	5419	12	9560	47
35815	33060	34	34	1734	240	714	

8-3 总承包及专业承包建筑业企业财务状况(2014年)

单位：万元

指　　标	Item	年初存货 Stock at Year-beginning	年末资产负债 流动资产合计 Total Current Assets	应收工程款 Accounts Receivable	在建工程 Projects Under Construction
总　计	**Total**	**4038615**	**10430378**	**2503973**	**88154**
#国有及国有控股企业	State-owned and State-controlled Construction Enterprises	3548351	9101741	2173048	85131
按登记注册类型分	**By Status of Registration**				
内资企业	Domestic Funded	4038615	10430378	2503973	88154
国有企业	State-owned Enterprises	124123	713247	220767	5
集体企业	Collective-owned Enterprises	4093	15047	2238	517
股份合作企业	Cooperative Enterprises				
联营企业	Joint Ownership Enterprises	231	822	25	
有限责任公司	Limited Liability Corporations	3395579	8550558	1985528	84198
股份有限公司	Share-holding Corporations Ltd.	154880	723913	211342	2425
私营企业	Private Enterprises	359709	426792	84073	1009
按国民经济行业分	**By Sector**				
房屋和土木工程建筑业	Building and Civil Engineering	372263	876070	187378	5825
房屋工程建筑	House Building	428087	3055306	942732	55820
土木工程建筑业	Civil Engineering	3294540	5705394	931049	2426
建筑安装业	Construction Installation	296886	1134984	389756	28508
建筑装饰和其他建筑业	Construction Decoration and Others	19102	534694	240436	1400
建筑装饰业	Construction Decoration	11161	155336	62686	273
工程准备活动	Project Preparation	5996	332197	170413	1122
提供施工设备服务	Construction Equipment Providing	8	592		
其他未列明建筑业	Others not listed	1938	46570	7337	5
按隶属关系分	**By Administrative Division**				
中　央	Central Government	617548	2678909	899966	2425
省(自治区、直辖市)	Provinces(Autonomous Regions and Municipalities)	910475	4073145	1117296	62104
地区(州、盟、省辖市)	Prefecture(Autonomous Prefecture,League,Provincially Administered Municipality)	2039663	2403278	137710	660
县(区、市、旗)	Counties(Districts,Cities at County Level,Banner)	40906	95718	12903	20433
街　道	Street Communities	2156	4097	776	
乡	Towns	915	1191	121	
其　他	Others	426954	1174040	335201	2532
按企业资质等级分	**By Qualification Grade**				
施工总承包	Construction of General Contractors	3957472	9716054	2260632	65503
特　级	Special Grade	272675	2052621	467709	7253
一　级	First Grade	3290262	6500015	1383224	2425
二　级	Second Grade	89467	875074	316687	55208
三级以下	Third Grade and Below	305068	288345	93012	616
专业承包	Speciality Contractors	81143	714324	243342	22651
一　级	First Grade	11841	315871	145706	169
二　级	Second Grade	14082	175424	40738	1065
三级以下	Third Grade and Below	55221	223029	56898	21417
按营业状态分	**By Operation Status**				
营　业	In Business or Operating	4037566	10423995	2503707	88154
停业(歇业)	Closed	1049	6338	262	
筹　建	In Preparation				
按控股情况分	**By Share-holding**				
国有控股	State-owned and State-controlled Enterprises	3548351	9101741	2173048	85131
集体控股	Collective Share-holding Enterprises	9104	81406	15516	531
私人控股	Private Share-holding Enterprises	420543	1022926	236413	2402
港澳台商控股	Hong Kong,Macao and Taiwan Share-holding Enterprises				
其　他	Others	60617	224306	78998	89

Financial State for Construction Enterprises of General and Professional Contractors(2014)

(10 000 yuan)

Asset–liability at Year-end							
资 产 合 计 Total Assets	流动负债 合 计 Total Working Liabilities	应 付 账 款 Accounts Payable	负 债 合 计 Total Liabilities	所有者 权益合计 Total Owner's Equities	#实 收 资 本 Paid-in Capitals	#国 家 资 本 National Capital	集 体 资 本 Collective Capital
12298306	**7543445**	**2655968**	**8201583**	**4096723**	**1503404**	**788275**	**50931**
10758576	6639203	2405043	7159566	3599010	1115057	781438	2480
12298306	7543445	2655968	8201583	4096723	1503404	788275	50931
812870	519280	106571	537841	275029	182505	121373	380
24164	8978	1593	11362	12802	10712	10	9589
1222			922	300	78		78
10123639	6021246	2106584	6554415	3569224	1114271	589565	32911
877329	693312	400632	742774	134555	95144	74500	2700
459082	300630	40589	354267	104815	100693	2827	5272
1013893	608806	222731	648454	365439	122006	74320	4036
3275734	2580807	897905	2613334	662400	527434	181778	20062
6863197	3507255	1329403	3871205	2991991	692631	561423	20302
1361805	942367	270005	1111963	249842	124939	37826	5306
797570	513016	158654	605080	192490	158400	7247	5261
167149	90968	40652	119884	47265	43509	5255	1727
575345	389279	108661	451752	123593	101725		3495
596				596	630		
54480	32769	9341	33445	21035	12537	1992	39
3055972	2424952	1277999	2576963	479010	268476	184515	609
5100127	3711513	976479	4046428	1053699	792932	582038	24117
2469654	362457	149368	373387	2096267	65146	14310	8413
134064	109297	32237	113933	20131	14446	2330	1696
4496	2785	965	2785	1711	1501		501
1914	645	2	645	1269	1263		600
1532080	931796	218918	1087443	444637	359639	5082	14995
11270361	6865683	2467534	7431980	3838381	1286387	776117	43858
2603171	1905768	642812	2237240	365931	207746	207746	
7266431	4083143	1641394	4234381	3032050	749416	515293	1201
1076116	739901	135357	762601	313515	219056	34803	24904
324644	136871	47971	197758	126886	110170	18276	17753
1027945	677762	188433	769603	258342	217017	12157	7073
546738	384610	101635	416070	130668	111908	7500	
201173	106692	31167	129092	72082	54225	992	1527
280034	186460	55632	224441	55593	50885	3665	5546
12283324	7540638	2655650	8198742	4084582	1490477	780020	49481
14909	2806	316	2840	12070	12855	8255	1450
10758576	6639203	2405043	7159566	3599010	1115057	781438	2480
108892	65071	11816	69451	39441	30755	2010	17511
1153878	639988	121293	773264	380614	305645	2827	22340
276960	199183	117817	199302	77658	51947	2000	8600

8-3 续表

单位：万元

指标	Item	损益及分配 营业收入 Business Revenue	主营业务收入 Revenue from Principal Business	营业成本 Business Cost	主营业务成本 Cost of Principal Business
总计	**Total**	**10855219**	**10787144**	**9969682**	**9911715**
#国有及国有控股企业	State-owned and State-controlled Construction Enterprises	9694285	9650946	8939162	8903152
按登记注册类型分	**By Status of Registration**				
内资企业	Domestic Funded	10855219	10787144	9969682	9911715
国有企业	State-owned Enterprises	996242	977059	916421	901341
集体企业	Collective-owned Enterprises	39947	39646	36767	36572
股份合作企业	Cooperative Enterprises				
联营企业	Joint Ownership Enterprises	95	95	79	79
有限责任公司	Limited Liability Corporations	8323524	8279818	7653712	7613966
股份有限公司	Share-holding Corporations Ltd.	1159050	1157176	1058957	1058004
私营企业	Private Enterprises	336360	333350	303747	301754
按国民经济行业分	**By Sector**				
房屋和土木工程建筑业	Building and Civil Engineering	909316	903634	840567	835736
房屋工程建筑	House Building	4665390	4630050	4333880	4305201
土木工程建筑业	Civil Engineering	4427769	4406294	4071788	4052155
建筑安装业	Construction Installation	1357788	1349240	1217958	1210992
建筑装饰和其他建筑业	Construction Decoration and Others	404272	401560	346057	343368
建筑装饰业	Construction Decoration	169430	167243	155423	152912
工程准备活动	Project Preparation	207303	206784	166969	166815
提供施工设备服务	Construction Equipment Providing	2	2		
其他未列明建筑业	Others	27537	27530	23666	23640
按隶属关系分	**By Administrative Division**				
中　央	Central Government	3524441	3507013	3253323	3239750
省(自治区、直辖市)	Provinces(Autonomous Regions and Municipalities)	5994705	5974160	5551910	5536657
地区(州、盟、省辖市)	Prefecture(Autonomous Prefecture,League, Provincially Administered Municipality)	299628	292624	269194	260630
县(区、市、旗)	Counties(Districts,Cities at County Level,Banner)	115067	114744	96534	96454
街　道	Street Communities	6814	6814	6385	6385
乡	Towns	1234	1234	1162	1162
其　他	Others	913330	890555	791174	770676
按企业资质等级分	**By Qualification Grade**				
施工总承包	Construction of General Contractors	10335391	10273757	9541044	9488701
特　级	Special Grade	2428766	2427116	2267049	2266547
一　级	First Grade	6812052	6783177	6290800	6264373
二　级	Second Grade	765852	752936	684633	675491
三级以下	Third Grade and Below	328721	310529	298562	282291
专业承包	Speciality Contractors	519828	513387	428638	423014
一　级	First Grade	233608	232513	194063	193795
二　级	Second Grade	134419	133771	111849	110694
三级以下	Third Grade and Below	151800	147102	122725	118525
按营业状态分	**By Operation Status**				
营　业	In Business or Operating	10853639	10785564	9968278	9910311
停业(歇业)	Closed	1515	1515	1340	1340
筹　建	In Preparation				
按控股情况分	**By Share-holding**				
国有控股	State-owned and State-controlled Enterprises	9694285	9650946	8939162	8903152
集体控股	Collective Share-holding Enterprises	127516	125840	115897	114837
私人控股	Private Share-holding Enterprises	827044	804092	726570	705844
港澳台商控股	Hong Kong,Macao and Taiwan Share-holding Enterprises				
其　他	Others	206375	206266	188054	187882

(continued)

(10 000 yuan)

Profits and Losses				应交所得税 Income Tax Payable	应付职工薪酬 （本年贷方累计发生额） Payroll Payable (Accumulated Amount of Credit This Year)	建筑业企业在境外完成的营业收入 Revenue Earned by Construction Enterprises from Abroad
营业税金及附加 Taxes and Extra Charges Business	主营业务税金及附加 Taxes and Extra Charges on Principal Business	营业利润 Business Profits	利润总额 Total Profits			
354762	**345247**	**165822**	**162702**	**33379**	**1128169**	**116163**
315158	306543	144388	140680	27553	970741	115898
354762	345247	165822	162702	33379	1128169	116163
33836	33190	2605	1824		126330	1701
2030	2021			119	11671	
3	3				100	
269226	260664	137598	134301	28980	879679	78650
38634	38611	20689	21111	3176	56759	35783
11033	10757	5161	5633	1252	53630	29
29709	29504	10749	10500	2058	104839	9044
158392	157108	56970	53582	13458	568012	1470
138701	137927	50523	51418	7120	480377	88974
45270	38049	43356	42157	10502	57288	25689
12399	12162	14973	15544	2299	22493	29
5233	5184	603	1094	451	7517	29
6406	6219	13492	13573	1645	10707	
					7	
760	760	884	884	203	4263	
106523	106064	50548	51411	8223	198469	88974
202267	195097	66754	62156	14726	762099	26923
10307	10003	8062	8342	2188	51561	
4314	3479	8050	8056	2499	18596	
213	213	22	22	6	879	
33	33	2	2		325	
31106	30358	32385	32714	5737	96240	265
338862	330557	138613	135123	28132	1080510	116134
67160	66724	28169	26892	4951	234305	67756
233285	226412	87505	84737	16692	720991	48142
26402	25830	18449	19172	4485	80298	
12014	11592	4490	4323	2005	44916	237
15901	14690	27208	27579	5247	47659	29
7909	7712	14223	14661	1730	12573	
3660	3653	3965	4052	976	19539	
4332	3324	9020	8865	2540	15547	29
354702	345187	165951	162839	33379	1127925	116163
58	58				237	
315158	306543	144388	140680	27553	970741	115898
5409	5367	899	918	955	27714	
27155	26296	14539	15203	4090	107725	265
7041	7041	5996	5900	782	21990	

主要统计指标解释

建筑业统计单位 指从事房屋、构筑物建造和设备安装活动的法人企业。建筑业法人企业应同时具备的条件是：①依法成立，有自己的名称、组织机构和场所，能够承担民事责任；②独立拥有和使用资产，承担负债，有权与其他单位签订合同；③独立核算盈亏，能够编制资产负债表。

建筑业总产值 是以货币表现的建筑企业在一定时期内生产的建筑业产品和服务的总和。建筑业总产值包括：

(1)建筑工程产值：指列入建筑工程预算内的各种工程价值。

(2)设备安装工程产值：指设备安装工程价值，不包括被安装设备本身价值。

(3)房屋、构筑物修理产值：指房屋、构筑物修理所完成的价值，但不包括被修理房屋、构筑物本身的价值和生产设备的修理价值。

(4)非标准设备制造产值：指加工制造没有定型的、非标准的生产设备的加工费和原材料价值，以及附属加工厂为本企业承建工程制作的非标准设备的价值。

房屋施工面积 指在报告期内施过工的全部房屋建筑面积，包括本期新开工的房屋面积、上期施工跨入本期继续施工的房屋面积、上期停缓建在本期恢复施工的房屋面积、本期竣工的房屋面积及本期施工后又停缓建的房屋面积。

房屋竣工面积 指在报告期内房屋建筑按照设计要求全部完工，达到了住人和使用条件，经验收鉴定合格，正式移交使用的各栋房屋建筑面积的总和。

工程总承包 指取得施工总承包资质的企业(以下简称施工总承包企业)，可以承接施工总承包工程。施工总承包企业可以对所承接的施工总承包工程内各专业工程全部自行施工，也可以将专业工程或劳务作业依法分包给具有相应资质的专业承包企业或劳务分包企业。

工程专业承包 指取得专业承包资质的企业，可以承接施工总承包企业分包的专业工程和建设单位依法发包的专业工程。专业承包企业可以对所承接的专业工程全部自行施工，也可以将劳务作业依法分包给具有相应资质的劳务分包企业。

Explanatory Notes on Main Statistical Indicators

Statistical Unit in the Construction Industry refers to a corporate enterprise engaging in the construction of buildings and structures and in the Installation of equipment. A corporate construction enterprise should meet the following 3 requirements: a) being set up in line with relevant legal basis, having its full name, Organization and location, and capable of taking civil liabilities; b) independently processing and using its assets and assuming its liabilities, and entitled to sign contracts with other institutions; and c) making independent accounts of its profits and losses, and capable of compiling its own balance sheet.

Gross Output Value of Construction refers to total construction products and services, expressed in money terms, produced or rendered by construction and installation enterprises during a given period of time. It includes:

(1) Output value of construction projects: the value of projects covered by the project budgets;

(2) Output value of installation projects: the value of the installation of equipment, (excluding the value of the equipment to be installed);

(3) Output value of repair of buildings and structures: the value created through the repairs of buildings or structures. It does not include the value of buildings or structures being repaired and the value of the repair of production equipment;

(4) Output value of manufactured non-standard equipment; the value of non-standard production equipment, including raw materials and manufacturing cost, made for the construction project (i.e., chemical plant; kettles or tanks used by refineries; various fillers, triangle tanks, valves used by mines). It also includes the output value of equipment manufactured by subsidiary workshops.

Floor Space Under Construction refers to floor space of buildings under construction during the reference period, including the floor space of building for which construction has newly started; buildings for which construction has started earlier and is continuing during the reference period: and buildings for which construction has been suspended earlier but has restarted during the reference period; buildings completed during the reference period; and buildings under construction but construction has subsequently been during the reference period.

Floor Space Completed refers to total floor space of each building that has been completed in the reference period in accordance with the requirements of the design, up to the standard for being resided in and put into use, or has been checked and accepted by departments concerned as qualified ones which can be handed over for putting into use.

Engineering, procurement and construction (EPC) refers to construction enterprises with general contractors' qualification (general contracted enterprises), which undertake construction projects of general contractors. General contracted enterprises construct of all professions by their own and subcontract professional engineering or labor service to qualified professional contracted enterprises or labor service sublet enterprises by law.

Professional engineering contractor refers to construction enterprises with professional contractors' qualification, which undertake professional projects subcontracted by general contracted enterprises and professional projects let contracted by construction units by law. Professional engineering contractor constructs of all professions by their own or subcontract professional engineering or labor service to qualified professional contracted enterprises or labor service sublet enterprises by law.

9

Nine

农 业

Agriculture

农林牧渔业总产值（万元）

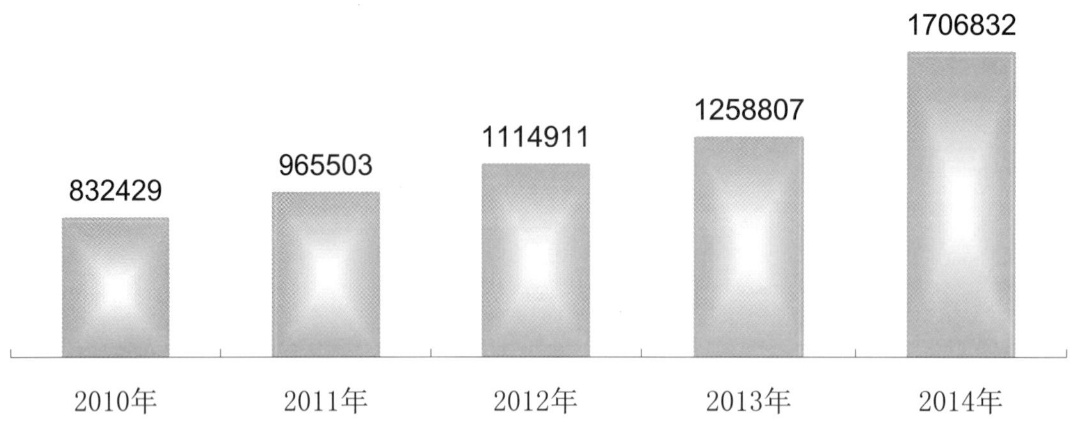

农林牧渔业总产值构成

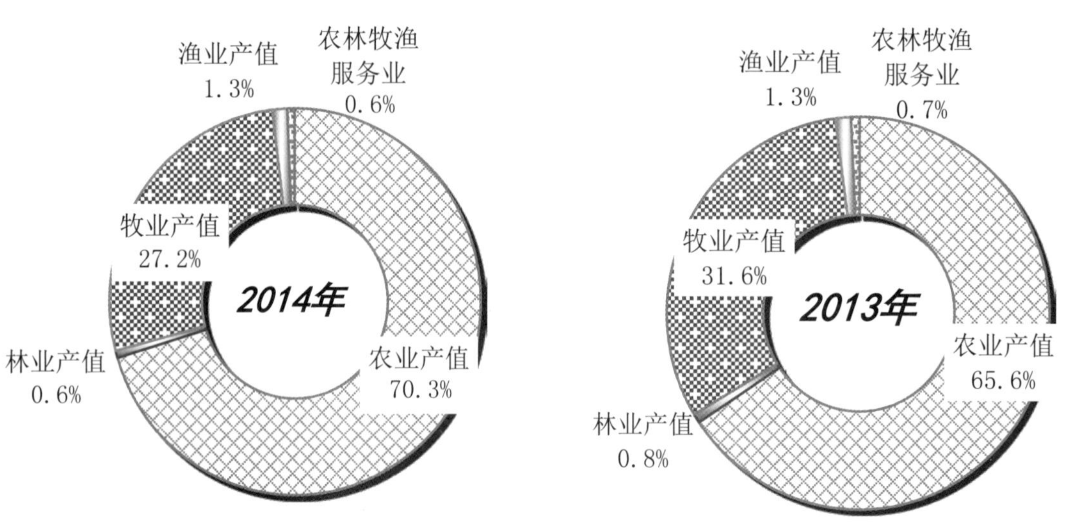

主要农作物产品产量（万吨）

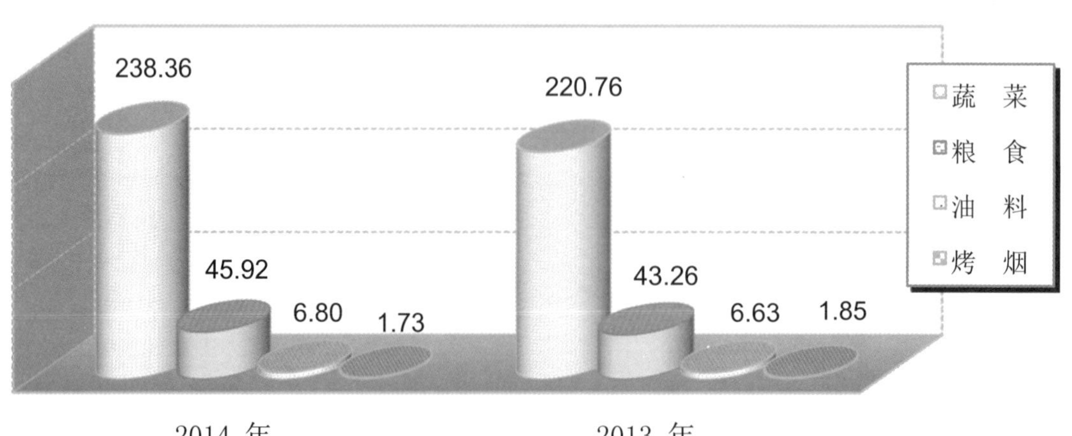

9-1 农村基本情况及农业生产条件
Basic Conditions of Rural Areas and Agricultural Production

指　　标		Item		2014	2013	2014年比2013年增长(%) Growth Rate in 2014 over 2013 (%)
农村基层组织		**Rural Grassroots Units**				
乡镇个数	(个)	Number of Towns and Townships	(unit)	77	77	持平
#镇	(个)	Towns	(unit)	45	41	9.8
村委会个数	(个)	Number of Villagers Committee	(unit)	948	951	-0.3
农村社会基础设施		**Infrastructure in Rural Areas**				
自来水受益村数	(个)	Villages with Tap Water	(unit)	948	944	0.4
通电乡镇数	(个)	Townships and Towns with Electricity	(unit)	77	77	持平
通电村数	(个)	Villages with Electricity	(unit)	948	951	-0.3
通公路的乡镇数	(个)	Townships and Towns with Highway	(unit)	77	77	持平
通公路的村数	(个)	Villages with Highway	(unit)	948	951	-0.3
通汽车的村数	(个)	Villages with Automobile	(unit)	948	951	-0.3
通邮件的乡镇数	(个)	Townships and Towns with Post Communication	(unit)	77	77	持平
通邮件的村数	(个)	Villages with Post Communication	(unit)	941	942	-0.1
通电话的乡镇数	(个)	Townships and Towns with Telephone	(unit)	77	77	持平
通电话的村数	(个)	Villages with Telephone	(unit)	948	951	-0.3
通有线广播的村数	(个)	Villages with Wire Broadcast	(unit)	763	867	-12.0
建成农村地面卫星接收站个数	(个)	Satellite Ground Receiving Station in Rural Area	(unit)	190691	174406	9.3
有文化站的乡数	(个)	Townships with Cultural Station	(unit)	32	36	-11.1
有文化中心的镇数	(个)	Towns with Cultural Center	(unit)	44	40	10.0
用电户数	(户)	Households with Electricity	(household)	568289	557744	1.9
饮用安全卫生水户数	(户)	Households with Safe and Healthy Water	(household)	550812	547011	0.7
使用沼气的户数	(户)	Households with Marsh Gas	(household)	159438	171438	-7.0
#当年新增	(户)	The Increase over Last Year	(household)	71	423	-83.2
农村人口及劳动力资源		**Rural Population and Laborers**				
乡村户数	(万户)	Rural Households	(10 000households)	56.89	55.88	1.8
乡村人口数	(万人)	Rural Population	(10 000 persons)	194.61	192.59	1.0
乡村从业人员数	(万人)	Rural Employees	(10 000 persons)	115.77	116.51	-0.6
按性别分		By Gender				
男	(万人)	Male	(10 000 persons)	60.81	61.10	-0.5
女	(万人)	Female	(10 000 persons)	54.96	55.41	-0.8
按行业分		By Sector				
农林牧渔业劳动力	(万人)	Farming,Forestry,Animal Husbandry and Fishery	(10 000 persons)	47.39	50.63	-6.4

9-1 续表 (continued)

指　　标		Item		2014	2013	2014年比2013年增长(%) Growth Rate in 2014 over 2013 (%)
工业劳动力	(万　人)	Industrial Labors	(10 000 persons)	11.09	11.58	-4.2
建筑业劳动力	(万　人)	Construction Labors	(10 000 persons)	11.67	10.67	9.4
交通运输、仓储业及邮电通讯业劳动力	(万　人)	Labors in Transportation,Storage, Post and Telecommunication	(10 000 persons)	4.47	4.18	6.9
批发零售贸易业、餐饮业劳动力	(万　人)	Labors in Wholesale,Retail and Catering Industry	(10 000 persons)	11.69	10.63	10.0
其他劳动力	(万　人)	Others	(10 000 persons)	29.45	27.60	6.7
#外出人数	(万　人)	Labors Working out of Guiyang	(10 000 persons)	21.32	23.31	-8.5
#出省人数	(万　人)	Labors Working out of Guizhou	(10 000 persons)	12.50	12.76	-2.0
农田水利建设和农业机械化情况		**Construction of Water Conservancy and Agricultural Machinery**				
机耕面积	(公　顷)	Area Plowed by Machinery	(hectare)	100613	91991	9.4
机播面积	(公　顷)	Area Sowed by Machinery	(hectare)	3342	2070	61.4
机电灌溉面积	(公　顷)	Area Irrigated by Machinery	(hectare)	34752	38653	-10.1
机械植保面积	(公　顷)	Plant Area Protected by Machinery	(hectare)	21639	21428	1.0
机械收获面积	(公　顷)	Area Harvested by Machinery	(hectare)	9419	3380	178.7
农用机械总动力	(万千瓦)	Total Agricultural Machinery Power	(10 000 kw)	181.39	161.46	12.3
柴油机	(万千瓦)	Diesel Engine	(10 000 kw)	136.45	121.76	12.1
汽油机	(万千瓦)	Gasoline Engine	(10 000 kw)	12.59	11.65	8.1
电动机	(万千瓦)	Electricmotor	(10 000 kw)	32.35	28.05	15.3
其他机械	(万千瓦)	Others	(10 000 kw)			
农用主要能源及物资消耗		**Rural Energy and Material Consumption**				
农用化肥施用量(折纯法)	(万　吨)	Pure Consumption of Chemical Fertilizers	(10 000 ton)	6.27	6.42	-2.3
氮　肥	(万　吨)	Nitro-genous Fertilizer	(10 000 ton)	2.84	2.93	-3.1
磷　肥	(万　吨)	Phosphate Fertilizer	(10 000 ton)	0.57	0.59	-3.4
钾　肥	(万　吨)	Potash Fertilizer	(10 000 ton)	0.90	0.90	持平
复合肥	(万　吨)	Compound Fertilizer	(10 000 ton)	1.97	2.00	-1.5
平均每亩耕地化肥施用量	(公　斤)	Consumption of Chemical Fertilizers per Mou	(kg)	41.78	44.42	-5.9
农村用电量	(万千瓦时)	Rural Electricity Consumption	(10 000 kwh)	47793	43851	9.0
农药使用量	(吨)	Use of Pesticides	(ton)	469	507	-7.5
地膜使用量	(吨)	Consumption of Farm Plastic Film	(ton)	1658	2503	-33.8

9–2 主要农业机械年末拥有量
Major Agricultural Machinery at Year-end

指标		Item		2014	2013	2014年比2013年增长(%) Growth Rate in 2014 over 2013(%)
大中型拖拉机	(台)	Large and Medium-sized Tractors	(set)	2683	2853	-6.0
大中型拖拉机配套农具	(部)	Towing Farm Machinery of Large and Medium-sized Tractors	(unit)	1659	1603	3.5
小型拖拉机	(台)	Small Tractors	(set)	3513	3458	1.6
小型拖拉机配套农具	(部)	Towing Farm Machinery of Small Tractors	(unit)	3332	2944	13.2
农用排灌柴油机	(台)	Diesel Engines	(set)	11246	11204	0.4
农用排灌电动机	(台)	Electromotor Engines	(set)	16866	11480	46.9
耕整机	(台)	Cultivator	(set)	50646	43523	16.4
农用水泵	(台)	Agriculture Pumps	(set)	29473	21396	37.8
机动喷雾(粉)机	(台)	Motorized Spray (Powder) Machines	(set)	2222	2162	2.8
联合收获机	(台)	Combine Harvester	(set)	39	35	11.4
机动脱粒机	(台)	Power Thresher	(set)	22898	21234	7.8
谷物烘干机	(台)	Grain Drying Machine	(set)	68	50	36.0
饲草料加工机械	(台/套)	Processing Machinery of Fodder and Hay	(set)	20584	19761	4.2
机动挤奶机	(台)	Mobile Milking Machine	(set)	554	519	6.7
农用运输车	(辆)	Agricultural Vehicles	(unit)	18515	14703	25.9

注：本表资料由市农委提供。
a) Data in this table is providied by committee of Agriculture of Guiyang.

9–3 主要农作物播种面积
Total Sown Areas of Major Farm Crops

单位：公顷 (hectare)

指标	Item	2014	2013	2014年比2013年增长(%) Growth Rate in 2014 over 2013(%)
农作物总播种面积	**Total Sown Area**	**286617**	**282238**	**1.6**
粮食作物播种面积	**Sown Areas of Grain Crops**	**112740**	**113450**	**-0.6**
#稻谷	Rice	33366	34314	-2.8
小麦	Wheat	3952	5445	-27.4
玉米	Corn	40741	38398	6.1
大豆	Soybean	6746	7418	-9.1
薯类	Tubers	26038	25759	1.1
经济作物播种面积	**Sown Areas of Cash Crops**	**173877**	**168788**	**3.0**
油菜籽	Rapeseeds	38974	39240	-0.7
花生	Peanuts	1043	1053	-0.9
麻类	Fiber Crops	1	1	持平
烤烟	Flue-cured Tobacco	8946	11712	-23.6
#蔬菜及食用菌	Vegetables and Edible Fungus	113396	105917	7.1
西瓜	Watermelon	464	485	-4.3
青饲料	Succulence	5568	4814	15.7
绿肥	Green Manure	1174	1212	-3.1

9–4 主要农作物产品产量及单产
Basic Statistics on Output of Major Farm Products

指 标	Item	2014		2013		2014年比2013年增长(%) Growth Rate in 2014 over 2013(%)	
		产量(万吨) Output (10 000 tons)	单产(公斤/亩) Output Per Hectare(kg/mou)	产量(万吨) Output (10 000 tons)	单产(公斤/亩) Output Per Hectare(kg/mou)	产 量 Output	单 产 Output Per Mou
粮食作物产量	**Grain Crops**	**45.92**	**272**	**43.26**	**254**	**6.1**	**7.1**
按夏秋粮分	**By Seasons**						
#夏 粮	Summer Grain	8.80	218	8.64	204	1.9	6.9
秋 粮	Autumn Grain	37.12	288	34.62	271	7.2	6.3
按类别分	**By types**						
稻 谷	Rice	18.80	376	18.36	357	2.4	5.3
小 麦	Wheat	1.03	174	1.29	158	-20.2	10.1
玉 米	Corn	16.12	264	13.95	242	15.6	9.1
大 豆	Soybean	0.76	75	0.93	83	-18.3	-9.6
薯 类	Tubers	8.72	223	8.17	211	6.7	5.7
油料作物	**Oil Crops**	**6.80**	**112**	**6.63**	**108**	**2.6**	**3.7**
#油菜籽	Rapeseeds	6.51	111	6.33	107	2.8	3.7
花 生	Peanuts	0.20	128	0.20	127	持平	0.8
烤 烟	**Flue-cured Tobacco**	**1.73**	**129**	**1.85**	**105**	**-6.5**	**22.9**
蔬菜及食用菌	**Vegetables**	**238.36**	**1401**	**220.76**	**1389**	**8.0**	**0.9**

9–5 茶叶、水果、水产品面积及产量
Basic Statistics on Tea, Fruits and Aquatic Products

指 标	Item	2014	2013	2014年比2013年增长 (%) Growth Rate in 2014 over 2013(%)
面 积(公顷)	**Area(Hectare)**			
茶园面积	Area of Tea Fields	10637	8470	25.6
果园面积	Area of Orchards Fields	39179	34411	13.9
产 量(吨)	**Output(ton)**			
茶 叶	Tea	3516	3254	8.1
园林水果	Garden Fruits	152862	135576	12.8
苹 果	Apples	215	225	-4.4
柑 桔	Citrus	10165	9842	3.3
#桔	Tangerine	7758	7690	0.9
梨	Pears	55878	50207	11.3
桃	Peach	21980	22115	-0.6
杨 梅	Red Bayberry	5968	4368	36.6
猕猴桃	Kiwi	11104	9837	12.9
葡 萄	Grape	16599	8820	88.2
柿 子	Persimmons	392	514	-23.7
水产品产量	**Output of Aquatic Products**	**9708**	**9266**	**4.8**

9–6 造林及林产品产量
Areas of Forestation and Output of Forest Products

指 标		Item		2014	2013	2014年比2013年增长(%) Growth Rate in 2014 over 2013(%)
当年造林面积	(公顷)	**Annual Areas of Forestation**	(hectare)	**10000**	**12385**	**-19.3**
#竹林面积	(公顷)	Areas of Bamboo Grove	(hectare)	187	45	315.6
林产品产量		**Output of Forest Products**				
生 漆	(吨)	Lacquer	(ton)	15	12	24.8
油桐籽	(吨)	Tung-oil Seeds	(ton)	24	25	-4.4
油茶籽	(吨)	Tea-oil Seeds	(ton)	102	113	-9.8
乌桕籽	(吨)	Tallow Seed	(ton)	2	2	29.9
五倍籽	(吨)	Nutgall	(ton)	14	12	20.9
棕 片	(吨)	Palm Flake	(ton)	32	55	-41.7
松 脂	(吨)	Pine Resin	(ton)	19	18	4.6
竹笋片	(吨)	Bamboo Shoot	(ton)	11	11	-0.6
核 桃	(吨)	Walnuts	(ton)	461	234	97.3
板 栗	(吨)	Chestnut	(ton)	240	168	42.6
花 椒	(吨)	Zanthoxylum	(ton)	56	40	40.0
银 杏(白果)	(吨)	Ginkgo	(ton)	9	10	-13.6

9–7 畜牧业生产
Number of Livestock and Livestock Products

指 标		Item		2014	2013	2014年比2013年增长(%) Growth Rate in 2014 over 2013(%)
猪牛羊家禽出栏头数		**Number of Slaughtered Hogs,Cattle and Poultry**				
当年肉猪出栏头数	(万 头)	Annual Slaughtered Fattened Hogs	(10 000 heads)	130.15	129.01	0.9
当年肉用牛出栏头数	(万 头)	Annual Slaughtered Beef Cattle	(10 000 heads)	5.73	5.62	2.0
当年羊出栏头数	(万 只)	Annual Slaughtered Sheep and Goats	(10 000 heads)	2.47	2.20	12.3
当年家禽出栏头数	(万 只)	Annual Slaughtered Poultry	(10 000 heads)	1700.14	1828.11	-7.0
当年肉类总产量	(万 吨)	**Annual Output of Meat**	(10 000 tons)	**15.41**	**15.16**	**1.6**
#猪 肉	(万 吨)	Pork	(10 000 tons)	11.61	11.49	1.0
牛 肉	(万 吨)	Beef	(10 000 tons)	0.77	0.75	2.7
羊 肉	(万 吨)	Mutton	(10 000 tons)	0.05	0.04	25. 0
禽 肉	(万 吨)	Poultry	(10 000 tons)	2.85	2.76	3.3
其他畜产品产量		**Other Livestock Products**				
#牛 奶	(吨)	Milk	(ton)	45753	45965	-0.5
蜂 蜜	(吨)	Honey	(ton)	33	20	65.0
禽 蛋	(吨)	Poultry Eggs	(ton)	24309	23419	3.8
大牲畜年末存栏头数	(万 头)	**Large Animal at year-end**	(10 000 heads)	**26.52**	**25.28**	**4.9**
#牛	(万 头)	Cattle and Buffaloes	(10 000 heads)	24.84	23.05	7.8
肉 牛	(万 头)	Beef Cattle	(10 000 heads)	5.83	3.08	89.3
奶 牛	(万 头)	Cows	(10 000 heads)	1.34	1.58	-15.2
役用牛	(万 头)	Draft Cattle	(10 000 heads)	17.67	18.39	-3.9
马	(万 匹)	Horses	(10 000 heads)	1.67	2.24	-25.4
猪年末存栏数	(万 头)	**Hogs at year-end**	(10 000 heads)	**95.66**	**95.56**	**0.1**
羊年末存栏数	(万 只)	**Sheep and Goats at year-end**	(10 000 heads)	**4.24**	**3.76**	**12.8**
家禽年末存栏数	(万 只)	**Poultry at year-end**	(10 000 heads)	**1279.68**	**1305.79**	**-2.0**

9-8 主要农产品、畜产品最高年产量
Annual Peak Output of Major Agricultural and Livestock Products

产品名称	Item	年　份 Year	产　量 Output
种植业(万吨)	**Farm Crops (10 000 tons)**		
粮　食	Grain Crops	2000	63.45
#稻　谷	Rice	2000	30.37
小　麦	Wheat	1997	5.15
玉　米	Corn	2009	21.40
大　豆	Soybean	2009	1.29
薯　类	Tubers	2009	9.86
油菜籽	Rapeseeds	2012	6.57
烤　烟	Flue-cured Tobacco	1997	3.73
蔬　菜	Vegetables	2014	238.36
茶　叶	Tea	2014	0.35
园林水果	Garden Fruits	2014	15.29
畜牧业(万头、万只、万吨)	**Livestock (10 000 heads,10 000 tons)**		
大牲畜年末存栏数	Large Animal (year-end)	2010	30.70
#牛	Cattle and Buffaloes	2010	27.50
猪年末存栏数	Hogs (year-end)	2014	95.66
肉猪出栏头数	Slaughtered Fattened Hogs	2014	130.15
家禽年末存栏数	Poultry (year-end)	2012	1310.96
家禽出栏数	Slaughtered Fattened Poultry	2013	1828.11
肉类总产量	Total Output of Meat	2014	15.41
牛奶产量	Output of Milk	2013	4.60
禽蛋产量	Output of Poultry Eggs	2014	2.43
水产品(吨)	**Aquatic Products (ton)**	**2014**	**9708**

9–9 农林牧渔总产值、增加值
Gross Output Value and Added Value of Agriculture, Forestry, Animal Husbandry and Fishery

指 标	Item	2014		2013		2014年比2013年增长(%) Growth Rate in 2014 over 2013(%)
		绝对数(万元) Value (10 000 yuan)	构成(%) Proportion (%)	绝对数(万元) Value (10 000 yuan)	构成(%) Proportion (%)	
农林牧渔业总产值(万元)	**Total**	**1706832**	**100.0**	**1258807**	**100.0**	**6.8**
农业产值	**Output Value of Farming**	**1200009**	**70.3**	**825910**	**65.6**	**9.1**
谷物及其他作物	Grain and Others	253881	14.9	218884	17.4	6.0
谷 物	Grain	113056	6.6	93612	7.4	7.8
#小 麦	Wheat	3511	0.2	3798	0.3	-20.2
稻 谷	Rice	59922	3.5	53261	4.2	2.5
玉 米	Corn	45132	2.6	34112	2.7	15.6
薯 类	Tubers	49276	2.9	41128	3.3	6.8
油 料	Oil-bearing Crops	34264	2.0	32770	2.6	2.8
#花 生	Peanuts	1164	0.1	1381	0.1	3.0
油菜籽	Rapeseeds	31951	1.9	30715	2.4	1.1
豆 类	Beans	4770	0.3	5683	0.5	-17.9
#大 豆	Soybean	4455	0.3	5173	0.4	-17.8
烟 草	Tobacco	52015	3.0	45348	5.5	-6.0
其他农作物	Other Farm Crops	500	0.0	343	0.0	2.1
#饲料作物	Feed Crops	420	0.0	198	0.0	2.1
蔬菜园艺作物	Vegetables and Horticultual Crops	737349	43.2	502903	60.9	8.0
蔬 菜(含菜用瓜)	Vegetables and Melon	710320	41.6	490650	59.4	8.0
食用菌	Edible Fungus	9144	0.5	3894	0.5	5.6
花 卉	Flowers	6260	0.4	4559	0.6	1.7
盆景园艺	Bonsai and Gardening	11625	0.7	3800	0.4	22.8
水果、饮料和香料作物	Fruit,Beverage and Aromatic Crops	149510	8.8	92014	11.1	12.4
水 果	Fruits	114250	6.7	69693	8.4	12.7
#苹 果	Apples	71	0.0	48	0.0	-4.3
梨	Pears	41548	2.4	27171	3.3	11.3
柑桔类	Citrus	4529	0.3	2906	0.4	3.3
坚 果	Nuts	1398	0.1	2652	0.3	-46.3
茶及饮料作物	Tea and Beverage Crops	33789	2.0	19442	2.4	8.6
#茶	Tea and Beverage Crops	33789	2.0	19442	2.4	8.7
香料作物	Aromatic Crops	73	0.0	227	0.0	-62.8
中药材	Medicinal Materials	59269	3.5	12109	1.5	87.9

注：表中绝对数按当年价格计算，增长速度按可比价格计算。

a) Data in value terms in this table is calculated at current prices, while growth rate is calculated at comparable prices.

9–9 续表 (continued)

指 标	Item	2014 绝对数(万元) Gross Output Value (10 000 yuan)	2014 构成(%) Proportion (%)	2013 绝对数(万元) Gross Output Value (10 000 yuan)	2013 构成(%) Proportion (%)	2014年比2013年增长(%) Growth Rate in 2014 over 2013(%)
林业产值	**Output Value of Forestry**	**10424**	**0.6**	**9608**	**0.8**	**-4.6**
林木的培育和种植	Cultivating and Planting of Forest	5324	0.3	4879	0.4	-3.1
木材和竹材采运	Logging and Transporting of Timber & Bamboo	4560	0.3	4083	0.3	-6.2
林产品的采集	Collecting of Forest Products	540	0.0	646	0.1	-6.5
牧业产值	**Output Value of Animal Husbandry**	**463499**	**27.2**	**397573**	**31.6**	**2.3**
牲畜饲养	Animal Raising	56156	3.3	42523	3.4	3.0
牛的饲养	Cattle Raising	35333	2.1	24724	2.0	2.2
羊的饲养	Sheep Raising	2429	0.1	1448	0.1	12.5
其它动物的饲养	Others	1806	0.1	1020	0.1	28.3
奶产品	Milk Products	16588	1.0	15331	1.2	-0.3
#牛 奶	Milk	16583	1.0	15331	1.2	-0.3
猪的饲养	Hogs Raising	288450	16.9	264988	21.1	1.9
家禽饲养	Poultry Raising	116897	6.8	88192	7.0	3.0
肉 禽	Poultry	71846	4.2	54685	4.3	2.9
禽 蛋	Eggs	45051	2.6	33507	2.7	3.8
其他畜牧业	Others	1996	0.1	1870	0.1	-1.2
渔业产值	**Output Value of Fishery**	**22233**	**1.3**	**16365**	**1.3**	**5.0**
农林牧渔服务业产值	**Output Value of Agriculture, Forestry,Animal Husbandry and Fishery**	**10667**	**0.6**	**9351**	**0.7**	**11.1**
农林牧渔业增加值（当年生产价）	**Added Value of FFAF Services (at current price)**	**1058236**	**100.0**	**815234**	**100.0**	**6.6**
农 业	Agriculture	762479	72.1	568929	69.8	8.9
林 业	Forestry	6033	0.6	5727	0.7	-4.7
牧 业	Animal Husbandry	268830	25.4	224210	27.5	2.1
渔 业	Fishery	13175	1.2	9571	1.2	4.8
农林牧渔服务业	Service Industry of Agriculture, Forestry,Animal Husbandry and Fishery	7719	0.7	6797	0.8	10.8

主要统计指标解释

农林牧渔业总产值 是以货币表现的农林牧渔业的全部产品总量和对农林牧渔业生产活动进行的各种支持性服务活动的价值。它反映一定时期内农林牧渔业生产总规模和总成果。根据农业生产特点，农林牧渔业总产值的核算采用“产品法”进行计算，即用产品产量乘以价格求出各种产品的产值，然后把它们加总求得各业的产值，最后各业相加求出农林牧渔业总产值。

农林牧渔业增加值 指农、林、牧、渔及农林牧渔服务业生产货物或提供服务活动而增加的价值，为农林牧渔业现价总产值扣除农林牧渔业现价中间投入后的余额。农林牧渔业增加值核算采用“生产法”和“分配法”两种方法计算。

（1）生产法：这是目前各地计算增加值普遍使用的一种方法。即由现价农林牧渔业总产值减去农林牧渔业中间消耗(不包括固定资产折旧及大修理基金)的方法取得。

（2）分配法：分配法也称收入法，是根据各种生产要素在生产过程中应取得收入份额来进行计算的一种方法。农林牧渔业增加值=固定资产折旧+劳动者报酬+生产税净额(生产税-生产补贴)+营业盈余

耕地面积 指种植农作物的土地。包括熟地，新开发、复垦、整理地，休闲地（含轮歇地、轮作地）；以种植农作物（含蔬菜）为主，间有零星果树、桑树或其他树木的土地；平均每年能保证收获一季的已垦滩地和海涂。耕地中包括南方宽度＜1.0 米、北方宽度＜2.0 米固定的沟、渠、路和地坎(埂)；临时种植药材、草皮、花卉、苗木等的耕地，以及其他临时改变用途的耕地。

农业机械总动力 指全部农业机械动力的额定功率之和。农业机械是指用于种植业、畜牧业、渔业、农产品初加工、农用运输和农田基本建设等活动的机械及设备。

化肥使用量（折纯量） 指本年度内实际用于农业生产的化学肥料数量，包括氮肥、磷肥、钾肥和复合肥。使用量要求按折纯量计算数量，即各类化学肥料的实际施用数量按其含氮、含五氧化二磷、含氧化钾的比例折成百分之百计算。折纯量＝实物量×某种化肥有效成份含量的百分比。

有效灌溉面积 指具有一定的水源，地块比较平整，灌溉工程或设备已经配套，在一般年景下当年能够进行正常灌溉的耕地面积。在一般的情况下，有效灌溉面积应等于灌溉工程或设备已经配套，能够进行正常灌溉的水田和水浇地面积之和。

农作物播种面积 指农业生产经营者应在日历年度内收获农作物在全部土地（耕地或非耕地）上的播种或移植面积。凡是本年内收获的农作物，无论是本年还是上年播种，都算为播种面积，但不包括本年播种，下年收获的农作物面积。移植的农作物面积按移植后的面积计算，不计算移植前的秧田、畦田等面积。多年生作物，即播种后可连续生长多年的缩根性草本植物，如有些麻类、中药等作物的播种面积，按本年新增面积加往年的连续累计面积计算。如果因灾害等原因，应该收获却未能收获，也要按原播种面积计算，新补或改种，并在本年收获的，要按复种作物计算面积。间种、混种的作物面积按比例折算各个作物的面积，如果完全混合、同步生长、收获的作物，按混合面积平均分配。复种、套种的作物，按次数计算面积，每种一次计算一次。再生稻、再生高粱、再生烟等，因其没有经过播种或移植，不算入播种面积。

粮食产量 指农业生产经营者日历年度内生产的全部粮食数量。按收获季节包括夏收粮食、早稻和秋收粮食，按作物品种包括谷物、薯类和豆类。其中谷物包括小麦、玉米、早稻、中稻和一季晚稻、双季晚稻、大麦、高粱、谷子、荞麦等禾本科和蓼科粮食作物；薯类只包括马铃薯、甘薯，木薯统计在其它农作物，芋头等其它薯统计在其它蔬菜；豆类包括大豆、绿豆、红小豆、杂豆等。谷物产量按脱粒后的原粮计算，薯类按鲜薯重量的 5：1 折算，豆类按去豆荚后的干豆计算。

经济作物 指除粮食作物之外，种植在耕地或非耕地上的农作物。包括油料、棉花、麻类、糖料、烟叶、中草药材、蔬菜、瓜果等。

油料产量 指全部油料作物的生产量。包括花生、油菜籽、芝麻、向日葵籽、胡麻籽(亚麻籽)和其他油料。不包括大豆、木本油料和野生油料。花生以带壳干花生计算。

茶叶产量 是指本年度内生产的全部茶叶产量。包括从成片茶园和零星种植的茶树以及荒芜未垦复的茶树上所采摘的全部产量。不论自食的或出售的，都应统计在内。茶叶的产量按经过初步加工的干毛茶的重量计算。根据制造方法的不同和品质上的差异，将茶叶分为绿茶、青茶、红茶其他茶等。

园林水果 指农业生产经营者日历年度内在专业性果园、林地及零星种植果树（藤）上生产的水果。包括苹果、梨、柑橘类、热带及亚热带水果和其它园林水果如桃、葡萄、红枣等，不包括采集的野生水果。按实收的鲜果计算产量。经脱水、晾干等处理的干果，如干枣、葡萄干、柿饼、桔饼等一律折合成鲜果计算。

水果产量 指农业生产经营者日历年度内生产的乔木类和藤本类水果、多年草本水果及果用瓜。包括园林水果和非园林水果（瓜果类），不包括采集的野生水果。按鲜果产量计算。经脱水、晾干等处理的干果，如干枣、葡萄干、柿饼、桔饼等一律折合成鲜果计算。

茶园、果园面积 是指成片种植的茶园、果园面积，包括原有的、垦复的和本年新植定株的面积，以及调查时虽已荒芜，但只要稍加开垦、修整和培育后就能恢复生产的面积，不论树龄大小，也不论当年有无得到收益，都要包括在内。茶园、果园面积中，不包括培育幼苗的苗圃面积。零星种植的桑树、果树株数和茶树的丛数，不必折算面积。

造林 指在宜林地、无立木林地、疏林地、灌木林地和有林地上通过人工措施形成、恢复或改善森林、林木、灌木林的过程。按造林地类分为荒山荒(沙)地造林和有林地造林。

荒山荒(沙)地造林 指报告期内宜林荒山荒地、宜林沙荒地、无立木林地、疏林地和退耕地等其他宜林地上通过人工措施形成或恢复森林、林木、灌木林的过程。包括三种造林方式:人工造林、飞播造林、无林地和疏林地新封山(沙)育林。

有林地造林 指在灌木林地和有林地上通过人工措施改善森林、林木、灌木林的过程。包括三种造林方式:林冠下造林、飞播营林、有林地和灌木林地新封山(沙)育林。

猪、牛、羊出栏头数 指育肥出售和自食的头数。包括淘汰的和因伤死的耕牛、肉牛、奶牛和羊。猪出栏不包括个别地区习惯吃的“烤小猪”或出口的“乳猪”。

禽、兔出栏数 指统计期内出栏供屠宰的家禽和家兔。不包括出卖的雏禽和幼兔。

猪期末存栏 指本调查期末饲养生猪的总量，包括 15 公斤以下仔猪、待育肥猪(架子猪)和种猪等数量之和。

能繁殖母猪 是指猪龄约在 9 个月(包括 9 个月)以上的、具备繁殖能力的母猪。

肉类总产量 指各种牲畜及家禽、兔等动物肉产量总计。猪、牛、羊、马、驴、骡、骆驼肉产量按去掉头蹄下水后带骨肉的胴体重量计算,兔禽肉产量按屠宰后去毛和内脏后的重量计算。

水产品产量 指渔业(捕捞和养殖)生产活动的最终有效成果，包括全部海水和淡水鱼类、甲壳类(虾、蟹)、贝类、头足类、藻类和其它类渔业产品的最终产量。不包括渔业生产过程中的中间成果，如鱼苗、鱼种、亲鱼、转塘鱼、存塘鱼和自用作饵料的产品等。水产品在上岸前已经腐烂变质，不能供人食用或加工成其他制品的，不统计在水产品产量中。

Explanatory Notes on Main Statistical Indicators

Gross Output Value of Agriculture, Forestry, Animal Husbandry and Fishery refers to the total value of products of agriculture, forestry, animal husbandry and fishery, and total value of services in support of agriculture, forestry, animal husbandry and fishery activities. It reflects the total scale and outputs of agricultural production during a given period. Gross output value of agriculture is obtained by multiplying the output of each product or by-product by its price, resulting in the output value of each single item,thus addition leads to gross output value of agriculture.

Added Value of Agriculture, Forestry, Animal Husbandry and Fishery refers to the total value of products of agriculture, forestry, animal husbandry and fishery and also the added value from tertiary production of goods and tertiary activities. It is obtained from the current gross output value of agriculture, forestry, animal husbandry and fishery divided by its balance after the current rate for intermediate inputs. Two ways of calculating the added value are method of production and method of distribution.

(1) Method of production: now one of the common and widespread ways to calculate the added value. It is obtained from the current gross output value of agriculture, forestry, animal husbandry and fishery minus intermediate consumption of those industries (excluding depreciation of fixed assets and fund for major overhaul).

(2) Method of distribution: also called method of income. It is a way to calculate due income share based on various production factors in the process of production. Added Value of Agriculture, Forestry, Animal Husbandry and Fishery=depreciation of fixed assets + laborers' remuneration + net taxes on production (taxes on production-production subsidy) + operating surplus.

Cultivated Area (Area under Cultivation) refers to farmland for growing crops, including cultivated land, newly cultivated land, reclamation land, fallow land (including rotation plot and transferring cultivation of paddy and upland land); it includes mainly land for crop planting (including vegetables) with some land for fruit trees, mulberry trees and other trees, and cultivated seashore land and shoal for a season's harvest. The plantation of mulberry fields, tea plantations, and orchards, nurseries of young plants, forest land, reeds and natural or artificial pasture are not included in this category. The cultivated land includes fixed ditch, trench, path and sill less than 1.0 meter in South and North in terms of its width; and temporary land for planting medicinal materials, turf, flowers, and nursery stock, as well as land used for other temporary usage.

Total Power of Agriculture Machinery refers to total rated mechanical power used in agriculture, forestry, animal husbandry and fishery. Here agricultural machinery refers to those machinery and equipment used in crop framing, animal husbandry, fishery, primary process of agricultural products, farm transport vehicle and farmland capital construction equipment.

Consumption of Chemical Fertilized in Agriculture refers to the quantity of chemical fertilizers actually applied in the agriculture in the current year, including nitrogenous fertilizer, phosphate fertilizer, potash fertilizer, and compound fertilizer. The consumption of chemical fertilizers is calculated at volume of effective components, which means various chemical fertilizer, such as nitrogen, phosphorus pentoxide, potassium oxide, are accounted by being converted into percentage. Volume of effective components = physical quantity of goods* percentage of effective ingredient of some fertilizers.

Effective Irrigated Area refers to arable land that are effectively irrigated, i.e. relatively level land, where there are water sources or complete sets of irrigation facilities to lift and transport adequate water for irrigation purpose under normal conditions. Generally, effective irrigated area means paddy field and irrigated land with normal irrigation where irrigation project and equipment has been complete.

Sown Area of Crops refers to area of land sown or transplanted with crops regardless of cultivated area or non-cultivated area for agricultural production operator within the calendar year. The crops harvested this year, regardless of this-year or last-year sow, are all considered as area of crops, but it excludes the area of crops sown this year for next-year harvest. Area of transplanted crops is counted through the area of transplantation, which excludes rice field and ridge-bordered plots before transplantation. The area of perennial crops, which can grow continuously many years after planting the root herbs, such as some hemp and Chinese traditional medicine is counted based on new area accumulated that of the previous year. In case of disasters, due crops failed to harvest; thus the area of crops should be counted by the previous area of crops; Addition and revert to plant other crops being harvested within this year is counted by multiple crops' area. The area of crossbred and interplant convert to respective area based on proportion while crops of complete crossbred and synchronous growth to harvest are counted through the equal division of mixed area. The area of multiple cropping and interplant are counted based on times—one calculation per time. Ratoon rice, regeneration sorghum and aftergrowth tobacco cannot be counted into the area of crops because of without sow or transplant.

Grain Output refers to the total output of grains produced by all agricultural producers within the calendar year. According to harvest season, grains include summer-harvest grain, early season rice, and autumn-harvest grain; according to crop variety, grains include cereals, beans and tubers—cereals include gramineous crops, such as wheat, corn, early rice, middle-season rice, single-cropping late rice, double-cropping late rice, barley, sorghum, millet and polygonaceae crops; beans only include potatoes and sweet potatoes while cassava are counted into other crops, and other tubers such as taro is counted into other vegetables; beans include soybeans, green beans, red beans and mixed beans etc.. Grain yield is calculated after raw grain thresh, potato's weight have reduced one fifth compared to the fresh potato; beans is calculated based on dried beans without pod.

Economic crops refer to those crops planted in arable lands or bare places except grains, which include oil, cotton, hemp, sugar, tobacco, Chinese medicine, vegetable, and fruits etc..

Yield of Oil Bearing Crops refers to the total yield of oil bearing crops of various kinds, including peanuts, rapeseeds, sesame, sunflower seeds, flax seeds, and other oil bearing crops. Soybeans, oil bearing woody plants, and wild oil bearing crops are not included. Dried peanuts are counted with shells.

Yield of Tea refers to gross yield of tea in this calendar year, including those picked from tea gardens, scattered tea trees and desolate uncultivated trees. Tea for self-sufficient need or sales are all included. The yield of tea is calculated based on dry semi-finished tea through initial processing. According to different manufacturing methods and quality of products, teas are divided into green tea, blue tea, black tea and so on.

Garden fruits refer to the fruit produced by agricultural production operator in the calendar year planted in the specialized orchard, forest and scattered fruit trees, including apples, pears, citrus, tropical and subtropical fruits and other garden fruits such as peach, grape and red dates etc.. Wild fruits collected are excluded. The yield of fruits is counted by actual collected fresh fruits. Nuts through the process of dehydration and airing, such as dry dates, raisin, dried persimmon and flattened orange, are counted as fresh fruits.

Yield of Fruits refer to timber and vine fruits, several-year herb fruits and melons produced by agricultural production operator in the calendar year, including garden fruits and non-garden fruits(melons); Wild fruits collected are excluded. The yield of fruits is counted by fresh fruits. Nuts through the process of dehydration and airing, such as dry dates, raisin, dried persimmon and flattened orange, are counted as fresh fruits.

Tea Plantations, Orchards Areas refer to tableted tea plantations and richards, including those original, reclaimed and newly planted areas. Although they were desolated when under research, those areas can put back on production with proper reclamation, adjustment and nurture. Despite of tree ages and current-year profits, those areas are included. The area of tea plantation and orchard excludes area of nursery bed cultivating seedling.

Afforestation refers to a process of forming, returning or improving forests, trees and shrubs through artificial measures in suitable land for forest, bare land, open forest land, shrubland and forest land. According to category of afforestation, land of afforestation is divided into afforestation on barren and sand land as well as forest land.

Afforestation on Barren and Sand land refers to a process of forming and returning forests, trees and shrubs through artificial measures in waste hills and unreclaimed lands suitable for afforestation, sand lands suitable for afforestation, bare lands, open forest land and rehabilitated land during the reporting period.

Afforestation on Forest Land refers to a process of improving forests, trees and shrubs through artificial measures in shrubs lands and forest lands, which includes three ways of afforestation—afforesting the canopy base，afforestation by aerial seeding，the project of closing hillsides to facilitate afforestation in forest lands and shrub lands.

Output of Pork, Beef, Mutton refers to amount of fattening animals for sales and self-sufficient, including obsolete farm cattle, meat castle, milk sheep and sheep dead from injury. The amount of pork excludes grilled young pig eaten habitually in some special districts or suckling pig for export.

Output of Poultry and Rabbits refer to the poultry and rabbits raised for slaughter in the statistical period, which excludes young birds and immature rabbit.

Amount of Pig in Stock at Year-end refers to total amount of swine raised at end of the reference period, including the total amount of piglet under 15 kg, fattening pig (feeder pig) and boar.

Fertile Boar refers to boar above 9 months (including 9 months) with fertility.

Total Output of Aquatic Products refers to total meat yield of animals including various livestock, poultry and rabbits. The yield of meat includes carcass with bones and meat without animal offals and head and feet of animals such as pig, cattle, sheep, horse, donkey, mule, camel. The yield of rabbit excludes fur and offals after slaughtering.

Output of Aquatic Products refers to the final output actually yielded from fishing production (fishery and breeding), including all output of marine and freshwater fish, crustacea（shrimps, crabs），mollusc，cephalopod, seaweed and other fishery products; but it excludes the intermediate output in the process of fishery, such as fry, fingerling, parent fish, pond-turning fish, pond-despositing fish and products for personal use as bait. Aquatic products putrid before landing cannot be eaten or processed to make other aquatic products,which are not counted in the yield of aquatic products.

10

Ten

国内外贸易及旅游

Domestic Trade, Foreign Trade and Tourism

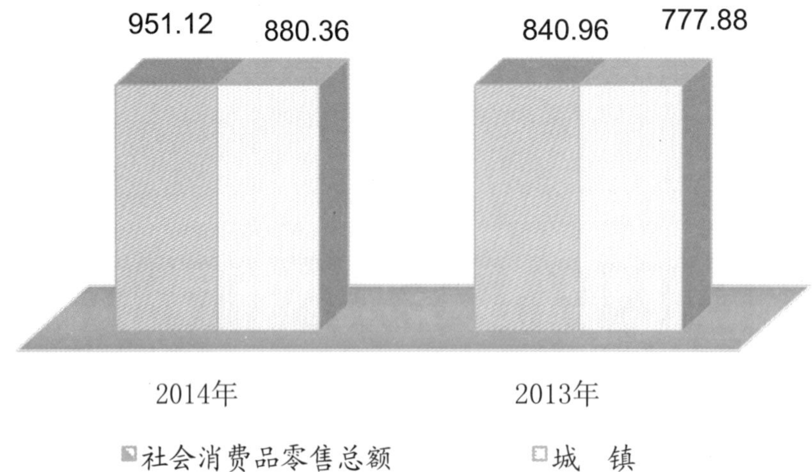
社会消费品零售总额（亿元）
951.12
880.36
840.96
777.88
2014年
2013年
社会消费品零售总额
城　镇

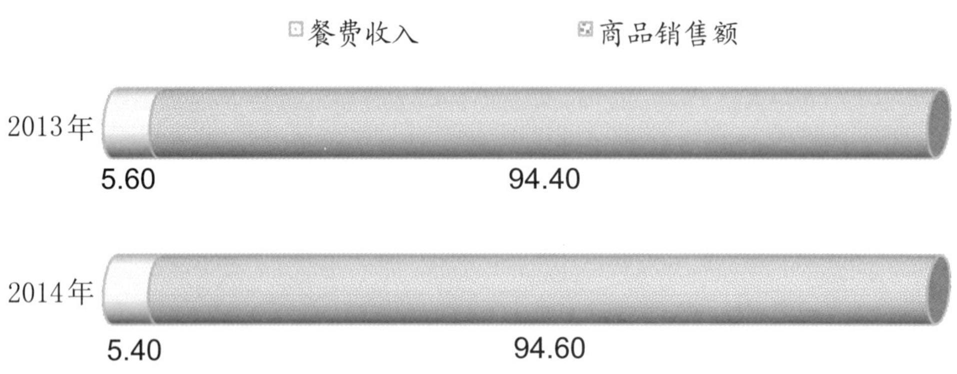
社会消费品零售总额构成（%）
餐费收入
商品销售额
2013年
5.60
94.40
2014年
5.40
94.60

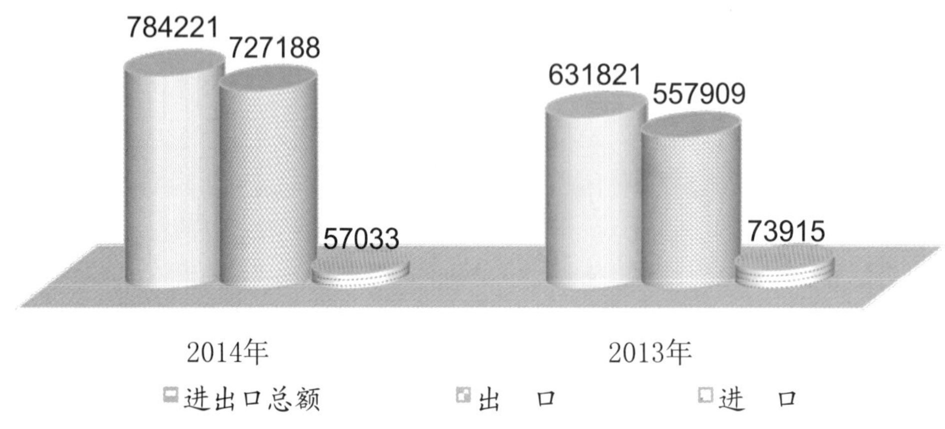
进出口总额（万美元）
784221
727188
57033
631821
557909
73915
2014年
2013年
进出口总额
出　口
进　口

10-1 社会消费品零售总额
Total Retail Sales of Consumer Goods

单位：万元 (10 000 yuan)

指标	Item	2014	2013	2014年比2013年增长(%) Growth Rate in 2014 over 2013(%)
总计	**Total**	**9511218**	**8409565**	**13.1**
按销售单位所在地分	**Grouped by Area**			
城镇	Towns and Cities	8803583	7778848	13.2
#城区	Urban Areas	8553561	7584376	12.8
乡村	Rural Areas	707635	630717	12.2
按消费形态分	**Grouped by Consumption Patterns**			
餐费收入	Income from Meals	513606	470936	9.1
商品销售额	Sales of Commodities	8997612	7938629	13.3

注：2013年和2014年各项指标数据均为经济普查调整数据。
a) All data of 2013 and 2014 are the adjustment data of economic census.

10-2 住宿和餐饮业经营情况
Statistics on Hotels and Catering Services

单位：万元 (10 000 yuan)

年份 Year	营业额 Gross Revenue	限额以上企业(单位) Enterprises(units) above Designated Size	限额以下企业及个体户 Enterprises below Designated Size and Individual Operators	商品零售额 Retail Sales	限额以上企业(单位) Enterprises(units) above Designated Size	限额以下企业及个体户 Enterprises below Designated Size and Individual Operators
2005	467444	92183	375261	430741	55480	375261
2006	548268	108969	439299	506044	66745	439299
2007	662726	117515	545211	615490	70279	545211
2008	809591	159895	649696	748188	98492	649696
2009	709329	161358	547971	539798	101750	438048
2010	797286	181508	615778	599559	117181	482378
2011	891366	250012	641354	620390	158480	461910
2012	977828	306834	670994	620920	191518	429402
2013	1048623	321717	726906	586390	191357	395033
2014	1197020	310092	886928	636815	178759	458056

注：2008年以前为全市住宿和餐饮业营业总收入，从2009年开始按省统计局评估反馈的全社会住宿和餐饮业营业额指标，2013年和2014年各项指标数据均为经济普查调整数据。
a) The data before 2008 are the whole revenue of accommodations and catering services in Guiyang city. Since 2009, data of the whole society accommodations and catering services revenue have begun to base on the data assessed and by Provincial Bureau of Statistics; all data of 2013 and 2014 are the adjustment data of economic census.

10-3 批发零售贸易业销售总额
Total Sales of Wholesale and Retail Trades

单位：万元 (10 000 yuan)

年份 Year	销售总额 Total Sales	限额以上企业(单位) Enterprises (units)above Designated Size	限额以下企业及个体户 Enterprises below Designated Size and Individual Operators	批发业销售额 Total Sales of Wholesale Trade	限额以上企业(单位) Enterprises (units)above Designated Size	限额以下企业及个体户 Enterprises below Designated Size and Individual Operators	零售业销售额 Total Sales of Retail Trade	限额以上企业(单位) Enterprises (units)above Designated Size	限额以下企业及个体户 Enterprises below Designated Size and Individual Operators
2005	5341497	2327352	3014145	3646479	1682077	1964402	1695018	645275	1049743
2006	5989490	2589774	3399716	4077734	1852992	2224742	1911756	736782	1174974
2007	6794894	3037635	3757259	4408124	1966993	2441131	2386770	1070642	1316128
2008	9749038	5492498	4256540	6719713	4005436	2714277	3029325	1487062	1542263
2009	9926342	5536944	4389398	6474189	3714644	2759545	3452153	1822300	1629853
2010	10289425	7311541	2977884	6214681	4974233	1240448	4074744	2337308	1737436
2011	12679806	8959683	3720123	7505724	5532897	1972827	5174082	3426786	1747296
2012	15204267	12170225	3034042	9111949	8026142	1085807	6092318	4144083	1948235
2013	19417549	15700677	3716872	11988816	10369081	1619735	7428733	5331596	2097137
2014	21429329	18453268	2976061	12864000	12112432	751569	8565329	6340836	2224493

注：2013年和2014年各项指标数据均为经济普查调整数据。
a) All data of 2013 and 2014 are the adjustment data of economic census.

10-4 限额以上批发和零售业企业基本情况(2014年)

指　　标	Item
总　　计	**Total**
批发业	**Wholesale Trade**
按批发行业小类分	**By Sectors**
农、林、牧产品批发	Wholesale of Agricultural,Forestry and Livestock Products
饲料批发	Wholesale of Forage
牲畜批发	Wholesale of Livestocks
食品、饮料及烟草制品批发	Wholesale of Food,Beverages and Tobacco Products
米、面制品及食用油批发	Wholesale of Rice,Flour and Edible Oil
果品、蔬菜批发	Wholesale of Fruits and Vegetables
肉、禽、蛋、奶及水产品批发	Wholesale of Meats,Poultry,Eggs,Milk and Aquatic Products
盐及调味品批发	Wholesale of Salt and Flavouring
酒、饮料及茶叶批发	Wholesale of Liquor,Beverages and Tea
烟草制品批发	Wholesale of Tobacco Products
纺织、服装及家庭用品批发	Wholesale of Texiles,Garments and Household Articles
服装批发	Wholesale of Garments
鞋帽批发	Wholesale of Shoes and Hats
化妆品及卫生用品批发	Wholesale of Cosmetics and Hygienic Products
厨房、卫生间用具及日用杂货批发	Wholesale of Kitchen Utensils,Bathroom Appliances and Daily Groceries
家用电器批发	Wholesale of Household Electrical Appliances
其他家庭用品批发	Wholesale of Other Household Articles
文化、体育用品及器材批发	Wholesale of Culture Articles and Sports Appliances and Equipments
文具用品批发	Wholesale of Stationery
图书批发	Wholesale of Books
其他文化用品批发	Wholesale of Other Culture Articles
医药及医疗器材批发	Wholesale of Medicines and Medical Equipments
西药批发	Wholesale of Western Medicines
中药批发	Wholesale of Traditional Chinese Medicines
矿产品、建材及化工产品批发	Wholesale of Mineral Products,Building Materials and Chemical Products
煤炭及制品批发	Wholesale of Coal and Coal Products
石油及制品批发	Wholesale of Petroleum and Related Products
非金属矿及制品批发	Wholesale of Non-metallic Minerals and Related Products
金属及金属矿批发	Wholesale of Metals and Metalliferous Minerals
建材批发	Wholesale of Building Materials
化肥批发	Wholesale of Chemical Fertilizers
其他化工产品批发	Wholesale of Other Chemical Products
机械设备、五金产品及电子产品批发	Wholesale of Machinery,Hardware and Electronic Products
汽车批发	Wholesale of Automobiles
汽车零配件批发	Wholesale of Automotive Spare and Accessory Parts
摩托车及零配件批发	Wholesale of Motorcycles and Related Spare and Accessory Parts
五金产品批发	Wholesale of Hardware Products
计算机、软件及辅助设备批发	Wholesale of Computers,Softwares and Assistant Appliances
通讯及广播电视设备批发	Wholesale of Communication, Radio and Television Equipments
其他机械设备及电子产品批发	Wholesale of Other Machinery and Electronic Products
其他批发业	Other Wholesales
再生物资回收与批发	Recycling and Wholesale of Renewable Materials
其他未列明批发业	Other Wholesales not Listed Here
按登记注册类型分	**By Status of Registration**
内资企业	Domestic Funded Enterprises
国有企业	State-owned Enterprises
集体企业	Collective-owned Enterprises
股份合作企业	Cooperative Enterprises
有限责任公司	Limited Liability Corporations

Basic Conditions of Enterprises above Designated Size in Wholesale and Retail Trades(2014)

法人企业数(个) Number of Corporations (unit)	年末从业人员(人) Employees at Year-end (person)	年末零售营业面积(平方米) Area of Retail Business at Year-end (sq.m.)
618	**48554**	**1878950**
261	**15220**	**444692**
3	44	72870
2	23	270
1	21	72600
29	3205	16580
3	318	3000
1	20	500
3	213	
4	397	500
15	535	12580
2	1549	
21	1711	4915
7	324	2740
3	246	1150
1	93	
2	187	
8	861	1025
8	405	3055
4	103	375
2	245	2620
2	57	60
29	2454	37895
19	1648	35095
9	790	2800
98	3861	226870
23	730	2050
10	1508	191369
4	110	1430
26	686	12691
14	235	1125
7	102	7154
14	490	11051
68	3280	63843
13	380	38202
8	324	8800
6	157	4829
4	150	642
7	217	867
3	237	800
27	1815	9703
5	260	18664
1	62	
4	198	18664
258	14962	444692
15	2267	5570
1	10	
103	6515	375409

10-4 续表1

指　标	Item
国有独资公司	State Sole Funded Corporations
其他有限责任公司	Other Limited Liability Corporations
股份有限公司	Share-holding Corporations Ltd.
私营企业	Private Enterprises
私营独资企业	Sole Proprietorship
私营有限责任公司	Private Limited Liability Corporations
私营股份有限公司	Private Share-holding Corporations Ltd.
外商投资企业	Enterprises with Foreign Investment
中外合资经营企业	Sino-foreign Equity Joint Ventures
按控股情况分	**By Holdings**
国有控股	State-owned Holding
集体控股	Collective Holding
私人控股	Private Holding
其　他	Others
按经营形式分	**By Management Forms**
独立门店	Independent Stores
连锁总店	Chain Store Headquarters
连锁门店	Chain Stores
其　他	Others
零售业	**Retail Trade**
按零售行业小类分	**By Sector**
综合零售	Integrated Retail
百货零售	Retail of General Merchandise
超级市场零售	Retail of Supermarkets
其他综合零售	Other Integrated Retails
食品、饮料及烟草制品专门零售	Specialist Retail of Food,Beverages and Tobacco Products
粮油零售	Retail of Grain and Oils
肉、禽、蛋、奶及水产品零售	Retail of Meats,Poultry,Eggs,Milk and Aquatic Products
酒、饮料及茶叶零售	Retail of of Liquor,Beverages and Tea
其他食品零售	Retail of Other Food
纺织、服装及日用品专门零售	Specialist Retail of Texiles,Garments and Daily Necessities
纺织品及针织品零售	Retail of Texiles and Knitgoods
服装零售	Retail of Garments
化妆品及卫生用品零售	Retail of Cosmetics and Hygienic Products
钟表、眼镜零售	Retail of Clocks, Watches and Glasses
厨房用具及日用杂品零售	Retail of Kitchen Utensils and Daily Groceries
其他日用品零售	Retail of Other Daily Necessities
文化、体育用品及器材专门零售	Specialist Retail of Culture and Sports Appliances and Equipments
文具用品零售	Retail of Stationery
体育用品及器材零售	Retail of Sports Appliances and Equipments
图书、报刊零售	Retail of Books,Newspapers and Periodicals
工艺美术品及收藏品零售	Retail of Arts and Crafts and Related Collectibles
照相器材零售	Retail of Photographic Apparatus
其他文化用品零售	Retail of Other Culture Articles
医药及医疗器材专门零售	Specialist Retail of Medicines and Medical Devices
药品零售	Retail of Medicines
医疗用品及器材零售	Retail of Medical Supplies and Equipments
汽车、摩托车、燃料及零配件专门零售	Specialist Retail of Automobiles,Motorcycles,Fuels and Spare and Accessory Parts
汽车零售	Retail of Automobiles
汽车零配件零售	Retail of Automotive Spare and Accessory Parts
摩托车及零配件零售	Retail of Motorcycles and Related Spare and Accessory Parts
机动车燃料零售	Retail of Automotive Fuels

(continued)

法人企业数(个) Number of Corporation (unit)	年末从业人员(人) Employees at Year-end (person)	年末零售营业面积(平方米) Area of Retail Business at Year-end (sq.m.)
15	1958	74418
88	4557	300991
8	619	26530
131	5551	37183
1	5	218
125	5431	33493
5	115	3472
3	258	
3	258	
58	6035	228403
4	73	3429
185	7970	164950
13	1071	46810
107	4860	201957
1	30	732
1	48	625
152	10282	241378
357	**33334**	**1434258**
46	10963	635130
25	3806	354828
15	4659	250088
6	2498	30214
33	891	23488
3	146	2268
1	35	500
24	540	15370
3	52	3800
24	1747	46965
1	12	243
17	1591	43035
1	18	140
2	52	198
1	39	160
1	8	3000
16	770	19739
1	15	40
2	57	685
6	554	16915
1	9	80
3	51	104
1	52	800
40	4219	56936
25	3878	55424
15	341	1512
150	11377	470701
135	10495	400779
4	58	3870
2	33	7400
9	791	58652

10-4 续表2

指　　标	Item
家用电器及电子产品专门零售	Specialist Retail of Household Electrical Appliances and Electronic Products
家用视听设备零售	Retail of Household Audio-Visual Equipments
日用家电设备零售	Retail of Household Electric Appliances
计算机、软件及辅助设备零售	Retail of Computers,Softwares and Assistant Appliances
通信设备零售	Retail of Communication Facilities
其他电子产品零售	Retail of Other Electronic Products
五金、家具及室内装饰材料专门零售	Specialist Retail of Hardware Products,Furniture and Interior Decoration Materials
五金零售	Retail of Hardware Products
家具零售	Retail of Furniture
涂料零售	Retail of Coating
木质装饰材料零售	Retail of Wood-based Materials
陶瓷、石材装饰材料零售	Retail of Ceramic and Stone Decorative Materials
货摊、无店铺及其他零售业	Stalls, Non-shop and Other Retails
邮购及电视、电话零售	Retail Goods Sold via Mail Order,Television and Telephone
生活用燃料零售	Retail of Residential Fuels
其他未列明零售业	Other Retails not Listed Here
按登记注册类型分	**By Status of Registration**
内资企业	Domestic Funded Enterprises
国有企业	State-owned Enterprises
集体企业	Collective-owned Enterprises
股份合作企业	Cooperative Enterprises
联营企业	Joint Ownership Enterprises
集体联营企业	Collective Joint Ownership Enterprises
有限责任公司	Limited Liability Corporations
国有独资公司	State Sole Funded Corporations
其他有限责任公司	Other Limited Liability Corporations
股份有限公司	Share-holding Corporations Ltd.
私营企业	Private Enterprises
私营独资企业	Sole Proprietorships
私营有限责任公司	Private Limited Liability Corporations
私营股份有限公司	Private Share-holding Corporations Ltd.
其他企业	Other Enterprises
港、澳、台商投资企业	Enterprises with Funds from Hong Kong,Macao and Taiwan
与港澳台商合资经营企业	Joint-venture Enterprises with Funds from Hong Kong,Macao and Taiwan
港澳台商独资企业	Sole Proprietorships with Funds from Hong Kong,Macao and Taiwan
外商投资企业	Enterprises with Foreign Investment
中外合资经营企业	Chinese-foreign Equity Joint Ventures
外资企业	Enterprises with Foreign Funds
按控股情况分	**By Holding**
国有控股	State-owned Holding
集体控股	Collective-owned Holding
私人控股	Private Holding
港澳台商控股	Hong Kong,Macao and Taiwan Holdings
外商控股	Foreign Holding
其　他	Others
按经营形式分	**By Management Forms**
独立门店	Independent Stores
连锁总店	Chain Store Headquarters
连锁门店	Chain Stores
其　他	Others

(continued)

法人企业数(个) Number of Corporation (unit)	年末从业人员(人) Employees at Year-end (person)	年末零售营业面积(平方米) Area of Retail Business at Year-end (sq.m.)
39	2370	149011
2	41	1050
15	1351	139119
14	293	2545
7	465	5597
1	220	700
5	73	19840
2	18	8900
1	6	800
1	24	340
1	25	9800
4	924	12448
1	570	
2	304	2648
1	50	9800
346	30154	1248758
4	45	2744
2	23	1761
1	192	879
1	16	1500
1	16	1500
181	19243	838854
4	297	12187
177	18946	826667
5	854	62510
151	9780	338560
9	205	4382
140	9517	332778
1	52	800
1	1	1950
6	1102	73731
5	838	67823
1	264	5908
5	2078	111769
2	1145	47421
3	933	64348
26	3058	157795
3	39	3261
277	20446	863514
5	990	58818
4	1154	86358
42	7647	264512
276	21383	1054951
18	7396	287426
5	1013	43486
58	3542	48395

10-5 限额以上批发和零售业企业商品销售情况(2014年)

单位：万元

指　　标	Item
总　计	**Total**
批发业	**Wholesale Trade**
按批发行业小类分	**By Sector**
农、林、牧产品批发	Wholesale of Agriculture, Forestry and Livestock Products
饲料批发	Wholesale of Forage
牲畜批发	Wholesale of Livestocks
食品、饮料及烟草制品批发	Wholesale of Food,Beverages and Tobacco Products
米、面制品及食用油批发	Wholesale of Rice,Flour and Edible Oil
果品、蔬菜批发	Wholesale of Fruits and Vegetables
肉、禽、蛋、奶及水产品批发	Wholesale of Meats, Poultry,Eggs,Milk and Aquatic Products
盐及调味品批发	Wholesale of Salt and Flavouring
酒、饮料及茶叶批发	Wholesale of Liquor,Beverages and Tea
烟草制品批发	Wholesale of Tobacco Products
纺织、服装及家庭用品批发	Wholesale of Texiles,Garments and Household Articles
服装批发	Wholesale of Garments
鞋帽批发	Wholesale of Shoes and Hats
化妆品及卫生用品批发	Wholesale of Cosmetics and Hygienic Products
厨房、卫生间用具及日用杂货批发	Wholesale of Kitchen Utensils,Bathroom Appliances and Daily Groceries
家用电器批发	Wholesale of Household Electrical Appliances
其他家庭用品批发	Wholesale of Other Household Articles
文化、体育用品及器材批发	Wholesale of Culture Articles and Sports Appliances and Equipments
文具用品批发	Wholesale of Stationery
图书批发	Wholesale of Books
其他文化用品批发	Wholesale of Other Culture Articles
医药及医疗器材批发	Wholesale of Medicines and Medical Equipments
西药批发	Wholesale of Western Medicines
中药批发	Wholesale of Traditional Chinese Medicines
矿产品、建材及化工产品批发	Wholesale of Mineral Products,Building Materials and Chemical Products
煤炭及制品批发	Wholesale of Coal and Coal Products
石油及制品批发	Wholesale of Petroleum and Related Products
非金属矿及制品批发	Wholesale of Non-metallic Minerals and Related Products
金属及金属矿批发	Wholesale of Metals and Metalliferous Minerals
建材批发	Wholesale of Building Materials
化肥批发	Wholesale of Chemical Fertilizers
其他化工产品批发	Wholesale of Other Chemical Products
机械设备、五金产品及电子产品批发	Wholesale of Machinery,Hardware and Electronic Products
汽车批发	Wholesale of Automobiles
汽车零配件批发	Wholesale of Automotive Spare and Accessory Parts
摩托车及零配件批发	Wholesale of Motorcycles and Related Spare and Accessory Parts
五金产品批发	Wholesale of Hardware Products
计算机、软件及辅助设备批发	Wholesale of Computers,Softwares and Assistant Appliances
通讯及广播电视设备批发	Wholesale of Communication, Radio and Television Equipments
其他机械设备及电子产品批发	Wholesale of Other Machinery and Electronic Products
其他批发业	Other Wholesales
再生物资回收与批发	Recycling and Wholesale of Renewable Materials
其他未列明批发业	Other Wholesales not Listed Here

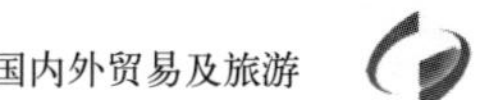

The Sales of Enterprises above Designated Size in Wholesale and Retail Trades(2014)

(10 000 yuan)

销售合计 Total Sales	批发额 Wholesale Trade	零售额 Retail Trade
18453268	**11871935**	**6581333**
12112432	**11329208**	**783223**
14292	14292	
11323	11323	
2969	2969	
1343372	1294813	48559
44219	42656	1563
70988	39452	31536
20284	20284	
109122	109000	122
112717	97379	15338
960233	960233	
333855	329557	4298
50228	49278	950
23385	22836	548
4761	4761	
7636	7416	220
247845	245265	2580
186817	185313	1504
28268	27900	368
148593	148593	
9955	8819	1136
850274	774647	75627
660821	605805	55016
184950	164340	20611
8282287	7675752	606535
547207	547207	
1588439	984131	604308
120335	120335	
1464258	1462062	2197
546038	546038	
2581646	2581616	30
1434364	1434364	
1044085	997385	46700
108613	99974	8640
345388	344245	1144
104225	103698	527
57876	57537	338
40533	34288	6245
82452	78163	4289
304998	279480	25518
57451	57451	
22425	22425	
35026	35026	

10-5 续表1

单位：万元

指　　标	Item
按登记注册类型分	**By Status of Registration**
内资企业	Domestic-funded Enterprises
国有企业	State-owned Enterprises
集体企业	Collective-oened Enterprises
股份合作企业	Cooperative Enterprises
有限责任公司	Limited Liability Corporations
国有独资公司	State Sole Funded Corporations
其他有限责任公司	Other Limited Liability Corporations
股份有限公司	Share-holding Corporation Ltd.
私营企业	Private Enterprises
私营独资企业	Private Sole Proprietorships
私营有限责任公司	Private Limited Liability Corporations
私营股份有限公司	Private Share-holding Corporation Ltd.
外商投资企业	Enterprises with Foreign Investment
中外合资经营企业	Sino-foreign Equity Joint Ventures
按控股情况分	**By Holding**
国有控股	State-owned Holding
集体控股	Collective-owned Holding
私人控股	Private Holding
其　他	Others
按经营形式分	**By Management Forms**
独立门店	Independent Stores
连锁总店	Chain Store Headquarters
连锁门店	Chain Stores
其　他	Others
零售业	**Retail Trade**
按零售行业小类分	**By Sector**
综合零售	Integrated Retail
百货零售	Retail of General Merchandise
超级市场零售	Retail of Supermarkets
其他综合零售	Other Integrated Retails
食品、饮料及烟草制品专门零售	Specialist Retail of Food,Beverages and Tobacco Products
粮油零售	Retail of Grain and Oils
肉、禽、蛋、奶及水产品零售	Retail of Meats, Poultry,Eggs,Milk and Aquatic Products
酒、饮料及茶叶零售	Retail of of Liquor,Beverages and Tea
其他食品零售	Retail of Other Food
纺织、服装及日用品专门零售	Specialist Retail of Texiles,Garments and Daily Necessities
纺织品及针织品零售	Retail of Texiles and Knitgoods
服装零售	Retail of Garments
化妆品及卫生用品零售	Retail of Cosmetics and Hygienic Products
钟表、眼镜零售	Retail of Clocks, Watches and Glasses
厨房用具及日用杂品零售	Retail of Kitchen Utensils and Daily Groceries
其他日用品零售	Retail of Other Daily Necessities
文化、体育用品及器材专门零售	Specialist Retail of Culture and Sports Appliances and Equipments
文具用品零售	Retail of Stationery
体育用品及器材零售	Retail of Sports Appliances and Equipments
图书、报刊零售	Retail of Books,Newspapers and Periodicals
工艺美术品及收藏品零售	Retail of Arts and Crafts and Related Collectibles
照相器材零售	Retail of Photographic Apparatus
其他文化用品零售	Retail of Other Culture Articles
医药及医疗器材专门零售	Specialist Retail of Medicines and Medical Devices
药品零售	Retail of Medicines
医疗用品及器材零售	Retail of Medical Supplies and Equipments

(continued)

(10 000 yuan)

销售合计 Total Sales	批发额 Wholesale Trade	零售额 Retail Trade
11999580	11217338	782242
1762045	1748334	13711
2303	2303	
7343568	6632349	711218
3974815	3385081	589734
3368753	3247269	121484
1384725	1376925	7800
1506940	1457427	49513
2751	2751	
1463067	1413616	49452
41122	41060	62
112851	111870	982
112851	111870	982
8851604	8200364	651240
167019	167019	
2549066	2442678	106389
516852	491257	25595
4111848	4009822	102026
1943	1943	
6443	4381	2062
7992197	7313062	679135
6340836	**542727**	**5798110**
1025649	685	1024964
642052		642052
314640		314640
68957	685	68273
222506	85323	137183
5175		5175
106574	47959	58616
67906	19645	48261
2225	331	1894
118244	12773	105471
807		807
101688	11823	89865
3519		3519
3961	830	3132
5853		5853
1409	121	1288
64534	10055	54479
1586	624	962
2634	258	2375
49383	3518	45864
846	137	709
4233	1088	3145
4439	4430	9
652723	233718	419005
538466	203322	335144
114256	30396	83861

10-5 续表2

单位：万元

指　　标	Item
汽车、摩托车、燃料及零配件专门零售	Specialist Retail of Automobiles,Motorcycles,Fuels and Spare and Accessory Parts
汽车零售	Retail of Automobiles
汽车零配件零售	Retail of Automotive Spare and Accessory Parts
摩托车及零配件零售	Retail of Motorcycles and Related Spare and Accessory Parts
机动车燃料零售	Retail of Automotive Fuels
家用电器及电子产品专门零售	Specialist Retail of Household Electrical Appliances and Electronic Products
家用视听设备零售	Retail of Household Audio-Visual Equipments
日用家电设备零售	Retail of Household Electric Appliances
计算机、软件及辅助设备零售	Retail of Computers,Softwares and Assistant Appliances
通信设备零售	Retail of Communication Facilities
其他电子产品零售	Retail of Other Electronic Products
五金、家具及室内装饰材料专门零售	Specialist Retail of Hardware Products,Furniture and Interior Decoration Materials
五金零售	Retail of Hardware Products
家具零售	Retail of Furniture
涂料零售	Retail of Coating
木质装饰材料零售	Retail of Wood-based Materials
陶瓷、石材装饰材料零售	Retail of Ceramic and Stone Decorative Materials
货摊、无店铺及其他零售业	Stalls, Non-shop and Other Retails
邮购及电视、电话零售	Retail Goods Sold via Mail Order,Televition and Telephone
生活用燃料零售	Retail of Residential Fuels
其他未列明零售业	Other Retails not Listed Here
按登记注册类型分	**By Status of Registration**
内资企业	Domestic-funded Enterprises
国有企业	State-owned Enterprises
集体企业	Collective-owned Enterprises
股份合作企业	Cooperative Enterprises
联营企业	Joint Ownership Enterprises
集体联营企业	Collective Joint Ownership Enterprises
有限责任公司	Limited Liability Corporations
国有独资公司	State Sole Funded Corporations
其他有限责任公司	Other Limited Liability Corporations
股份有限公司	Share-holding Corporation Ltd.
私营企业	Private Enterprises
私营独资企业	Private Sole Proprietorships
私营有限责任公司	Private Limited Liability Corporations
私营股份有限公司	Private Companies Limited by Shares
其他企业	Other Enterprises
港、澳、台商投资企业	Enterprises with Funds from Hong Kong, Macao and Taiwan
与港澳台商合资经营企业	Joint-venture Enterprises with Funds from Hong Kong,Macao and Taiwan
港澳台商独资企业	Sole Proprietorships with Funds from Hong Kong,Macao and Taiwan
外商投资企业	Enterprises with Foreign Investment
中外合资经营企业	Sino-foreign Equity Joint Ventures
外资企业	Foreign-funded Enterprises
按控股情况分	**By Holding**
国有控股	State-owned Holding
集体控股	Collective Holding
私人控股	Private Holding
港澳台商控股	Hong Kong,Macao and Taiwan Holdings
外商控股	Foreign Holding
其　他	Others
按经营形式分	**By Management Forms**
独立门店	Independent Stores
连锁总店	Chain Store Headquarters
连锁门店	Chain Stores
其　他	Others

(continued)

(10 000 yuan)

销售合计 Total Sales	批发额 Wholesale Trade	零售额 Retail Trade
3686718	105625	3581093
3049356	68346	2981010
38566	11620	26946
9383	432	8951
589413	25228	564185
355245	62267	292978
2131		2131
233053	1359	231695
43036	18013	25023
67588	42895	24693
9437		9437
30626	2588	28038
8474	995	7479
904	904	
3027		3027
18221	689	17532
184594	29693	154900
147726	13027	134699
36045	16087	19958
823	580	243
5847690	516363	5331327
3891		3891
5455	660	4795
35157		35157
29415		29415
29415		29415
3445193	331524	3113668
33722	3146	30576
3411471	328378	3083093
581703	25613	556091
1746876	158565	1588311
10411		10411
1731201	154135	1577066
4439	4430	9
277704	26364	251340
264937	16087	248850
12767	10278	2489
215443		215443
148497		148497
66946		66946
1086523	120642	965882
34870	660	34210
3853457	344050	3509407
252298	26364	225934
149813		149813
963876	51011	912865
4481441	236473	4244968
948683	26907	921776
85010	456	84555
825702	278891	546811

10-6 限额以上批发和零售业企业主要财务状况(2014年)

单位：万元

指　　标	Item	流动资产合计 Current Assets
总　　计	**Total**	**8542297**
一、批发业	**Wholesale Trade**	**6442896**
按批发行业小类分	**By Sector**	
农、林、牧产品批发	Wholesale of Agricultural,Forestry and Livestock Products	3049
饲料批发	Wholesale of Forage	2463
牲畜批发	Wholesale of Livestocks	585
食品、饮料及烟草制品批发	Wholesale of Food,Beverages and Tobacco Products	449370
米、面制品及食用油批发	Wholesale of Rice,Flour and Edible Oil	7655
果品、蔬菜批发	Wholesale of Fruits and Vegetables	256
肉、禽、蛋、奶及水产品批发	Wholesale of Meats, Poultry,Eggs,Milk and Aquatic Products	4379
盐及调味品批发	Wholesale of Salt and Flavouring	109399
酒、饮料及茶叶批发	Wholesale of Liquor,Beverages and Tea	59818
烟草制品批发	Wholesale of Tobacco Products	255028
纺织、服装及家庭用品批发	Wholesale of Texiles,Garments and Household Articles	114804
服装批发	Wholesale of Garments	21765
鞋帽批发	Wholesale of Shoes and Hats	3696
化妆品及卫生用品批发	Wholesale of Cosmetics and Hygienic Products	3171
厨房、卫生间用具及日用杂货批发	Wholesale of Kitchen Utensils,Bathroom Appliances and Daily Groceries	4153
家用电器批发	Wholesale of Household Electrical Appliances	82019
其他家庭用品批发	Wholesale of Other Household Articles	
文化、体育用品及器材批发	Wholesale of Culture Articles and Sports Appliances and Equipments	299514
文具用品批发	Wholesale of Stationery	21659
图书批发	Wholesale of Books	270759
其他文化用品批发	Wholesale of Other Culture Articles	7096
医药及医疗器材批发	Wholesale of Medicines and Medical Equipments	511938
西药批发	Wholesale of Western Medicines	423189
中药批发	Wholesale of Traditional Chinese Medicines	87940
矿产品、建材及化工产品批发	Wholesale of Mineral Products,Building Materials and Chemical Products	4487515
煤炭及制品批发	Wholesale of Coal and Coal Products	615359
石油及制品批发	Wholesale of Petroleum and Related Products	373447
非金属矿及制品批发	Wholesale of Non-metallic Minerals and Related Products	13210
金属及金属矿批发	Wholesale of Metals and Metalliferous Minerals	673811
建材批发	Wholesale of Building Materials	808962
化肥批发	Wholesale of Chemical Fertilizers	1204061
其他化工产品批发	Wholesale of Other Chemical Products	798665
机械设备、五金产品及电子产品批发	Wholesale of Machinery,Hardware and Electronic Products	547485
汽车批发	Wholesale of Automobiles	79033
汽车零配件批发	Wholesale of Automotive Spare and Accessory Parts	106334
摩托车及零配件批发	Wholesale of Motorcycles and Related Spare and Accessoιy Parts	33620
五金产品批发	Wholesale of Hardware Products	47308
电气设备批发	Wholesale of Electrical Equipments	
计算机、软件及辅助设备批发	Wholesale of Computers,Softwares and Assistant Appliances	14759
通讯及广播电视设备批发	Wholesale of Communication, Radio and Television Equipments	113846
其他机械设备及电子产品批发	Wholesale of Other Machinery and Electronic Products	152584
其他批发业	Other Wholesales	29222
再生物资回收与批发	Recycling and Wholesale of Renewable Materials	11213
其他未列明批发业	Other Wholesales not Listed Here	18009
按登记注册类型分	**By Status of Registration**	
内资企业	Domestic Funded Enterprises	6251642
国有企业	State-owned Enterprises	494235
集体企业	Collective-owned Enterprises	
股份合作企业	Cooperative Enterprises	628

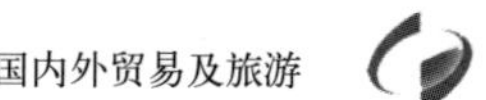

Main Financial Indicators of Enterprises above Designated Size in Wholesale and Retail Trades(2014)

(10 000 yuan)

#存 货 Inventory	固定资产合计 Total Fixed Assets	固定资产原价 Original Value of Fixed Assets	本年折旧 Depreciation in This Year	资产总计 Total Assets	负债合计 Total Liabilities	所有者权益 Owners Equities
1345540	**433230**	**661713**	**45253**	**11753137**	**9289594**	**2463543**
833740	**179602**	**286778**	**17380**	**8807975**	**6934050**	**1873926**
565	89	39	8	4691	3049	1642
565	24	39	8	2487	1222	1265
	65			2204	1827	377
141095	64506	101981	5213	617946	234776	383170
2801	903	2157	46	12949	10411	2538
178	263	265	3	519	190	329
1409	213	387	35	4592	3283	1309
6663	22800	32440	1253	198177	144514	53662
16355	3358	6577	881	65155	43357	21798
109926	36858	60033	2986	323608	26147	297461
51833	994	2275	237	120758	112798	7960
7729	294	705	92	23634	21301	2333
1802	316	556	49	4013	2619	1395
2400	4	49	7	3203	3161	42
2792	76	332	37	4676	3547	1129
37110	303	633	52	85232	82171	3061
19855	4764	8866	350	332691	268245	64446
6277	433	809	18	22569	19799	2769
12213	4258	7966	332	302050	241781	60269
1365	74	91		8073	6665	1408
63880	14278	22839	1020	573479	438951	134527
48955	12023	19204	745	477652	356212	121440
14665	2026	3313	181	94787	82284	12503
454188	83559	127672	7828	6536484	5351968	1184515
15620	16949	26065	1021	912485	636783	275703
95753	52643	78058	4868	1347712	1127000	220712
1615	156	302	58	16197	10937	5260
88804	5923	11696	734	877326	576175	301151
12723	1643	1974	157	1344682	1109564	235118
151874	1268	2346	162	1215288	1191284	24004
87800	4976	7230	828	822794	700226	122567
101724	9076	19940	2569	573217	493388	79829
13222	2532	3904	281	86999	83895	3105
6793	481	1053	93	113785	86799	26986
9396	550	1029	141	34954	30174	4781
8228	1239	3314	274	49232	39040	10192
2770	233	682	58	15129	9911	5218
4242	152	440	55	114243	112507	1736
57073	3889	9519	1668	158875	131063	27812
599	2336	3167	157	48711	30873	17837
482	696	1113	48	24799	21058	3741
117	1640	2054	109	23911	9815	14096
832302	175947	280531	17189	8474685	6805537	1669148
105151	40974	67864	3638	641619	248161	393459
439	211	246		839	692	146

10-6 续表1

单位：万元

指　　标	Item	流动资产合计 Current Assets
有限责任公司	Limited Liability Corporations	4131359
国有独资公司	State Sole Funded Corporations	1751562
其他有限责任公司	Other Limited Liability Corporations	2379798
股份有限公司	Share-holding Corporations Ltd.	805548
私营企业	Private Enterprises	819872
私营独资企业	Private-funded Corporations	688
私营有限责任公司	Private Limited Liability Corporations	799671
私营股份有限公司	Private Share-holding Corporations Ltd.	19513
外商投资企业	Enterprises with Foreign Investment	191254
中外合资经营企业	Sino-foreign Equity Joint Venture	191254
按控股情况分	**By Holding**	
国有控股	State-owned Holding	4690870
集体控股	Collective-owned Holding	49127
私人控股	Private Holding	1345509
其　他	Others	268162
按经营形式分	**By Management Forms**	
独立门店	Independent Stores	2050674
连锁总店	Chain Store Headquarters	5944
连锁门店	Chain Stores	3495
其　他	Others	4382784
零售业	**Retail Trade**	**2099401**
按零售行业小类分	**By Sector**	
综合零售	Integrated Retail	287667
百货零售	Retail of General Merchandise	199174
超级市场零售	Retail of Supermarkets	73943
其他综合零售	Other Integrated Retails	14551
食品、饮料及烟草制品专门零售	Specialist Retail of Food,Beverages and Tobacco Products	86296
粮油零售	Retail of Grain and Oils	3462
肉、禽、蛋、奶及水产品零售	Retail of Meats, Poultry,Eggs,Milk and Aquatic Products	154
酒、饮料及茶叶零售	Retail of of Liquor,Beverages and Tea	73090
其他食品零售	Retail of Other Food	1295
纺织、服装及日用品专门零售	Specialist Retail of Texiles,Garments and Daily Necessities	49962
纺织品及针织品零售	Retail of Texiles and Knitgoods	109
服装零售	Retail of Garments	43885
化妆品及卫生用品零售	Retail of Cosmetics and Hygienic Products	739
钟表、眼镜零售	Retail of Clocks, Watches and Glasses	1362
厨房用具及日用杂品零售	Retail of Kitchen Utensils and Daily Groceries	997
其他日用品零售	Retail of Other Daily Necessities	2802
文化、体育用品及器材专门零售	Specialist Retail of Culture and Sports Appliances and Equipments	61576
文具用品零售	Retail of Stationery	202
体育用品及器材零售	Retail of Sports Appliances and Equipments	1505
图书、报刊零售	Retail of Books,Newspapers and Periodicals	54140
工艺美术品及收藏品零售	Retail of Arts and Crafts and Related Collectibles	49
照相器材零售	Retail of Photographic Apparatus	3602
其他文化用品零售	Retail of Other Culture Articles	459
医药及医疗器材专门零售	Specialist Retail of Medicines and Medical Devices	324930
药品零售	Retail of Medicines	246171
医疗用品及器材零售	Retail of Medical Supplies and Equipments	78759
汽车、摩托车、燃料及零配件专门零售	Specialist Retail of Automobiles,Motorcycles,Fuels and Spare and Accesso	1120859
汽车零售	Retail of Automobiles	1075066
汽车零配件零售	Retail of Automotive Spare and Accessory Parts	29555
摩托车及零配件零售	Retail of Motorcycles and Related Spare and Accessory Parts	9496
机动车燃料零售	Retail of Automotive Fuels	6742

(continued)

(10 000 yuan)

#存　货 Inventory	固定资产合计 Total Fixed Assets	固定资产原价 Original Value of Fixed Assets	本年折旧 Depreciation in This Year	资产总计 Total Assets	负债合计 Total Liabilities	所有者权益 Owners Equities
450735	116694	176960	10049	6088420	5102895	985525
269631	87969	130579	6435	2956431	2480087	476344
181104	28725	46381	3614	3131989	2622808	509180
88460	5581	10200	351	878220	749317	128903
187517	12488	25261	3151	865588	704472	161116
174		1		688	612	76
184993	12304	24978	3111	844781	694171	150610
2351	184	282	40	20119	9689	10430
1438	3654	6248	191	333290	128513	204777
1438	3654	6248	191	333290	128513	204777
500251	147348	229753	12278	6840291	5283768	1556523
29711	547	705	56	52428	44474	7954
275717	17074	34233	4344	1412810	1177890	234921
26496	13392	20625	617	324405	230796	93609
296599	25591	45620	3735	2182315	1901175	281141
4364	811	1058	70	6755	1827	4928
1380	88	126	16	3583	3390	194
531397	153111	239974	13559	6615322	5027659	1587664
511800	**253629**	**374935**	**27872**	**2945162**	**2355544**	**589617**
57890	52879	91813	5769	545258	410361	134897
9667	34565	61371	4509	403696	307567	96129
41657	14341	25234	842	121474	88635	32839
6566	3973	5208	418	20088	14159	5929
16636	16317	19011	833	126513	67841	58672
690	1350	1935	34	5336	4168	1169
5	2338	2656	318	3580	1580	2000
13574	6511	7729	375	94029	59394	34635
382	5077	5147	15	6571	731	5840
20075	15540	22177	1150	84107	63066	21042
48				109		109
18025	14186	20360	1118	75745	57871	17875
698	21	67	3	817	701	116
938	2	9	2	1367	1166	201
341	41	78	11	1041	615	425
	1290	1663	16	4961	2713	2249
15273	669	1762	130	62634	56096	6538
46	4	22	2	206	139	67
1034	53	132	16	1558	1089	469
11222	601	1574	110	55052	50058	4995
				50		50
1512	8	24	1	3611	3172	439
287	3	8	2	538	202	336
60423	10308	16135	1398	346375	294633	51742
52147	7496	12538	926	264414	227525	36889
8276	2812	3597	473	81961	67108	14853
313550	145079	202535	16620	1565993	1340693	225300
305403	125148	170119	14672	1456735	1244280	212455
4404	863	1071	51	31959	30637	1322
810	574	580	6	10070	546	9524
2933	18494	30766	1891	67229	65230	1999

10-6 续表2

单位：万元

指　　标	Item	流动资产合计 Current Assets
家用电器及电子产品专门零售	Specialist Retail of Household Electrical Appliances and Electronic Products	108765
家用视听设备零售	Retail of Household Audio-Visual Equipments	1613
日用家电设备零售	Retail of Household Electric Appliances	64472
计算机、软件及辅助设备零售	Retail of Computers,Softwares and Assistant Appliances	14979
通信设备零售	Retail of Communication Facilities	26930
其他电子产品零售	Retail of Other Electronic Products	771
五金、家具及室内装饰材料专门零售	Specialist Retail of Hardware Products,Furniture and Interior Decoration Materials	3116
五金零售	Retail of Hardware Products	686
家具零售	Retail of Furniture	512
涂料零售	Retail of Coating	
木质装饰材料零售	Retail of Wood-based Materials	964
陶瓷、石材装饰材料零售	Retail of Ceramic and Stone Decorative Materials	953
货摊、无店铺及其他零售业	Stalls, Non-shop and Other Retails	56231
邮购及电视、电话零售	Retail Goods Sold via Mail Order,Televition and Telephone	45433
生活用燃料零售	Retail of Residential Fuels	10245
其他未列明零售业	Other Retails not Listed Here	553
按登记注册类型分	**By Status of Registration**	
内资企业	Domestic-funded Enterprises	1870479
国有企业	State-owned Enterprises	771
集体企业	Collective-owned Enterprises	19691
股份合作企业	Cooperative Enterprises	1826
联营企业	Joint Ownership Enterprises	5366
集体联营企业	Collective Joint Ownership Enterprises	5366
有限责任公司	Limited Liability Corporations	1070150
国有独资公司	State Sole Funded Corporations	19352
其他有限责任公司	Other Limited Liability Corporations	1050798
股份有限公司	Share-holding Corporation Ltd.	21213
私营企业	Private Enterprises	750489
私营独资企业	Private Sole Proprietorships	1587
私营有限责任公司	Private Limited Liability Corporations	748298
私营股份有限公司	Private Companies Limited by Shares	459
其他企业	Other Enterprises	973
港、澳、台商投资企业	Enterprises with Funds from Hong Kong, Macao and Taiwan	86885
与港澳台商合资经营企业	Joint-venture Enterprises with Funds from Hong Kong,Macao and Taiwan	81103
港澳台商独资企业	Sole Proprietorships with Funds from Hong Kong,Macao and Taiwan	5782
外商投资企业	Enterprises with Foreign Investment	142037
中外合资经营企业	Joint-venture Enterprises	120291
外资企业	Foreign-funded Enterprises	21746
按控股情况分	**By Holding**	
国有控股	State-owned Holding	162492
集体控股	Collective-owned Holding	25057
私人控股	Private Holding	1489715
港澳台商控股	Hong Kong,Macao and Taiwan Holdings	76235
外商控股	Foreign Holding	98842
其　他	Others	247059
按经营形式分	**By Management Forms**	
独立门店	Independent Stores	1589190
连锁总店	Chain Store Headquarters	145855
连锁门店	Chain Stores	31798
其　他	Others	332558

(continued)

(10 000 yuan)

#存　货 Inventory	固定资产合计 Total Fixed Assets	固定资产原价 Original Value of Fixed Assets	本年折旧 Depreciation in This Year	资产总计 Total Assets	负债合计 Total Liabilities	所有者权益 Owners Equities
20449	5585	7860	415	123663	73234	50430
334	11	116	7	1633	1341	292
8085	3203	4650	264	70029	37110	32919
3720	1398	1695	56	17090	9360	7729
7967	907	1173	52	31029	23856	7173
343	66	226	35	3882	1567	2316
2067	282	371	25	3904	2324	1580
251	31	42	6	1028	633	395
442	3	3		515	301	214
713	25	86	9	990	581	409
661	224	240	10	1372	809	563
5438	6971	13272	1532	86714	47297	39417
3529	3766	7367	1291	68055	43167	24888
1817	2720	5080	127	17351	3567	13784
91	485	825	114	1308	563	745
475653	211773	312890	25035	2618439	2138629	479810
253	250	385	5	1027	848	179
1195	68	193	11	20058	199	19859
1055	1714	2466	50	10348	7547	2801
42	3415	3849		10276	5161	5115
42	3415	3849		10276	5161	5115
297000	127272	183552	12171	1443066	1129888	313178
6489	3070	4079	92	30306	14126	16180
290512	124202	179473	12078	1412760	1115762	296998
4355	18188	30190	1789	84197	81523	2674
171754	60835	92150	10935	1048463	912573	135891
1080	13	100	8	1696	1210	486
170344	60562	91741	10910	1045736	911142	134594
287	3	8	2	538	202	336
	32	105	74	1005	892	114
20959	8253	14827	1147	108910	50482	58428
17184	8195	14576	1143	95415	42388	53026
3775	58	250	3	13495	8093	5402
15188	33602	47219	1691	217813	166434	51379
9213	17221	25732	932	175166	136987	38179
5975	16381	21487	759	42647	29447	13200
52151	44965	72546	3122	288232	235118	53114
1237	3483	4042	11	30334	5360	24974
344904	135929	192402	18190	1976553	1643777	332776
20959	8201	14630	1129	98103	43870	54234
8969	31759	44756	1314	172065	132006	40059
83581	29292	46560	4107	379875	295414	84461
387702	203392	291574	21675	2260718	1812861	447858
56031	32113	53379	2756	252007	205670	46338
8444	4658	6731	565	46745	18681	28065
59623	13465	23251	2876	385691	318333	67358

10-6 续表3

单位：万元

指 标	Item	主营业务收入 Revenue from Principal Business
总 计	**Total**	**16430407**
一、批发业	**Wholesale Trade**	**10958795**
按批发行业小类分	**By Sector**	
农、林、牧产品批发	Wholesale of Agriculture,Forestry and Livestock Products	12726
饲料批发	Wholesale of Forage	9844
牲畜批发	Wholesale of Livestocks	2882
食品、饮料及烟草制品批发	Wholesale of Food,Beverages and Tobacco Products	1162922
米、面制品及食用油批发	Wholesale of Rice,Flour and Edible Oil	39155
果品、蔬菜批发	Wholesale of Fruits and Vegetables	70638
肉、禽、蛋、奶及水产品批发	Wholesale of Meats, Poultry,Eggs,Milk and Aquatic Products	17613
盐及调味品批发	Wholesale of Salt and Flavouring	96074
酒、饮料及茶叶批发	Wholesale of Liquor,Beverages and Tea	97221
烟草制品批发	Wholesale of Tobacco Products	820055
纺织、服装及家庭用品批发	Wholesale of Texiles,Garments and Household Articles	285477
服装批发	Wholesale of Garments	42921
鞋帽批发	Wholesale of Shoes and Hats	19987
化妆品及卫生用品批发	Wholesale of Cosmetics and Hygienic Products	4069
厨房、卫生间用具及日用杂货批发	Wholesale of Kitchen Utensils,Bathroom Appliances and Daily Groceries	6527
家用电器批发	Wholesale of Household Electrical Appliances	211973
其他家庭用品批发	Wholesale of Other Household Articles	
文化、体育用品及器材批发	Wholesale of Culture Articles and Sports Appliances and Equipments	146099
文具用品批发	Wholesale of Stationery	24161
图书批发	Wholesale of Books	113464
其他文化用品批发	Wholesale of Other Culture Articles	8474
医药及医疗器材批发	Wholesale of Medicines and Medical Equipments	728292
西药批发	Wholesale of Western Medicines	565886
中药批发	Wholesale of Traditional Chinese Medicines	158558
矿产品、建材及化工产品批发	Wholesale of Mineral Products,Building Materials and Chemical Products	7676000
煤炭及制品批发	Wholesale of Coal and Coal Products	518687
石油及制品批发	Wholesale of Petroleum and Related Products	1352245
非金属矿及制品批发	Wholesale of Non-metallic Minerals and Related Products	103321
金属及金属矿批发	Wholesale of Metals and Metalliferous Minerals	1258973
建材批发	Wholesale of Building Materials	467274
化肥批发	Wholesale of Chemical Fertilizers	2592433
其他化工产品批发	Wholesale of Other Chemical Products	1383068
机械设备、五金产品及电子产品批发	Wholesale of Machinery,Hardware and Electronic Products	896519
汽车批发	Wholesale of Automobiles	95755
汽车零配件批发	Wholesale of Automotive Spare and Accessory Parts	292936
摩托车及零配件批发	Wholesale of Motorcycles and Related Spare and Accessory Parts	88458
五金产品批发	Wholesale of Hardware Products	48901
电气设备批发	Wholesale of Electric Equipments	
计算机、软件及辅助设备批发	Wholesale of Computers,Softwares and Assistant Appliances	34643
通讯及广播电视设备批发	Wholesale of Communication, Radio and Television Equipments	71077
其他机械设备及电子产品批发	Wholesale of Other Machinery and Electronic Products	264748
其他批发业	Other Wholesales	50760
再生物资回收与批发	Recycling and Wholesale of Renewable Materials	18754
其他未列明批发业	Other Wholesales not Listed Here	32006
按登记注册类型分	**By Status of Registration**	
内资企业	Domestic-funded Enterprises	10862341
国有企业	State-owned Enterprises	1492041
集体企业	Collective-owned Enterprises	
股份合作企业	Cooperative Enterprises	1969

(continued)

(10 000 yuan)

主营业务成本 Cost of Principal Business	主营业务税金及附加 Tax and Extra Charges on Principal Business	营业利润 Operating Profits	利润总额 Total Profits	应交所得税 Income Tax Payable	本年应交增值税 VAT Payable
15287275	**102098**	**193922**	**173421**	**70348**	**393402**
10358679	**78661**	**90522**	**74994**	**46533**	**104610**
12086	11	101	101	2	22
9422	11	12	12	2	22
2664		89	89		
911648	46069	118022	121408	31055	36269
34287	41	773	756	189	491
70595	4	-55	-55		
15655	43	251	260	65	406
74701	604	3329	3356	853	2741
84324	808	-306	-900	532	534
611056	44513	113748	117710	29334	28443
261372	568	1367	1449	583	28871
39617	74	62	34	32	363
17578	60	135	229	63	36
3341	13	3	3	1	53
5332	32	-154	-154	5	90
195504	389	1321	1338	482	28329
119643	257	21661	2511	72	366
22904	66	196	195	45	293
88642	174	21535	2232	23	
8096	17	-71	84	4	73
662517	1781	11747	13625	3690	7781
522341	1177	10550	11967	3254	3431
136800	589	1027	1500	396	4243
7514172	28176	-63405	-67114	9419	24380
495339	856	-25021	-31573	1229	2299
1385634	1761	-71866	-73189	1322	10679
101695	191	44	47	147	847
1218003	2520	22702	25439	4281	4581
443269	694	3834	3569	745	3079
2542030	12057	-14	1757	92	-409
1328201	10097	6915	6836	1604	3303
832652	1582	-992	887	1213	6504
91067	266	-777	-753	99	516
279250	187	179	370	62	-405
84106	120	1179	1179	70	649
44734	91	882	811	221	266
32806	67	250	239	59	275
66610	222	-2479	-2505	25	531
234081	628	-226	1546	677	4673
44590	218	2021	2126	498	417
16265	105	738	762	156	
28325	113	1283	1365	343	417
10266729	78521	85989	70470	45561	104384
1262269	46248	126875	131582	32035	37407
1806	10	7	7	2	34

10-6 续表4

单位：万元

指　　标	Item
有限责任公司	Limited Liability Corporations
国有独资公司	State Sole Funded Corporations
其他有限责任公司	Other Limited Liability Corporations
股份有限公司	Share-holding Corporation Ltd.
私营企业	Private Enterprises
私营独资企业	Private Sole Proprietorships
私营有限责任公司	Private Limited Liability Corporations
私营股份有限公司	Private Share-holding Corporation Ltd.
外商投资企业	Enterprises with Foreign Investment
中外合资经营企业	Sino-foreign Equity Joint Ventures
按控股情况分	**By Holdings**
国有控股	State-owned Hollding
集体控股	Collective-owned Holding
私人控股	Private Holding
其　他	Others
按经营形式分	**By Management Forms**
独立门店	Independent Stores
连锁总店	Chain Store Headquarters
连锁门店	Chain Stores
其　他	Others
零售业	**Retail Trade**
按零售行业小类分	**By Sector**
综合零售	Integrated Retail
百货零售	Retail of General Merchandise
超级市场零售	Retail of Supermarkets
其他综合零售	Other Integrated Retails
食品、饮料及烟草制品专门零售	Specialist Retail of Food,Beverages and Tobacco Products
粮油零售	Retail of Grain and Oils
肉、禽、蛋、奶及水产品零售	Retail of Meats, Poultry,Eggs,Milk and Aquatic Products
酒、饮料及茶叶零售	Retail of of Liquor,Beverages and Tea
其他食品零售	Retail of Other Food
纺织、服装及日用品专门零售	Specialist Retail of Texiles,Garments and Daily Necessities
纺织品及针织品零售	Retail of Texiles and Knitgoods
服装零售	Retail of Garments
化妆品及卫生用品零售	Retail of Cosmetics and Hygienic Products
钟表、眼镜零售	Retail of Clocks, Watches and Glasses
厨房用具及日用杂品零售	Retail of Kitchen Utensils and Daily Groceries
其他日用品零售	Retail of Other Daily Necessities
文化、体育用品及器材专门零售	Specialist Retail of Culture and Sports Appliances and Equipments
文具用品零售	Retail of Stationery
体育用品及器材零售	Retail of Sports Appliances and Equipments
图书、报刊零售	Retail of Books,Newspapers and Periodicals
工艺美术品及收藏品零售	Retail of Arts and Crafts and Related Collectibles
照相器材零售	Retail of Photographic Apparatus
其他文化用品零售	Retail of Other Culture Articles
医药及医疗器材专门零售	Specialist Retail of Medicines and Medical Devices
药品零售	Retail of Medicines
医疗用品及器材零售	Retail of Medical Supplies and Equipments
汽车、摩托车、燃料及零配件专门零售	Specialist Retail of Automobiles,Motorcycles,Fuels and Spare and Accessory Parts
汽车零售	Retail of Automobiles
汽车零配件零售	Retail of Automotive Spare and Accessory Parts
摩托车及零配件零售	Retail of Motorcycles and Related Spare and Accessory Parts
机动车燃料零售	Retail of Automotive Fuels

(continued)

(10 000 yuan)

主营业务收入 Revenue from Principal Business	主营业务成本 Cost of Principal Business	主营业务税金及附加 Tax and Extra Charges on Principal Business	营业利润 Operating Profits	利润总额 Total Profits	应交所得税 Income Tax Payable	本年应交增值税 VAT Payable
6691491	6492187	19244	-52500	-74149	8463	49918
3793981	3739933	14629	-54946	-55330	3508	7842
2897510	2752253	4615	2447	-18819	4955	42076
1365055	1301686	10387	13391	12619	3417	3060
1311787	1208780	2633	-1784	412	1645	13965
2351	2269	1	15	15	1	12
1273571	1172228	2587	-1599	557	1628	13835
35865	34284	45	-200	-161	16	118
96455	91950	140	4533	4524	972	227
96455	91950	140	4533	4524	972	227
8128159	7717810	72913	91816	71368	39909	54011
154819	152317	46	-149	676	74	177
2203986	2047629	4725	2764	5097	3649	47743
447993	418415	931	7760	9521	2901	2463
3798457	3649789	15952	14790	17265	4066	11573
1680	1135	12	-555	-553		81
5507	4742	4	43	43	11	29
7153152	6703013	62693	76245	58240	42455	92927
5471611	**4928596**	**23437**	**103400**	**98427**	**23815**	**288792**
848928	708762	7228	46236	44893	11364	20564
514553	430900	5907	35096	35741	9105	12317
270656	224449	1215	8688	9121	2214	7058
63719	53413	106	2451	31	44	1189
191178	170391	954	-772	252	1141	1486
4585	4289	17	-598	16	3	
91089	86587	37	-114	15	4	
58255	48881	740	-2901	-2938	372	1165
2000	1166	66	-212	106		16
101063	79564	690	1402	1736	688	10922
689	601	2	9	9	1	7
86912	67815	550	989	1343	590	10613
3007	2718	2	9	9	1	6
3386	2996	9	16	17	4	98
5002	4036	27	182	160	46	184
1204	645	98	181	181	45	
56117	47537	95	724	1212	101	1092
1355	1250	3	6	6		
2251	1909	27	56	55	13	46
43249	36547	17	396	1047	70	357
723	470	1	194	31		
3535	3131	5			1	38
3794	3297	9	57	58	14	645
562105	501372	1778	12581	12904	2417	7972
465226	417860	1281	7714	8011	1503	6088
96880	83512	497	4867	4894	914	1884
3200174	2993401	8920	28414	23451	7238	237622
2660115	2481336	7055	15909	12417	7173	161076
32922	31824	115	-302	-316	22	203
8020	4882	1256	1427	-5	1	11
499117	475359	495	11379	11356	43	76331

10-6 续表5

单位：万元

指　　标	Item	主营业务收入 Revenue from Principal Business
家用电器及电子产品专门零售	Specialist Retail of Household Electrical Appliances and Electronic Products	303439
家用视听设备零售	Retail of Household Audio-Visual Equipments	1837
日用家电设备零售	Retail of Household Electric Appliances	198994
计算机、软件及辅助设备零售	Retail of Computers,Softwares and Assistant Appliances	36883
通信设备零售	Retail of Communication Facilities	57223
其他电子产品零售	Retail of Other Electronic Products	8502
五金、家具及室内装饰材料专门零售	Specialist Retail of Hardware Products,Furniture and Interior Decoration Materials	26176
五金零售	Retail of Hardware Products	7243
家具零售	Retail of Furniture	773
涂料零售	Retail of Coating	
木质装饰材料零售	Retail of Wood-based Materials	2587
陶瓷、石材装饰材料零售	Retail of Ceramic and Stone Decorative Materials	15573
货摊、无店铺及其他零售业	Stalls, Non-shop and Other Retails	182433
邮购及电视、电话零售	Retail Good Sold via Mail Order,Television and Telephone	150501
生活用燃料零售	Retail of Residential Fuels	31149
其他未列明零售业	Other Retails not Listed Here	783
按登记注册类型分	**By Status of Registration**	
内资企业	Domestic-funded Enterprises	5049542
国有企业	State-owned Enterprises	3502
集体企业	Collective-owned Enterprises	4651
股份合作企业	Cooperative Enterprises	30049
联营企业	Joint Ownership Enterprises	29415
集体联营企业	Collective Joint Ownership Enterprises	29415
有限责任公司	Limited Liability Corporations	2986653
国有独资公司	State Sole Funded Corporations	27116
其他有限责任公司	Other Limited Liability Corporations	2959538
股份有限公司	Companies Limited by Shares	491919
私营企业	Private Enterprises	1503354
私营独资企业	Private Sole Proprietorships	8974
私营有限责任公司	Private Limited Liability Corporations	1489880
私营股份有限公司	Private Companies Limited by Shares	3794
其他企业	Other Enterprises	
港、澳、台商投资企业	Enterprises with Funds from Hong Kong, Macao and Taiwan	235450
与港澳台商合资经营企业	Joint-venture Enterprises with Funds from Hong Kong,Macao and Taiwan	224539
港澳台商独资企业	Sole Proprietorships with Funds from Hong Kong,Macao and Taiwan	10912
外商投资企业	Enterprises with Foreign Investment	186619
中外合资经营企业	Joint-venture Enterprises	126921
外资企业	Foreign-funded Enterprises	59698
按控股情况分	**By Holding**	
国有控股	State-owned Holding	929426
集体控股	Collective-owned Holding	34066
私人控股	Private Holding	3320273
港澳台商控股	Hong Kong,Macao and Taiwan Holdings	215568
外商控股	Foreign Holding	130525
其　他	Others	841754
按经营形式分	**By Management Forms**	
独立门店	Independent Stores	3853529
连锁总店	Chain Store Headquarters	805356
连锁门店	Chain Stores	73566
其　他	Others	739160

(continued)

(10 000 yuan)

主营业务成本 Cost of Principal Business	主营业务税金及附加 Tax and Extra Charges on Principal Business	营 业 利 润 Operating Profits	利 润 总 额 Total Profits	应 交 所得税 Income Tax Payable	本年应交 增 值 税 VAT Payable
265976	2215	2498	2873	562	4577
1540	23	-49	-49	7	42
172358	1808	1516	1185	130	3490
33130	79	891	-40	51	268
52502	237	-1143	549	163	777
6447	68	1283	1229	212	
23529	89	1430	282	78	123
6961	3	110	110	27	21
511	2	68	68	18	20
2035	10	104	104	26	82
14021	75	1148		8	
138065	1468	10886	10825	226	4435
113067	1277	6809	10355		4325
24603	184	4073	462	224	104
394	7	5	7	2	6
4579506	20830	65538	64441	15925	281087
2936	10	50	49	16	49
3904	30	3275	3274	123	543
27898	53	146	243	18	409
23559	32	2747			
23559	32	2747			
2692730	15610	32993	34735	9457	73238
21020	192	2873	3038	758	502
2671710	15418	30121	31697	8699	72737
468855	494	9913	11137	39	76253
1359626	4601	16415	15002	6271	130595
7802	85	26	10	5	122
1347900	4506	16332	14934	6252	129815
3297	9	57	58	14	645
199270	1218	21240	17547	4590	3803
191059	1175	20633	16964	4444	3226
8211	44	607	583	146	577
149821	1389	16622	16439	3301	3902
102100	1006	13341	13346	2155	2399
47721	383	3281	3093	1146	1503
865434	2281	13953	15064	3578	89000
27462	62	6022	3274	123	543
3011525	15602	37593	34257	10935	181175
182809	935	19317	15626	4109	3179
106888	956	11837	11626	3239	2749
734479	3601	14678	18580	1831	12146
3498232	17935	64704	55065	17755	183013
723492	1971	21731	22720	1466	83739
58590	321	125	1060	1903	1583
648283	3211	16840	19583	2691	20457

10-7 限额以上住宿和餐饮业企业基本情况(2014年)

指 标	Item	法人企业数(个) Number of Corporations(unit)
总 计	**Total**	**200**
住宿业	**Lodging Industry**	**109**
按住宿业行业小类分	**By Classification of Lodging Industry**	
旅游饭店	Tourist Hotels	76
一般旅馆	General Hotels	30
其他住宿业	Other Hotels	3
按登记注册类型分	**By Status of Registration**	
内资企业	Domestic Funded Enterprises	105
国有企业	State-owned Enterprises	21
集体企业	Collective-owned Enterprises	4
有限责任公司	Limited Liability Corporations	44
国有独资公司	State Sole Funded Corperations	2
其他有限责任公司	Other Limited Liability Corporations	42
私营企业	Private Enterprises	36
私营独资企业	Sole Proprietorships	
私营有限责任公司	Private Limited Liability Corporations	36
港、澳、台商投资企业	Enterprises with Funds from Hong Kong,Macao and Taiwan	3
与港澳台商合资经营企业	Joint-venture Enterprises with Funds from Hong Kong,Macao and Taiwan	2
港澳台商独资企业	Sole Proprietorships with Funds from Hong Kong, Macao and Taiwan	1
外商投资企业	Enterprises with Foreign Investment	1
中外合资经营企业	Sino-foreign Equity Joint Venture Enterprises	1
按控股情况分	**By Holding**	
国有控股	State-owned Holding	33
集体控股	Collective-owned Holding	7
私人控股	Private Holding	61
港澳台商控股	Hong Kong,Macao and Taiwan Holdings	2
其 他	Others	6
按经营形式分	**By Management Forms**	
独立门店	Independent Stores	104
连锁门店	Chain Stores	3
其 他	Others	2
按星级分	**By Hotel Ratings**	
五 星	Five-star	5
四 星	Four-star	22
三 星	Three-star	23
二 星	Two-star	3
一 星	One-star	
其 他	Others	56

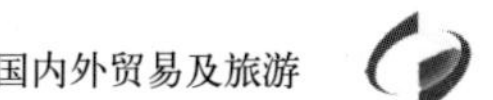

Basic Conditions of Enterprises above Designated Size of Hotels and Catering Services(2014)

年末从业人员(人) Employed Persons(person)	客房数(间) Number of Hotel Rooms(room)	床位数(个) Number of Beds(unit)	餐位数(张) Number of Tables(table)
20900	**25772**	**38383**	**79081**
12210	**24780**	**36458**	**36358**
9952	21257	30689	30707
1917	3207	5255	4401
341	316	514	1250
11244	23844	35160	33984
2005	2503	4500	7974
239	345	655	758
6687	7504	11597	16735
859	677	1020	1550
5828	6827	10577	15185
2313	13492	18408	8517
2313	13492	18408	8517
747	717	973	1530
617	637	853	1130
130	80	120	400
219	219	325	844
219	219	325	844
4563	5050	8468	13392
716	864	1419	1788
5284	16982	23844	18866
399	334	484	1200
1248	1550	2243	1112
11771	24091	35419	32530
96	301	432	34
343	388	607	3794
2011	1617	2306	4722
4110	4483	7166	14950
1760	2822	4936	5429
171	253	505	600
4158	15605	21545	10657

10–7 续表

指 标	Item	法人企业数(个) Number of Corporations(unit)
餐饮业	**Catering Services**	**91**
按餐饮业行业小类分	**By Classification of Catering Industry**	
正餐服务	Dinner Services	88
快餐服务	Fast Food Services	2
其他餐饮业	Other Catering Services	1
按登记注册类型分	**By Status of Registration**	
内资企业	Domestic Funded Enterprises	90
国有企业	State-owned Enterprises	1
股份合作企业	Cooperative Enterprises	1
有限责任公司	Limited Liability Corporations	43
国有独资公司	State Sole Funded Corporations	1
其他有限责任公司	Other Limited Liability Corporations	42
股份有限公司	Companies Limited by Shares	1
私营企业	Private Enterprises	43
私营独资企业	Private Sole Proprietorships	9
私营合伙企业	Private Partnership Enterprises	3
私营有限责任公司	Private Limited Liability Corporations	30
私营股份有限公司	Private Share-holding Corporations Limited	1
其他企业	Other Enterprises	1
外商投资企业	Enterprises with Foreign Investment	1
外商投资股份有限公司	Foreign-funded Companies Limited by Shares	1
按控股情况分	**By Holding**	
国有控股	State-owned Holding	5
私人控股	Private Holding	70
外商控股	Foreign Holding	1
其 他	Others	15
按经营形式分	**By Management Forms**	
独立门店	Independent Stores	85
连锁总店	Chain Store Headquarters	3
连锁门店	Chain Stores	
其 他	Others	3

(continued)

年末从业人员(人) Employed Persons(person)	客房数(间) Number of Hotel Rooms(room)	床位数(个) Number of Beds(unit)	餐位数(张) Number of Tables(table)
8690	**992**	**1925**	**42723**
8574	992	1925	42160
83			530
33			33
8435	992	1925	41523
274	147	259	800
23			200
4217	756	1525	17531
91			650
4126	756	1525	16881
47			305
3809	89	141	22187
394			3695
342			1750
3013	89	141	16592
60			150
65			500
255			1200
255			1200
1269	222	385	3101
5715	770	1540	32578
255			1200
1451			5844
6472	677	1159	34582
1398	240	640	6390
820	75	126	1751

10–8 限额以上住宿和餐饮业企业经营情况(2014年)

单位：万元

指　　标	Item	营业额 Business Revenue
总　　计	**Total**	**310092**
住宿业	**Lodging Industry**	**193188**
按住宿业行业小类分	**By Classification of Lodging Industry**	
旅游饭店	Tourist Hotels	161913
一般旅馆	General Hotels	27644
其他住宿业	Other Hotels	3630
按登记注册类型分	**By Status of Registration**	
内资企业	Domestic Funded Enterprises	178611
国有企业	State-owned Enterprises	26220
集体企业	Collective-owned Enterprises	2075
有限责任公司	Limited Liability Corporations	117281
国有独资公司	State Sole Funded Corperations	19033
其他有限责任公司	Other Limited Liability Corporations	98248
私营企业	Private Enterprises	33035
私营独资企业	Sole Proprietorships	
私营有限责任公司	Private Limited Liability Corporations	33035
港、澳、台商投资企业	Enterprises with Funds from Hong Kong,Macao and Taiwan	11422
与港澳台商合资经营企业	Joint-venture Enterprises with Funds from Hong Kong,Macao and Taiwan	10244
港澳台商独资企业	Sole Proprietorships with Funds from Hong Kong, Macao and Taiwan	1178
外商投资企业	Enterprises with Foreign Investment	3154
中外合资经营企业	Sino-foreign Equity Joint Ventures	3154
按控股情况分	**Holdings**	
国有控股	State-owned Holding	72627
集体控股	Collective-owned Holding	8358
私人控股	Private Holding	81274
港澳台商控股	Hong Kong,Macao and Taiwan Holdings	4354
其　他	Others	26576
按经营形式分	**By Management Forms**	
独立门店	Independent Stores	187516
连锁门店	Chain Stores	1938
其　他	Others	3734

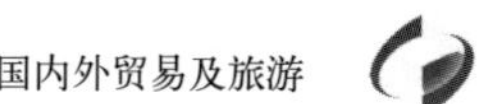

Business of Enterprises above Designated Size of Hotels and Catering Services(2014)

(10 000 yuan)

客房收入 Reveneue from Hotel Rooms	餐费收入 Reveneue from Meals	商品销售额 Merchandise Sales	其他收入 Other Revenue	年末餐饮营业面积(平方米) Operating Area of Retail Trade at Year-end(sq.m.)
117243	**169935**	**7825**	**15090**	**374673**
113054	**65076**	**3592**	**11466**	**148224**
92234	56101	3438	10140	122757
18777	7392	153	1323	21947
2044	1584		3	3520
104583	59755	3162	11111	141774
14411	8793	241	2776	23641
1387	657		32	1930
63810	42844	2697	7930	84084
6512	9248	1078	2195	8195
57297	33596	1619	5735	75889
24976	7462	224	373	32119
24976	7462	224	373	32119
7047	3876	430	69	5508
6583	3167	428	66	4562
463	710	2	3	946
1424	1445		285	942
1424	1445		285	942
35823	28549	1618	6637	48582
4683	2848	40	786	9090
54352	23245	943	2734	76938
2293	1968	23	69	2508
15903	8466	967	1240	11106
108159	64314	3585	11459	133898
1906	17	7	7	2626
2989	745			11700

10-8 续表

指　　标	Item	营业额 Business Revenue
按星级分	**By Hotel Ratings**	
五　星	Five-star	43846
四　星	Four-star	63807
三　星	Three-star	24554
二　星	Two-star	2236
一　星	One-star	
其　他	Others	58746
餐饮业	**Catering Services**	**116904**
按餐饮业行业小类分	**By Classification of Catering Industry**	
正餐服务	Dinner Services	115112
快餐服务	Fast Food Services	1490
其他餐饮业	Other Catering Services	303
按登记注册类型分	**By Status of Registration**	
内资企业	Domestic-funded Enterprises	112984
国有企业	State-owned Enterprises	3623
股份合作企业	Cooperative Enterprises	268
有限责任公司	Limited Liability Corporations	57984
国有独资公司	State Sole Funded Corporations	1048
其他有限责任公司	Other Limited Liability Corporations	56936
股份有限公司	Companies Limited by Shares	740
私营企业	Private Enterprises	49313
私营独资企业	Private-funded Enterprises	4409
私营合伙企业	Private Partnership Enterprises	4659
私营有限责任公司	Private Limited Liability Corporations	39732
私营股份有限公司	Private Share-holding Corporations Limited	514
其他企业	Other Enterprises	1056
外商投资企业	Enterprises with Foreign Investment	3921
外商投资股份有限公司	Foreign-funded Companies Limited by Shares	3921
按控股情况分	**By Holding**	
国有控股	State-owned Holding	16218
私人控股	Private Holding	80921
外商控股	Foreign Holding	3921
其　他	Others	15845
按经营形式分	**By Management Forms**	
独立门店	Independent Stores	82077
连锁总店	Chain Store Headquarters	24614
连锁门店	Chain Stores	
其　他	Others	10213

(continued)

客房收入 Reveneue from Hotel Rooms	餐费收入 Reveneue from Meals	商品销售额 Merchandise Sales	其他收入 Other Revenue	年末餐饮营业面积(平方米) Operating Area of Retail Trade at Year-end(sq.m.)
22134	19362	600	1750	27037
34356	22558	1490	5404	49693
15373	5916	809	2456	26646
1124	807		305	1500
40067	16434	693	1552	43348
4189	**104859**	**4233**	**3624**	**226449**
4189	103066	4233	3624	222629
	1490			3600
	303			220
4189	101061	4233	3501	216761
1263	1550		810	4269
	268			362
2356	50377	2672	2579	88129
	1048			1500
2356	49329	2672	2579	86629
	692	48		3000
571	47118	1513	112	117836
	4067	342		18870
	4659			17300
571	37878	1171	112	80166
	514			1500
	1056			3165
	3798		123	9688
	3798		123	9688
1848	13386	122	861	9770
2341	74377	4074	130	174270
	3798		123	9688
	13298	37	2510	32721
3567	70911	4030	3569	184821
36	24514	60	4	34827
586	9433	143	51	6801

10-9 限额以上住宿和餐饮业企业主要财务状况(2014年)

单位：万元

指　　标	Item	流动资产合计 Current Assets
总　　计	**Total**	**264305**
住宿业	**Lodging Industry**	**186671**
按住宿业行业小类分	**By Classification of Lodging Industry**	
旅游饭店	Tourist Hotels	165786
一般旅馆	General Hotels	19566
其他住宿业	Other Hotels	1319
按登记注册类型分	**By Status of Registration**	
内资企业	Domestic Funded Enterprises	184219
国有企业	State-owned Enterprises	14058
集体企业	Collective-owned Enterprises	1003
有限责任公司	Limited Liability Corporations	119585
国有独资公司	State Sole Funded Corperations	11869
其他有限责任公司	Other Limited Liability Corporations	107716
私营企业	Private Enterprises	49573
私营独资企业	Sole Proprietorships	
私营有限责任公司	Private Limited Liability Corporations	49573
港、澳、台商投资企业	Enterprises with Funds from Hong Kong,Macao and Taiwan	1448
与港澳台商合资经营企业	Joint-venture Enterprises with Funds from Hong Kong,Macao and Taiwan	1126
港澳台商独资企业	Sole Proprietorships with Funds from Hong Kong, Macao and Taiwan	322
外商投资企业	Enterprises with Foreign Investment	1004
中外合资经营企业	Sino-foreign Equity Joint Ventures	1004
按控股情况分	**By Holdings**	
国有控股	State-owned Holding	38299
集体控股	Collective-owned Holding	1810
私人控股	Private Holding	137140
港澳台商控股	Hong Kong,Macao and Taiwan Holdings	844
其　他	Others	8580
按经营形式分	**By Management Forms**	
独立门店	Independent Stores	128125
连锁门店	Chain Stores	2403
其　他	Others	56144
按星级分	**By Hotel Ratings**	
五　星	Five-star	13119
四　星	Four-star	99786
三　星	Three-star	22098
二　星	Two-star	1322
一　星	One-star	
其　他	Others	50346

Main Financial Indicators of Enterprises above Designated Size of Hotels and Catering Services(2014)

(10 000 yuan)

#存 货 Inventory	固定资产合计 Total Fixed Assets	固定资产原价 Original Value of Fixed Assets	本年折旧 Depreciation in This Year	资产总计 Total Assets	负债合计 Total Liabilities	所有者权益 Owners Equities
19599	**273949**	**409870**	**22285**	**634409**	**501494**	**132915**
14028	**240576**	**353835**	**19066**	**492311**	**398239**	**94072**
13032	232718	335360	17712	458031	379048	78983
750	7358	17217	1138	32460	17792	14668
247	501	1258	217	1820	1399	421
13767	221828	318467	18014	468612	387755	80857
1640	24732	53117	4220	40568	18239	22329
127	501	1083	251	1599	1249	350
4228	182592	235105	11524	346551	300149	46401
1529	4581	19976	2588	17287	6249	11038
2699	178012	215129	8936	329264	293901	35363
7772	14002	29163	2019	79895	68117	11778
7772	14002	29163	2019	79895	68117	11778
192	11024	21857	1052	12570	7936	4633
179	10989	21770	1045	12213	7661	4552
13	35	88	7	357	276	81
69	7725	13511		11129	2548	8581
69	7725	13511		11129	2548	8581
4268	139932	197468	10784	200860	156792	44068
240	654	2292	352	6370	1831	4539
8666	53122	89093	3508	225237	194095	31142
104	9639	19256	708	10580	8669	1911
752	37230	45727	3715	49264	36853	12411
13833	229484	341334	18445	412687	324967	87721
4	3106	3521	213	5791	280	5511
192	7986	8979	409	73833	72992	841
1168	62370	72358	4240	89107	56678	32429
3170	46063	89515	6835	174396	142536	31859
7315	35703	61873	2375	67898	40285	27613
333	1244	4368	690	2586	1018	1568
2043	95196	125721	4926	158324	157721	603

10-9 续表1

单位：万元

指　　标	Item	流动资产合计 Current Assets
餐饮业	**Catering Services**	**77634**
按餐饮业行业小类分	**By Classification of Catering Industry**	
正餐服务	Dinner Services	76796
快餐服务	Fast Food Services	758
其他餐饮业	Other Catering Services	79
按登记注册类型分	**By Status of Registration**	
内资企业	Domestic Funded Enterprises	74154
国有企业	State-owned Enterprises	1258
股份合作企业	Cooperative-owned Enterprises	20
有限责任公司	Limited Liability Companies	38740
国有独资公司	State Sole Funded Corporations	7102
其他有限责任公司	Other Limited Liability Companies	31638
股份有限公司	Companies Limited by Shares	245
私营企业	Private Enterprises	33826
私营独资企业	Private-funded Enterprises	1257
私营合伙企业	Private Partnership Enterprises	2653
私营有限责任公司	Private Limited Liability Corporations	29881
私营股份有限公司	Private Share-holding Corporations Limited	36
其他企业	Other Enterprises	65
外商投资企业	Enterprises with Foreign Investment	3480
外商投资股份有限公司	Foreign-funded Companies Limited by Shares	3480
按控股情况分	**By Holdings**	
国有控股	State-owned Holding	18612
私人控股	Private Holding	46143
外商控股	Foreign Holding	3480
其　他	Others	9399
按经营形式分	**By Management Forms**	
独立门店	Independent Stores	54783
连锁总店	Chain Store Headquarters	12614
连锁门店	Chain Stores	
其　他	Others	10237

(continued)

(10 000 yuan)

#存　货 Inventory	固定资产合计 Total Fixed Assets	固定资产原价 Original Value of Fixed Assets	本年折旧 Depreciation in This Year	资产总计 Total Assets	负债合计 Total Liabilities
5570	**33373**	**56035**	**3219**	**142098**	**103255**
5498	33371	55790	3196	141253	103099
39		238	20	758	136
34	3	7	2	87	20
5514	33278	55922	3200	138040	100702
183	609	2322	12	3824	3063
3	162	269	9	364	169
1920	19048	26778	1285	70864	50793
26	48	60	9	15189	5217
1894	19000	26718	1275	55675	45576
	10	53	4	255	98
3397	13439	26473	1885	62604	46406
339	571	686	17	1860	1087
288	2434	3367	199	7041	2167
2758	10339	22300	1664	53536	43119
12	95	120	5	167	33
10	11	28	6	130	175
57	95	113	18	4058	2552
57	95	113	18	4058	2552
1019	5668	11201	526	34670	29805
3917	26091	41773	2241	89711	58876
57	95	113	18	4058	2552
578	1520	2948	433	13659	12022
3219	20667	35314	2176	102384	67909
1722	7580	11824	551	23957	13940
630	5126	8897	491	15757	21405

10-9 续表2

单位：万元

指　　标	Item	主营业务收入 Revenue from Principal Business
总　　计	**Total**	**305239**
住宿业	**Lodging Industry**	**191426**
按住宿业行业小类分	**By Classification of Lodging Industry**	
旅游饭店	Tourist Hotels	160352
一般旅馆	General Hotels	27418
其他住宿业	Other Hotels	3657
按登记注册类型分	**By Status of Registration**	
内资企业	Domestic Funded Enterprises	176850
国有企业	State-owned Enterprises	26138
集体企业	Collective-owned Enterprises	2042
有限责任公司	Limited Liability Corporations	115745
国有独资公司	State Sole Funded Corperations	18130
其他有限责任公司	Other Limited Liability Corporations	97614
私营企业	Private Enterprises	32925
私营独资企业	Sole Proprietorships	
私营有限责任公司	Private Limited Liability Corporations	32925
港、澳、台商投资企业	Enterprises with Funds From Hong Kong,Macao and Taiwan	11422
与港澳台商合资经营企业	Joint-venture Enterprises with Funds from Hong Kong,Macao and Taiwan	10244
港澳台商独资企业	Wholly Hong Kong-, Macao- and Taiwan-funded Enterprises	1178
外商投资企业	Enterprises with Foreign Investment	3154
中外合资经营企业	Sino-foreign Equity Joint Venture Enterprises	3154
按控股情况分	**By Holdings**	
国有控股	State-owned Holding	71311
集体控股	Collective-owned Holding	8325
私人控股	Private Holding	80861
港澳台商控股	Hong Kong,Macao and Taiwan Holdings	4354
其　他	Others	26576
按经营形式分	**By Management Forms**	
独立门店	Independent Stores	185799
连锁门店	Chain Stores	1924
其　他	Others	3703
按星级分	**By Hotel Ratings**	
五　星	Five-star	43835
四　星	Four-star	62639
三　星	Three-star	24428
二　星	Two-star	2236
一　星	One-star	
其　他	Others	58289

(continued)

(10 000 yuan)

主营业务成本 Cost of Principal Business	主营业务税金及附加 Tax and Extra Charges on Principal Business	营业利润 Operating Profits	利润总额 Total Profits	应交所得税 Income Tax Payable
133947	**16673**	**-20545**	**-20074**	**1741**
75955	**10885**	**-20704**	**-21109**	**1472**
64558	9124	-20826	-21356	1302
10483	1562	999	992	169
915	199	-876	-745	
71104	9930	-21197	-20148	1472
10504	1545	-3226	-3378	235
1194	118	154	151	80
48432	6412	-16551	-15489	1045
3821	979	1106	1119	283
44611	5433	-17657	-16608	763
10973	1855	-1574	-1433	112
10973	1855	-1574	-1433	112
4391	669	793	-650	
4126	601	921	-524	
265	67	-129	-127	
460	287	-299	-310	
460	287	-299	-310	
34011	4127	-11979	-12091	739
4177	394	515	238	101
29720	4617	-10476	-9068	134
2208	246	-652	-650	
5839	1500	1888	463	498
73780	10568	-16182	-16613	1468
860	110	-315	-293	2
1316	207	-4207	-4203	2
11022	2466	-2423	-2414	516
19631	3617	-5167	-5055	437
14665	1204	-1250	-954	327
481	153	-108	78	37
30156	3446	-11755	-12763	155

10–9 续表3

单位：万元

指标	Item	主营业务收入 Revenue from Principal Business
餐饮业	**Catering Services**	**113812**
按餐饮业行业小类分	**By Classification of Catering Industry**	
正餐服务	Dinner Services	112020
快餐服务	Fast Food Services	1490
其他餐饮业	Other Catering Services	303
按登记注册类型分	**By Status of Registration**	
内资企业	Domestic Funded Enterprises	109892
国有企业	State-owned Enterprises	3623
股份合作企业	Cooperative-owned Enterprises	268
有限责任公司	Limited Liability Corporations	55084
国有独资公司	State Sole Funded Corporations	1048
其他有限责任公司	Other Limited Liability Corporations	54036
股份有限公司	Companies Limited by Shares	740
私营企业	Private Enterprises	49121
私营独资企业	Private-funded Enterprises	4359
私营合伙企业	Private Partnership Enterprises	4659
私营有限责任公司	Private Limited Liability Corporations	39590
私营股份有限公司	Private Share-holding Corporations Limited	514
其他企业	Other Enterprises	1056
外商投资企业	Enterprises with Foreign Investment	3921
外商投资股份有限公司	Foreign-funded Companies Limited by Shares	3921
按控股情况分	**By Holding**	
国有控股	State-owned Holding	15356
私人控股	Private Holding	78706
外商控股	Foreign Holding	3921
其 他	Others	15830
按经营形式分	**By Management Forms**	
独立门店	Independent Stores	81069
连锁总店	Chain Store Headquarters	23392
连锁门店	Chain Stores	
其 他	Others	9351

(continued)

(10 000 yuan)

主营业务成本 Cost of Principal Business	主营业务税金及附加 Tax and Extra Charges on Principal Business	营业利润 Operating Profits	利润总额 Total Profits	应交所得税 Income Tax Payable
57992	**5789**	**158**	**1034**	**270**
56962	5692	120	1005	270
905	83	-19	-28	
125	14	58	58	
56740	5565	-498	369	270
767	203	76	76	
138	15	15	15	4
31650	2658	2052	1282	104
622	52	282	282	
31027	2606	1770	1000	104
321	43	-38	-1	
23339	2643	-2344	-744	162
2514	257	144	153	19
1757	149	359	359	51
18668	2195	-2877	-1288	92
400	42	30	33	
526	4	-258	-258	
1253	224	656	665	
1253	224	656	665	
10440	590	29	-397	-23
40365	4125	-221	1463	188
1253	224	656	665	
5935	850	-306	-697	104
36025	4241	178	1490	283
14217	1288	317	308	
7751	259	-337	-763	-14

10-10 各区(市、县)社会消费品零售总额
Total Retail Sales of Consumer Goods by District (City, County)

单位：万元 (10 000 yuan)

区(市、县)名称	District (City, County)	2014	2013	2014年比2013年增长(%) Growth Rate in 2014 over 2013(%)
南明区	Nanming	3027450	2632565	15.0
云岩区	Yunyan	2758339	2473847	11.5
花溪区	Huaxi	1876264	1688807	11.1
乌当区	Wudang	303320	263757	15.0
白云区	Baiyun	383962	333300	15.2
观山湖区	Guanshanhu	905172	794011	14.0
开阳县	Kaiyang	319386	277245	15.2
息烽县	Xifeng	173316	150317	15.3
修文县	Xiuwen	201603	175154	15.1
清镇市	Qingzhen	359214	314273	14.3

10-11 "黄金周"旅游接待情况（2014年）
Statistics on Tourist Reception in Golden Week(2014)

指标		Item		春节 Spring Festival	国庆节 National Day
旅游住宿设施		**Tourism Accommodation**			
累计接待人天数	(万人/天)	Number of Tourists per Day	(10 000 persons/day)	37.02	108.39
平均停留天数	(天)	Average Length of Stay	(Day)	2.85	1.90
星级宾馆出租率		Room Occupancy Rate			
#饭店宾馆	(%)	Hotel	(%)	55.20	61.11
#旅馆招待所	(%)	Guesthouse	(%)	54.66	78.16
旅行社		**Travel Agencies**			
累计接团数	(个)	Cumulative Number of Tours	(unit)	932	905
累计接待人数	(万人次)	Cumulative Number of Tourists Arrival	(10 000 person-times)	4.09	1.81
景　区(点)		**Scenic Spots**			
统计的景区(点)	(个)	Numbers of Statistical Scenic Spots	(unit)	42	40
累计接待人数	(万人次)	Cumulative Number of Tourists	(10 000 person-times)	99.45	246.37
一日游游客所占比重	(%)	Percentage of Day-tripper	(%)	88.20	82.37
门票收入	(万　元)	Ticket Receipt	(10 000yuan)	1497.41	3232.00
交通客运		**Transportation**			
累计抵达班车次		Cumulative Number			
#铁　路	(班车、次)	Railway	(time)	456	894
民　航	(班车、次)	Civil Aviation	(time)	1022	1186
公　路	(班车、次)	Highway	(time)	30800	23345
累计抵达旅客量		Cumulative Number of Tourists Arrival			
#铁　路	(万人、次)	Railway	(10 000 person-times)	22.00	40.50
民　航	(万人、次)	Civil Aviation	(10 000 person-times)	10.01	12.20
公　路	(万人、次)	Highway	(10 000 person-times)	64.50	87.09
接待综合情况		**General Information of Tourism**			
接待人数	(万人、次)	Number of Visitors	(10 000 person-times)	172.07	323.59
旅游收入	(万　元)	Tourism Earnings	(10 000yuan)	62336.00	229400.00
人均天花费		Per Capita Expenditure per Day			
#过夜旅游者	(元/人天)	Tourists Stay Overnight	(yuan/person)	720.80	1276.59
一日游游客	(元/人天)	Day-tripper	(yuan/person)	224.11	341.50

10-12 旅 游
Tourism

指 标		Item		2014	2013	2014年比2013年增长(%) Growth Rate in 2014 over 2013(%)
接待海外旅游人数	**(人 次)**	**Number of Foreign Tourists**	**(person-time)**	**145931**	**134223**	**8.7**
外国人	(人 次)	Foreigners	(person-time)	69072	68038	1.5
港澳同胞	(人 次)	Compatriots from Hong Kong and Macao	(person-time)	45057	38785	16.2
台湾同胞	(人 次)	Compatriots from Taiwan	(person-time)	31802	27400	16.1
接待海外旅游人天数	**(人 天)**	**International Tourists**	**(person-time)**	**317099**	**296791**	**6.8**
外国人	(人 天)	Foreigner	(person-day)	153004	152276	0.5
港澳同胞	(人 天)	Compatriots from Hong Kong and Macao	(person-day)	94313	79741	18.3
台湾同胞	(人 天)	Compatriots from Taiwan	(person-day)	69782	64774	7.7
旅游外汇收入	**(万美元)**	**Foreign Exchange Earnings for Tourisms**	**(10 000 U.S.D)**	**5661.94**	**5229.79**	**8.3**
国内旅游		**Domestic Tourism**				
接待国内游客	(万人次)	Domestic Tourists	(10 000 person-times)	7225.50	6009.08	20.2
旅游收入	(亿 元)	Tourism Earnings	(100 million yuan)	870.91	725.50	20.0
旅游总收入	**(亿 元)**	**Total Tourism Earnings**	**(100 million yuan)**	**874.39**	**728.66**	**20.0**

10-13 星级饭店
Star-rated Hotels

单位：个 (unit)

指 标	Item	2014	2013	2014年比2013年增长(%) Growth Rate in 2014 over 2013(%)
总 计	**Total**	**64**	**75**	**-14.7**
按星级分	**By Hotel Level**			
一 星	One-star Hotel	5	5	持平
二 星	Two-star Hotel	13	17	-23.5
三 星	Three-star Hotel	20	29	-31.0
四 星	Four-star Hotel	22	20	10.0
五 星	Five-star Hotel	4	4	持平
按经济类型分	**By Ownership**			
国有经济	State-owned	22	27	-18.5
集体经济	Collective-owned			
外商投资经济	Foreign Funded			
个人投资经济	Private Funded	42	48	-12.5
按规模分	**By Capacity**			
客房总数500间以上	With more than 500 Rooms	1	1	持平
客房总数300-499间	With 300-499 Rooms	4	4	持平
客房总数200-299间	With 200-299 Rooms	9	9	持平
客房总数100-199间	With 100-199 Rooms	26	28	-7.1
客房总数99间以下	With Less than 99 Rooms	24	33	-27.3

10–14　招商引资
Capital Attraction and Investment Promotion

指　　标	Item	项目个数(个) Number of Projects(unit)		合同引资额 Contracted Capital		实际到位资金 Actually Absorbed Capital		
		2014	2013	2014	2013	2014	2013	2014年比2013年增长(%) Growth Rate in 2014 over 2013(%)
直接利用外资	**Direct Foreign Investment**	**24**	**24**	**65994**	**30407**	**76174**	**63000**	**20.9**
#合资经营企业	Joint Venture Enterprises	7	5	2747	1230	30362.17	13606.07	123.2
合作经营企业	Cooperative Enterprises	1		3244		1197		
外资企业	Foreign-funded Enterprises	16	19	60003	29177	39648.07	42850.48	-7.5
引进内资(亿元)	**Domestic Capital (100 million yuan)**	**317**	**504**	**1990.23**	**2874.33**	**2260.95**	**1665.98**	**35.7**

注：1. 2014年实际到位资金中投注差（投资总额与注册资本的差额）为4966万美元；
　　2. 引进内资统计口径为省外境内。

a) The gap between total investment and registered capital was 49.66 million U.S.D among actually absorbed capital in 2014;
b) Domestic investment introduced is calculated as from outside the provincial districts.

10–15　各区(市、县)实际直接利用外资
Direct Foreign Investment Actually Utilized by District (City, County)

单位：万美元　　(10 000 USD)

区(市、县)名　称	District(City, County)	2014	2013	2014年比2013年增长(%) Growth Rate in 2014 over 2013(%)
总　计	**Total**	**76174**	**63000**	**20.9**
南 明 区	Nanming	9278	7727	20.1
云 岩 区	Yunyan	8976	7418	21.0
花 溪 区	Huaxi	7290	6073	20.1
乌 当 区	Wudang	7006	5836	20.0
白 云 区	Baiyun	7006	5836	20.1
观山湖区	Guanshanhu	10032	7884	27.3
开 阳 县	Kaiyang	2796	2310	21.0
息 烽 县	Xifeng	2619	2182	20.0
修 文 县	Xiuwen	2623	2185	20.0
清 镇 市	Qingzhen	2644	2185	21.0
高 新 区	High-tech Zone	9408	7394	27.2
经开区(原小河区)	Economic Development Zone (the original Xiaohe District)	7169	5971	20.1

10-16 进出口总额
Total Value of Imports and Exports

单位：万美元 (10 000 USD)

指 标	Item	2014	2013	2014年比2013年增长(%) Growth Rate in 2014 over 2013(%)
进出口总额	**Total Value of Imports and Exports**	**784221**	**631821**	**24.1**
按企业性质分	**By Ownship of Enterprise**	**784221**	**631821**	**24.1**
三资企业	Foreign-funded Enterprises	9710	12948	-25.0
国有企业	State-owned Enterprises	237278	211118	12.4
集体企业	Collective-owned Enterprises	7510	17165	-56.2
民营企业及其他	Private and Other Enterprises	529723	390590	35.6
按贸易方式分	**By Types of Trade**	**784221**	**631821**	**24.1**
一般贸易	General Trade	731330	575673	27.0
加工贸易	Processing Trade	41899	48150	-13.0
其他贸易	Others	10991	7998	37.4
出口总额	**Total Value of Exports**	**727188**	**557909**	**30.3**
按企业性质分	**By Ownship of Enterprise**	**727188**	**557909**	**30.3**
三资企业	Foreign-funded Enterprises	5853	7841	-25.4
国有企业	State-owned Enterprises	194898	160260	21.6
集体企业	Collective-owned Enterprises	4021	4938	-18.6
民营企业及其他	Private and Other Enterprises	522416	384870	35.7
按贸易方式分	**By Types of Trade**	**727188**	**557909**	**30.3**
一般贸易	General Trade	692310	515166	34.4
加工贸易	Processing Trade	26043	36455	-28.6
其他贸易	Others	8834	6288	40.5
进口总额	**Total Value of Imports**	**57033**	**73915**	**-22.8**
按企业性质分	**By Ownship of Enterprise**	**57033**	**73915**	**-22.8**
三资企业	Foreign-funded Enterprises	3856	5107	-24.5
国有企业	State-owned Enterprises	42379	50858	-16.7
集体企业	Collective-owned Enterprises	3489	12227	-71.5
民营企业及其他	Private and Other Enterprises	7308	5723	27.7
按贸易方式分	**By Types of Trade**	**57033**	**73915**	**-22.8**
一般贸易	General Trade	39019	60511	-35.5
加工贸易	Processing Trade	15857	11694	35.6
其他贸易	Others	2157	1710	26.1

注：数据来源于市商务局。
a) Data in this table is provided by Commerce Bureau of Guiyang.

10－17　分国别(地区)进出口总额
Total Value of Imports and Exports by Country(Region)

单位：万美元　　(10 000 USD)

指　标	Item	2014 合计 Total Value	2014 出口 Exports	2014 进口 Imports	2013 合计 Total Value	2013 出口 Exports	2013 进口 Imports
总　计	**Total**	**784221**	**727188**	**57033**	**631821**	**557906**	**73915**
亚　洲	Asia	422833	391987	30845	338235	297483	40752
#香　港	Hong Kong	32753	30522	2231	29291	29287	4
印　度	India	43822	43594	228	43457	42217	1239
日　本	Japan	11403	9610	1793	14651	12422	2229
韩　国	South Korea	26960	26417	543	11875	11231	644
台　湾	Taiwan	4159	3865	294	4103	3936	167
东　盟	ASEAN	226979	210880	16098	193213	166682	26531
非　洲	Africa	79024	78629	395	38092	38073	18
欧　洲	Europe	98863	86788	12075	103266	87817	15449
#欧　盟	European Union	87222	80117	7105	94897	81543	13354
拉丁美洲	Latin America	38097	36342	1755	27305	26641	665
北美洲	North America	103684	93872	9812	103889	88617	15272
#美　国	America	92756	87397	5358	90581	79511	11071
大洋洲	Oceania	41719	39568	2150	21034	19275	1759
#澳大利亚	Australia	28653	26513	2140	15531	13885	1646

10－18　各区(市、县)进出口总额
Total Value of Imports and Exports by District(City, County)

单位：万美元　　(10 000 USD)

区(市、县)名　称	District (City,County)	2014 合计 Total Value	2014 出口 Exports	2014 进口 Imports	2013 合计 Total Value	2013 出口 Exports	2013 进口 Imports
总　计	**Total**	**784221**	**730315**	**53906**	**631821**	**557917**	**73904**
南明区	Nanming	259326	234562	24764	215979	192980	22999
云岩区	Yunyan	307649	285803	21846	256267	231257	25010
花溪区	Huaxi	478	478		398	375	23
乌当区	Wudang	23475	22633	842	16900	16066	834
白云区	Baiyun	9381	7906	1475	6798	6635	163
小河区	Xiaohe	37488	33968	3520	29401	11906	17495
开阳县	Kaiyang	437	435	2	258	258	
息烽县	Xifeng	3949	3948	1	3290	3290	
修文县	Xiuwen	10005	9945	60	8337	7481	856
清镇市	Qingzhen	1857	1857		1547	1547	
观山湖区	Guanshanhu	20261	20238	23	13571	12874	697
高新区	High-tech Zone	109915	108542	1373	79075	73248	5827

主要统计指标解释

社会消费品零售总额 指企业（单位、个体户）通过交易直接售给个人、社会集团非生产、非经营用的实物商品金额，以及提供餐饮服务所取得的收入金额。个人包括城乡居民和入境人员，社会集团包括机关、社会团体、部队、学校、企事业单位、居委会或村委会等。

批发零售贸易业商品购、销、存总额 指各种登记注册类型的批发、零售贸易业(不包括个体)企业（单位）以本企业（单位）为总体的商品购进、销售、库存总额。

商品购进总额 指从本企业(单位)以外的单位和个人购进(包括从境外直接进口)作为转卖或加工后转卖的商品总额。它反映批发零售贸易业从国内、国外市场上购进商品的总量。商品购进总额包括：(1)从工农业生产者购进的商品；(2)从出版社、报社的出版发行部门购进的图书、杂志和报纸；(3)从各种登记注册类型的批发零售贸易企业(单位)购进的商品；(4)从其他单位购进的商品，如从机关、团体、企业等单位购进的剩余物资，从餐饮业、服务业购进的商品，从海关、市场管理部门购进的缉私和没收的商品，从居民手中收购的废旧商品等；(5)从国(境)外直接进口的商品。不包括企业(单位)为自身经营用和未通过买卖行为而收入的商品以及销售退回、商品升溢等。

商品销售总额 指对本企业(单位)以外的单位和个人出售(包括对境外直接出口)的商品总额。它反映批发零售贸易业在国内市场上销售商品以及出口商品的总量。商品销售总额包括：⑴售给城乡居民和社会集团消费用的商品；⑵售给工业、农业、建筑业、运输邮电业、批发零售贸易业、餐饮业、服务业等作为生产、经营使用的商品；⑶售给批发零售贸易业作为转卖或加工后转卖的商品；⑷对国(境)外直接出口的商品。不包括出售本企业(单位)自用的废旧包装用品；未通过买卖行为付出的商品；经本单位介绍，由买卖双方直接结算，本单位只收取手续费的业务；购货退出的商品以及商品损耗和损失等。

批发零售贸易业库存 指报告期末各种登记注册类型的批发零售贸易企业(单位)已取得所有权的商品。它反映批发零售贸易企业(单位)的商品库存情况和对市场商品供应的保证程度。

零售额 指售给城乡居民用于生活消费和社会集团用于公共消费的商品金额。具体包括：

（1）售给城乡居民的各种生活消费品；

（2）售给入境旅游的外国人、华侨、港澳台同胞的各类商品；

（3）售给行政事业单位、社会团体、军队和武警等机构的商品，以及以零售方式售予各类企业的商品。具体包括：用于非生产和社会交往的办公用品，如通讯设备、计算器具和设备、电讯网络设备、文印设备、音像视听器材和设备、纸张、本册、文具及装订文印材料、家具、日用电器、针纺织品、清洁卫生用品、文体用品、奖品、纪念品、礼品等；供内部人员乘坐的交通工具和燃料；用于办公设施修缮的各类配件、材料、工具等；用于取暖和防暑降温的设备、燃料、材料及食品等；专用于教学的用品和设备；非营利医疗机权的中、西药品、中药材和医疗设备器材；非专用的劳动保护用品；不对外营业的内部食堂用的餐具、炊具、设备、清洁卫生工具和食品、燃料等；军队、武警用于其人员生活的衣着品和个人用品；其他各类非生产性设备和用品。不包括：

（1）售给城乡居民已确知是用于生产、经营的商品；

（2）售给各类农业生产者的生产资料类商品；

（3）售给企业单位生产上专用的劳动保护用品；

批发额 指售给国民经济各行业用于生产经营的商品金额。具体包括：

（1）售予国民经济各行业用于生产经营、勘察设计、科研试验等的商品；加油站售予生产及营运用的运输工具的石油及制品类商品；售予民政部门救灾用的商品。

（2）售予批发零售业、餐饮业和其他服务行业用于转卖的商品。

（3）直接向境外出品的商品和委托外贸部门代理出口的商品。不包括售给外贸部门出口或加工后出口的商品以及在境内市场以外币销售的商品。外贸企业只统计自主出口的商品，不包括代理出口的商品。

住宿和餐饮业经营情况

营业额 指住宿和餐饮业法人企业、产业活动单位在经营活动中因提供服务或销售商品等取得的收入。包括：客房收入、餐费收入、商品销售额（含增值税）和其他收入。

客房收入 指住宿和餐饮业法人企业、产业活动单位在经营活动中因提供住宿服务取得的客房收入。

餐费收入 指住宿和餐饮业法人企业、产业活动单位因为顾客提供就餐服务取得的收入。包括：经烹饪、调制加工后出售的各种食品，如主食、炒菜、凉拌菜等的收入。

商品销售额 指住宿和餐饮业法人企业、产业活动单位出售商品的总金额（含增值税）。

其他收入指营业额中除客房收入、餐费收入、商品销售额（含增值税）以外的其他收入。包括：娱乐、健身和商务服务等。

从业人员 指在该连锁企业工作并取得劳动报酬的年末实有人员数。包括在岗职工、再就业的离退休人员、在该企业工作的外方人员、港、澳、台方人员、兼职人员、借用的外单位人员和第二职业者。不包括离开本单位但仍保留劳动关系的职工。从业人数包括总店和全部门店以及自有配送中心的从业人数。

外贸进出口总额 指实际进出我国国境的货物总金额。包括对外贸易实际进出口货物，来料加工装配进出口货物，国家间、联合国及国际组织无偿援助物资和赠送品，华侨、港澳台同胞和外籍华人捐赠品，租赁期满归承租人所有的租赁货物，来料加工进出口货物，边境地方贸易及边境地区小额贸易进出口货物（边民互市贸易除外），中外合资企业、中外合作经营企业、外商独资经营企业进出口货物和公用物品，到、离岸价格在规定限额以上的进口货样和广告品（无商业价值、无使用价值和免费提供出口的除外），从保税仓库提取在中国境内销售的进口货物，以及其他进出口货物。进出口总额用以观察一个国家在对外贸易方面的总规模。我国规定出口货物按离岸价格统计，进口货物按到岸价格统计。

利用外资 指我国各级政府、部门和其他经济组织通过对外借款、吸收外商直接投资以及用其他方式筹措的境外现汇、设备、技术等。

外商直接投资 指外国企业和经济组织或个人（包括华侨、港澳台胞以及我国在境外注册的企业）按我国有关政策、法规，用现汇、实物、技术等在我国境内开办外商独资企业、与我国境内的企业或经济组织共同举办中外合资经营企业、合作经营企业或合作开发资源的投资（包括外商投资收益的再投资），以及经政府有关部门批准的项目投资总额内企业从境外借入的资金。

旅游者人数

（1）入境国际旅游者人数 指来中国参观、访问、旅行、探亲、访友、休养、考察、参加会议和从事经济、科技、文化、教育、宗教等活动的外国人、华侨、港澳同胞和台湾同胞的人数。不包括外国在我国的常驻机构，如使领馆、通讯社、企业办事处的工作人员；来我国常住的外国专家、留学生以及在岸逗留不过夜人员。

（2）出境居民人数 指大陆居民因公务活动或私人事务短期出境的人数。公务活动出境居民人数包括在国际交通工具上的中国服务员工，因私出境居民人数不包括在国际交通工具上的中国服务员工。

（3）国内旅游者人数 指我国大陆居民和在我国常住1年以上的外国人、华侨、港澳台同胞离开常住地在境内其他地方的旅游设施内至少停留一夜，最长不超过6个月的人数。

旅游总收入 游客（海外游客和国内游客）在旅游过程中（由游客或游客的代表为游客）支付的一切旅游支出就是国家（省、区、市）的旅游总收入。旅游支出应包括（过夜）旅游者和一日游游客在整个游程中行、游、住、食、购、娱，以及为亲友、家人购买纪念品、礼品等方面的旅游支出，不包括为商业目的购物、购买房、地、车、船等资本性或交易性的投资、馈赠亲友的现金及给公共机构的捐赠。

旅游收入包括国际旅游（外汇）收入和国内旅游收入。

国际旅游（外汇）收入 海外旅游者在中国（大陆）境内旅行、游览过程中用于交通、参观游览、住宿、餐饮、购物、娱乐等全部花费。

国内旅游收入 指国内旅游者在国内旅行、游览过程中用于交通、参观游览、住宿、餐饮、购物、娱乐等全部花费。

涉外饭店 指经有关部门批准，允许接待外国人、华侨、港澳同胞和台湾同胞的饭店。

Explanatory Notes on Main Statistical Indicators

Total Retail Sales of Consumer Goods refers to the amount obtained by enterprises (unites, self-employed individuals) through direct sales of non-production and non-business physical commodity to individuals and social institutions, and revenue from providing catering services. Individuals include rural and urban households as well as people from abroad; social institutions include government agencies, social organizations, military units, schools, public institutions, neighborhood (village) committees, etc.

Purchase, Sales and Stock of Commodities by Wholesale and Retail Trades refer to the total volume of commodities purchased, total volume of sales and the stock of commodities by wholesale and retail enterprises (establishments) of different types of registration (excluding individuals).

Total Purchases of Commodities refer to the total value of purchases of commodities purchased by enterprises (establishments) from other establishments or individuals (including direct import from abroad) for the purpose of re-selling, either with or without further processing of the commodities purchased. This indicator reflects the total value of commodities purchased by wholesale and retail establishments from domestic and overseas markets. The types of commodities include: (1) products purchased from agricultural and industrial producers; (2) books, magazines and newspapers purchased from distribution departments of the publishers and newspaper offices; (3) commodities purchased from wholesale and retail establishments of different types of registration; (4) commodities purchased from other units, such as surplus materials purchased from government agencies, enterprises or institutions, commodities purchased from catering and service establishments, confiscated goods purchased from customs authorities or market management agencies second-hand goods and wastes purchased from residents; and (5) commodities directly imported from abroad. Commodities excluded those purchased by establishments(units) for their own use in business operation, commodities obtained without buying or selling procedures, returned commodities, etc.

Total Sales of Commodities refer to value of commodities sold by the establishments to other establishments and individuals (including direct export). This indicator is used to show the total value of sales of commodities at domestic markets and in exports. The types of commodities sold include: (1) commodities sold to urban and rural residents and social groups for their consumption; (2) commodities sold to establishments in industry, agriculture, construction, transportation, post and telecommunications, wholesale and retail trades, hotels and catering services, and public utility for their production and operation; (3) commodities sold to wholesale and retail establishments for re-selling, with or without further processing; (4) commodities directly exported to other countries. Commodities excluded selling of waste packaging materials used by the establishments (units) themselves, commodities transferred without buying or selling procedures, commission income from brokerage in transactions for which settlement is directly handled by buyers and sellers, returned commodities, loss in commodities, etc.

Commodity Stock of Wholesale and Retail Enterprises refers to total commodities possessed by wholesale and retail enterprises (units) of various types of registration at the end of the reference period, reflecting the commodity stock level of various wholesale and retail enterprises and the potential for market supply.

Turnover of Retail Sales refers to retail goods sold to urban and rural households for household consumption and to social institutions for public consumption. Specific types of retail goods are as follows:

a) Commodities sold to urban and rural households;

b) Commodities sold to foreigners, overseas Chinese and Chinese compatriots from Hong Kong, Macao and Taiwan visiting China;

c) Commodities sold to government agencies, institutions, social organizations, military and armed police units, and commodities to enterprises in the form of retail sales. More specifically, they include: office facilities and articles for non-production purposes such as communications equipment, computing equipment and instruments, TV and network equipment, printing and copying equipment, audio-visual equipment and instruments, paper, notebooks, stationeries, furniture, electric appliances, knitwear, sanitation and cleaning articles, cultural and sport articles, articles for prizes, souvenirs, etc.; transport vehicles and fuels for employees; materials, spare parts and tools for the maintenance of office facilities; equipment, fuels, materials and food for winter heating or summer cooling purposes; articles and equipment for teaching purpose; Chinese and western medicines and medical equipment and facilities purchased by non profit-making medical institutes; non-specialized work safety articles; cooking utensils, tableware, equipment, cleaning articles, food and fuels purchased by in-house cafeterias; clothes and personal articles purchased by military or armed police units for their officials and soldiers; and other equipment and articles for non-production purposes.

Commodities of retail sales exclude:

(1) Commodities sold to residents for production and management;

(2) Commodities like means of production sold to agricultural producers;

(3) Labor protection products sold to enterprises during production.

Turnover of Wholesale Sales refers to the amount of commodities sold to industries of national economy for production and management. Specific types of retail goods are as follows:

(1) Commodities sold to industries for production and management, survey and design and scientific researches, Oil and oil products permitted by gas station to produce and be used to traffic tools and relief goods sold to Ministry of Civil Affairs.

(2) Commodities sold to retailers, catering and other service industries to resale.

(3) Commodities directly exported overseas or exported by Foreign Trade Department, excluding commodities sold to Foreign Trade Department to export, processed commodities for export and commodities sold in foreign currencies at domestic market. Commodities of foreign trade enterprises only count those exported themselves, not including commodities by export broker.

Accommodation and catering

Business Revenue refers to revenue of hotels and catering services received from providing services or selling commodities through business activities, including income from hotels, from catering services, from selling of commodities(including value added tax) and from other services.

Income from Hotel Rooms refers to income of corporate enterprises and establishments by providing lodging services.

Income from Catering Services refers to income of corporate enterprises and establishments by providing catering services, including selling of cooked or prepared foods such as staple food, cooked dishes or cold dishes.

Income from Serving Meals refers to income of corporate enterprises and establishments by serving customers meals. Types of meals include all kinds of food cooked and flavoured such as staple food, stir-fried and cold vegetable dishes in sauce.

Income from Selling of Commodities refers to income of corporate enterprises and establishments by selling commodities that accompany the services they provide (including value added tax). Income from other activities refers to those other than income from hotel rooms, catering services or selling of commodities, such as income from providing recreational, fitness or business services.

Employed Persons refer to all those who are employed in enterprises and receive remunerations there, including currently working employees, retirees who are re-employed, teachers of local-run schools, as well as foreigners, staff from Hong Kong, Macao and Taiwan, part-time employees and persons with second job who are employed by the enterprises, and employees of other units temporarily working in the enterprises, but excluding former employees who left the enterprises with their employment records still being kept by the enterprises.

Total Volume of Imports and Exports refers to the real value of commodities imported and exported across the border of China. They include the actual imports and exports through foreign trade, imported and exported goods under the processing and assembling trades and materials, supplies and gifts as aid given gratis between governments and by the United Nations and other international organizations, and donations by overseas Chinese, compatriots in Hong Kong and Macao and Chinese with foreign citizenship, leasing commodities owned by tenant at the expiration of leasing period, the imported and exported commodities processed with imported materials, commodities trading in border areas (excluding mutual exchange goods), the imported and exported commodities and articles for public use of the Sino-foreign joint ventures, cooperative enterprises and ventures with sole foreign investment. Included in this category are also imports or exports of samples and advertising goods for whose CIF or FOB value are beyond the permitted ceiling (excluding goods of no trading or use value and free commodities for export), imported goods sold in China from bonded warehouses and other imported or exported goods. This indicator can be used to observe the total size of external trade in a country. In accordance with the stipulation of the Chinese government, imports are calculated at CIF, while exports are calculated at FOB.

Utilization of Foreign Capital refers to remittance, equipment and technology financed from abroad, by loans, foreign direct investment and other forms undertaken by the governments at all levels, by various departments, enterprises and other economic units.

Foreign Direct Investment refers to the investments inside China by foreign enterprises and economic organizations or individuals (including overseas Chinese, compatriots from Hong Kong, Macao and Taiwan, and Chinese enterprises registered abroad), following the relevant policies and laws of China, for the establishment of ventures exclusively with foreign own investment, Sino-foreign joint ventures and cooperative enterprises or for co-operative exploration of resources with enterprises or economic organizations in China. It includes the reinvestment of the foreign entrepreneurs with the profits gained from the investment and the funds that enterprises borrow from abroad in the total investment of projects which are approved by the relevant department of the government.

Number of Tourists

（1）International tourists refer to foreigners, overseas Chinese, Chinese compatriots from Hong Kong, Macao and Taiwan coming to China for sight-seeing, visits, tours, family reunions, vacations, study tours, conferences and other activities of a business, scientific and technological, cultural, educational and religious nature. It does not include representatives and employees of resident institutions of foreign countries in China such as embassies, consulates, news agencies and offices of foreign companies and organizations, nor does it include long-term foreign experts or students residing in China, or persons in transition without spending a night in China.

（2）Number of local residents going abroad refers to the number of mainland China residents who go abroad either for official business or for private affairs. The quantity of Chinese workers who serve in the international transportation vehicles are included in those who go for official business, but those for private affairs are not included.

（3）Number of domestic tourists refers to the quantity of people who leave their living places to stay in tourism destinations for at least one night but no more than 6 months, including mainland China residents, foreigners, residents from Hong Kong, Macao and Taiwan who lived in China for more than one year.

Total Tourism Revenue refers to the total expenditure of foreigners, overseas Chinese, Chinese compatriots from Hong Kong, Macao and Taiwan and domestic tourists spending during their stay in mainland China on transportation, sighting, accommodation, food, shopping, entertainment, souvenirs and gifts for their friends and families, excluding the expenses on commercial shopping, houses, lands, cars, ships, cash given to friends and families and donations.

Tourism Revenue includes foreign exchange earnings from international tourism and income from domestic tourism.

Foreign Exchange Earnings from International Tourism refers to the total expenditure of foreigners, overseas Chinese, Chinese compatriots from Hong Kong, Macao and Taiwan during their stay in mainland China on transportation, sightseeing, accommodation, food, shopping and entertainment.

Income from Domestic Tourism refers to expenditure of domestic tourists on transportation, sighting, accommodation, food, shopping and entertainment while they travel.

Foreign-oriented Hotels refer to those hotels authorized by the government to receive foreigners, overseas Chinese and compatriots from Hong Kong, Macao and Taiwan.

11

Eleven

交通、运输、邮电、城市公用事业

Traffic, Transportation, Postal and Telecommunication Services, Urban Public Utilities

2014年民用车辆拥有量（辆）

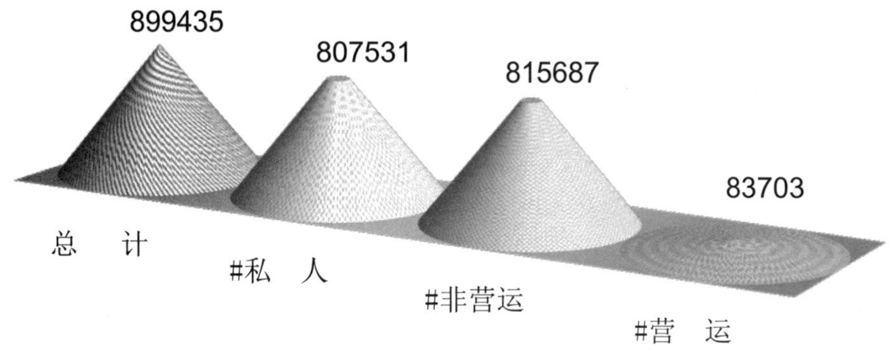

旅客发送量(万人)　货物运输量(万吨)

72527
26421
60430
21281
2014年
2013年

固定电话用户(万户)　移动电话用户(万户)

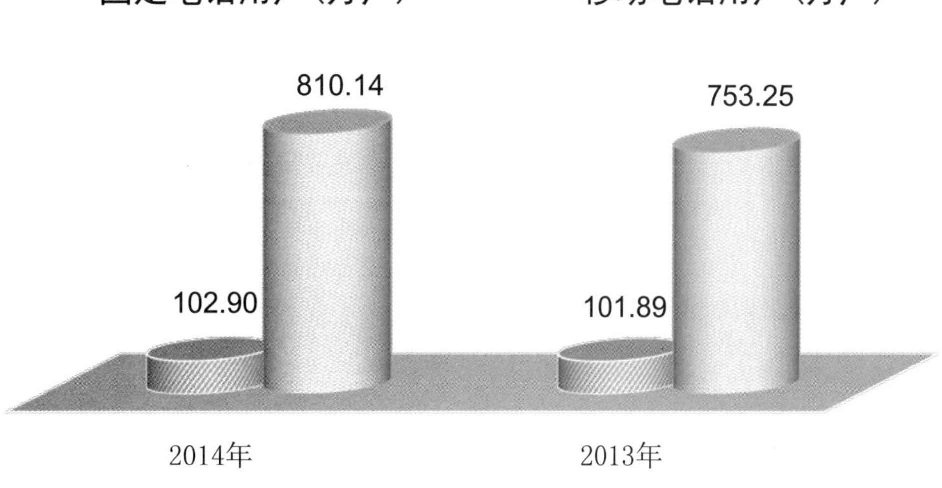

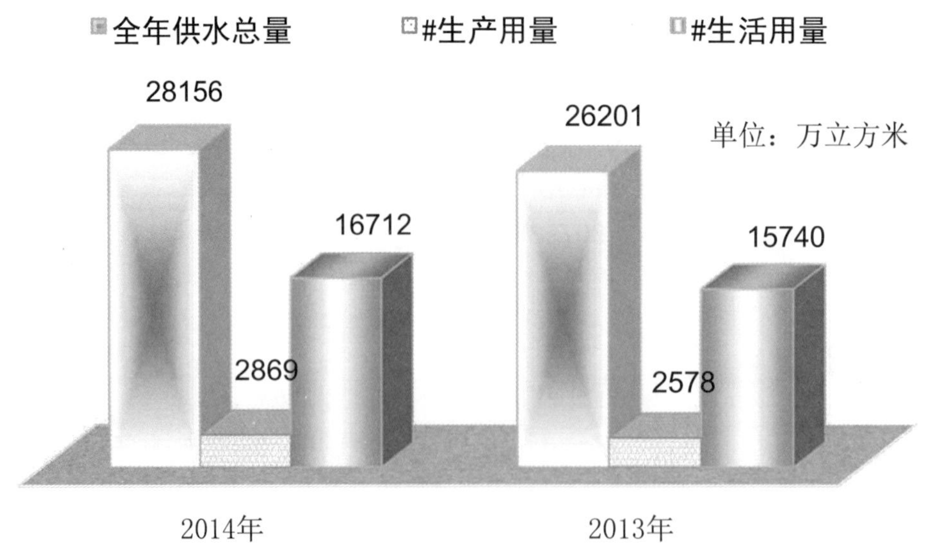

2014年城市用气

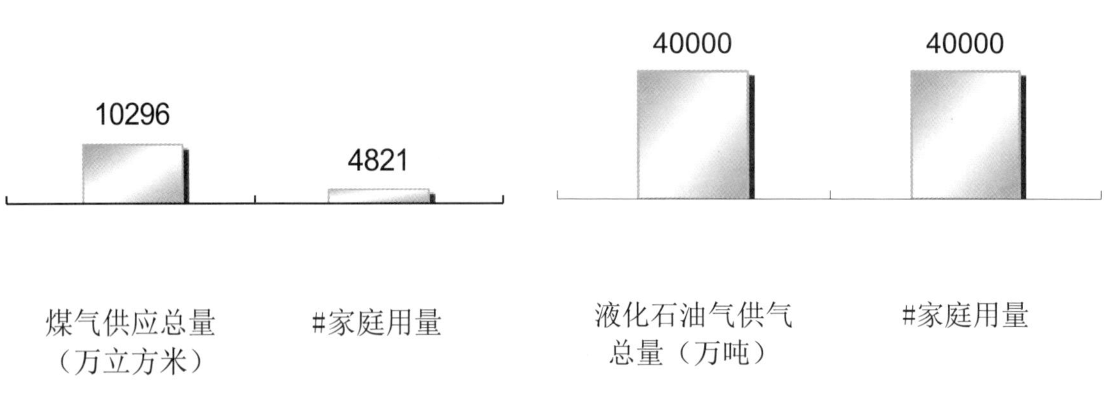

建成区绿化覆盖面积　建成区园林绿地面积

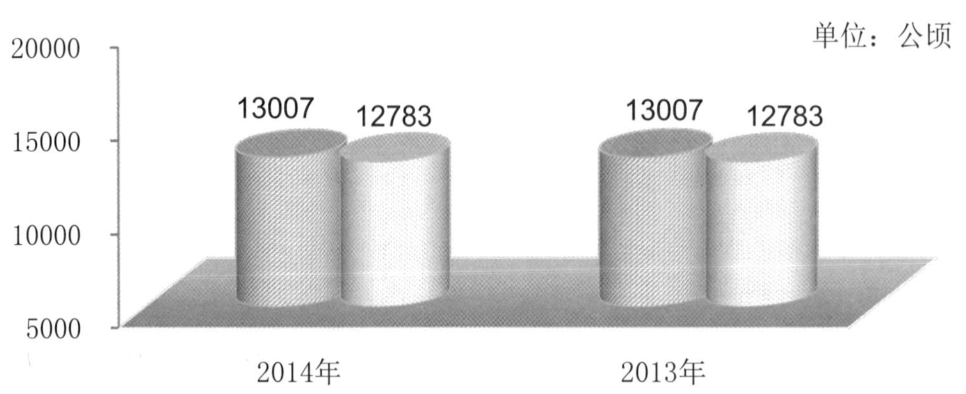

11-1 民用车辆拥有量(2014年)
Possession of Civil Vehicles(2014)

单位：辆 (unit)

指 标	Item	总 计 Total	营 运 Commercial Vehicle	非营运 Non-commercial Vehicle	#进 口 Imported	#个 人 Private	#新注册 Newly Registered	报 废 Eliminated
民用车辆合计	**Total Civil Vehicles**	**899435**	**83703**	**815687**	**37510**	**807531**	**140427**	**3882**
汽 车	**Cars**	**754345**	**83096**	**671204**	**37471**	**634926**	**111218**	**3874**
载客汽车	Passenger Vehicles	613211	19625	593541	37362	526338	88884	3315
大 型	Large	7022	5139	1849	36	152	1054	356
中 型	Medium	4054	1427	2616	151	585	323	233
小 型	Small	579383	13052	566331	36855	507354	87107	2126
微 型	Minicar	22752	7	22745	320	18247	400	600
载货汽车	Trucks	137607	62788	74819	83	102803	20761	509
重 型	Heavy	19264	17293	1971	44	10123	5359	26
中 型	Medium	12935	11603	1332	2	9541	615	16
轻 型	Light	102104	33868	68236	37	82952	14787	457
微 型	Mini	3304	24	3280		187		10
其它汽车	Others	3527	683	2844	26	3477	427	50
三轮汽车	Tricar	1999	121	1825		1956	200	
低速汽车	Low-speed Cars	1528	562	1019		1521	227	
摩托车	**Motorcycle**	**144468**	**22**	**144446**	**39**	**172498**	**29161**	**8**
普 通	Ordinary	139078	22	139056	39	167074	26090	8
轻 便	Lightweight	5390		5390		5424	174	
挂 车	**Trailer**	**622**	**585**	**37**		**107**	**48**	

注:机动车驾驶员1180079人，其中汽车驾驶员1119570人。
a) The number of vehicle drivers was 1,180,079 and the number of car drivers was 1,119,570 in 2014.

11-2 旅客运量及货物运输量
Passenger and Freight Traffic

指 标	Item	2014	2013	2014年比2013年增长(%) Grwoth Rate in 2014 over 2013(%)
旅客发送量(万人)	**Total Passenger Traffic (10 000 persons)**	**72527**	**60430**	**20.0**
铁 路	Railways	1575	1471	7.1
公 路	Highways	69659	57872	20.4
航 空	Aviation	1253	1047	19.6
水 运	Waterways	40.45	40.42	0.1
货物运输量(万吨)	**Total Freight Traffic (10 000 tons)**	**26421**	**21281**	**24.2**
铁 路	Railways	1402	1519	-7.7
公 路	Highways	25007	19750	26.6
航 空	Aviation	8.21	7.74	6.1
水 运	Waterways	3.75	4.06	-7.6

11-3　邮电线路及通信工具拥有量
Number of Postal Routes and Telecommunication Facilities

指　　标		Item		2014	2013	2014年比2013年增长(%) Growth Rate in 2014 over 2013(%)
邮路总条数	**(条)**	**Total Postal Routes**	**(line)**	**126**	**122**	**3.3**
邮路总长度(单程)	**(公　里)**	**Length of Postal Routes (one way)**	**(km)**	**48554**	**50486**	**-3.8**
汽车邮路	(公　里)	Highway Routes	(km)	11898	10486	13.5
铁路邮路	(公　里)	Railway Routes	(km)	2536	5880	-56.9
航空邮路	(公　里)	Air Mail Routes	(km)	34120	34120	持平
农村投递线路总长度	**(公　里)**	**Rural Delivery Routes**	**(km)**	**6183**	**4568**	**35.3**
电话交换机容量	**(万　门)**	**Capacity of Telephone Exchanges**	**(10 000 lines)**	**963**	**850**	**13.2**

注：1. 邮路总条数中包含速递物流公司的26条航空邮路。
　　2. 邮政数据来源于市邮政管理局。

a) The number of postal routes included 26 air mail lines of the express corporations.

b) Postal data came from Municipal Postal Service.

11-4　邮电业务量
Statistics on Postal and Telecommunication Services

指　　标		Item		2014	2013	2014年比2013年增长(%) Growth Rate in 2014 over 2013(%)
邮电业务收入	**(万　元)**	**Business Revenue of Postal and Telecommunication Services**	**(10 000 yuan)**	**654163**	**629025**	**4.0**
电信业务收入	(万　元)	Business Revenue of Telecommunication Services	(10 000 yuan)	563391	560648	0.5
邮政业务收入	(万　元)	Business Revenue of Postal Services	(10 000 yuan)	90772	68377	32.8
函　　件	(万　件)	Numbers of Letters	(10 000 pcs)	739.61	3256.00	-77.3
包　　件	(万　件)	Package	(10 000 pcs)	15.09	19.89	-24.1
特快专递	(万　件)	Pieces of Express Mail Services	(10 000 pcs)	2981.87	598.00	398.6
汇　　票	(万　张)	Postal Order	(10 000 pcs)	93.89	113.00	-16.9
订销报纸	(万　份)	Issue of Newspapers	(10 000 copies)	11122.61	10873.83	2.3
订销杂志	(万　份)	Issue of Magazines	(10 000 copies)	846.05	910.59	-7.1
邮政储蓄期末余额	(万　元)	Post Deposits at the Year-end	(10 000 yuan)	658174	588547	11.8
集邮业务量	(万　枚)	Stamps for Collection	(10 000 pcs)	973.78	1211.00	-19.6
邮电业务总量	**(万　元)**	**Business Volume of Postal and Telecommunication Services**	**(10 000 yuan)**	**969878**	**772571**	**25.5**
电信业务总量	(万　元)	Business Volume of Telecommunication Services	(10 000 yuan)	882912	706088	25.0
邮政业务总量	(万　元)	Business Volume of Postal Services	(10 000 yuan)	86965	66483	30.8
年末固定电话用户	**(万　户)**	**Number of Fixed Telephone Subscribers at Year-end**	**(10 000 subscribers)**	**102.90**	**101.89**	**1.0**
#城市电话用户	(万　户)	Urban Fixed Telephone Subscribers	(10 000 subscribers)	92.67	91.25	1.6
#住宅电话用户	(万　户)	Household Fixed Telephone Surbscribers	(10 000 subscribers)	55.05	53.27	3.3
农村电话用户	(万　户)	Rural Fixed Telephone Subscribers	(10 000 subscribers)	10.21	10.64	-4.0
#住宅电话用户	(万　户)	Household Fixed Telephone Subscribers	(10 000 subscribers)	6.87	7.24	-5.1
#公用电话用户	(万　户)	Public Telephone	(10 000 subscribers)	13.25	13.60	-2.6
移动电话用户	**(万　户)**	**Mobile Telephone Subscribers**	**(10 000 subscribers)**	**810.14**	**753.25**	**7.6**
互联网用户数	**(万　户)**	**Internet Subscribers**	**(10 000 subscribers)**	**535.10**	**482.76**	**10.8**
固定互联网宽带用户数	**(万　户)**	**Fixed Internet Broadband users**	**(10 000 subscribers)**	**105.44**	**93.63**	**12.6**

注：邮政数据来源于市邮政管理局。

a) Postal data came from Municipal Postal Service.

11–5 自来水、公共汽车基本情况
Basic Statistics on Tap Water Supply and Buses

指标		Item		2014	2013
水厂	(个)	Water Plant	(unit)	8	8
综合生产能力	(万吨/日)	Production Capacity of Water Supply	(10 000tons/day)	114.45	113.77
供水管道长度	(公里)	Length of Water Supply Pipelines	(km)	3965.60	3466.38
全年供水总量	(万立方米)	Total Annual Volume of Water Supply	(10 000cu.m)	28156.37	26201.40
#生产用量	(万立方米)	For Productive Use	(10 000cu.m)	2869.28	2577.61
生活用量	(万立方米)	For Residential Use	(10 000cu.m)	16712.21	15740.23
用水户数	(万户)	Registered Subscribers	(10 000subscribers)	68.75	61.77
#家庭用户	(万户)	Household Subscribers	(10 000subscribers)	65.28	58.72
用水人口	(万人)	Number of Residents with Access to Tap Water	(10 000 persons)	306.76	246.48
年末实有公共汽车(电)车营运车辆数	(辆)	Number of Buses (Trolley) under Operation at Year-end	(unit)	2450	2286
公共汽(电)车营运标准车台数	(标台)	Number of Buses (Trolley) under Operation	(unit)	3031	2747
公共汽(电)车营运线路网长度	(公里)	Length of Buses (Trolley) under Operation	(km)	697	697
全年公共汽(电)车客运总量	(万人次)	Passengers Transported by Public Vehicles of the Whole Year	(10 000 person-times)	62142	64027
年末实有出租汽车数	(辆)	Number of Taxis at Year-end	(unit)	7534	6463

注:本表数据为市辖区数。
a) All statistics in the table came from Guiyang Municipal Districts.

11–6 市政设施和城市燃气情况
Basic Statistics on Municipal Infrastructure and Supply of Gas in Cities

指标		Item		2014	2013
道路长度	(公里)	Length of Paved Roads	(km)	1294	1284
道路面积	(万平方米)	Area of Paved Roads	(10 000sq.m)	2611	2584
#人行道	(万平方米)	Area of Pavements	(10 000sq.m)	867	863
桥梁数	(座)	Number of City Bridges	(unit)	313	298
排水管道长度	(公里)	Length of City Sewage Pipes	(km)	3520	3517
防洪堤长度	(公里)	Length of Floodbank	(km)	72	72
路灯盏数	(万盏)	Number of Street Lights	(10 000units)	21.86	20.91
煤气供气总量	(万立方米)	Volume of Coal Gas Supply	(10 000cu.m)	10296	18462
#家庭用量	(万立方米)	Consumption of Coal Gas for Residential Use	(10 000cu.m)	4821	9032
天然气供气总量	(万立方米)	Volume of Natural Gas Supply	(10 000cu.m)	13902	9677
#家庭用量	(万立方米)	Consumption of Natural Gas for Residential Use	(10 000cu.m)	5414	1587
用天然气户数	(万户)	Number of Households Using Coal Gas	(10 000households)	68.15	26.01
#家庭用户	(万户)	Residential Users	(10 000households)	67.75	25.89
用天然气人口	(万人)	Population with Access to Coal Gas	(10 000persons)	237	91
液化石油气供气总量	(万吨)	Volume of Liquefied Petroleum Gas Supply	(10 000tons)	4.00	3.80
#家庭用量	(万吨)	Consumption of LPG for Residential Use	(10 000tons)	4.00	3.80
用液化气户数	(万户)	Number of Households Using Liquefied Gas	(10 000households)	20.5	20.5
#家庭用户	(万户)	Residential Users	(10 000households)	20.5	20.5
用液化石油气人口	(万人)	Population with Access to Liquefied Petroleum	(10 000persons)	72	72

注：2014年9月煤气全面置换为天然气。
a) In September,2014, coal gas was replaced by natural gas fully.

11-7 园林绿化和环境保护
Basic Statistics on Parks, Gardens and Green Areas and Environment Protection

指　　标		Item		2014	2013
建成区绿化覆盖面积	(公 顷)	Green Coverage of Built-up Districts	(hectare)	13007	13007
建成区园林绿地面积	(公 顷)	Area of Parks and Greenland in Built-up Districts	(hectare)	12783	12783
建成区公共绿地面积	(公 顷)	Area of Public Greenland in Built-up Districts	(hectare)	3105	3105
建成区绿地率	(%)	The Rate of Green Land in Built-up Districts	(%)	42.7	42.7
建成区绿化覆盖率	(%)	Green Coverage Rate in Built-up Districts	(%)	43.5	43.5
人均公共绿地面积	(平方米/人)	Per Capita Public Green Areas	(square meters per person)	11.20	11.20
公园数	(个)	Number of Parks	(unit)	12	13
公园面积	(公 顷)	Area of Parks	(hectare)	2568	2568
道路清扫面积	(万平方米)	The Area of Road Swept and Cleaned	(10 000 square meters)	2289	2289
生活垃圾清运量	(万 吨)	Volume of Consumption Wastes Treated	(10 000 tons)	119.26	103.87
生活垃圾粪便无害化处理量	(万 吨)	Volume of Consumption Wastes and Excrement Harmlessly Treated	(10 000 tons)	117.29	100.05
城市生活垃圾无害化处理率	(%)	Rate of Harmlessly Treating Consumption Wastes	(%)	97.59	95.43
城市生活垃圾粪便无害化处理率	(%)	Rate of Harmlessly Treating Consumption Wastes and Excrement	(%)	97.61	95.47
公厕数量(水冲式)	(座)	The Number of Public Latrine(Flushing)	(unit)	540	540
环卫机械总数(环卫专用车总数)	(台)	Total Number of Environmental Sanitary Machines(Total Number of Environmental Sanitary Vehicles)	(unit)	1061	899
废水排放总量	(万 吨)	Total Volume of Waste Water Discharged	(10 000 tons)	25353	24050
工业废水排放总量	(万 吨)	Total Volume of Industrial Waste Water Discharged	(10 000 tons)	2895	2262
工业废气排放总量	(亿标立方米)	Total Volume of Waste Gas	(100 million standard cubic meters)	1933	1672
二氧化硫排放总量	(万 吨)	Total Volume of SO2 Emission	(10 000 tons)	10.71	10.61
#工业二氧化硫排放量	(万 吨)	Volume of Industrial Sulphur Dioxide Discharged	(10 000 tons)	7.05	7.06
烟尘排放总量	(万 吨)	Total Volume of Smoke and Dust Discharged	(10 000 tons)	3.48	2.96
工业固体废物产生量	(万 吨)	Volume of Industrial Solid Wastes Produced	(10 000 tons)	1097.8	1104.4

注：2014年公园数减少1个，因小车河城市湿地公园与南郊公园合并，称为阿哈湖国家湿地公园。

a) In 2014, the number of parks reduced by 1, for the combination of Xiao Chehe City Wetland Park and Nanjiao Park, which was named A Hahu National Wetland Park.

主要统计指标解释

民用汽车拥有量 指报告期末，在公安交通管理部门按照《机动车注册登记工作规范》，已注册登记领有民用车辆牌照的全部汽车数量。汽车拥有量统计的主要分类：根据汽车结构分为载客汽车、载货汽车、其他汽车；根据汽车所有者不同分为个人(私人)汽车、单位汽车；根据汽车的使用性质分为营运汽车、非营运汽车；根据汽车大小规格不同，载客汽车分为大型、中型、小型和微型，载货汽车分为重型、中型、轻型和微型。

货(客)运量 指在一定时期内，各种运输工具实际运送的货物(旅客)数量。货运按吨计算，客运按人次计算。货物不论运输距离长短、货物类别，均按实际重量统计。旅客不论行程远近或票价多少，均按一人一次客运量统计；半价票、小孩票也按一人统计。

铁路旅客运量 指在一定时期内使用铁路客车运送的旅客人数。铁路旅客运量的计算方法：不论票价多少或行程长短，均按单程计算为一人次；不足购票年龄免购客票的儿童，不记运量；月、季票按往返 25 人计算。因地方铁路管理体制改变，各地可以辖区内的铁路火车站为基本统计单位进行客货发送量统计。

公路客（货）运量 统计范围为在公路运输管理部门注册登记从事公路运输的营业性载客汽车和营业性货运车辆一定时期内实际运送的旅客（货物）数量。

水运客运量 指水运企业及其他单位在一定时期内实际运送的旅客人数。

民用航空客运量 指公共航空运输飞行所载运的旅客人数。成人和儿童各按一人计算，婴儿不计人数。每一特定航班的每一旅客只计算一次。唯一例外的是，乘坐定期航班既经过国内航段又经过国际航段的旅客，同时计算一个国内旅客和一个国际旅客。

民用航空货邮运量 指航空站在一年内从航站发运的行李、邮件、货物的重量总和。包括始发运量和联运量。发运量是根据进出港舱单、载重表等原始记录计算的。

邮电业务总量 指以价值量形式表现的邮电通信企业为社会提供各类邮电通信服务的总数量。邮电业务量按专业分类包括函件、包件、汇票、报刊发行、邮政快件、特快专递、邮政储蓄、集邮、公众电报、用户电报、传真、长途电话、出租电路、市话无线寻呼、移动电话、分组交换数据通信、出租代维等。计算方法为各类产品乘以相应的平均单价(不变价)之和，再加上出租电路和设备、代用户维护电话交换机和线路等的服务收入。其计算公式为：

邮电业务总量＝Σ（各类邮电业务量×不变单价）+出租代维及其他业务收入

邮政、电信业务收入 指邮电、通信企业通过生产经营活动所取得的全部业务收入，包括邮政、长途电信、本地电话等各项主营业务收入和地方国有通信收入。统计范围改为全社会所有从事电信运营的企业（即中国电信、中国移动、中国联通三家基础电信企业)，邮政企业和年业务收入 200 万元以上的快递企业。

移动电话用户 指在移动电话营业部门登记，通过移动电话交换机进入移动电话网、占有移动电话号码的电话用户。用户数量以实际办理登记手续进入邮电部门移动电话网的户数进行计算，一部或一台移动电话统计为一户。

固定电话用户 指接入国家公众固定电话网，并按固定电话业务进行经营管理的电话用户。

城市电话用户 指直辖市、省辖市、地级市、县级市的市区、市郊区及县城（包括县人民政府所在地的县城关区或行政建制相当于县人民政府所在地的镇）范围内接入局用交换机的电话用户数，包括分布在农村地区的独立工矿区、林区、驻军等电话用户数。

农村电话用户 指按行政区划属于城市范围内以外的乡镇、村的电话用户数

供水综合生产能力 指城建部门系统自来水公司所属自来水厂及各单位自备水源取水、净化、送水、出厂输水干管等环节的综合生产能力，以四个环节中最薄弱的环节为主确定能力，超负荷运行增加的能力不应计算。

城市供水总量 指报告期供水企业(单位)供出的全部水量，包括有效供水量和漏损水量，不包括开水直接利用量。

居民生活用水量 指城市范围内所有居民家庭的日常生活用水。包括城市居民、农民家庭、公共供水

站用水。

用水人口 指供应生活用水的年末实际人口。包括非农业人口和农业人口。

供气总量（人工、天然气） 指城市煤气企业向城市生产用户、家庭用户和其他用户供应的全部煤气量，包括外购及损失量。

用气人口 指报告期末家庭用户的用气人口。

年末实有公共汽(电)车营运车辆数 指城市公共交通企业可参加营运的全部车辆数。包括技术完好的、在修的、待修的、长期停驶的，以及拟报废尚未经上级主管部门批准报废的运营车辆数。不包括公交企业的油罐车、货车和其他专用车等非运营车，也不包括借入、租入的客运车辆。

全年公共汽(电)车客运总量 指运送乘客的总人数。包括普通票乘客人次，月票乘客人次和包车乘客人次。

年末实有出租汽车数 指经有关部门批准的专门从事出租业务的一切营业车辆。包括轿车、面包车、大客车。

年末实有城市道路面积 指路面经过铺筑的路面宽度在 3.5 米以上(含 3.5 米)的道路。包括高级、次高级道路和普通道路，不包括街道内部路面宽度不足 3.5 米的胡同、里弄。

道路面积只包括路面面积和与道路相通的广场、桥梁、停车场面积。不包括街心花坛、侧石、人行道和路肩的面积。

排水管道长度 排水管道是指汇集和排放污水、废水和雨水的管渠及其附属设施所组成的系统。包括干管、支管以及通往处理厂的管道，无论修建在街道上或其他任何地方，只要是起排水作用的管道，都应作排水管道统计。

绿地面积 指报告期末用作园林和绿化的各种绿地面积。包括公园绿地、生产绿地、防护绿地、附属绿地和其他绿地的面积。

公园绿地面积 指城市中向公众开放的、以游憩为主要功能，有一定的游憩设施和服务设施，同时兼有健全生态、美化景观、防灾减灾等综合作用的绿化用地。包括综合公园、社区公园、专类公园、带状公园和街旁绿地。其中综合公园、专类公园和带状公园面积之和为公园面积。

建成区绿化覆盖面积 指城市建成区内各单位管理的一切用于绿化的乔灌木和多年生草本植物的垂直投影面积。包括园林绿地以外的道路绿化覆盖面积(即道路的隔离带、中心绿岛和林荫道及行道树的覆盖面积)和单株树木的覆盖面积。

工业废水排放总量 指经过企业厂区所有排放口排到企业外部的工业废水量。包括生产废水、外排的直接冷却水、超标排放的矿井地下水和与工业废水混排的厂区生活污水，不包括外排的间接冷却水(清污不分流的间接冷却水应计算在内)。

工业废气排放总量 指报告期内企业厂区内燃料燃烧和生产工艺过程中产生的各种排入大气的含有污染物的气体的总量，以标准状态(273K，101325Pa)计算。测算公式为：

工业废气排放量=燃料燃烧过程中废气排放量+生产工艺过程中废气排放量

工业烟尘排放总量 指企业厂区内燃料燃烧过程中产生的烟气中夹带的颗粒物排放量。

工业固体废物产生量 指报告期内企业在生产过程中产生的固体状、半固体状和高浓度液体状废弃物的总量，包括危险废物、冶炼废渣、粉煤灰、炉渣、煤矸石、尾矿、放射性废物和其他废物等。不包括矿山开采的剥离废石和掘进废石(煤矸石和呈酸性或碱性的废石除外)。酸性或碱性废石指采掘的废石其流经水、雨淋水的 pH 值小于 4 或 pH 值大于 10.5 者。

生活垃圾清运量 指报告期内收集和运送到垃圾处理厂(场)的生活垃圾数量。生活垃圾指城市日常生活或为城市日常生活提供服务的活动中产生的固体废物以及法律行政规定的视为城市生活垃圾的固体废物。包括：居民生活垃圾、商业垃圾、集市贸易市场垃圾、街道清扫垃圾、公共场所垃圾和机关、学校、厂矿等单位的生活垃圾。

生活垃圾无害化处理率 指报告期生活垃圾无害化处理量与生活垃圾产生量比率。在统计上，由于生活垃圾产生量不易取得，可用清运量代替。计算公式为：

生活垃圾无害化处理率=生活垃圾无害化处理量/生活垃圾产生量×100%

Explanatory Notes on Main Statistical Indicators

Possession of Civil Motor Vehicles refer to the total number of vehicles that are registered and received vehicles license tags according to the *Work Standard for Motor Vehicles Registration* formulated by the Transport Management Office under the department of public security at the end of the reference period. They are divided into categories. According to the structure of motor vehicles, they are divided into passenger vehicles,trucks and others; according to ownership into private vehicles and vehicles for the unit's use; according to kind of usage into working vehicles and non-working vehicles and according to size of vehicles into large passenger vehicles, medium-sized passenger vehicles, small passenger vehicles and mini passsenger vehicles, heavy trucks, light-heavy trucks, light trucks and mini-trucks.

Freight (Passenger) Traffic refers to the weight of freight (number of passenger) transported with various means within a specific period of time. Freight transport is calculated in tons and passenger traffic is calculated in terms of the actual weight of the goods and takes no account of the type of freight and distance of diatance, Passenger traffic is calculated by the principle that one person can be counted only once in one trip and takes no account of the travelling distance and ticket price. The passengers who travel with a half price ticket or a child's ticket is also calculated as one person.

Railway (Passenger) Tranffic refers to the weight of freight (number of passenger) transported with railway within a specific period of time. Passenger traffic is calculated by the principle that: a) one person can be counted only once in one trip and takes no account of the travelling distance and ticket price. b) children eligible for free ticket are not calculated; c) persons with monthly or season tickets shall be regarded as 25 passengers. Besides, due to the change of management system of local railway, every district has the right to calculate the volume of passengers through railway stations within its district as the basic statistic unit.

Highway Passenger (Freight) Traffic refers to the actual quantity of cargos delivered with commercial freight cars and passengers travelling with commercial passenger service vehicles in a given period. Besides, these commercial vehicles shall be registered at Management Department of Highway Transportation.

Water Traffic refers to the actual quantity of passengers travel with means of transport provided by water transportation enterprises and other units in a given period.

Civil Aviation Passenger Traffic refers to the quantity of passengers travels with means of public air transport in a given period. In the process of calculation, both adults and children shall be regarded as statistic units but infants shall not. And every passenger of ever particular flight shall be counted only once. But there is one exception that one passenger taking a scheduled flight which both flies across domestic and international sectors can be counted twice and regarded as a domestic and a international passenger at the same time.

Civil Aviation Delivery of Cargos and Mails refers to the total weight of luggage, mails and cargos delivered from air terminals within one year. It includes the total weight of originating and multimodal transport. And the weight of transport is calculated at such original records as listed in shipping bills and load sheets.

Business Volume of Post and Telecommunications refers to the total amount of postal and telecommunication services, expressed in value terms, provided by the post and telecommunication departments for society. According to professional classification, post and telecommunication services can be classified as letters, package, postal order, issue of newspapers and periodicals, QMX, EMS, postal savings, stamps for collection, public telegraphs, facsimiles, long-distance telephone service, leasing of telephone lines, mobile telephone service, communication of packet switched data, maintenance, etc. The calculation method is to multiply the service products of all types with their average unit price (constant price) to get the total business value and to plus the result with income from other services such as leasing of telephone lines and equipments as well as maintenance of telephone switchboards and lines for customers.

The formula is as follows:

Business volume of post and telecommunications = ∑(transaction of post and telecommunication services × price [constant price]) + income from leasing, maintenance and other services

Post and Telecommunications Revenue refers to total income from all production and operating activities of post and telecommunication enterprises, including main business incomes from post, telecommunication and local call services as well as from local state-owned telecommunication services. Besides, this year the statistical range has changed into all enterprises engaged into telecom operation (namely China Telecom, China Mobile Communication Corporation and China Unicom), postal enterprises and express enterprises with an annual business income above 2 million yuan.

Mobile Telephone Subscribers refer to persons who have registered at postal and telecommunication institutions and are hence connected with the mobile telephone communication network through the mobile telephone switchboards and occupy moble phone numbers. The number of subscribers is calculated at the actual subscribers who have gone through all the register formalities and are connected with the mobile telephone communication network. Besides, one mobile telephone owner is treated as a subscriber.

Fixed-line Phone Subscribers refer to all subscribers who are connected to the national public fixed-line telephone network and enjoy fixed telephone services.

Urban Telephone Subscribers refer to the number of telephone subscribers located at the municipalities directly under the Central Government, cities under the jurisdiction of province, cities at prefecture level, downtowns and suburb of city at county level town and county towns (including country towns where county governments located and towns rank at county level according to the administrative organizational system) and subscribers in rural mineral areas, forest area and military areas.

Rural Telephone Subscribers refer to telephone subscribers located at counties (towns) and villages outside the coverage of urban areas according to administrative jurisdiction.

Production Capacity of Water Supply refers to comprehensive productive capacity of waterworks and various units affiliated to water supplying companies of city constructing departments to fetch water from self-contained water source, to purify water, to deliver water and to build water transmission main pipes. The capacity is determined mainly on the weakest og the above-mentioned four segments, excluding the capacity increased through overload operation.

Total Volume of Urban Water Supply refers to the total volume of water supplied by water-works (units) during the reference period, including both the efective water supply and loss during the water supply, excluding the volume of boiling water directly available.

Consumption of Water for Household Use refers to consumption of water for daily life of all households in cities, including households of urban residents, farmers and public water supply stations.

Population Consuming Water refers to the actual population consuming domestic water calculated at year-end. The population includes both nonagricultural and agricultural population.

Volume of Gas Supply (Artificial and Natural Gas) refers to total volume of gas provided to urban production users, households and other users by gas-producing enterprises, including the volume purchased and lost gas.

Population Consuming Gas refers to number of domestic consumers consuming gas calculated at the end of reference period.

Number of Buses (Trolley) under Opereation at Year-end refers to total number of vehicles urban public transport enterprises put into operation, including those which are technologically intact, under repair, to be repaired, out of use for a long time and number of operating vehicles which are about to be scraped but haven't been scraped without the permission of superior competent departments. But the actual quantity of operating vehicles excludes fuel tank cars and trucks of public transport enterprises, other non-operating special purpose vehicles as well as borrowed and rented passenger service vehicles.

Passenger Traffic of Buses (Trolley) All Year Round refers to total number of passengers, including

passengers travel with tickets of standard fares and monthly tickets as well as passengers who charter buses.

Number of Taxies under Opereation at Year-end refers to all business vehicles used in rental business with the permission of related departments, including cars, minibuses and motor buses.

Area of Urban Paved Roads at Year-end refers to the total land area of roads the width of whose pavement are over 3.5 (include 3.5) meters. And the roads used as statistical units include high level, sub-high level and general roads but exclude lanes and alleys the width of whose pavement are below 3.5 meters.

Besides, road area consists of only the land areas of pavements as well as those of squares, bridges and parking lots which are connected with roads, excluding the land areas of flower beds in the city center, curbstones, sidewalks and road shoulders.

Length of Sewage Pipes refers to the drainage system made up of pipes and ditches which are used for aggregating and discharging sewage, waste water and rain water as well as subsidiary facilities, including main pipes, branch pipes and pipes leading to treatment plants. Besides, whether installed in streets or else where, pipes which can drain away water shall be regarded as drainage pipelines.

Green Land Area refers to the total area occupied for green projects at the end of reference period, including park green land, production green land, protection green land, green land attached to institutions and other green areas.

Park Green Area refers to green area opent o the public for amusement and test with the facilities of amusement, rest and services. Its function included perfecting ecology,beautifying landscape and preventing and reducing distaster. Park green areas include comprehensive park, community park, theme park, linear park and roadside green space. Total areas of comprehensive park, topic park and belt-shaped is the area of park.

Green Coverage of Built-up Areas refers to the total vertical projected area of trees and shrubs in urban built-up areas, including green coverage of roads (namely the total cover area of isolation belts, center green lands, boulevards and street trees) apart from that of gardens and cover area of trees. Besides, those plants are used for greening projects and are managed by related units of respective built-up areas.

Total Industrial Waste Water Discharged refers to the volume of waste water discharged by industrial enterprises through all their outlets, including waste water from production process, directly cooled water, groundwater from mining wells which excesses discharge standards and sewage from households mixed with industrial wastewater. However, indirectly discharged cooled water shall not be regarded as the statistic unit while indirectly discharged cooled water which is discharged uniformly whether muddy or not shall be regarded as the statistic unit.

Total Emission of Industrial Waste Gas refers to the total volume of pollution gases which are generated from fuel burning and production process in enterprises and discharged into atmosphere within a given period of time. It is calculated in standard state (273K, 101325Pa) and the design formula is as follows:

Emission of industrial waste gas = volume of industrial waste gas generated from fuel burning + volume of industrial waste gas generated from production process

Total Industrial Fumes Emission refers to volume of particulate matters in exhaust gas generated in the process of fuel burning in factories of enterprises.

Industrial Solid Wastes Produced refers to total volume of solid, semi-solid and highly concentrated liquid wastes produced by industrial enterprises in production process in the report period, including hazardous wastes, smelting wastes, coal ash, slag, coal gangue, tailings, radioactive residues and other wastes, but excluding stones stripped or dug out from mines (exclude gangue and acid or alkaline stones). And acid or alkaline stones refer to those soaked in water or drenched by rain water whose PH value is below 4 or above 10.5.

Consumption Wastes Transported refers to volume of consumption wastes collected and transported to disposal factories or sites during the reference period. Consumption waste are solid wastes produced from urban households or from service activities for urban households and solid wastes regarded by laws and regulations as urban consumption wastes, including those from households, commercial activities, markets, cleaning of streets, public sites, offices, schools, factories and mines and other sources.

Decontamination Rate of Life Refuse refers to Consumption Wastes Treated over that produced, in practical statistics, as it is difficult to estimate, the volume of consumption wasted produced is replaced with that transported. It is calculated as:

Decontamination Rate of Life Refuse = consumption wastes treated / consumption wastes produced × 100%

12

Twelve

财政、税收、金融、证券、保险

Government Finance, Taxation, Banking, Securites, Insurance

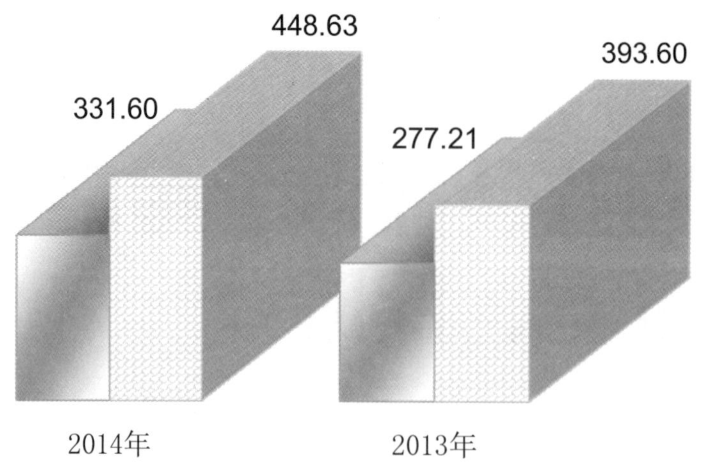
公共财政预算收入(亿元)
公共财政预算支出(亿元)
448.63
331.60
393.60
277.21
2014年
2013年

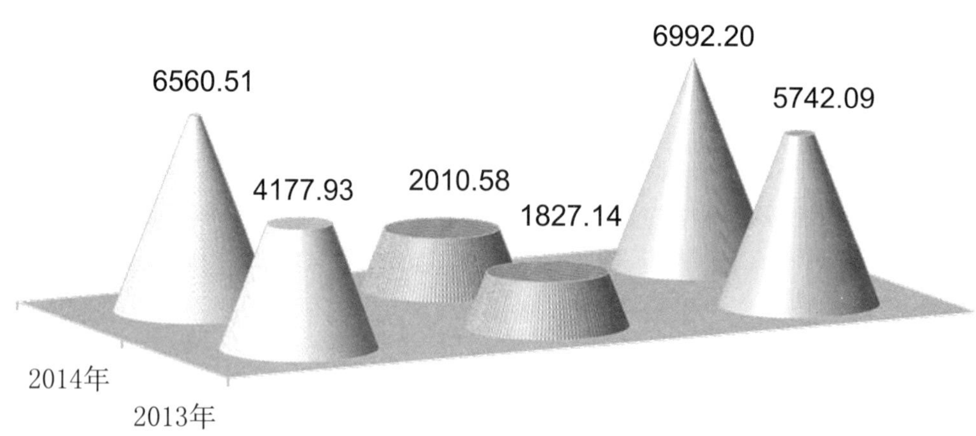
金融机构人民币年末存款余额(亿元)
#城乡居民储蓄存款(亿元)
金融机构人民币年末贷款余额(亿元)
6560.51
4177.93
2010.58
1827.14
6992.20
5742.09
2014年
2013年

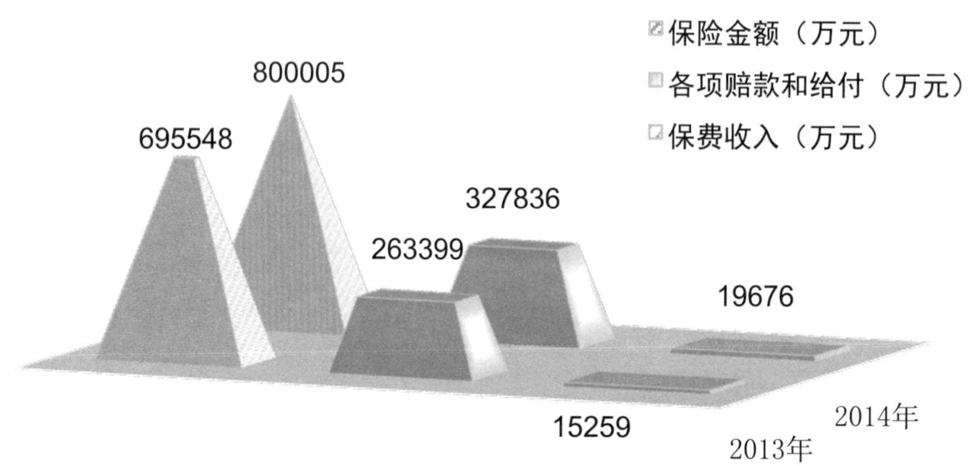
保险金额（万元）
各项赔款和给付（万元）
保费收入（万元）
800005
695548
327836
263399
19676
15259
2014年
2013年

12-1 财政收入基本情况
Government Revenues

单位：万元　　(10 000 yuan)

指　　标	Item	2014	2013	2014年比2013年增长(%) Growth Rate in 2014 over 2013(%)
财政总收入	**Total Government Revenue**	**6546894**	**5637621**	**16.1**
#**公共财政预算收入**	**Public Financial Budget Revenues**	**3315962**	**2772077**	**19.6**
税收收入	**Total Tax Revenue**	**2718543**	**2223354**	**22.3**
增值税	Value-added Tax	325590	223445	45.7
营业税	Business Tax	1014160	888861	14.1
企业所得税	Corporate Income Tax	262593	206038	27.4
个人所得税	Individual Income Tax	89166	81863	8.9
资源税	Resource Tax	22906	19929	14.9
城市维护建设税	City Maintenance and Construction Tax	219585	207288	5.9
房产税	House Property Tax	94411	76652	23.2
印花税	Stamp Tax	51498	38530	33.7
城镇土地使用税	Urban Land Use Tax	45037	44398	1.4
土地增值税	Land Appreciation Tax	168656	112379	50.1
车船税	Tax on Vehicles and Boat Operation	26088	20322	28.4
耕地占用税	Farm Land Occupation Tax	188358	155067	21.5
契　税	Deed Tax	203220	137437	47.9
烟叶税	Tobacco Tax	7275	11145	-34.7
其他税收收入	Other Tax Revenues			
非税收入	**Total Non-tax Revenue**	**597419**	**548723**	**8.9**
专项收入	Special Project Revenue	168286	154631	8.8
行政事业性收费收入	Charges of Administrative Institutions	127969	119598	7.0
罚没收入	Income from Fines and Confiscation	51410	41250	24.6
国有资本经营收入	Income from State-owned Capital Operation	45804	38450	19.1
国有资源(资产)有偿使用收入	Income from Use of State-owned Resources(Assets)	148004	165431	-10.5
其他收入	Other Non-tax Revenues	55946	29363	90.5
政府性基金收入	**Income from Government-managed Funds**	**1721539**	**3713867**	**-53.6**

12-2 财政支出基本情况
Government Expenditures

单位：万元 (10 000 yuan)

指　　标	Item	2014	2013	2014年比2013年增长(%) Growth Rate in 2014 over 2013(%)
财政总支出	**Total Government Expenditure**	**6248843**	**7750264**	**-19.4**
公共财政预算支出	**Public Financial Budget Expenditures**	**4486298**	**3936020**	**14.0**
一般公共服务	Expenditure for General Public Services	784866	752568	4.3
公共安全	Expenditure for Public Security	352262	309602	13.8
教　育	Expenditure for Education	804652	710806	13.2
科学技术	Expenditure for Science and Technology	123754	93638	32.2
文化体育与传媒	Expenditure for Culture, Sports and Media	82529	66400	24.3
社会保障和就业	Expenditure for Social Security and Employment	319424	271736	17.5
医疗卫生	Expenditure for Medical and Health Care	332979	265794	25.3
节能环保	Expenditure for Energy Conservation and Environment Protection	163597	124044	31.9
城乡社区事务	Expenditure for Urban and Rural Community Affairs	341331	293232	16.4
农林水事务	Expenditure for Agriculture, Forestry and Water Conservancy	348211	289634	20.2
交通运输	Expenditure for Transportation	71586	81723	-12.4
资源勘探电力信息等事务	Expenditure for Affairs of Exploration,Power and Information	259918	248687	4.5
商业服务业等事务	Expenditure for Affairs of Commerce and Services	35432	39125	-9.4
金融监管等事务支出	Expenditure for Affairs of Financial Supervision	172	63	173.0
国土资源气象等事务	Expenditure for Affairs of Territorial Resources and Weather	20477	27921	-26.7
住房保障支出	Expenditure for Housing Security	216199	134293	61.0
粮食物资储备管理等事务	Expenditure for Reservation and Management of Grain & Related Materials	11341	12431	-8.8
国债还本付息支出	Expenditure for Repaying Principals and Interests of National Debts	7311	3513	108.1
其他支出	Other Expenditures	194447	196420	-1.0
政府性基金支出	**Expenditure for government-managed funds**	**1762545**	**3814244**	**-53.8**

12-3 各级地方财政分类别收入(2014年)
Government Revenues by Level and Item(2014)

单位：万元 (10 000 yuan)

指　标	Item	全市合计 Guiyang	市 级 City Level	县 级 County Level	乡镇级 Town Level
总　计	**Total**	**3315962**	**1191350**	**1879587**	**245025**
税收收入	**Total Tax Revenue**	**2718543**	**922548**	**1565569**	**230426**
增值税	Value-added Tax	325590	165535	128869	31186
营业税	Business Tax	1014160	342968	584874	86318
企业所得税	Corporate Income Tax	262593	118903	125321	18369
个人所得税	Individual Income Tax	89166	34611	50156	4399
资源税	Resource Tax	22906	5714	2368	14824
城市维护建设税	City Maintenance and Construction Tax	219585	122879	87840	8866
房产税	House Property Tax	94411		89468	4943
印花税	Stamp Tax	51498		47066	4432
城镇土地使用税	Urban Land Use Tax	45037	14567	25358	5112
土地增值税	Land Appreciation Tax	168656	44009	114189	10458
车船税	Tax on Vehicles and Boat Operation	26088	24175	1360	553
耕地占用税	Farm Land Occupation Tax	188358	11888	156654	19816
契　税	Deed Tax	203220	37299	151081	14840
烟叶税	Tobacco Tax	7275		965	6310
非税收入	**Total Non-tax Revenue**	**597419**	**268802**	**314018**	**14599**
专项收入	Special Project Revenue	168286	119713	44705	3868
行政事业性收费收入	Charges of Administrative Institutions	127969	53837	72495	1637
罚没收入	Income from Fines and Confiscation	51410	35698	15177	535
国有资本经营收入	Income from State-owned Capital Operation	45804	5700	40104	
国有资源(资产)有偿使用收入	Income from Use of State-owned Resources(Assets)	148004	35820	105355	6829
其他收入	Other Non-tax Revenues	55946	18034	36182	1730

12-4 各级地方财政分类别支出(2014年)
Government Expenditures by Level and Category(2014)

单位：万元 (10 000 yuan)

指　标	Item	全市合计 Guiyang	市 级 City Level	县 级 County level	乡镇级 Town level
总　计	**Total**	**4486298**	**1322318**	**2994455**	**169525**
一般公共服务	Expenditure for General Public Services	784866	137217	575081	72568
国　防	Expenditure for National Defense	15810	12077	3664	69
公共安全	Expenditure for Public Security	352262	157869	191467	2926
教　育	Expenditure for Education	804652	183852	615746	5054
科学技术	Expenditure for Science and Technology	123754	43286	80124	344
文化体育与传媒	Expenditure for Culture,Sports and Media	82529	43258	36384	2887
社会保障和就业	Expenditure for Social Security and Employment	319424	118823	191225	9376
医疗卫生	Expenditure for Medical and Health Care	332979	99284	216104	17591
节能环保	Expenditure for Energy Conservation and Environmental Protection	163597	89083	72594	1920
城乡社区事务	Expenditure for Urban and Rural Community Affairs	341331	106561	224596	10174
农林水事务	Expenditure for Agriculture,Forestry and Water Conservancy	348211	61724	250440	36047
交通运输	Expenditure for Transportation	71586	51681	19585	320
资源勘探电力信息等事务	Expenditure for Affairs of Exploration,Power and Information	259918	78136	179583	2199
商业服务业等事务	Expenditure for Affairs of Commerce and Services	35432	18806	16342	284
金融监管等事务支出	Expenditure for Affairs of Financial Supervision	172		172	
国土资源气象等事务	Expenditure for Affairs of Territorial Resources and Weather	20477	10295	9578	604
住房保障支出	Expenditure for Housing Security	216199	67950	141396	6853
粮油物资储备管理等事务	Expenditure for Reservation and Management of Grain & Related Materials	11341	7843	3498	
国债还本付息支出	Expenditure for Repaying Principals and Interests of National Debts	7311	3371	3940	
其他支出	Other Expenditures	194447	31202	162936	309

12-5 公共财政预算分类别支出
Public Financial Budget Expenditures by Item

单位：万元 (10 000 yuan)

指 标	Item	支出数 Expenditure	指 标	Item	支出数 Expenditure
教 育	**Expenditure for Education**	**804652**	企业改革补助	Subsidies for Enterprise Reform	10477
教育管理事务	Educational Affairs Management	12264	就业补助	Employment Subsidy	24059
普通教育	Regular Education	593173	抚 恤	Pension	18142
#学前教育	Preschool Education	32873	退役安置	Ex-servicemen's Employment	17379
小学教育	Primary Education	260358	社会福利	Social Welfare	17498
初中教育	Junior Secondary Education	189150	残疾人事业	Undertakings of the Disabled	3181
高中教育	Senior Secondary Education	66354	城市居民最低生活保障	Minimum Living Allowances for Urban Residents	31729
高等教育	Higher Education	28318	其他城市生活救济	Other Social Assistants for Urban Residents	2860
职业教育	Vocational Education	64788	自然灾害生活救助	Allowance for Natural Disasters	4034
成人教育	Adult Education	1499	农村最低生活保障	Minimum Living Allowances for Rural Residents	14226
广播电视教育	Radio and Television Education	478	其他农村生活救助	Other Life Assistants for Rural Residents	4334
特殊教育	Special Education	4244	**医疗卫生与计划生育**	**Expenditure for Medical Care**	**332979**
进修及培训	Further Education for Teachers and Cadres	21543	#医疗卫生管理事务	Management of Medical and Health Care	8907
教育费附加安排的支出	Educational Surtax	82777	公立医院	Public Hospitals	37461
其他教育支出	Others	23886	基层医疗卫生机构	Grassroots Health Care Institutions	22832
科学技术	**Expenditure for Science and Technology**	**123754**	公共卫生	Public Health	44547
#科学技术管理事务	Management Issues of Science and Technology	3923	医疗保障	Medical Security	130792
技术研究与开发	Scientific Research and Development	77517	**节能环保**	**Expenditure for Environment Protection**	**163597**
科技条件与服务	Scientific Conditions and Services	21884	#环境保护管理事务	Management of Environmental Protection	17423
社会科学	Social Science	1355	环境监测与监察	Environmental Monitoring and Supervision	2649
科学技术普及	Popularization of Science and Technology	2330	污染防治	Pollution Control	36081
其他科学技术支出	Others	14595	自然生态保护	Conservation of Natural Ecology	12692
文化体育与传媒	**Expenditure for Culture, Sports and Media**	**82529**	天然林保护	Natural Forest Protection	3916
文 化	Culture	24064	退耕还林	Returning Farmland to Forest	4781
文 物	Historical Relics	3612	风沙荒漠治理	Management of Sand Desertification	5742
体 育	Sports	16080	能源节约利用	Energy Conservation	54660
广播影视	Radio,Film and Television	10209	污染减排	Pollution Reduction	4147
新闻出版	Press and Publication	1138	**农林水事务**	**Expenditure for Agriculture, Forestry and Water**	**348211**
其他文化体育与传媒	Others	27426	#农 业	Agriculture	111658
社会保障和就业	**Expenditure for Social Security and Employment**	**319424**	林 业	Forestry	36447
#人力资源和社会保障管理事务	Management of Human Recources, and Social Security Affairs	20128	水 利	Water Conservation	73456
民政管理事务	Management of Civil Affairs	59813	扶 贫	Poverty Alleviation	30008
财政对社会保险基金的补助	Government Subsidies for Social Insurance Funds	47552	农业综合开发	Comprehensive Agricultural Development	6231
行政事业单位离退休	Pensions for Retirees from Administrative Institutions	2001	农村综合改革	Comprehensive Agricultural Reform	55527

12-6 各区(市、县)地方财政收支
Government Revenue and Expenditure by District (City, County)

单位：万元 (10 000 yuan)

区(市、县)名称	Disrict (City,County)	公共财政预算收入 Public Financial Budget Revenue 2014	2013	2014年比2013年增长(%) Growth Rate in 2014 over 2013(%)	公共财政预算支出 Public Financial Budget Expenditure 2014	2013	2014年比2013年增长(%) Growth Rate in 2014 over 2013(%)
南明区	Nanming	398313	335398	18.8	434083	375735	15.5
云岩区	Yunyan	326371	301239	8.3	378036	353345	7.0
花溪区	Huaxi	294655	231656	27.2	519977	445995	16.6
#经开区	Economic Development	141730	119290	18.8	141530	131998	7.2
乌当区	Wudang	152990	126156	21.3	239058	213592	11.9
白云区	Baiyun	218671	177659	23.1	285387	246860	15.6
#高新区	High-tech	97333	80337	21.2	109351	91965	18.9
#综保区	Comprehensive Bonded	4467					
观山湖区	Guangshanhu	373388	300915	24.1	383541	338001	13.5
开阳县	Kaiyang	102188	86063	18.7	233000	220008	5.9
息烽县	Xifeng	68771	58166	18.2	207353	176662	17.4
修文县	Xiuwen	70305	55888	25.8	200911	168320	19.4
清镇市	Qingzhen	118960	98681	20.6	282634	235939	19.8

注：2013年贵州省实行财税管理体制改革，2012年、2013年财政收支绝对数计算口径不同，财政收支增速按可比口径计算。

a) Due to the reform of fiscal and taxation management system of Guizhou Province in 2013, the value Standard of calculating government revenue and expenditure in 2013 differs from that of 2012, The growth rate is calculated at comparable caliber.

12-7 全部金融机构信贷收支情况
Credit Receipts and Payments of all Financial Institutions

单位：万元 (10 000 yuan)

指标	Item	2014	2013	2014年比2013年增长(%) Growth Rate in 2014 over 2013(%)
本外币	**Domestic and Foreign Currencies**			
各项存款合计	**Total Deposits**	**70288028**	**57660538**	**18.4**
单位存款	Deposits of Enterprises and Public Institutions	44377376	34515044	22.6
储蓄存款	Saving Deposits	20191114	18348976	10.0
委托存款	Entrusted Deposits	92330	59657	54.8
各项贷款合计	**Total Loans**	**66245347**	**42050119**	**21.4**
#境内贷款	Domestic Loans	65853166	42047363	21.1
短期贷款	Short-term Loans	14309070	11722573	19.3
中长期贷款	Medium-term & Long-term Loans	50382325	29570391	21.0
票据融资	Notes Financing	992547	698597	42.1
各项垫款	Advances	169223	55803	203.3
境外贷款	Overseas Loans	392181	2756	96.8
人民币	**RMB**			
各项存款合计	**Total Deposits**	**69921960**	**57420872**	**18.3**
单位存款	Deposits of Institutions	44105587	34363227	22.4
#活期存款	Current Deposits	27337821	22134392	16.3
定期存款	Fixed Term Deposits	6482477	4548773	36.2
储蓄存款	Saving Deposits	20105843	18271371	10.0
各项贷款合计	**Total Loans**	**65605063**	**41779330**	**21.3**
#境内贷款	Domestic Loans	65601822	41776574	21.3
短期贷款	Short-term Loans	14060253	11454334	20.3
中长期贷款	Medium-term & Long-term Loans	50379798	29567840	21.0
票据融资	Notes Financing	992547	698597	42.1
境外贷款	Overseas Loans	3241	2756	17.6

注：2014年数据含国开行，与2013年数据不可比，增长速度按可比口径计算。

a) The data of 2014 includes China Development Bank, which is incomparable to that of 2013;the growth rate can be calculated at comparable caliber.

12-8 保险业务情况
Statistics on Insurance Business

(人寿保险公司)

险种Insurances		承保人次(万人) Insurer(10 000 person) 2014	2013	保险金额(万元) Insured Amount (10 000 yuan) 2014	2013	保费收入(万元) Premium(10 000 yuan) 2014	2013
合　计	**Total**	**1096.93**	**916.30**	**43325629**	**35944803**	**371782**	**346764**
寿险小计	**Subtotal of Life Insurance**	**157.22**	**144.62**	**6973173**	**5365081**	**318127**	**305814**
普通寿险	Ordinary Life Insurance	91.33	80.19	3729243	2150317	88985	25803
分红寿险	Life Insurance with Dividends	49.70	49.82	1948286	1990163	224004	275085
投资连结产品	Investment-linked Products	0.58	0.71	43348	42659	213	214
万能寿险	Universal Life Insurance	15.60	13.90	1252296	1181942	4924	4712
意外伤害险小计	**Subtotal of Personal Accident Insurance**	**427.25**	**349.42**	**30668102**	**24337910**	**17974**	**13370**
健康险小计	**Subtotal of Health Insurance**	**512.47**	**422.26**	**5684354**	**6241812**	**35681**	**27579**

注：本表包括九家人寿保险分公司：中国人民人寿保险股份有限公司贵州省分公司，中国人寿保险股份有限公司贵州省分公司，太平人寿保险有限公司贵州分公司，中国平安人寿保险股份有限公司贵州分公司，平安养老保险股份有限公司贵州分公司，中国太平洋人寿保险股份有限公司贵州分公司，泰康人寿保险股份有限公司贵州分公司，新华人寿保险股份有限公司贵州分公司，生命人寿保险股份有限公司贵州分公司。

a) Data in this table include figures of branches of nine life insurance branch companies: Guizhou Branch of PICC Life Insurance Company Inc., Guizhou Branch of China Life Insurance Company Inc., Guizhou Branch of Taiping Life Insurance Company Ltd., Guizhou Branch of Ping An Life Insurance Company of China, Inc., Guizhou Branch of Ping An Endowment Insurance Company Inc., Guizhou Branch of Pacific Life Insurance Company Inc., Guizhou Branch of Taikang Life Insurance Company Inc., Guizhou Branch of Xinhua Life Insurance Company Inc., and Guizhou Branch of Shengming Life Insurance Company Inc..

12-8 续表1 (continued)

险种Insurances		新单保费(万元) Premium of New Insurance (10 000 yuan) 2014	2013	赔付支出(万元) Payment (10 000 yuan) 2014	2013	#退保金 Insurance Withdrawn 2014	2013
合　计	**Total**	**126508**	**133507**	**116285**	**98600**	**102178**	**66611**
寿险小计	**Subtotal of Life Insurance**	**126508**	**127379**	**99742**	**87822**	**101473**	**65934**
普通寿险	Ordinary Life Insurance	70280	9508	21278	31860	5101	1388
分红寿险	Life Insurance with Dividends	55436	116901	77378	54850	96370	64518
投资连结产品	Investment-linked Products	4	5	23	35	0.1	24
万能寿险	Universal Life Insurance	788	966	1062	1077	3	3
意外伤害险小计	**Subtotal of Personal Accident Insurance**			**4399**	**3292**		
健康险小计	**Subtotal of Health Insurance**		**6128**	**12144**	**7487**	**705**	**677**

注:从2014年起，新单保费取消统计意外伤害险种和健康险种。

a) From 2014 onwards, premium of new insurance excludes personal accident insurance and health insurance.

12-8 续表2 (continued)

险种Insurances	项目Item / 年份Year	承保件数（万件）Insured Cases (10 000 cases) 2014	2013	保险金额或责任限额（万元）Insured Amount (10 000 yuan) 2014	2013	签单保费（万元）Writter Premium (10 000 yuan) 2014	2013
合　计	**Total**	**443.42**	**166.48**	**153437190**	**116643105**	**428223**	**348784**
企业财产保险	Enterprise Property Insurance	1.29	1.46	26136386	26184426	31116	32021
家庭财产保险	Family Property Insurance	3.35	0.47	812762	247646	519	159
机动车辆保险	Motor Vehicle Insurance	139.73	118.84	43597131	33630448	321468	263940
工程保险	Engineering Insurance	0.06	0.06	7526599	4981246	21282	11993
责任保险	Liability Insurance	2.41	1.97	15855130	10654401	9399	8370
信用保险	Credit Insurance			33361	31145	132	82
保证保险	Guarantee Insurance	1.24	0.68	62609	32357	22149	14597
船舶保险	Ship Insurance			2351		19	
货物运输保险	Cargo Transportation Insurance	2.43	3.71	8732352	7089125	3230	3122
特殊风险保险	Special Risks Insurance			97582	65012	42	24
农业保险	Agriculture Insurance	0.04	0.02	521296	37845	2739	569
健康险	Health Insurance	4.14	3.50	7140344	5305009	4038	3811
意外伤害保险	Personal Accident Insurance	30.24	33.54	3058	28383439	11829	10088
其他险	Other Insurances	258.47	2.23	20210706	1005	261	6

注：本表包括十六家财产保险分公司：中国人民财产保险股份有限公司贵州省分公司，中国人寿财产保险股份有限公司贵州省分公司，太平财产保险有限公司贵州分公司，中国大地财产保险股份有限公司贵州分公司，中国平安财产保险股份有限公司贵州分公司，中国太平洋财产保险股份有限公司贵州分公司，阳光财产保险股份有限公司贵州省分公司，华泰财产保险股份有限公司贵州省分公司，天安保险股份有限公司贵州省分公司，华安财产保险股份有限公司贵州分公司，安邦财产保险股份有限公司贵州分公司，都邦财产保险股份有限公司贵州分公司，安诚财产保险股份有限公司贵州分公司，鼎和财产保险股份有限公司贵州分公司，锦泰财产保险股份有限公司贵州分公司，众安财险保险贵州（虚拟）。其中"众安财险保险贵州（虚拟）"保费记入贵州省，但目前未设立"众安财险保险贵州"实体机构。

a) Data in this table include figures of 16 Guizhou branch property insurance companies: People's Insurance Company of China, Inc., China Life Insurance Property and Casualty Insurance Co., Ltd., Taiping General Casualty Insurance Co., Ltd., China Continent Property and Casualty Insurance Co., Ltd., Ping An Property and Casualty Insurance Company of China, Ltd., China Pacific Property Insurance Co., Ltd., Sunshine Property and Casualty Insurance Co., Ltd., Huatai Property and Casualty Insurance Co., Ltd., Tianan Property Insurance Company Limited of China, Sinosafe General Insurance Co., Ltd., Anbang Property and Casualty Insurance Co., Ltd., Du—bang Property and Casualty Insurance Co., Ltd., Ancheng Property and Casualty Insurance Co., Ltd., Dinghe Property Insurance Co., Ltd., Jintai Property Insurance Co., Ltd., and Guizhou Zhong An Property Insurance Co., Ltd.(in virtual). Among those, Guizhou Zhong An Property Insurance Co., Ltd. hasn't established entities, thus its premiums are counted into Guizhou province.

12-8 续表3 (continued)

险种Insurances	项目Item / 年份Year	赔付件数（万件）Number of Claims (10 000 cases) 2014	2013	已决赔款（万元）Settled Compensation (10 000 yuan) 2014	2013	未决赔款（万元）Outstanding Loss (10 000 yuan) 2014	2013
合　计	**Total**	**66.79**	**42.05**	**211551**	**164799**	**126208**	**92546**
企业财产保险	Enterprise Property Insurance	0.81	0.77	13663	11543	24001	10840
家庭财产保险	Family Property Insurance	0.10		78	64	58	22
机动车辆保险	Motor Vehicle Insurance	6.08	38.64	171718	132527	76230	64327
工程保险	Engineering Insurance	0.25	0.17	5388	4931	11945	7138
责任保险	Liability Insurance	0.89	0.45	8591	6911	7347	5222
信用保险	Credit Insurance						
保证保险	Guarantee Insurance	0.26	0.05	2449	1234	50	102
船舶保险	Ship Insurance					653	
货物运输保险	Cargo Transportation Insurance	0.02	0.02	364	188	385	227
特殊风险保险	Special Risks Insurance			46	333	1	1
农业保险	Agriculture Insurance	0.63	0.40	531	750	940	410
健康险	Health Insurance	0.87	0.99	2174	2151	1055	1161
意外伤害保险	Personal Accident Insurance	0.37	0.49	6355	4167	3539	3096
其他险	Other Insurances	16.94		192		4	

注：赔付件数包括已决赔付件数和未决赔付件数。

a) Number of claims includes both those settled and unsettled.

12–9 上市公司情况
Listed Companies

指 标		Item		2014	2013
上市公司数量	**(个)**	**Number of Listed Companies**	**(unit)**	**14**	**14**
#上交所	(个)	Shanghai Stock Exchange	(unit)	5	5
#深交所	(个)	Shenzhen Stock Exchange	(unit)	9	9
上市公司总股本	**(亿 股)**	**Total Capital of Listed Companies**	**(100 million shares)**	**78.42**	**67.96**
上市公司总市值	**(亿 元)**	**Total Market Capitalization of Listed Companies**	**(100 million yuan)**	**1230.44**	**660.39**
募集资金	**(亿 元)**	**Raised Capital**	**(100 million yuan)**	**69.56**	**6.00**

注：资料范围为总部设在贵阳市辖区内的上市公司。

a) Data in this table include listed companies with headquarters located in Guiyang.

12–10 证券期货交易情况
General Statistics on Securities and Futures Trading

指 标		Item		2014	2013
证券公司	**(家)**	**Securities Company**	**(unit)**	**1**	**1**
客户交易结算资金	(亿 元)	Customers' Transaction Settlement Funds	(100 million yuan)	31.08	17.44
指定与托管证券市值	(亿 元)	Market Value of Designated and Deposited Securities	(100 million yuan)	252.02	186.16
证券分支机构	**(家)**	**Branch Offices of Securities Company**	**(unit)**	**44**	**33**
资金帐户数	(户)	Number of Share Capital Accounts	(household)	416900	395808
客户交易结算资金	(亿 元)	Customers' Transaction Settlement Funds	(100 million yuan)	36.02	16.56
指定与托管证券市值	(亿 元)	Market Value of Designated and Deposited Securities	(100 million yuan)	482.32	287.3
成交金额	(亿 元)	Turnover	(100 million yuan)	3922.44	2892.91
期货营业部	**(家)**	**Futures Business Departments**	**(unit)**	**10**	**9**
成交金额	(亿 元)	Turnover	(100 million yuan)	7254.41	7176.65

注：资料范围包括贵阳市辖区内从事证券交易的所有证券机构。

a) Data in the table include figures of all securities institutions locaded in Guiyang and engaged in securities trading.

12-11 税收收入分企业类型情况(2014年)
Tax Revenue by Enterprise Entities(2014)

单位：万元 (10 000 yuan)

指标	Item	税收总计 Tax Revenue	国税 National Taxation	地税 Local Taxation
总计	**Total**	**5862266**	**2934009**	**2928257**
内资企业	**Domestic-funded Enterprise**	**5381933**	**2610383**	**2771550**
国有企业	State-owned Enterprises	441974	260179	181795
集体企业	Collective-owned Enterprises	25303	7894	17409
股份合作企业	Joint-stock Enterprises	38835	22464	16371
联营企业	Joint Ownership Enterprises	1323	641	682
股份公司	Joint Stock Companies	4528922	2257990	2270932
私营企业	Private Enterprises	97353	54160	43193
其他企业	Others	248223	7055	241168
港澳台投资企业	**Enterprises with Funds from Hong Kong,Macao and Taiwan**	**79900**	**43953**	**35947**
外商投资企业	**Foreign-funded Enterprises**	**121744**	**86785**	**34959**
个体经营	**Individual Operators**	**278689**	**192888**	**85801**

12-12 税收收入分产业情况(2014年)
Tax Revenue by Sector(2014)

单位：万元 (10 000 yuan)

指标	Item	税收总计 Tax Revenue	国税 National Taxation	地税 Local Taxation
总计	**Total**	**5862266**	**2934009**	**2928257**
第一产业	**Primary Industry**	**7295**	**5862**	**1433**
第二产业	**Secondary Industry**	**2556322**	**1805780**	**750542**
采矿业	Mining Industry	89703	44205	45498
制造业	Manufacturing	1845206	1612483	232723
电力、燃气及水的生产和供应业	Production and Supply of Electric Power, Gas and Water	158290	125315	32975
建筑业	Building Industry	463123	23777	439346
第三产业	**Tertiary Industry**	**3298649**	**1122367**	**2176282**
交通运输、仓储及邮政业	Transport,Storage and Post	80007	49167	30840
批发和零售业	Wholesale and Retail Trades	594722	476062	118660
金融业	Financial Industry	667152	205625	461527
信息传输、计算机服务和软件业	Information Transmission,Computer Services and Software Industry	73129	42579	30550
住宿和餐饮业	Lodging and Catering Industries	39320	1310	38010
文化、体育和娱乐业	Culture,Sports and Entertainment	19634	9170	10464
租赁和商务服务业	Leasing and Business Services	307500	40687	266813
房地产业	Real Estates	979169	82960	896209
其他行业	Others	538016	214807	323209

12–13 地税收入分企业类型情况(2014年)
Local Taxation Revenue by Business Entities(2014)

单位：万元 (10 000 yuan)

指　　标	Item	合　计 Total	内资企业 Domestic-funded Enterprises				
			小　计 Subtotal	国有企业 State-owned Enterprises	集体企业 Collective-owned Enterprises	股份合作企　业 Joint-stock Enterprises	联营企业 Joint Ownership Enterprises
税收收入合计	**Total Tax Income**	**2928257**	**2771550**	**181795**	**17409**	**16371**	**682**
#营业税	Business Tax	1266857	1205586	66761	6432	7983	245
企业所得税	Corporate Income Tax	343621	343612	18196	4298	384	215
个人所得税	Individual Income Tax	277739	239132	34900	1058	6330	8
资源税	Resource Tax	28400	27896	1553	225		6
城市维护建设税	City Maintenance and Construction Tax	217651	207616	17640	734	502	56
房产税	Property tax	94401	85671	8730	1545	594	65
印花税	Stamp Tax	51002	48378	4693	158	166	7
城镇土地使用税	Urban Land Use Tax	56273	50679	6826	321	137	80
土地增值税	Land Appreciation Tax	168656	159947	993	248	1	
车船税	Vehicle and Vessel Tax	26090	26034	340			
烟叶税	Tobacco Tax	7274	7274	7274			
耕地占用税	Farmland Occupancy Tax	187558	184069	9994	2386		
契　税	Deed Tax	202735	185656	3895	4	274	

12–13 续表 (continued)

单位：万元 (10 000 yuan)

指　　标	Item	内资企业 Domestic-funded Enterprises			港澳台投资企业 Enterprises with Funds from HongKong, Macao and Taiwan	外商投资企　业 Foreign-funded Enterprises	个体经营 Individual Operators	附列资料：乡　镇(企　业) Township and Village Enterprises
		股　份公　司 Joint Stock Companies	私　营企　业 Private Enterprises	其　他企　业 Others				
税收收入合计	**Total Tax Income**	**2270932**	**43193**	**241168**	**35947**	**34959**	**85801**	
#营业税	Business Tax	1057760	23539	42866	12482	15033	33756	
企业所得税	Corporate Income Tax	289875	3113	27531	5	4		
个人所得税	Individual Income Tax	162687	3653	30496	2425	5129	31053	
资源税	Resource Tax	23913	1030	1169	1	75	428	
城市维护建设税	City Maintenance and Construction Tax	182728	2705	3251	2339	5252	2444	
房产税	Property tax	68923	1326	4488	2517	1903	4310	
印花税	Stamp Tax	41405	613	1336	790	897	937	
城镇土地使用税	Urban Land Use Tax	40130	1878	1307	1913	3221	460	
土地增值税	Land Appreciation Tax	153457	3049	2199	4385	2981	1343	
车船税	Vehicle and Vessel Tax	25690		4		48	8	
烟叶税	Tobacco Tax							
耕地占用税	Farmland Occupancy Tax	91311	208	80170	1901	42	1546	
契　税	Deed Tax	133053	2079	46351	7189	374	9516	

12-14 国税收入分企业类型情况(2014年)
National Taxation Revenue by Business Entities(2014)

单位：万元 (10 000 yuan)

指标	Item	合计 Total	内资企业 Domestic-funded Enterprises				
			小计 Subtotal	国有企业 State-owned Enterprises	集体企业 Collective-owned Enterprises	股份合作企业 Joint-stock Enterprises	联营企业 Joint Ownership Enterprises
税收收入合计	**Total**	**2934009**	**2610383**	**260179**	**7894**	**22464**	**641**
#增值税	Value-added Tax	1229971	1091445	169269	5531	875	532
#一般纳税人	General Taxpayer	1134474	1055144	164735	5343	867	499
小规模纳税人	Small-scale Taxpayers	95497	36301	4534	188	8	33
消费税	Consumption Tax	890510	886287	35858			95
企业所得税	Corporate Income Tax	655056	606395	46191	2314	17943	
外商投资企业和外国企业所得税	Income Tax on Foreign-invested Enterprises and Foreign Enterprises						
个人所得税	Personal Income Tax	18					
车辆购置税	Vehicle Purchase Tax	158454	26256	8861	49	3646	14

12-14 续表 (continued)

单位：万元 (10 000 yuan)

指标	Item	内资企业 Domestic-funded Enterprises			港澳台投资企业 Enterprises with Funds from HongKong, Macao and Taiwan	外商投资企业 Foreign-funded Enterprises	个体经营 Individual Operators	附列资料：乡镇(企业) Township and Village Enterprises
		股份公司 Joint Stock Companies	私营企业 Private Enterprises	其他企业 Others				
税收收入合计	**Total**	**2257990**	**54160**	**7055**	**43953**	**86785**	**192888**	**5963**
#增值税	Value-added Tax	861818	51258	2162	22705	55255	60566	3694
#一般纳税人	General Taxpayer	836180	46337	1183	22621	54976	1733	3656
小规模纳税人	Small-scale Taxpayers	25638	4921	979	84	279	58833	38
消费税	Consumption Tax	850320	13	1	341	3773	109	2203
企业所得税	Corporate Income Tax	536623	2632	692	20905	27756		66
外商投资企业和外国企业所得税	Income Tax on Foreign-invested Enterprises and Foreign Enterprises							
个人所得税	Personal Income Tax						18	
车辆购置税	Vehicle Purchase Tax	9229	257	4200	2	1	132195	

主要统计指标解释

财政收入 包括地方财政收入和上划中央增值税、消费税两部分。财政一般预算内收入包括营业税、地方企业所得税 40%部分、个人所得税 40%部分、城镇土地使用税 70%部分、城镇维护建设税、房产税、车船使用税、印花税、屠宰税、烤烟税、耕地占用税、契税、增值税 15%部分和除海洋石油资源税以外的其他资源税 70%部分。

财政支出 国家财政将筹集起来的资金进行分配使用，以满足经济建设和各项事业的需要，主要包括：一般公共服务、公共安全、教育、科学技术、文化体育与传媒、社会保障和就业、医疗卫生、环境保护、城乡社区事务、农林水事务、交通运输、粮食物资储备管理等事务、采掘电力信息等事务和其他支出。

地方财政一般预算收入 包括增值税、营业税、企业所得税、个人所得税、资源税、城市维护建设税、房产税、印花税、城镇土地使用税、土地增值税、车船税、耕地占用税、契税、烟草税、其他各项税收等税收收入和专项收入、行政事业性收费收入、罚没收入、国有资本经营收入、国有资源（资产）有偿使用收入、其他收入等非税收入。

各项税收 包括增值税、消费税、营业税、企业所得税、企业所得税退税、个人所得税、资源税、固定资产投资方向调节税、城市维护建设税、房产税、印花税、城镇土地使用税、土地增值税、车船税、耕地占用税、契税、烟叶税、其他税收收入。

企业所得税 反映税务机关按《中华人民共和国企业所得税暂行条例》征收的企业所得税及依照《中华人民共和国外商投资企业和外国企业所得税法》征收的外商投资企业和外国企业所得税。税务机关对港澳台商投资企业征收的企业所得税也包括在内。

个人所得税 反映按照《中华人民共和国个人所得税法》、《对储蓄存款利息所得征收个人所得税的实施办法》征收的个人所得税。

地方财政一般预算支出 包括一般公共服务、国防、公共安全、教育、科学技术、文化体育与传媒、社会保障就业、医疗卫生、环境保护、城乡社区事务、农林水事务、交通运输等方面的支出。

一般公共服务支出 反映政府提供一般公共服务的支出。

科学技术支出 反映用于科学技术方面的支出。

教育支出 反映政府教育事务支出。有关具体教育事务包括教育行政管理、学前教育、小学教育、初中教育、普通高中教育、普通高等教育、初等职业教育、中专教育、技校教育、职业高中教育、高等职业教育、广播电视教育、留学生教育、特殊教育、干部继续教育、教育机关服务等。

文化体育与传媒支出 反映政府在文化、文物、体育、广播电视、新闻出版等方面的支出。

医疗卫生支出 即地方财政一般预算内支出中的医疗卫生支出项目。指政府医疗卫生方面的支出。具体包括医疗卫生管理事务支出、医疗服务支出、医疗保障支出、疾病预防控制支出、卫生监督支出、妇幼保健支出、农村卫生支出等。

城乡社区事务支出 反映政府城乡社区事务支出。具体包括：城乡社区管理事务支出、城乡社区规划与管理支出、城乡社区公共设施支出、城乡社区住宅支出、城乡社区环境卫生支出、建设市场管理与监督支出等

交通运输支出 反映政府交通运输方面的支出。包括公路运输支出、水路运输支出、铁路运输支出、民用航空运输支出等。

社会保障和就业支出 反映政府在社会保障与就业方面的支出。有关事项包括社会保障与就业管理事务、民政管理事务、财政对社会保险基金的补助、补充全国社会保障基金、行政事业单位离退休、企业改革补助、就业补助、抚恤、退役安置、社会福利、残疾人事业、城市居民最低生活保障、其他城镇社会救济、农村社会救济、自然灾害生活补助、红十字事务等。

信贷资金 指金融机构以信用方式积聚和分配的货币资金。金融机构信贷资金的来源有各项存款、对国际金融机构负债、流通中货币、银行自有资金及当年结益等；信贷资金的运用有各项贷款、黄金占款、外汇占款、财政借款及在国际金融机构中的资产等。

存　款　指企业、机关、团体或居民根据资金必须收回的原则，把货币资金存入银行或其他信用机构保管并取得一定利息的一种信用活动形式。根据存款对象的不同可划分为企业存款、财政存款、机关团体存款、基本建设存款、城镇储蓄存款、农村存款等科目。它是银行信贷资金的主要来源。

年末金融机构人民币各项存款余额　指企业、机关、团体和居民根据可以收回的原则，把货币存入银行或其他信用机构保管并取得一定利息的年末货币总量。

城乡居民储蓄存款余额　指某一时点城乡居民存入银行及农村信用社的储蓄金额，包括城镇居民储蓄存款和农民个人储蓄存款，不包括居民的手存现金和工矿企业、部队、机关、团体等单位存款。

贷　款　指银行或其他信用机构根据资金必须归还的原则，按一定利率，为企业、个人等提供资金的一种信用活动形式。我国银行贷款分为流动资金贷款、固定资产贷款、城乡个体工商户贷款以及农业贷款等科目。

年末金融机构人民币各项贷款余额　指年终时银行或其他信用机构根据必须归还的原则，按一定利率，为企业、个人等提供资金贷款的总额。不包括外币贷款。

保险金额　指保险人承担赔偿或者给付保险金责任的最高限额。

保费收入　指保险合同订后，被保险人必须向保险人付出一定的费用才能取得保险人根据合同内容承担赔偿责任。这种费用叫“保费”。

赔款、给付　指保险人在年内实际支付给被保险人遭到损失时的赔款。无论哪年承保业务和发生的损失，凡在本年内支付赔款、结案均计在本年内。

股票市价总值　指在交易所上市的证券在某一时点按市价与发行数量计算的总金额。计算公式为：

股票市价总值＝Σ(市价×发行数量)。

Explanatory Notes on Main Statistical Indicators

Government Revenue refers to local government revenue and central VAT and consumption tax. General Budgetary Financial Revenue includes business tax, 40% of local enterprise income tax, 40% of personal income tax, 70% of city land use tax, urban maintenance and construction tax, house property tax, vehicle and vessel tax, stamp tax, slaughter tax, tobacco tax, farm land pccupation tax, deed tax, 15% of VAT and 70% other taxes except for offshore petroleum resources tax.

Government Expenditure refers to the distribution and use of the funds which the government finance has raised, so as to meet the needs of economic construction and various causes. It includes: expenditure for general public services, expenditure for public security, expenditure for education, expenditure for science and technology, expenditure for culture, sport and media, expenditure for social safety net and employment effort, expenditure for medical and health care, expenditure for environment protection, expenditure for urban and rural community affairs, expenditure for agriculture forestry and water conservancy, expenditure for transportation, expenditure for grain and material reserves and management, expenditure for affairs of exploration, power and information and others.

General Budgetary Revenue of Local Finance refers to revenue from valued-added tax, business tax, corporate income tax, individual income tax, resource tax, urban maintenance and construction tax, house property tax, stamp tax, urban and rural land use tax, land value increment tax, vehicle and vessel tax, farmland occupancy tax, deed tax, tobacco tax and other taxes. It also includes special revenue, and non-tax revenue of administrative and institutional fees, penalty income, government capital operating income, state-owned resource (asset) compensable use income and other incomes.

Taxes of Various Kinds refer to value-added tax, consumption tax, business tax, corporate income tax, drawback for corporate income tax, individual income tax, resource tax, fixed asset investment regulation tax, urban maintenance and construction tax, house property tax, stamp tax, urban and rural land use tax, land value increment tax, vehicle and vessel tax, farmland occupancy tax, deed tax, tobacco tax and other taxes.

Corporate Income Tax refers to the income levied by tax authorities abiding by *Provisional Regulation of PRC on Corporate Income Tax* and the foreign-funded enterprises income tax and foreign enterprises income tax levied abiding by *Tax Law of PRC on Foreign-funded Enterprises Income and Foreign Enterprises Income*. The income levied by tax authorities from the investment on the Hong Kong, Macao and Taiwan enterprises is included as well.

Individual Income Tax refers to the tax levied abiding by *Individual Income Tax Law of the People's Republic of China* and by *Implementary Measure of Collection to Individual Income to Savings Deposit Interest*.

General Budgetary Expenditure of Local Finance refers to the cost from general public service, national defense, social security, education, science and technology, culture, sports and media, social security and employment effort, medical and health care, environment protection, urban and rural community affairs, agriculture, forestry, water conservancy affairs, communications and transportations and etc.

General Public Service Expenditure refers to the cost provided by government for public service.

Science and Technology Expenditure refers to the cost for science and technology.

Education Expenditure refers to the cost provided by government for education affairs. The education affairs include educational administration and service for pre-school education, primary school education, junior high school education, regular senior high school education, regular higher education, elementary vocational education, technical secondary school education, technical school education, vocational high school education, higher vocational education, radio and television education, oversea-students education, special education, cadre continuing education and other education organizations.

Culture, Sports and Media Expenditure refers to the cost provided by government for culture, cultural relic, sports, radio and television, press and publication news.

Medical and Health Care Expenditure refers to the medical and health programs in the general budget of local finance. It refers to the cost provided by government for medicine and health care, including medical and health management affairs, medical service, medical support, disease control and prevention, health supervision, maternal and children hygiene and rural health.

Urban and Rural Community Affairs Expenditure refers to the cost provided by government, including the cost of urban and rural community management affairs, urban and rural community plan and management, urban and rural community public facilities, urban and rural community residences, establishing of marketing management and supervision.

Communication and Transportation Expenditure refers to the cost provided by government for communication and transportation, including road transportation, waterway transportation, railway transportation, civil aviation transportation and etc.

Social Safety and Employment Effort Expenditure refers to the cost provided by government for social safety and employment effort including the social security and employment management affairs, civil management affairs, subsidies to social security fund from finance, replenish to national social security fund, subsidies for retirement of administrative institutions, subsidies for enterprises reform, subsidies for employment, pension, arrangement after retirement, social welfare, handicapped utilities, minimum subsistence allowances for urban residents, other urban social relief, rural social relief, living subsidies for natural disasters, red cross affairs and etc.

Credit Funds refers to the monetary funds accumulated and disturbed in the means of credit by the financial institutions. The sources of credit funds include various deposits, liabilities to international financial institutions, currency in circulation, bank itself owned funds, current retained profits and other items. The uses of credit funds include loans, securities and investment, position for bullion and silver purchase, position for foreign exchange purchase, advances to treasury, and assets with international financial institutions.

Deposit is a form of credit by which enterprises, institutions, organizations or households can put money into banks and other credit institutions for safekeeping and interest earning under the principle of free withdrawal. According to different depositors, deposits are divided into enterprise deposits, treasury deposits, deposits of government agencies and organizations, capital construction deposits, urban savings deposits, rural deposits and other deposits. Deposits are major sources of the credit funds of banks.

Savings Deposits in RMB in all Items of Financial Institutions refer to the total year-end monetary aggregates of enterprises, institutions, organizations and residents saving money into banks and other credit institutions and gaining some interests according to the recoverable principle.

Savings Deposit Balance of Urban and Rural Residents refers to the money put into banks and rural credit unions at certain time points, include the bank savings deposit of urban residents and the bank savings deposit of rural residents. The cash held by residents and the deposits of organizations such as industrial and mining enterprises, army units, institutions, etc, are not included.

Loan is a form of credit by which banks and other credit institutions provide funds at certain interest rate to enterprises and individuals in the light of the principle of unconditional repayment. Loans from Chinese banks include circulating capital loans, fixed assets loans, loans to urban and rural individuals engaged in industrial and commercial business and agricultural loans.

Loan Balances in RMB in all Items of Financial Institutions refer to the total volume of loans with some interest rate provided by banks and other credit institutions for enterprises and individuals at year-end according to principle of must-be-returned.

Amount Insured refers to the maximum that the insurant will get for the claim of the case insured.

Premium is the fee paid by the insurant to the insurer to obtain the obligation of compensation from the insurance within the agreed terms.

Settled Claim is the compensation paid by the insurer to the insurant in accordance with the insurance contract.

Total Market Capitalization refers to the total value of the issued shares calculated on the share price at a certain time and the number of issued shares. The formula is as follows:

Total Market Capitalization= ∑（Market Price × Issued Volume）

13

Thirteen

城乡调查

Urban and Rural Survey

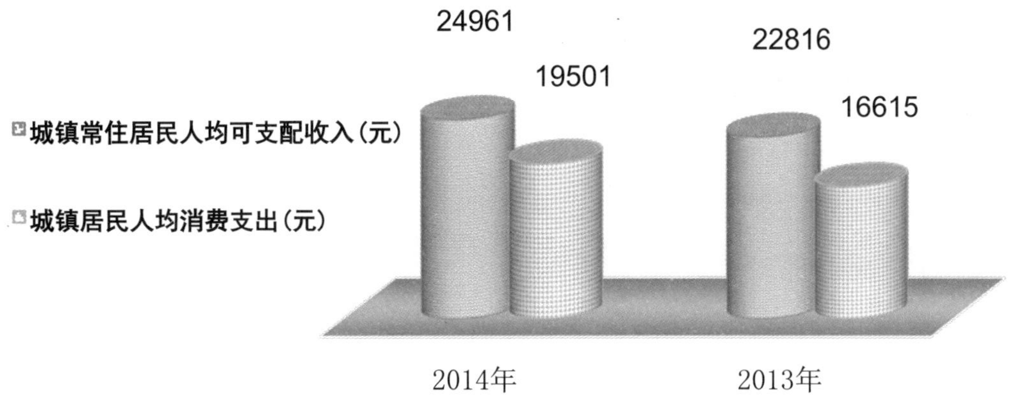

2014年每百户城镇居民主要耐用消费品拥有量

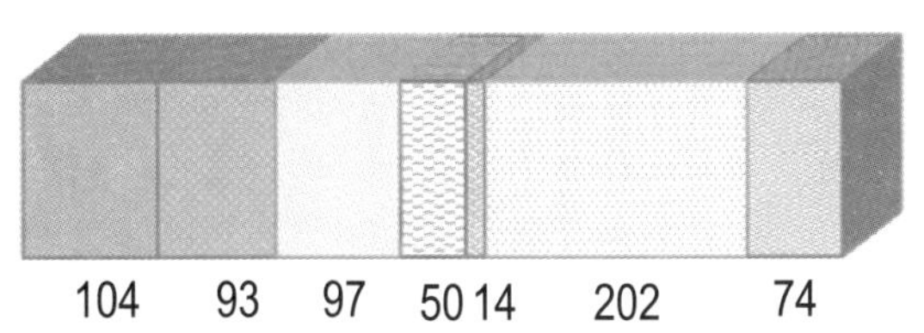

彩色电视机(台)
电冰箱(台)
洗衣机(台)
微波炉(部)
组合音响(部)
移动电话(部)
家用电脑(台)

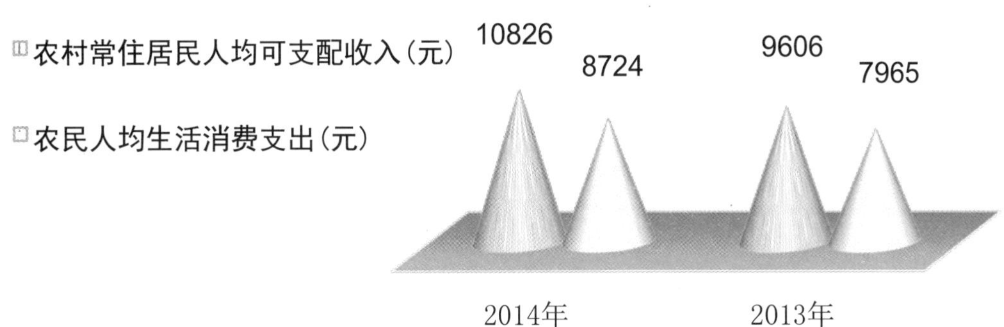

2014年每百户农民主要耐用消费品拥有量

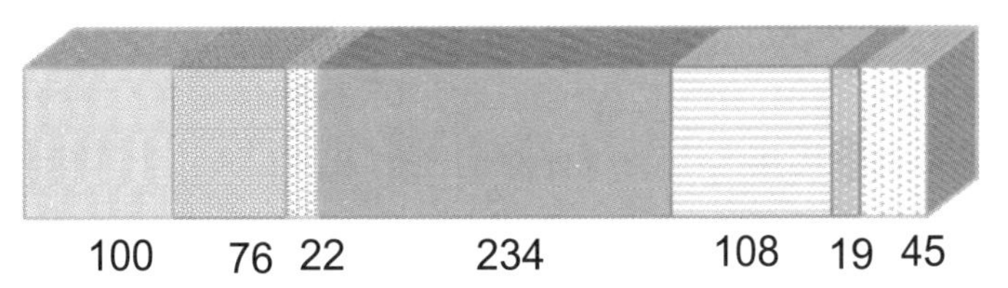

洗衣机(台)
电冰箱(台)
电话机(部)
移动电话(部)
彩色电视机(台)
生活用汽车(辆)
热水器(台)

城市居民消费价格指数（上年同期=100）

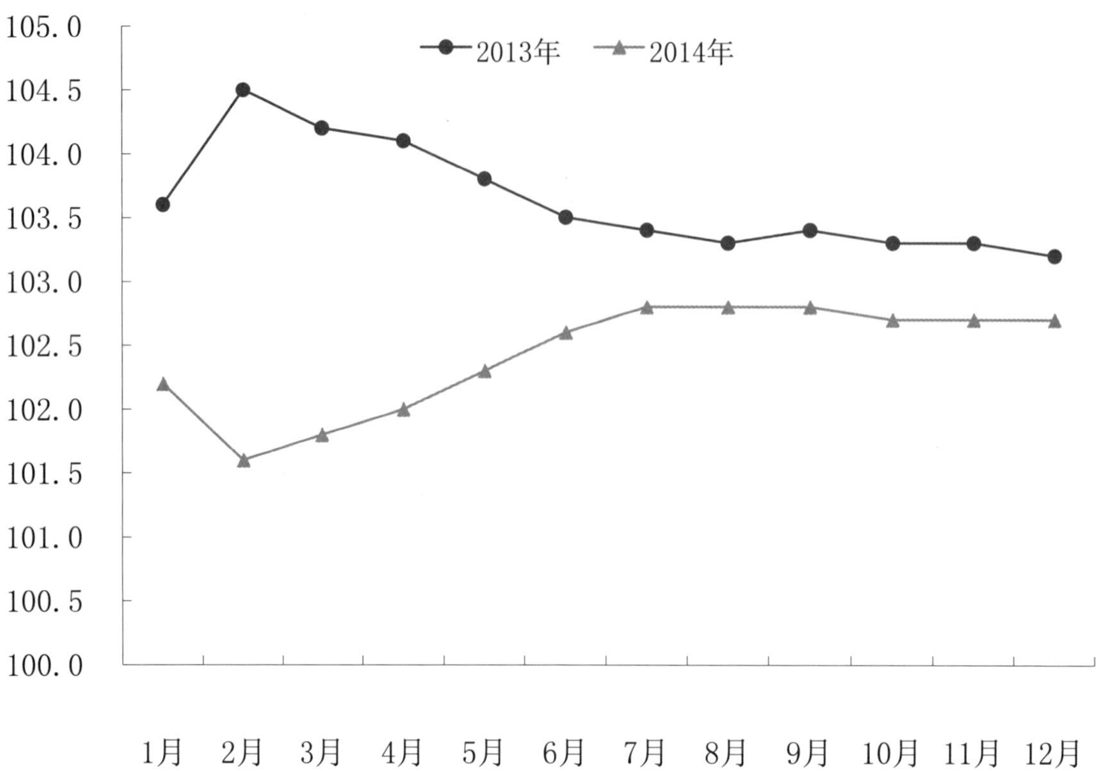

商品零售价格指数（上年同期=100）

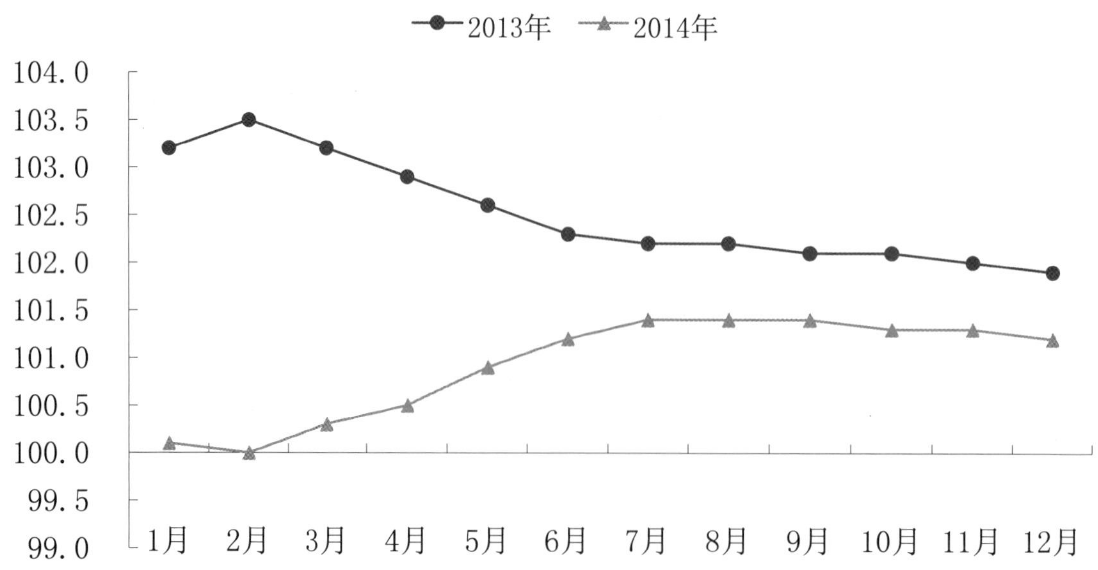

13−1 城市居民消费价格指数 Urban Consumer Price Indices

(以上年同期为100)

指　标	Item	2014	2013	指　标	Item	2014	2013
居民消费价格总指数	**Gereral Consumer Price Index**	**102.7**	**103.2**	饮　料	Beverages	106.6	100.0
#服务项目价格指数	Services Price Index	103.1	103.8	干鲜瓜果	Dried and Fresh Melons and Fruits	117.6	104.5
消费品价格指数	Consumer Goods Price Index	102.5	103.0	鲜　果	Fresh Fruits	122.7	106.4
食　品	**Food**	**105.5**	**105.5**	干(坚)果及瓜果制品	Dried Fruits (nuts) and Processed Products	100.7	98.5
粮　食	Grain	100.9	105.3	糕点饼干面包	Cake,Biscuit and Bread	100.9	102.9
淀粉及薯类	Starches and Tubers	107.6	107.9	液体乳及乳制品	Milk and Its Products	110.4	117.1
干豆类及豆制品	Beans and Bean Products	102.7	100.2	在外用膳食品	Outward dinner	109.5	108.6
油　脂	Oil or Fat	93.2	96.5	其它食品及食品加工服务	Other Foods and Processing Services	103.6	104.8
肉禽及其制品	Meat, Poultry and Processed Products	99.3	102.5	**烟酒及用品**	**Tobacco,Liquor and Articles**	**97.4**	**100.5**
食用畜肉及副产品	Meat and By-products	97.0	101.9	烟　草	Tobacco	100.0	100.2
禽	Poultry	111.0	104.6	酒	Liquor	92.6	101.0
肉禽加工制品	Processed Products	101.0	104.9	吸烟饮酒用品	Other Articles about Tobacco and Liquor		
蛋	Eggs	105.4	106.4	**衣　着**	**Clothing**	**102.7**	**103.6**
水产品	Aquatic Products	103.5	103.9	服　装	Garments	103.1	104.5
鱼	Fish	99.7	102.5	男式服装	Men's Garments	104.9	105.9
其它水产品	Other Aquatic Products	111.8	107.0	女式服装	Women's Garments	101.8	103.8
菜	Vegetables	104.8	104.6	儿童服装	Children's Garments	104.7	102.5
鲜　菜	Fresh Vegetables	104.8	104.7	衣着材料	Clothing Material	100.0	99.7
干菜及菜制品	Dried Vegetable and Processed Products	104.1	99.8	鞋袜帽	Shoes,Socks and Hats	101.9	101.4
调味品	Flavoring	100.0	110.0	鞋	Shoes	102.2	101.6
糖	Sugar	101.7	99.2	袜　子	Socks	100.0	99.6
茶及饮料	Tea and Beverages	105.2	99.4	帽　子	Hats	100.4	102.9
茶　叶	Tea	99.9	97.1	衣着加工服务	Clothing Manufacturing Services	100.1	104.1

13-1 续表 (continued)

指 标	Item	2014	2013	指 标	Item	2014	2013
家庭设备用品及维修服务	**Household Facilities, and Maintenance Services**	**101.0**	**102.1**	车用燃料及零配件	Fuels and Auto-parts for Vehicles	98.9	100.9
耐用消费品	Durable Consumer Goods	102.7	102.2	车辆使用及维修	Vehicles Use and Maintenance	104.6	105.7
家 具	Furniture	105.3	104.9	市区公共交通	Incity Traffic	101.0	100.0
家庭设备	Household Facilities	101.7	101.2	城市间交通	Intercity Traffic	103.0	101.6
室内装饰品	Interior Decorations	99.8	98.4	通 信	Communication	98.4	98.0
床上用品	Bedding Articles	99.6	93.2	通信工具	Communication Facility	85.6	85.0
家庭日用杂品	Household Articles for Daily Use	99.3	101.3	通信服务	Communication Service	100.0	100.0
家庭服务及加工维修服务	Household Services and Maintenance and Renovation	103.6	110.3	**娱乐教育文化用品及服务**	**Recreation,Education and Culture Articles**	**100.9**	**99.5**
医疗保健和个人用品	**Health Care and Personal Articles**	**101.1**	**101.2**	文娱用耐用消费品及服务	Durable Consumer Goods for Cultural and Recreational Use and Sercices	91.0	91.2
医疗保健	Heath Care and Medical Services	99.7	100.2	教 育	Education	103.3	101.1
医疗器具及用品	Medical Instrument and Articles	100.0	100.0	教材及参考书	Teaching Materials and Reference Books	99.4	102.0
中药材及中成药	Traditional Chinese Medicine	100.0	100.0	教育服务	Education Services	103.4	101.0
西 药	Western Medicine	100.2	100.9	文化娱乐类	Culture and Recreation	101.1	102.7
保健器具及用品	Health Care Applicants and Articles	93.9	98.4	文化娱乐用品	Recreational Articles	98.5	99.9
医疗保健服务	Health Care Services	100.0	100.0	书报杂志	Newspapers and Magazines	100.0	105.1
个人用品及服务	Personal Articles and Services	103.5	102.7	文娱费	Expenditure on Culture and Recreation	101.8	103.0
化妆美容用品	Cosmetics	99.6	100.0	旅游及外出	Touring and Outing	105.5	102.4
卫生用品	Sanitation Articles	100.3	105.9	**居 住**	**Residence**	**102.5**	**105.4**
个人饰品	Personal Ornaments	93.6	99.3	建房及装修材料	Building and Decoration Materials	99.5	99.0
个人服务	Personal Services	114.7	103.0	租 房	Renting	101.8	103.5
交通和通讯	**Transport and Communication**	**100.0**	**99.7**	自有住房	Home-ownership	103.8	109.6
交 通	Transportation	101.4	101.2	水、电、燃料	Water,Electricity and Fuels	101.7	101.9
交通工具	Transportation Facility	99.3	100.5				

13-2 商品零售价格指数
Retail Price Index

(以上年同期为100)

指　标	Item	2014	2013	指　标	Item	2014	2013
商品零售价格总指数	**General Retail Price Index**	**101.2**	**101.9**	**纺织品类**	**Textiles**	**99.9**	**98.4**
食品类	**Food**	**104.8**	**105.4**	衣着材料	Clothing	100.0	99.8
粮　食	Grain	100.7	104.8	床上用品	Bed Articles	99.9	98.0
淀粉及薯类	Starches and Tubers	107.6	107.9	**家用电器及音像器材**	**Household Appliances and Audio-Video Instruments**	**98.1**	**96.4**
干豆类及豆制品	Beans and Bean Products	102.8	100.3	家庭设备	Household Appliances	102.1	102.3
油　脂	Oil or Fat	93.2	96.3	文娱用耐用消费品	Durable Consumer Goods for Cultural and Recreational Use	90.3	89.1
肉禽及其制品	Poultry and Processed Products	100.4	103.3	音像器材类	Music and Video Equipment	105.0	96.5
食用畜肉及副产品	Meat and By-products	97.6	102.4	**文化办公用品**	**Cultural and Office Appliances**	**97.6**	**97.7**
禽	Poultry	111.1	104.5	**日用品**	**Articles for Daily Use**	**99.4**	**101.0**
肉禽加工制品	Poultry Products	101.0	104.9	日用百货	General Merchandise for Daily Use	99.7	100.1
蛋	Eggs	105.4	106.4	日用杂品	Articles for Daily Use	99.9	100.8
水产品	Aquatic Products	101.3	103.1	洗涤用品	Washing Articles	98.6	103.2
鱼	Fish	99.7	102.5	其它日用品	Others	100.2	98.4
其它水产品	Other Aquatic Products	112.9	107.9	**体育娱乐用品**	**Sports and Recreation Articles**	**100.3**	**100.5**
菜	Vegetables	104.8	104.4	体育用品	Sports Articles	100.1	101.0
调味品	Flavoring	100.0	110.0	娱乐用品	Recreation Articles	100.4	100.0
糖	Sugar	101.4	99.2	**交通、通信用品**	**Transport and Communication Appliances**	**98.3**	**99.1**
干鲜瓜果	Dried and Fresh Melons and Fruits	118.3	104.7	交通运输机械	Transportation Appliances	99.4	100.2
糕点饼干面包	Cake,Biscuit and Bread	101.0	103.1	通讯器材类	Communication Appliances	85.7	88.3
液体乳及乳制品	Milk and Its Products	110.9	117.5	**家　具**	**Furniture**	**105.5**	**104.1**
在外用膳食品	Outward dinner	109.0	108.2	**化妆品类**	**Cosmetics**	**99.6**	**101.7**
其它食品	Other Foods	103.6	104.8	**金银珠宝类**	**Gold,Silver and Jewelry**	**88.8**	**98.0**
饮料、烟酒	**Beverages,Tobacco and Liquor**	**98.4**	**100.3**	**中西药品及医疗保健用品类**	**Traditional Chinese and Western Medicines and Health Care Articles**	**99.8**	**100.5**
茶及饮料	Tea and Beverages	102.4	99.9	医疗器具及用品	Medical Apparatus and Article	100.0	100.0
茶　叶	Tea	99.9	97.1	中药材及中成药	Traditional Chinese Medicinal Materials and Medicines	100.0	100.0
饮　料	Beverages	103.1	100.7	西　药	Western Medicine	100.2	100.9
烟　草	Tobacco	100.0	100.0	保健器具及用品	Health Care Applicants and Articles	93.9	98.4
酒	Liquor	92.0	101.1	**书报杂志及电子出版物类**	**Books,Newspapers,Magazines and Electronic Publications**	**99.8**	**106.0**
服装、鞋帽类	**Garments,Shoes and Hats**	**102.4**	**102.7**	教材及参考书	Teaching Materials and Reference Books	99.4	102.7
服　装	Garments	103.5	104.4	书报杂志	Newspapers and Magazines	100.0	108.3
男士服装	Men's Garments	104.9	105.9	电子音像制品	Electronic Music and Video Products	100.0	100.0
女式服装	Women's Garments	101.8	103.8	**燃料类**	**Fuels**	**102.3**	**102.2**
儿童服装	Children's Garments	104.7	102.5	煤炭及制品类	Coal and Coal products	88.8	95.5
鞋袜帽	Shoes,Socks and Hats	102.0	101.5	石油及制品类	Oil and Oil products	103.8	103.0
鞋	Shoes	102.2	101.6	**建筑材料及五金电料类**	**Building Materials and Hardware**	**99.1**	**99.3**
袜　子	Socks	100.0	99.6	建筑装璜材料	Building Decoration Materials	98.8	99.2
帽　子	Hats	100.4	102.9	五金电料类	Hardware	100.1	99.7
其　它	Others	95.6	94.7				

13-3 城市住户基本情况(2014年)
Statistics on Urban Households(2014)

指　　标		Item		数　量 Quantity
调查户数	**（户）**	**Number of Households Surveyed**	**(household)**	**664**
家庭人口数	**（人/户）**	**Number of Persons per Household**	**(household/person)**	**2.84**
耐用消费品		**Durable Consumer Goods**		
摩托车	(辆/百户)	Motorcycle	(unit/100households)	8
家用汽车	(辆/百户)	Automobile	(unit/100households)	19
洗衣机	(台/百户)	Washing Machine	(set/100households)	97
电冰箱	(台/百户)	Refrigerator	(set/100households)	93
彩色电视机	(台/百户)	Color TV Set	(set/100households)	104.4
家用电脑	(台/百户)	Computer	(set/100households)	73.6
组合音响	(套/百户)	audio system	(unit/100households)	14.4
摄像机	(架/百户)	Video Camera	(unit/100households)	5.9
照相机	(架/百户)	Camera	(unit/100households)	35.1
其它中高档乐器	(件/百户)	Other Medium and High Grade Musical Instrument	(unit/100households)	1.7
微波炉	(台/百户)	Microwave Oven	(set/100households)	50.2
空调器	(台/百户)	Air Conditioner	(set/100households)	13.4
淋浴热水器	(台/百户)	Water Heater for Shower	(set/100households)	79
消毒碗柜	(台/百户)	Disinfection Cupboard	(set/100households)	34.4
洗碗机	(台/百户)	Dishwasher	(set/100households)	0.45
固定电话	(部/百户)	Fixed Telephone	(unit/100households)	62.5
移动电话	(部/百户)	Mobile Phone	(unit/100households)	201.7
信息化调查		**Informationization Survey**		
接入互联网的移动电话	(部/百户)	Number of Mobil Phones with Access to Internet	(unit/100households)	103.3
接入有线电视网络的电视机	(台/百户)	Number of TVs with Access to CATV Network	(set/100households)	577
接入互联网的计算机	(台/百户)	Number of Computers with Access to Internet	(set/100households)	60.3

13-3 续表 (continued)

指　　标	Item	数　量 Quantity
现住房总建筑面积(平方米/人)	**Total Floor Space of Houses(sq.m/person)**	**34.70**
房屋产权	**Housing Property Right**	
租赁公房	Leasing of State-owned Housing	2.86
租赁私房	Leasing of Private Housing	10.58
原有私房	Private Housing Existed	25.52
房改私房	Private Housing through Housing Reform	17.89
商品房	Commercial Housing	41.21
其　它	Others	1.48
住宅建筑式样	**Housing Styles**	
单栋住宅	Single Housing	24.77
四居室	Four-bedroom House	5.72
三居室	Three-bedroom House	28.56
二居室	Two-bedroom House	31.72
一居室	One-bedroom House	3.95
普通楼房	Ordinary House	0.90
平房及其它	Bungalow and Others	4.36
饮水情况	**Drinking Water**	
自来水	Tap Water	90.66
纯净水	Purified Water	8.43
井、河水	Well and Spring Water	0.75
其　它	Others	0.15
用水情况(合计)	**Water Use(Total)**	
独用自来水	Separate Using Tap Water	100.00
公用自来水	Public Using	
取暖设备	**Warm Equipment**	
无取暖设备	Without Heating Installation	12.35
其　它	Others	87.65
炊用燃料使用情况	**Fuels for Cooking**	
管道煤气	Piped Gas	4.79
液化石油气	Liquefied Petroleum Gas	0.30
煤	Coal	9.98
其　它	Others	0.30

13-4 城市住户现金收支情况(2014年)
Cash Income and Expenditure of Urban Households(2014)

单位：元/人 (yuan/person)

指 标	Item	合 计 Total	指 标	Item	合 计 Total
期初手存现金	**Cash in Hand at the Beginning of the Year**		食品烟酒	Food	6176.1
家庭总收入	**Total Households Income**	**26823.26**	衣 着	Clothing	1532.6
#可支配收入	Disposable Income	24961.27	家庭设备用品及服务	Household Facilities, Articles and Services	1405.03
工资性收入	**Income from Wages and Salaries**	**14708.59**	医疗保健	Health Care and Medical Services	971.87
工资及补贴收入	Income from Laborage and Allowance	14114.71	交通和通信	Transport and Communication	2250.26
其他劳动收入	Others	46.94	教育文化娱乐服务	Education,Culture and Recreation Services	2874.4
经营净收入	**Net Business Income**	**2359.64**	居 住	Residence	3948.67
财产净收入	**Net Property Income**	**2391.12**	杂项商品和服务	Miscellaneous Goods and Services	342.52
利息净收入	Net Interest Income	10.67	**购房与建房支出**	**Expenditure on Houses**	**1063.18**
红利收入	Dividends and Bonus Income	88.92	购 房	Expenditure on Purchasing Houses	1003.53
保险净收益	Interests of Insurance	20.58	建 房	Expenditure on Building Houses	8.51
转让承包土地经营权租金净收入	Other Investment Income	9.33	**转移性支出**	**Transfer Expenditure**	**1318.06**
出租房屋收入	House Rent	837.97	交纳的个人收入税	Individual Income Tax	61.51
知识产权收入	Income from Intellectual Property Rights	-18.88	社会保障支出	Expenditure for Social Security	980.72
其他财产性收入	Other Property Income	0.65	外来从业人员寄给家人的支出	Income Brought from Floating Employee	0.20
房屋虚拟租金	Virtual Rent	1441.89			
转移净收入	**Income from Transfer**	**5501.92**	赡养支出	Expenditure on Supporting the Old	169.63
养老金或离退休金	Annuities or Pension	6000.81	各种非储蓄性保险支出	Various Non-saving Insurance Expenditure	5.61
社会救济收入	Income from Social Relief	64.98	#车辆保险支出	Car Insurance Expenditure	54.96
政策性生活补贴	Policy Living Allowances	4.32	其他转移性支出	Others	105.99
报销医疗费	Reimbursement of Medical Expenses	142.3	**财产性支出**	**Property Expenditure**	**43.5**
家庭外出从业人员寄回带回收入	Income Brought from Outing Family Workers	1.68	非生产性贷款利息支出	Nonproductive Interest of Loans	42.33
赡养收入	Income from Offsprings	437.85	其 他	Others	1.17
其他经常转移性收入	Others	160.72	**社会保障支出**	**Social Security Expenditure**	**980.72**
现金政策性惠农补贴	Policy Agricultural Subsidies in Cash	2.43	个人交纳的养老基金	Superannuation Fund Paid by Individual	626.22
从政府和组织得到的实物、服务	Goods and Services Gained from Government and Organization	4.89	个人交纳的医疗基金	Medical Benefits Fund Paid by Individual	293.66
			个人交纳的失业基金	Unemployment Fund Paid by Individual	56.73
出售财物收入	**Income from Selling Properties and Goods**	**84.11**	其他社会保障支出	Others	4.11
出售其他物品收入	Income from Other Goods	1.03	**借贷支出**	**Expenditure on Loan**	**2544.47**
借贷收入	**Income from Loan**	**1845.97**	存入储蓄款	Saving Deposits	1541.31
提取储蓄存款	Drawing Money from Banks	1544.68	借出款	Lending	18.9
借入款	Loan Payable	67.06	储蓄性保险支出	Expenditure on Saving Insurance	15.94
住房贷款	Housing Loan	100.66	购买有价证券	Purchasing Securities	1.14
其他借贷收入	Others	2.13	其它投资支出	Others Expenditure on Investment	62.58
家庭总支出	**Total Households Expenditure**	**26966.62**	归还住房贷款	Repay the Housing Loans	693.3
消费支出	**Consumption Expenditure**	**19501.46**	其他借贷支出	Others	0.77
#服务性消费支出	Expenditure on Services		期末手存现金	Cash in Hand at the End of the Year	
通过互联网购买商品或服务	Purchasing Goods or Services from the Internet	304.46			

13-5 城市住户消费支出情况(2014年)
Consumption Expenditure of Urban Households(2014)

指　　标		Item		数　量 (-/人) Quantity(-/person)	金　额 (元/人) Amount (yuan/person)	平均单价 (元/千克) Average Unit Price(yuan/kg)
消费支出	**(元)**	**Consumption Expenditure**	**(yuan)**		**19501.46**	
#服务性消费支出	**(元)**	**Services**	**(yuan)**			
食　品	**(元)**	**Food**	**(yuan)**		**6176.00**	
粮油类	**(元)**	**Food and Oil**	**(yuan)**			
粮　食	(千　克)	Grain	(kg)	106.96		
大　米	(千　克)	Rice	(kg)	64.94	540.84	8.33
面　粉	(千　克)	Flour	(kg)	21.06		
其他粮食及制品	(千　克)	Others	(kg)	10.37		
淀粉及薯类	(千　克)	Starches and Tubers	(kg)	1.52	30.13	19.82
干豆类及豆制品	(元)	Beans and Bean Products	(yuan)	9.07	65.15	7.18
油脂类	(千　克)	Oil and Fats	(kg)	12.09	214.06	17.71
食用植物油	(千　克)	Edible Vegetable Oil	(kg)	10.70		
食用动物油	(千　克)	Edible Animal Oil	(kg)	1.39		
肉禽蛋水产品类	**(元)**	**Meat,Poultry,Eggs and Aquatic Products**	**(yuan)**	**56.88**	**155.97**	**2.74**
肉　类	(千　克)	Meat	(kg)	34.22	1020.36	29.82
猪　肉	(千　克)	Pork	(kg)	28.19		
牛　肉	(千　克)	Beef	(kg)	2.14		
羊　肉	(千　克)	Mutton	(kg)	0.28		
其他肉及制品	(千　克)	Others	(kg)	3.61		
禽　类	(千　克)	Poultry	(kg)	10.00	292.66	29.27
鸡	(千　克)	Chicken	(kg)	7.18		
鸭	(千　克)	Duck Meat	(kg)	1.20		
其他禽类及制品	(千　克)	Others	(kg)	1.62		
蛋　类	(千　克)	Eggs	(kg)	6.96	98.05	14.09
鲜　蛋	(千　克)	Fresh Eggs	(kg)	6.14		
蛋制品	(千　克)	Egg Products	(kg)	0.82		
水产品类	(元)	Aquatic Products	(yuan)	5.70	155.97	27.36
鱼	(千　克)	Fish	(kg)	4.61		
虾	(千　克)	Shrimp	(kg)	0.48		
其他水产品及制品	(千　克)	Others	(kg)	0.61		

13-5 续表1 (continued)

指标		Item		数量 (-/人) Quantity(-/person)	金额 (元/人) Amount (yuan/person)	平均单价 (元/千克) Average Unit Price (yuan/kg)
蔬菜类	**(元)**	**Vegetables**	**(yuan)**	**88.79**	**654.47**	**7.37**
鲜　菜	(千 克)	Fresh Vegetables	(kg)	84.73		
干菜及菜制品	(千 克)	Dried Vegetables	(kg)	2.83		
调味品	**(元)**	**Condiments**	**(yuan)**			
糖烟酒饮料类	**(元)**	**Sugar,Tobacco and Beverages**	**(yuan)**	**38.22**	**882.84**	**23.10**
糖　类	(元)	Sugar	(yuan)	2.42		
烟草类	(元)	Tobacco	(yuan)	29.80	505.96	16.98
酒　类	(千 克)	Liquor	(kg)	5.48	219.77	40.10
白　酒	(千 克)	Spirit	(kg)	2.43		
果　酒	(千 克)	Fruit Wine	(kg)	0.09		
啤　酒	(千 克)	Beer	(kg)	2.96		
其他酒	(千 克)	Others	(kg)			
饮　料	(元)	Beverages	(yuan)	0.52	157.11	302.13
碳酸饮料	(千 克)	Sodas	(kg)			
瓶装饮用水	(千 克)	Bottled Drinking Water	(kg)			
茶　叶	(千 克)	Tea	(kg)	0.52		
其他饮料	(元)	Others	(yuan)			
干鲜瓜果类	**(元)**	**Dried and Fresh Melons and Fruits**	**(yuan)**	**41.98**	**516.84**	**12.31**
鲜　果	(千 克)	Fresh Fruits	(kg)	36.72		
鲜　瓜	(元)	Fresh Melons	(yuan)	1.07		
其它干鲜瓜果及制品	(千 克)	Others	(kg)	4.18		
糖果糕点、奶及奶制品	**(元)**	**Cake,Milk and Milk Products**	**(yuan)**		**455.72**	
糕　点	(千 克)	Cake	(kg)	3.63	182.49	50.27
奶及奶制品	(元)	Milk and Milk Products	(yuan)	23.94	273.23	11.41
鲜乳品	(千 克)	Fresh Milk Products	(kg)	20.47		
奶　粉	(千 克)	Milk Powder	(kg)	0.27		
酸　奶	(千 克)	Yoghourt	(kg)	2.71		
其他奶制品	(元)	Others	(yuan)	0.50		
其他食品	**(元)**	**Other Foods**	**(yuan)**		**219.89**	

13-5 续表2 (continued)

指　　标		Item		数　量 (-/百户) Quantity (-/100 households)	金　额 (元/人) Amount (yuan/person)	平均单价 (元/-) Average Unit Price (yuan/-)
饮食服务	(元)	Catering Services	(yuan)		1029.13	
食品加工服务费	(元)	Food Processing Service Fees	(yuan)		2.02	
在外饮食	(元)	Outward Dinner	(yuan)		969.46	
衣　着	**(元)**	**Clothing**	**(yuan)**		**1532.60**	
服　装	(件)	Garments	(piece)		1131.71	
衣着材料	(元)	Clothing Materials	(yuan)			
鞋　类	(双)	Shoes	(pair)		400.90	
家庭设备用品及服务	**(元)**	**Household Facilities,Articles and Services**	**(yuan)**		**1405.03**	
医疗保健	**(元)**	**Health Care and Medical Services**	**(yuan)**		**971.87**	
医疗器具及药品	(元)	Medical Apparatus	(yuan)		323.82	
医疗费	(元)	Medical Care Expenses	(yuan)		648.05	
其　他	(元)	Others	(yuan)			
交通和通讯	**(元)**	**Transport and Communications**	**(yuan)**		**2250.26**	
交　通	(元)	Transport	(yuan)		1173.51	
家庭交通工具	(元)	Household Trasportation Tools	(yuan)		215.20	
车辆用燃料及零配件	(元)	Fuel and Auto-parts for Vehicles	(yuan)		383.76	
燃　料	(元)	Fuel	(yuan)		383.76	
其　他	(元)	Others	(yuan)			
交通工具服务支出	(元)	Expendituture for Transportation Tools	(yuan)		274.30	
交通费	(元)	Transportation Expenses	(yuan)		300.24	
通　信	(元)	Communication	(yuan)		1076.75	
通信工具	(元)	Communication Tools	(yuan)		221.92	
通信服务	(元)	Communication Services	(yuan)		854.84	
教育文化娱乐服务	**(元)**	**Education,Culture and Recreation Services**	**(yuan)**		**2874.40**	
文化娱乐用品	(元)	Recreation Articles	(yuan)		2003.31	
文化娱乐服务	(元)	Recreation Services	(yuan)		1564.36	
教　育	(元)	Education	(yuan)		871.09	
居　住	**(元)**	**Residence**	**(yuan)**		**3948.67**	
住　房	(元)	Housing	(yuan)			
水电燃料及其他	(元)	Water,Electricity, Fuels and Others	(yuan)		950.69	
居住服务费	(元)	Residence Services	(yuan)		313.48	
其它商品和服务	**(元)**	**Others**	**(yuan)**		**342.52**	
其它商品	(元)	Other Goods	(yuan)		182.52	
服　务	(元)	Services	(yuan)		160.00	

13-6 农村住户基本情况
Basic Conditions of Rural Households

指　　标		Item		2014	2013
调查户数	**(户)**	**Households Surveyed**	**(household)**	**477**	**485**
调查户常住人口	**(人)**	**Permanent Residents per Surveyed Households**	**(person)**	**1714**	**1798**
平均每户常住人口	(人)	Average Number of Permanent Residents per Household	(person)	3.59	3.71
每户整、半劳动力	**(人)**	**Number of Full/Semi Labor Force Per Household**	**(person)**	**2.54**	**2.59**
整、半劳动力占常住人口比重	(%)	The Proportion of Full Semi Labor Force	(%)	70.72	69.86
平均每百个劳动力中		**In Per 100 Laborers**			
文盲或半文盲	(人)	Illiterate or Semi-Illiterate	(person)	2.31	2.10
小学程度	(人)	Elementary School	(person)	30.12	31.46
初中程度	(人)	Junior High School	(person)	54.54	53.74
高中程度	(人)	Senior High School	(person)	8.75	8.41
中专程度	(人)	Technical Secondary School	(person)		
大专以上	(人)	Junior College	(person)	4.29	4.29
劳动力平均受教育年限	**(年/人)**	**Average Schooling Years of Laborers**	**(year/person)**		**8.33**
年末住房面积	**(平方米/人)**	**Living Space at Year-end**	**(sq.m/person)**	**50.61**	**45.67**
#新建房屋面积	(平方米/人)	Areas of Houses Newly Built	(sq.m/person)	1.11	1.29
年末住房价值	**(元/平方米)**	**Houses Value at Year-end**	**(yuan/sq.m)**	**1499.04**	**1399.94**

13-7 农村住户家庭经营情况
Basic Conditions of Household Business in Rural Households

指　　标		Item		2014	2013
经营耕地面积	**(亩/人)**	**Area of Cultivated Land**	**(mu/person)**	**0.99**	**1.07**
经营山地面积	**(亩/人)**	**Areas of Hills Managed**	**(mu/person)**		**0.23**
经营园地面积	**(亩/人)**	**Areas of Garden Plot Managed**	**(mu/person)**	**0.04**	**0.03**
经营牧草地面积	**(亩/人)**	**Areas of Meadow Managed**	**(mu/person)**		
年内出售猪头数	**(头/户)**	**Number of Selling Fattened Hogs in the Year**	**(head/household)**	**1.13**	**2.49**
出售、自宰肥猪肉产量	(公斤/户)	Output of Pork Slaughtered by Peasants Themselves and Sold	(kg/household)	129.16	175.19
每头猪肉产量	(公斤/头)	Output of Per Slaughtered Hog	(kg/head)	114.30	70.48
出售、自宰羊的肉产量	(公斤/户)	Output of Mutton Slaughtered by Peasants Themselves and Sold	(kg/household)	0.10	0.14
年内出售肉牛数	**(头/百户)**	**Number of Sold Fattened Cattle in the Year**	**(head/100 households)**	**4.19**	**1.00**

13-8 农村家庭人均总收入
Per Capita Annual Income of Rural Households

单位：元 (yuan)

指　　标	Item	2014	2013	2014年比2013年增长(%) Growth Rate in 2014 over 2013(%)
全年总收入	**Total Revenue of the Year**	**14428**	**12038**	**16.6**
工资性收入	Income from Wages and Salaries	5662	4823	14.8
家庭经营收入	Income from Household Operation	7013	5878	16.2
第一产业	Primary Industry	4967	4062	18.2
农业收入	Farming	1854	2326	-25.4
#农产品收入	Farm Products		2309	
林业收入	Forestry	96	71	26.3
牧业收入	Animal Husbandry	2895	1611	44.3
渔业收入	Fishery	122	54	55.6
第二产业	Secondary Industry	219	278	-26.9
工业收入	Industry	177	115	35.1
建筑业收入	Construction	42	163	-290.3
第三产业	Tertiary Industry	1827	1573	13.9
交通、运输和邮电业收入	Transportation,Freight and Telecommunication Services	1253	900	28.2
批零贸易业、饮食收入	Wholesale and Retail Trade & Catering Services	330	472	-42.8
社会服务业收入	Social Services	157	135	14.2
文教卫生业收入	Culture,Education and Health Services			
其他行业收入	Others	5	31	-549.9
转移性收入	Income from Transfer	1195	727	39.2
财产性收入	Property Income	558	611	-9.4

13–9 城市住户按相对收入不等距分组情况(2014年)

指　　标		Item	
家庭人口数	**(人/户)**	**Number of Persons per Household**	**(person/household)**
家庭总收入	**(元/人)**	**Total Households Income**	**(yuan/person)**
#可支配收入	(元/人)	Disposable Income	(yuan/person)
工薪收入	(元/人)	Income from Wages and Salaries	(yuan/person)
#工资及补贴收入	(元/人)	Income from Laborage and Allowance	(yuan/person)
经营净收入	(元/人)	Net Business Income	(yuan/person)
财产性收入	(元/人)	Income from Properties	(yuan/person)
#利息收入	(元/人)	Interest Income	(yuan/person)
出租房屋收入	(元/人)	Rental Income	(yuan/person)
转移性收入	(元)	Income from Transfer	(yuan)
#养老金或离退休金	(元)	Annuities or Pension	(yuan)
社会救济收入	(元)	Income from Social Relief	(yuan)
#最低生活保障收入	(元)	Basic Living Allowances	(yuan)
赡养收入	(元)	Income from offspring	(yuan)
#来自城镇居民的赡养收入	(元)	Income of Supporting the Old from Urban Residents	(yuan)
捐赠收入	(元)	Income from Donation	(yuan)
出售财物收入	**(元/人)**	**Income of Selling Property and Goods**	**(yuan/person)**
借贷收入	**(元/人)**	**Income from Loan**	**(yuan/person)**
家庭总支出	**(元/人)**	**Total Households Expenditure**	**(yuan/person)**
消费支出	(元/人)	Consumption Expenditure	(yuan/person)
食　品	(元/人)	Food	(yuan/person)
衣　着	(元/人)	Clothing	(yuan/person)
家庭设备用品及服务	(元/人)	Household Fcilities,Articles and Services	(yuan/person)
医疗保健	(元/人)	Health Care and Medical Services	(yuan/person)
交通和通信	(元/人)	Transport and Communication	(yuan/person)
教育文化娱乐服务	(元/人)	Education,Culture and Recreation Services	(yuan/person)
居　住	(元/人)	Residence	(yuan/person)
其它商品和服务	(元/人)	Others	(yuan/person)
社会保障支出	(元/人)	Social Security Expenditure	(yuan/person)
借贷支出	**(元/人)**	**Expenditure on Loan**	**(yuan/person)**
消费支出	**(元/人)**	**Consumption Expenditure**	**(yuan/person)**
食　品	**(元/人)**	**Food**	**(yuan/person)**
粮油类	(元/人)	Food and Oil	(yuan/person)
肉禽蛋水产品类	(元/人)	Meat,Poultry,Eggs and Aquatic Products	(yuan/person)

Urban Households on Relative Income Inequality(2014)

合　计 Total	低20% Low Income Households	较低20% Lower Middle Income Households	中间20% Middle Income Households	较高20% Upper Middle Income Households	高20% High Income Households
2.84	**4**	**3**	**3**	**3**	**2**
26823.26	**15392**	**21834**	**27046**	**31777**	**47027**
24961.27	13073	20676	24880	30048	45163
14708.59	8484	12222	16168	16919	24146
14114.71	8319	11848	15298	16305	22907
2836.21	1145	1610	2511	2237	5431
2458.48	1405	2016	1903	2309	5354
53.00	-21	-27	-3	33	109
837.97	549	697	504	398	2509
6819.98	2042	4827	4298	8583	10231
6000.81	2528	5361	5878	8987	9347
64.98	167	2	18	84	26
	129				
437.85	110	241	197	318	1747
	18	10	2	2	
84.11	**27**	**73**	**231**	**5**	**90**
1845.97	**1110**	**1295**	**1844**	**2781**	**2763**
26966.62	**17880**	**22094**	**30028**	**28925**	**42803**
19501.46	12662	16426	21588	21346	30411
4264.14	3222	3982	4427	4684	5700
1532.60	958	1215	1759	1512	2678
1405.03	938	1110	1701	1459	2152
971.87	769	555	868	1248	1728
2250.26	1313	1613	3077	2441	3398
2874.40	1701	2568	3320	3135	4373
3948.67	2525	3382	4019	4654	6222
342.52	226	218	411	271	713
980.72	776	720	1477	1055	941
2544.47	**1234**	**1743**	**3341**	**2538**	**4836**
19501.46	**12662**	**16426**	**21588**	**21346**	**30411**
4264.14	**3222**	**3982**	**4427**	**4684**	**5700**
850.18	691	856	843	877	1087
1567.04	1206	1516	1601	1673	2074

13-9 续表

指　　标		Item	
蔬菜类	(元/人)	Vegetables	(yuan/person)
糖果糕点类	(元/人)	Candy and Pastry	(yuan/person)
奶类	(元/人)	Sugar,Tobacco,Liquor and Beverages	(yuan/person)
干鲜瓜果类	(元/人)	Dried and Fresh Melons and Fruits	(yuan/person)
其他食品	(元/人)	Other Food	(yuan/person)
烟酒	(元/人)	Liquor and Tobacco	(yuan/person)
饮料	(元/人)	Beverage	(yuan/person)
饮食服务	(元/人)	Catering Services	(yuan/person)
衣　着	**(元/人)**	**Clothing**	**(yuan/person)**
衣　类	(元/人)	Garments	(yuan/person)
鞋　类	(元/人)	Shoes	(yuan/person)
生活用品及服务	**(元/人)**	**Household Goods and Services**	**(yuan/person)**
家具及室内装饰品	(元/人)	Interior Decorations and Furniture	(yuan/person)
家庭器具	(元/人)	Household Appliance	(yuan/person)
家用纺织品	(元/人)	Household Textiles	(yuan/person)
家庭日用杂品	(元/人)	Household Articles for Daily Use	(yuan/person)
个人用品	(元/人)	Personal Items	(yuan/person)
家庭服务	(元/人)	Household Services	(yuan/person)
医疗保健	**(元/人)**	**Health Care and Medical Services**	**(yuan/person)**
医疗器具及药品	(元/人)	Medical Apparatus and Articles	(yuan/person)
医疗服务	(元/人)	Medical Services	(yuan/person)
交通和通讯	**(元/人)**	**Transportation and Communications**	**(yuan/person)**
交　通	(元/人)	Transportation	(yuan/person)
通　信	(元/人)	Communication	(yuan/person)
教育文化娱乐	**(元/人)**	**Education,Culture and Recreational Services**	**(yuan/person)**
文化娱乐	(元/人)	Culture and Recreational Services	(yuan/person)
教　育	(元/人)	Education	(yuan/person)
居　住	**(元/人)**	**Residence**	**(yuan/person)**
租赁房房租	(元/人)	Rent of Rental Housing	(yuan/person)
住房维修及管理	(元/人)	Housing Maintenance and Management	(yuan/person)
水电燃料及其他	(元/人)	Water,Electricity,Fuels and Others	(yuan/person)
自有住房折算租金	(元/人)	Reduced Rents of Home Ownership	(yuan/person)
其它商品和服务	**(元/人)**	**Other Goods and Services**	**(yuan/person)**
其它用品	(元/人)	Other Goods	(yuan/person)
其他服务	(元/人)	Other Services	(yuan/person)

(continued)

合 计 Total	低20% Low Income Households	较低20% Lower Middle Income Households	中间20% Middle Income Households	较高20% Upper Middle Income Households	高20% High Income Households
654.47	476	581	687	772	877
182.49	128	175	198	204	238
273.23	174	242	323	322	358
516.84	374	426	537	590	774
516.84	173	187	237	245	292
725.73	412	696	750	738	1249
157.11	97	151	136	179	269
1029.13	502	936	1119	1026	1931
1532.60	**958**	**1215**	**1759**	**1512**	**2678**
1131.71	673	863	1334	1146	2001
400.90	285	351	425	366	676
1405.03	**938**	**1110**	**1701**	**1459**	**2152**
105.84	78	82	83	124	197
446.43	379	361	477	461	626
113.71	96	68	101	117	223
454.95	264	466	455	486	723
172.81	95	96	278	168	277
111.29	26	37	307	103	106
971.87	**769**	**555**	**868**	**1248**	**1728**
323.82	226	252	408	324	477
648.05	542	303	460	924	1251
2250.26	**1313**	**1613**	**3077**	**2441**	**3398**
1173.51	641	770	1887	1276	1561
1076.75	672	843	1190	1165	1836
2874.40	**1701**	**2568**	**3320**	**3135**	**4373**
2003.31	853	1605	2260	2312	3796
871.09	848	963	1060	823	577
3948.67	**2525**	**3382**	**4019**	**4654**	**6222**
260.26	113	275	151	509	335
313.48	163	163	402	256	735
950.69	721	829	1041	1009	1320
2424.24	1528	2115	2525	2879	3831
342.52	**226**	**218**	**411**	**271**	**713**
182.52	151	91	240	95	396
160.00	75	127	171	176	317

13-10 农村家庭人均可支配收入
Per Capita Annual Net Income of Rural Households

单位：元 (yuan)

指标	Item	2014	2013	2014年比2013年增长(%) Growth Rate in 2014 over 2013(%)
绝对数	**Absolute Value**			
全年可支配收入	**Annual Disposable Income**	**10826**	**9606**	**12.7**
工资性收入	Income from Wages and Salaries	5662	4651	21.7
#外出从业得到的收入	Income from Working Outside			
家庭经营收入	Income from Household Operation	3696	3520	5.0
第一产业	Primary Industry	2201	2375	-7.4
农业收入	Farming	1253	1546	-19.0
林业收入	Forestry	33	23	43.4
牧业收入	Animal Husbandry	864	774	11.6
渔业收入	Fishery	51	11	361.1
第二产业	Secondary Industry	169	304	-44.4
工业收入	Industry	128	24	433.4
建筑业收入	Construction	41	280	-85.3
第三产业	Tertiary Industry	1326	841	57.7
交通、运输、邮电业收入	Transportation,Freight and Telecommunication Services	962	517	86.0
批零贸易业.饮食业收入	Wholesale and Retail Trade & Catering Services		147	85.9
社会服务业收入	Social Services		16	8.0
文教卫生业收入	Culture,Education and Health Services			
其他行业收入	Others	2	9	-75.6
转移性收入	Income from Transfer	948	945	0.3
财产性收入	Property Income	521	490	6.3

13-11 农村家庭人均生活消费支出
Per Capita Annual Living Expenditures of Rural Households

单位：元 (yuan)

指标	Item	2014	2013	2014年比2013年增长(%) Growth Rate in 2014 over 2013(%)
平均每人生活消费支出	**Per Capita Consumption Expenditure**	**8724**	**6527**	**33.7**
食品	Food	2609	1927	35.4
衣着	Clothing	580	533	8.9
居住	Residence	2213	1444	53.3
生活用品及服务	Household Facilities,Articles and Related Services	570	442	29.0
交通和通讯	Transport and Communications	1292	971	33.1
文教娱乐用品及服务	Education,Culture,Recreation,and Related Services	865	605	43.0
医疗保健	Health Care and Medical Services	462	436	5.9
其他商品及服务	Miscellaneous Goods and Services	132	169	-21.9

13-12 农村居民人均现金收入
Per Capita Annual Cash Income of Farmers

单位：元 (yuan)

指　　标	Item	2014	2013	2014年比2013年增长(%) Growth Rate in 2014 over 2013(%)
年内现金收入合计	**Total Cash Income of the Year**	**13261**	**10751**	**23.4**
工资性收入	Income from Wages and Salaries	5650	4814	17.4
家庭经营现金收入	Cash Income from Household Operations	5987	4624	29.5
转移性现金收入	Income from Transfer	1066	702	51.8
财产性现金收入	Income from Property	558	611	-8.6
#租金(包括农业机械)收入	Rent(including Agricultural Mechanics)	339	246	37.8
非收入所得	**Non-income**	**2007**	**3280**	**-38.8**
调查补贴	Subsidies for Investigation	258	105	145.5
银行、信用社贷款	Loans from Banks and Credit Associations		82	
借入款	Loan Payable	794	1005	-21.0
收回借出款	Loans Repaid	117	143	-17.9
从银行、信用社取回存款	Withdraw Cash from Banks and Credit Associations	865	806	7.3
土地征用补偿收入	Income from Land Requisition and Compensation Subsidies	745	219	240.2
其他非收入所得	Others	5	920	-99.4

13-13 农村家庭人均主要消费品消费量
Per Capita Consumption on Major Consumer Goods of Rural Households

单位：公斤 (kg)

指　　标	Item	2014	2013	2014年比2013年增长(%) Growth Rate in 2014 over 2013(%)
粮食消费量	Grain	121.26	147.00	-17.5
#细　粮	Refined Grain	101.51	123.00	-17.5
蔬菜及菜制品消费量	Vegetables and Its Products	73.13	90.00	-18.7
油脂类消费量	Oil and Fats	14.28	10.00	42.8
肉禽及其制品消费量	Poultry and Processed Products	28.34	34.00	-16.6
蛋类及蛋制品消费量	Eggs and Processed Products	3.54	4.00	-11.5
奶和奶制品消费量	Milk and Processed Products	5.36	3.00	78.7
水产品消费量	Aquatic Products	1.17	1.00	17.0
食糖消费量	Sugar	0.82	1.00	-18.0
酒消费量	Liquor	7.97	7.00	13.9
茶叶消费量	Tea	0.22		

13-14 农村家庭每百户耐用消费品拥有量
Ownership of Durable Consumer Goods Per 100 Rural Households

指　标		Item		2014	2013	2014年比2013年增长(%) Growth Rate in 2014 over 2013(%)
洗衣机	(台)	Washing Machine	(set)	100	98	2.2
电冰箱	(台)	Refrigerator	(set)	76	78	-2.6
空调机	(台)	Air Conditioner	(set)	2	2	
热水器	(台)	Water Heater	(set)	45	47	-3.4
摩托车	(辆)	Motorcycle	(unit)	60	54	11.1
生活用汽车	(辆)	Automobile	(unit)	19	17	10.0
电话机	(部)	Telephone	(set)	22	21	4.3
移动电话	(部)	Mobile Telephone	(set)	234	222	5.5
彩色电视机	(台)	Color TV Set	(set)	108	109	-0.7
摄像机	(台)	Radio Camera	(set)	2	1	50.0
照相机	(台)	Camera	(set)	6	7	-12.9

13-15 各区(市、县)城市常住居民人均可支配收入及消费性支出
Per Capita Annual Disposable Income and Per Capita Consumption Expenditure of Urban Households by District (City, County)

单位：元 (yuan)

区(市、县)名称	District (City, County)	城市常住居民人均可支配收入 Per Capita Disposable Income of Urban Residents				城市居民人均消费性支出 Per Capita Consumption Expenditure of Urban Residents			
		2014	2013	2014年比2013年增长(%) Growth Rate in 2014 over 2013 (%)	扣价增速(%) Growth Rate of Discount (%)	2014	2013	2014年比2013年增长(%) Growth Rate in 2014 over 2013(%)	扣价增速(%) Growth Rate of Discount (%)
南明区	Nanming	25796	23633	9.2	6.3	23878	19675	21.4	18.2
云岩区	Yunyan	25840	23656	9.2	6.4	20725	17158	20.8	17.6
花溪区	Huaxi	24374	22312	9.2	6.4	15197	15287	-0.6	-3.2
乌当区	Wudang	24435	22351	9.3	6.5	17891	14074	27.1	23.8
白云区	Baiyun	24508	22412	9.4	6.5	19617	16508	18.8	15.7
观山湖区	Xiaohe	24446	22387	9.2	6.3	23852	19170	24.4	21.2
开阳县	Kaiyang	23745	21518	10.3	7.5	9976	9505	5.0	2.2
息烽县	Xifeng	22420	20257	10.7	7.8	13344	10598	25.9	22.6
修文县	Xiuwen	23601	21366	10.5	7.6	19178	17782	7.9	5.0
清镇市	Qingzhen	23627	21405	10.4	7.5	17179	13156	30.6	27.2

13-16 各区(市、县)农村常住居民人均可支配收入及生活消费支出
Per Capita Annual Disposal Income and Consumption Expenditure of Permanent Rural Residents by District (City, County)

单位：元 (yuan)

区(市、县)名称	District (City, County)	农村常住居民人均可支配收入 Per Capita Annual Net Income of Rural Residents				农民人均生活消费支出 Per Capita Consumption Expenditure of Rural Residents		
		2014	2013	2014年比2013年增长(%) Growth Rate in 2014 over 2013 (%)	扣价增速(%) Growth Rate of Discount (%)	2014	2013	2014年比2013年增长(%) Growth Rate in 2014 over 2013 (%)
南明区	Nanming	12722	11481	10.8	8.1	12762	11416	11.8
云岩区	Yunyan	12839	11586	10.8	8.1	11874	13291	-10.7
花溪区	Huaxi	11327	10163	11.5	8.7	10193	8539	19.4
乌当区	Wudang	11924	10707	11.4	8.7	11911	11080	7.5
白云区	Baiyun	12833	11512	11.5	8.8	12830	12644	1.5
观山湖区	Xiaohe	12103	10869	11.4	8.6	11294	8675	30.2
开阳县	Kaiyang	10227	8990	13.8	11.0	5150	4971	3.6
息烽县	Xifeng	9787	8581	14.1	11.3	5807	5474	6.1
修文县	Xiuwen	9807	8620	13.8	11.0	9112	8465	7.6
清镇市	Qingzhen	10439	9187	13.6	10.9	8864	7453	18.9

13-17 各区(市、县)常住居民恩格尔系数（2014年）
Engel Coefficient of Permanent Residents in Districts (City, County)(2014)

区(市、县)名称	District (City, County)	恩格尔系数（%）Engel Coefficient (%)
贵阳市	Guiyang	38.0
南明区	Nanming	36.7
云岩区	Yunyan	36.9
花溪区	Huaxi	38.0
乌当区	Wudang	37.2
白云区	Baiyun	36.6
观山湖区	Xiaohe	36.5
开阳县	Kaiyang	39.4
息烽县	Xifeng	39.8
修文县	Xiuwen	40.6
清镇市	Qingzhen	38.5

主要统计指标解释

商品零售价格指数 是反映城乡商品零售价格变动趋势的一种经济指数。零售物价的变动直接反映城乡居民的生活支出和国家的财政收入，反映居民购买力和市场供需平衡，反映消费与积累的比例。

居民消费价格指数 是反映一定时期内城乡居民所购买的生活消费品价格和服务项目价格变动趋势和程度的相对数，是对城市居民消费价格指数和农村居民消费价格指数进行综合汇总计算的结果。

可支配收入 指调查户在调查期内获得的、可用于最终消费支出和储蓄的总和，即调查户可以用来自由支配的收入。可支配收入既包括现金，也包括实物收入。按照收入的来源，可支配收入包含五项，分别为：工资性收入、经营净收入、财产净收入、转移净收入和自有住房折算净租金。计算公式为：

可支配收入 = 工资性收入 + 经营净收入 + 财产净收入 + 转移净收入 + 自有住房折算净租金

其中：经营净收入 = 经营收入 - 经营费用 - 生产性固定资产折旧– 生产税净额（生产税-生产补贴）

财产净收入 = 财产性收入 - 财产性支出

转移净收入 = 转移性收入 - 转移性支出

工资性收入 指就业人员通过各种途径得到的全部劳动报酬和各种福利，包括受雇于单位或个人、从事各种自由职业、兼职和零星劳动得到的全部劳动报酬和福利。

经营净收入 指住户或住户成员从事生产经营活动所获得的净收入，是全部经营收入中扣除经营费用、生产性固定资产折旧和生产税净额（生产税减去生产补贴）之后得到的净收入。计算公式具体为：

经营净收入 = 经营收入 - 经营费用 - 生产性固定资产折旧- 生产税净额（生产税-生产补贴）

财产净收入 指住户或住户成员将其所拥有的金融资产和自然资源交由其他机构单位、住户或个人支配而获得的回报并扣除相关的费用之后得到的净收入。财产净收入包括利息净收入、红利收入、储蓄性保险净收益和转让承包土地经营权租金净收入等。

财产净收入不包括将非金融资产（如住房、生产经营用房、机械设备、专利、专有技术、商标商誉等）交由其他机构单位、住户或个人支配而获得的回报，这应该计入“经营净收入”。财产净收入也不包括转让资产所有权的溢价所得，这应该计入“非收入所得”。

转移性收入 指国家、单位、社会团体对住户的各种经常性转移支付和住户之间的经常性收入转移。包括政府、非行政事业单位、社会团体对居民转移的养老金或退休金、社会救济和补助、政策性生活补贴、救灾款、经常性捐赠和赔偿以及报销医疗费等；住户之间的赡养收入、经常性捐赠和赔偿以及农村地区（村委会）在外（含国外）工作的本住户非常住成员寄回带回的收入等。

转移性收入不包括行政事业单位人员未缴纳任何社会保险费而获得的离退休金和报销医疗费。转移性收入不包括国家为扶持农业进行的相关生产补贴，如粮食直补、购置和更新大型农机具补贴、良种补贴、购买生产资料综合补贴、退耕还林还草补贴、畜牧业补贴等，这应视为第一产业经营活动中的生产补贴，即一种负的生产税。转移性收入不包括住户之间的实物馈赠。

自有住房折算净租金 指现住房产权为自有住房（含自建住房、自购商品房、自购房改住房、自购保障性住房、拆迁安置房、继承或获赠住房）的住户为自身消费提供住房服务的折算价值扣除缴纳的各项税费后得到的净租金。自有住房折算净租金的计算方法为：自有住房年度折算净租金=自有住房年度折算租金-购建房年度分摊成本。购建房年度分摊成本按照购建房价格以及城乡相应的年折旧率计算。

自有住房折算净租金为一种实物收入，不包括在现金可支配收入的计算中。

自有住房折算租金 指现住房为自有住房（含自建住房、自购商品房、自购保障性住房、继承或获赠住房、免费借用房）的住户为自身消费提供住房服务的折算价值。提供的住房服务价值一般等于在市场上租用同样大小、质量和类型的房屋所要支付的租金。考虑到很多地方还不存在规范和成熟的房屋租赁市场，目前自有住房折算租金采用折旧法计算。具体方法是：自有住房折算租金=自有住房市场现价估值×年折旧率（城乡不同）。

自有住房折算租金属于实物消费，不包括在现金消费支出中。

城市住户

家庭人口 指居住在一起，经济上合在一起共同生活的家庭成员。凡计算为家庭人口的成员其全部收支都包括在本家庭中。

家庭总收入 指家庭成员得到的工薪收入、经营净收入、财产性收入、转移性收入之和，不包括出售财物收入和借贷收入。

家庭总支出 指除借贷支出以外的全部家庭支出。包括消费性支出、购房建房支出、转移性支出、财产性支出、社会保障支出。

家庭消费性支出 指家庭用于日常生活的支出，包括食品、衣着、家庭设备用品及服务、医疗保健、交通和通信、教育文化娱乐服务、居住、其它商品和服务等八大类支出。

家庭服务性消费支出 指家庭用于支付社会提供的各种非商品性服务费用。

家庭收入分组方法 将所有调查户依户人均可支配收入由低到高排队，按 10%，10%，20%，20%，20%，10%，10%的比例依次分成：最低收入户、低收入户、中等偏下收入户、中等收入户、中等偏上收入户、高收入户、最高收入户等七组。总体中最低 5%的户为困难户。

恩格尔系数 指食物支出金额在生活消费总支出金额中所占的比例。计算公式为：

恩格尔系数=食品支出金额/生活消费总支出金额×100%

农村住户

农村住户 指农村常住户。农村常住户指长期(一年以上)居住在乡镇(不包括城关镇)行政管理区域内的住户，以及长期居住在城关镇所辖行政村范围内的农村住户。户口不在本地而在本地居住一年及以上的住户也包括在本地农村常住户范围内；有本地户口，但举家外出谋生一年以上的住户，无论是否保留承包耕地都不包括在本地农村住户范围内。

家庭常住人口 指全年经常在家或在家居住 6 个月以上，而且经济和生活与本户连成一体的人口。外出从业人员在外居住时间虽然在 6 个月以上，但收入主要带回家中，经济与本户连为一体，仍视为家庭常住人口；在家居住，生活和本户连成一体的国家职工、退休人员也为家庭常住人口。但是现役军人、中专及以上(走读生除外)的在校学生、以及常年在外(不包括探亲、看病等)且已有稳定的职业与居住场所的外出从业人员，不算家庭常住人口。家庭常住人口主要作为计算农村住户平均每人收入、消费和积累水平及分析家庭人口状况的依据。

整、半劳动力 整劳动力指男子 18 周岁到 50 周岁，女子 18 周岁到 45 周岁；半劳动力指男子 16 周岁到 17 周岁，51 周岁到 60 周岁；女子 16 周岁到 17 周岁，46 周岁到 55 周岁，同时具有劳动能力的人。虽然在劳动年龄之内，但已丧失劳动能力的人，不应算为劳动力；超过劳动年龄，但能经常参加劳动，计入半劳动力数内。常住人口中的职工，若这些职工为劳动力，就包括在本户的整半劳动力中。

农民人均总收入 指调查期内农村住户和住户成员从各种来源渠道得到的收入总和。按收入的性质划分为工资性收入、家庭经营收入、财产性收入和转移性收入。

现金收入 指农村住户和住户成员在调查期内得到以现金形态表现的收入。按来源分成工资性收入、家庭经营现金收入、财产性收入、转移性收入。

农民人均总支出 指农村住户用于生产、生活和再分配的全部支出。家庭经营费用支出、购置生产性固定资产支出、生产性固定资产折旧、税费支出、生活消费支出、财产性支出和转移性支出。

农民人均生活消费支出 指农民家庭用于物质生活和精神生活方面的支出。生活消费支出包括食品、衣着、居住、家庭设备用品及服务、医疗保健、交通和通讯、文教娱乐用品及服务、其他商品及服务等消费支出。

Explanatory Notes on Main Statistical Indicators

Retail Price Index reflect the trend and degree of changes in retail prices of commodities. The change and adjustment in retail prices directly reflects the living expenditure of urban and rural residents and government revenue, purchasing power of residents and the equilibrium of market supply and demand, and the ratio of consumption to accumulation.

Consumer Price Index reflect the trend and degree of changes in prices of consumer goods and services purchased by urban and rural households during a given period. They are obtained by combining Consumer Price Indices of Urban Household and Consumer Price Indices of Rural Household.

Disposable Income refers to the actual income at the disposal of members of the households which can be used for final consumption and savings, including cash and physical income. It is classified, by source of income, into income from wages and salaries, net business income, net income from properties, transfer and discount net lease from self-own house.

Disposable income = income from wages and salaries + net business income + property income + trasfer income + discount net lease from self-own house

Of which, net business income = total operation income - expenditure of operation - depreciation of productive fixed assets - net tax on production (product tax - production subsidy)

net income from properties = total income from properties- expenses on properties

net income from transfer = total income from transfer - expenses on transfers

Income from Wages and Salaries refers to the total remuneration and welfare of employee obtained through various channels, including employed by units or individuals and engaged in various freelance, part-time and sporadic labor job.

Net Businesss Income refers to net income of households or household members acquired through engaging in production and business activities. It equals to total operating income deducts operating expenses, depreciation of fixed assets for production and net taxes on production (taxes on production minus subsidies on production). The formula for calculation is as follows:

Net business income = total operation income - expenditure of operation - depreciation of productive fixed assets - net tax on production (product tax-production subsidy)

Net Income from Properties refers to rewards of households or household members gained by authorizing their financial assets and natural resoures to other institutional units, households or individuals and the net income after deducting related expenses. Property income includes interest income, dividend income, savings insurance and net rental income throuth transferring management rights of contracted land etc.

Net property income do not include the rewards gained through authorizing non-financial assets (such as housing, production and operation of buildings, machinery and equipment, patents, proprietary technology, trademarks, goodwill, etc.) to other institutional units, households or individuals. The non-financial assets should be considerd into "net business income" and rewards through transferring ownership of assets should be considered into the "non-revenue income".

Income from Transfers refers to various current transfer payment provided by countries, institutions and social organizations for households and current transfers between households, including pensions, social relief and assistance, living allowance, disaster relief, regular donations and compensation and reimbursement of medical expenses transferred to residents by government, non-administrative institutions and community groups; alimony income, regular donations and compensation and reimbursement of medical expenses between households in rural areas (village committee) as well as income sent back home by non-permanent family menbers working outside (including abroad).

Transfer income does not include pensions gained by personnel in administrative institutions who did not pay any social insurance and reimbursement of medical expenses. Transfer income does not include the relevant agricultural production subsidies supported by country, such as direct food subsidies, subsidies for updating and purchasing large farm machinery, seed subsidies, general subsidies for purchasing production materials, subsidies for forest and grass and livestocks, which should be regarded as production subsidy for operation of first industry, that is, a negative tax on production. Nor do material gifts between households.

Discounted net Rental of Self-owned Housing refers to net rent, that is discounted value after deducting all kinds of taxes, gained by households with self-owned housing property (including self-built housing, purchased commercial residental buliding, reformed housing and affordable housing, resettlement housing, inherited or received housing) through offering housing services for their own consumption. Calculating method of discounted net rent of self-owned housing is: discounted annual net rent of self-owned housing = discounted annual rent − annual cost − sharing of house purchasig or building. Annual cost-sharing of house purchasig or building is calculated on the price of house purchasig or building in accordance with the corresponding annual depreciation rate of urban and rural areas.

Discounted net rental of self-owned housing is a kind of material income and it is not in the calculation of disposable cash income.

Discounted Rental of Self-owned Housing refers to discounted value gained by households with self-owned housing property(including self-built housing, purchased commercial residental buliding, affordable housing, inherited or received housing, free of charge housing) through offering housing services for their own consumption.The value of housing services is generally equal to the rental of the same size, quality and type of housing to be paid on the market. For normal and matural housing rental market does not exist in many places, currently the discounted rental of self-owned housing is calculated with the depreciation method. The specific method is: discounted rental of self-owned housing = market price valuation ×annual depreciation rate(rural and urban areas are different).

Discounted rental of self-owned housing is kind of material consumption and it is not included in the cash consumption expenditure.

Urban Households

Population of Urban Households refer to members of households living and sharing economically together in the urban areas. All the income and expenditure of all the members of such households are included in the income and expenditure of the household.

Total Income of Urban Households refers to the sum of wage income; net business income; income from properties; and income from transfers of members of the households. Income from selling of properties and income from borrowing are not included.

Total Expenditure of Urban Households refers to all expenditure of households except expenditure on lending. It includes cash expenditure, property, transfer expenditure, social insurance expenditure and expenditure on house purchasing or house building.

Consumption Expenditure of Urban Households refers to total expenditure of households for consumption in daily life, including expenditure on the eight categories of food, clothing, housing, household appliances and services, health care and medical services, transport and communications, education, cultural and recreational services, housing as well as miscellaneous goods and services.

Consumption Expenditure of Urban Households on Services refers to expenditure of households on various kinds of non-commodity services provided by society.

Urban Households by Income Group All households in the sample are grouped, by per capita disposable income of the household, into groups of lowest income, low income, lower middle income, middle income, upper middle income, high income and highest income, each group consisting of 10%, 10%, 20%, 20%, 20%, 10% and 10% of all households respectively. The lowest 5% of households are also referred to as poor households.

Engel's Coefficient refers to the percentage of expenditure on food to the total consumption expenditure, using the following formula:

Engel's coefficient = expenditure on food / total living consumption expenditure × 100%

Rural Households

Rural Households refer to usual resident households in rural areas. Usual resident households in rural areas are households residing on a long term basis (for more than one year) in the areas under the administration of township governments (not including county towns), and in the areas under the administration of villages in county towns. Households residing in the current addresses for over one year with their household registration in other places are still considered as resident households of the locality. For households with their household registration in one place but all members of the households having moved away to make a living in another place for over one year, they will not be included in the rural households of the area where they are registered, irrespective of whether they still keep their contracted land.

Permanent Resident Population refers to persons staying at home regularly or for over 6 months during a year and integrated with the household economically and in terms of living. Members of the household staying away from the household for over 6 months but keeping a close economic relation with the household by sending the majority of income to the household are regarded as usual resident of the household. Government staff and workers or retirees living as close members of the household are also considered as usual resident. However, servicemen, students of secondary technical schools or schools of higher education and persons with stable jobs and residence outside the household (excluding those visiting relatives or seeking medical service) are not included as resident population of the household. Resident population is used in calculating income, consumption, accumulation on per capita basis of rural households and in analyzing composition of rural households.

Full/Semi Labor Force full labor force refers to persons capable of work, aged 18-50 for males and 18-45 for females. Semi labor force refers to persons capable of work, aged 16-17 and 51-60 for males and 16-17 and 46-55 for females. Persons at their working ages but not capable of work are not to be included as labor force. Persons not at working ages but participating regularly in work are included in semi labor force. For staff and workers who are usual residents, are included as full or semi labor force of the household if they are in the labor force.

Total Income of Rural Residents refers to the sum of income earned from various sources by the rural households and their members during the reference period, and is classified as income from wages and salaries, income from household operations, income from properties and income from transfers.

Cash Income refers to income received by rural households and their members in the form of cash during the reference period. It is classified, by source of income, into income from wages and salaries, cash income from household operations, income from properties and income from transfers.

Total Expenditure refers to total expenses of rural households on production, consumption and redistribution, including expenditure on household operations, purchase of productive fixed assets, taxed and fees, consumption expenditure, expenses on properties, and expenses on transfers.

Consumption Expenditure of Rural Households refers to expenditure by rural households on their material and cultural life, including expenditure on food, clothing, housing, household appliances, articles and services, health and medical service, transportation and communications, articles and services on culture, education and recreation, and other goods and services.

14

Fourteen

科技、教育、文化、广播

Science and Technology, Education ,

Culture and Radio

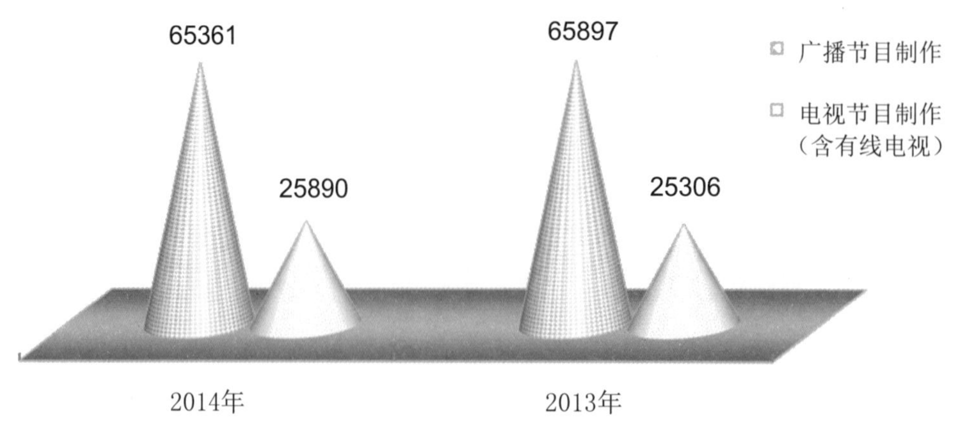
广播电视节目制作时间（小时）
65361
25890
65897
25306
广播节目制作
电视节目制作
（含有线电视）
2014年
2013年

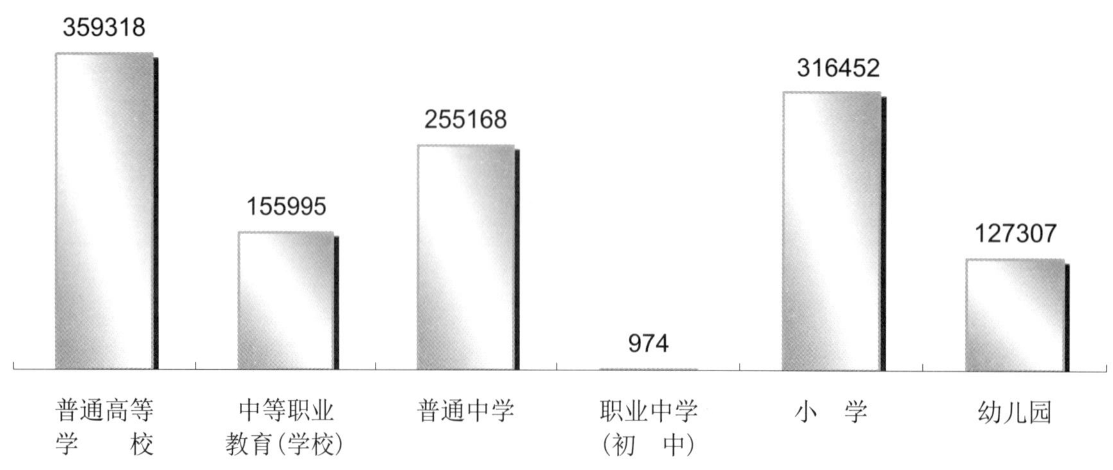
2014年在校生人数（人）
359318
155995
255168
974
316452
127307
普通高等
学　　校
中等职业
教育(学校)
普通中学
职业中学
(初　中)
小　学
幼儿园

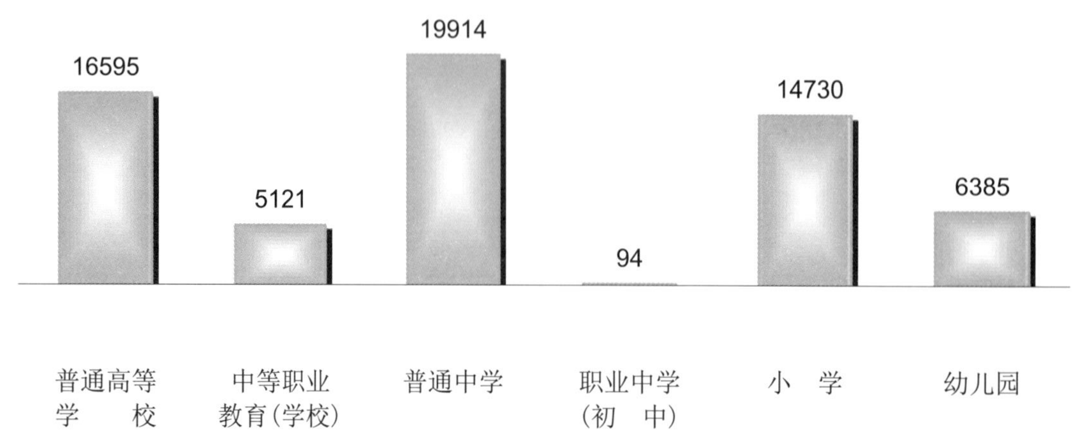
2014年专任教师数（人）
16595
5121
19914
94
14730
6385
普通高等
学　　校
中等职业
教育(学校)
普通中学
职业中学
(初　中)
小　学
幼儿园

14-1 规模以上工业企业科技机构情况(2014年)
Scientific and Technological Institutions of Industrial Enterprises above Designated Size(2014)

指　　标	Item	机构数(个) Number of R&D Institutions (unit)	机构科技活动人员(人) Persons Engaged in Scientific and Technological Activities(person)	仪器设备原价(万　元) Prime Cost of Equipment (10 000 yuan)
总　　计	**Total**	**84**	**6717**	**164331**
按隶属关系分	**By Subordination**			
中　央	Subordinated to Central Level	39	4518	113980
地　方	Subordinated to Local Level	45	2199	50351
按登记注册类型分	**By Status of Registration**			
内资企业	Domestic-funded Enterprises	79	6678	147278
外商投资	Foreign-funded Enterprises	5	39	17053
按工业行业大类分	**By Sector**			
农副食品加工业	Farm and Sideline Products Processing			
食品制造业	Manufacture of Food	2	33	41
烟草制品业	Manufacture of Tobacco	1	131	13849
皮革、毛皮、羽毛及其制品和制鞋业	Manufacture of Leather,Fur,Feather and Related Products and Footware	1	502	1479
化学原料和化学制品制造业	Manufacture of Raw Chemical Materials and Chemical Products	10	933	9530
医药制造业	Manufacture of Medicines	5	357	4609
橡胶和塑料制品业	Manufacture of Rubber and Plastics Products	1	11	1250
非金属矿物制品业	Manufacture of Non-ferrous Metals	6	59	257
黑色金属冶炼和压延加工业	Smelting and Pressing of Ferrous Metals			
有色金属冶炼和压延加工业	Smelting and Pressing of Non-ferrous Metals	2	35	1600
金属制品业	Manufacture of Metal Products	1	66	299
通用设备制造业	Manufacture of General Purpose Machinery	2	25	19
专用设备制造业	Manufacture of Special Purpose Machinery	6	96	1097
汽车制造业	Manufacture of Automobile	14	773	2852
铁路、船舶、航空、航天和其他运输设备制造业	Manufacture of Railway,Ship,Aerospace and Other Transport Equipment	10	1283	49687
电气机械和器材制造业	Manufacture of Electrical Machinery and Apparatus	3	38	68
计算机、通信和其他电子设备制造业	Manufacture of Computers,Communication and Other Electronic Equipment	9	1444	54260
仪器仪表制造业	Manufacture of Instruments and Meters	2	258	212
其他制造业	Other Manufacturing	2	312	4718
电力、热力的生产和供应业	Production and Supply of Electricity and Heat	1	312	11

14−2 规模以上工业企业R&D人员和经费情况(2014年)

指 标	Item	R&D人员合计(人) Total Number of R&D Personnel (person)
总 计	**Total**	**10665**
按隶属关系分	**By Subordination**	
中 央	Subordinated to Central Level	5898
地 方	Subordinated to Local Level	4767
按登记注册类型分	**By Status of Registration**	
内资企业	Domestic-funded Enterprises	9942
外商投资	Foreign-funded Enterprises	723
按工业行业大类分	**By Sector**	
农副食品加工业	Farm and Sideline Products Processing	40
食品制造业	Manufacture of Food	12
烟草制品业	Manufacture of Tobacco	180
皮革、毛皮、羽毛及其制品和制鞋业	Manufacture of Leather,Fur,Feather and Related Products and Footware	
化学原料和化学制品制造业	Manufacture of Raw Chemical Materials and Chemical Products	643
医药制造业	Manufacture of Medicines	1143
橡胶和塑料制品业	Manufacture of Rubber and Plastics Products	1421
非金属矿物制品业	Manufacture of Non-ferrous Metals	127
黑色金属冶炼和压延加工业	Smelting and Pressing of Ferrous Metals	24
有色金属冶炼和压延加工业	Smelting and Pressing of Non-ferrous Metals	60
金属制品业	Manufacture of Metal Products	565
通用设备制造业	Manufacture of General Purpose Machinery	74
专用设备制造业	Manufacture of Special Purpose Machinery	279
汽车制造业	Manufacture of Automobile	297
铁路、船舶、航空、航天和其他运输设备制造业	Manufacture of Railway,Ship,Aerospace and Other Transport Equipment	2159
计算机、通信和其他电子设备制造业	Manufacture of Computers,Communication and Other Electronic Equipment	1736
仪器仪表制造业	Manufacture of Instruments and Meters	117
其他制造业	Other Manufacturing	582
电力、热力的生产和供应业	Production and Supply of Electricity and Heat	987

R&D Personnel and Expenditures of Industrial Enterprises above Designed Size(2014)

R&D人员折合全时当量（人·年）Full-time Equivalent of R&D Personnel (person-year)	R&D经费内部支出（万　元）Internal Expenditure on R&D (10 000 yuan)	政府资金 Government Funds	企业资金 Self-raised Funds by Enterprises	其他资金 Other Funds
7466	**177518**	**19757**	**155377**	**2384**
5012	89993	15125	72847	2021
2454	87525	4632	82530	363
7062	168049	19199	146465	2384
404	9469	558	8912	
3	257	40	200	17
2	293		293	
180	2671		2671	
467	21987	1422	20565	
675	15646	1341	14305	
472	27938	171	27767	
43	1818	161	1352	305
19	515	201	313	
38	664	10	654	
421	5246	527	4279	440
21	1967	235	1732	
244	5076	1504	3572	
123	1345	81	1264	
2012	46838	8966	37180	692
1395	31338	2645	28652	42
108	1317	52	1265	
549	5984	1256	3840	888
548	2871	435	2436	

14–3 各级各类学校概况(2014年)

单位：人

类　　别	Item	学校数(所) Number of Schools (unit)	毕业生 Graduates
各类学校总计	**Total**	**2191**	**391251**
研究生培养机构	Institutions Providing Postgraduate Programs	6	3909
#高等学校	Institutions of Higher Education	6	3909
普通高等学校	Regular Institutions of Higher Education	29	73691
普通高等教育	Regular Higher Education		55784
成人高等教育	Adult Higher Education		15237
中等职业教育(学校)	Secondary Vocational Education	66	38392
#普通中专	Regular Secondary Specialized Schools	28	29936
职业高中	Vocational Senior Secondary Schools	27	7893
成人中专学校	Adult Specialized Secondary Schools	11	563
普通中学	Regular Secondary Schools	306	83121
#初　中	Junior Secondary Schools	234	57329
#职业中学（初中）	Vocational Junior Secondary Schools	4	411
#高　中	Senior Secondary Schools	72	25792
小　学	Primary Schools	558	53009
特殊教育学校	Special Education	9	206
工读学校	Schools for Juvenile Delinquents	3	136
技工学校	Technical Schools	13	324
成人高等学校	Institutions of Higher Education for Adult	2	2234
普通高等教育	Regular Higher Education		
成人高等教育	Adult Higher Education	2	2234
职业技术培训机构	Vocational and Technical Training Institutions	563	135494
成人基础教育	Adult Basic Education	77	735
成人小学	Adult Primary Schools	77	735
幼儿园	Kindergarten	565	

注：每万人中在校学生数按常住半年及以上口径人口数计算；技工学校为市本级数。

Basic Statistics on Schools(2014)

(person)

招 生 New Enrollment	在校生 Total Enrollment	毕业班学生 Current-year Graduates	专任教师 Full-time Teachers	每一专任教师负担学生 Number of Students for Per Full-time Teacher	每万人口中在校学生 Number of Students Per 10 000 Population
392099	**1411505**	**322817**	**66043**	**21.4**	**3098.1**
4520	13052	4284			28.6
4520	13052	4284			28.6
113571	359318	90136	16595	21.7	788.7
82281	267846	65694			587.9
26655	73637	20671			161.6
60736	155995	40005	5121	30.5	342.4
45885	117402	30169	2955	39.7	257.7
6691	22598	9580	999	22.6	49.6
8160	15995	256	1131	14.1	35.1
82942	255168	86461	19914	12.8	560.1
52771	167605	57993			367.9
305	974	384	94	10.4	2.1
30171	87563	28468			192.2
59997	316452	49634	14730	21.5	694.6
223	1168		193	6.1	2.6
101	122		20	6.1	0.3
5235	10251	4035	1349	7.6	22.5
3208	9468	5574	318	29.8	20.8
3208	9468	5574	318	29.8	20.8
	162042		1318	122.9	355.7
	1162		100	11.6	2.6
	1162		100	11.6	2.6
61566	127307	42688	6385	19.9	279.4

a) Total enrollment per ten thousand person is calculated on the basis of resident population for over half year; Technical Schools belong to city-level.

14–4 普通高等教育(学校)基本情况(2014年)

单位：人

类　别	Item	学校数(所) Number of Schools (unit)
总　计	**Total**	**29**
本科大学	**Universities with Full Undergraduate Courses**	**4**
贵州大学	Guizhou University	1
贵州师范大学	Guizhou Normal University	1
贵州财经大学	Guizhou University of Finance and Economics	1
贵州民族大学	Guizhou Minzu University	1
本科院校	**Institutions with Full Undergraduate Courses**	**5**
贵阳医学院	Guiyang Medical University	1
贵阳中医学院	Guiyang College of Traditional Chinese Medicine	1
贵阳学院	Guiyang University	1
贵州师范学院	Guizhou Normal College	1
贵州理工学院	Guizhou Institute of Technology	1
本科独立学院	**Undergraduate Independent Institutions**	**7**
贵阳中医学院时珍学院	Shizhen Institute of Guiyang College of Traditional Chinese Medicine	1
贵州财经大学商务学院	Business College of Guizhou University of Finance and Economics	1
贵州大学科技学院	The College of Science and Technology of Guizhou University	1
贵州大学明德学院	Mingde College of Guizhou University	1
贵州民族大学人文科技学院	The College of Humanities Sciences Guizhou Universicity for Nationalities	1
贵州师范大学求是学院	Qiushi College of Guizhou Normal College	1
贵阳医学院神奇民族医药学院	Shenqi Ethnic Medicine College.GMU	1
专科院校(高等专科学校)	**Non-university Tertiary(Junior College)**	**2**
贵州商业高等专科学校	Commercial College of Guizhou	1
贵阳幼儿师范高等专科学校	Guiyang Preschool Education College	1
专科院校(高等职业学校)	**Non-university Tertiary(Advanced Vocational School)**	**11**
贵州警官职业学院	Guizhou Police Officer Vocational College	1
贵州交通职业技术学院	Guizhou Polytechnic College of Communications	1
贵州城市职业学院	Guizhou City Vocational College	1
贵州工业职业技术学院	Guizhou Industry Polytechnic College	1
贵州电力职业技术学院	Guizhou Power Vocational and Technical College	1
贵州轻工职业技术学院	Guizhou Light Industry Technical College	1
贵阳护理职业学院	Guiyang Nursing Vocational College	1
贵阳职业技术学院	Guiyang Vocational and Technology College	1
贵州职业技术学院	Guizhou Vocational and Technology Institute	1
贵州工商职业技术学院	Guizhou Technology and Business Institute	1
贵州建设职业技术学院	Guizhou Polytechnic of Construction	1

Basic Statistics on Regular Higher Education(Schools)(2014)

(Person)

毕业生 Graduates			招 生 New Enrollment		
	普通高等教育 Regular Higher Education	成人高等教育 Adult Higher Education		普通高等教育 Regular Higher Education	成人高等教育 Adult Higher Education
73691	**58454**	**15237**	**113571**	**86916**	**26655**
26340	**17821**	**8519**	**39845**	**22320**	**17525**
9755	7423	2332	12680	7538	5142
8166	4785	3381	12687	5424	7263
3785	2280	1505	7138	5271	1867
4634	3333	1301	7340	4087	3253
13900	**7758**	**6142**	**22699**	**14400**	**8299**
3302	1756	1546	4917	3445	1472
1433	1356	77	2329	2196	133
4688	1935	2753	6947	2382	4565
4477	2711	1766	5480	3351	2129
			3026	3026	
11823	**11823**		**13908**	**13908**	
904	904		879	879	
1766	1766		3756	3756	
1817	1817		1675	1675	
1733	1733		1764	1764	
1829	1829		1791	1791	
2971	2971		2466	2466	
803	803		1577	1577	
4481	**4220**	**261**	**5136**	**5029**	**107**
4481	4220	261	2412	2305	107
			2724	2724	
17147	**16832**	**315**	**31983**	**31259**	**724**
2168	2168		1774	1774	
2976	2976		4106	4106	
1148	1148		3433	3433	
2950	2654	296	4315	4089	226
724	705	19	1187	722	465
2074	2074		3717	3717	
1653	1653		1785	1785	
1714	1714		4040	4007	33
1740	1740		2610	2610	
			4234	4234	
			782	782	

14-4 续表

单位：人

类　　别	Item	在校生 Total Enrollment
总　　计	**Total**	**359318**
本科大学	**Universities with Full Undergraduate Courses**	**136157**
贵州大学	Guizhou University	46296
贵州师范大学	Guizhou Normal University	39680
贵州财经大学	Guizhou University of Finance and Economics	27214
贵州民族大学	Guizhou Minzu University	22967
本科院校	**Institutions with Full Undergraduate Courses**	**74783**
贵阳医学院	Guiyang Medical University	17465
贵阳中医学院	Guiyang College of Traditional Chinese Medicine	7746
贵阳学院	Guiyang University	24315
贵州师范学院	Guizhou Normal College	19372
贵州理工学院	Guizhou Institute of Technology	5885
本科独立学院	**Undergraduate Independent Institutions**	**58812**
贵阳中医学院时珍学院	Shizhen Institute of Guiyang College of Traditional Chinese Medicine	4233
贵州财经学院商务学院	Business College of Guizhou University of Finance and Economics	13602
贵州大学科技学院	The College of Science and Technology of Guizhou University	7234
贵州大学明德学院	Mingde College of Guizhou University	7685
贵州民族学院人文科技学院	The College of Humanities Sciences Guizhou Universicity for Nationalities	7090
贵州师范大学求是学院	Qiushi College of Guizhou Normal College	11949
贵阳医学院神奇民族医药学院	Shenqi Ethnic Medicine College. GMU	7019
专科院校(高等专科学校)	**Non-university Tertiary(Junior College)**	**11141**
贵州商业高等专科学校	Commercial College of Guizhou	7945
贵阳幼儿师范高等专科学校	Guiyang Preschool Education College	3196
专科院校(高等职业学校)	**Non-university Tertiary(Advanced Vocational School)**	**78425**
贵州警官职业学院	Guizhou Police Officer Vocational College	4646
贵州交通职业技术学院	Guizhou Polytechnic College of Communications	11396
贵州城市职业学院	Guizhou City Vocational College	7016
贵州工业职业技术学院	Guizhou Industry Polytechnic College	10614
贵州电力职业技术学院	Guizhou Power Vocational and Technology College	2848
贵州轻工职业技术学院	Guizhou Light Industry Technical College	9279
贵阳护理职业学院	Guiyang Nursing Vocational College	5070
贵阳职业技术学院	Guiyang Vocational and Technology College	10733
贵州职业技术学院	Guizhou Vocational and Technology Institute	7676
贵州工商职业技术学院	Guizhou Technology and Business Institute	8365
贵州建设职业技术学院	Guizhou Polytechnic of Construction	782

(continued)

(person)

		毕业班学生 Current Graduates			教职工 Teachers and Staff	
普通高等教育 Regular Higher Education	成人高等教育 Adult Higher Education		普通高等教育 Regular Higher Education	成人高等教育 Adult Higher Education		#专任教师 Full-time Teachers
285681	**73637**	**90136**	**69465**	**20671**	**23830**	**16595**
87957	**48200**	**34121**	**20675**	**13446**	**9141**	**6022**
31818	14478	11332	7901	3431	3773	2280
22512	17168	10092	5587	4505	2445	1749
18918	8296	8110	4416	3694	1576	1061
14709	8258	4587	2771	1816	1347	932
51784	**22999**	**17103**	**10669**	**6434**	**4590**	**3060**
12299	5166	3260	1629	1631	1408	928
7372	374	1307	1195	112	757	499
12900	11415	7577	4390	3187	802	650
13328	6044	4959	3455	1504	1059	728
5885					564	255
58812		**13480**	**13480**		**3929**	**2904**
4233		952	952		337	297
13602		2819	2819		848	644
7234		1755	1755		480	420
7685		1894	1894		434	305
7090		1429	1429		531	350
11949		3132	3132		673	522
7019		1499	1499		626	366
10720	**421**	**3186**	**2934**	**252**	**801**	**616**
7524	421	3186	2934	252	536	425
3196					265	191
76408	**2017**	**22246**	**21707**	**539**	**5369**	**3993**
4646		1758	1758		443	300
11396		3312	3312		710	567
7016		1726	1726		452	353
9582	1032	3551	3067	484	497	425
1992	856	705	650	55	205	120
9279		2648	2648		727	615
5070		1660	1660		337	256
10604	129	3120	3120		602	418
7676		2539	2539		456	267
8365		1227	1227		581	441
782					359	231

14–5 高等教育研究生及本科分科学生数(2014年)
Number of Undergraduate and Postgraduate Students in Institutions of Higher Education by Field of Study(2014)

单位：人 (person)

指标	Item	毕业生 Graduates		招生 New Enrollment		在校生 Total Enrollment		毕业班学生 Current Graduates	
		研究生以上学历 Master's Degreee above	本科 Undergraduate Students	研究生以上学历 Master's Degreee above	本科 Undergraduate Students	研究生以上学历 Master's Degreee above	本科 Undergraduate Students	研究生以上学历 Master's Degreee above	本科 Undergraduate Students
总 计	**Total**	**3909**	**44209**	**4520**	**62834**	**13052**	**230533**	**4284**	**51806**
哲 学	Philosophy	60		40	44	136	164	53	30
经济学	Economics	189	1710	159	3706	453	12511	124	2635
法 学	Law	533	3141	633	3963	1771	13985	574	3308
教育学	Education	343	2251	350	3584	864	12241	266	3079
文 学	Literature	170	8006	180	7207	532	27276	183	7138
历史学	History	47	460	43	427	136	1757	45	458
理 学	Science	366	3750	473	5306	1344	18750	420	4319
工 学	Engineering	742	7472	891	12600	2602	46961	881	9410
农 学	Agriculture	200	727	219	1220	721	4565	267	871
医 学	Medicine	696	5055	801	7739	2290	30087	733	5729
管理学	Management	503	8113	625	13027	1928	46520	657	10860
艺术学	Arts	60	3524	106	4011	275	15716	81	3969

14–6 高等教育专科分科学生数(2014年)
Number of Students in Junior College by Field of Study(2014)

单位：人 (Person)

指标	Item	毕业生 Graduates	招生 New Enrollment	在校生 Total Enrollment	毕业班学生 Current Graduates
总 计	**Total**	**31716**	**53945**	**138253**	**43904**
农林牧渔	Agriculture,Forestry,Animal Husbandry and Fishery	174	127	376	108
交通运输	Communication and Transportation	1466	2889	8036	2334
生化与药品	Biochemistry and Drugs	1014	949	2416	893
资源开发与测绘	Exploiture of Resources & Surveying and Mapping	1237	862	3883	1780
材料与能源	Materials and Sources of Energy	551	701	2036	606
土 建	Civil Construction	3319	8584	20167	5538
水 利	Water Conservancy	1			
制 造	Manufacturing	2132	3365	8302	2448
电子信息	Electronic Information	2481	3330	9100	3041
环保、气象与安全	Environmental Protection, Meteorology and Security	127	300	752	213
轻纺食品	Textile and Food	99	240	475	104
财 经	Finance and Economics	6723	10087	26167	8102
医药卫生	Medicine and Health	2948	4832	12453	2762
旅 游	Tourism	1873	1635	5274	2042
公共事业	Public Service	1051	2045	4558	1291
文化教育	Culture and Education	3229	10191	24121	8931
艺术设计传媒	Art Design and Media	1246	1832	4877	1673
公 安	Public Security	86	333	484	
法 律	Law	1959	1643	4776	2038

14-7 研究生基本情况(2014年)
Statistics on Postgraduates(2014)

单位：人 (Person)

类别	Item	学校数(所) Number of Schools (unit)	毕业生 Graduates	博士 Doctor	硕士 Master	招生 New Enrollment	博士 Doctor	硕士 Master	在校生 Total Enrollment	博士 Doctor	硕士 Master	毕业班学生 Current Graduates	博士 Doctor	硕士 Master
高等院校小计	**Institutions of Higher Education**	**6**	**3909**	**40**	**3869**	**4520**	**119**	**4401**	**13052**	**410**	**12642**	**4284**	**193**	**4091**
贵州大学	Guizhou University	1	1924	28	1896	2291	83	2208	6869	336	6533	2342	175	2167
贵阳医学院	Guiyang Medical University	1	503	12	491	570	20	550	1643	55	1588	526	18	508
贵阳中医学院	Guiyang College of Traditional Chinese Medicine	1	202		202	251		251	690		690	215		215
贵州师范大学	Guizhou Normal University	1	797		797	793	13	780	2135	13	2122	694		694
贵州财经大学	Guizhou University of Finance and Economics	1	340		340	367		367	1055		1055	308		308
贵州民族大学	Guizhou Minzu University	1	143		143	248	3	245	660	6	654	199		199

14-8 职业技术培训机构基本情况(2014年)
Basic Statistics on Vocational Training Institutions(2014)

单位：人 (person)

类别	Item	学校数(所) Number of Schools (unit)	教学班(点)(个) Number of Classes (unit)	毕业生 Graduates	在校生 Total Enrollment	教职工 Teachers and Staff	#专任教师 Full-time Teachers	聘请校外教师 Teachers Engaged from Other Schools
总计	**Total**	**563**	**1499**	**135494**	**163204**	**2176**	**1318**	**496**
教育部门和集体办	**Run by Education Departments and Collectives**	**425**	**468**	**113832**	**124579**	**542**	**348**	**371**
县办	Run by Counties	9	11	1325	1531	28	16	4
乡办	Run by Townships	66	72	17296	19500	124	72	105
村办	Run by Villages	350	385	94211	103548	390	260	267
其他部门办	**Run by Other Departments**	**1**	**1**	**1800**	**1800**	**28**	**18**	**13**
其它培训机构	**Others**	**137**	**1030**	**20862**	**35663**	**1606**	**952**	**109**
民办	Run by Private Institutions	137	1030	20862	35663	1606	952	109

14-9 中等职业教育(学校)基本情况(2014年)

单位：人

类　　别	Item	毕业生 Graduates	#普通中专 Regular Secondary Specialized Schools
总　　计	**Total**	**38392**	**29936**
#女	Female Students	20906	16863
按类别划分	**By Field of Study**		
农林牧渔	Agriculture,Forestry,Animal Husbandry and Fishery	922	742
资源环境	Resources and Environment	179	154
能源与新能源	Energy and New Energy	292	284
土木水利	Civil and Hydraulic Engineering	5906	4991
加工制造	Manufacturing	3147	2797
石油化工	Petroleum and Chemical	556	295
轻纺食品	Textile and Food	264	215
交通运输	Transport	3458	2100
信息技术	Information Technology	5438	3609
医药卫生	Medicine and Health	4687	3729
休闲保健	Leisure and Health	34	34
财经商贸	Finance and Trade	3417	3129
旅游服务	Tourism Services	2627	2349
文化艺术	Culture and Arts	458	249
体育与健身	Sports and Fitness	102	102
教　育	Education	5217	3823
司法服务	Justice Services	510	202
公共管理与服务	Public Management and Services	335	289
其　他	Others	843	843

注：中等职业教育学校共66所，其中普通中专28所，职业高中27所，成人中专11所。

Statistics on Secondary Vocational Education(2014)

(person)

		招生 New Enrollment			
职业高中 Vocational Senior Secondary Schools	成人中专 Adult Specialized Secondary Schools		#普通中专 Regular Specialized Secondary Schools	职业高中 Vocational Senior Secondary Schools	成人中专 Adult Specialized Secondary Schools
7893	**563**	**60736**	**45885**	**6691**	**8160**
3637	406	30739	24045	3124	3570
54	126	2477	1293		1184
25		141	141		
8		483	483		
915		8324	7759	565	
350		6905	4508	238	2159
201	60	977	419		558
49		239	239		
1358		6733	4681	1508	544
1829		6301	3777	1484	1040
958		6719	5842	877	
		863	565	44	254
229	59	4326	3636	429	261
274	4	3092	2517	139	436
209		1117	576	96	445
		121	121		
1080	314	7519	6881	638	
308		870	341	529	
46		1059	239	144	676
		2470	1867		603

a) There are 66 secondary vocational schools including 28 regular specialized secondary schools,27 vocationgal senior secondary schools,and 11 adult specialized secondary schools.

14–9 续表

单位：人

类别	Item	在校生 Total Enrollment	#普通中专 Regular Secondary Specialized Schools	职业高中 Vocational Senior Secondary Schools	成人中专 Adult Specialized Secondary Schools
总　计	**Total**	**155995**	**117402**	**22598**	**15995**
#女	Female Students	81403	62657	11318	7428
#文化基础课	Cultural Basic Courses				
#实习指导课	Internship Tutorials				
按类别划分	**By Field of Study**				
农林牧渔	Agriculture,Forestry,Animal Husbandry and Fishery	5452	3182	38	2232
资源环境	Resources and Environment	585	459	126	
能源与新能源	Energy and New Energy	1378	1378		
土木水利	Civil and Hydraulic Engineering	22186	20451	1735	
加工制造	Manufacturing	15522	11587	892	3043
石油化工	Petroleum and Chemical	1956	1054	174	728
轻纺食品	Textile and Food	676	620	56	
交通运输	Transport	15536	9630	4852	1054
信息技术	Information Technology	18334	9294	4927	4113
医药卫生	Medicine and Health	20991	17292	3699	
休闲保健	Leisure and Health	1258	920	84	254
财经商贸	Finance and Trade	12133	9810	1125	1198
旅游服务	Tourism Services	9083	7393	749	941
文化艺术	Culture and Art	2537	1347	269	921
体育与健身	Sports and Fitness	341	341		
教　育	Education	20535	17538	2997	
司法服务	Justice Services	1365	836	529	
公共管理与服务	Public Management and Services	1775	521	346	908
其　他	Others	4352	3749		603

注：专人教师总计中包括其他机构教师。

(continued)

(person)

毕业班学生 Current-year Graduates	#普通中专 Regular Specialized Secondary Schools	职业高中 Vocational Senior Secondary Schools	成人中专 Adult Specialized Secondary Schools	专任教师 Full-time Teachers	#普通中专 Regular Specialized Secondary Schools	职业高中 Vocational Senior Secondary Schools	成人中专 Adult Specialized Secondary Schools
40005	**30169**	**9580**	**256**	**5121**	**2955**	**999**	**1131**
21556	16155	5275	126	2595	1686	424	463
				1728	873	366	461
				186	72	35	79
1389	1319		70	277	124	6	147
354	228	126		20	9		11
509	509			46	27		19
6501	5910	591		220	166	10	44
3367	3056	311		256	180	60	16
322	163	99	60	16	9	4	3
290	264	26		23	15	8	
3921	2070	1851		106	51	51	4
4466	2288	2178		401	184	155	62
5416	3713	1703		487	424	58	5
37	37			20	20		
2815	2390	299	126	224	176	30	18
2479	2171	308		222	143	71	8
387	309	78		165	121	28	16
99	99			76	50	26	
6076	4216	1860		232	83	34	115
216	216			27	3	24	
290	140	150		67	40	14	13
1071	1071			314	185	19	110

a) Full-time teachers here include teachers from other institutions.

14−10 普通中学基本情况(2014年)

单位：人

类别	Item	学校数(所) Number of Schools (unit)	初中 Junior Secondary Schools
总计	**Total**	**306**	**107**
#女	Female Students		
教育部门和集体办	Run by Education Departments and Collectives	178	97
民办	Run by Private Institutions	126	10
其他部门办	Run by Other Departments	2	
城区合计	**Cities**	**203**	**53**
教育部门和集体办	Run by Education Departments and Collectives	90	45
民办	Run by Private Institutions	112	8
其他部门办	Run by Other Departments	1	
镇区合计	**Counties and Towns**	**61**	**31**
教育部门和集体办	Run by Education Departments and Collectives	52	31
民办	Run by Private Institutions	8	
其他部门办	Other Departments in Running Schools	1	
乡村合计	**Rural**	**42**	**23**
教育部门和集体办	Run by Education Departments and Collectives	36	21
民办	Run by Private Institutions	6	2
其他部门办	Run by Other Departments		

注：学生数不含十二年一贯制学校的小学生人数。

14−10 续表

单位：人

类别	Item	招生 New Enrollment	
		初中 Junior Secondary Schools	高中 Senior Secondary Schools
总计	**Total**	**52771**	**301717**
#女	Female Students	24981	16108
教育部门和集体办	Run by Education Departments and Collectives	40317	25438
民办	Run by Private Institutions	12247	4608
其他部门办	Run by Other Departments	207	125
城区合计	**Cities**	**35119**	**21266**
教育部门和集体办	Run by Education Departments and Collectives	23728	18310
民办	Run by Private Institutions	11383	2956
其他部门办	Run by Other Departments	8	
镇区合计	**Counties and Towns**	**12344**	**8300**
教育部门和集体办	Run by Education Departments and Collectives	11678	7128
民办	Run by Private Institutions	467	1047
其他部门办	Run by Other Departments	199	125
乡村合计	**Rural**	**5308**	**605**
教育部门和集体办	Run by Education Departments and Collectives	4911	
民办	Run by Private Institutions	397	605
其他部门办	Run by Other Departments		

Regular Secondary Schools(2014)

(person)

					毕业生 Graduates	
高 中 Senior Secondary Schools	完 全 中 学 Six-grades Secondary Schools	职 业 初 中 Vocational Junior Secondary Schools	九年一贯制学校 9-Year Schools	十二年一贯制学校 12-Year Schools	初 中 Junior Secondary Schools	高 中 Senior Secondary Schools
24	**34**	**4**	**123**	**14**	**57329**	**25792**
					28058	13931
21	19	4	32	5	47319	22556
3	14		91	8	9825	3173
	1			1	185	63
20	**21**		**100**	**9**	**33664**	**18658**
17	11		14	3	24566	16232
3	9		86	6	9048	2399
	1				50	27
4	**12**	**2**	**9**	**3**	**16154**	**6901**
4	8	2	5	2	15575	6324
	4		4		444	541
				1	135	36
	1	**2**	**14**	**2**	**7511**	**233**
		2	13		7178	
	1		1	2	333	233

a) Number of students exclude pupils in Twelve-year Education Schools.

(continued)

(person)

在校生 Total Enrollment		毕业班学生 Current Graduates		教职工 Teachers and Staff	
初 中 Junior Secondary Schools	高 中 Senior Secondary Schools	初 中 Junior Secondary Schools	高 中 Senior Secondary Schools		#专任教师 Full-time Teachers
167605	**87563**	**57993**	**28468**	**22031**	**19914**
79761	47118	27951	15442	12946	11886
130739	75980	45850	25020	16406	15403
36040	11271	11824	3382	5522	4423
826	312	319	76	103	88
107018	**62360**	**35413**	**20266**	**15216**	**13717**
73267	54585	24434	17686	10278	9725
33706	7715	10958	2550	4900	3960
45	60	21	30	38	32
41923	**23808**	**15615**	**7862**	**4928**	**4451**
39902	21395	14830	7334	4445	4109
1240	2161	487	482	418	286
781	252	298	46	65	56
18664	**1395**	**6965**	**340**	**1887**	**1746**
17570		6586		1683	1569
1094	1395	379	350	204	177

14−11 小学基本情况(2014年)
Statistics on Primary Schools(2014)

单位：人 (person)

类别	Item	学校数(所) Number of Schools (unit)	#独立设置少数民族学校 Independent Primary Schools for Minorities	其它机构(教学点) Others Insitutions	毕业生 Graduates	招生 New Enrollment	在校生 Total Enrollment	毕业班学生 Current Graduates	教职工 Teachers and Staff	#专任教师 Full-time Teachers
总计	**Total**	**558**	**13**	**129**	**53009**	**59997**	**316452**	**49634**	**15676**	**14730**
#女	Female Students				25014	28208	148033	23351	11171	10720
教育部门和集体办	Run by Education Departments and Collectives	448	12	129	41686	48762	251925	39020	13641	13076
民办	Run by Private Institutions	110	1		11251	11148	64170	10569	2035	1654
地方企业办	Enterprise-run School				72	87	357	45		
其他部门办	Run by Other Departments									
城区合计	**Cities**	**276**	**4**	**1**	**34976**	**40573**	**217952**	**33596**	**9326**	**8729**
教育部门和集体办	Run by Education Departments and Collectives	171	3	1	23970	29689	155248	23264	7354	7120
民办	Run by Private Institutions	105	1		11006	10884	62704	10332	1972	1609
地方企业办	Enterprise-run School									
其他部门办	Run by Other Departments									
镇区合计	**Counties and Towns**	**77**		**4**	**8724**	**9914**	**51691**	**8568**	**2818**	**2622**
教育部门和集体办	Run by Education Departments and Collectives	75		4	8522	9687	50589	8406	2798	2605
民办	Run by Private Institutions	2			130	140	745	117	20	17
其他部门办	Run by Other Departments				72	87	357	45		
乡村合计	**Rural**	**205**	**9**	**124**	**9309**	**9510**	**46809**	**7470**	**3532**	**3379**
教育部门和集体办	Run by Education Departments and Collectives	202	9	124	9194	9386	46088	7350	3489	3351
民办	Run by Private Institutions	3			115	124	721	120	43	28
其他部门办	Run by Other Departments									

14−12 特殊教育基本情况(2014年)
Statistics on Special Education Schools(2014)

单位：人 (person)

类别	Item	班数(个) Number of Classes (unit)	毕业生 Graduates	招生 New Enrollment	在校生 Total Enrollment	教职工 Teachers and Staff	#专任教师 Full-time Teachers
总计	**Total**	**81**	**206**	**223**	**1168**	**228**	**193**
#女	Female		84	82	468	164	148
按特殊教育分	**Disability Classification**						
视力残疾	Visual Deficiency	7	12	9	89		
听力残疾	Hearing Disability	31	101	93	342		
智力残疾	Mental Dificiency	43	79	97	612		
其他残疾	Other Disability		14	24	125		
按地域分	**Classification by Region**						
城市	Cities		152	149	725		
县镇	Counties and Towns		38	49	303		
农村	Rural		16	25	140		

注:特殊学校数全市合计9所,其中弱智学校4所,其他学校5所。
a) There are 9 special education schools including 4 mental deficiency schools and 5 others.

14−13 成人高等学校基本情况(2014年)
Statistics on Institutions of Adult Higher Education(2014)

单位：人 (person)

类别	Item	学校数(所) Number of Schools (unit)	毕业生 Graduates	普通高等教育 Regular Higher Education	成人高等教育 Adult Higher Education	招生 New Enrollment	普通高等教育 Regular Higher Education	成人高等教育 Adult Higher Education
总计	**Total**	**2**	**2234**		**2234**	**3208**		**3208**
贵州广播电视大学	Guizhou Radio&TV University	1	2206		2206	3092		3092
贵州铝厂职工大学	Guizhou Aluminum Plant University for Employees	1	28		28	116		116

14−13 续表 (continued)

单位：人 (person)

类别	Item	在校生 Total Enrollment	普通高等教育 Regular Higher Education	成人高等教育 Adult Higher Education	毕业班学生 Current-year Graduates	普通高等教育 Regular Higher Education	成人高等教育 Adult Higher Education	教职工 Teachers and Staff	#专任教师 Full-time Teachers
总计	**Total**	**9468**		**9468**	**5574**		**5574**	**520**	**318**
贵州广播电视大学	Guizhou Radio&TV University	9235		9235	5559		5559	445	256
贵州铝厂职工大学	Guizhou Aluminum Plant University for Employees	233		233	15		15	75	62

14-14 广播电视宣传基本情况(2014年)
Basic Statistics on Radio and TV(2014)

单位：小时 (hour)

指标	Item	全年广播电视节目播出时间 Length of Radio and Television Programs	按节目类型分 Grouped by Program Type	
			新闻资讯 News	专题服务 Special Subject
无线广播合计	**All Radio Broadcasting Stations**	**88245**	**7708**	**24376**
省人民广播电台	Provincial Level	61320	4137	17110
地(市)级广播电台	Prefectural Level	26925	3571	7266
电视播映合计(含有线电视)	**All Television Stations (including cable TV)**	**92340**	**16703**	**16107**
省电视台	Provincial Level	56288	6348	11519
地(市)级电视台	Prefectural Level	32730	7650	4291
县电视台	County Level	3322	2705	297

14-14 续表 (continued)

单位：小时 (hour)

指标	Item	按节目类型分 Grouped by Program Type			
		综艺益智 General Entertainment	广播影视剧 Radio Play	广告 Advertising	其他 Others
无线广播合计	**All Radio Broadcasting Stations**	**22753**	**3297**	**14198**	**15912**
省人民广播电台	Provincial Level	16432	3148	8235	12257
地(市)级广播电台	Prefectural Level	6321	149	5963	3655
电视播映合计(含有线电视)	**All Television Stations (including cable TV)**	**6999**	**18379**	**15143**	**19008**
省电视台	Provincial Level	1708	14654	8837	13221
地(市)级电视台	Prefectural Level	5132	3725	6184	5748
县电视台	County Level	159		122	39

14–15 广播电视节目制作
Production of Radio and Television Programs Produced

单位：小时 (hour)

指标	Item	2014	2013	2014年比2013年增长(%) Growth Rate in 2014 over 2013(%)
广播节目制作	**Production of Radio Programs**	**65361**	**65897**	**-0.8**
#新闻资讯	News Programs	4327	4326	0.0
专题服务	Special Subject Programs	21149	21579	-2.0
综　艺	Variety Shows	17796	17776	0.1
广播剧	Radio Plays	740	740	
广　告	Advertisements	10374	10349	0.2
其　他	Others	10974	11127	-1.4
电视节目制作(含有线电视)	**Production of TV Programs (including cable TV)**	**25890**	**25306**	**2.3**
#新闻资讯	News Programs	6939	7105	-2.3
专题服务	Special Subject Programs	4229	4044	4.6
综　艺	Variety Shows	1139	3017	-62.2
影视剧	Movies and TV Plays	2413	30	
广　告	Advertisements	2849	2444	16.6
其　他	Others	8321	8666	-4.0

14–16 广播电视事业发展情况
Basic Statistics on Radio and Television Industry

指标	Item	2014	2013
广播电台 (座)	Radio Stations (unit)	2	2
中短波转播发射台 (座)	Transmission and Relaying Stations of Medium and Short Wave Broadcast (unit)	12	11
发射机功率 (千瓦)	Transmitter Power (kilowatt)	453	443
调频转播发射台 (座)	Relaying Stations of Frequency Modulation Broadcasting (unit)	10	10
发射机功率 (千瓦)	Transmitter Power (kilowatt)	155	121
广播人口覆盖率 (%)	Radio Coverage Rate of Population (%)	100	100
农村广播综合人口覆盖率 (%)	Radio Coverage Rate of Population in Rural Areas (%)	100	100
电视台 (座)	Television Stations (unit)	2	2
电视发射及转播台 (座)	TV Transmission and Relaying Stations (unit)	9	9
发射机功率 (千瓦)	Transmitter Power (kilowatt)	146	136.35
电视人口覆盖率 (%)	TV Coverage Rate of Population (%)	99.70	99.70
农村电视综合人口覆盖率 (%)	TV Coverage Rate of Population in Rural Areas (%)	99.50	99.48
广播电视台 (座)	Radio and Television Stations (unit)	2	2

14–17 图书、报纸、杂志出版情况
Number of Books, Newspaper and Magazines Published in Guiyang

指 标		Item		2014	2013	2014年比2013年增长(%) Growth Rate in 2014 over 2013 (%)
图书出版		**Books Published**				
种 数	(种)	Number of Publication	(kind)	885	928	-4.6
总印数	(万 册)	Printed Copies	(10 000 copies)	6090.64	6279.26	-3.0
总印张	(千印张)	Printed Sheets	(1000 sheets)	436304	440710	-1.0
报纸出版		**Newspapers Published**				
种 数	(种)	Number of Publication	(kind)	29	30	-3.3
总印数	(万 份)	Printed Copies	(10 000 copies)	26923	29407	-8.4
总印张	(千印张)	Printed Sheets	(1000 sheets)	1227447	1383464	-11.3
杂志出版		**Magazines Published**				
种 数	(种)	Number of Publication	(kind)	78	76	2.6
总印数	(万 册)	Printed Copies	(10 000 copies)	1469	1522	-3.5
总印张	(千印张)	Printed Sheets	(1000 sheets)	75824	74730	1.5

14–18 文化事业机构及人员
Number of Institutions and Personnel in Cultural Industry

指 标	Item	机 构 (个) Number of Institutions (unit)		人 员 (人) Numbers of Employed Persons (person)	
		2014	2013	2014	2013
总 计	**Total**	**320**	**305**	**4769**	**4604**
文化产业	Culture Industry	317	303	4610	4466
#艺术业	Arts	16	16	717	726
图书馆业	Public Libraries	11	10	257	268
群众文化业	Mass Culture	180	180	672	615
文化市场经营单位	Business Units Managing Cultural Markets	69	55	2235	2100
文艺科研	Art Research Institutions	1	1	14	16
文物业	Cultural Relics	21	22	264	279
其他文化产业	Other Cultural Units	18	18	439	448
非文化产业	Non-culture Industry	3	2	159	138

14-19 专利申请及授权
Patent Applications Accepted and Granted

单位：件 (piece)

指 标	Item	2014	2013	2014年比2013年增长(%) Growth Rate in 2014 over 2013(%)
专利申请受理量	**Number of Patent Aplications Accepted**	**12630**	**7039**	**79.4**
发明专利	Inventions	4564	2376	92.1
实用新型专利	Utility Models	3824	3308	15.6
外观设计专利	Designs	4242	1355	213.1
专利授权量	**Number of Patent Aplications Granted**	**3766**	**3531**	**6.7**
发明专利	Inventions	674	535	26.0
实用新型专利	Utility Models	2676	2185	22.5
外观设计专利	Designs	416	811	-48.7

14-20 公共图书馆
Public Libraries

类 别		Item		2014	2013
公共图书馆个数	(个)	Number of Public Libraries	(unit)	11	10
总藏书	(万册、件)	Total Collections	(10000 copies)	698.84	661.05
#图 书	(万册、件)	Books	(10000 copies)	317.20	285.89
电子阅览室终端数	(个)	Termals in Electronic Media Reading Rooms	(set)	531	537
书刊文献外借人次	(万人次)	Borrowing from Libraries	(10000 person-times)	53.89	56.50
书刊文献外借册次	(万册次)	Number of Books and Periodicals Lent to Readers	(10000 copies-times)	76.49	80.29
累计发放有效借书证	(万 张)	Accumulative Number of Library Cards Distributed	(10000 units)	12.68	11.90

主要统计指标解释

企业办科技机构数　企业办科技机构指企业自办（或与外单位合办），管理上同生产系统相对独立（或者单独核算）的专门科技活动机构，如企业办的技术中心、研究院所、开发中心、开发部、实验室、中试车间、试验基地等。企业办科技活动机构经过资源整合，被国家或省级有关部门认定为国家级或省级技术中心的，应按一个机构填报。与外单位合办的科技活动机构若主要由本企业出资兴办，则由本企业统计，否则应由合办方统计。企业科技管理职能处（科）室（如科研处、技术科等）一般不统计在内；若科研处、技术科等同时挂有科技活动机构的牌子，视其报告年度内主要工作任务而定，主要任务是从事科技活动的可以统计，否则不予统计。本指标不含企业在中国境外设立的科技活动机构数。

机构人员合计　指报告期末企业办科技活动机构中从业人员合计。

仪器和设备原价　指企业办科技机构报告期末固定资产中仪器和设备的原价（不包括长期闲置不用的仪器和设备）。

R&D（科学研究与试验发展，简称“研发”）　是指在科学技术领域，为增加知识总量、以及运用这些知识去创造新的应用进行的系统的创造性的活动，包括基础研究、应用研究、试验发展三类活动。

R&D 人员　指单位内部从事基础研究、应用研究和试验发展三类活动的人员。包括直接参加上述三类项目活动的人员以及这三类项目的管理人员和直接服务人员。为研究活动提供直接服务的人员包括直接为研究活动提供资料文献、材料供应、设备维护等服务的人员。

R&D 人员折合全时当量　由参加 R&D 项目人员的全时当量及应分摊在 R&D 项目的管理和直接服务人员的全时当量两部分相加计算。一个折合全时当量是一人年。例如，一个人在 R&D 活动上花费了 30%的正常工作时间而 70%的时间用于其他工作，则其折合全时当量为 0.3。

R&D 经费内部支出合计　指调查单位在报告年度用于内部开展 R&D 活动（基础研究、应用研究和试验发展）的实际支出。包括用于 R&D 项目（课题）活动的直接支出，以及间接用于 R&D 活动的管理费、服务费、与 R&D 有关的基本建设支出以及外协加工费等。不包括生产性活动支出、归还贷款支出以及与外单位合作或委托外单位进行 R&D 活动而转拨给对方的经费支出。

R&D 经费内部支出中政府资金　指调查单位 R&D 经费内部支出中来自各级政府部门的各类资金，包括财政科学技术拨款、科学基金、教育等部门事业费以及政府部门预算外资金的实际支出。

R&D经费内部支出中企业资金　指调查单位R&D经费内部支出中来自本企业的自有资金和接受其他企业委托而获得的经费，以及科研院所、高校等事业单位从企业获得的资金的实际支出。

R&D 经费内部支出中其他资金　指从上述渠道以外获得的计划用于 R&D 活动的经费，如企业从金融机构贷款得到的用于内部开展 R&D 活动的资金，从独立科研院所和高等学校等事业单位获得的用于 R&D 活动的经费，来自民间非盈利机构的资助和个人捐赠等。

普通高等学校　指按照国家规定的设置标准和审批程序批准举办，通过国家统一招生考试，招收高中毕业生为主要培养对象，实施高等教育的全日制大学、独立设置的学院和高等专科学校、短期职业大学。

成人高等学校　指按照国家有关规定审批，招收通过全国成人高教统一招生考试的具有高中毕业或同等学历的在职从业人员，利用脱产、半脱产、业余或函授等多种形式对其实施高等学历教育，培养高等教育专科或本科毕业水平的专门人才，修业年限、课程设置和总学时数均按高等学历教育要求付诸实施的学校。包括广播电视大学、职工高等学校、农民高等学校、管理干部学院、教育学院、独立设置的函授学院等。

中等职业教育学校　指按规定的设置标准和审批程序批准建立的，招收初中(或部分高中)毕业生或同等学历者，实施中等职业技术教育，培养中等职业技术人才的学校。招收初中毕业生的，修业年限一般为三至四年；招收高中毕业生的，修业年限一般为二年至三年。包括中等专业学校、技工学校、职业中学（高中）等。统计中等职业学校时应注意，已承担培养学生任务的中等职业技术学校和独立设置的高等学校中专部或中专学校计算校数。正在筹建、尚未招生的中等职业学校和高等学校附设的中专班不计校数。

普通中学 指按规定的审批程序批准设立的，招收小学、初中(或部分高中)毕业生或同等学历者，实施普通中学教育的学校。

专任教师 指主要从事教学工作的人员。包括临时(一年以内)调去帮助做其他工作的教学人员。高等学校函授部、夜大学的专任教师和承担科研任务，未担任教学工作仍属教师编制的人员，应计入专任教师中。不包括调离教学岗位，担任行政领导工作或其他工作的原教学人员。

文化事业机构 指从事专业文化工作和为专业文化工作服务的独立建制的单位。不包括这些单位另外举办独立核算的其他机构和各部门的业余文化组织。

Explanatory Notes on Main Statistical Indicators

Number of S&T Institutions refers to specialized technology institutions run by enterprises (or jointly with other units) and their activities in the production system is relatively independent (or accounted separately) on the management, such as technology center office, research institutes, development centers, development department, laboratory, pilot plant and test base. Through resource integration, institutions identified as national or provincial technology center by national or provincial departments should be reported as one institution. A S&T institution organized with other units should implement the statistics by enterprise itself if the institution is funded mainly by the enterprise, otherwise co-sponsor. Enterprise Technology Management Office (Branch) / Room (such as research department, technology department, etc.) are generally not included in the statistics; If the research department, technology department and other S&T departments hanging brand agency at the same time, the statistic depends on main tasks stipulated in the annual report and only the S&T activities should be considered into statistics.

Total Personnel of Institutions refers to institutions reported total number of employees engaged in the S&T activities in the year-end.

Instruments and Equipment Cost refers to institutions reported the original cost of instruments and equipment (excluding long-term idle equipment and facilities) in the fixed assets in the year end.

R&D(Research and Development, hereinafter R&D) refers to systematic and creative activities in the field of science and technology aiming at increasing the knowledge and using the knowledge for new application. R&D includes 3categories of activities: basic research, applied research and experimentation for development.

R&D Personnel refers to persons engaged in the above mentioned activities of R&D, including persons in the project team, persons engages in the management of projects and persons providing direct services. The latter includes persons providing documents, materials and equipment maintenance.

Full-time Equivalent of R&D Personnel refers to the full-time equivalent of R & D project personnel and personnel assessed in full-time equivalent management and direct service. A full-time equivalent is a person-years. For example, a person spends 30% of working hours on the R & D activities while 70% of the time for other work, the full-time equivalent is 0.3.

Total Expenditure of Funds on R&D refers to the real expenditure of surveyed units on their own R&D activities (basic research, application study, test and development) including direct expenditure on R&D activities, indrect expenditure of management and services on R&D activities, expenditure on capital construction and material processing by others. Excluding the expenditure on production activities, return of loan, fees transferred to cooperated and entrusted agencies on R&D activities.

Expenditure of Government Funds on R&D refers to the expenditure of funds on R&D activities from government agencies at different levels including appropriate funds on science and technology from financial departments, scientific funds, operating expenses from education departments and the real expenditure of extra budgetary funds from government agencies.

Expenditure of Funds of enterprises on R&D refers to the expenditure of funds on R&D activities from self-raised funds of enterprises and funds from other enterprises through entrustment, and the expenditure of funds of institutions such as institution of scientific research and universities, from enterprises.

Expenditure of other Funds on R&D refers to funds from other sources other than those mentioned above for R & D activities such as corporate loans from financial institutions, institution of scientific research universities, grants and individual donations of private non-profit organizations.

Regular Institutions of Higher Learning refer to educational establishments set up according to the government evaluation and approval procedures, enrolling graduates from senior secondary schools and providing higher education courses and training for senior professionals. They include full-time universities, colleges, and institutions of higher professional education, institutions of higher vocational education and others.

Institutions of Higher Learning for Adults refer to educational establishments approved according to relevant government rules, enrolling staff and workers with senior secondary or equivalent education through uniform national matriculation examinations, and providing them with regular higher education in various forms such as full-time, part-time, spare-time and correspondence courses in accordance with requirements of regular higher education in years of education, curricula, and total learning hours, so that they meet the standards for graduation of universities or junior colleges. Institutions of higher learning for adults include radio and TV universities, colleges for staff and workers, colleges for farmers, colleges for management cadres, teachers' colleges, and independent correspondence colleges.

Second Vocational Schools refer to those recruiting junior high school (or partly senior high school) graduates or people having the same educational level implement medium vocational education based on regulated setting standards and examination and approval procedure. The lengthy of secondary schools which receive junior high school graduates is usually three to four years; the lengthy of those which receive senior high school graduates is usually two to three years. The secondary vocational schools include medium professional schools, technical schools, vocational middle schools (senior high schools) and etc. Note that medium vocational technical schools taking the mission of developing students and independently established secondary specialized schools of higher education or medium professional schools are counted. The medium vocational technical schools are preparing and are not recruiting students and medium professional classes attaching to higher education are not accounted.

Regular High Schools refer to those recruiting primary schools, junior high schools (senior high schools) graduates or people having the same educational level implement regular high education based on regulated setting standards and examination and approval procedure.

Full-time Teachers refer to those engaging in teaching activities, include the teaching staff dispatched to do other jobs temporarily (within one year).Correspondence departments of higher schools, full-time teachers of evening universities, people with authorized qualifications who taking the mission of doing research but do not teaching students should be regarded as full-time teachers. Former teaching staff who are dispatched off teaching post or bear administrative leadership or other jobs are not regarded as full-time teachers.

Cultural Institutions refers to institutions engaged in professional culture work and independent institutions providing services to cultural work. Institutions with independent accounting departments and amateur cultural organizations are not included.

15

Fifteen

卫生、体育、民政及其他

Public Health, Sports, Social Welfare and Others

卫生机构数（个） 卫生机构床位数（张） 医生数（人）

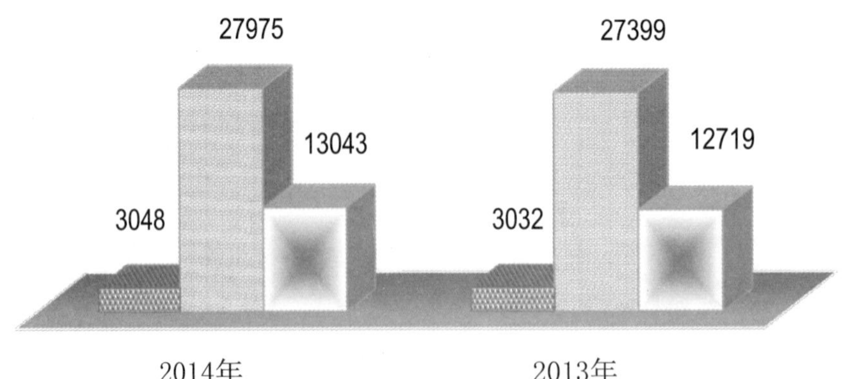

城乡各类福利院床位数（张）

城镇便民、利民服务网点数（个）

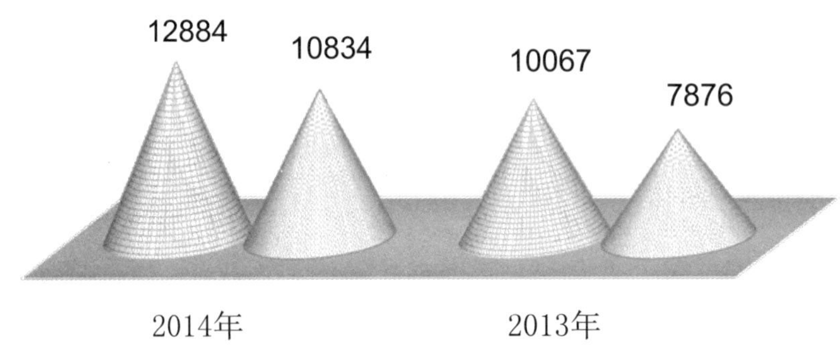

居民最低生活保障人数（人） #城市低保人数（人）

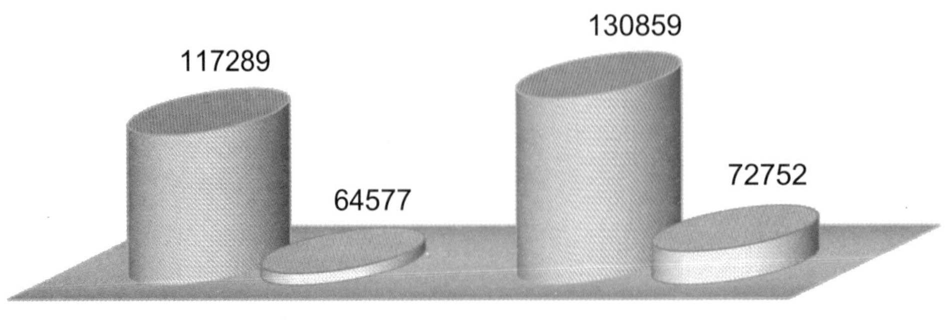

15-1 体育事业基本情况(2014年)
Basic Statistics on Sports(2014)

指　　标		Item		合　计 Total	省　级 Provincial Level	市　级 Municipal Level
运动员		**Number of Athletes**				
一线在队人员	(人)	First-team Player	(person)	267	151	116
二线在队人员	(人)	Second-team Player	(person)	242	57	185
三线在队人员	(人)	Third-team Player	(person)	501	114	387
体育设施个数		**Sports Facilities**				
室外全民健身公园、广场	(个)	Fitness Parks and Squares	(unit)	1		
健身路径	(个)	Fitness Paths	(unit)	156		
小篮板	(个)	Basketball Stands	(unit)	304		
乒乓球台	(个)	Table Tennis Tables	(unit)	658		
室内全民健身中心	(个)	Fitness Center	(unit)	1		
体育设施占地面积		**Area of Sports Facilities**				
室外全民健身公园、广场、山体公园	(平方米)	Fitness Parks,Squares and Mountain Parks	(s.k.m.)	4200		
健身路径	(平方米)	Fitness Paths	(s.k.m.)	31200		
小篮板	(平方米)	Basketball Stands	(s.k.m.)	288200		
乒乓球台	(平方米)	Table Tennis Tables	(s.k.m.)	19740		
室内全民健身中心	(平方米)	Fitness Center	(s.k.m.)	18500		

15-2 体育系统机构和从业人员(2014年)
Number of Institutions and Engaged Persons in Sports(2014)

指　　标		Item		合　计 Total	省　属 Provincial Level	市　属 Municipal Level
机构数	**(个)**	**Number of Institution**	**(unit)**	**33**	**24**	**9**
行政机关	(个)	Administrative Organizations	(unit)	2	1	1
体育运动学校	(个)	Sports Schools	(unit)	2	1	1
业余体校	(个)	Spare-time Sports Schools	(unit)			
体育场馆	(个)	Stadium and Gymnasium	(unit)	7	3	4
其他事业单位	(个)	Other Public Institutions	(unit)	22	19	3
从业人员	**(人)**	**Number of Engaged Persons**	**(person)**	**1680**	**1485**	**195**
行政机关	(人)	Administrative Organizations	(person)	79	65	14
体育运动学校	(人)	Sports Schools	(person)	189	110	79
业余体校	(人)	Spare-time Sports Schools	(person)			
体育场馆	(人)	Stadiums and Gymnasiums	(person)	252	172	80
其他事业单位	(人)	Other Public Institutions	(person)	1160	1138	22

注：省属为在贵阳市地域上，但隶属于省的机构和人员；市属为在贵阳市地域上，同时也隶属于市的机构和人员。

a) Provincial-level institutions and engaged persons refer to those administrated by Guizhou provincial government in Guiyang City; Municipal-level ones refer to those administrated by Guiyang municipal government.

15-3 卫生机构、床位和人员(2014年)

单位：人

指　　标	Item	机构数(个) Number of Institutions (unit)	床位数(张) Number of Bed (bed)
总　计	**Total**	**3048**	**27975**
医　院	**Hospitals**	**171**	**24201**
综合医院	General Hospitals	120	16538
中医医院	Hospitals of Traditional Chinese Medicine	12	2982
中西医结合医院	Hospitals of Traditional Chinese and Western Medicine	2	310
专科医院	Specialized Hospitals	37	4371
口腔医院	Stomatological Hospitals	1	40
眼科医院	Ophthalmic Hospitals	2	105
耳鼻喉科医院	Otorhinolaryngology Hospital	2	70
肿瘤医院	Cancer Hospitals	1	685
妇产(科)医院	Obstetrics and Gynecology Hospitals	5	230
精神病医院	Psychiatric Hospitals	4	740
皮肤病医院	Dermatological Hospitals	3	115
结核病医院	Tuberculosis Hospitals	1	460
骨科医院	Orthopaedic Hospitals	5	1292
康复医院	Convalescent Hospitals	3	124
整形外科医院	Plastic Surgery Hospitals	1	120
美容医院	Beauty Hospitals	3	68
其他专科医院	Other Specialized Hospitals	6	322
基层医疗卫生机构	**Primary-level Medical and Sanitary Institutions**	**2775**	**2696**
社区卫生服务中心(站)	Health Service Centers(stations) for Community	125	978
社区卫生服务中心	Community Health Service Centers	50	908
社区卫生服务站	Community Health Service Stations	75	70
卫生院	Health Centers	78	1718
乡镇卫生院	Township Health Centers	78	1718
中心卫生院	Central Health Centers	30	955
乡卫生院	Countryside Health Centers	48	763
村卫生室	Village Clinics	1371	
门诊部	Outpatient Departments	40	
综合门诊部	Comprehensive Outpatient Departments	23	
中西医结合门诊部	Outpatient Departments of Traditional Chinese and Western Medicine	2	
专科门诊部	Specialist Outpatient Departments	14	
诊所、卫生所、医务室	Clinics,Health Centers and Infirmaries	1161	
诊　所	Clinics	1064	
卫生所、医务室	Health Centers and Infirmaries	97	

Basic Statistics on Health Care Institutions(2014)

(person)

卫生技术人员 Medical Technical Personnel	#医生 Doctor	#执业医师 Licensed Doctor	注册护士 Registered Nurse	药师(士) Pharmacist	技师(士) Technician	#检验师 Inspector	其他 Others
34776	**13043**	**12008**	**15501**	**1526**	**1788**	**1301**	**2918**
24775	**8335**	**8036**	**12215**	**1159**	**1316**	**907**	**1750**
17291	5868	5643	8533	774	959	648	1157
2808	825	806	1475	172	116	88	220
282	71	59	131	21	23	14	36
4394	1571	1528	2076	192	218	157	337
212	114	110	81	3	9	4	5
111	25	25	63	6	1	1	16
49	17	17	22	3	2	2	5
1048	313	307	504	59	37	30	135
178	73	72	91	5	9	6	
597	187	187	326	21	26	21	37
58	21	15	20	5	6	5	6
331	96	95	180	17	29	23	9
1136	490	481	448	51	72	47	75
82	29	29	43	5	3	3	2
187	76	68	105	2	2	1	2
131	44	41	76	5	6	5	
274	86	81	117	10	16	9	45
7474	**3537**	**2893**	**2739**	**338**	**199**	**139**	**661**
1590	606	535	710	91	73	51	110
1042	383	338	468	62	46	35	83
548	223	197	242	29	27	16	27
1865	803	412	466	81	93	62	422
1865	803	412	466	81	93	62	422
960	433	228	240	43	52	30	192
905	370	184	226	38	41	32	230
219	132	56	87				
411	201	191	155	19	16	14	20
272	121	115	109	14	13	12	15
15	8	8	2	3	1		1
118	69	65	42	2	1	1	4
3389	1795	1699	1321	147	17	12	109
2976	1600	1515	1141	137	11	7	87
413	195	184	180	10	6	5	22

15-3 续表

单位：人

指　　标	Item	机构数(个) Number of Institutions (unit)	床位数(张) Number of Bed (bed)
专业公共卫生机构	**Professional Public Health Institutions**	**93**	**980**
疾病预防控制中心	Disease Prevention & Treatment Centers	13	
省　属	Provincial Centers	1	
省辖市(地区)属	Centers of Provincially Administered Cities	1	
地辖市属	Municipal Centers	7	
县　属	County Centers	3	
其　他	Others	1	
专科疾病防治院(所、站)	Specialized Disease Prevention & Treatment Institutions (Centers or Stations)	1	50
专科疾病防治院	Specialized Disease Prevention & Treatment Agencies	1	50
妇幼保健院(所、站)	Maternal and Child Health Care Institutions(Centers or Stations)	14	930
按隶属分	**By Administration**		
省辖市(地区)属	Centers of Provincially Administered Cities	1	673
地辖市属	Municipal Centers	5	123
县　属	County Centers	3	92
其　他	Others	5	42
按类型分	**By Types**		
妇幼保健院	Maternal and Child Health Hospitals	3	733
妇幼保健所	Maternal and Child Health Centers	2	73
妇幼保健站	Maternal and Child Health Stations	8	112
生殖保健中心	Reproductive Health Centers	1	12
急救中心(站)	First Aid Centers (Stations)	1	
采供血机构	Blood Banks	2	
卫生监督所(中心)	Health Supervision Institutions(Centers)	10	
省　属	Provincial Centers	1	
省辖市(地区)属	Centers of Provincially Administered Cities	1	
地辖市属	Municipal Centers	5	
县　属	County Centers	3	
其他卫生机构	**Other Institutions**	**9**	**98**
疗养院	Sanatoriums	1	98
医学科学研究机构	Institutions of Medical Scientific Research	1	
医学在职培训机构	Institutions of Medical In-service Training	3	
其　他	Others	3	

注：本表人员合计中包括乡村医生1509人和卫生员222人；不含乡镇卫生院在村卫生室工作的执业（助理）医师、注册护士数。

(continued)

(person)

卫生技术人员 Medical Technical Personnel	#医生 Doctors	#执业医师 Licensed Doctors	注册护士 Registered Nurses	药师(士) Pharmacist	技师(士) Technician	#检验师 Inspector	其他 Others
2459	**1145**	**1062**	**521**	**29**	**260**	**242**	**504**
817	453	432	68	10	169	159	117
362	213	213	19	3	60	57	67
148	70	70	11	1	53	51	13
200	120	109	29	4	34	32	13
77	38	28	9	2	17	14	11
30	12	12			5	5	13
18	5	3	8	1			4
18	5	3	8	1			4
929	538	514	273	11	29	22	78
594	374	374	161				59
201	100	85	72	6	16	11	7
95	40	37	29	4	12	10	10
39	24	18	11	1	1	1	2
702	422	411	209	4	4	4	63
83	44	38	24	3	9	4	3
123	58	53	36	4	13	11	12
21	14	12	4		3	3	
27	10	10	17				
139	31	31	62	4	36	36	6
268							268
65							65
42							42
108							108
53							53
68	**26**	**17**	**26**		**13**	**13**	**3**
41	19	11	21		1	1	
14	7	6	4		1	1	2
1			1				

a) Staff counted in the table contains 1509 village doctors and 222 health workers. Licensed (Assistant) doctors and registered nurses who work in village clinics but from township health centers are not included.

15-4 县(区)诊所、卫生室、医务室基本情况(2014年)

指标	Item	机构数(个) Number of Institutions (unit)	总人员数(人) Medical Personnel (person)	卫生技术人员(人) Medical Technical Personnel(person)
合计	**Total**	**1201**	**3892**	**3800**
按管理类别分	**By Management**			
非营利性	Non-profit	106	496	476
营利性	Profit	1095	3396	3324
按经济类型分	**By Ownership**			
国有	State-owned	87	423	405
集体办	Collective-owned	8	39	35
联营	Jointly Operated			
私营	Privately Operated	1085	3352	3284
其他	Others	21	78	76
按设置、主办单位分	**By Sponsor**			
政府办	Run by Government	15	81	77
社会办	Run by Society	88	423	405
私人办	Run by Private	1098	3388	3318
按诊所类别分	**By Types**			
普通	General	744	2064	2050
中医	Traditional Chinese Medicine	126	295	283
中西医结合	Traditional Chinese Medicine and Western Medicine	92	303	296
口腔	Stomatological	90	315	301
其他	Others	109	479	459

15-5 县(区)村卫生室基本情况(2014年)

指标		Item		合计 Total	村办 Run by Villages
机构数	(个)	Number of Institutions	(unit)	1371	315
执业(助理)医师	(人)	Licensed(Assistant) Doctor	(person)	132	25
注册护士	(人)	Registered Nurse	(person)	87	19
乡村医生和卫生员	(人)	Village Doctors and Health Workers	(person)	1731	417
乡村医生	(人)	Village Doctors	(person)	1509	377
#以中医、中西医结合或民族医为主的人数	(人)	Personnel with Integrated Knowledge of Traditional Chinese and Western Medicine or of Minority Groups' Arts of Healing	(person)	74	21
当年考核合格的乡村医生数	(人)	Qualified Village Doctors of the Current Year	(person)	1243	334
卫生员	(人)	Health Workers	(person)	222	40
诊疗人次数	(万人次)	Visits	(10 000 times)	392.06	74.73
#出诊人次数	(万人次)	Patients	(10 000 times)	9.93	2.79

注：乡镇卫生院下设的村卫生室人员中，执业医师372人、执业助理医师280人、注册护士409人。

Basic Statistics on Clinics and Health Centers at County(District) Level(2014)

执业医师 Licensed Doctors	执业助理医师 Licensed Assistant Doctors	注册护士 Registered Nurses	药剂师(士) Pharmacist	技师(士) Technician	#检验师(士) Inspector	其他 Others	诊疗人次数(万人次) Visits (10 000 times)
1890	**106**	**1476**	**166**	**33**	**26**	**129**	**562.19**
215	11	199	15	7	6	29	53.64
1675	95	1277	151	26	20	100	508.55
187	11	160	14	5	5	28	43.18
10	4	17	2	1		1	9.30
1659	88	1262	150	26	20	99	502.00
34	3	37		1	1	1	7.71
32	2	29	3	2	2	9	7.40
184	12	169	12	5	4	23	48.80
1674	92	1278	151	26	20	97	505.99
1048	46	863	41	8	5	44	379.41
159	5	33	79			7	42.93
144	4	121	14	2	2	11	36.87
142	24	107	2	1		25	29.05
206	17	197	11	6	5	22	53.79

Basic Statistics on Village Clinics at County(District) Level(2014)

按主办单位分 By Sponsor				按行医方式分 By Medicine		
乡医院设点 Township Hospitals	联合办 Jointly Run	私人办 Run by Private	其他 Others	中医 Chinese Traditional Medicine	西医 Western Medicine	中西医结合 Integration of Traditional Chinese and Western Medicine
70	18	639	329	21	1207	143
	1	46	60	3	99	30
		53	15	2	72	13
81	32	719	482	21	1537	173
75	18	674	365	21	1332	156
1		41	11	1	45	28
68	18	562	261	19	1091	133
6	14	45	117		205	17
14.66	2.88	214.90	84.89	5.04	356.21	30.81
0.33	0.00	1.80	5.00	0.03	9.37	0.52

a) In all the staff working in village clinics under township health centers, the number of licensed doctors is 372, licensed assistant doctors 280, registered nurses 409.

15-6 举办体育业务情况(2014年)
Basic Statistics on Sports Activities(2014)

指标		Item		合计 Total	省级 Provincial Level	市级 Municipal Level	区、县(市)级 Prefectural (County, District) Level
运动会或比赛		**Sports Games**					
举办综合运动会	(次)	Number of Comprehensive Games	(time)	4	2	1	1
现代体育项目活动	(次)	Number of Modern Sports	(time)	18	15	3	
全民健身活动		**National Fitness Activities**					
举办全民健身活动次数	(次)	Activities of Full Fitness	(time)	406	40	106	260
#1000人以上	(次)	Over 1 000 Participators	(time)	133	10	43	80
参加活动人数	(人)	Number of Participators	(person)	330800	30000	118800	182000
国际体育活动情况		**International Sports Games**					
出访起数	(起)	Times of Attending International Sports Games	(time)	21	18	3	
出访人次	(人 次)	Number of Participators Attending International Sports Games	(person)	138	112	26	
举办培训班情况		**Training Classes**					
举办培训班次数	(次)	Times of Training Classes	(time)	47	32	15	
参加培训班人数	(人)	Times of Participators	(person)	4530	3030	1500	

15-7 婚姻情况
Statistics on Marriages

指标		Item		2014	2013	2014年比2013年增长(%) Growth Rate in 2014 over 2013(%)
国内婚姻		**Marriages with Citizens of Mainland China**				
登记结婚对数	(对)	Number of Registered Marriages	(pair)	50069	48917	2.4
初　婚	(人)	First Marriages	(person)	93199	90083	3.5
再　婚	(人)	Marriages After Divorces	(person)	7757	8627	-10.1
登记离婚对数	(对)	Number of Registered Divorces	(pair)	18044	16817	7.3
涉外婚姻		**Marriages with Citizens out of Mainland China**				
登记结婚对数	(对)	Number of Registered Marriages	(pair)	409	438	-6.6
国内公民	(人)	Citizen of Mainland China	(person)	409	438	-6.6
香港、澳门、台湾居民	(人)	Citizen of Hong Kong, Macao and Taiwan	(person)	222	253	-12.3
华　侨	(人)	Overseas Chinese	(person)	12	18	-33.3
外国人	(人)	Foreigners	(person)	175	167	4.8
登记离婚对数	(对)	Number of Registered Divorces	(pair)	63	67	-6.0

15-8 民政事业基本情况(2014年)
Statistics on Civil Administration Departments(2014)

指　　标	Item	单位数(个) Number of Institutions (unit)	职工人数(人) Number of Staff (person)	固定资产原价(万元) Original Cost of Fixed Assets (10 000 yuan)	收入合计(万元) Total Revenue (10 000 yuan)	支出合计(万元) Total Expenditure (10 000 yuan)
优抚安置单位	**Institutions for Veteran Benefit and Placement**	**7**	**74**	**1720**	**6783**	**5137**
军休所(含管理中心)	Veteran Management Institutions	5	50	1538	5663	4034
军供站	Military Supply Stations	1	20	173	1096	1080
烈士纪念建筑物管理单位	Martyr Memorial Building Management Units	1	4	10	23	23
收养类单位	**Adoptive Institutions**	**142**	**1015**	**22509**	**6683**	**7469**
社会福利院	Social Welfare Homes	2	116	4403	2431	2401
儿童福利院	Social Welfare Homes for Children	1	74	1281	2227	2487
社会福利医院(精神病福利院)	Social Welfare Hospitals (Welfare Homes for Psychiatric Patients)	1	50	758	1090	1279
城市养老服务机构	Urban Service Institutions for Aged Persons	75	576	4686	589	874
农村养老服务机构	Rural Service Institutions for Aged Persons	63	199	11381	347	428
救助类单位	**Institutions for Relief**	**2**	**47**	**404**	**1534**	**1353**
救助管理站	Relief Stations	2	47	404	1534	1353
殡仪服务单位	**Funeral and Interment Institutions**	**21**	**1224**	**43890**	**26246**	**9288**
殡仪馆	Funeral Home	5	401	14705	9609	2939
公　墓	Cemetery	11	782	28969	16186	5894
殡葬管理	Funeral and Interment Management Institutions	5	41	216	451	456
福利彩票发行单位	**Welfare Lottery Issuing Institutions**	**1**	**51**	**411**	**1705**	**1153**
老龄事业单位	**Institutions for the Cause of Aging**	**10**	**45**	**324**	**1502**	**1524**
其他事业单位	**Other Institutions**	**10**	**159**	**606**	**2120**	**2019**
行政机关	**Administrative Institutions**	**11**	**350**	**4027**	**83731**	**78437**

注：“城镇老年福利机构”“农村五保供养服务机构”分别更名为“城市养老服务机构”和”农村养老服务机构“，统计口径不变。

a) "Urban welfare hospitals for aged persons" and "rural five-guarantee institutions" have been renamed as "urban service institutions for aged persons" and "rural service institutions for aged persons" respectively, statistical caliber unchanged.

15-9 城乡各种福利院机构和人员情况
Statistics on Welfare Institutions and Personnel in Rural and Urban Area

指标	Item	2014	2013	2014年比2013年增长(%) Growth Rate in 2014 over 2013 (%)
机构数(个)	**Number of Institutions(unit)**	**142**	**129**	**10.1**
社会福利院	Social Welfare Homes	2	2	持平
儿童福利院	Social Welfare Homes for Children	1	1	持平
精神病福利院	Welfare Homes for Psychiatric Patients	1	1	持平
城市养老服务机构	Urban Service Institutions for Aged Persons	75	63	19.0
农村养老服务机构	Rural Service Institutions for Aged Persons	63	62	1.6
职工人数(人)	**Number of Staff (person)**	**1015**	**970**	**4.6**
社会福利院	Social Welfare Homes	116	116	持平
儿童福利院	Social Welfare Homes for Children	74	78	-5.1
精神病福利院	Welfare Homes for Psychiatric Patients	50	47	6.4
城市养老服务机构	Urban Service Institutions for Aged Persons	576	555	3.8
农村养老服务机构	Rural Service Institutions for Aged Persons	199	174	14.4
床位数(张)	**Number of Beds (bed)**	**12884**	**10067**	**28.0**
社会福利院	Social Welfare Homes	950	850	11.8
儿童福利院	Social Welfare Homes for Children	500	500	持平
精神病福利院	Welfare Homes for Psychiatric Patients	100	100	持平
城市养老服务机构	Urban Service Institutions for Aged Persons	7191	5116	40.6
农村养老服务机构	Rural Service Institutions for Aged Persons	4143	3501	18.3
在院人数(人)	**Inpatients(person)**	**3796**	**3027**	**25.4**
社会福利院	Social Welfare Homes	387	402	-3.7
儿童福利院	Social Welfare Homes for Children	383	421	-9.0
精神病福利院	Welfare Homes for Psychiatric Patients	84	89	-5.6
城市养老服务机构	Urban Service Institutions for Aged Persons	1909	1390	37.3
农村养老服务机构	Rural Service Institutions for Aged Persons	1033	725	42.5

15-10 民政事业发展情况
Basic Statistics on Civil Affairs

指标		Item		2014	2013	2014年比2013年增长(%) Growth Rate in 2014 over 2013 (%)
抚恤、补助对象情况		**Pension and Subsidy**				
抚恤、补助优抚对象总数	(人)	Total Quantity	(person)	16212	16776	-3.4
定期抚恤	(人)	People Receiving Regular Pensions	(person)	270	331	-18.4
定期补助	(人)	People Receiving Regular Subsidies	(person)	13782	14176	-2.8
伤残人员	(人)	Injured and Disabled Persons	(person)	2160	2269	-4.8
优待、烈士褒扬情况		**Preferential Treatment and Resettlement**				
优待优抚对象	(户)	Number of Household Receiving Preferential Treatment	(household)	6366	7006	-9.1
#优待军属	(户)	Number of Soldier's Family Receiving Preferential Treatment	(household)	3812	3631	5.0
安置退役士兵、复员干部	(人)	Number of Ex-servicemen Receiving Resettlement	(person)	1650	1929	-14.5
低保、救济和医疗救助情况		**Minimum Living Allowance, Relief and Medical Assistance**				
城市居民最低生活保障家庭数	(户)	Number of Households Receiving Minimum Living Allowance in Urban Areas	(household)	33457	35695	-6.3
城市居民最低生活保障人数	(人)	Number of Persons Receiving Minimum Living Allowance in Urban Areas	(person)	64577	72752	-11.2
#女性	(人)	Female	(person)	29439	33810	-12.9
农村居民最低生活保障家庭数	(户)	Number of Households Receiving Minimum Living Allowance in Rural Areas	(household)	26967	28462	-5.3
农村居民最低生活保障人数	(人)	Number of Persons Receiving Minimum Living Allowance in Rural Areas	(person)	52712	58107	-9.3
农村五保户供养人数	(人)	Number of Persons Receiving Livelihood Guarantees in Five Aspects in Rural Areas	(person)	2663	2594	2.7
#女性	(人)	Female	(person)	389	409	-4.9
民政部门资助参保人数	(人次)	Number of Women Receiving Government Subsidies for Insurances	(person-time)	55842	57684	-3.2
民政部门资助参合人数	(人次)	Number of Women Receiving Government Subsidies for Cooperative Medical Care	(person-time)	66581	65372	1.8
民政部门直接医疗救助人次数	(人次)	Number of Women Receiving Direct Medical Assistance from Civil Administration Departments	(person-time)	9169	6721	36.4
社会捐赠情况		**Social Donations**				
直接接收捐赠款	(万元)	Directly Donated Money	(10 000 yuan)	759.3	939.4	-19.2
直接接收捐赠衣被	(万件)	Directly Donated Clothes and Quilts	(10 000 units)			
间接接收捐赠款	(万元)	Indirectly Donated Money	(10 000 yuan)	6.3		
间接接收捐赠衣被	(万件)	Indirectly Donated Clothes and Quilts	(10 000 units)			
受益人次数	(人次)	Number of Beneficiary	(person-time)	6113	5230	16.9
社会捐赠接收工作站、点数	(个)	Number of Work Stations and Spots Receiving Social Donations	(unit)	150	150	
#社会捐赠接收工作站	(个)	Number of Work Stations Receiving Social Donations	(unit)	12	12	
慈善超市	(个)	Number of Charity Supermarkets	(unit)	29	31	-6.5
社区服务情况		**Community Service**				
社区服务志愿者组织数	(个)	Number of Community Voluntary Organizations	(unit)	434	550	-21.1
城镇便民、利民服务网点数	(个)	Number of Convenience Networks in Cities and Towns	(unit)	10834	7876	37.6

15-11 社会保险及就业情况
Social Insurance and Employment

指　　标		Item		2014	2013	2014年比2013年增长(%) Growth Rate in 2014 over 2013 (%)
城镇就业和失业		**Rural Employment and Unemployment**				
城乡统筹就业人数	(人)	Number of Engaged Person in Urban and Rural Areas	(person)	242967	248175	-2.1
城镇失业人员就业人数	(人)	Number of Re-employed Person in Urban Areas	(person)	49461	41540	19.1
农村富余劳动力转移人数	(人)	Number of Surplus Rural laborer Transferring to Urban Areas	(person)	31771	44948	-29.3
#就业困难对象	(人)	Number of People Having Difficulties Getting Employed	(person)	10164	8684	17.0
城镇新增就业岗位	(人)	Number of New Jobs in Urban Areas	(person)	211196	203227	3.9
城镇登记失业人员期末实有人数	(人)	Actual Number of Registered Unemployment in Urban Areas at the Year-end	(person)	34673	32391	7.0
#女　性	(人)	Female	(person)	18112	17487	3.6
城镇登记失业率	(%)	Registered Unemployment Rate in Urban Areas	(%)	3.14	2.96	6.1
社会保险		**Social Insurance**				
养老保险	(人)	Endowment Insurance	(person)	1460045	1343368	8.7
在职职工养老保险	(人)	Endowment Insurance for On-the-job Staff	(person)	1228648	1127379	9.0
离退休退职人员养老保险	(人)	Endowment Insurance for Retirees	(person)	231397	215989	7.1
失业保险	(人)	Unemployment Insurance	(person)	612341	583632	4.9
医疗保险	(人)	Medical Care Insurance	(person)	1201993	1164079	3.3
#退休人员	(人)	Retirees	(person)	312622	311896	0.2
生育保险	(人)	Maternity Insurance	(person)	1028026	1009151	1.9
工伤保险	(人)	Work-related Injury Insurance	(person)	787104	749211	5.1
城乡居民养老保险参保人数	(人)	Number of Insured Urban and Rural Residents of Endowment Insure		820892	819805	0.1
城镇居民医疗保险参保人数	(人)	Number of Insured Urban Residents of Medical Insurance		638949	632226	1.1

15-12 火灾事故
Basic Statistics on Fires

指　　标		Item		2014	2013	2014年比2013年增长(%) Growth Rate in 2014 over 2013(%)
火灾事故	(起　数)	Number of Fire Accidents	(case)	353	976	-63.8
死亡人数	(人)	Number of Deaths	(person)	1	12	-91.7
受伤人数	(人)	Number of Injuries	(person)	1	11	-90.9
直接损失额	(万　元)	Direct Property Losses	(10 000 yuan)	5757.01	1354.82	324.9

15-13 社会治安
Basic Statistic on Social Securities

指　　标		Item		2014	2013	2014年比2013年增长(%) Growth Rate in 2014 over 2013(%)
交通事故件数	(件)	Number of Traffic Accidents	(case)	202	221	-8.6
交通事故死亡人数	(人)	Number of Deaths in Traffic Accidents	(person)	141	150	-6.0
交通事故受伤人数	(人)	Number of Injuries in Traffic Accidents	(person)	240	276	-13.0
交通事故损失额	(万　元)	Amount of Loss in Traffic Accidents	(10 000 yuan)	295	218	35.3
刑事案件立案数	(件)	Number of Criminal Cases Registered	(case)	7039	7118	-1.1
犯罪人数	(人)	Number of Offenders	(person)	6480	8820	-26.5

注：刑事案件立案数和犯罪人数均为贵阳市中级人民法院数据。
a) Data of criminal cases registered and offenders were provided by the intermediate people's court of Guiyang.

主要统计指标解释

卫生机构 包括医疗机构、疾病预防控制中心(防疫站)、采供血机构、卫生监督及监测(检验)机构、医学科研和在职培训机构、健康教育所等。

医疗机构 包括医院、社区卫生服务中心(站)、疗养院、卫生院、门诊部、诊所(卫生所、医务室)、妇幼保健院(所、站)、专科疾病防治院(所、站)、急救中心(站)和临床检验中心。医疗机构分为非赢利性医疗机构和赢利性医疗机构。

医　院 指设有固定床位，能收容病人住院并能为病人提供医疗、护理服务的医疗机构，包括县及县以上医院、农村乡卫生院和其他医院三部分。县及县以上医院按业务性质不同分为综合医院和专科医院。

卫生技术人员 指卫生事业机构支付工资的全部职工中现任职务为卫生技术工作的专业人员，包括执业医师、执业助理医师、注册护士、药剂人员、检验员和其他初级卫生技术人员。

医　生 指在医疗、预防保健机构工作且取得《执业医师证书》的执业医师和执业助理医师。

体育场 指有 400 米跑道（中心含足球场），有固定道牙，跑道 6 条以上，并有固定看台的室外田径场地。体育场按看台容纳观众人数分为：甲级 25000 人以上，乙级 15000—25000 人，丙级 5000—15000 人，丁级 5000 人以下。

体育馆 指有固定看台，可供篮球、排球、羽毛球、乒乓球、体操等项目训练比赛活动用的室内运动场地。体育馆按看台容纳观众人数分为：甲级 6000 人以上，乙级 4000—6000 人，丙级 2000—4000 人，丁级 2000 人以下。

城镇登记失业人员 指有非农业户口，在一定的劳动年龄内(16 周岁至退休年龄)，有劳动能力，无业而要求就业，并在当地就业服务机构进行求职登记的人员。

城镇登记失业率 城镇登记失业人员与城镇单位就业人员(扣除使用的农村劳动力、聘用的离退休人员、港澳台及外方人员)、城镇单位中的不在岗职工、城镇私营业主、个体户主、城镇私营企业和个体就业人员、城镇登记失业人员之和的比。计算公式为：

城镇登记失业率=城镇登记失业人数/（城镇单位就业人员-使用的农村劳动力-聘用的离退休人员-聘用的港澳台及外方人员）+不在岗职工+城镇私营业主+城镇个体户主+城镇私营企业及个体就业人员+城镇登记失业人数×100%

城镇职工基本养老保险参保人数 指报告期末按照法律、法规和有关政策规定参加城镇基本养老保险并在社保经办机构已建立缴费记录档案的职工人数（包括中断缴费但未终止养老保险关系的职工人数，不包括只登记未建立缴费记录档案的人数）和离休、退休和退职人员的人数。取自人力资源和社会保障部统计年报。

城镇基本医疗保险参保人数 指报告期末按有关规定参加城镇职工基本医疗保险和城镇居民基本医疗保险的人数。取自人力资源和社会保障部统计年报。

失业保险参保人数 指报告期末按照法律、法规和有关政策规定参加了失业保险的城镇企业、事业单位的职工及地方政府规定参加失业保险的其他人员的人数。取自人力资源和社会保障部统计年报。

工伤保险参保人数 指报告期末依据有关规定参加工伤保险的职工人数和有雇工的个体工商户的雇工数。取自人力资源和社会保障部统计年报。

生育保险参保人数 指报告期末依据有关规定参加生育保险的人数。取自人力资源和社会保障部统计年报。

社会福利院数 指年末在所辖区内由民政部门主办的社会福利院、儿童福利院、精神病人福利院、其他收养性单位，以及民政部指导的城乡社会办的各类敬老院、养老院等。

社会福利院床位数 指福利院报告期末床位的实际收养能力。

社区服务设施数 指报告期末城镇（街道办事处、居委会）设立以非盈利为目的，为本社区居民服务，特别是为老年人、残疾人、儿童服务的社区服务中心、活动站、服务站、养老院、老年公寓、残疾人工疗站、残疾儿童日托所家务服务站、婚姻介绍所等福利性设施以及职工社会保险管理服务的机构数。几种不同类型的社区服务单位，共用一个场所的，只能统计为一个社区服务设施。条件是：(1)独立核算单位；(2)有固定的从业人员；(3)有一定的服务项目；(4)有一定的场所。

城市居民最低生活保障人数 指在报告期末，家庭平均收入在当地规定的最低生活保障线以下的城市居民数。包括“三无对象”，失业人员和在职、下岗、退休人员等。

交通事故死亡人数 指实际因交通事故死亡的人数。

交通事故损失额 指道路交通事故造成的车辆、财产直接损失折款，不含现场抢救(险)、人身伤亡善后处理的费用，也不含停工、停产、停业等所造成的财产间接损失。

火灾事故损失额 指火灾事故所造成的直接财产损失折款。火灾直接财产损失是指被烧毁、烧损、烟熏和灭火中破拆、水渍以及因火灾引起的污染等所造成的损失。

Explanatory Notes on Main Statistical Indicators

Health Care Institutions refer to medical institutions, disease prevention and control centers (epidemic prevention stations), blood gathering and supplying institutions, health supervision and inspection (check-up) institutions, medical scientific research and on-job training institutions, health education centers and so on.

Medical Organizations refer to hospitals, health service centers (stations) in communities, sanatoria, health centers, out-patient clinics, clinics (health stations and infirmaries), maternity and child care agencies (centers and stations), special disease prevention and curing agencies (centers and stations), first aid centers (stations) and clinical inspection centers. Medical organizations are grouped by two types: profit-making and non-profit-making medical organizations.

Hospitals refer to medical institutions with permanent hospital beds，including hospitals at county and higher levels, township health certers and other hospitals, which are able to take in patients and provide them with medical and nursing services. Hospitals at county and higher levels can be divided into general hospitals and specialized hospitals according to their business scope.

Medical Technical Personnel refer to the professional staff engaged in, getting payment from health care institutions and working in medical technical position, such as licensed doctors, licensed assistant doctors, registered nurses, pharmacists, laboratory technicians and others.

Doctors refer to the medical workers who have obtained the licenses of qualified doctors or qualified assistant doctors and are employed in medical treatment, disease provension or health care institutions.

Stadiums refer to stadiums for track and field events with six lane 400-meter tracks around soccer fields, permanent track marks and permanent bleachers. Stadiums are classified according to seating capacity. They include: Class A stadiums have the capacity of seating 25000 people each. Class B stadiums have the capacity of seating 15000 to 25000 people each. Class C stadiums have the capacity of seating 5000 to 15000 people each, and Class D stadiums have the capacity of seating fewer than 5000 people. This indicator reflects numbers of large and medium-sized stadiums.

Gymnasiums refer to indoor sports grounds with permanent seats in which basketball, volleyball, badminton, table tennis and gymnastics competitions can be held. Gymnasiums are classified according to seating capacity. They include Class A gymnasiums with the capacity of seating over 6000 people，Class B gymnasiums seating 4000 to 6000 people，Class C gymnasiums seating 2000 to 4000 people, and Class D gymnasiums seating fewer than 2000 people.

Urban Registered Unemployed Persons refer to the persons with non-agricultural household registration at certain working ages (from 16 years old to retirement age), who are capable of working ,unemployed and willing to work, and have been registered at the local employment services agencies to apply for a job.

Urban Registered Unemployment Rate refers to the ratio of the number of the registered unemployed persons to the total number of persons employed in various units (minus the employed rural labour force, re-employed retirees and Hong Kong, Macao, Taiwan or foreign employees), laid-off staff and workers in urban units, owners of private enterprises in urban areas, owners of self-employed individuals in urban areas, employees of private enterprises in urban areas, employees of self-employed individuals in urban areas and the registered umemployed persons in urban aresa. It is calculated as follows:

Urban registered unemployment rate = urban registered unemployed persons/[(persons employed in various units — employed rural labour force — re-employed retirees — Hong Kong, Macao, Taiwan or foreign employees) + laid-off staff and workers + employment in urban private sectors and individuals + urban registered unemployed person] × 100%

Number of Basic Endowment Insurance for Urban Employees refers to number of employees who join the urban basic endowment insurance and has payment records in social security administration department in accordance with relevant laws and regulations at the end of reference period (including those not stop the basic endowment insurance relation but stop capturing spends; excluding those who has registered but without payment records) and retirees and registered persons. The information comes from statistic report of Ministry of Labor and Social Security.

Number of Urban Basic Endowment Insurance refers to number of those people who join the basic endowment insurance for urban employees and urban basic endowment insurance in accordance with relevant regulations at the end of reference period. The information comes from statistic report of Ministry of Labor and Social Security.

Number of Unemployment Insurance refers to number of staffs from town enterprises and institutions joining unemployment insurance and other personnel joining unemployment insurance stipulated by local government in accordance with relevant laws and regulationsat the end of reference period. The information comes from statistic report of Ministry of Labor and Social Security.

Number of Work-related Injury Insurance refers to number of staffs joining work-related injure insurance and employees from individual businesses in accordance with relevant regulations at the end of reference period. The information comes from statistic report of Ministry of Labor and Social Security.

Number of Maternity Insurance refers to number of those who join maternityinsurance in accordance with relevant regulations at the end of reference period. The information comes from statistic report of Ministry of Labor and Social Security.

Number of Social Welfare Homes refers to social welfare homes, social welfare homes for children, welfare homes for psychiatric patients and other adoptive institutions sponsored by civil administration department under the local jurisdiction and various old people's home etc. covering urban and rural areas instructed by ministry of civil affairs at year-end.

Number of Social Welfares' Beds refers to actual adoptive capacity of social welfares' beds in the reference period.

Number of Social Welfares' Beds refers to actual adoptive capacity of social welfares' beds in the reference period.

Number of Community Service Facilities refers to number of nonprofit institutions set up by towns and cities(subdistrict office, neighborhood office) to serve the local community residents at the end of reference period. It included welfare facilities such as community service center for the old, the disable and children, activity stations, service stations, old people's home, elderly apartment, work therapy station for the disabled, day nursery and housework service station for disabled children, matchmaking service center, and social insurance management services for employees. Various different types of community services units sharing one place are calculated as one community service facility. The following are some requirements: 1 independent accounting units; 2 fixed facility; 3 offer certain service items; 4 certain places.

Number of Residents Receiving Minimum Living Allowance in Urban Area refers to number of cities residents whose average household income is below the local minimum subsistence level. It includes "three non-personnel", unemployment person, in-service staff, lay-off workers and retirees etc..

Number of Deaths in Traffic Accidents refers to actual number of person caused to death due to traffic accidents.

Amount of Loss in Traffic Accidents refers to direct losses converted into cash of cars and property caused by road accidents. It excludes onsite care (insurance), treatment fees for personal injuries and deaths and indirect property loss caused by shut down, production halts and closure etc..

Amount of Loss in Fire Accidents refers to direct property loss converted into cash caused by fire accidents. Direct property loss caused by fire accidents refers to losses caused by burnout, sparkwear and smudging as well as forcible entry, waterlogging during firefighting and pollution caused by fire accidents.

全国、全省及省会城市和副省级城市主要经济指标

Major Economic Indicators of China, Guizhou, Provincial Capitals and Deputy Provincial Cities in China

16-1 全国、全省及省会城市和副省级城市主要经济指标
Major Economic Indicators of China, Guizhou, Provincial Capitals and Deputy Provincial Cities in China

单位：亿元 (100 million yuan)

城市名称	City	生产总值 GDP	位次 Ranking	2014年比2013年增长(%) Growth Rate in 2014 over 2013 (%)	位次 Ranking	第一产业增加值 Added Value of Primary Industry	位次 Ranking	2014年比2013年增长(%) Growth Rate in 2014 over 2013 (%)	位次 Ranking	第二产业增加值 Added Value of Secondary Industry	位次 Ranking
全国	**National Total**	**636138.70**		**7.3**		**58336.10**		**4.1**		**271764.50**	
贵州省	**Guizhou Province**	**9251.01**		**10.8**		**1275.45**		**6.6**		**3847.06**	
西部省会城市	**Provincial Capital Cities of Western China**										
贵阳	Guiyang	2497.27	22	13.9	1	108.02	20	6.6	2	976.59	20
*成都	Chengdu	10056.60	3	8.9	12	370.80	4	3.6	16	4561.10	3
昆明	Kunming	3712.99	16	8.1	17	187.57	16	6.2	4	1642.03	17
*西安	Xi'an	5474.77	10	9.9	7	214.55	15	5.1	8	2205.37	14
兰州	Lanzhou	1913.50	23	10.4	4	53.60	23	6.3	3	829.20	23
西宁	Xining	1077.14	25	13.5	2	37.75	25	5.4	6	560.73	25
银川	Yinchuan	1395.67	24	9.5	10	56.66	21	5.3	7	760.27	24
乌鲁木齐	Urumqi	2510.00	21	10.5	3	30.00	26	5.6	5	955.00	21
南宁	Nanning	3148.30	18	8.5	15	335.09	7	4.3	14	1251.54	18
呼和浩特	Hohhot	2894.05	19	8.0	18	125.46	19	3.1	19	848.19	22
其它省会城市	**Other Provincial Capital Cities**										
石家庄	Shijiazhuang	5100.20	15	7.9	19	488.30	2	2.6	20	2439.30	11
太原	Taiyuan	2531.09	20	3.3	23	38.93	24	4.3	14	1012.31	19
*沈阳	Shenyang	7098.70	7	6.0	22	325.30	8	3.2	18	3541.40	8
*长春	Changchun	5382.00	11	6.6	21	340.10	6	4.7	11	2862.80	10
合肥	Hefei	5158.00	14	10.0	6	257.60	12	4.8	10	2872.00	9
福州	Fuzhou	5169.16	13	10.1	5	416.09	3	4.6	12	2352.15	12
南昌	Nanchang	3667.96	17	9.8	8	166.10	17	4.7	11	2017.01	15
*济南	Jinan	5770.60	9	8.8	13	299.11	10	4.2	15	2215.16	13
郑州	Zhengzhou	6782.98	8	9.5	10	149.52	18	3.1	19	3771.09	6
长沙	Changsha	7824.81	6	10.5	3	318.04	9	4.5	13	4245.68	4
*武汉	Wuhan	10069.48	2	9.7	9	350.06	5	5.0	9	4785.66	2
海口	Haikou	1005.51	26	9.2	11	54.58	22	-2.4	22	215.68	26
*杭州	Hangzhou	9201.16	4	8.2	16	274.36	11	1.8	21	3858.90	5
*南京	Nanjing	8820.75	5	10.1	5	223.96	14	3.5	17	3671.45	7
*哈尔滨	Harbin	5332.70	12	6.9	20	639.80	1	7.0	1	1785.30	16
*广州	Guangzhou	16706.87	1	8.6	14	237.52	13	1.8	21	5606.41	1
其它副省级城市	**Other Deputy Provincial Cities**										
*大连	Dalian	7655.58		5.8		441.83		2.9		3696.51	
*宁波	Ningbo	7602.51		7.6		275.18		1.9		3935.57	
*厦门	Xiamen	3273.54		9.2		23.74		2.5		1499.27	
*青岛	Qingdao	8692.10		8.0		362.56		3.9		3882.41	
*深圳	Shenzhen	16001.98		8.8		5.29		-19.4		6823.05	

注：加*号为副省级城市。

a) The cities marked with“*”are deputy provincial cities.

16-1 续表1 (continued)

单位：亿元 (100 million yuan)

城市名称	City	2014年比2013年增长(%) Growth Rate in 2014 over 2013 (%)	位次 Ranking	#工业增加值 Added Value of Industry	位次 Ranking	2014年比2013年增长(%) Growth Rate in 2014 over 2013 (%)	位次 Ranking	第三产业增加值 Added Value of Tertiary Industry	位次 Ranking	2014年比2013年增长(%) Growth Rate in 2014 over 2013 (%)	位次 Ranking
全国	**National Total**	**7.3**		**228122.90**		**6.9**		**306038.20**		**7.8**	
贵州省	**Guizhou Province**	**12.3**		**3140.88**		**11.1**		**4128.50**		**10.4**	
西部省会城市	**Provincial Capital Cities of Western China**										
贵阳	Guiyang	13.9	2	678.00	20	12.1	2	1412.66	22	14.3	1
*成都	Chengdu	9.8	10	3855.40	3	11.2	7	5124.70	2	8.6	13
昆明	Kunming	8.2	13	1150.36	16	6.9	17	1883.40	17	8.1	17
*西安	Xi'an	11.3	7	1523.12	14	10.7	8	3054.85	9	9.0	11
兰州	Lanzhou	9.1	11	594.27	22	8.2	14	1030.65	23	11.8	2
西宁	Xining	16.7	1	476.85	24	17.3	1	478.66	26	9.7	6
银川	Yinchuan	11.6	4	562.64	23	9.3	11	578.74	25	7.2	19
乌鲁木齐	Urumqi	12.2	3	780.00	18	12.0	3	1525.00	19	9.3	9
南宁	Nanning	9.9	9	923.49	17	10.3	9	1541.67	18	8.2	16
呼和浩特	Hohhot	8.2	13	667.29	21	9.3	11	1920.40	16	8.3	15
其它省会城市	**Other Provincial Capital Cities**										
石家庄	Shijiazhuang	7.1	16	2164.90	11	7.5	16	2172.60	14	9.9	5
太原	Taiyuan	1.0	21	702.81	19	0.8	21	1479.85	21	5.1	22
*沈阳	Shenyang	5.3	19	3163.20	8	5.0	19	3232.00	8	6.9	20
*长春	Changchun	6.9	17	2415.80	9	6.8	18	2179.10	13	6.6	21
合肥	Hefei	11.4	6	2293.90	10	12.0	3	2028.30	15	8.5	14
福州	Fuzhou	11.5	5	1816.87	12	11.7	4	2400.92	12	9.4	8
南昌	Nanchang	11.5	5	1500.70	15	11.3	6	1484.85	20	7.8	18
*济南	Jinan	8.8	12	1772.30	13	8.9	12	3256.33	7	9.1	10
郑州	Zhengzhou	10.2	8	3349.78	6	9.8	10	2862.37	11	8.8	12
长沙	Changsha	11.4	6	3574.93	4	11.4	5	3261.09	6	9.7	6
*武汉	Wuhan	10.2	8	3942.75	2	10.3	9	4933.76	4	9.5	7
海口	Haikou	5.6	18	134.59	25	3.7	20	735.26	24	11.2	4
*杭州	Hangzhou	8.1	14	3426.42	5	8.6	13	5067.90	3	8.5	14
*南京	Nanjing	8.8	12	3165.78	7	9.3	11	4925.34	5	11.5	3
*哈尔滨	Harbin	5.1	20					2907.60	10	8.2	16
*广州	Guangzhou	7.4	15	5075.41	1	7.8	15	10862.94	1	9.4	8
其它副省级城市	**Other Deputy Provincial Cities**										
*大连	Dalian	5.0		3248.60		4.9		3517.24		7.0	
*宁波	Ningbo	7.9		3490.06		7.6		3391.76		7.6	
*厦门	Xiamen	9.7		1291.16		10.2		1750.53		8.7	
*青岛	Qingdao	8.4		3419.82		8.3		4447.13		7.9	
*深圳	Shenzhen	7.7		6356.93		8.1		9173.64		9.8	

注：加*号为副省级城市。
a) The cities marked with“*”are deputy provincial cities.

16-1 续表2 (continued)

单位：亿元 (100 million yuan)

城市名称	City	规模以上工业增加值 Added Value of Industry above Designated Size	位次 Ranking	2014年比2013年增长(%) Growth Rate in 2014 over 2013 (%)	位次 Ranking	固定资产投资 Total Investment in Fixed Assets	位次 Ranking	2014年比2013年增长(%) Growth Rate in 2014 over 2013 (%)	位次 Ranking	房地产投资 Real Estate Investment	位次 Ranking
全国	**National Total**			**8.3**		**502004.90**		**15.7**		**95035.60**	
贵州省	**Guizhou Province**	**3117.60**		**11.3**		**8778.40**		**23.6**		**2187.67**	
西部省会城市	**Provincial Capital Cities of Western China**										
贵阳	Guiyang	633.46	19	12.2	3	2336.06	19	19.3	6	1017.60	14
*成都	Chengdu			12.2	3	6620.40	2	1.8	25	2220.80	3
昆明	Kunming	933.12	14	7.0	19	3138.17	16	7.0	21	1492.62	8
*西安	Xi'an	1195.28	13	11.1	8	5903.98	4	15.0	16	1761.88	6
兰州	Lanzhou	565.00	20	8.1	16	1610.70	22	11.8	20	336.50	24
西宁	Xining	406.80	22	17.3	1	1176.61	25	27.1	1	246.86	26
银川	Yinchuan	471.70	21	10.5	11	1392.76	24	21.2	3	388.90	22
乌鲁木齐	Urumqi	654.95	17	12.0	5	1526.00	23	20.0	5	358.00	23
南宁	Nanning	881.17	15	10.8	10	2886.68	18	18.7	7	551.82	18
呼和浩特	Hohhot			10.0	13	1736.50	21	15.8	14	563.13	17
其它省会城市	**Other Provincial Capital Cities**										
石家庄	Shijiazhuang	2071.70	10	8.0	17	5076.40	9	16.2	12	1025.30	13
太原	Taiyuan	647.24	18	0.4	23	1746.09	20	4.5	23	483.23	20
*沈阳	Shenyang	3614.90	2	4.9	21	6564.10	3	2.8	24	1975.80	4
*长春	Changchun	2415.70	8	6.7	20	3924.50	14	15.1	15	534.40	19
合肥	Hefei	2126.59	9	12.3	2	5302.60	7	16.9	10	1127.36	11
福州	Fuzhou	1837.93	11	12.1	4	4388.62	12	14.9	17	1455.07	9
南昌	Nanchang	1380.60	12	11.9	6	3434.25	15	18.6	8	414.07	21
*济南	Jinan			10.1	12	3063.40	17	16.1	13	917.37	15
郑州	Zhengzhou	3094.00	4	11.2	7	5259.65	8	20.1	4	1743.51	7
长沙	Changsha	3042.05	5	12.0	5	5435.75	5	18.3	9	1310.50	10
*武汉	Wuhan	3453.40	3	10.9	9	7002.85	1	16.7	11	2353.63	1
海口	Haikou	122.07	23	3.5	22	821.53	26	26.5	2	298.97	25
*杭州	Hangzhou	2805.25	7	8.9	15	4952.70	10	16.2	12	2301.08	2
*南京	Nanjing	2999.44	6	9.5	14	5430.77	6	6.6	22	1125.49	12
*哈尔滨	Harbin	849.40	16	7.7	18	4176.00	13	12.2	19	673.60	16
*广州	Guangzhou	4859.55	1	8.1	16	4889.50	11	14.5	18	1816.15	5
其它副省级城市	**Other Deputy Provincial Cities**										
*大连	Dalian	3017.20		4.3		6773.63		4.6		1429.34	
*宁波	Ningbo	2540.18		7.4		3989.46		16.6		1328.14	
*厦门	Xiamen	1240.32		10.5		1572.95		16.7		704.06	
*青岛	Qingdao			9.4		5766.00		16.1		1117.70	
*深圳	Shenzhen	6501.06		8.4		2717.42		13.6		1069.49	

注：加*号为副省级城市；固定资产投资为计划总投资500万元及以上的固定资产投资项目，房地产开发完成投资，不含跨地区项目。

a) The cities marked with"*"are deputy provincial cities; Investment in fixed assets refers to the projects with total planning investment of five million yuan and more. Real estate complete investment excludes trans-regional projects.

16-1 续表3 (continued)

单位：亿元 (100 million yuan)

城市名称	City	2014年比2013年增长(%) Growth Rate in 2014 over 2013 (%)	位次 Ranking	工业投资 Industrial Investment	位次 Ranking	2014年比2013年增长(%) Growth Rate in 2014 over 2013 (%)	位次 Ranking	社会消费品零售总额 Total Retail Sales of Consumer Goods	位次 Ranking	2014年比2013年增长(%) Growth Rate in 2014 over 2013 (%)	位次 Ranking
全国	**National Total**	**10.5**						**271896.00**		**12.0**	
贵州省	**Guizhou Province**	**12.6**		**2337.81**		**19.9**		**2579.53**		**12.9**	
西部省会城市	**Provincial Capital Cities of Western China**										
贵阳	Guiyang	3.5	20	774.85	17	1.0	20	951.12	22	13.1	3
*成都	Chengdu	5.2	19	1402.70	10	-13.4	24	4202.40	3	12.0	11
昆明	Kunming	15.6	11	604.55	19	0.8	21	1905.89	15	12.0	11
*西安	Xi'an	10.4	17	1205.53	12	38.8	1	2872.90	12	12.8	6
兰州	Lanzhou	17.3	9	405.30	23	13.7	12	944.90	23	12.7	7
西宁	Xining	26.4	4	477.97	21	25.4	3	412.86	25	13.3	2
银川	Yinchuan	17.6	8	479.96	20	5.4	18	382.47	26	9.9	16
乌鲁木齐	Urumqi	30.0	2	378.00	24	2.8	19	1070.00	21	10.3	13
南宁	Nanning	32.5	1	852.05	16	17.0	9	1616.90	17	12.1	10
呼和浩特	Hohhot	-3.2	23	370.29	25	35.1	2	1256.08	20	10.0	15
其它省会城市	**Other Provincial Capital Cities**										
石家庄	Shijiazhuang	10.5	16	2116.40	4	22.4	5	2423.50	13	12.5	9
太原	Taiyuan	12.4	15	438.02	22	-15.9	25	1411.13	19	10.1	14
*沈阳	Shenyang	-9.5	24	2493.40	2	16.7	10	3570.10	6	12.1	10
*长春	Changchun	-12.9	25	1880.60	6	21.3	6	2217.50	14	12.6	8
合肥	Hefei	1.9	22	1910.10	5	12.6	14	1666.75	16	12.9	5
福州	Fuzhou	15.0	13	1168.63	13	12.7	13	2991.98	9	14.6	1
南昌	Nanchang	2.0	21	1397.46	11	12.5	15	1429.21	18	12.5	9
*济南	Jinan	27.2	3	1041.06	14	21.1	7	2964.40	10	12.6	8
郑州	Zhengzhou	20.6	7	1465.26	9	6.4	17	2913.61	11	12.7	7
长沙	Changsha	13.6	14	1745.35	7	18.9	8	3162.07	7	12.9	5
*武汉	Wuhan	23.5	6	2606.32	1	15.4	11	4369.32	2	12.7	7
海口	Haikou	16.6	10	36.96	26	-32.3	26	541.27	24	10.5	12
*杭州	Hangzhou	24.2	5	913.40	15	0.3	22	3838.73	5	8.7	17
*南京	Nanjing	8.5	18	2151.97	3	-10.0	23	3957.97	4	13.0	4
*哈尔滨	Harbin	-20.7	26	1503.40	8	25.1	4	3070.90	8	12.6	8
*广州	Guangzhou	15.5	12	685.12	18	6.9	16	7697.85	1	12.5	9
其它副省级城市	**Other Deputy Provincial Cities**										
*大连	Dalian	-16.4		2195.83		9.3		2828.42		12.0	
*宁波	Ningbo	18.3		1263.22		19.0		2992.03		13.5	
*厦门	Xiamen	32.4		298.68		9.9		1072.94		10.0	
*青岛	Qingdao	6.6		2728.20		14.1		3268.79		12.6	
*深圳	Shenzhen	22.0		520.57		47.0		4844.00		9.3	

注：加*号为副省级城市。
a) The cities marked with"*"are deputy provincial cities.

16-1 续表4 (continued)

单位：亿美元 (100 million dallors)

城市名称	City	进出口总额 Total Value of Imports and Exports	位次 Ranking	2014年比2013年增长(%) Growth Rate in 2014 over 2013 (%)	位次 Ranking	#出口总额 Total Value of Exports	位次 Ranking	2014年比2013年增长(%) Growth Rate in 2014 over 2013 (%)	位次 Ranking	外商直接投资 Foreign Direct Investment	位次 Ranking
全国	**National Total**	**43015.30**		**3.4**		**23422.90**		**6.0**		**1195.62**	
贵州省	**Guizhou Province**	**108.14**		**30.4**		**93.97**		**36.5**		**20.65**	
西部省会城市	**Provincial Capital Cities of Western China**										
贵阳	Guiyang	78.42	19	24.1	6	72.72	14	30.3	6	7.62	19
*成都	Chengdu	558.50	5	10.4	13	338.20	4	6.1	21	87.60	1
昆明	Kunming	177.87	12	5.3	19	116.08	11	14.7	12	22.37	12
*西安	Xi'an	249.83	9	38.9	2	119.61	10	41.1	3	37.03	7
兰州	Lanzhou	45.60	22	12.2	11	40.07	19	11.4	14		
西宁	Xining	15.97	26	28.7	4	10.84	26	39.2	5		
银川	Yinchuan	45.00	23	86.7	1	36.00	20	55.2	2	0.66	23
乌鲁木齐	Urumqi	82.85	18	6.3	18	72.17	15	12.8	13	2.60	22
南宁	Nanning	48.14	21	9	16	26.17	22	11.3	15	6.40	20
呼和浩特	Hohhot	21.95	25	37.5	3	12.42	24	69.5	1		
其它省会城市	**Other Provincial Capital Cities**										
石家庄	Shijiazhuang	143.00	14	2.1	23	77.90	13	9.5	19	8.17	18
太原	Taiyuan	106.71	16	16.5	9	65.70	17	24.1	7	10.77	16
*沈阳	Shenyang	158.00	13	10.6	12	71.40	16	2.1	23	44.60	5
*长春	Changchun	207.20	11	1.6	24	24.70	23	-25.1	26	10.60	17
合肥	Hefei	207.41	10	14.1	10	125.14	9	5.2	22	21.82	13
福州	Fuzhou	346.10	7	10.4	13	212.40	7	9.9	17	15.47	14
南昌	Nanchang	122.26	15	25.9	5	84.17	12	15.2	11	23.21	11
*济南	Jinan	105.00	17	9.7	15	60.61	18	10.5	16	14.35	15
郑州	Zhengzhou	464.31	6	8.6	17	266.57	6	6.4	20	36.30	8
长沙	Changsha	772.50	2	23	7	538.50	2	41	4	39.69	6
*武汉	Wuhan	264.29	8	21.4	8	137.91	8	15.5	10	61.99	3
海口	Haikou	34.01	24	-29.7	25	12.32	25	-24	25	3.30	21
*杭州	Hangzhou	679.98	3	4.5	20	491.66	3	9.8	18	63.35	2
*南京	Nanjing	572.21	4	2.6	22	326.28	5	1.1	24	32.91	9
*哈尔滨	Harbin	68.10	20	4.1	21	34.40	21	18.8	8	27.20	10
*广州	Guangzhou	1306.00	1	9.8	14	727.15	1	15.8	9	51.07	4
其它副省级城市	**Other Deputy Provincial Cities**										
*大连	Dalian	657.74		-4.4		302.25		-19.3		140.05	
*宁波	Ningbo	1047.04		4.4		731.09		11.3		40.25	
*厦门	Xiamen	835.53		-0.6		531.65		1.6		19.71	
*青岛	Qingdao	798.88		2.5		457.77		9.1		60.81	
*深圳	Shenzhen	4877.65		-9.2		2844.03		-7.0		58.05	

注：加*号为副省级城市。
a) The cities marked with"*"are deputy provincial cities.

16-1 续表5 (continued)

单位：亿元 (100 million yuan)

城市名称	City	2014年比2013年增长(%) Growth Rate in 2014 over 2013 (%)	位次 Ranking	公共财政预算收入 Public Budget Income	位次 Ranking	2014年比2013年增长(%) Growth Rate in 2014 over 2013 (%)	位次 Ranking	公共财政预算支出 Public Budget Expenditure	位次 Ranking	2014年比2013年增长(%) Growth Rate in 2014 over 2013 (%)	位次 Ranking
全国	**National Total**	**1.7**		**140370.00**		**8.6**		**151785.60**		**8.3**	
贵州省	**Guizhou Province**	**35.4**		**1366.67**		**13.3**		**3542.80**		**14.9**	
西部省会城市	**Provincial Capital Cities of Western China**										
贵阳	Guiyang	20.9	2	331.60	19	19.6	2	448.63	19	14.0	7
*成都	Chengdu	0.1	18	1025.20	4	14.1	10	1340.00	2	15.3	4
昆明	Kunming	24.4	1	477.97	13	6.0	17	594.05	13	1.4	24
*西安	Xi'an	18.3	5	583.76	9	16.3	5	819.50	8	12.3	10
兰州	Lanzhou			152.33	25	22.3	1	280.10	23	15.6	3
西宁	Xining			168.13	23	14.1	10	248.14	25	19.5	1
银川	Yinchuan	-48.9	23	153.62	24	14.1	10	263.80	24	18.2	2
乌鲁木齐	Urumqi	15.7	8	340.62	18	12.8	12	404.81	20	14.6	5
南宁	Nanning	10.2	12	274.85	20	7.3	16	465.77	18	11.3	13
呼和浩特	Hohhot			211.54	22	16.2	6	310.79	22	6.1	20
其它省会城市	**Other Provincial Capital Cities**										
石家庄	Shijiazhuang	-14.5	19	343.50	16	13.0	11	563.40	16	11.5	12
太原	Taiyuan	14.0	10	258.85	21	4.7	19	322.70	21	1.1	25
*沈阳	Shenyang	-23.2	21	785.50	7	-1.9	21	914.30	7	3.7	22
*长春	Changchun	13.0	11	397.30	15	4.1	20	675.80	12	6.8	19
合肥	Hefei	15.4	9	500.34	12	14.1	10	698.79	11	10.8	14
福州	Fuzhou	8.1	16	510.87	11	12.5	14	571.02	15	7.0	18
南昌	Nanchang	9.7	13	342.21	17	17.2	4	473.40	17	13.3	8
*济南	Jinan	8.7	15	543.10	10	12.7	13	571.90	14	10.1	15
郑州	Zhengzhou	9.3	14	833.88	6	15.2	9	918.61	6	12.6	9
长沙	Changsha	16.7	7	632.80	8	17.9	3	801.88	9	14.3	6
*武汉	Wuhan	18.1	6	1101.02	2	15.6	7	1179.88	3	7.4	17
海口	Haikou	-35.6	22	100.12	26	15.4	8	146.43	26	12.1	11
*杭州	Hangzhou	20.1	4	1027.32	3	8.7	15	961.18	4	12.3	10
*南京	Nanjing	-18.4	20	903.49	5	8.7	15	920.90	5	8.2	16
*哈尔滨	Harbin	20.3	3	423.50	14	5.3	18	740.10	10	4.3	21
*广州	Guangzhou	6.3	17	1241.53	1	8.7	15	1434.26	1	3.5	23
其它副省级城市	**Other Deputy Provincial Cities**										
*大连	Dalian	3.0		780.80		-8.2		989.50		-8.7	
*宁波	Ningbo	22.9		860.61		8.6		1000.86		6.5	
*厦门	Xiamen	5.3		543.80		10.8		548.25		4.9	
*青岛	Qingdao	10.2		895.20		13.5		1074.70		6.0	
*深圳	Shenzhen	6.2		2082.44		20.3		2166.14		28.1	

注：加*号为副省级城市。
a) The cities marked with“*”are deputy provincial cities.

16-1 续表6 (continued)

单位：亿元 (100 million yuan)

城市名称	City	全金融机构人民币存款余额 Balance of Deposits in All Financial Institutions	位次 Ranking	比年初增长(%) Growth Rate over the Year Beginning (%)	位次 Ranking	城乡居民储蓄存款余额 Balance of Savings Deposits in Urban and Rural Areas	位次 Ranking	比年初增长(%) Growth Rate over the Year Beginning (%)	位次 Ranking	全金融机构人民币贷款余额 Balance of Loans in All Financial Institutions	位次 Ranking
全国	**National Total**	**1138644.64**		**9.1**		**485261.34**		**8.4**		**816770.01**	
贵州省	**Guizhou Province**	**15263.26**		**15.1**		**6620.56**		**11.9**		**12368.30**	
西部省会城市	**Provincial Capital Cities of Western China**										
贵阳	Guiyang	6992.20	19	18.3	2	2010.58	21	10.0	4	6560.51	17
*成都	Chengdu	26798.00	2	13.3	4	8977.00	2	10.1	3	19779.00	3
昆明	Kunming	10609.76	10	5.0	17	3496.64	13	4.2	19	10233.49	8
*西安	Xi'an	15166.78	6	10.2	8	5698.15	5	6.4	12	11668.14	6
兰州	Lanzhou	6617.51	20	20.3	1	2262.94	19	11.9	1	5612.72	19
西宁	Xining	3104.76	24	10.0	10	1050.95	26	8.1	7	3328.22	23
银川	Yinchuan	2608.97	25	11.5	6	1089.89	25	7.4	11	3185.93	24
乌鲁木齐	Urumqi	6233.97	21	11.1	7	1974.84	22	4.1	20	4502.33	22
南宁	Nanning	7064.49	18	9.0	11	2321.74	18	7.7	10	7091.46	16
呼和浩特	Hohhot	4723.75	22	6.4	16	1480.88	23	4.7	18	5145.89	20
其它省会城市	**Other Provincial Capital Cities**										
石家庄	Shijiazhuang	9124.60	14			4387.67	9			5098.92	21
太原	Taiyuan	10011.26	11	2.0	20	3325.78	16	0.5	23	7945.33	13
*沈阳	Shenyang	12310.00	8	7.6	15	5147.60	6	8.0	8	10026.90	9
*长春	Changchun	8723.39	16	11.7	5	3380.11	15	8.8	5	7475.45	14
合肥	Hefei	9142.68	13	11.1	7	2539.50	17	7.8	9	8169.64	12
福州	Fuzhou	9439.39	12	7.9	14	3393.72	14	5.5	14	9331.49	10
南昌	Nanchang	7296.23	17	10.1	9	2149.33	20	4.8	17	6329.26	18
*济南	Jinan	11744.40	9	8.7	13	3541.40	12	8.4	6	8508.30	11
郑州	Zhengzhou	13955.59	7	13.4	3	4839.26	8	8.1	7	10868.35	7
长沙	Changsha		1		1	3898.85	10	11.2	2		1
*武汉	Wuhan	16004.89	5		1	5725.87	4	5.6	13	13493.56	5
海口	Haikou	3152.59	23	8.9	12	1119.48	24	5.4	15	2949.63	25
*杭州	Hangzhou	23950.05	3	10.1	9	6694.55	3	5.6	13	20356.17	2
*南京	Nanjing	20161.85	4	11.7	5	5055.77	7	3.5	21	16328.58	4
*哈尔滨	Harbin	8884.00	15	4.7	18	3768.80	11	4.9	16	7257.50	15
*广州	Guangzhou	34170.66	1	4.1	19	12571.70	1	2.6	22	22688.33	1
其它副省级城市	**Other Deputy Provincial Cities**										
*大连	Dalian	11613.78		1.2		4666.71		4.1		9926.37	
*宁波	Ningbo	13307.41		4.5		4780.31		4.8		13610.61	
*厦门	Xiamen	6607.25		10.4		1972.02		3.8		6643.98	
*青岛	Qingdao	11370.00		3.7		4436.00		7.1		9720.00	
*深圳	Shenzhen	34297.09		8.7		9884.11		4.9		23644.71	

注：加*号为副省级城市；全国和贵州省为比上年同期增长。

a) The cities marked with“*”are deputy provincial cities.

16-1 续表7 (continued)

单位：元 (yuan)

城市名称	City	比年初增长 (%) Growth Rate over the Year Beginning (%)	位次 Ranking	城镇常住居民人均可支配收入 Per Capita Annual Disposable Income of Permanent Urban Households	位次 Ranking	2014年比2013年增长 (%) Growth Rate in 2014 over 2013 (%)	位次 Ranking	城镇居民人均消费性支出 Per Capita Annual Consumption Expenditure of Urban Residents	位次 Ranking	2014年比2013年增长 (%) Growth Rate in 2014 over 2013 (%)	位次 Ranking
全国	**Natioanl Total**	**13.6**		**29381**		**6.8**		**19968**			
贵州省	**Guizhou Province**	**22.4**		**22548**		**9.6**		**15255**			
西部省会城市	**Provincial Capital Cities of Western China**										
贵阳	Guiyang	21.3	3	24961	21	9.4	8	19501	13	17.4	14
*成都	Chengdu	11.5	15	32665	8	9.0	11	21711	8	6.6	11
昆明	Kunming	11.0	16	31295	11	8.9	12				
*西安	Xi'an	16.0	9	36100	5	9.1	10				
兰州	Lanzhou	27.3	1	23030	23	10.9	2	17236	14	9.5	5
西宁	Xining	22.0	2	21291	25	9.5	7	15077	16	10.8	3
银川	Yinchuan	19.1	4	26118	18	9.1	10	20401	10	9.4	6
乌鲁木齐	Urumqi	14.3	13	23755	22	11.5	1				
南宁	Nanning	16.0	9	27075	17	9.1	10				
呼和浩特	Hohhot	18.0	5	34723	6	8.5	15	24844	4	8.4	8
其它省会城市	**Other Provincial Capital Cities**										
石家庄	Shijiazhuang		1	26071	19	8.3	16	16796	15		
太原	Taiyuan	11.0	16	25768	20	7.9	17				
*沈阳	Shenyang	12.4	14	31720	10	9.1	10	24223	5	11.0	2
*长春	Changchun	15.8	10	27299	16	9.7	5				
合肥	Hefei	16.2	7	29348	12	9.4	8				
福州	Fuzhou	16.1	8	32451	9	9.4	8				
南昌	Nanchang		1	29091	14	10.0	3	19628	12	9.5	5
*济南	Jinan	8.9	18	38763	4	8.7	14	22981	6	6.1	14
郑州	Zhengzhou	16.3	6	29095	13	9.3	9	20122	11	7.8	9
长沙	Changsha	15.8	10	29091	14	10.0	3	19628	12	9.5	5
*武汉	Wuhan		1	33270	7	9.9	4	22001	7	10.4	4
海口	Haikou	15.4	11	22632	24	9.6	6				
*杭州	Hangzhou	9.5	17	44632	1	9.1	10	28492	2	6.2	13
*南京	Nanjing	11.5	15	42568	3	8.8	13	25855	3	7.2	10
*哈尔滨	Harbin	15.1	12	28816	15	9.3	9	21639	9	6.4	12
*广州	Guangzhou	11.5	15	42955	2	8.9	12	33385	1	8.7	7
其它副省级城市	**Other Deputy Provincial Cities**										
*大连	Dalian	8.8		33591		8.7		27482		7.4	
*宁波	Ningbo	8.9		44155		9.2		27893		11.5	
*厦门	Xiamen	13.1		39625		8.2		27402		6.3	
*青岛	Qingdao	9.5		38294		8.7		24016		8.9	
*深圳	Shenzhen	13.8		40948		9.0		28853		10.1	

注：加*号为副省级城市。

a) The cities marked with“*”are deputy provincial cities.

16-1 续表8 (continued)

单位：元 (yuan)

城市名称	City	农村常住居民人均可支配收入 Per Capita Annual Disposable Income of Permanent Rural Residents	位次 Ranking	2014年比2013年增长(%) Growth Rate in 2014 over 2013 (%)	位次 Ranking	居民消费价格指数(%) CPI (%)	位次 Ranking	2014年比2013年增长(%) Growth Rate in 2014 over 2013 (%)	位次 Ranking
全国	**National Total**	**10489**		**11.2**		**102.0**		**2.0**	
贵州省	**Guizhou Province**	**6671**		**13.1**		**102.4**		**2.4**	
西部省会城市	**Provincial Capital Cities of Western China**								
贵阳	Guiyang	10826	16	12.7	3	102.7	3	2.7	3
*成都	Chengdu	14478	8	11.5	10	101.3	14	1.3	14
昆明	Kunming	10366	19	12.1	7	103.1	1	3.1	1
*西安	Xi'an	14462	9	11.9	8	101.4	13	1.4	13
兰州	Lanzhou	8067	23	13.4	2	102.2	7	2.2	7
西宁	Xining	10097	21	12.1	7	102.8	2	2.8	2
银川	Yinchuan	10275	20	10.0	17	102.1	8	2.1	8
乌鲁木齐	Urumqi	1335	24	16.0	1	102.8	2	2.8	2
南宁	Nanning	8576	22	11.6	9	101.6	12	1.6	12
呼和浩特	Hohhot	12538	13	10.0	17	101.2	15	1.2	15
其它省会城市	**Other Provincial Capital Cities**								
石家庄	Shijiazhuang	10542	18	10.4	14	102.0	9	2.0	9
太原	Taiyuan	12616	12	10.4	14	102.2	7	2.2	7
*沈阳	Shenyang	15945	5	10.2	16	102.2	7	2.2	7
*长春	Changchun		1		1	102.2	7	2.2	7
合肥	Hefei	14407	10	12.2	6	102.0	9	2.0	9
福州	Fuzhou	14012	11	11.2	11	101.8	11	1.8	11
南昌	Nanchang	12414	14	11.0	13	102.5	5	2.5	5
*济南	Jinan	14726	7	11.2	11	102.2	7	2.2	7
郑州	Zhengzhou	15470	6	10.4	14	102.0	9	2.0	9
长沙	Changsha		1		1	102.7	3	2.7	3
*武汉	Wuhan	16160	4	12.3	5	101.9	10	1.9	10
海口	Haikou	10630	17	12.4	4	102.2	7	2.2	7
*杭州	Hangzhou	23555	1	11.1	12	102.0	9	2.0	9
*南京	Nanjing	17661	3	10.3	15	102.6	4	2.6	4
*哈尔滨	Harbin	12125	15	12.2	6	102.0	9	2.0	9
*广州	Guangzhou	17663	2	10.3	15	102.3	6	2.3	6
其它副省级城市	**Other Deputy Provincial Cities**								
*大连	Dalian	13547		9.7		102.0		2.0	
*宁波	Ningbo	24283		11.0		101.9		1.9	
*厦门	Xiamen	16220		10.6		102.2		2.2	
*青岛	Qingdao	17461		11.0		102.6		2.6	
*深圳	Shenzhen					102.0		2.0	

注：加*号为副省级城市。
a) The cities marked with“*”are deputy provincial cities.

17

Seven-
teen

主要年份指标

Major Indicators in Main Years

17-1 全市年末从业人员数
Number of Employed Persons at Year-end

单位：万人 (10 000 persons)

年 份 Year	从业人员 Number of Employed Persons	第一产业 Primary Industry	第二产业 Secondary Industry	第三产业 Tertiary Industry	城镇私营（含个体） Urban Private Enterprises (Include Self-employed Individuals)	农村从业人员 Rural Employed Persons
1978	102.69	51.36	32.04	19.29	0.66	52.19
1979	104.70	50.97	34.61	19.12	0.72	51.89
1980	107.94	52.12	35.59	20.23	0.98	53.15
1981	111.82	53.12	35.86	22.84	1.37	55.13
1982	114.92	54.69	36.30	23.93	1.56	56.81
1983	116.09	54.72	36.65	24.72	1.86	58.29
1984	125.17	55.84	39.67	29.66	2.59	60.93
1985	133.41	56.89	46.75	29.77	2.92	63.98
1986	139.64	59.57	45.85	34.22	5.02	65.97
1987	143.07	62.16	48.69	32.22	3.71	68.55
1988	146.47	67.70	48.51	33.26	3.96	71.50
1989	152.09	68.67	48.95	34.47	4.98	76.61
1990	159.57	71.50	49.99	38.08	5.15	80.89
1991	164.06	72.42	52.77	38.87	5.44	81.25
1992	169.85	74.77	52.20	42.88	5.24	83.76
1993	173.71	76.93	53.00	43.78	6.06	88.46
1994	181.94	79.11	56.28	46.55	4.11	90.63
1995	184.28	78.07	56.29	49.94	9.02	84.96
1996	189.73	78.85	56.00	54.88	17.28	94.71
1997	195.86	77.79	59.96	58.11	18.78	96.98
1998	200.35	77.24	63.27	59.84	19.82	98.95
1999	200.58	79.32	59.40	61.86	19.66	99.73
2000	204.29	87.01	53.70	63.58	24.55	116.83
2001	202.75	79.52	52.21	71.02	27.83	105.69
2002	205.06	76.39	51.41	77.26	29.52	106.04
2003	210.15	77.95	52.75	79.45	29.83	109.38
2004	211.66	72.98	55.33	83.35	38.41	110.24
2005	200.52	94.01	37.18	69.34	21.81	111.08
2006	206.69	93.17	39.39	74.14	24.35	115.19
2007	204.89	85.40	39.93	79.55	26.95	114.75
2008	209.74	81.41	42.03	86.31	28.46	117.60
2009	213.42	76.62	45.25	91.55	35.05	116.66
2010	212.98	70.40	46.49	96.09	46.65	118.83
2011	217.93	65.73	48.93	103.26	44.02	118.41
2012	223.57	61.07	54.72	107.78	40.47	117.48
2013	232.13	57.81	61.65	112.67	45.80	116.51
2014	242.02	54.86	68.68	118.48	45.95	115.77

注：2005－2010年为第六次人口普查调整数。

a) Data from 2005 to2010 refer to the adjusted figures of the Sixth Population Census.

17-2 全市年末职工人数与工资总额
Number of Staff and Gross Payroll at Year-end

年份 Year	职工人数 (万人) Number of Staff (10 000 persons)	国有单位 State-owned Units	城镇集体单位 Urban Collective-owned Units	其它经济类型 Others	全部职工工资总额 (万元) Total Salary of All Staff (10 000 yuan)	国有单位 State-owned Units	城镇集体单位 Urban Collective-owned Units	其它经济类型 Others	在岗职工平均工资 (元) Average Salary of On-Post Staff(yuan)
1978	49.84	37.01	12.83		29466	23411	5876		
1979	52.10	38.58	13.52		33116	26859	6089		
1980	53.80	40.30	13.50		39884	32369	7419		
1981	55.32	42.46	13.86		41777	33352	8298		
1982	56.55	43.53	14.02		43699	34756	8967		
1983	55.94	42.77	14.17		45583	35490	9730		
1984	56.79	43.18	14.53	0.08	53492	41153	12160		
1985	60.05	43.12	16.43	0.50	64125	51292	12833		
1986	61.61	45.53	16.02	0.06	73409	59618	13748	43	
1987	63.26	46.90	16.34	0.02	82510	67533	14929	48	
1988	63.77	48.05	15.59	0.13	97748	107830	16819	98	
1989	64.32	49.25	14.87	0.20	109392	91423	17662	306	
1990	68.31	50.68	17.23	0.39	134771	109630	24155	985	
1991	70.33	51.67	18.28	0.38	149080	119246	28633	1200	
1992	71.22	51.78	18.79	0.65	173728	137969	33572	2186	
1993	72.71	52.92	18.83	0.96	209844	164713	41114	4016	
1994	70.75	52.84	16.95	0.95	280397	228097	47217	5083	
1995	66.60	51.85	12.64	1.98	316787	263713	41337	11736	
1996	68.32	52.23	13.20	2.89	366122	296943	50759	18420	5461
1997	69.00	52.76	13.29	2.95	397699	324947	50808	21944	5814
1998	60.99	42.58	10.45	7.96	397802	284117	51178	62507	6588
1999	55.55	38.82	8.57	8.16	419681	308397	47082	64202	7592
2000	53.62	38.00	7.44	8.18	473641	351290	46795	75556	8784
2001	50.11	36.09	5.57	8.45	525095	404655	39109	81331	10611
2002	53.95	37.82	5.22	10.91	575551	428048	38616	108887	10987
2003	55.45	35.26	5.06	15.13	664234	449066	39755	175413	12182
2004	57.30	34.98	4.53	17.79	791311	527475	38079	225757	14099
2005	60.59	36.73	4.13	19.73	964896	640431	42929	281536	16553
2006	59.11	35.58	3.44	20.10	1086325	722524	44864	318937	18524
2007	65.31	39.76	3.26	22.28	1420653	949233	54442	416977	22581
2008	64.52	38.93	3.13	22.46	1704279	1142652	54080	507547	26388
2009	66.25	37.86	2.60	25.79	1803395	1134357	49720	619318	28026
2010	69.84	41.08	2.35	26.41	2087789	1311053	45471	731265	31192
2011	72.15	40.54	2.39	29.22	2742300	1742040	53787	946474	38674
2012	75.86	37.97	1.61	36.28	3236338	1798308	51845	1386185	42974
2013	89.16	33.19	1.50	54.47	4508238	1866776	54506	2586956	50817
2014	103.87	41.75	1.28	60.84	5890870	2586290	55077	3249503	59334

注:1998年以后的职工人数、工资总额为在岗职工口径；2011年起职工平均工资包含劳务派遣人员。

a) The number of employed persons and gross payroll after 1998 refer to the caliber of on-post staff; since 2011, the labor service for dispatch has been included in the average salary of employed persons.

17-3 全市生产总值
Gross Domestic Product in the Whole City

(当年价 current price)

年 份 Year	生产总值 (万 元) GDP (10 000 yuan)				三次产业构成(%) Composition of Industries (%)		
		第一产业 Primary Industry	第二产业 Secondary Industry	第三产业 Tertiary Industry	第一产业 Primary Industry	第二产业 Secondary Industry	第三产业 Tertiary Industry
1978	107690	14397	70431	22862	13.4	65.4	21.2
1979	124916	15407	83509	26000	12.3	66.9	20.8
1980	141506	17245	95319	28942	12.2	67.4	20.5
1981	147901	21118	93196	33587	14.3	63.0	22.7
1982	164450	24851	102662	36937	15.1	62.4	22.4
1983	203635	26134	129612	47889	12.8	63.7	23.5
1984	254855	33954	154675	66226	13.3	60.7	26.0
1985	321865	33546	203833	84486	10.4	63.3	26.3
1986	357145	39171	223663	94311	11.0	62.6	26.4
1987	403620	47769	250578	105273	11.8	62.1	26.1
1988	451562	60834	266003	124725	13.5	58.9	27.6
1989	536413	65565	328769	142079	12.2	61.3	26.5
1990	602246	61985	349856	190405	10.3	58.1	31.6
1991	711129	76889	401664	232576	10.8	56.5	32.7
1992	833254	79843	458544	294867	9.6	55.0	35.4
1993	981275	92664	531798	356813	9.4	54.2	36.4
1994	1236708	142405	664107	430196	11.5	53.7	34.8
1995	1491181	173209	806196	511776	11.6	54.1	34.3
1996	1711880	206626	856467	648787	12.1	50.0	37.9
1997	1966287	223112	1004980	738195	11.3	51.2	37.5
1998	2198003	228912	1127141	841950	10.4	51.3	38.3
1999	2398261	237523	1190858	969880	9.9	49.7	40.4
2000	2747006	245146	1313146	1188714	8.9	47.8	43.3
2001	3106207	253040	1469275	1383892	8.1	47.3	44.6
2002	3480244	268513	1634422	1577309	7.7	47.0	45.3
2003	3959219	291554	1815433	1852232	7.4	45.9	46.8
2004	4691204	323566	2202055	2165583	6.9	46.9	46.2
2005	5256159	350217	2493874	2412068	6.7	47.4	45.9
2006	6172427	379455	2878516	2914456	6.2	46.6	47.2
2007	7289734	456333	3128264	3705137	6.3	42.9	50.8
2008	8768210	472885	3646658	4648667	5.4	41.6	53.0
2009	9719382	500766	3951065	5267551	5.1	40.7	54.2
2010	11218174	571048	4569539	6077587	5.1	40.7	54.2
2011	13830724	625514	5868389	7336821	4.6	42.4	53.0
2012	17103048	722826	7173223	9206999	4.2	42.0	53.8
2013	20854234	815234	8486400	11552600	3.9	40.7	55.4
2014	24972691	1080236	9765900	14126555	4.3	39.1	56.6

注:2004年起,农林牧渔服务业划入第一产业;1997年-2004年为第一次经济普查调整数,2005年-2008年为第二次经济普查调整数。

a) Since 2004, services of agriculture, forestry, animal husbandry and fishery have been divided into primary industry; data from 1997-2004 refer to the adjusted figures of the First Economic Census; data from 2005-2008 refer to the adjusted figures of the Second Economic Census.

17–4 全市生产总值指数
Indices of Gross Domestic Product in the Whole City

(以上年为100)

年 份 Year	生产总值指数(%) Gross Domestic Product Indices (%)				人均生产总值 Per Capita GDP	
		第一产业 Primary Industry	第二产业 Secondary Industry	第三产业 Tertiary Industry	当年价(元) Current Price(yuan)	指 数(%) Indices(%)
1978	127.7	102.3	143.2	105.0		
1979	111.1	105.5	113.6	106.0	530	
1980	108.1	110.7	108.6	102.2	592	106.7
1981	99.1	100.7	97.2	107.4	610	97.7
1982	113.4	117.6	113.3	108.8	667	111.6
1983	116.9	106.4	118.1	124.8	816	115.5
1984	115.5	110.3	114.7	125.2	1011	114.3
1985	115.4	97.5	118.8	118.5	1260	113.9
1986	106.4	107.1	104.6	114.0	1374	104.5
1987	109.3	105.5	109.2	112.6	1523	107.2
1988	111.8	101.7	108.1	133.8	1682	110.4
1989	107.9	99.6	105.9	119.2	1974	106.6
1990	107.1	85.8	104.5	124.4	2155	104.1
1991	108.9	126.6	105.2	112.3	2471	105.8
1992	110.7	106.8	102.1	131.4	2844	108.7
1993	107.1	106.3	103.9	113.0	3293	105.3
1994	111.8	107.2	112.2	112.3	4063	109.4
1995	109.8	100.6	115.9	102.2	4796	106.4
1996	112.9	101.4	117.6	107.4	5414	112.1
1997	111.5	107.5	112.0	111.6	6143	110.2
1998	111.9	103.6	112.3	112.9	6793	110.7
1999	112.0	103.6	112.6	112.8	7300	110.4
2000	111.7	102.3	111.6	113.7	8216	109.8
2001	111.8	103.8	111.6	113.7	9153	110.1
2002	112.6	103.8	113.0	113.8	10123	111.2
2003	113.3	106.7	113.6	114.1	11394	112.1
2004	113.7	107.6	113.9	114.4	13412	112.9
2005	114.6	107.6	116.2	113.9	13544	113.8
2006	114.7	107.6	112.1	118.5	15731	114.0
2007	115.8	108.7	112.6	119.9	18181	113.3
2008	113.1	107.2	109.0	117.6	21420	110.8
2009	113.3	108.1	112.4	114.6	23237	110.8
2010	114.3	108.0	115.1	114.3	26209	111.7
2011	117.1	102.8	121.3	115.2	31712	114.9
2012	115.9	108.5	118.8	114.1	38673	114.3
2013	116.0	106.3	118.6	114.6	46479	114.3
2014	113.9	106.6	113.9	114.3	55018	112.6

注:本表资料指数均按可比价格计算；人均生产总值2007年以前按常住一年及以上人口计算，2007年开始按常住半年及以上人口计算2006年一2010年按第六次人口普查调整数计算；生产总值1997-2004年为第一次经济普查调整数，2005-2008年为第二次经济普查调整数。

a) The indices in the table were calculated at comparable prices; the per capita GDP was calculated according to the population living for at least a year before 2007 and at least half a year after 2007; data from 2006 to 2010 refer to the adjusted figure of the Sixth Population Census; GDP from 1997 to 2004 refer to the adjusted figures of the First Economic Census, and the Second Economic Census from 2005 to 2008.

17–5 全市工业总产值
Gross Output Value of Industry in the Whole City

单位：万元　　(当年价　current price)　　(10 000 yuan)

年份 Year	工业总产值 Gross Industrial Output Value	按经济类型分 Grouped by Status of Registration			按轻重工业分 Grouped by Light&Heavy Industries		按企业规模分 Grouped by Size of Enterprises	
		国有 State-owned	集体 Collective-owned	其它 Others	轻工业 Light Industry	重工业 Heavy Industry	大型 Large	中型 Medium-sized
1978	151375	130770	20322	283	56277	95088	25820	44307
1979	175440	153916	20996	528	66374	109066	32680	54661
1980	183355	160364	22135	856	77788	105567	33256	45584
1981	178432	152973	23794	1665	85743	92689	33016	38268
1982	203633	175057	26146	2430	94709	108924	38895	56832
1983	255259	221377	31874	2008	113453	141806	50857	102222
1984	302965	259671	38975	4319	134338	168627	56374	125484
1985	383948	329526	48346	6076	170212	213736	87874	154720
1986	414655	350412	57583	6660	183643	231012	104403	165847
1987	472758	420788	45117	6853	201231	271527	180035	152303
1988	602424	511527	71047	19850	263817	338607	266186	139746
1989	742651	626715	78621	37315	327172	415479	357204	169243
1990	850041	719735	97229	33077	365057	484984	424666	177852
1991	925912	770874	123053	31985	373502	552410	462941	184998
1992	1118424	914383	119968	84073	430291	688133	663206	136173
1993	1318135	1024279	159044	134812	324109	994026	751980	163528
1994	1636509	1250835	199322	186352	470380	1166129	921134	201360
1995	1785515	1306931	199098	279486	524788	1260727	996878	240860
1996	2188705	1301683	384868	502154	714934	1473771	1092746	240437
1997	2542035	1394016	513556	634463	874346	1667689	1250940	210769
1998	2769327	1395723	482735	890869	960099	1809228	1322251	174196
1999	3217288	1534955	494503	1187830	1151949	2065339	1396605	167483
2000	2496275	1065299	236397	1194579	834976	1652399	1431631	168111
2001	2588494	1035899	135286	1417309	902276	1686218	1448460	155085
2002	2958943	826247	136108	1996588	1029353	1929590	1443748	464315
2003	3569419	1134129	101699	2333591	1177351	2392068	1298735	1409497
2004	4920242	1612578	76601	3231063	1449532	3470710	1651839	2115493
2005	5740645	1811987	82350	3846308	1783270	3957375	2118966	2318695
2006	6696494	1963818	54531	4678145	1910089	4786406	2504986	2581602
2007	7559236	2482745	58318	5018173	2086884	5472352	3190261	2678440
2008	8667178	2528191	46824	6092163	2502421	6164757	3605188	3015956
2009	8967496	2558660	37318	6371518	2866480	6101016	3582084	3040865
2010	10583479	2969558	41830	7572091	3337003	7246475	4710415	3289016
2011	14662863	4896761	86648	9679454	4475231	10187631	8070810	2542979
2012	15934771	3783654	24961	12126156	4912009	11022762	9222967	3041156
2013	20143140	3320968	43823	16778349	6912842	13230298	8652773	5138065
2014	22291542	4554531	43380	17693631	7394216	14897326	9486069	4926736

注：2000年以后数据为规模以上(500万元口径及以上)企业，2005年—2008年为第二次经济普查调整数, 2012年以后数据为企业规模以上2000万元口径。

a) Data after 2000 refer to the enterprises above designated size with an annual income of 5million and above; data from 2005-2008 refer to the Second Economic Census; data after 2012 refer to the enterprises above designated size with an annual income of 20 million yuan.

17–6 全市农林牧渔业总产值
Gross Output Value of Agriculture, Forestry, Animal Husbandry and Fishery

单位：万元 (10 000 yuan)

年份 Year	农林牧渔业总产值 Gross Output Value of Agriculture,Forestry, Animal Husbandry and Fishery	农业 Agriculture	#种植业 Crop Farming	林业 Forestry	牧业 Animal Husbandry	渔业 Fishery	农林牧渔服务业 Services of Agriculture, Forestry,Animal Husbandry and Fishery
1978	20394	16714	14538	528	3127	25	
1979	22314	18176	15789	647	3439	51	
1980	22427	17882	15721	650	3851	43	
1981	27815	21299	18738	722	5750	43	
1982	34372	27362	24269	1122	5839	50	
1983	35441	27113	23954	1631	6601	97	
1984	43753	34835	27225	1418	7353	146	
1985	45351	30964	28087	1966	11913	508	
1986	51032	35060	31728	1636	13648	688	
1987	62352	40370	23457	1865	19657	460	
1988	82895	50676	45443	1849	29230	1140	
1989	91274	55190	51080	1813	33366	906	
1990	89660	57196	52893	3366	28128	1270	
1991	107985	73751	69828	2983	29871	1380	
1992	116180	77572	72342	3461	32744	2403	
1993	133030	87928	78291	4101	41239	2762	
1994	207946	136776	129369	4339	63429	3402	
1995	263352	171414	163235	5867	79997	6074	
1996	311117	205301	195636	7217	91948	6651	
1997	340619	271209	206892	7168	108391	7851	
1998	347982	213746	201028	8717	117443	8076	
1999	362061	218136	206334	8500	126938	8487	
2000	369939	230774	215146	8170	123709	7286	
2001	389659	237175	221221	6769	137845	7870	
2002	410318	231154	224798	8944	151940	8059	10221
2003	439373	257259	257259	6149	157215	7627	11123
2004	503219	288665	288665	5625	197452	9117	2360
2005	547663	313678	313678	4514	215686	10646	3139
2006	540166	325357	325357	4543	199088	6486	4692
2007	627533	388066	388066	4332	220979	8460	5696
2008	729872	454631	454631	8917	250719	9718	5887
2009	784592	518431	518431	5604	242702	11520	6335
2010	832429	554555	554555	5137	253598	12273	6866
2011	965503	622118	622118	8608	313870	13617	7290
2012	1114911	732370	732370	7556	352089	14832	8064
2013	1258807	825910	825910	9608	397573	16365	9351
2014	1706832	1200009	1200009	10424	463499	22233	10667

注：2003年起农林牧渔业总产值按国民经济新行业分类划分，2002年数据作相应调整；2006、2007年为第二次农业普查调整数。

a) Since 2003, the gross output value of agriculture, forestry, animal husbandry and fishery has been grouped by new sectors on national economic industry and the data of 2002 were adjusted accordingly; data of 2006 and 2007 refer to the adjusted figures of the Second Agriculture Census.

17-7 全市全社会固定资产投资总额
Total Investment in Fixed Assets in the Whole City

单位：万元 (10 000 yuan)

年 份 Year	固定资产投资完成额 Completed Investment in Fixed Assets	#基本建设 Infrastructure	更新改造 Renovation	房地产开发 Real Estate Development	按三次产业分 Grouped by Three Strata of Industry		
					第一产业 Primary Industry	第二产业 Secondary Industry	第三产业 Tertiary Industry
1978	10786	8311	2333		706	3765	6315
1979	21627	18394	2980		1165	10714	9748
1980	41012	36638	3600		924	25599	14489
1981	65288	57397	6643		342	47566	17380
1982	42500	28098	12026		1544	16075	24881
1983	42395	22092	13725		638	9774	31983
1984	54330	31023	17975		513	28212	25605
1985	89290	50756	26987		318	43348	45624
1986	98639	51661	31584		428	35048	63163
1987	108224	57513	35408		296	64275	43653
1988	124772	59615	43211		469	70100	54203
1989	137602	73779	46871		541	76983	60078
1990	157925	86087	46673	6465	1114	82793	74018
1991	180523	89077	66329	10119	706	83437	96380
1992	241952	114434	92331	16122	779	100017	141156
1993	283349	111001	110993	34036	303	110765	172281
1994	380076	138859	153192	50165	842	124516	254718
1995	535496	187730	177928	126631	517	129549	363548
1996	574771	211436	169314	123931	922	156032	417817
1997	619664	198609	225042	122044	7196	207784	404684
1998	778072	303380	258299	147325	2894	299544	475634
1999	954297	359440	260774	225549	4347	352641	597309
2000	1136510	379377	310039	310516	8290	395633	732587
2001	1554183	555418	394201	433327	10484	422541	1121158
2002	1879604	785644	417580	500300	13074	550815	1315715
2003	2418742	1073075	536939	611961	20823	728981	1668938
2004	2931482	1348089	610890	745827	25899	864306	2041277
2005	3439731	1412345	753697	911166	30981	1054645	2354105
2006	4133576	1826207	897951	1076936	44553	1259307	2829717
2007	5004734	2054926	1103319	1351267	58996	1526006	3419732
2008	6015710	2382065	1300350	1701116	102044	1820405	4093261
2009	7827910	3346548	1666608	2103225	161726	2133316	5532868
2010	10191025	4235164	2155898	3104665	206756	2749104	7235165
2011	16005898	6919685	3284391	4673595	393407	5291048	10321443
2012	24825583	—	—	9085224	701456	7373167	16750960
2013	30303811	—	—	9830870	1289244	7771183	21243384
2014	34894077	—	—	10176042	1485125	7812493	25596459

注：从2012年起为新口径，固定资产投资完成额分为建设项目和房地产开发。2012年建设项目为15740359万元；2013年建设项目为20472941万元；2014年建设项目为24718035万元。

a) Since 2012, data have been referred to the new caliber and completed investments in fixed assets include construction projects and the development of real estate. In 2012, the investment in construction projects was 157.40359 billion yuan, in 2013 investment 204.72941 billion yuan, in 2014 investment 247.18035 billion yuan.

17–8 全市社会消费品零售总额及构成
Total Retail Sales of Consumer Goods and Its Composition

单位：万元 (10 000 yuan)

年 份 Year	社会消费品零售总额 Total Retail Sales of Consumer Goods	社会消费品零售总额指数(%) Total Retail Sales of Consumer Goods Indices(%)	按行业分 Grouped by Sector	
			批发和零售业 Wholesale and Retail Trades	住宿和餐饮业 Hotels and Catering Services
1978	48458	110.7	46568	1890
1979	55731	115.0	53749	1982
1980	67017	120.3	65023	1994
1981	75482	112.6	72902	2580
1982	81863	108.5	78480	3383
1983	90399	110.4	86855	3544
1984	107105	118.5	102441	4664
1985	132380	123.6	126982	5398
1986	153254	115.8	147431	5823
1987	180877	118.0	174369	6508
1988	231322	127.9	224348	6974
1989	240265	103.9	232566	7699
1990	249475	103.8	238633	10842
1991	274794	110.1	262841	11953
1992	328166	119.4	312617	15549
1993	414257	126.2	398338	15919
1994	476925	115.1	447329	29596
1995	592299	124.2	555178	37121
1996	729769	123.2	669557	60212
1997	827542	113.4	751346	76196
1998	895491	108.2	801213	94278
1999	970716	108.4	851946	118770
2000	1116154	115.0	967921	148234
2001	1251209	112.1	1025823	225386
2002	1404732	112.3	1131446	273286
2003	1580464	112.5	1265470	318594
2004	1805206	114.2	1426010	379196
2005	2043210	113.2	1612469	430741
2006	2349623	115.0	1847308	502315
2007	2793885	118.9	2182612	611273
2008	3558943	123.0	2850347	708596
2009	4052951	116.0	3401740	651211
2010	4847785	119.6	4107415	740370
2011	5843292	120.5	5052744	790548
2012	6831866	116.9	6197888	633978
2013	8409565	115.0	7668682	740883
2014	9511218	113.1	8688617	822601

注：2003年起制造业已划入批发零售贸易业；2004年起餐饮业指标调整为住宿和餐饮业；2000年－2005年为第一次经济普查调整数，2008年为第二次经济普查调整数；2010年起社会消费品零售总额不含其他行业；2013年和2014年为第三次经济普查调整数。

a) Since 2003, manufacturing industry has been divided into the wholesale and retail trades; since 2004, the indices of catering have been adjusted to accommodation and catering service; data from 2000 to 2005 refer to the adjusted figures of the First Economic Census; data in 2008 refer to the adjusted figures of the Second Economic Census; Since 2010, the retail sales of social consumer goods exclude other businesses; data in 2013 and 2014 refer to the adjusted figures of the Third Economic Census.

17–9 全市地方财政预算内收支及构成
Local Budgetary Revenue and Expenditures and Their Composition

单位：万元 (10 000 yuan)

年 份 Year	公共财政预算收入 Public Finance Budget Revenues	#企业收入 Enterprise Revenue	#工商税收收入 Industrial and Commercial Tax Revenue	#农业税收入 Agricultural Tax Revenue	公共财政预算支出 Public Finance Budget Expenditure	经济建设费 Economic and Construction Expenditure	文教卫生费 Cultural, Educational and Healthy Expenditure	行政管理费 Charges of Administration
1978	25761	2445	22503	473	8984	4033	3032	1069
1979	26891	866	25325	462	9424	3803	3566	1194
1980	29851	1477	27648	447	10041	4318	3193	1403
1981	31420	261	30435	398	11065	4690	3517	1411
1982	37437	3080	33288	473	13492	6199	4042	1777
1983	44177	3359	39350	608	16541	7098	5292	2321
1984	51016	3576	45674	603	26067	13631	6314	3410
1985	60780	2877	56614	493	26930	8989	9437	4360
1986	72490	2053	69110	629	33082	13955	8258	4036
1987	82370	-1271	81739	742	38224	14885	8851	4502
1988	96507	-1224	95941	806	44953	14612	10353	4468
1989	118124	-4984	20477	1173	67982	17604	12533	5327
1990	136291	-7734	138566	947	71991	20392	13927	6244
1991	149939	-6245	150309	1091	73851	22827	14640	6856
1992	155344	-6145	154796	1386	81143	28409	17597	9184
1993	172183	-3276	167953	1927	92093	32280	20635	11548
1994	64040	-2619	51919	5337	105844	29362	27950	9665
1995	86341	550	70126	5648	131104	44185	30598	15957
1996	113498	4016	88225	9091	147782	50625	25182	18868
1997	130506	5952	106952	9878	166153	56063	26616	21987
1998	167353	10257	131391	7809	207261	75142	46985	26311
1999	197907	18642	137270	6859	261554	48800	56095	29842
2000	241483	35108	151656	10539	310569	107069	62536	35932
2001	279687	46105	191888	10365	361699	101781	79961	44501
2002	330788	39125	238891	14669	459589	108167	98646	51113
2003	403855	51692	277554	20517	502919	127837	111192	60271
2004	497019	88578	328695	22668	599316	136181	135334	77423
2005	498015	59822	341551	25465	725719	154500	168852	88389
2006	615798	81174	403904	32228	882349	180866	200191	107116
2007	759154	109593	623442	—	1064287	—	—	—
2008	890503	134409	713516	—	1422818	—	—	—
2009	1053636	181162	859391	—	1698423	—	—	—
2010	1363034	232046	1109258	—	2043801	—	—	—
2011	1870940	314402	1375836	—	2773807	—	—	—
2012	2411920	376391	1661831	—	3493275	—	—	—
2013	2772077	409919	1930850	—	3936020	—	—	—
2014	3315962	456401	2432978	—	4486298	—	—	—

注：从1994年起为新口径，2005年起财政收入为40%所得税口径。

a) Since 1994, data refer to the new caliber; since 2005, budgetary revenue has referred to the caliber of 40% income tax.

17-10 全市居民收支情况
Income and Expenditure of Urban and Rural Households

单位：元 (yuan)

年 份 Year	居民消费价格指数 (%) Consumer Price Index (%)	城镇常住居民人均可支配收入 Per Capita Annual Disposable Income of Permanent Urban Households	城市居民人均消费性支出 Per Capita Annual Consumption Expenditure of Urban Residents	#食 品 Food	教育文化娱乐服务 Education, Culture, Recreation and Services	农村常住居民人均可支配收入 Per Capita Disposable Income of Permanent Rural Residents	农民人均生活消费支出 Per Capita Consumption Expenditure of Rural Residents	#食 品 Food
1979		343	313					
1980		413	385					
1981		453	418			266		
1982		477	431			290		
1983		501	447	277	16	288		
1984		593	527	306	29	342		
1985		805	740	365	95	377		
1986		969	873	438	77	411		
1987		1103	1010	513	70	479		
1988		1276	1228	635	73	593		
1989		1421	1277	734	79	644		
1990		1558	1361	781	84	680		
1991		1691	1514	879	71	672		
1992		2154	1869	1048	170	739		
1993		2581	2205	1221	179	901		
1994		3700	3087	1704	226	1039		
1995		4550	3964	2187	288	1343		
1996	111.7	4866	4526	2335	450	1650	1282	890
1997	102.5	5343	4808	2274	569	1834	1279	835
1998	100.5	5369	5036	2180	624	1940	1410	918
1999	97.6	6082	5327	2214	476	2010	1418	883
2000	98.7	6453	5550	2208	648	2104	1453	852
2001	103.2	6909	5780	2170	822	2229	1532	854
2002	98.4	7306	5801	2210	1017	2352	1552	793
2003	100.8	7985	6324	2447	1034	2510	1704	805
2004	102.1	8989	6912	2750	1156	2809	1967	866
2005	100.7	9928	7693	2946	1113	3135	2296	980
2006	101.1	11222	8808	3334	1351	3442	2454	1314
2007	105.1	12781	10183	3897	1355	4088	3036	1271
2008	107.0	13817	10507	4383	1206	4818	3463	1435
2009	97.7	15041	11519	4718	1685	5316	3928	1605
2010	102.9	16597	12940	4905	1744	5976	4384	1736
2011	105.5	19420	14300	5528	1764	7381	5494	2241
2012	102.6	21796	15718	6011	1924	8488	6161	2380
2013	103.2	22816	17995	6265	3044	9606	6527	1927
2014	102.7	24961	19501	6176	2874	10826	8724	2609

注：1、1991年(包括1991年)以前，教育文化娱乐服务指标的名称为文娱用品。
2、按照国家统计局城乡一体化住户调查改革方案，从2014年起，城镇居民人均可支配收入和农民人均纯收入指标修改为城镇（农村）常住居民人均可支配收入，统计口径发生变化，绝对值与2013年不可比。

a) Before 1991(includes 1991), education, culture, recreation and services indices are called cultural and recreational articles.

b) According to the NBS household survey program for reform of urban—rural integration. From 2014 onwards, per capita annual disposable income of urban households and per capita net income of rural residents indices are adjusted into per capita annual disposable income of urban (rural) residents. The absolute value is incomparable to that of 2013 because its standards have changed.

17−11　全市对外贸易、招商引资
Foreign Trade and Investment Attraction

年　份 Year	进出口总额 (万美元) Total Value of Imports and Exports ($10 000)			实际直接利用外资 (万美元) Actual Utilized Foreign Direct Investment($10 000)	内资实际到位金额 (亿　元) Actual Domestic Investment in Place (100 million yuan)
		进　口 Imports	出　口 Exports		
1997				2365	
1998	52019	21838	30181	1747	
1999	41436	14613	26823	692	
2000	48967	18386	30581	2755	
2001	49428	16313	33115	4384	
2002	57240	19745	37495	2918	39.58
2003	85186	32866	52320	4450	90.26
2004	120519	45424	75094	5237	122.42
2005	113637	37506	76131	6045	161.01
2006	111855	31755	80100	7010	209.64
2007	169227	45998	123229	8100	252.00
2008	225165	84115	141050	9350	303.01
2009	181076	54751	126325	11220	368.52
2010	227537	83445	144092	13470	453.76
2011	376943	98919	278023	27874	691.31
2012	505104	83706	421398	47415	1354.49
2013	631821	73915	557909	63000	1855.80
2014	784221	57033	727188	76174	2260.95

17-12 全市常住人口及构成
Permanent Resident Population and Its Proportion

单位：万人 (10 000 persons)

年份 Year	年末总人口 Total Population at Year-end	按城镇乡村分 By Urban and Rural Area		按性别分 By Gender		出生率(‰) Birth Rate (‰)	死亡率(‰) Death Rate (‰)	自然增长率(‰) Natural Growth Rate (‰)	人口密度(人/平方公里) Population Density (person/sq.km)
		城镇 Urban Area	乡村 Rural Area	男 Male	女 Female				
1979	237.48	139.20	98.28	122.93	114.55	13.38	6.33	7.05	295.59
1980	240.53	146.81	93.72	124.41	116.12	14.68	6.53	8.08	299.39
1981	244.66	140.40	104.26	127.13	117.53	17.65	6.85	10.80	304.53
1982	248.30	142.32	105.98	128.80	119.50	15.90	6.69	9.21	309.06
1983	250.57	143.78	106.78	130.13	120.43	12.96	6.61	6.35	311.88
1984	253.48	147.53	105.96	131.55	121.93	14.23	6.52	7.70	315.51
1985	257.27	152.33	104.93	133.52	123.74	14.11	6.38	7.73	320.22
1986	262.75	156.06	106.68	136.45	126.30	16.35	6.31	10.04	327.04
1987	267.31	159.28	108.02	139.13	128.18	16.65	6.04	10.60	332.72
1988	269.64	163.83	105.81	140.22	129.42	15.91	6.28	9.63	335.62
1989	273.78	168.39	105.39	142.51	131.27	17.42	6.62	10.80	340.78
1990	285.15	175.43	109.71	148.26	136.88	18.21	5.73	12.48	354.92
1991	290.43	179.39	111.04	151.13	139.30	13.71	6.39	7.32	361.50
1992	295.58	256.68	38.89	153.27	142.31	11.99	6.52	5.47	367.91
1993	300.34	261.01	39.33	155.64	144.70	11.79	5.95	5.84	373.84
1994	308.37	268.73	39.64	160.25	148.12	12.87	5.81	7.06	383.83
1995	313.48	273.21	40.27	162.69	150.79	11.91	5.60	6.31	390.19
1996	318.85	278.21	40.64	165.24	153.61	12.02	6.15	5.87	396.88
1997	321.26	280.25	41.01	166.28	154.98	13.08	5.67	7.41	399.88
1998	325.87	284.27	41.60	168.66	157.21	13.85	5.92	7.93	405.61
1999	331.21	289.34	41.87	171.21	160.00	14.48	5.66	8.82	412.26
2000	337.45	206.42	131.03	177.40	160.05	14.87	6.07	8.80	420.03
2001	341.29	208.77	132.52	179.42	161.87	13.55	5.94	7.62	424.81
2002	346.27	214.58	131.69	182.03	164.24	12.90	5.80	7.10	431.01
2003	348.70	217.48	131.22	177.38	171.32	12.00	5.81	6.19	434.03
2004	350.85	221.83	129.02	178.65	172.20	12.07	5.92	6.15	436.71
2005	388.09	244.76	143.33	198.35	189.74	12.33	6.90	5.43	483.06
2006	396.66	250.17	146.50	200.83	195.83	11.85	6.10	5.75	493.73
2007	405.26	255.59	149.67	205.42	199.84	10.96	6.36	4.60	504.43
2008	413.44	265.35	148.09	209.50	203.94	10.75	6.31	4.44	514.61
2009	423.12	275.88	147.24	214.88	208.24	11.06	6.17	4.89	526.66
2010	432.93	294.96	137.97	222.79	210.14	11.11	4.48	6.63	538.87
2011	439.33	304.02	135.31	225.82	213.51	10.29	4.58	5.71	546.84
2012	445.17	313.97	131.20	229.14	216.03	10.73	4.76	5.97	554.11
2013	452.19	326.03	126.16	232.68	219.51	10.69	4.90	5.79	557.83
2014	455.60	333.50	122.10	234.24	221.36	10.47	4.99	5.48	566.43

注：1979年—2004年为常住一年口径数，2005年起为常住半年口径数。

a) Data from 1979 to 2004 refer to the calibers of permanent residents living in Guiyang for a year; data in 2005 refer to the calibers of permanent residents living in Guiyang for half a year.

17-13 全市旅游接待
Tourists Reception

年份 Year	旅游总收入（亿元）Total Tourism Earnings (100 million yuan)	比上年增长(%) Growth Rate over Last Year(%)	国内旅游收入（亿元）Earnings from Domestic Tourism (100 million yuan)	比上年增长(%) Growth Rate over Last Year(%)	旅游外汇收入（万美元）Foreign Exchange Earnings from Tourism ($10 000)	比上年增长(%) Growth Rate over Last Year(%)	旅游人数（万人次）Number of Tourists (person-time)	比上年增长(%) Growth Rate over Last Year(%)	接待海外游客（万人次）Number of Foreign Visitors (person-time)	比上年增长(%) Growth Rate over Last Year(%)	接待国内游客（万人次）Number of Dometic Tourists (10000 person-times)	比上年增长(%) Growth Rate over Last Year(%)
1997	5.84		4.02		1160.67		869.56		4.37		865.19	
1998	20.51	251.2	19.52	385.6	1201.00	3.5	899.41	3.4	4.21	-3.6	895.20	3.5
1999	23.03	12.3	21.90	12.2	1369.00	14.0	960.92	6.8	4.52	7.4	956.40	6.8
2000	30.47	32.3	29.24	33.5	1484.00	8.4	998.63	3.9	4.96	9.7	993.67	3.9
2001	36.03	18.2	34.67	18.6	1633.00	10.0	1005.44	0.7	5.95	19.9	999.49	0.6
2002	41.62	15.5	40.04	15.5	1908.91	16.9	1016.37	1.1	6.75	13.4	1009.62	1.0
2003	38.74	-6.9	38.07	-4.9	806.52	-57.7	923.85	-9.1	2.26	-66.6	921.59	-8.7
2004	48.70	25.7	47.60	25.0	1332.07	65.2	1166.42	26.3	3.72	64.9	1162.70	26.2
2005	60.38	24.0	58.40	22.7	2480.24	86.2	1458.82	25.1	6.15	65.3	1452.67	24.9
2006	84.54	40.7	81.43	41.2	3454.16	42.2	1853.67	35.0	8.92	35.0	1844.75	35.0
2007	125.28	48.2	120.81	48.4	5872.28	50.4	2326.23	25.5	12.09	35.6	2314.14	25.4
2008	187.29	51.0	182.29	50.9	6268.90	6.8	2625.85	12.9	13.58	12.9	2612.27	12.9
2009	294.85	57.4	292.09	60.2	4042.28	-35.5	3288.47	25.2	9.11	-32.9	3279.36	25.5
2010	425.96	44.5	424.24	45.2	2486.66	-38.5	3946.91	20.0	6.13	-32.7	3940.78	20.2
2011	612.37	43.8	609.93	43.8	3726.76	49.9	5250.42	33.0	9.78	60.3	5240.64	33.0
2012	602.70	28.6	600.01	28.6	4474.08	20.1	4924.21	23.6	11.62	18.8	4912.59	23.6
2013	728.66	20.9	725.50	20.9	5229.79	16.9	6022.50	22.3	13.42	15.5	6009.08	22.3
2014	874.39	20.0	870.91	20.0	5661.94	8.3	7240.09	20.2	14.59	8.7	7225.50	20.2

附　录

Appendix

2014 年贵阳市国民经济和社会发展统计公报[1]

贵阳市统计局　国家统计局贵阳调查队

2015 年 4 月 9 日

2014 年,面对严峻复杂的国际国内形势和全球经济持续下行的压力，市委、市政府带领全市人民积极主动适应经济发展新常态，优化经济结构，创新发展思路，推进改革措施，以提高经济发展质量和效益为中心，凝心聚力全面打造贵阳发展升级版，全市经济社会持续健康平稳发展，经济社会发展跃上新台阶。

一、综　合

初步核算，全年实现生产总值[2]2497.27 亿元，比上年增长 13.9%。分产业看，第一产业增加值 108.02 亿元，比上年增长 6.6%；第二产业增加值 976.59 亿元，比上年增长 13.9%；第三产业增加值 1412.66 亿元，比上年增长 14.3%。人均生产总值 55018 元，比上年增长 12.6%。

图1：2010年—2014年GDP总量及增长速度

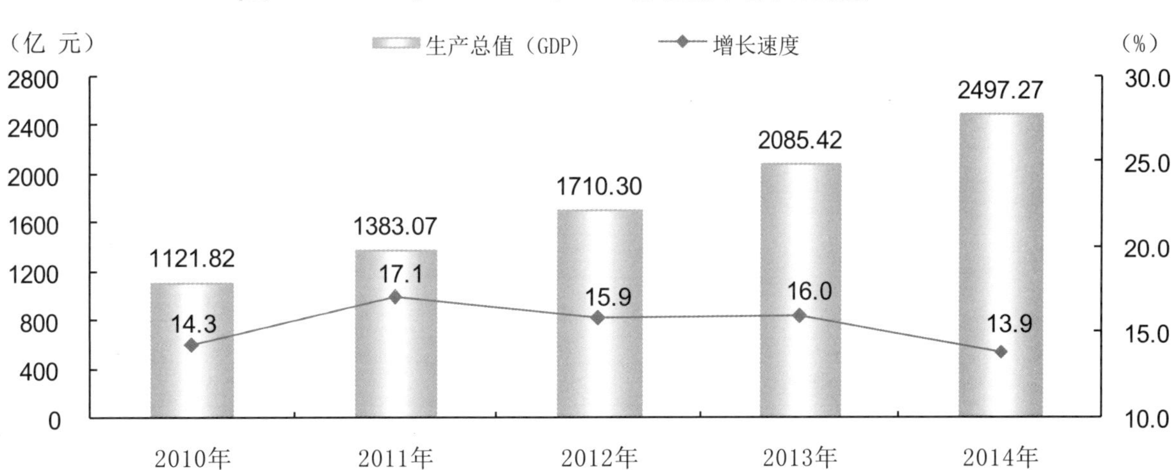

第三产业比重继续提高。全市第一产业、第二产业和第三产业增加值占地区生产总值的比重分别为 4.3%、39.1%和 56.6%。与上年比，第一产业、第三产业比重分别提高 0.4 个和 1.2 个百分点，第二产业比重下降 1.6 个百分点。

图 2：三次产业增加值占 GDP 比重

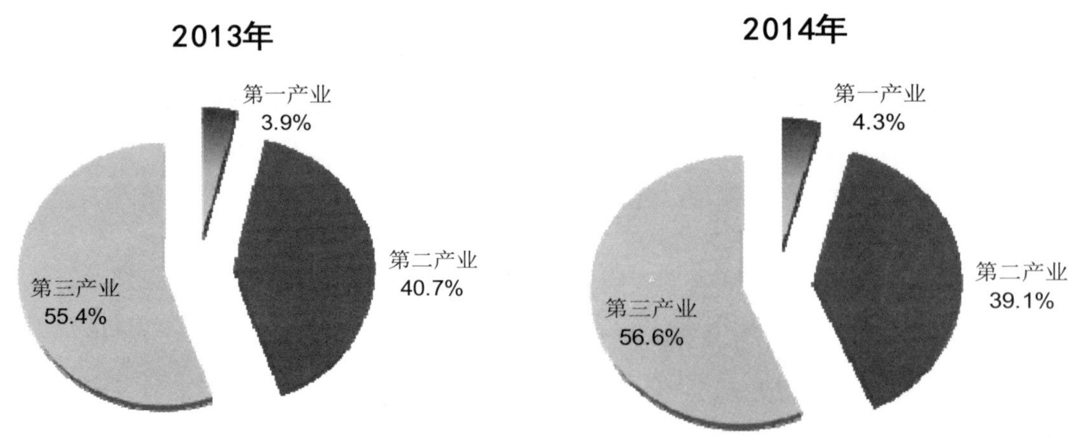

全年居民消费价格比上年上涨 2.7%，其中食品价格比上年上涨 5.5%，增幅与上年持平。工业生产者出厂价格下降 3.1%。

表 1：2014 年居民消费价格比上年涨跌幅度

指　　标	涨跌幅度（%）
居民消费价格	2.7
扣除食品和能源价格	1.4
服务项目价格	3.1
消费品价格	2.5
1.食品类	5.5
#粮　食	0.9
肉禽及其制品	-0.7
蛋	5.4
水产品	3.5
菜	4.8
干鲜瓜果	17.6
液体乳及乳制品	10.4
在外用膳食品	9.5
2.烟酒及用品类	-2.6
3.衣着类	2.7
4.家庭设备用品及维修服务类	1.0
5.医疗保健和个人用品类	1.1
6.交通和通迅类	0.0
7.娱乐教育文化用品及服务类	0.9
8.居住类[(3)]	2.5
商品零售价格	1.2

全年新建住宅价格比上年下降 0.5%，二手房价格比上年下降 0.4%。

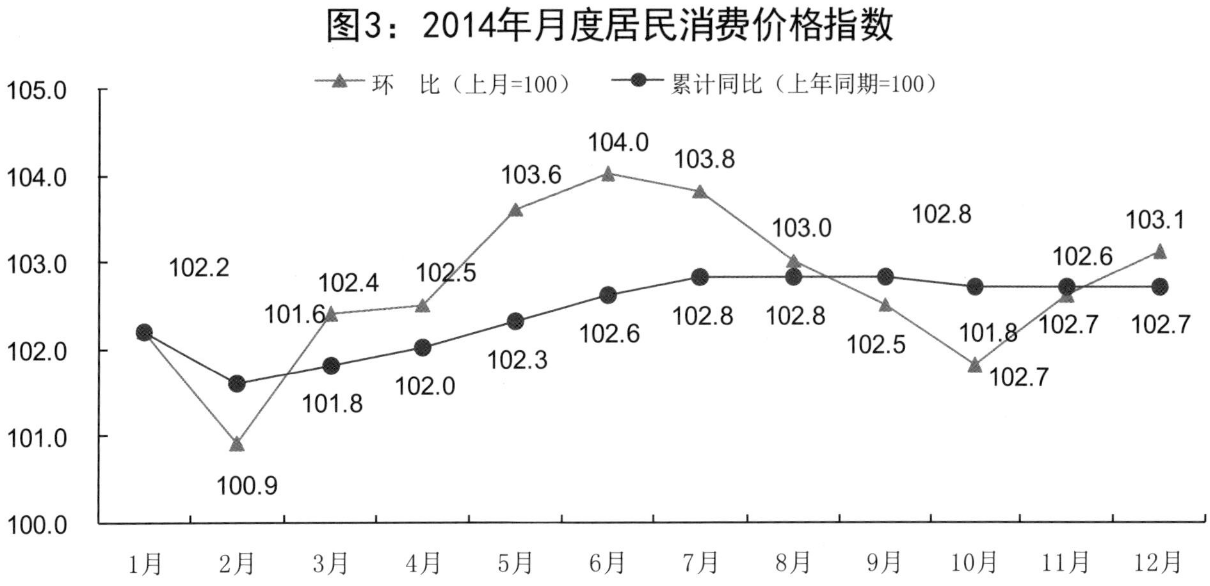

图3：2014年月度居民消费价格指数

环　比（上月=100）　累计同比（上年同期=100）

二、农　业

全年粮食播种面积 11.27 万公顷，比上年下降 0.6%；油菜籽播种面积 3.90 万公顷，比上年下降 0.7%；烤烟播种面积 0.89 万公顷，比上年下降 23.6%；蔬菜播种面积 11.34 万公顷，比上年增长 7.1%。

全年粮食产量 45.92 万吨，增产 6.1%。其中，夏粮产量 8.81 万吨，增产 1.9%；秋粮产量 37.11 万吨，增产 7.2%。

表 2：2014 年主要农产品产量

单位：万吨

指　标	绝对数	比上年增长（%）
粮食作物产量	**45.92**	**6.1**
按夏秋粮分		
夏　粮	8.81	1.9
秋　粮	37.11	7.2
按类别分		
#稻　谷	18.80	2.4
小　麦	1.03	-20.0
玉　米	16.12	15.6
大　豆	0.76	-17.7
薯　类	8.72	6.7
油料作物	6.80	2.7
#油菜籽	6.15	-2.7

花　生	0.20	1.0
烤　烟	1.73	-6.2
蔬　菜	238.36	8.0
茶　叶	0.35	8.1
园林水果	15.29	12.8
#梨	5.59	11.3
桃	2.20	-0.6
柑　橘	1.02	3.3
杨　梅	0.60	37.4
猕猴桃	1.11	12.9
葡　萄	1.66	88.2

全年完成造林面积 1 万公顷，比上年下降 19.3%。

全年肉类总产量 15.41 万吨，比上年增长 1.6%；禽蛋产量 24309 吨，比上年增长 3.8%；牛奶产量 45766 吨，比上年下降 0.4%；水产品产量 9708 吨，比上年增长 4.8%。

表 3：2014 年主要畜产品产量

指　标	单　位	绝对数	比上年增长（%）
当年肉猪出栏头数	万　头	130.15	0.9
当年肉用牛出栏头数	万　头	5.73	1.8
当年羊出栏头数	万　只	2.47	12.3
当年家禽出栏头数	万　只	1700.14	-7.0
大牲畜年末存栏头数	万　头	26.52	4.9
#牛	万　头	24.84	7.8
肉　牛	万　头	5.83	89.7
奶　牛	万　头	1.34	-15.6
役用牛	万　头	17.67	-3.9
马	万　匹	1.68	-25.0
猪年末存栏数	万　头	95.66	0.1
羊年末存栏数	万　只	4.24	12.6
家禽年末存栏数	万　只	1279.68	-2.0
当年肉类总产量	万　吨	15.41	1.6
#猪　肉	万　吨	11.61	1.1
牛　肉	万　吨	0.77	2.8
羊　肉	万　吨	0.05	19.6
禽　肉	万　吨	2.85	3.0
其他畜产品产量			
#牛　奶	吨	45766	-0.4
蜂　蜜	吨	33	65.0
禽　蛋	吨	24309	3.8

全市年末拥有农业机械总动力181.39万千瓦，比上年增长12.3%；全年实现机耕面积10.06万公顷，比上年增长9.4%；机播面积3342公顷，比上年增长61.4%；机灌面积34752公顷，比上年下降10.1%；机收面积9419公顷，比上年增长178.7%。农用化肥施用量（折纯）6.27万吨，比上年下降2.3%。

三、工业和建筑业

全年全部工业增加值678.00亿元，比上年增长12.1%。其中，规模以上工业增加值[4]636.06亿元，比上年增长12.2%。十大工业行业[5]规模以上工业增加值454.02亿元，比上年增长9.8%。六大特色支柱产业[6]规模以上工业增加值475.72亿元，比上年增长15.1%。工业园区[7]规模以上工业增加值545.32亿元，比上年增长13.9%。

主要工业行业增长较快。34个工业行业中，26个保持增长，17个增长达到两位数。非金属矿物制品业，计算机、通信和其他电子设备制造业，橡胶和塑料制品业，医药制造业等重点行业增长稳定，分别比上年增长26.5%、13.8%、12.4%和11.9%。造纸和纸制品业，水的生产和供应业，酒、饮料和精制茶制造业，有色金属矿采选业，金属制品业，通用设备制造业，纺织业，电气机械和器材制造业，非金属矿采选业等行业呈现快速发展态势，分别比上年增长77.1%、50.9%、49.6%、49.4%、43.3%、36.6%、29.9%、29.8%和28.9%。

图4：2010年—2014年全部工业增加值及增长速度

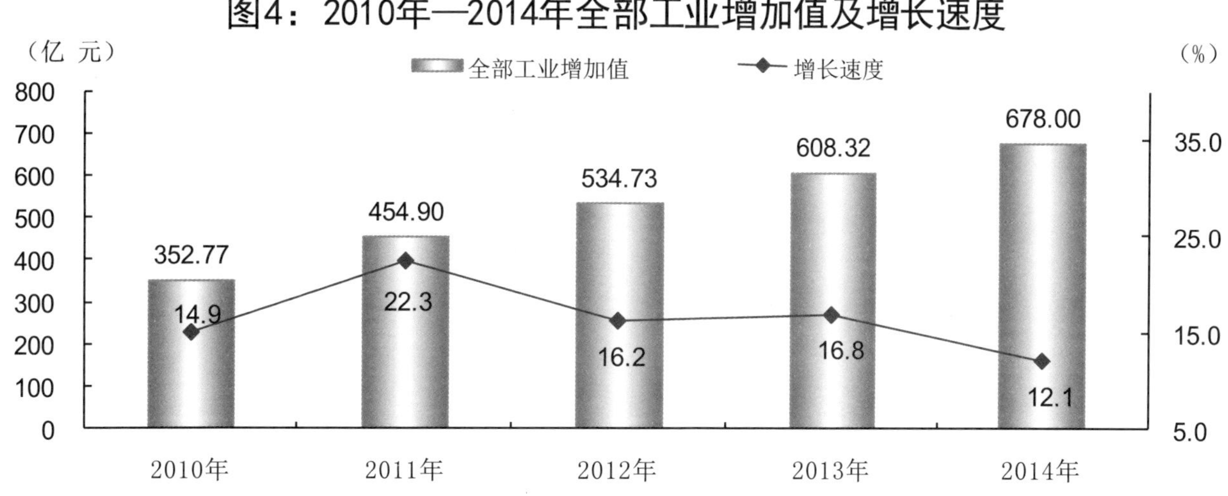

在规模以上工业企业中，轻工业增加值比上年增长12.0%，重工业增加值比上年增长12.4%，国有企业增加值比上年增长4.2%，国有控股企业增加值比上年增长5.7%，非公有制企业增加值比上年增长22.3%，外商及港澳台投资企业增加值比上年增长7.8%，高技术产业（制造业）工业增加值比上年增长15.0%。

表 4：2014 年规模以上工业企业主要工业产品产量

指　标	单　位	绝对数	比上年增长（%）
焦　炭	万　吨	49.04	-37.3
发电量	亿千瓦时	116.25	23.8
原　铝	万　吨	23.41	-31.1
成品钢材	万　吨	62.12	-4.3
轮胎外胎	万　条	544.57	-9.3
磷矿石	万　吨	1726.97	20.1
化肥（农用氮磷钾化肥折纯）	万　吨	324.12	9.4
彩色电视机	万　台	115.68	-5.2
移动电话机	万　部	6.54	40.3
水　泥	万　吨	1292.11	0.8
卷　烟	亿　只	564.78	0.2
中成药	万　吨	3.16	25.4

全年规模以上工业企业主营业务收入 2179.46 亿元，比上年增长 17.0%；实现利税总额 378.76 亿元，比上年增长 4.3%；实现利润总额 197.01 亿元，比上年增长 4.6%。

全市建筑业实现增加值 298.59 亿元，比上年增长 19.3%。具有资质等级的总承包和专业承包建筑企业 308 户，比上年增长 4.4%。资质以上建筑企业房屋建筑施工面积 6957.02 万平方米，比上年增长 8.6%；房屋建筑竣工面积 1345.23 万平方米，比上年增长 4.1%。

图5：2010年—2014年建筑业增加值及增长速度

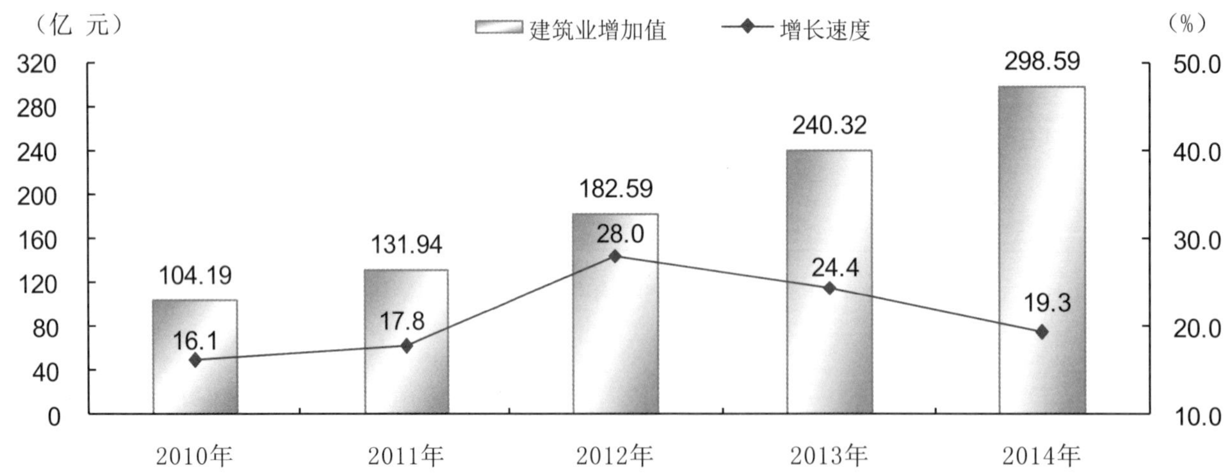

四、固定资产投资

全年固定资产投资[8]2336.06亿元，比上年增长19.3%。

分产业看，第一产业投资99.52亿元，比上年增长19.6%；第二产业投资523.04亿元，比上年增长4.2%；第三产业投资1713.50亿元，比上年增长24.8%。

表5：2014年分产业（行业）固定资产投资及增长速度

指　标	绝对数（亿元）	比上年增长（%）
固定资产投资	2336.06	19.3
第一产业	99.52	19.6
第二产业	523.04	4.2
#工　业	518.83	4.7
#化学原料及化学制品制造业	46.49	7.9
医药制造业	22.19	-16.7
非金属矿制品业	83.16	5.4
黑色金属冶炼及压延加工业	5.61	-42.7
有色金属冶炼及压延加工业	13.32	-1.4
电气机械及器材制造业	18.69	-90.9
第三产业	1713.50	24.8
#交通运输、仓储和邮政业	218.89	115.0
#道路运输业	101.62	116.2
信息传输、计算机服务和软件业	14.95	10.7
水利、环境和公共设施管理业	457.40	37.2
#公共设施管理业	406.01	37.6

投资到位资金情况较好。全年固定资产投资到位资金3567.18亿元，比上年增长14.5%。其中，国家预算内资金96.38亿元，比上年下降10.7%；国内贷款552.34亿元，比上年增长31.7%；利用外资6.76亿元，比上年增长66.6%；自筹资金2059.65亿元，比上年增长18.6%。

全年房地产开发项目投资1017.60亿元，比上年增长3.5%。其中，住宅投资633.36亿元，比上年增长0.2%；办公楼投资115.88亿元，比上年增长13.1%；商业营业用房投资156.63亿元，比上年增长13.1%。

表 6：2014 年房地产开发和销售主要指标完成情况

单位：万平方米、亿元

指　标	绝对值	比上年增长（%）
本年施工面积	**6973.79**	**5.4**
#住　宅	4848.81	1.9
本年新开工面积	**1169.31**	**-38.7**
#住　宅	646.14	-55.3
本年竣工房屋面积	**1118.71**	**52.7**
#住　宅	825.64	48.5
本年销售商品房面积	**948.11**	**-27.2**
现房销售面积	62.94	46.3
#住　宅	48.35	48.0
期房销售面积	885.18	-29.7
#住　宅	751.97	-33.5
本年商品房销售额	**530.87**	**-18.4**
现房销售额	32.66	63.1
#住　宅	22.90	77.9
期房销售额	498.21	-21.0
#住　宅	368.37	-27.3

五、国内贸易

全年实现社会消费品零售总额 888.58 亿元，比上年增长 13.1%。按经营地统计，城镇消费 822.45 亿元，比上年增长 13.1%，其中城区消费 799.08 亿元，比上年增长 12.9%；乡村消费 66.13 亿元，比上年增长 12.8%。按行业统计，批发和零售业零售额 815.35 亿元，比上年增长 13.8%；住宿和餐饮业零售额 73.24 亿元，比上年增长 5.8%。

在限额以上单位商品零售额中，粮油、食品、饮料、烟酒类零售额 58.44 亿元，比上年增长 16.4%；服装、鞋帽、针织类零售额 51.11 亿元，比上年增长 3.4%；家用电器和音像器材类零售额 28.81 亿元，比上年增长 7.7%；日用品类零售额 15.71 亿元，比上年增长 1.4%；石油及制品类零售额 118.46 亿元，比上年增长 22.4%；汽车类零售额 274.67 亿元，比上年增长 8.7%。限额以上单位通过互联网实现的零售额为 1.72 亿元，比上年增长 82.8%。

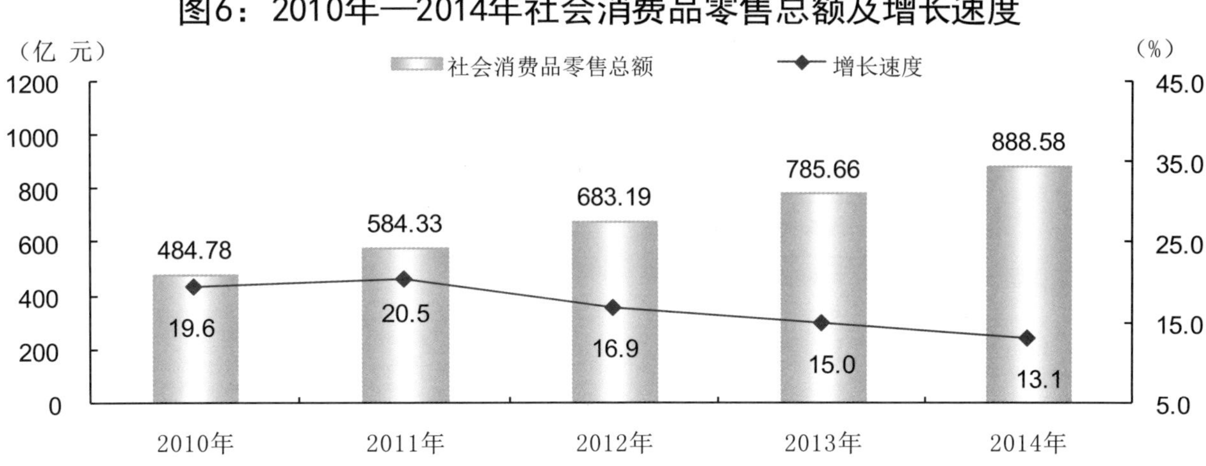

六、对外经济

全年外贸进出口总额78.42亿美元，比上年增长24.1%。其中出口72.72亿美元，比上年增长30.3%；进口5.70亿美元，比上年下降22.8%。

全年批准外商投资项目24项，与上年持平。实际直接利用外资7.62亿美元，比上年增长20.9%。

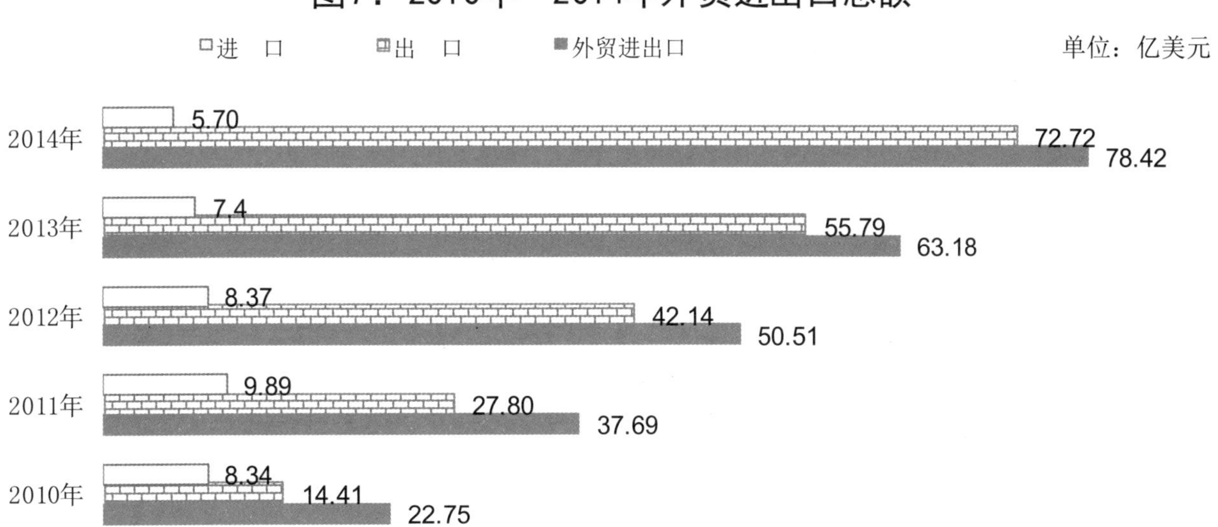

表7：2014年外贸进出口情况

指　标	绝对值（亿美元）	比上年增长（%）
外贸进出口总额	**78.42**	**24.1**
按企业性质分		
三资企业	0.97	-25.0
国有企业	23.73	12.4
集体企业	0.75	-56.2
民营企业及其他	52.97	35.6
按贸易方式分		
一般贸易	73.13	27.0
加工贸易	4.19	-13.0
其他贸易	1.10	37.4
出口总额	**72.72**	**30.3**
按企业性质分		
三资企业	0.59	-25.4
国有企业	19.49	21.6
集体企业	0.40	-18.6
民营企业及其他	52.24	35.7
按贸易方式分		
一般贸易	69.23	34.4
加工贸易	2.60	-28.6
其他贸易	0.88	40.5
进口总额	**5.70**	**-22.8**
按企业性质分		
三资企业	0.39	-24.5
国有企业	4.24	-16.7
集体企业	0.35	-71.5
民营企业及其他	0.73	27.7
按贸易方式分		
一般贸易	3.90	-35.5
加工贸易	1.59	35.6
其他贸易	0.22	26.1

表 8：2014 年分国别（地区）外贸进出口情况

单位：亿美元

国家或地区	外贸进出口总额	出口	进口
总计	78.42	72.72	5.70
亚洲	42.28	39.20	3.08
#香港	3.28	3.05	0.22
印度	4.38	4.36	0.02
日本	1.14	0.96	0.18
韩国	2.70	2.64	0.05
台湾	0.42	0.39	0.03
东盟	22.70	21.09	1.61
非洲	7.90	7.86	0.04
欧洲	9.89	8.68	1.21
#欧盟	8.72	8.01	0.71
拉丁美洲	3.81	3.63	0.18
北美洲	10.37	9.39	0.98
#美国	9.28	8.74	0.54
大洋洲	4.17	3.96	0.22
#澳大利亚	2.87	2.65	0.21

七、交通、邮电和旅游

交通运输业快速发展，推进贵广高铁、长昆高铁、市域快铁东北环线、贵开线、久永线和清镇至织金高速公路、白云至修文、观山湖至扎佐城市干道建成通车，火车北站建成投用。全年各种运输方式完成旅客发送量 72526.63 万人次，比上年增长 20.0%；完成货物运输量 26421.15 万吨，比上年增长 24.2%。

表 9：2014 年运输完成情况

指标	绝对数	比上年增长(%)
旅客发送量(万人次)	72526.63	20.0
铁路	1574.63	7.0
公路	69659.00	20.4
航空	1252.55	19.6
水运	40.45	1.1
货物运输量(万吨)	26421.15	24.2
铁路	1402.19	-7.7
公路	25007.00	26.6
航空	8.21	6.6
水运	3.75	-8.5

全市年末民用车辆拥有量 89.94 万辆，比上年末增长 13.1%，其中汽车拥有量 75.43 万辆，比上年末增长 16.0%。私人汽车拥有量 63.49 万辆，比上年末增长 16.1%。

全市邮电业务总量 96.99 亿元，比上年增长 25.5%，其中邮政业务总量 8.70 亿元，比上年增长 30.8%；电信业务总量 88.29 亿元，比上年增长 25.0%。年末固定电话用户 102.90 万户，比上年增长 1.0%；移动电话用户 810.14 万户，比上年增长 7.6%，其中 3G 用户数 282.16 万户，比上年增长 34.1%；互联网宽带接入用户 105.44 万户，比上年增长 34.1%。

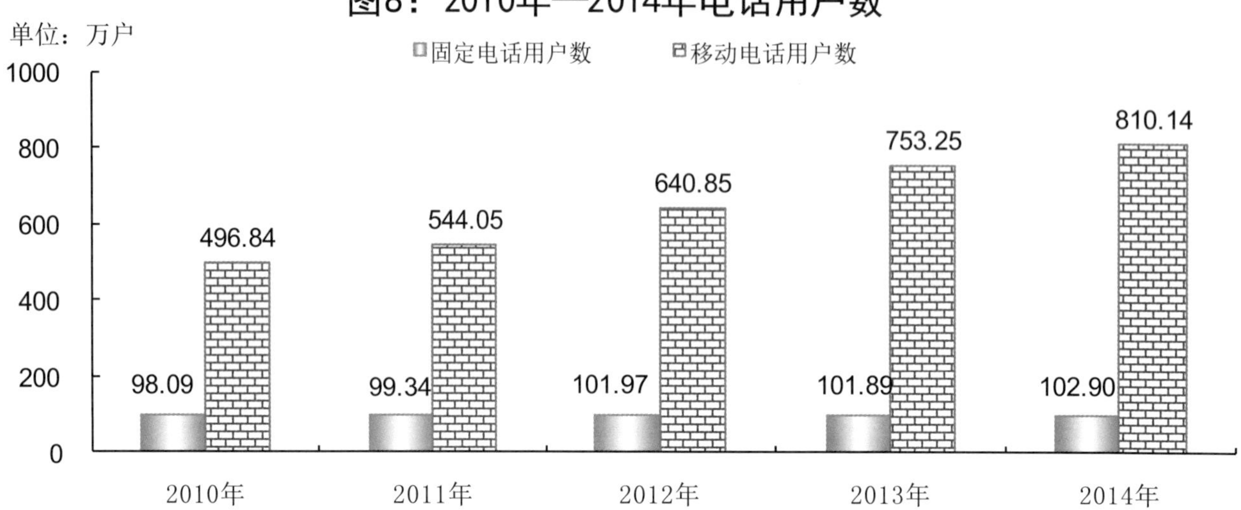

全市全年旅游总人数 7240.10 万人次，比上年增长 20.2%，其中接待国内游客 7225.50 万人次，接待外国（海外）游客 14.59 万人次。旅游总收入 874.39 亿元，比上年增长 20.0%，其中旅游外汇收入达 5661.94 万美元。

表 10：2014 年旅游情况

指　标	单　位	绝对数
接待海外旅游人数	人　次	145931
外国人	人　次	69072
港澳同胞	人　次	45057
台湾同胞	人　次	31802
接待海外旅游人天数	人　天	317099
外国人	人　天	153004
港澳同胞	人　天	94313
台湾同胞	人　天	69782
旅游外汇收入	万美元	5661.94
国内旅游		
接待国内游客	万人次	7225.50
旅游收入	亿　元	870.91
旅游总收入	亿　元	874.39

八、财政、金融、证券和保险

全年完成财政总收入654.69亿元，比上年增长16.1%；公共财政预算收入331.59亿元，比上年增长19.6%；公共财政预算支出448.65亿元，比上年增长14.0%。

表11：2014年财政收支完成情况

单位：亿元

指　标	绝对数	比上年增长（%）
财政总收入	654.69	16.1
#公共财政预算收入	331.59	19.6
税收收入	271.85	22.3
#增值税	32.56	45.7
营业税	101.42	14.1
企业所得税	26.26	27.5
个人所得税	8.92	8.9
非税收入	59.74	8.9
公共财政预算支出	448.65	14.0
#一般公共服务	80.51	14.0
公共安全	35.17	13.6
教　育	80.43	13.2
科学技术	12.38	32.2
社会保障和就业	31.94	17.6
医疗卫生与计划生育	33.29	6.7
城乡社区	34.15	16.5

全市年末金融机构本外币各项存款余额7028.80亿元，比年初增加1093.69亿元，其中，单位存款余额4437.74亿元，比年初增加815.58亿元；居民储蓄存款余额2019.11亿元，比年初增加184.21亿元。金融机构本外币各项贷款余额6624.53亿元，比年初增加1147.54亿元。全市年末金融机构人民币各项存款余额6992.20亿元，比年初增加1082.37亿元，其中，单位存款余额4410.56亿元，比年初增加804.91亿元；居民储蓄存款余额2010.58亿元，比年初增加183.45亿元。金融机构人民币各项贷款余额6560.51亿元，比年初增加1133.66亿元，其中，短期贷款余额1406.03亿元，比年初增加221.60亿元；中长期贷款余额5037.98亿元，比年初增加870.25亿元。

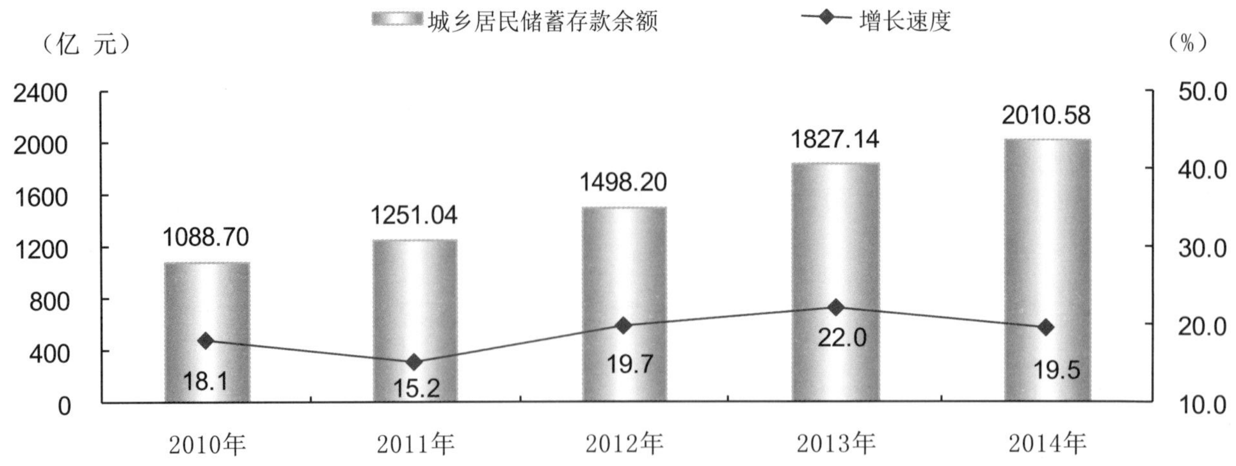

全年保险保费收入 80.00 亿元，比上年增长 15.0%。保险赔付支出 45.40 亿元，比上年增长 27.6%。

表 12：2014 年保险业情况

单位：亿元

指　标	绝对数	比上年增长（%）
保费收入	**80.00**	**15.0**
财产险	42.82	22.8
#机动车辆保险	32.15	21.8
人身险	37.18	7.2
人寿险	31.81	4.0
健康险	3.57	29.4
意外伤害险	1.80	34.4
赔付支出	**45.40**	**27.6**
财产险	33.78	31.2
#机动车辆保险	24.79	26.0
人身险	11.63	17.9
人寿险	9.97	13.6
健康险	1.21	62.2
意外伤害险	0.44	33.6

全市年末共有上市公司 14 家，其中上交所 5 家，深交所 9 家。上市公司总市值 1230.44 亿元，比上年增长 86.3%。证券公司 1 家，证券营业部 40 家，资金帐户数 41.69 万户，比上年增长 5.3%，成交金额达到 3922.44 亿元，比上年增长 35.6%。期货营业部 10 家，成交金额 7254.41 亿元，比上年增长 1.1%。

九、科学技术和教育

推进国家级科技企业孵化器建设，在现有科技大厦科技企业孵化器（2.3 万平方米）基础上，总计投入 1.05 亿元，购置西部研发基地 1.5 万平方米建设贵阳中关村西部研发基地科技孵化器。举办了多场专业领域对接活动，介绍了 800 多项先进成果。成功签约涉及大数据、电子信息、装备制造、生物医药、节能环保等领域项目 40 个，金额 205.37 亿元。

全年专利申请受理量为 12630 件，比上年增长 79.4%。专利授权量 3766 件，比上年增长 6.7%，其中发明专利 674 件，实用新型专利 2676 件，外观设计专利 416 件。

全年研究生教育招生 4520 人，在校生 13052 人，毕业生 3909 人；高等教育招生 10.89 万人，在校生 34.15 万人，毕业生 7.10 万人；中等职业教育招生 6.07 万人，在校生 15.60 万人，毕业生 3.84 万人；普通高中招生 3.02 万人，在校生 8.76 万人，毕业生 2.58 万人；普通初中招生 5.28 万人，在校生 16.76 万人，毕业生 5.73 万人；普通小学招生 6.00 万人，在校生 31.65 万人，毕业生 5.30 万人；特殊教育招生 223 人，在校生 1168 人，毕业生 206 人；幼儿园在园幼儿 12.73 万人。

图10：2010年—2014年高中、初中和小学招生人数

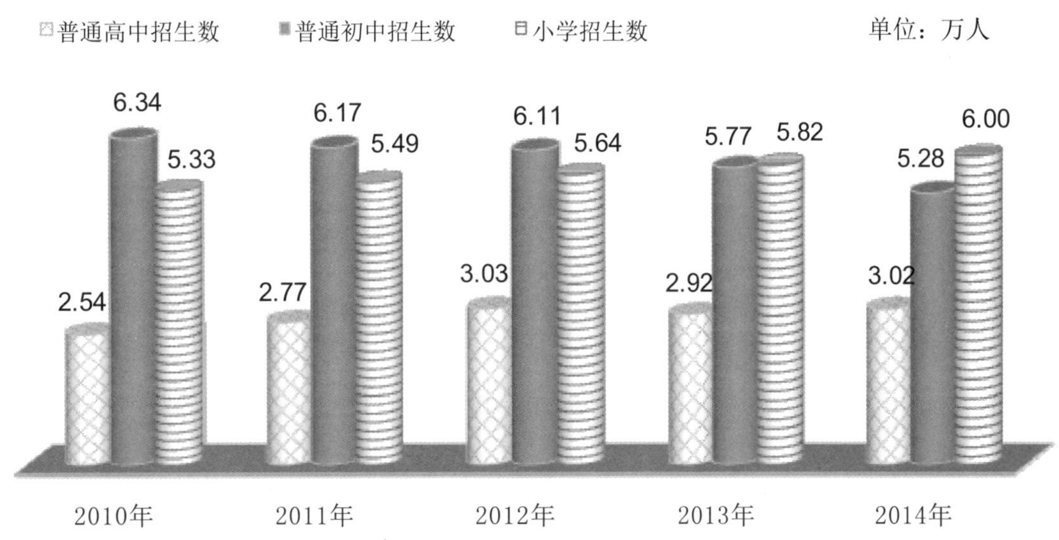

十、文化、卫生和体育

全市共有艺术表演团体 8 个，文化馆、群众艺术馆 12 个，文化站 168 个，公共图书馆 11 个，图书馆藏书量 408.84 万册。有广播电台 2 座，广播综合人口覆盖率 100%，无线广播综合人口覆盖率 98.19%。电视台 2 座，电视综合覆盖率 99.70%，无线电视覆盖率 92.12%。全年出版图书 885 种，总印数 6090.64 万册；印刷出版杂志 78 种，总印数 1468.99 万册；印刷出版报纸 29 种，总印数 26923.05 万册；出版音像制品 1 种，发行数量 0.4 万张（万盒）[9]。

全市年末拥有卫生机构 3049 个，其中医院 171 个，卫生院 78 个，社区卫生服务中心（站）125 个，诊所（卫生所、医务室）1162 个，村卫生室 1371 个，疾病预防控制中心 13 个；卫生

机构床位 27895 张；卫生技术人员 34683 人，执业（助理）医师 13013 人，注册护士 15460 人，药师 1519 人，技师 1781 人。

全市拥有 80 所体育运动学校；763 名运动员，其中 193 名女运动员；57 名裁判员，其中 10 名女裁判员。全年共举办全民健身活动 428 次，其中，1000 人以上的全民健身活动 155 次；举办培训班 47 次，培训人数达到 4530 人。参加国内体育比赛，贵阳代表队获奖牌 246 枚、其中，金牌 96 枚，银牌 68 枚，铜牌 82 枚。 先后举办郑洁杯贵阳青少年网球公开赛、2014 年驻华外交使团体育系列赛（贵阳站）、2014 贵阳开阳南江大峡谷自然水域激流越野邀请赛、2014 全国汽车短道拉力赛（贵阳青岩站）、2014 贵阳国际半程马拉松赛等比赛。

十一、城市建设和生态环境

年末市区道路总长度达到 936.59 公里，道路面积 1629.65 万平方米，桥梁 188 座，其中立交桥 17 座。公交运营车辆 2855 辆[10]，折合标准运营车辆 3400 标台，运营线路总长度 3556.3 公里，公交客运总量 69231.5 万人次。城市出租汽车 8215 辆。

全市自来水厂 8 个，自来水综合生产能力 114.45 万立方米/日，供水管道长度达到 3965.60 公里。全年供水总量 28156.37 万立方米，售水总量 21561.01 万立方米，其中公共服务用水 3876.92 万立方米，居民家庭用水 12835.29 万立方米。

液化气用户 20.5 万户，液化气供气量 4 万吨。天然气用户数[11]68.15 万户，其中家庭用户 67.75 万户；天然气供气总量 13902 万立方米。

全市 15 个污水处理厂，处理能力 71.65 万吨/天，其中市区污水处理厂 7 座，市区污水处理能力 64 万立方米/日，市区排水管道长度 2183.15 公里。

环境保护和污染治理能力不断提高。全年完成全市 60 万户天然气置换； 187 家重点餐饮企业完成油烟净化设施安装；已完成 65 座加油站和 109 辆油罐车的改造；加强 93 个重点非煤矿山扬尘污染管控。南明河水环境二期综合治理完成沿河截污大沟防渗处理和截污管道更换 32 公里，清除河底淤泥 93 万余方，改造排水口 255 个，南明河整治河段劣 V 类水质的比例从 51%下降至 17.4%，有效改善了南明河水质。淘汰落后产能 96.4 万吨(其中水泥 50 万吨、铁合金 1.2 万吨、炼铁 44 万吨、铜冶炼 1.2 万吨)。拆除全部 24 户企业落后产能,实现节能量约 20.2 万吨标煤，等效减排二氧化碳 48.48 万吨，腾出土地面积约 28.6 万平方米以上。实施石漠化综合治理植被恢复营造林 15.39 万亩，市县森林植被恢复费营造林 2.77 万亩，巩固退耕还林成果造林 2.01 万亩，建成区园林绿地面积 12783 公顷，建成区绿化覆盖面积 13007 公顷，建成区公共绿地面积 3105 公顷，建成区绿地率 42.7%，建成区绿地覆盖率 43.5%，人均公共绿地面积 11.2 平方米，森林覆盖率 45.0%。

全市环境空气质量综合指数[12] 4.56，全年空气质量为优和良的天数占全年天数的 86.0%，市区大气可吸入颗粒物年平均浓度为 0.073 毫克/立方米；二氧化硫年平均浓度为 0.024 毫克/立方米；二氧化氮年平均浓度为 0.031 毫克/立方米；细颗粒物年平均浓度为 0.048 毫克/立方米。市区集中式饮用水源水质达标率为 100%。

全年平均气温 14.7℃，全年相对湿度 83%，总降水量 1561.90 毫米，日照时数 956 小时。

十二、人民生活和劳动就业

全年城镇常住居民人均可支配收入 24961 元[13]，比上年增长 9.4%，扣除价格因素，实际增长 6.5%。人均消费性支出 19501 元，比上年增长 17.4%；扣除物价因素，实际增长 14.3%；教育文化娱乐服务占消费性支出的比重为 16.8%。每百户居民拥有的家用汽车和移动电话机数量分别为 19 辆和 202 部。

图11：2010年—2014年城乡居民收入

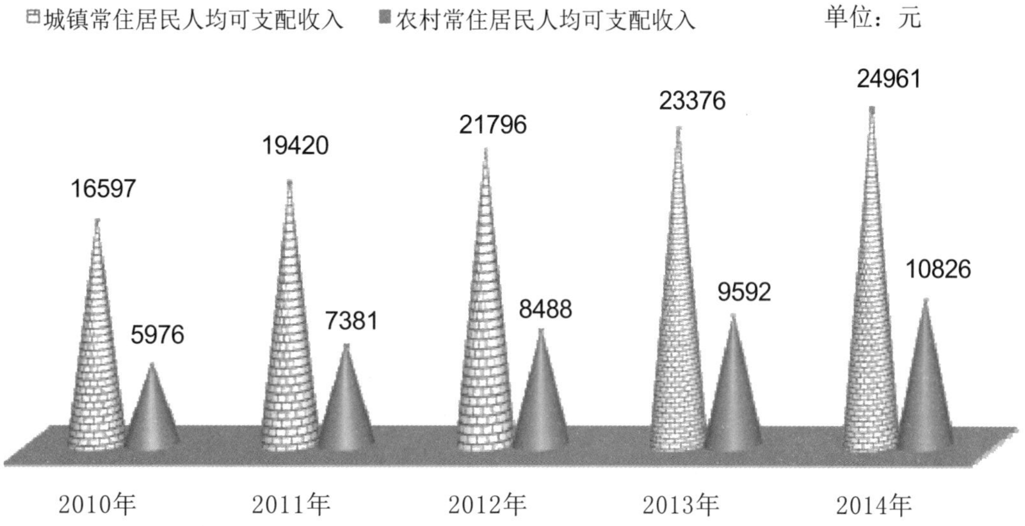

城镇常住居民人均可支配收入　农村常住居民人均可支配收入　单位：元

年份	城镇常住居民人均可支配收入	农村常住居民人均可支配收入
2010年	16597	5976
2011年	19420	7381
2012年	21796	8488
2013年	23376	9592
2014年	24961	10826

表 13：2014 年末每百户城镇居民家庭耐用消费品拥有量情况

指　标	单　位	绝对数
家用汽车	辆	19.00
洗衣机	台	96.80
电冰箱	台	92.90
彩色电视机	台	104.40
计算机	台	73.60
组合音响	套	14.40
微波炉	台	50.20
空调器	台	13.40
固定电话	部	62.50
移动电话	部	201.70

农村常住居民人均可支配收入为 10826 元[13]，比上年增长 12.7%。扣除物价因素，实际增长 10.0%。人均生活消费支出 8724 元，比上年增长 9.5%；扣除物价因素，实际增长 6.9%；教育文化娱乐服务占生活消费性支出的比重为 9.9%。

表 14：2014 年末每百户农村居民家庭耐用消费品拥有量情况

指　标	单　位	绝对数
洗衣机	台	100.20
电冰箱	台	76.00
热水器	台	45.40
摩托车	辆	60.00
汽车(生活用)	辆	18.70
电话机	部	21.90
移动电话	部	234.10
彩色电视机	台	108.20
家用计算机	台	17.40

住房面积继续增加。全市年末农村居民人均住房面积 44.20 平方米，比上年末增长 0.2%；城镇居民人均住宅建筑面积 34.70 平方米，增长 12.0%。

全年城乡统筹就业人数达 24.30 万人，就业困难对象实现再就业 10164 人，比上年增长 17.0%。农村富余劳动力转移人数 31771 人。城镇新增就业人数 21.12 万人，比上年增长 3.9%。年末城镇登记失业率为 3.14%。

图12：2010年—2014年新增就业人数

单位：人

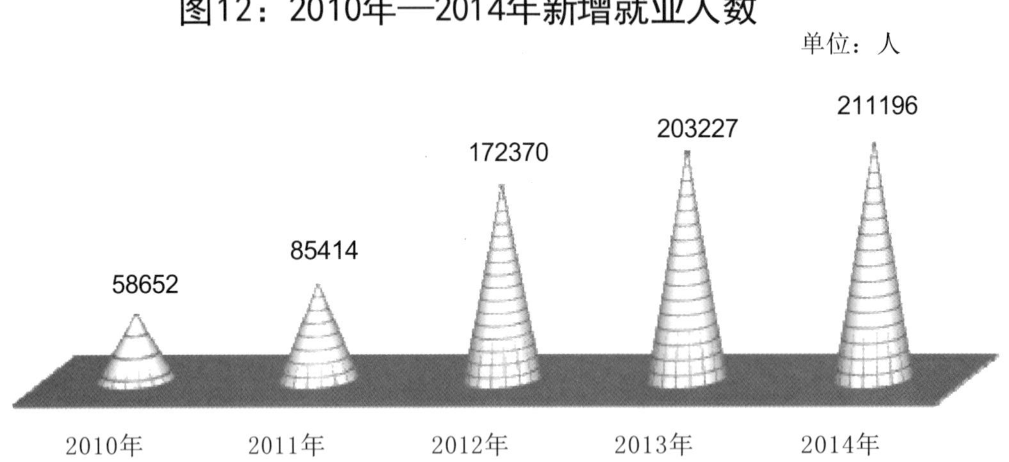

十三、人口、社会保障和服务

全市年末常住人口455.60万人，年平均人口453.90万人。年出生率10.47‰，死亡率4.99‰，自然增长率5.48‰，城镇化率达73.2%。

表15：2014年末人口数及其构成

指 标	单 位	绝对数	比上年增长（%）
年平均人口	万 人	453.90	1.2
年末总人口	万 人	455.60	0.8
按市镇、乡村分			
市 镇	万 人	333.50	2.3
乡 村	万 人	122.10	-3.2
按性别分			
男	万 人	234.24	0.7
女	万 人	221.36	0.8
性别比(以女性为100)			
人口出生率	‰	10.47	-0.22千分点
人口死亡率	‰	4.99	0.09千分点
自然增长率	‰	5.48	-0.31千分点

全市年末参加城镇职工基本养老保险人数146.00万人，比上年增长8.7%，其中在岗职工基本养老保险122.86万人，比上年增长9.0%，离退休职工基本养老保险23.14万人，比上年增长7.1%；城乡居民养老保险人数82.09万人，比上年增长0.1%；失业保险参保人数61.23万人，比上年增长4.9%；城镇职工基本医疗保险参保人数120.20万人，比上年增长3.3%；城镇居民医疗保险参保人数63.89万人，比上年增长1.1%；参加生育保险人数102.80万人，比上年增长1.9%；农村合作医疗参合率达到98.86%。

全市城乡各级收养性社会福利单位共142个[14]，有床位12884张，年末收养人员3796人；社区服务志愿者组织434个，城镇便民、利民服务网点10834个；城乡居民享受最低生活保障的人数达11.73万人，其中城镇最低生活保障人数为6.46万人，农村最低生活保障人数为5.27万人；国家抚恤、补助优抚对象总人数达到16212人；全年民政部门直接接受社会捐赠款759.30万元，受益人数达6113人次。

十四、安全生产

全年各类生产安全事故共死亡180人，比上年下降4.8%。全市工矿商贸企业发生生产安全事故7起，死亡16人，同比分别下降58.8%和23.8%。

注释：

⑴公报中所列数据为初步统计数。

⑵生产总值和各产业增加值绝对数为当年价格，增长速度按可比价格计算。

⑶居住类价格包括建房及装修材料、住房租金、自有住房和水电燃料等价格。

⑷规模以上工业指年主营业务收入为2000及2000万元以上工业企业。

⑸十大工业行业分别是：食品制造业、烟草制品业、化学原料及化学制品制造业、医药制造业、橡胶和塑料制品业、非金属矿物制品业、黑色金属冶炼及压延加工业、有色金属冶炼及压延加工业、计算机、通信和其他电子设备制造业、电力、热力生产和供应业。

⑹六大特色支柱产业分别是：磷煤化工、铝及铝加工、特色食品、烟草制品、现代医药、装备制造业。

⑺工业园区指南明临空经济区产业园、云岩产业园、花溪产业园、小河—孟关装备制造业生态工业园、乌当医药食品新型产业园、白云铝及铝工业基地、麦架—沙文高新技术产业园、观山湖电子商务和现代制造业产业园、开阳磷煤化工生态工业示范基地、息烽磷煤化工生态工业基地、修文产业园、清镇经开区。

⑻统计口径为计划总投资500万元及以上固定资产项目投资和全部房地产开发项目投资。

⑼出版物包含图书、报纸、期刊、音像和网络出版。

⑽公交运营车辆数包含三县一市数据。

⑾贵阳市煤气用户于2014年9月底全部置换成天然气用户。

⑿环境空气质量指数（AQI）技术规定（试行）（HJ633-2012）与《环境空气质量标准》（GB 3095—2012）同步实施，标准内容可在环境保护部网站（bz.mep.gov.cn）查询。

⒀按照国家统计局城乡一体化住户调查改革方案，从2014年起，城镇居民人均可支配收入和农民人均纯收入指标修改为城镇（农村）常住居民人均可支配收入，统计口径发生变化，绝对值与2013年不可比，增速为可比口径计算。

⒁收养性社会福利单位包括：社会福利院、儿童福利院、社会福利医院（精神病福利院）、城镇老年福利机构、农村五保供养服务机构。

⒂资料来源：本公报中电信数据来自贵州省通信管理局；民航运输数据来自贵州省机场集团；铁路运输数据来自成都铁路局；上市公司数据来自证监委贵州监管局；保险业数据来自贵州保监局；报纸、期刊、图书数据来自贵州省新闻出版广电局；教育数据来自贵州省教育厅、市教育局；艺术表演团体、公共图书馆、文化馆数据来自贵州省文化厅、市文广局；广播、电视数据来自省新闻出版广电局、市文广局；体育数据来自省、市体育局；城镇新增就业、登记失业率、社会保障数据来自市人力资源和社会保障局；财政数据来自市财政局；农业机械总动力和机耕面积数据来自市农业委员会；公路运输数据来自市交通局；水运数据来自市地方海事局；燃气供应数据来自市住房城乡建设局；外商投资、外贸进出口数据来自市商务局；民用车辆数据来自市公安局；邮政业务数据来自市邮政管理局；旅游数据来自市旅游产业发展委；金融数据来自人民银行贵阳中心支行；科技、专利数据来自市科技局；平均气温及湿度数据来自市气象局；卫生、新农合数据来自市卫计委；社会福利、低保、社会捐赠数据来自市民政局；环境监测、建成区绿化数据来自市生态委；城市建设数据来自市城管局；公交运营数据来自市公交公司、市城市公共交通管理局；安全生产数据来自市安全监管局；物价和城乡居民收支数据来自国家统计局贵阳调查队；其他数据均来自市统计局。

The Statistical Communiqué of Guiyang on the 2014 National Economic and Social Development[1]

Guiyang Statistical Bureau NBS Survey Office in Guiyang

April 9th, 2015

In 2014, facing the severe and complex situation both at home and abroad and the pressure from the global economic downtown, the municipal party committee and government were proactive leading Guiyang people to adapt to the economic development in the new normal, optimize the economic structure, innovate developing thoughts, and propel reform. The municipal party committee and government centered on enhancing economic development quality and effectiveness, concentrated on developing an upgraded Guiyang, ensured a sustainable, healthy and stable economy and society development which achieved a new level.

I. General

According to the preliminary accounting, its annual GDP [2] has achieved 249.727 billion yuan, an increase of 13.9% over the previous year. From the perspective of industry, the added value of the primary industry was 10.802 billion yuan with an increase of 6.6% over the previous year; the second industry was 97.659 billion yuan with an increase of 13.9%; and the tertiary industry was 141.266 billion yuan with an increase of 14.3%.The average GDP per capita was 55.018 thousand yuan, with an increase of 12.6% over the previous year.

Figure1: Gross Domestic Products and Growth Rates (2010-2014)

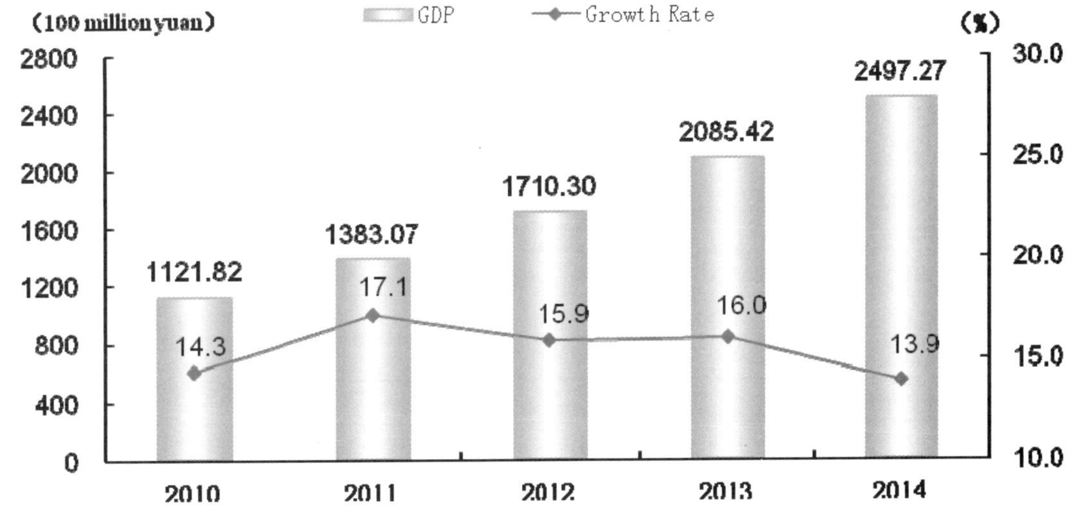

The percentage of the tertiary industry continued to increase. The added value accounting for the regional GDP of primary, secondary, tertiary industry was respectively 4.3%, 39.1% and 56.6%. Comparing to previous year, the proportion of the primary industry and the tertiary industry increased by 0.4% and 1.2% respectively, while the proportion of the second industry decreased by 1.6%.

Figure2: Share of Added Value of Three Industries of GDP

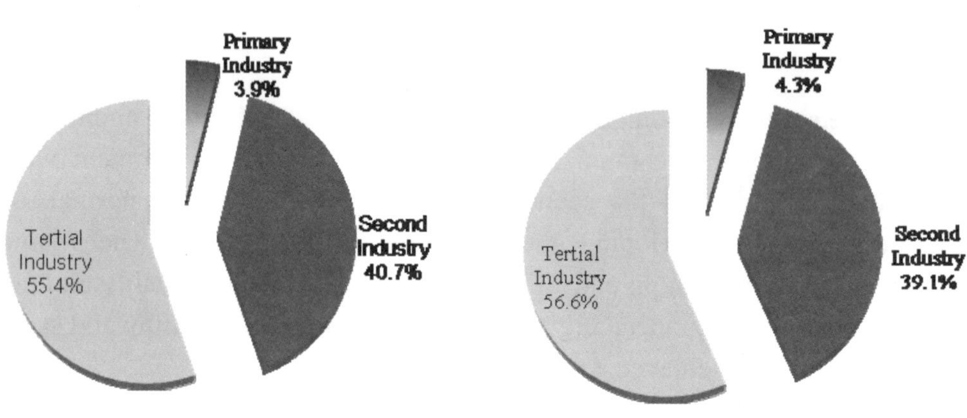

The consumer prices in 2014 rose 2.7 percent over the previous year, of which food prices rose 5.5 percent over the previous year, the same amplification over the previous year and industrial producer prices declined by 3.1%.

Table 1: Fluctuation Range of Consumer Prices in 2014

Item	Balance Number (%)
Consumer price	2.7
Excluding food and energy price	1.4
Service price	3.1
Consumer goods price	2.5
1. Food	5.5
# Grain	0.9
Poultry and processed products	-0.7
Eggs	5.4
Aquatic products	3.5
Vegetables	4.8
Dried and fresh fruits and melons	17.6
Milk and processed products	10.4
Dinning out	9.5

2.Tobacco, liquor and articles	-2.6
3. Clothing	2.7
4. Household appliance and maintaining services	1.0
5. Medical and health care and personal articles	1.1
6. Transport and communications	0.0
7. Recreation, education, culture articles and services	0.9
8. Housing (3)	2.5
Retail price	1.2

In 2014, the newly-built house price declined by 0.5% over the previous year, and the second-hand house price declined by 0.4% over the previous year.

Figure3: Monthly Changes of Condumer Price Index in 2014

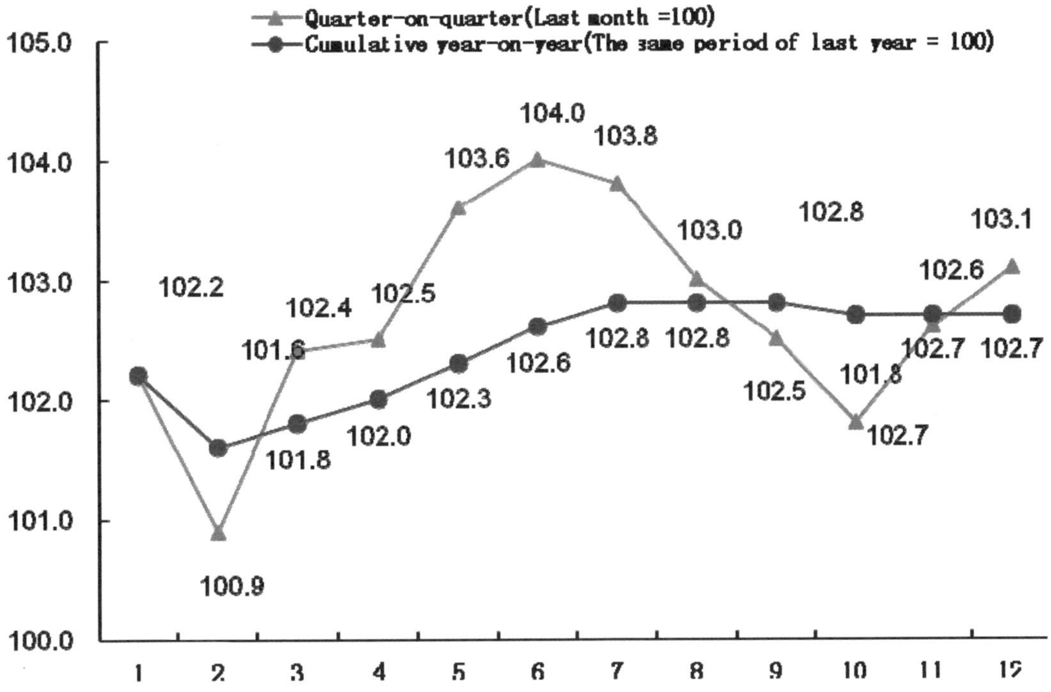

Quarter-on-quarter(Last month =100)
Cumulative year-on-year(The same period of last year = 100)

II. Agriculture

In 2014, the total sown area of grain was 112.7 thousand hectares, up by 0.6% over the previous year; the sown area of rapeseed was 39.0 thousand hectares, a decrease of 0.7%; the sown area of flue-cured tobacco was 8.90 thousand hectares, declined by 23.6%; the sown area of vegetables was 113.4 thousand hectares, an increase of 7.1%.

The total output of grain in 2014 was 459.2 thousand tons increased by 6.1%, of which the summer grain was 88.1 thousand tons, up by 1.9% while the autumn grain was 371.1 thousand tons increased by 7.2%.

Table 2: Output of Major Agricultural Products in 2014

(Unit: 10 000 tons)

Item	Absolute Number	Growth Rate over 2013(%)
Total grain output	**45.92**	**6.1**
By season		
Summer grain	8.81	1.9
Autumn grain	37.11	7.2
By species		
Rice	18.80	2.4
Wheat	1.03	-20.0
Corn	16.12	15.6
Beans	0.76	-17.7
Tubers	8.72	6.7
Oil-bearing crops	6.80	2.7
#Rapeseed	6.15	-2.7
Peanut	0.20	1.0
Flue-cured tobacco	1.73	-6.2
Vegetables	238.36	8.0
Tea	0.35	8.1
Garden Fruits	15.29	12.8
#Pear	5.59	11.3
Peach	2.20	-0.6
Tangerine	1.02	3.3
Waxberry	0.60	37.4
Chinese gooseberry	1.11	12.9
Grape	1.66	88.2

The total area of forestation in 2014 was 10 thousand hectares, down by 19.3% over the previous year.

The total output of meat was 154.1 thousand tons, up by 1.6%; the output of poultry and eggs was 24.309 thousand tons, up by 3.8%; the output of milk was 45.766 thousand tons, down by 0.4%; the output of aquatic products was 9.708 thousand tons, up by 4.8%.

Table 3: Output of Major Livestock Products in 2014

Item	Unit	Absolute Number	Growth Rate over 2013(%)
Annual slaughtered fattened hogs	10000 heads	130.15	0.9
Annual slaughtered beef cattle	10000 heads	5.73	1.8
Annual slaughtered sheep and goats	10000 heads	2.47	12.3
Annual slaughtered poultry	10000 heads	1700.14	-7.0
Large animal at Year-end	10000 heads	26.52	4.9
# Cattle	10000 heads	24.84	7.8
Beef Cattle	10000 heads	5.83	89.7
Cow	10000 heads	1.34	-15.6
Draft Cattle	10000 heads	17.67	-3.9
Horse	10000 heads	1.68	-25.0
Hogs at year-end	10000 heads	95.66	0.1
Sheep and goats at year-end	10000 heads	4.24	12.6
Poultry at year-end	10000 heads	1279.68	-2.0
Total output of meat	1000 tons	15.41	1.6
#Pork	1000 tons	11.61	1.1
Beef	1000 tons	0.77	2.8
Mutton	1000 tons	0.05	19.6
Poultry Meat	1000 tons	2.85	3.0
Other livestock products			
# Milk	ton	45766	-0.4
Honey	ton	33	65.0
Eggs	ton	24309	3.8

The total power of agricultural machinery in Guiyang was 1.8139 million kilowatt at the end of 2014, increased by 12.3% over the previous year; the area of tractor-ploughed farmland reached 100.6 thousand hectares, increased by 9.4% over the previous year; the area of mechanical sowing farmland reached 3,342 hectares, increased by 61.4%; the area of pumping irrigation farmland was 34.752 thousand hectares, declined by 10.1%; the area of machine harvested farmland was 9,419 hectares, increased by 178.7%. The application amount of agricultural fertilizer (at volume of effective components) was 62.7 thousand tons, declined by 2.3%.

Ⅲ. Industry and Construction

The total added value of industry was 67.8 billion yuan, up by 12.1% over the previous year, of which industrial added value of enterprises above the designated size(4) was 63.606 billion yuan, up by 12.2%; the ten major industrial enterprises(5) above the designated size was 45.402 billion yuan, up by 9.8%; the six characteristic pillar industries(6)above the designated size was 47.572 billion yuan, up by 15.1%; industrial parks above the designated size(7) was 54.532 billion yuan, up by 13.9 %.

Main industries grew rapidly. Among 34 industries, 26 remained increasing and17 achieved double digital growth. Key industries remained a stable growth, such as the nonmetal mineral products increased by 26.5%, computer, communication and other electronic equipment industry 13.8%, rubber and plastic products 12.4%, medicine industry 11.9%. The industries had a rapid growth over the previous year, such as the papermaking and paper products up by 77.1%, production and supply industry of water 50.9%, production industry of liquor, beverage and refined tea 49.6%, nonferrous metal mining and dressing 49.4%, manufacture of metal products 43.3%, manufacture of general purpose machinery 36.6%, textile industry 29.9%, manufacture of electronic machinery and apparatus 29.8%, non-metallic mining industry 28.9%.

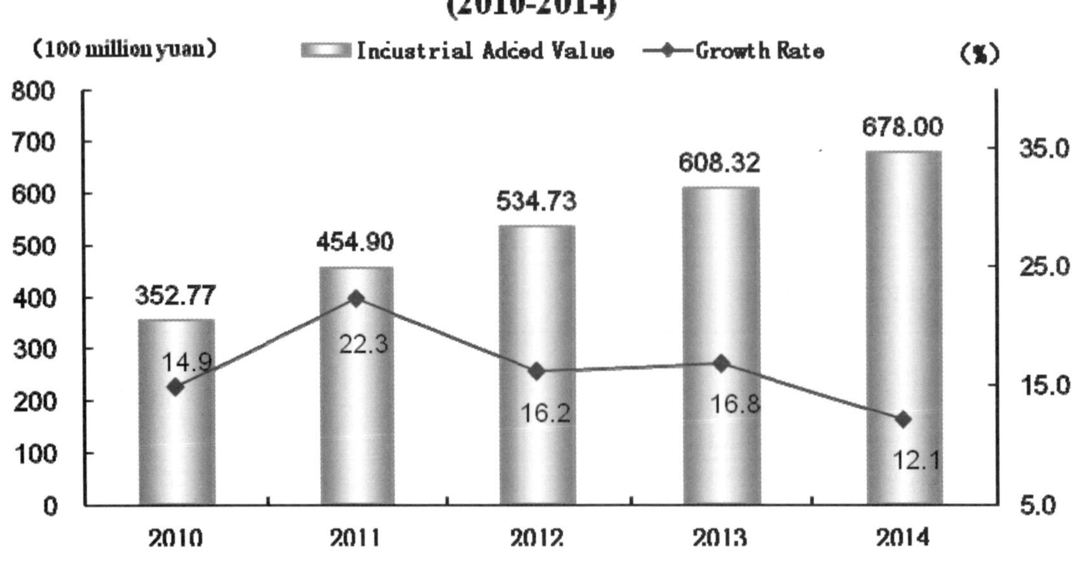

For the added value of the industrial enterprises above the designated size, the light industry increased by 12.0%, the heavy industry increased by 12.4%, the state-owned enterprises and state-holding enterprises increased by 4.2% and 5.7% respectively, the non-public enterprises increased by 22.3%, enterprises by foreign investors and investors from Hong Kong, Macao and Taiwan increased by 7.8 %, the high-tech enterprises (manufacture industry) increased by 15.0%.

Table 4: Output of Major Industrial Enterprises above Designated Size in 2014

Item	Unit	Absolute Number	Growth Rate over 2013（%）
Coke	10 000 tons	49.04	-37.3
Electricity	100 million Kilowatt-hours	116.25	23.8
Aluminum	10 000 tons	23.41	-31.1
Rolled steel	10 000 tons	62.12	-4.3
Tires	10 000 tires	544.57	-9.3
Phosphorus ore	10 000 tons	1726.97	20.1
Chemical fertilizers (farm-oriented NPK fertilizer purification)	10 000 tons	324.12	9.4
Color TV set	10 000 sets	115.68	-5.2
Mobile phone	10 000 sets	6.54	40.3
Cement	10 000 tons	1292.11	0.8
Cigarettes	100million pieces	564.78	0.2
Traditional Chinese medicine	10 000 tons	3.16	25.4

The revenue made by the industrial enterprises above the designated size was 217.946 billion yuan, up by 17.0%. The total taxes and profits were 37.876 billion yuan, up by 4.3% and its total profits had achieved 19.701 billion yuan up by 4.6%.

The total added value of construction in Guiyang was 29.859 billion yuan, increased by 19.3%. There were 308 qualified general and professional contracting construction enterprises, increased by 4.4% over the previous year. The area constructed by qualified enterprises was 69.5702 million square meters, increased by 8.6%. The floor space of building completed was 13.4523 million square meters, increased by 4.1%.

Figure 5: Added Value of Construction and Growth Rate(2010-2014)

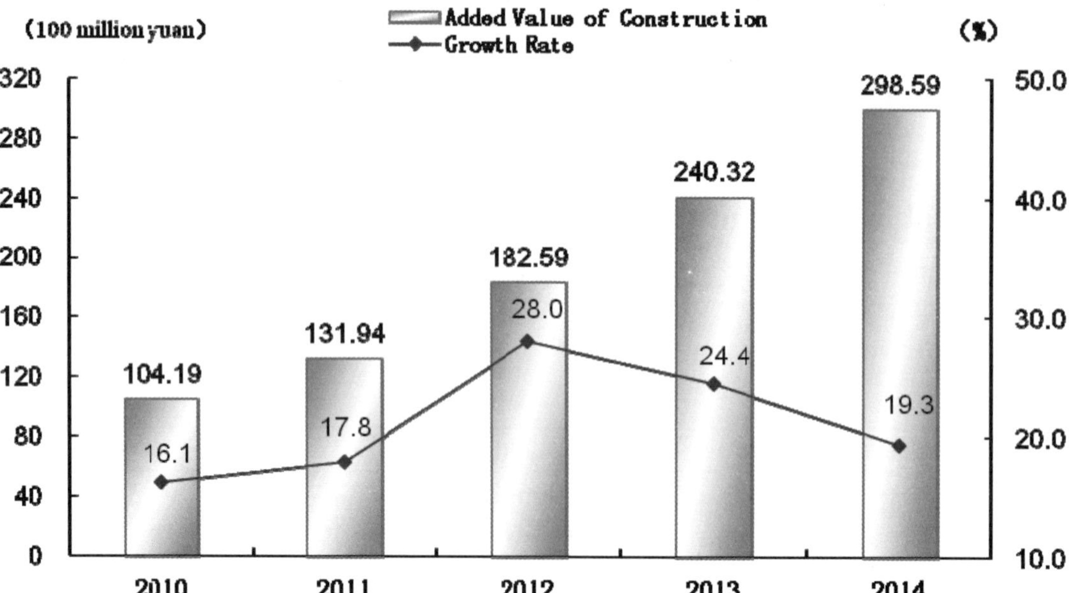

Ⅳ. Investment in Fixed Assets

The total investment in fixed assets(8)of Guiyang in 2014 was 233.606 billion yuan, increased by 19.3% over the previous year.

From the perspective of sector, the investment in primary industry was 9.952 billion yuan, up by 19.6%; the secondary industry was 52.304 billion yuan, up by 4.2% and the tertiary industry was171.350 billion yuan, up by 24.8%.

Table 5: Investment in Fixed Assets by Sector and Growth Rate in 2014

Item	Absolute Volume (100million yuan)	Growth Rate over 2013 (%)
Total investment in fixed assets	2336.06	19.3
Primary industry	99.52	19.6
Secondary industry	523.04	4.2
#Industry	518.83	4.7
#Manufacture of raw chemical materials and chemical products	46.49	7.9
Manufacture of medicines	22.19	-16.7
Manufacture of non-metallic mineral products	83.16	5.4
Smelting and calendering of ferrous metals	5.61	-42.7
Smelting and calendering of non-ferrous metals	13.32	-1.4
Manufacture of electrical machinery and apparatus	18.69	-90.9
Tertiary industry	1713.50	24.8
#Transport, storage and post	218.89	115.0
# Road Transport	101.62	116.2
Information transmission, software and information technology	14.95	10.7
Management of water conservancy, environment and public facilities	457.40	37.2
# Management of public facilities	406.01	37.6

The funded investment in place was relatively good in 2014. The funded investment of fixed assets was 356.718 billion yuan, up by 14.5% over the previous year. Of which, the state budgetary appropriation was 9.638 billion yuan, down by 10.7% over the previous year; the domestic loan was 55.234 billion yuan, up by 31.7%; the usage of foreign capital was 0.676 billion yuan, up by 66.6%; the self—raised fund was 205.965 billion yuan, up by 18.6%.

In 2014, the investment in real estate development projects was 101.760 billion yuan, up by 3.5% over the previous year. Of which, the housing investment was 63.336 billion yuan, increased by 0.2% over 2013; the investment in office buildings was 11.588 billion yuan, increased by 13.1%; the investment in houses for commercial business was 15.663 billion yuan, increased by 13.1%.

Table 6: Achievement of the Major Indicators of Developing and Selling Properties in 2014

Units: 10 thousand square meters
100 million yuan

Items	Absolute Number	Growth Rate over 2013 (%)
Floor Space of Construction	**6973.79**	**5.4**
#Households	4848.81	1.9
Floor Space of New Construction	**1169.31**	**-38.7**
#Households	646.14	-55.3
Floor Space of Completed Buildings	**1118.71**	**52.7**
#Households	825.64	48.5
Floor Space of Sold Commercial Buildings	**948.11**	**-27.2**
Floor Space of Sold Complete Department	62.94	46.3
#Household	48.35	48.0
Floor Space of Forward Delivery Housing	885.18	-29.7
#Household	751.97	-33.5
Sales Volume of Commercial Buildings	**530.87**	**-18.4**
Sales Volume of Complete Department	32.66	63.1
#Household	22.90	77.9
Sales Volume of Forward Delivery Housing	498.21	-21.0
#Household	368.37	-27.3

Ⅴ. Domestic Trade

In 2014, the total retail sales of consumer goods reached 88.858 billion yuan, up by13.1% over the previous year. By location, the retail sales of consumer goods in cities and towns were 82.245 billion yuan, up by 13.1%, of which the city were 79.908 billion yuan, increased by 12.9%, the rural were 6.613 billion yuan, increased by 12.8%. By sector, the retail sales of wholesale were 81.535 billion yuan, increased by 13.8%, the sales of accommodation and catering industry were 7.324 billion yuan, increased by 5.8%.

Of retail sales of units above the designated size, the retail sales of cooking oil, food, beverage, alcohol and tobacco were 5.844 billion yuan, increased by 16.4% over the previous year; the clothing, shoes and hats, hosiery were 5.111billion yuan, up by 3.4%; the household appliances and audio equipment were 2.881 billion yuan, up by 7.7%; the daily necessities were 1.571 billion yuan, up by 1.4%; the petroleum and petroleum products were 11.846 billion yuan, up by 22.4%; the automobiles were 27.467 billion yuan, up by 8.7%. The retail sales of the units above the designated amount were 0.172 billion yuan, up by 82.8% over the previous year.

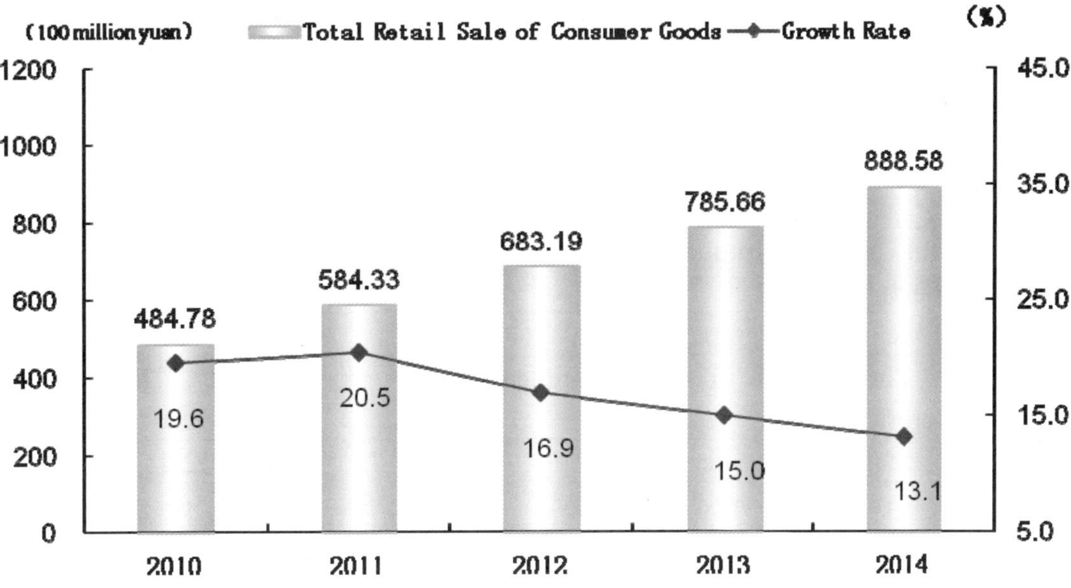

Ⅵ. Foreign Trade and Economic Cooperation

The total volume of imports and exports in 2014 was 7.842 billion US dollars, increased by 24.1% over the previous year. Of which the export was 7.272 billion US dollars, increased by 30.3% and the import was 0.570 billion US dollars, declined by 22.8%.

There were 24 projects approving foreign investment in 2014 the same as the previous year. Total volume of foreign investment actually utilized was 0.762 billion US dollars, increased by 20.9%.

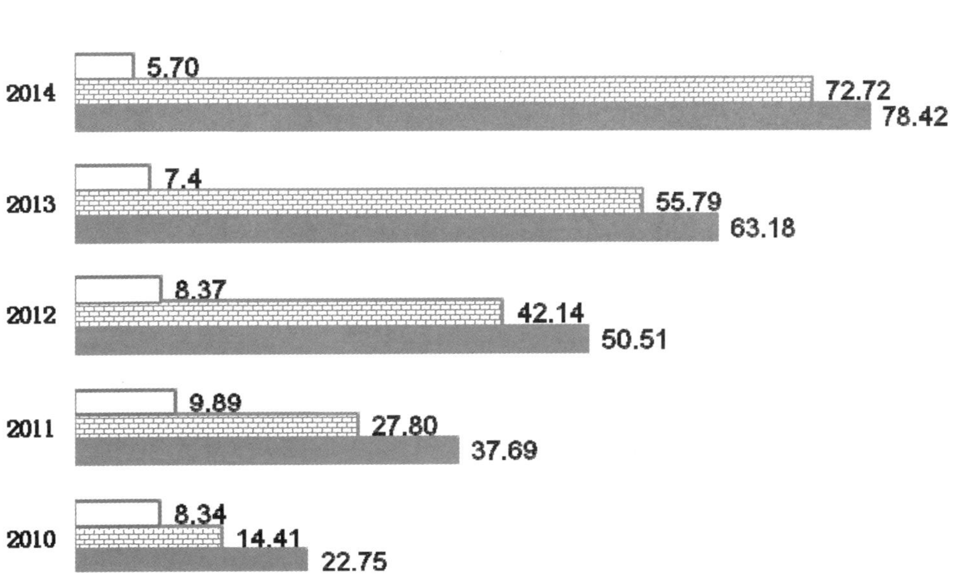

Table 7: Imports and Exports in 2014

Unit:100 million U.S.D.

Item	Absolute Number (100million US dollars)	Growth Rate over2013 (%)
Total volume of imports and exports	**78.42**	**24.1**
By enterprises property		
Three types of foreign-funded enterprises	0.97	-25.0
State-owned enterprises	23.73	12.4
Collective-owned enterprises	0.75	-56.2
Private enterprises and others	52.97	35.6
By trade mode		
General trade	73.13	27.0
Processing trade	4.19	-13.0
Others	1.10	37.4
Total volume of exports	**72.72**	**30.3**
By enterprises property		
Three types of foreign-funded enterprises	0.59	-25.4
State-owned enterprises	19.49	21.6
Collective-owned enterprises	0.40	-18.6
Private enterprises and others	52.24	35.7
By trade mode		
General trade	69.23	34.4
Processing trade	2.60	-28.6
Others	0.88	40.5
Total value of imports	**5.70**	**-22.8**
By enterprises property		
Three types of foreign-funded enterprises	0.39	-24.5
State-owned enterprises	4.24	-16.7
Collective-owned enterprises	0.35	-71.5
Private enterprises and others	0.73	27.7
By trade mode		
General trade	3.90	-35.5
Processing trade	1.59	35.6
Others	0.22	26.1

Table 7: Imports and Exports by Countries and Regions in 2014

Unit:100 million U.S.D.

Country or Region	Total Volume of Imports and Exports	Exports	Imports
Total	78.42	72.72	5.70
Asia	42.28	39.20	3.08
# Hong Kong	3.28	3.05	0.22
India	4.38	4.36	0.02
Japan	1.14	0.96	0.18
South Korea	2.70	2.64	0.05
Taiwan	0.42	0.39	0.03
ASEAN	22.70	21.09	1.61
Africa	7.90	7.86	0.04
Europe	9.89	8.68	1.21
#European Union	8.72	8.01	0.71
Latin America	3.81	3.63	0.18
North America	10.37	9.39	0.98
# America	9.28	8.74	0.54
Oceania	4.17	3.96	0.22
# Australia	2.87	2.65	0.21

Ⅶ.Transport, Post and Telecommunication, Tourism

In 2014, transportation industry in Guiyang developed rapidly with the launching of Guiyang-Guangzhou High-speed Railway, Changsha-Kunming High-speed Railway, the north-east loop line of inner city Mass Rapid Train, Guiyang-Kaiyang Railway, Jiuchang-Yongwen Railway, Qingzheng-Zhijin High Speed Road, the urban trunk roads from Baiyun to Xiuwen and Guanshan district to Zhazuo, and the Guiayng North Train Station. In 2014, the total passenger trafficby all transport means reached 725.2663 million persons,increased by 20.0% over the previous year and the freight traffic reached 264.215 million tons, increased by 24.2%.

Table 9: Achievement of Transport in 2014

Item	Absolute Number	Growth Rate over 2013 (%)
Total passenger traffic (10000 persons)	72526.63	20.0
Railways	1574.63	7.0
Highways	69659.00	20.4
Civil aviation	1252.55	19.6
Waterways	40.45	1.1
Total freight traffic(10000tons)	26421.15	24.2
Railways	1402.19	-7.7
Highways	25007.00	26.6
Civil aviation	8.21	6.6
Waterways	3.75	-8.5

The total number of motor vehicles for civilian use reached 899.4 thousand by the end of 2014, increased by 13.1%. Of which the total number of cars was 754.3 thousand, increased by 16.0% and number of the private cars was 634.9 thousand, increased by 16.1%.

The turnover of post and telecommunication services reached 9.699 billion yuan, increased by 25.5%. Of which post service was 870 million yuan, increased by 30.8%; telecommunication service was 8.829 billion yuan, increased by 25.0%. The year saw 1.0290 million fixed telephone subscribers, increased by 1.0%, the mobile phone subscribers 8.1014 million, increased by 7.6%. Of which 3G mobile phone users reached 2.8216 million, increased by 34.1%. The number of Internet users was 1.0544 million, increased by 34.1%.

Figure8: Households of Phone Subscribers (2010-2014)

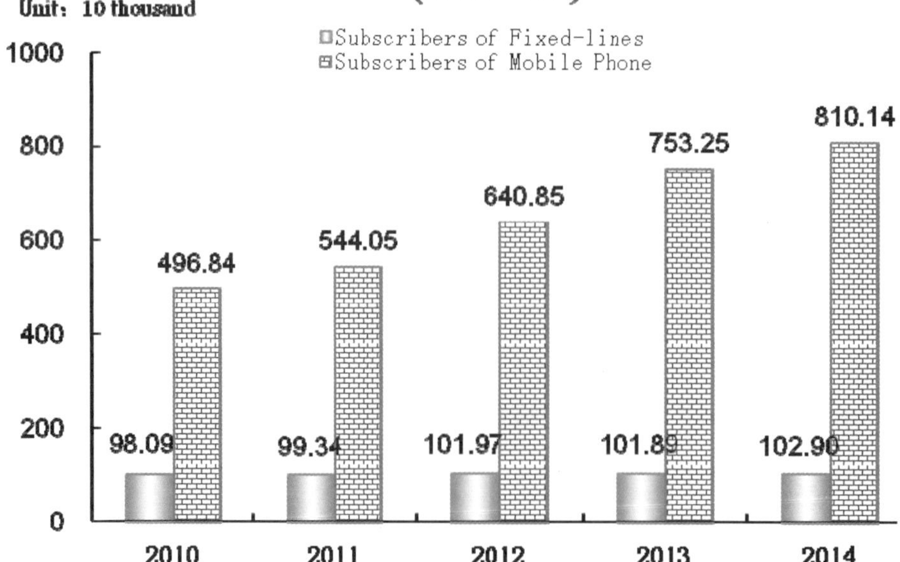

The whole year saw 72.4010 million tourists, increased by 20.2% over the previous year, of which including 72.2550 million domestic tourists and 145.9 thousand foreign tourists. The total revenue from tourism in 2014 was 87.439 billion yuan, up by 20.0% over the previous year. Of which foreign exchange reached 56.6194 million US dollars.

Table 10: Basic Statistics on Tourism in 2014

Item	Unit	Volume
Number of foreign tourists	Person-time	145,931
Foreigners	Person-time	69,072
Compatriots from Hong Kong and Macao	Person-time	45,057
Compatriots from Taiwan	Person-time	31,802
Number of overseas tourists received	Person-day	317,099
Foreigners	Person-day	153,004
Compatriots from Hong Kong and Macao	Person-day	94,313
Compatriots from Taiwan	Person- day	69,782
Foreign exchange revenue	10000U.S.D.	5661.94
Domestic tourism		
Domestic tourists	10 000 person-times	7225.50
Tourism revenue	100 million yuan	870.91
Total Tourism revenue	100 million yuan	874.39

Ⅷ. Finance, Banking, Stocks and Insurances

The total government revenue in 2014 reached 65.469 billion yuan, a 16.1% increase compare to the previous year; the public financial budget revenue was 33.159 billion yuan, a 19.6% increase compare to the previous year; and the public financial budget expenditure was 44.865 billion yuan, a 14.0% increase compare to the previous year.

Table 11: Basic Statistics on Financial Revenue and Expenditure in 2014

Unit: 100 million yuan

Item	Volume	Growth Rate over 2013 (%)
General financial revenue	654.69	16.1
#Public financial budget income	331.59	19.6
Tax revenue	271.85	22.3
#Added-value tax	32.56	45.7
Business tax	101.42	14.1
Corporate income tax	26.26	27.5
Individual income tax	8.92	8.9
Non-tax revenue	59.74	8.9
Public financial budget expenditure	448.65	14.0
#General public services	80.51	14.0
Public security	35.17	13.6
Education	80.43	13.2
Science and technology	12.38	32.2
Social security and employment	31.94	17.6
Medical care and public health &Family planning	33.29	6.7
Urban and rural community affairs	34.15	16.5

By the end of 2014, saving deposits in RMB and foreign currencies in all items of financial institutions in Guiyang totaled 702.880 billion yuan, 109.369 billion more than the figure calculated at the beginning of 2014.Of which, saving deposits of units accounted for 443.774 billion yuan, 81.558 billion yuan more than the figure calculated at the beginning of 2014; household deposits accounted for 201.911 billion yuan, 18.421 billion more than that of the beginning of 2014. Loan balance in RMB and foreign currencies in all items of financial institutions reached 662.453 billion yuan, 114.754 billion more than that of the beginning of 2014. Saving deposits in RMB in all items of financial institutions in Guiyang at the end of 2014 reached 669.220 billion yuan, 108.237 billion more than the figure calculated at the beginning of 2014. Of which, saving deposits of units reached 441.056 billion yuan,80.491 billion more than that of the beginning of 2014; household deposits accounted for 201.058 billion yuan,18.345 billion more than the figure calculated at the beginning of 2014.Loan balance in RMB in all items of financial institutions in RMB reached 656.051 billion yuan, 113.366 billion more than that of the beginning of 2014.Of which short-term loan balance was 140.603 billion yuan,22.160 billion more than that of the beginning of 2014; middle and long term loans was 503.798 billion yuan,87.025 billion more than that of the beginning of 2014.

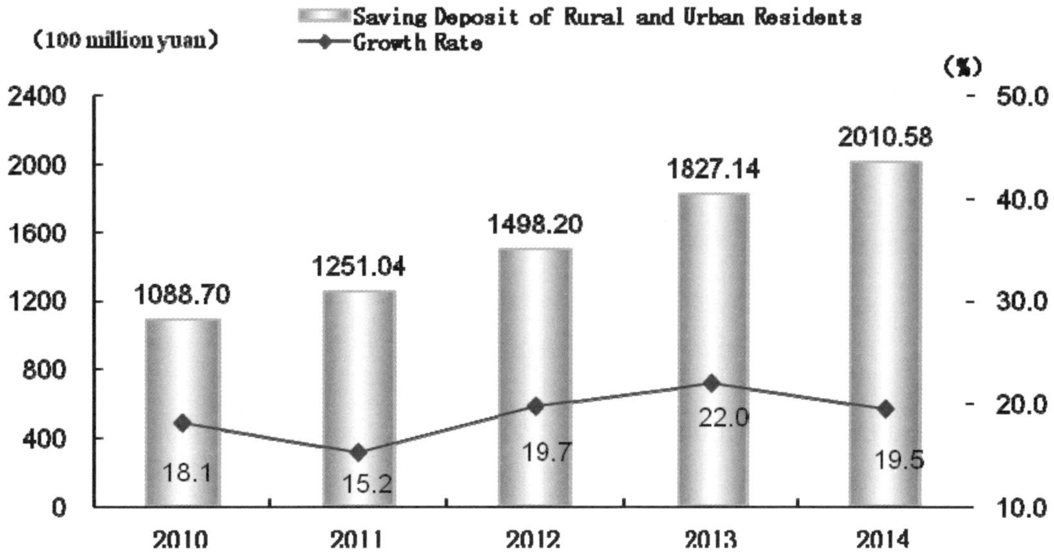

Total premium income in 2014 reached 8.000 billion yuan, a 15.0 percent increase over the previous year. And total compensation expenses amounted to 4.540 billion yuan, a 27.6 percent increase over the previous year.

Table 12: Basic Statistics on Insurance in 2014

unit: 100 million yuan

Item	Volume	Growth Rate over 2013 (%)
Premium income	80.00	15.0
Property insurance	42.82	22.8
#Motor vehicle insurance	32.15	21.8
Life insurance	37.18	7.2
Personal insurance	31.81	4.0
Health insurance	3.57	29.4
Personal accident insurance	1.80	34.4
Compensation expenses	45.40	27.6
Property insurance	33.78	31.2
#Motor vehicle insurance	24.79	26.0
Life insurance	11.63	17.9
Personal insurance	9.97	13.6
Health insurance	1.21	62.2
Personal accident insurance	0.44	33.6

By the end of 2014, the number of listed companies was 14, including 5 listed in Shanghai Stock Exchange and 9 listed in Shenzhen Stock Exchange. The total market value of those listed companies was 123.044 billion yuan, up by 86.3% over the previous year. Besides, there was 1 securities company, 40 securities exchange departments. The number of capital accounts reached 416.9 thousand, up by 5.3 % over the previous year. And the turnover of trades reached 392.244 billion yuan, up by 35.6% over the previous year. Moreover, there were 10 business departments of future goods, with a turnover of 725.441 billion yuan, up by 1.1% over the previous year.

Ⅸ. Science, Technology and Education

To push forward the construction of state-level high-tech business incubator, there was a total financing of 105 million yuan on the basis of the construction of technology mansion (23 thousand square meters), with a purchasing 15 thousand square meters to construct the Guiyang Zhongguancun western research base technology incubator. And hold butt joint activities in professional fields are held, introducing more than 800 advanced technologies, then about 40 projects referring to big data, electronic information, equipment manufacturing, biomedicine, energy saving and environment protection were signed successfully, which reaching to 20.537 billion yuan.

In 2014, there were 12,630 patent applications for new inventions, a 79.4% increase comparing to the previous year, and 3766 of them had been authorized, a 6.7% increase comparing to the previous year. Among those authorized patents, 674 were for inventions,2676 for utility models and 416 design patents.

In 2014, the enrollments of postgraduate education institutions were 13,052 with 4520 newly recruited students and the number of graduates was 3,909;enrollments of higher education institutions were 341.5 thousand with 108.9 thousand newly recruited students and the number of graduates was 71.0 thousand; enrollments of secondary vocational education institutions were 87.6 thousand with 30.2 thousand newly recruited students and the number of graduates was 38.4 thousand; enrollments of regular high schools were 87.6 thousand with 30.2 thousand newly recruited students and the number of graduates was 25.8 thousand; enrollments of regular junior secondary schools were 167.6 thousand with 52.8 thousand newly recruited students and the number of graduates was 57.3 thousand; enrollments of ordinary primary schools were 316.5 thousand with 60.0 thousand newly recruited students and the number of graduates was 53.0 thousand; enrollments of special education institutions were 1,168 with 223 newly recruited students and the number of graduates was 206;and enrollments of kindergartens were 127.3 thousand.

Figure10: New Students Enrollement(2010-2014)

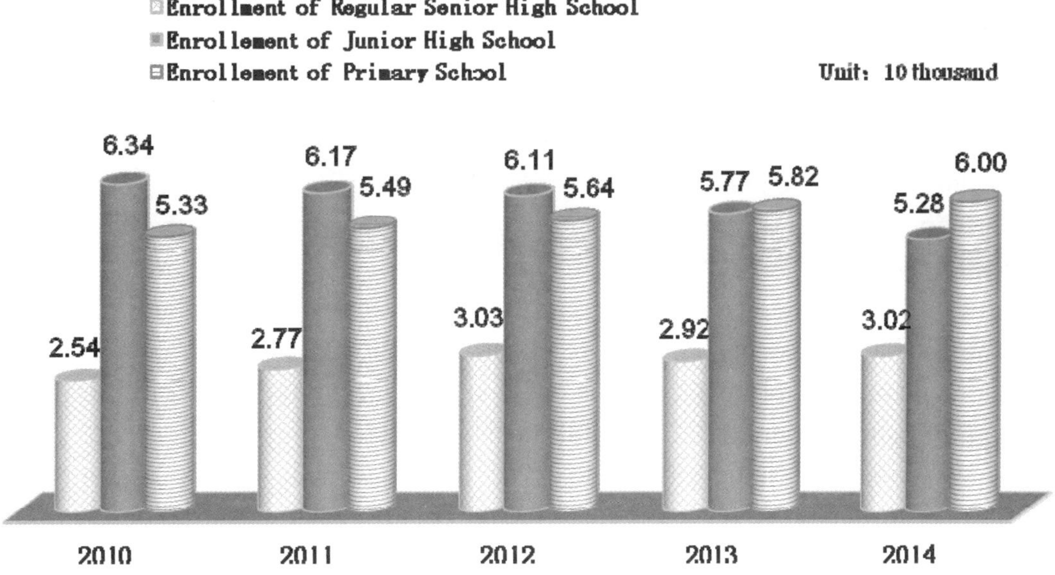

Ⅹ. Culture, Sanitation and Sports

At the end of 2014, there were 8 art-performing groups, 12 cultural centers and mass cultural centers, 168 cultural stations as well as 11 public libraries with 4.0884 million copies; there were 2 radio station with 100% comprehensive broadcast coverage of population; there were 2 TV stations with 99.70% coverage of population of television and 92.12% coverage of population of radio television. In 2014, 885 kinds of books were published in Guiyang, with 60.9064 million copies being issued; 78 kinds of magazines were published, with 14.6899 million copies being issued; 29 kinds of newspapers were published, with 269.2305 million copies being issued; and 1 kind of audio-visual product was published, with 4 thousand copies (10 thousand boxes) [(9)]being issued.

By the end of 2014, there were 3,049 medical and health institutions in Guiyang, including 171 hospitals, 78 health centers, 125 community health service centers(stations), 1,162 clinics(health clinics or infirmaries), 1,371 village clinics and 13 epidemic disease prevention centers. And there were 27,895 beds, 34,683 health workers, 13,013 licensed doctors and licensed assistant doctors, 15,460 registered nurses, 1,519 pharmacists and 1,781 technicians.

In 2014, throughout Guiyang there were 80 sports schools and 763 athletes, including 193 female athletes, 57 judges, including 10 female judges. Over the year, 428 mass fitness activities had been held, among which there were 155 activities attracting more than 1,000 participants, 47 times of training class with 4,530 people trained during the courses. As for honors and awards won in domestic sports events in 2014, athletes from Guiyang won 246 medals including 96 gold medals, 68 silver medals and 82 bronze medals. In 2014, Guiyang successively held Zhengjie Cup Guiyang Youth Open Tennis Championship, 2014 Diplomats Sports Games---Guiyang, 2014 Torrent Cross-country Invitation Tournament in Natural Waters in Kaiyang, Guiyang, 2014National Short Track Car Rally (Qingyan, Guiyang), 2014 International Half Marathon Running in Guiyang and etc.

Ⅺ. Urban Construction and Ecological Environment

The total length of paved roads at the end of 2014 in urban areas was 936.59 kilometers, the area of paved roads was 16.2965 million square meters and the number of bridges was 188, including 17 cloverleaf junctions. The number of operating vehicles was 2855[(10)], amount to 3400 standard operating vehicles. The total length of lines in operation was 3556.3 kilometers. The total volume of public transportation was 692.315 million persons. And there were 8215 taxes in Guiyang City.

There were 8 water supply plants totally in Guiyang. The comprehensive productive capacity of tap water reached 1.1445 million cubic meters per day, with water supply pipelines reaching 3965.60 kilometers. The total water supply in 2014 reached 281.5637 million cubic meters and the total volume of water sold reached 215.6101 million cubic meters, including 38.7692 million cubic meters of consumption for public use and 128.3529 million cubic meters for household use.

In 2014, subscribers of liquid gas reached 205 thousand, with 40 thousand tons liquid gas supply; subscribers of natural gas[(11)] reached 681.5 thousand, including 677.5 thousand household users, with139.02 million cubic meters natural gas supply.

There were 15 sewage disposal plants in Guiyang at the end of 2014, with the capacity of disposing 716.5 thousand tons of sewages per day. Among those plants, 7 locate in urban areas, with the capacity of disposing 640 thousand tons of sewages per day. And the length of drainage pipelines of urban areas was 2183.15 kilometers.

The capability of environmental protection and pollution treatment has constantly improved. In 2014, 600 thousand household natural gas conversions were completed in Guiyang; 187 major enterprises providing catering services completed the installation of fume purification facilities; 65 gas stations and 109 oil tank truck were reformed; the management and control of dust pollution in 93 major non-coal mines was intensified. In the second-stage comprehensive treatment of Nanming River, the length of anti-seepage treatment of sewage interception along the river and the replacement of sewage interceptions channels was 32 kilometers, the area of the river bottom sludge cleared was more than 930 thousand square kilometers, and there were 255 outlets being transformed, thus the proportion of V water quality declined from 51% to 17.4% of the regulated reach of Nanming River, which improving the water quality greatly. In 2014, 964 thousand tons outdated capacity were outdated (Of the outdated capacity, there were 500 thousand tons cement, 12 thousand tons titanium alloy, 440 thousand tons puddling, 12 thousand tons copper smelting.). There were 24 enterprises of outdated capacity removed, saving energy about 202 thousand standard coal, which is equivalent to reducing 484.8 thousand tons carbon dioxide emission, and emptying out about 286 thousand square meters of land areas. 153.9 thousand mu of areas returned to vegetation and afforestation after comprehensive treatment of rocky desertification. In Guiyang city and counties, the area of vegetation and afforestation was 27.7 thousand mu; the area of consolidating the achievements of returning the grain plots to forestry and afforestation was 20.1 thousand mu. Besides, there were 12,783 hectares of newly district garden greens, 13,007hectors of newly district green coverage, 3105 hectors of newly district public green area. And the ratio of newly district green areas was 42.7%, the coverage of green area was 43.5%, the public green area per capita was 11.2 square meters, the ratio of forest coverage was 45.0%.

The municipal air quality index[(12)] in 2014 was 4.56 and the proportion of days when air quality meet or above the standards of good or excellent in the whole year accounted for 86.0%. The annual average concentration of inhalable particles in urban areas was 0.073 milligram per cubic meter; the

annual average concentration of sulfur dioxide was 0.024 milligram per cubic meter; the annual average concentration of nitrogen dioxide was 0.031 milligram per cubic meter; and the annual average concentration of fine particles was 0.048 milligram per cubic meter. The ratio of water source of centralized drinking water in urban areas up to the quality standard was 100%.

In 2014, the annual average temperature of Guiyang city was 14.7 ℃, the annual average relative humidity was 83%, the total amount of precipitation was 1561.90 millimeters and the hours of sunshine reached 956 hours.

Ⅻ. People's Livelihood and Employment

In 2014, the annual per capita disposable income[13] of urban households was 24,961 yuan, a 9.4% increase comparing to the previous year, or a real increase of 6.5% when the factors of price excluded. The annual per capita nonproductive expenditure of rural households was 19,501 yuan, an increase of 17.4% comparing to the previous year, or a real increase of 14.3% when the factors of price increase were taken into account. Expenditures on services of education, culture and recreation accounted for 16.8% of the total nonproductive expenditure. The number of family cars and mobile phones per 100 households were 19 and 202 respectively.

Figure11: Income of Rural and Urban Residents (2010-2014)

Per Capita Annual Diposable Income of Urban Residents
Per Capita Annual Diposable Income of Rural Residents

unit: yuan

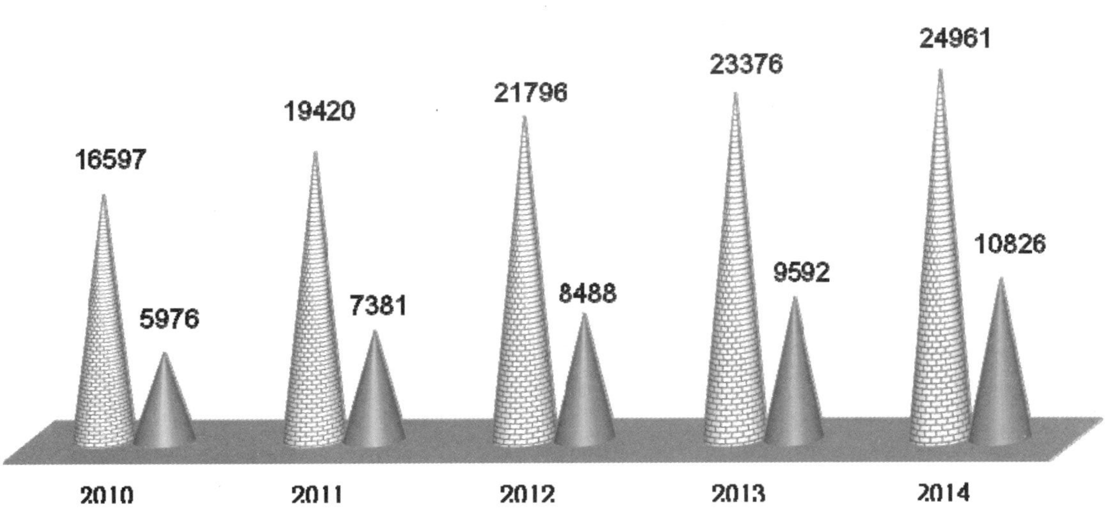

Table 13: Ownership of Family Durable Consumer Goods Per 100 Urban Households at the End of 2014

Item	Unit	Absolute Number
Family car	unit	19.00
Washing machine	set	96.80
Refrigerator	set	92.90
Color TV set	set	104.40
Computer	set	73.60
Hi-Fi stereo Component system	unit	14.40
Microwave oven	set	50.20
Air conditioner	set	13.40
Fixed-line telephone	set	62.50
Mobile phone	set	201.70

In 2014, the annual per capita disposable income(13) of rural households was 10,826 yuan, an increase of 12.7% comparing to the previous year, or a real increase of 10.0% when the factors of price increase excluded. The annual per capita nonproductive expenditure of rural households was 8,724 yuan, an increase of 9.5% comparing to the previous year, or a real increase of 6.9% when the factors of price increase were taken into account. Expenditures on services of education, culture and recreation accounted for 9.9% the total living expenditure.

Table 14: Ownership of Family Durable Consumer Goods Per 100 Rural Households at the End of 2014

Item	Unit	Absolute Figure
Washing machine	set	100.20
Refrigerator	set	76.00
Electric water heater	set	45.40
Motorcycle	unit	60.00
Family car	unit	18.70
Fixed-line telephone	set	21.90
Mobile phone	set	234.10
Color TV set	set	108.20
Computer	set	17.40

The residential housing area continued to increase in 2014. At the end of 2014, the per capita housing area of rural residents was 44.20 square meters, an increase of 0.2% comparing to that of the end of year 2013; the per capita dwelling area of urban residents was 34.70 square meters, an increase of 12.0% comparing to the previous year.

The overall number of employed people both in urban and rural areas reached 243.0 thousand. And the number of those who had difficulty finding jobs and being reemployed was 10,164. The number of surplus rural labor transformed (from agriculture to secondary industry and tertiary industry) reaches 31,771. The new jobs created in city and counties were 211.2 thousand, a 3.9% increase from last year. And the registered unemployment rate in urban areas at year-end was 3.14%.

Figure12: Newly Increased Employment (2010-2014)

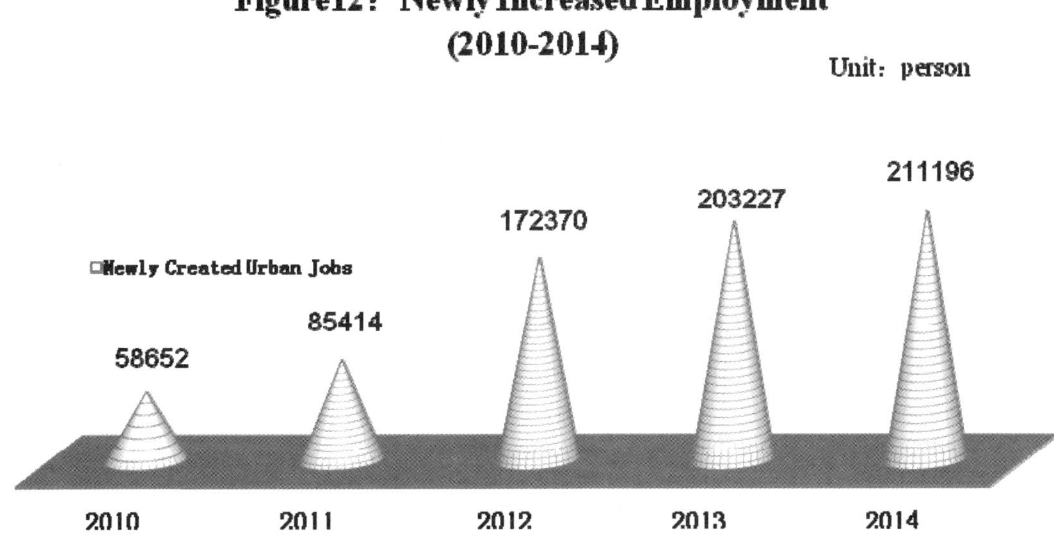

XIII. Population, Social Security and Social Services

By the end of 2014, the total permanent residential population of Guiyang City reached 4.5560 million and the annual average population was 4.5390 million. The annual birth rate of 2014 was 10.47 ‰, the death rate 4.99 ‰, the natural growth rate 5.48 ‰, and the urbanization rate was 73.2%.

Table 15: Number and Composition of Permanent Residents at the End of 2014

Item	Units	Absolute Figure	Growth Rate over 2013 (%)
Annual average population	10 000 persons	453.90	1.2
Total population at year-end	10 000 persons	455.60	0.8
Grouped by towns and countries			
Town		333.50	2.3
Country		122.10	-3.2
Grouped by gender			
Male	10 000 persons	234.24	0.7
Female	10 000 persons	221.36	0.8
Sex ratio(100 females)			
Birth rate	‰	10.47	-0.22‰
Death rate	‰	4.99	0.09‰
Natural growth rate	‰	5.48	-0.31‰

At the end of 2014, a total of 1.4600 million people participated in the basic old-age pension program for urban workers, an increase of 8.7% over last year. Among these participants,1.2286 million people were on-spot staff, an increase of 9.0% over last year, 213.4 thousand people were retirees, an increase of 7.1% over last year; 820.9 thousand people were urban and rural residents, an increase of 0.1% over last year and 612.3 thousand people insured unemployment insurance, an increase of 4.9% over last year. Furthermore, 1.2020 million people insured the fundamental medical insurance for urban workers, an increase of 3.3% over last year; 638.9 thousand people insured the medical insurance for urban residents, an increase of 1.1% over last year; 1.0280 million people insured Maternity Insurance, an increase of 1.9% over last year. And the rate of joining rural cooperative medical scheme reached 98.86%.

There were 142 adopting social welfare institutions(14)throughout the city with 12,884 thousand beds and 3796 adopted people at the end of 2014. Moreover, there were 434 voluntary community service centers and 10,834 urban community service facilities. As for the lowest living allowances, 117.3 thousand urban and rural residents had enjoyed them. Among these people, 64.6 thousand people had enjoyed urban minimum living allowances and 52.7 thousand people had enjoyed rural minimum living allowances. And there were 16,212 people enjoying the state pension and subsidies for entitled groups. In total, Civil Affairs Departments of Guiyang City received a donation of 7593.0 thousand yuan directly from the society throughout the year benefiting 6113 people.

XIV. Work Safety

The death toll of all kinds of work safety accidents in 2014 was 180, a 4.8% decrease comparing to the previous year. Number of work safety accidents of industrial, mining and trading enterprises happened in Guiyang was 7, a 58.8% decrease from last year, and these accidents caused a mortality of 16, a 23.8% decrease from last year.

Notes:

(1)Statistics listed in the communique are preliminary data.

(2)Gross value of production and absolute added value of each industry are calculated at current prices and their growth rates are calculated at comparable prices.

(3)Residential prices include the prices of building houses, decorating materials, house rents, private house and fuels.

(4) Industrial enterprises above designated size refer to those with a main business income of 20billion yuan and more.

(5) The following are ten major industries: manufacture of food, manufacture of tobacco, manufacture of chemical raw materials and chemical products, manufacture of medicine, manufacture of rubber and plastic products, manufacture of non-metallic mineral products, ferrous metal smelting and rolling processing industry, non-ferrous metal smelting and rolling processing industry, manufacture of computers, communication equipment and other electronic equipment as well as production and supply of electricity and heating power.

(6) The following are six characteritic pillar industries: phosphorus and coal chemical industries, aluminium and aluminium chemical industries, characteristic food industries, tobacco products industry, industry of modern medicine and equipment manufacturing industry.

(7)The following are industrial zones: Nanming Linkong Economic Park, Yunyan Industrial Park, Huaxi Industrial Park, Xiaohe-Mengguan Equipment Manufacturing Industry Eco-Industrial Park, Wudang Food and Drug Industrial Park, Baiyun Aluminum Industrial Base, Baiyun Aluminum Industrial Base, Maijia-Shawen High-Tech Industrial Park, Guanshanhu Electronic Commercial and Modern Manufacturing Industrial Park, Kaiyang Phosphorus and Coal Chemical Ecological Industries Demonstration Base, Xifeng Phosphorus and Coal Chemical Ecological Industries Base, Xiuwen Industrial Park, Qingzhen Economic Development Zone.

(8)The statistical caliber refers to the 5million and more of the total planned investment in fixed assets projects and the whole investment in real estate.

(9)Publications include books, newspapers, periodicals, audio-video products and online publications.

(10) The numbers of operating vehicles include the statistics of three counties and Guiyang city.

(11) At the end of September,2014, the gas users in Guiyang were transformed to natural gas users totally.

(12)The *Ambient Air Quality Standard Technical Regulation (HJ633-2012)(On Trial)* was implemented synchronously with *Amendment of Ambient Air Quality Standard（GB 3095—2012）*, the standard information can be reached in the website of Environment Protection Ministry (bz.mep.gov.cn).

(13) According to the City and Countryside Integration household survey reform plan of National Bureau of Statistic, since 2014, the per capita disposable income of urban residents and the net income of farmers should be revised as the per capita disposable income of towns or countryside permanent residents. And there is a change of statistic caliber, and the absolute number cannot be compared with the previous year, increasing rate calculated with comparable calibers.

(14) Adopting social welfare institutions include social welfare homes, welfare centers for children, mental welfare hospitals, urban welfare hospitals for aged persons and rural institutions for aged persons.

(15) Data Sources:

In this communique, telecommunication data come from Communications Authority of Guizhou Province; data of civil aviation transportation come from Guizhou Airport Group; data of railway transportation come from Chengdu Railway Bureau; data of listed companies come from Supervision and Regulatory Bureau of Guizhou Province affiliated to China Securities Regulatory Commission; data of insurance industries come from Insurance Regulatory Bureau of Guizhou Province; data of newspapers, periodicals and books come from Press and Publication Bureau of Guizhou Province; data of education come from Guizhou Provincial Department of Education and Education Bureau of Guiyang City; data of artistic performance groups, public libraries and cultural centers come from Guizhou Provincial Department for Cultural Affairs and of Guiyang Cultural Affairs Bureau; data of radio, television and movies come from Guizhou Provincial Radio, Film and Television Administration and of Guiyang Bureau of Radio, Film and Television; data of sports come from Guizhou Provincial Administration of Sports and Guiyang Sports Bureau; data of newly increased employed people, unemployment rate based on unemployment registration, social security come from of Guiyang Human Resources and Social Security Bureau; data of finance come from Guiyang Bureau of Finance; data of total agricultural machinery power and areas ploughed by agricultural machinery come from Guiyang Commission of Agriculture; data of highway transportation come from Guiyang Road Transport Bureau; data of waterway transportation come from Guiyang Bureau of Maritime Affairs; data of gas supply come from Guiyang Bureau of Housing and Urban-rural Development; data of green coverage in built-up areas come from Guiyang Bureau of Landscape and Forestry; data of foreign investments as well as imports and exports come from Guiyang Administration of Commerce; data of motor vehicles for civil use come from Guiyang Public Security Bureau; data of postal services comes from Guiyang Post Bureau; data of tourism come from Guiyang Tourism Development Commission; data of banking come from Guiyang Central Sub-branch of the People's Bank of China; data of science and technology projects come from Guiyang Bureau of Science and Technology; data of patents come from Guiyang Bureau of Intellectual Property; data of average temperature and humidity come from Guiyang Meteorological Bureau; data of sanitation and new cooperative medical care system in rural areas come from Guiyang Sanitary Bureau; data of social welfare, minimum living allowances and social donations come from Guiyang Bureau of Civil Affairs; data of environment monitoring come from Guiyang Ecological and Environmental Protection Commission; data of urban construction come from Guiyang urban-management bureau; data of public traffic operation come from Public Transport Agencies of Guiyang City and Guiyang Transit Administration; data of safety in production come from Guiyang Work Safety Administration; data of commodity prices, income and expenditure of urban and rural residents come from Guiyang investigation team affiliated to National Bureau of Statistics of China; and other data come from Guiyang Bureau of Statistics.